古典文献说赤城

王金富题

第五辑

王金富 辑点校注

中国文史出版社

目　录
CONTENTS

诏令奏议类

其他

詔令奏議類

1.《叶文庄公边奏存稿》

【题解】 《叶文庄公边奏存稿》7卷，明叶盛存稿，六世孙礼部主事重华汇梓。叶盛，字与中，南直隶苏州府昆山县（现江苏省昆山市）人。"自幼颖异，博学强记，下笔如神，且其志不可量"（《国朝列卿记》卷29），常使乡人惊异。正统十年，举进士，授兵科给事中。十四年，明英宗兵败土木堡，监国郕王即位，以叶盛为都给事中，掌兵科事务，"正比多时，凡政务之出，章奏之入由兵科者，十常六七，与中处之"（《商文毅公集》卷4《赠叶参政序》）。景泰三年（1452年），擢叶盛为山西右参政，先掌钱粮，后掌独石、马营军务。在此任上，叶盛殚精竭虑治理边务，整饬吏治，培养人才，安抚流民，政绩卓著。正统时期是叶盛仕宦生涯的起点，其在军事和政治上开始崭露头角，获得了明廷和朝臣的支持与信任，为以后巡抚边方、治理边地奠定了坚实基础。

《叶文庄公边奏存稿》记载从景泰三年十一月至七年十一月4年间，叶盛赞理独石、马营军务期间的奏议。从奏议内容上，可以看出其作为军事家，提出了许多怎样加强军事力量、治理军队、巩固边防的军事思想；作为政治家，提出了关于选拔人才、安抚流民、招民垦荒等治国之策。如叶盛自言独石等八城"正如垂死得瘳之人，养之以靡粥，卫之以参苓，犹恐病加小愈，况不以良药投之乎？又如破器复完，使加意捧持，尚有暇罅，况更欲伤损之乎。"于是，叶盛乃列其利害可兴八条，次第罢行之。再如塞外气候恶劣，民多患病，而在穷荒绝漠之地，既乏药饵，又乏医家，军民饱受疾病折磨，苦不堪言。叶盛到云州、龙门卫、长安岭等五城巡视，发现五城中间如云州一城，近日收发新军并修守犯人数多，军犯中间患病不能

首達者罪之如有故達擅與土木勞民傷財及

縱容躲避役使耕種等項奸弊許該地方官劾

奏施行其口外尤甚艱難原有住持去處亦合

暫緩候邊事十分寧息軍民俱各飽暖然後量

與舉行謹題

景泰四年六月初一日

題為急缺邊倉收糧官員事案照先據雲州堡等

倉收糧吏目王鑑安吉等各告云

審看得雲州堡倉吏目一員王鑑年大十歲赤

城廣備倉吏目一員安吉年五十六歲各官年

云具告得此

叶盛《叶文庄公边奏存稿》书影

行履者多达 40 余人，盖"前项军犯俱系新近编发，忧愁困苦，贫穷冻馁及南方不服水土"所致病。叶盛进一步指出朝廷本想指望他们守卫国土，若他们不能健康生活，"安望其为战守之资，深可哀矜"。为此，叶盛上奏给衣食、置衣药。

叶盛的人生大部分光阴都倾洒在镇守边关和巩固边防上。其在景泰七年十一月初十日的奏章中提到"臣有父封兵科都给事中叶春，……今年七十岁，与臣面不相见已经九年。"而仅仅两天后的奏章"有表侄吴阿员送到家书，内说臣父封兵科都给事中叶春，在原籍直隶苏州府昆山县患病，于本年九月初十日身故。"他这种舍身忘家，呕心沥血，鞠躬尽瘁，以自己的勤勉和才学建立了显赫的功业，值得后人钦佩。

本辑据上海古籍出版社《续修四库全书》第 475 册史部诏令奏议类《叶文庄公边奏存稿》辑录有关赤城内容。

◎钦差协赞军务山西布政司右参政臣叶盛谨奏为边务等事（卷1，第 316 页）

景泰三年十一月初九日[①]，节该钦奉敕谕：独石、马营至长安岭一带，系口外紧要地方，操兵御敌尤贵得人。今朕以尔公正有为，特命往彼协赞都督孙安整饬军务，钦此钦遵。伏念臣猥[②]以孤踪久縻厚禄，藩方参佐未参少效，驰驱边关事机，讵意上承纶綍[③]，诚切感

---

① 景泰三年十一月初九日，1452 年 12 月 19 日。

② 猥，谦词。含有"辱"意，旧用为自谦的套语。《正字通·犬部》："猥，凡自称猥者，卑辞也。"

③ 纶綍，《礼记·缁衣》："王言如丝，其出如纶；王言如纶，其出如綍。"郑玄注："言言出弥大也。"孔颖达疏："'王言如纶，其出如綍'者，亦言渐大，出如綍也。綍又大于纶。"后因称皇帝的诏令为"纶綍"。綍音 fú。

恩思报，誓当勉力摅忠①，臣无任②瞻仰，屏营③之至，除望阙④谢恩，及驰赴独石、马营等处管事外，谨具奏称谢以闻。景泰三年十一月初九日。

◎题为军务等事（卷1，第316～319页）

节该钦奉敕谕：独石、马营至长安岭一带系口外紧要地方，操兵御敌尤贵得人，今朕以尔公正有为，特命往彼协赞都督孙安整饬军务．凡彼修筑城堡、操练人马、战守长策，悉听尔与孙安等公同计议，从宜处置。事有当奏请者，奏来定夺，钦此钦遵。臣惟独石、马营等处，祖宗以来，至为紧要地方，孤悬口外，控制北狄，第一扼冲也。比年城戍匪人⑤捐弃失守，遂使朝廷有大不忍言之事。幸赖皇上中兴抚运⑥，至明刚断，用人修复，即今已有成绩，事渐就绪。然今日之事势，正如垂死得瘳⑦之人，养之以糜粥⑧，卫之以参苓⑨，犹恐病加小愈⑩，况不以良药投之乎；又如破器复完，使加意捧持⑪尚有瑕璺⑫，况更欲伤损之乎。臣本凡劣，过蒙委任，遵承敕旨，职在当言。今将事宜开坐奏请，乞敕该衙门详议，可否施行，穷边⑬幸

---

① 摅忠，犹尽忠。摅音 shū，发表或表示出来。

② 无任，敬词。犹不胜。旧时多用于表状、章奏或笺启、书信中。

③ 屏营，惶恐；彷徨。宋司马光《谢御前札子催赴阙状》："臣无任瞻天望圣，激切屏营之至！"

④ 望阙，仰望宫阙。喻怀念天子。

⑤ 匪人，行为不端正的人。

⑥ 中兴，中途振兴；转衰为盛。抚运，顺应时运。

⑦ 瘳，音 chōu。病愈。《说文·广部》："瘳，疾愈也。"

⑧ 糜粥，粥。《礼记·问丧》："水浆不入口，三日不举火，故邻里为之糜粥以饮食之。"孔颖达疏："糜厚而粥薄。"

⑨ 卫，中医学名词。卫气。《灵枢经·营卫生会》："营在脉中，卫在脉外，营周不休，五十而复大会。"参苓，中药名。人参与茯苓。有滋补健身的作用。

⑩ 小愈，谓病稍痊可。

⑪ 捧持，恭敬地托着、拿着；环抱形地握持。

⑫ 瑕璺，斑点和裂纹。璺音 wèn，裂纹。

⑬ 穷边，荒僻的边远地区。

甚，谨题。

一、边方军中奸弊，如尅减冒支粮料，占役办纳月钱，科敛害军。往年失人心，疲人力，坏边事者，皆繇于此。除钦遵救谕内事理，严切关防，痛加禁约外，但<u>宣府</u>口外系是极边卫分，管军头目有犯前罪，例该降调充军守墩哨瞭者，或仍于本卫所，或止是的决①着役，以此小人更无迁徙之苦，无所忌惮。合无今后除军人外，管军头目有犯前罪，如<u>宣府</u>口外者，发<u>辽东</u>、<u>甘肃</u>、<u>大同左右</u>等卫所，其<u>辽东</u>等处有犯者，悉发<u>开平卫</u>，庶使小人知畏法而重犯法，奸弊可以销除。

一、<u>独石</u>、<u>马营</u>等处，曩②自失守以来，田土荒芜，狐兔之迹交道，至今闻者尚有畏心。况彼戍守之辈，多系贫困逃移趁食③，即今虽渐修复，又值天年无收，官军人等虽是惧法前来戍守，而妻男④弟侄尚多寄住他处，然中间贫难困苦者固多，而怀奸观望者亦有，若不立法整理，终是人力不敷。极边地方，事非细故⑤，合无行令各城堡守备、都指挥，督同亲管卫所官旗，各将所管官军从实审勘，户下、舍人、余丁、老幼、家人等项⑥，不拘⑦见在、未到，尽数供报姓名、年甲、在官，如隐匿不报者，治以重罪，备细甘结造册，通送提督协赞官处，以凭亲诣各属招抚。未到者拘取前来，见在者加意存恤，使其尽力耕种，以期来岁收成。应袭官舍并余丁，如有情愿下场操练者，量与月支口粮三斗养赡；不愿者听其随住生理帮贴

---

① 的决，旧律，受杖刑，按判定数施行，谓之的决。亦泛指定罪。

② 曩，以往，从前，过去的。

③ 趁食，谋饭吃；谋生。

④ 妻男，犹妻儿。泛指家室。

⑤ 细故，细小而不值得计较的事。

⑥ 户下，户主的属下，多指奴隶或门客而言；户名之下。舍人，宋元以来俗称显贵子弟为舍人。余丁，指充军役以外的丁口。

⑦ 不拘，不论；不管。

军装。庶使下情①顾恋，缓急有人。

一、边城攻守之策，钱粮最为急务。正统十四年，独石、马营等处抛弃粮料九十九万有零，以今较之，十尚未及三四，盖缘往时储蓄年久，屯戍丰收。自经抛弃以来，虽是多方措置，终然转运艰难。除行各属将残毁缺少仓厫等项，设法修盖外，合无将累次报中盐粮客商，该部通查拘送提督都御史处审勘，中间有力无力，听其转换与人，不许卖窝私贿，但系有米之人，准与更名填给通关，庶免久占无益，及每年量拨花布折粮银两，再为措置粮料，解赴独石等处，选择官房，委官收掌，以便年例折色给散并缓急支用，仍于来年征收夏税②会计之时，量拨有麦去处，前来上纳，以备出战做炒支用，庶使根本固实，战守有赖。

一、在边总兵镇守等项内外官员，中间有将所管官军，或贪图小利私自放假，或营干己事私自役使，令其过关并赴各处者，假以收买军装，取讨盘缠等项为名，自出批帖③，任情差遣。一月之内，每一官员甚至有批差七八起，每起数十人者，全不顾念前项官军，俱系边城人数，妨误操守，甚至奸诈小人。往来之间，生事害人及变乱黑白，交构④是非，若不关防，深为未便。合无今后除各卫所文引，照例出给奏事人有关文照验外，其余内外官员一应所管官军公干事件，并不许自出批帖，俱行所在提督协赞官处斟酌审看，给批付照，定限销缴。仍行居庸等关口，一体遵守验放。如各官自出批帖出入远去者，治以重罪。各处边方恐亦不无此弊，仍乞通行。庶使人力少纾⑤，事体得一。

---

① 下情，指下级或群众的情况或心意。

② 夏税，田赋名称。明代规定夏税无过八月，以小麦为主，秋粮无过明年二月，以米为主。行"一条鞭法"后，夏税、秋粮大都征银。

③ 批帖，旧时官府出的证明文书。

④ 交构，勾结。

⑤ 纾，宽缓；缓各。《方言》卷十二："纾，缓也。"《宋史·李蘩传》："民力稍纾，得以尽于农亩。"

一、<u>宣府</u>等处旗军，旧例有家小者月支粮八斗，无家小者六斗，以后增添八斗者支九斗，六斗者支七斗，近俱仍照旧减支。查<u>独石</u>、<u>马营</u>等八城堡口外地方，砂碛之外，万山之中，居人未歉而啼饥①，未冬而号寒，官军十分艰苦。比之<u>宣府</u>又自不同，人所共知。又况今年严霜早降，所在无收，即日烧造砖灰采打柴木，一交春和，便须并力攒完<u>赤城</u>、<u>云州</u>等处城堡，包砌工程，并增置修补各处墩台，正在用工之际，不得暂时休息。合无将前项八城堡旗军，仍照九斗七斗事例关支，待后修复完全，屯种丰收之日，另行定夺，庶使饥寒济利，边事可图。

一、朝廷为见<u>独石</u>、<u>马营</u>等处系是修复地方，官军数少，将犯罪充军修守等项，发来着役，本是良法。奈此辈畏惧边方，纵有家小随发者，亦多买嘱所司卖放，或托故行取，只身前来，因无顾恋系绊②，不久即便逃回，甚有哄诱久住军人做伴逃去，以此该管官旗加意看守，伏路挨拿③，见在官军不得休息，徒尔劳人，终多逃窜。合无今后例该家小随住充军等项，所司务要行拘到日，审系正身，取具解人甘结牢固④，责发明白填注批文前来，兵部仍行提督协赞官处知会验放，若有故托不到，并人批不同者，即系卖放⑤，将解人送问明白，编发充军，庶使人有系恋，事有实效。

一、近该兵部议拟具奏钦准，将各边各处总兵参将等项内外官员，带去京卫官较人等，尽数发回，止留老成谨厚者三名，诚为边方军民之幸。近访得多有延缓占吝⑥不发者，似此故违禁令，诚为祸

---

① 啼饥，因饥饿而号哭。
② 系绊，约束羁绊。
③ 挨拿，搜捕。
④ 取具，谓置办。解人，押送犯人的差役。甘结，旧时交给官府的一种画押字据。多为保证某事，并声明不尔则甘愿受罚。
⑤ 卖放，受贿私放。
⑥ 占吝，占据。多指非分据有。

患未除。合无该部再为通行催取，上紧①回还，不许托故稽违及该部该科遵守，今后如有出外，仍随带多人，意在朋结心腹，生事害人者，即时劾奏，不与准理，庶使法令昭明，军民感激。

一、各边遇有紧关声息烟火，飞报到京，兵部议拟或请敕或差人赍文各边知会，宣府一带，止行宣府。而独石、马营等处，必待宣府或该府转行，方得知闻。切独石、马营特出境外，若有北边声息，必先当知，而相去宣府近二百里，山路险峻，又隔龙门卫关口，缓急之间，诚恐误事。合无今后遇有紧关边报，与宣府各另行遣，庶使豫识敌情，事机不误。景泰三年十一月二十一日②。

◎题为禁革欺公亏众奸弊事（卷1，第319～320页）

节该钦奉敕谕：军中一应③奸弊，尔须严切关防④，痛加禁约，毋令下人夤缘⑤作弊，如违听，尔劾奏处治，钦此钦遵。照得万全都司各卫所每年委官前赴京库关领苏木胡椒钞锭回卫，例该户部差办事官同委官管领到卫，公同给散，其立法关防之意至矣。乃前项官员多系奸贪无状，今访得在京有等无藉之徒，叫名揽头，递年兜揽各卫所委官在家通同⑥库官委官及开张食店之家，如遇该库关出，即将原关好钞并大块有火烙印记苏木真色胡椒，俱各转易藏匿，货卖重利，私将烂钞并浅淡苏木黄（左扌右乎）等项抵换，至于胡椒其弊尤甚，先受店家财物，将胡椒沸汤煮去辣味，又将与椒相类树子插或又将麦面打作熟糊搅入砂子铁屑等物缠裹在外，其又有将关外土砂插和者。奸贪小人备极弊病，臣切详前项椒木钞锭，系是折与

---

① 上紧，赶快；加紧。
② 景泰三年十一月二十一日，1452 年 12 月 31 日。
③ 一应，所有一切。
④ 关防，防范。
⑤ 夤缘，比喻拉拢关系，阿上钻营。
⑥ 通同，串通，勾结。

官军俸给钱物，动以百千万计，又价值高贵，今奸弊若此，使朝廷恩泽不得，下流官军俸给不得实惠，物虽出于库藏，利悉归于奸贪。如龙门卫关胡椒八百七十四斤一十二两八分，于内盘折正数九十九斤一十二两八分，其余俱系裹面内，将一斤洗净，止重一十二两，除将委官指挥施瑄另行参奏外，若不痛加禁约，切恐在处皆然欺公亏众，深为未便。乞敕该部计议，合无将前项胡椒照依洗净，秤过数目，每斤准一十二两算给，其余于犯人名下追辏，原数给散，其未曾给散地方，如有前弊，俱照此例，今后遇有前项关领椒木等项到部，其办事官不必差遣，另委廉干主事一员，前赴该库，眼同①关出苏木，验无火烙者，即为印记椒钞，俱用牢固印信封贴，责付委官收领，通送提督都御史等官看验，别委的当上司给散，仍行法司出榜禁约食店，并揽头之人如有似前作弊缉访得出，或因事发监追完结，编发极边卫分充军，庶使奸贪知惧，恩泽下流，谨题。景泰三年十一月二十一日。

◎题为边务等事（卷1，第320页）

臣近于龙门卫等处整饬军务间，访得宣府管事都御史李秉劾奏都督杨能，而杨能奏秉贪淫等情，钦蒙取回，臣惟李秉系是风宪②大臣，久受边方重寄③，朝廷取回或别有重用亦不可知，若因其劾奏，将官而被其讦奏④，遂用取回，则臣有不敢不言者。臣与李秉同事几及半年，观其所存⑤所行，多欲执持⑥公道，护向穷军⑦，虽管事头目或有不乐，而穷军下人，则切爱戴，故谓李秉处事过当，小不容

---

① 眼同，会同；跟同。
② 风宪，古代御史掌纠弹百官，正吏治之职，故以"风宪"称御史。
③ 重寄，重大的托付。
④ 讦奏，揭发上奏。讦音jié。
⑤ 所存，谓心志所在。
⑥ 执持，指所坚持的观念见解。
⑦ 护向，偏袒，袒护。穷军，处于困境的孤军。

忍轻易举动，至渎宸严①，则诚有之，若以贪淫加之，实毁之太过。臣伏见往时都御史年富，累被多人奏其贪淫不法等情，朝廷差官体察，皆属虚妄。自后仍被诬陷，朝廷明见，悉置不问，盖风宪大臣身系重任，在外行事稍求尽职，未免忤众，所赖朝廷为之主张，然后公论，庶几不泯。臣虽至愚，亦欲朝廷以待年富者，待李秉也。况今边方多事，朝廷不虑夕以久处边境，稍有执持，如李秉者，即被奏去，则懦夫丧气，中人解体②，将来边方之事，尚忍言哉！臣愚伏乞皇上宸断③，特命公廉明正给事中、御史各一员，前来宣府会同巡按等官将李秉、杨能所奏事情，逐一体访审覆，有无实迹，明白回奏定夺，庶得公论开明，事体妥当。李秉实尝以才荐臣，而臣为此言似乎私比李秉顾去边境，而回中朝，为李秉之计，则得为边境之计，则疏臣若避私比之小嫌，忘边境之大事，则臣不忠于朝廷矣。臣实不敢不忠，谨题。景泰三年十二月十九日④。

◎题为边务等事（卷1，第321页）

近日累据独石、马营等堡瞭见境外烟火不绝，及该葛峪堡被贼抢去夜不收杨拴住等内张改儿脱走回还称，贼众老小在于沿河下营，等因。照得东西一带俱有烟火声息，显是贼寇下营，虽经选差夜不收前去哨探，终不知是何部落，若使多差哨探，又恐堕贼奸计，为患非小。查今贼酋也先，并福余、朵颜等卫，俱遣使入贡，且以贺正⑤为名，而贼众在边出没隐见，为态不常，既是捉去杨拴住等，而张改儿不久又得走回，奸计黠谋，诚不可测。会同都督孙安议得，若使丑虏诚意进贡，止是远在境外，苟延残喘。臣等则当严兵自固，

---

① 宸严，帝王的威严。亦喻指君王。

② 中人，指有权势的朝臣。解体，比喻人心离散。

③ 宸断，皇帝的裁决、决断。

④ 景泰三年十二月十九日，1453 年 1 月 28 日。

⑤ 贺正，岁首元旦之日，群臣朝贺。

保境安人，耀武扬威，使贼知畏，不邀近功，徐图大举，此一策也。若使丑虏阳为进贡，阴蓄异谋，逼近边墙，意在深入，当此之时，或有可乘之机，或有可击之理，或可以劫营决胜，或可以取便成功。臣等则当遵依敕旨，其余人马器械亦各整搠周详，上仗朝廷威灵，下责将士戮力，犬羊无赖，必不使之有得意之时。但此虏各种部落多称进贡在京，倘以杀伐加之，而中间虏酋或有以败□渝盟①，生事邀功，开边启衅为言，则于事体亦为非便，臣等不敢自专，伏乞圣断，进止②使臣等边境遵守而行，不胜幸甚，谨题。景泰三年十二月二十七日。

◎题为边务事（卷1，第321～322页）

臣闻守穷边者，莫急于安人心；息流言者，莫重于严号令。照得独石、马营、长安岭、保安、永宁一带，俱正统十四年③失守地方，即今皇上中兴，用人悉已收复。坚甲利兵，谋臣猛将所在，而有以故逆虏闻风知有畏惮，乃有小人妄生异议，鼓扇④愚人，或以为守边官员走入虏境，或以为各堡官军仍要掣回，或以为边报贼情如何严急，以致无知之人不审虚实，辄便惊疑一闻流言，忧惶无措。臣与都督孙安等再三询察，多是比先⑤弃城逃走之徒，或托故存留在京，或怪恨拘发原卫，侥幸脱罪不知感恩，乃更造言以为得志，若不严加禁约，必致坏事方来⑥。除会同孙安等晓谕，终是愚人易惑难晓。臣愚欲乞朝廷特降圣旨榜文，谓此处边方往事悉不追究，即今复守内外文武官员统理，钱粮军马日已增益，墩台城垣渐已坚完，

---

① 渝盟，谓背叛盟约。《左传·桓公元年》："公及郑伯盟于越，结祊成也。盟曰：'渝盟无享国。'"杜预注："渝，变也。"

② 进止，意旨；命令。

③ 正统十四年，1449 年。

④ 鼓扇，亦作"鼓煽"。煽动。

⑤ 比先，从前，过去。

⑥ 方来，将来。

朝廷顾念边方，时刻不忘在边之人，当竭忠固守以为保障，如有倡为异议流言，摇惑人心，意在弃城逃走，误坏大事者，许臣等指实参处，以极刑示众，仍籍其家赍捧前来，于各该城堡永远张挂，并戒饬内外官员，亦须洁己正身，镇静持重，以安下人，以图大功。臣职守边境事，切安危岂容缄默，伏望皇上以穷边社稷为念，密切详议，特出圣意施行，臣不胜激切之至，谨题。景泰四年正月初四日[1]。

◎题为边务事（卷1，第322页）

朝廷今日防边重镇，其大者大同、宣府，而其中紧要莫先独石、马营至长安岭一带地方，此而失守，则宣府迤东、居庸迤西保安、怀安、榆林、土墓皆为盗区，虽有大同、宣府，道路梗绝，莫如之何。往年旧事所不忍言，追惟祖宗在御之日，宁弃开平，专守独石，增兵筑堡，务择名将，高其爵位，付之重兵，远虑深谋，昭然可见。前项地方自经失守以来，或以为不足守，或以为人力不足未可守，皇上力排群议，命都督孙安以复守之。而孙安仰体圣谟[2]，尽心所事，即今初见功迹，渐有头绪，但云州、赤城二处包砌尚未完全，各城钱粮人马数目未及旧日，加之近日边报愈多，贼情朝墓不保，正在汲汲修为[3]之际，而管军大臣必须崇重其名号，责成其职守，庶几边事可济，大功可成。缘孙安止是提督守备，别无将兵名目。宣府虽有总兵副将等官，一则西路边关尚多，一则独石孤悬路远，缓急不能相通，利害所关，事体不小。且孙安官至一品，恩宠已极，臣为此言，非敢代求升官进职，特欲加与名目使于行事便利，于地方有益耳。臣愚伏望皇上宸断，特命该部会集看详臣言，如果不妄，

---

① 景泰四年正月初四日，1453 年 2 月 12 日。
② 仰体圣谟，仰体，谓体察上情。圣谟，犹圣旨。
③ 修为，实行。

则乞请敕孙安充副总兵名目，凡事仍依先次敕旨，与臣等公同计议而行，边境幸甚，谨题。景泰四年正月初四日。

◎题为边务等事（卷1，第322～323页）

照得口外开平等卫所在京官军柳春等，先因户部督发过口外，都督杨俊因奏要作夜不收名目出口哨探等用，留住在京，缘前项官军原在边上，比先弃城逃走，朝廷既不加罪，使之照旧守边，乃是各人本等奈何，各人因见边境苦寒，畏险地面①，用计钻营②，讬故捏词占吝留住。访得前项官军，皆非良善，即如累次作夜不收名目差来出口哨探，王成、王良、王隆等讬以干事，因而生事，甚至勒要守边都指挥银两，都指挥不得已科敛各军送与，见今事发，奏提未结。夫以今日之危边，今日之贫军，尚且忍心剥害③，其余不知分限，傲上④凌下，有不必言者，此各边官军皆以为夤缘在京者，反得以纵肆安分守边者，更受其剥害，人心不服，物论不平，奸猾之徒，便思仿效，将来边境坐见⑤空虚，脱⑥有紧急，何以为御？况今口外官军数少，远调河南官军前来轮班操备，而口外官军复尔留京，以理论之断然不可，如以前项军人能干，当留在京，又大不可者。边军，京军之屏障，必边军安，然后京军安，边军不足济用，京军岂能独安？又况此辈战士耳，非若经济，臣寮可当重用，堂堂天朝貔虎⑦百万，何莫非可用之人，而以此辈为轻重哉。臣职守边境，义当尽言，如蒙准题，乞敕该部通查，柳春等并口外卫所原操守官军见在京居住者，连家小尽数押发前来，各该地方屯操守战，实为允当，

---

① 地面，地区；地方。
② 钻营，找门路，托人情，以谋求名利。
③ 剥害，盘剥伤害。
④ 傲上，谓对上倨傲。
⑤ 坐见，犹言眼看着，徒然看着。
⑥ 脱，倘若，或许。
⑦ 貔虎，比喻勇猛的将士。

谨题。景泰四年正月十五日。

◎题为紧急边务事（卷1，第 323～324 页）

景泰四年正月十九日钦奉敕：今特命都督杨俊、都督金事刘深充游击将军，分投前往宣府独石、万全、怀来、保安等处地方，协同尔处官军用心操守，钦此钦遵。臣等切惟独石一带地方，系是都督杨俊等所领官军，比先捐弃不守，本官将平日羽翼狡狯①奸诈之徒，一向带同在京，为见臣等复守此处，其心以为今日之守，为是为功，则前日之弃，为非为罪，千方百计使令前项小人在京，或来本处地方捏造流言，望空驾说，动摇人心，沮坏边务。且如往年指挥刘鉴因见都督孙安到马营、独石复守，忽于桦皮岭放炮，报有虏寇进犯。又如近来无故令千户黄敏、柏四等前来，接去先前弃城降调都指挥黄宁禀帖②，其中所禀不言可知。又令百户杨能越长安岭干事，被把关官黄义奉臣禁约不容放过，本人怒骂而回，前项俱有供词实迹在官，以致近日独石开平卫等处，节次轻报管火。臣与孙安访得前项机关③，拘究④守墩指挥等官刘刚、王敬等，审出前情痛加惩治，谕以前项奸计，止是流言，不许惊疑。臣将官军夜不收王成等生事欺诈银两，奏乞发回及请给榜文禁约，具题。去后连日人心安妥，烽火不惊，且口外官军大概使之守边，则怨诱之腹裹，则喜今次⑤独石等处游击，京军若令杨俊统率，必又带同前项狡狯小人，别生事端，坏事非细。古人有言"败军之将，不可言勇"，纵使朝廷宽大用人，此辈亦何面目以见口外之山川、土地与其旧日之庄田、坟墓乎！乞专敕都督金事刘深前来独石等处，领军行事，庶得人心

---

① 狡狯，诡诈。

② 禀帖，旧时民众或下级呈官府的文书。

③ 机关，计谋；心机。

④ 拘究，拘留审查。

⑤ 今次，这回，这番。

悦服，边境无虞。臣等职守边境，大计所在，缄默不言，俟坏事而后言之，则于事无补，于罪难逭①，臣等冒于天威②，俯伏俟命③之至，谨题。景泰四年正月十九日。

◎题为月粮事（卷1，第324页）

据龙门卫申云云具申，行间，又据守备都指挥黄瑄等亦呈，前因参照所申官带总旗马真，先有侍郎刘琏，该准户部咨，查追本旗冒支八个月月粮，未曾还官，于法有违，合当追问。及照申称本旗跟随都督等官宣府巡哨，而本城相离宣府一百二十余里，今指以查取月粮，前来不知有何缘故一节。夫本旗如果跟随巡哨自合时刻，不许摘离领军头目，以备警急调用，缘何非奉明文差遣，辄自往来一百二十里之外，越过龙门关口，显是本旗旷职④偷闲不守职役，尤恐中间别有虚诈事情，除行该卫将本旗拘留外，乞敕户部行移总督边储都御史李秉，将马真取问通查。前项冒支月粮，缘繇明白，追征还官，以杜奸弊。仍乞敕兵部查照马真，是否跟随巡哨之人。缘龙门卫正系边卫，缺官用人地方，本旗又系本卫旗役，合无追问毕日，就行收发本卫差操，谨题。景泰四年 月 日。

◎题为紧要边储事（卷1，第324~326页）

近该户部为独石、马营二处粮少，及天年不收，无从收买，奏准召人攒运粮料八万石前来，边人闻之，不胜感激。后因独石、马营路远，无人应召，又该本部奏准，于顺天等三府起倩⑤民间车辆关

---

① 逭，音 huàn。逃避。

② 天威，帝王的威严；朝廷的声威。

③ 俟命，等待命令。

④ 旷职，旷废职守。《汉书·元后传》："臣久病连年，数出在外，旷职素餐。"颜师古注："空废职任，徒受禄秩也。"

⑤ 倩，请，央求。

与①脚耗芦席运来，然亦止运粮料五万三千石，今尚未完。臣访闻得如粳米一石，京师通州直银三钱三分之上，又每石关脚银六钱，耗米二升，每三石芦席一领，则是以银一两，然后运米一石得到独石。况兼所起车骡，系顺天等三府，为畿内根本股肱之地兵余之民，衣食产业，百计所出，一家所靠之物，驱之远出沙漠之外，万山之中，车骡死伤，多至贱卖，比及还家，十存三四者，有车畜不给之家，将官关脚耗芦席外，又加银五钱，雇募脚家赴仓交纳者，有至怀来坌道中途，车摧牛毙，重别出银雇脚到仓者。繇是而观，朝廷擘画②之焦劳，下人转运之辛苦，臣身叨③职守边亲见艰难，不觉陨涕。但今口外粮少仓分，又不止于独石、马营二仓，目下仅可支吾，全无积蓄。若以往抛弃百万之余较之，则今十尚不及二三。虽有盐粮等项，多因路远利微，不肯完纳，除尽力整理，今年耕种，及用心修盖各处仓廒外，缘今虏使已回，贪饕④之心，既不深遂，侵犯之毒，势有必然。若粮料不足，纵有城池军马，其为守战，亦难经久，既恐夏秋警急，缓不及事。尤恐京军动调，必费支持，不可不为之计。看得宣府万亿库收贮折粮银两数多，可以措置转换，得粟入仓，实亦足边一策。今将酌量计算，到北京、宣府等处可以上米关银之人，地方路道远近险易顺逆之宜，斗头上下多少之数，开列上闻。乞敕户部计议，或可依拟，给榜于在京并宣府独石等处城堡晓谕，自今春起，直至今年秋月屯种成熟，有米价贱之日，不拘官员军民客商人等，随其所有米豆等项粮料，不必预先报名妨占，不必限以石数多寡，自十石以上悉与随到随收，照数出给通关，赍赴总督边储官处，依例发属支与银两。如此，则觅利之人自然营运，而无怨公私

---

① 关与，参与。

② 擘画，筹划；安排。

③ 叨，音。承受。古汉语中用于对受人恩惠及礼物表示感谢的谦词。

④ 贪饕，贪得无厌。饕音 tāo，贪财，贪食。《战国策·燕策三》："今秦有贪饕之心，而欲不可足也。"

钱粮出纳稳当，而无失视之前项攒运①，并诸色措置，最为容易。仓廪可待自足，警急可保无虞。倘以臣愚智识短浅，计量不周，乞敕该部及总督边储大臣讲求别项足边长策，早为施行，所贵无后时之悔，有足食之谋，开坐具本。

每官银一两各仓该上米豆数目

独石广积仓一石；

马营广盈仓一石五升；

云州堡仓一石一斗；

赤城广备仓；

龙门广盈仓；

龙门仓俱一石一斗五升；

雕鹗堡仓一石二斗五升；

长安岭仓一石三斗五升。

景泰四年二月十四日②。

◎题为陈情乞恩事（卷1，第326页）

臣繇进士蒙恩授官兵科给事中，敬蒙皇上令掌科事，将及考满欠四个月零；蒙恩升本科都给事中，又将及考满欠七个月零；蒙恩升山西布政司右参政。臣本凡劣，误被国恩，历官皆未及考满，即荷升迁，大德深仁，如天如地，切念臣有父叶春见年六十七岁，同继母沈氏俱在原籍直隶苏州府崑山县，以臣历官不曾经繇考满，未受封命。臣于去年三月参政命下之日，臣之所知怜臣亲老者，谓臣当以给事中、都给事中两任年月并补上疏乞恩，臣窃自谓初命，外藩岂可轻有烦渎，以此不敢上陈，兹者复蒙恩令，于独石等处管事。近得臣父家书，备言老病艰难情状，缘臣幼年丧母，赖臣父同臣继

---

① 攒运，赶运；催运。攒，通"趱"。

② 景泰四年二月十四日，1453 年 3 月 23 日。

母鞠育①长成，风烛之年，为日有几父子私爱痛彻心肠，以此不得已冒犯天威，为君父言之，伏望皇上悯臣两考给事中、都给事中俱及二年之上，今任参政又将一年，其于都给事中右参政诰敕，俱不敢分外②，希望本身与妻亦不敢侥幸请求，欲乞圣恩怜悯，止以给事中敕命封赠臣父母，使臣父母生者荣身，死者瞑目，微臣一身生当陨首③，死当结草④，以报国恩。臣情逼志悲似忘廉节，惟君父圣兹能察其心宽其罪，而加矜怜焉，臣不胜感惧⑤之至。景泰四年二月十四日。

◎题为军务等事（卷1，第326~327页）

景泰四年二月十八日，臣与副总兵都督孙安率领赤城堡都指挥等官，并管屯官员郑祥等前往城西堂子西冲相度筑立墩堡地形。本日巳时，行至周马儿冲，有都督孙安在于马上，忽觉语言蹇涩，手足软弱，随即同回至堡调治，今尚未痊。缘口外医药俱不甚便，兼都督孙安平日素闻御医盛宏，医药高妙，欲乞圣恩怜念边将，特令本官将带药饵前来医治，不胜感恩之至，谨题。景泰四年二月十九日。

◎题为军务等事（卷2，第328页）

照得近该奉敕谕：令臣于独石、马营等处协赞都督孙安整饬军

---

① 鞠育，抚养；养育。语本《诗·小雅·蓼莪》："父兮生我，母兮鞠我，拊我畜我，长我育我。"毛传："鞠，养也。"郑玄笺："育，覆育也。"

② 分外，过分。

③ 陨首，犹言肝脑涂地。

④ 结草，《左传·宣公十五年》："魏武子有嬖妾，无子。武子疾，命颗（武子之子）曰：'必嫁是。'疾病，则曰：'必以为殉。'及卒，颗嫁之，曰：'疾病则乱，吾从其治也。'及辅氏之役，颗见老人结草以亢杜回，杜回踬而颠，故获之。夜梦之曰：'余，而所嫁妇人之父也。尔用先人之治命，余是以报。'"后因以"结草"为受厚恩而虽死犹报之典。

⑤ 感惧，感激惶恐。

务、收放料粮及关防①禁约军中一应奸弊。除钦遵外，今照臣所管军务防奸革弊一应题奏，行遣文书事体重大，况兼收放粮料奸弊尤甚，每月书填各城各仓收放粮料，勘合数多，俱是钱粮数目，缘无关防②行使。诚恐奸人作弊，难以辩验查考。乞敕礼部铸给协赞军务关防，付赍本人领回收用。庶文移③章奏，奸伪不生，边储军务，不至误事。景泰四年二月 日。

◎题为边务事（卷2，第328～329页）

案照先该臣题，乞令兵部通查都督杨俊存留在京，口外官军发来各该卫所屯操守战，等因。该兵部覆奏节该钦奉圣旨：杨俊留与他十名，其余都着回原卫所操守，钦此钦遵。该部照会前来，已经通行知会及行都督孙安备行，各该卫所出批差催取去后，经今月久未回，诚恐前项官军又复结构差官钻刺④延住，营求差使，生事害人，乖张⑤事体，沮坏边务，乞敕兵部查照先次奏准事理，从公督发，庶免奸顽得志，事体纷乱，谨题。景泰四年三月初十日⑥。

◎题为边务事（卷2，第329页）

承准兵部照会前事，兵科抄出臣题：案照先该臣题，乞令兵部通查都督杨俊存留在京，口外官军发来各该卫所屯操守战，等因。该兵部覆奏，节该钦奉圣旨：杨俊留与他十名，其余都着回原卫所操守，钦此钦遵。已经通行知会及行都督孙安备行，各该卫所出批

① 关防，防范。

② 关防，印信的一种，始于明初。明太祖为防止作弊，用半印，以便拼合验对。后发展成长方形、阔边朱文的关防。

③ 文移，文书，公文。

④ 钻刺，钻营；谋求。

⑤ 乖张，形容人偏执，不驯服，与众不同。现在多用于形容人做事情不正规，不是很讲究。

⑥ 景泰四年三月初十日，1453年4月18日。

差官催取去后，经今月久未回，诚恐前项官军，又复结构差官钻刺延住，营求差使，生事害人，乖张事体，沮坏边务，乞敕兵部查照先次奏准事理，从公督发，庶免奸顽得志，事体纷扰。该奉圣旨：兵部知道。钦此钦遵，抄出到部。查得先该太监张永题，乞将前项官军存留哨马营安插操练，等因。奉圣旨：准他留在三千营操练听用，兵部知道。钦此钦遵，抄出到部，已经通行去后，今抄前因，合再照会前去。照依太监张永奏，奉钦依内事理，钦遵知会，等因。臣照得前项官军，合当发回原处，必难存留在京，备细缘繇具见先次奏词。兵部覆奏，要留二十名，已非公论，幸赖圣断，止留十名，其余俱各发回原处，至公至明，不胜仰戴①。今承前因，臣惟天下之事，止于一公而已，若事出非公，虽屡变而无害，若事繇公道，当一定而不易。前项官军累经兵部督发过口，都督孙安奏讨学士商辂建言累累，不蒙发回。今幸公道开明，又被中道止遏，缘太监张永奏留之时，皇上万机之繁，岂必究详原奏，既奉钦依兵部知道，自当查理执奏②，不可爽信③，亏公比及催取，奏至，即非常行事，务亦当通行查奏，请旨定夺，督发施行，庶得守信从公，不碍事体。臣本非才过蒙委任，若使依阿承顺公道不立，恐误边方大计，罪祸非轻，乞敕兵部会同从公查理臣先次奏准事理，督发施行，谨题。景泰四年三月二十二日。

◎题为边务事（卷2，第329～331页）

据守备西猫儿峪马营周贤呈，该兵部议拟奏准都督杨能建言事理，有警著令领军与大同、宣府官军互相期约出奇剿杀，等因。案查先该都督孙安具奏，兵部奏准令于马营专一操守。今又奏前因，

---

① 仰戴，敬仰感戴。
② 执奏，持章表上奏君主。
③ 爽信，失信。

欲便遵守，奈缘本营马队，止有官军二千四百余员名，内除无马官军五百四十余员名，令其专一屯种，其有马官军一千八百余员名，又要守城守瞭，并长哨夜不收等项，止有一千五百余人。抑且地临极边，逼近胡虏，四通八达，最为紧要喉襟之所，宣府怀来藩篱。先年达贼犯边，俱从大小石门、桦皮岭并独石等处入寇，所系非轻。设若有警，本职将领官军前去，会合出哨，恐贼谲诈，倘有掩袭①，声东击西，一旦又从本营地方突入侵犯，本营孤悬狄境，人少力弱，外实里虚，猝无应援，使进退不能成功，必致误事。况独石、马营、云州等堡人马，已有钦命宣府副总兵都督等官孙安等提督节制管辖，各城各有分委都指挥等官职掌，岂敢擅自调领。如有警急，若领本营官军出战，则营堡空虚缺人守备。若依先奉原议勘合事理，专一操守，则又违慢②，今奉钦依，得罪非轻，进退两难，理合通行具呈，乞为照详定夺，庶免误事，具呈得此。伏念臣以一介书生，叨受边寄③，藩臣④之体，本当奉行命令。但边事甚大，理难缄口。况周贤所言，亦为有理。臣更请以周贤所未言者，为陛下言之。臣闻兵法有曰"知彼知己，百战不殆"。又曰"能守而后可战"，兵法未暇论，杨能独不知往年独石、马营，杨俊弃城之事乎！独石、马营口外各堡，俱是唇齿坚壁，足食足兵，人各专城，别无沮挠，尚且一筹不展，弃城而逃。今大同迤西至右卫，宣府迤东至独石，相去数千百里，重山峻岭，深沟断涧，自口外龙门迤西边墩之外，别无设置，一有声息，动辄梗绝⑤。杨能乃欲以不可测度之贼情，以贫难复守之士卒，以转输有限之粮草，预为会合之过计，远赴数千百里

---

① 掩袭，突然袭击。《文选·陈琳〈为袁绍檄豫州〉》："内相掩袭。"李善注："《左氏传》曰：'凡师轻曰袭。'杜预曰：'掩其不备也。'"

② 违慢，违抗怠慢。

③ 叨受，犹承受。自谦之词。叨音 tāo，承受。边寄，防守边疆的任务。

④ 藩臣，拱卫王室之臣。

⑤ 梗绝，阻断，断绝。

之期约。臣诚愚昧，未见其可，其言似乎可听，其事未必可行，可以动庙堂，而不可以欺边人，可以惑一面，而不可以掩众目。臣与都督孙安等在边，但知无事之时，爱军惜马，修器械，谨烽火，严兵自备，慎固封守，酌量人力，增修墩堡，于以制要害之虏冲，于以便耕作之人畜。近又将往年贪黩总兵镇守内外文武官员庄田数百余顷，一一勘出分派贫军，使之分班操练，尽力屯种，以养人力，以收人心。设若旦晚有警，恃我之逸，乘彼之劳，守战随机，应变在我，使贼欲为久住，则野无所掠，而动止狼狈，欲为南牧，则恐蹑其后，而首鼠①狐疑，犬羊无赖，坐取败亡，必不使之有得意之日，且幸边境小康②，天年丰稔③。庶几人力稍裕，人心稍孚④，以须军政修明，士气振作，复仇大举，岂无其时。而又上赖陛下盛德，九重之上，根本之地，进君子而退小人，百官之众，心术之微，戒阴邪而勉忠直，下服人心，上回天意，区区也先逆贼，将呼之而不来，驱之而不行矣。臣迂阔⑤之见，犬马⑥之诚，端在于此。若如杨能建言，所谓会合大兵，荡灭腥丑，臣实未闻。盖哄弄虚头⑦，谎说大话，素非臣所能，开边结衅，亦臣所不敢。古人有言曰"生事邀功"终匪朝廷之利，愿陛下无忘此言。臣又窃有献焉，今日边上大事，臣之所忧，盖不在于宣大之不能会兵，而特在于宣大之官多而不和，望朝廷力为调停，早为主张，边境幸甚。臣非不知和同静默，

---

① 首鼠，亦作"首施"。踌躇；迟疑不决。

② 小康，稍安。《诗·大雅·民劳》："民亦劳止，汔可小康。"郑玄笺："康，安也。今周民罢劳矣，王几可以小安之乎？"

③ 丰稔，犹丰熟。《后汉书·法雄传》："在郡数岁，岁常丰稔。"李贤注："稔，熟也。"

④ 孚，为人所信服。《诗·大雅·文王》："仪弄文王，万邦作孚。"毛传："孚，信也。"

⑤ 迂阔，不切合实际。

⑥ 犬马，旧时臣子对君上的自卑之称。

⑦ 虚头，弄虚作假；骗局。

可以固位①，呶呶②忤众，足以取祸，顾以疏远之迹，受恩深厚。今为此言，在庙堂为忠告，在陛下为献忠，况国之大事，在平兵戎，而又为边臣之职守，反复思之，不能自已，谅陛下必不以徇私③妄言，沮挠边事，疑臣咎臣所据周贤所呈，乞敕兵部计议定夺施行，谨题。景泰四年四月初七日④。

◎题为边务事（卷2，第331~332页）

照得镇守独石等处副总兵都督同知孙安，自今年二月得患风疾以来，至今未能平复，虽是勉进药饵，然手足不时疼软，动履艰难。缘独石等处系紧要地方，即夏秋之际，系防寇时月，诚恐万一有警急误事。会同议得前项地方系是复守，人心未甚安妥⑤，人力未甚宽裕，必得熟谙边事，宽猛⑥相济之人提督守镇，庶几，可望事济功成。今看得本处独石守备都指挥张林，质直老成，曾经守战马营；守备都指挥周贤，性资英锐，胆略出群；及照在京都督金事刘深，今年领军出关，直抵宣府而回，一路往来，军政修明，人心悦服。乞敕兵部详审计议，合无于都指挥张林、周贤内量选一员，照旧于赤城居中提督，其守备官另行推补，惟复特命都督刘深镇守地方。再照都督孙安，虽有前疾，但本官复守前项废弃地方，颇效劳勩⑦，更乞朝廷起取回京，量加优待，令其调理安痊听用，不胜幸甚。景泰四年五月十三日⑧。

---

① 固位，巩固保持权位。保住职位。
② 呶呶，多言；喋喋不休。
③ 徇私，顺从私欲或私情。
④ 景泰四年四月初七日，1453年5月15日。
⑤ 安妥，平安；安宁。
⑥ 宽猛，宽大与严厉。
⑦ 劳勩，劳苦。勩音yì，劳苦。
⑧ 景泰四年五月十三日，1453年6月19日。

◎题为禁约无益害军奸弊事（卷2，第332~333页）

伏睹皇上即位以来，诏令所颁无非仁政，诏有曰：各处寺院，止许曾给度牒①僧人住持②为国为民祝厘③，如无度牒及顶他人度牒，并不落发之人，假称僧徒在各寺院占住，躲避差役者，诏书至日，令各首官还俗，悉宥其罪。违者，起发口外充军，里老④四邻不举首者，罪同，钦此。诏又曰：在外造作，除军需仓厫，修理城池，并堤备水患，疏通粮道外，其余修理公廨衙门、钟鼓楼寺院等项，但系于碍工程浩大，动劳人众不急之务，虽曾奉有勘合⑤，亦暂停止，以宽民力，不许指此为緃科扰害民，钦此。天下之人晓然⑥皆知皇上有不忍人之心，有不忍人之政，真大有为之君也，斯世幸甚。臣近看得口外地方神栖、庙宇、寺观、庵院、祠堂、碑亭，不啻⑦数千百处，数千余间，俱是比先边境无事，总兵镇守等官剥削下人，科敛财物，尅减粮料，私役军余盖造，古人所谓众以为金碧荧皇，臣以为涂膏衅血正此谓也。又访得比时，多有无藉奸懒吃粮军人投充善友，假以供奉香火为名，甚至私自披剃为僧，每处积至一二十人，不徒影射身体，躲避差操，有等官员且加敬礼送与衣食，置立庄田，拨军耕种，每年有收至米谷千余石者。夫此等官员其一身之贪婪，役占已自不可胜言，而又干办此无益有害之事，置操练而不问，视边备如等闲，以致军士之锐气丧尽，下人之怨嗟充塞。一旦有事，

---

① 度牒，僧道出家，由官府发给凭证，称之为"度牒"。唐宋时，官府可出售度牒，以充军政费用。

② 住持，佛教寺院主管僧的职称。起于禅宗。也称"方丈"。后道教亦用此制，称道观之主持者。

③ 祝厘，祈求福佑，祝福。

④ 里老，指里长（一里之长。仿周代闾胥、里宰之制，后代或置或废，建制不一）。

⑤ 勘合，验对符契。古时符契文书，上盖印信，分为两半，当事双方各执一半。用时将二符契相并，验对骑缝印信，作为凭证。凡调遣军队、车驾出入皇城、官吏驰驿等，均须勘合。

⑥ 晓然，明白貌。

⑦ 不啻，不仅；何止。

鲜不偾坏，至今口外虽妇人女子皆谓，昔年若以金阁观一半工程材料包砌云州之城，虏贼如何得进，边民何至逃散，盖金阁观在口外极其壮丽，而口外之人动心逃走，与夫贼之敢为肆行者，皆以云州先破，而云州之破为不曾包砌城垣故也。此虽愚下之言，自是当时实事，缘今各处自经扰攘之后，居人艰难，墩台楼橹多有未完，原额官军多有未足语屯种，则开垦之人力未敷语守战，则教养之人心未固，若不严加禁约，早为申明，不惟有负皇上明诏盛心①，诚恐此风复起，覆辙复蹈，其为误事可胜言哉。然口外一隅所见，如此四方万里未必不然，乞敕兵部计议，通行各边关镇守内外文武官员及各该司府州县，钦遵节次诏书事理，今后自非祀典神祇②坛庙，不许兴工修理，及重别再有创造，其占住寺院之人，仍许自首，违者，罪之如有故违擅兴土木，劳民伤财，及纵容躲避役使耕种等项奸弊，许该地方官劾奏施行。其口外尤甚艰难，原有住持去处，亦合暂缓候边事十分宁息，军民俱各饱暖，然后量与举行，谨题。景泰四年六月初一日③。

◎题为急缺边仓收粮官员事（卷2，第333~334页）

案照先据云州堡等仓收粮吏目王鉴、安吉等各告云云，具告得此，审看得云州堡仓吏目一员，王鉴年六十岁，赤城广备仓吏目一员，安吉年五十六岁。各官年老目昏，精神疲倦，难以收粮。是实所据告要守支一节，查得先该臣等看出直隶保安等州，万全广积等仓副使张本等（外门内曷，音 yà）茸误事，奏乞选官更替。该吏部奏准选官更替，将张本等原收粮斛④交沿与见在新任官员收掌支销，

① 盛心，深厚美好的情意。
② 神祇，天神与地神。《史记·宋微子世家》："今殷民乃陋淫神祇之祀。"裴骃集解引马融曰："天曰神，地曰祇。"泛指神灵。祇音 qí。
③ 景泰四年六月初一日，1453年7月6日。
④ 粮斛，粮食。以斛计量，故称。

其张本等送部定夺。去后今照吏目王鉴、安吉虽有经收粮斛，缘俱系先今守支见任该仓副使眼同①经收，不系按管更替。今各官既已年老不能管事，若不照例起送，又令守支，诚恐虚糜廪禄未便。及照雕鹗堡仓收粮吏目逯清于景泰四年五月内为事问送都察院，长安岭收粮吏目刘祥于本年六月内丁忧去讫②，龙门仓久缺收粮州官，未经铨选。今照口外各仓见蒙坐拨浙淮、长芦运司引盐，共四十五万四千有余，该米豆一十八万三千余石，及本年夏秋税粮并借运赎罪等项粮料米豆数，多数内除独石广积仓、马营广盈仓、龙门广盈仓，俱有直隶隆庆州判官一员管事外，其余俱各急缺官员管理收受。乞敕吏部将吏目王鉴、安吉，合无令其守支，惟复照依张本等事例选官更替，原收粮斛交沿与见任官员收掌，将各官送部定夺。及另行急选有精力能干州官前来各仓收受粮斛，庶廪禄不致虚糜，边储不致失误，谨题。景泰四年七月十七日③。

◎题为守备官员事（卷2，第334页）

照得守备云州堡沈礼见年六十之上，精神疲倦。缘云州堡系紧要地方，必须守备得人，然后不致误事，况今贼情不测，守御尤当加意。会同总兵孙安计议得，万全都司随操都指挥使李刚年力强壮，骁勇有为，乞敕该部令本官于云州堡守备，与同协同指挥陈忠同心协力，以理边务，诚为便益，谨题。景泰四年八月初八日④。

◎题为边务事（卷2，第334~335页）

景泰四年八月初八日，准兵部咨呈抄出都御史李秉题：照得近

---

① 眼同，会同；跟同。
② 丁忧，遭逢父母丧事。旧制，父母死后，子女要守丧，三年内不做官，不婚娶，不赴宴，不应考。去讫，犹完毕，完了。
③ 景泰四年七月十七日，1453年8月21日。
④ 景泰四年八月初八日，1453年9月10日。

年以来迤北进贡使臣，皆在宣府住札。先该兵部为因宣府军马数少，恐被虏贼觇其虚实，奏准命将领兵前来防范，虏使出境壮观，边城军马之盛，潜消①虏使觊觎之心，诚边境之幸，社稷之福也。但缘宣府官军，今年本处及出境采打秋青草，止勾②喂饲骑操马匹，而年例草束，仅勾只待使臣马匹之用，在场蓄积草数不多，加以今岁荒旱无收，人心忧惧。虏使回还之际，若用在京官军前来，未免糜费粮草，急难措置。臣今年春与总兵杨能前去白庙儿，会同副总兵孙安勘议修筑墩堡，言及虏使回还动调官军赴边一节，有孙安说称，比先虏使将到，口外官军会调宣府摆列③，即今口外城池已完，军马颇多，虏使来时，照旧摘拨④人马协助宣府摆列，庶免疲劳京军，坐食粮草。臣今会同议得，虏使贡期，在迩防范之策，固不可不严，粮草之费，亦不可不虑，若不预先处置，诚恐临期误事。伏乞圣裁，敕该衙门从长计议，合无今后如遇虏使往来，宣府总兵等官预行副总兵孙安量拨彼处各城精壮官军二三千员，令的当头目管领于九月末旬，量备行粮马草听候，若遇虏使往回，飞报各官催调前来协助摆列，以壮军士之气，以寒虏使之心，候其赴京及出境之日，各回本处操守，如此，则军容振肃，而虏使知惧，粮草有积，而转输不劳，具题。奉圣旨：兵部知道。钦此钦遵，抄出到部。参照所奏，虽称前因，缘宣府各城者，京师之屏蔽，而独石一带又为宣府之藩篱也。虏使数年以来，朝贡往复，俱由此处，其内外远近事体缓急，军马多寡，无所不知，兼且此辈名为摅诚⑤入贡，实则窥伺边境，万一动调独石军马前来宣府摆列，而彼处却有声息，则是城堡空虚，人心危惧，未免彼此不能应援，别生意外之虞，往事之失不可不监，

---

① 潜消，暗中消除。
② 勾，古同"够"。
③ 摆列，排列；陈设。
④ 摘拨，调派。
⑤ 摅诚，犹竭诚。

况独石各城军马甚少，若调去二三千员名，必致缺军守御，有此窒碍①本部难以遥制定夺，合无行移孙安、叶盛再行计议，及体问②孙安，比先曾无摆列其于边情事体，有无违碍，如果相应调拨，可保地方城堡俱各无虞，倘有声息，彼处见在官军自足捍御守战，不致失机误事，宜从动调前来宣府摆列，以壮军威，仍具数开奏。若是事有窒碍，难于动调，及比先不曾许借军马，亦将实情备由回奏定夺，务在处置停当，有益边务，不许朦胧偏徇③，自取重罪，具题。奉圣旨：是。钦此钦遵，咨呈到府。移咨准此，照得孙安先在白庙儿会议筑堡之时，虽曾议论，前因即非目今④事体，今该前因会同议得，撙节⑤粮草固为国之良规，而保固地方尤边境之重事。今照口外八城虽系宣府地方，南界长安岭，西隔龙门关，山冈陡峻，路程弯远，缓急之间，往来不便，以此摆列接送使臣，先年虽曾动调，自经捐弃复守以来，其宣府摆列，止是摘拨附近万全、蔚州等处军马，不曾动调口外，又况见在军马数目不及往年，只因粮草措办艰难，未敢请乞增添，亦不敢拨发别用，且各城又系极边孤悬虏冲，向来屡报烟火，近日，声息尤多，目今整搠所部人马，专备早晚守战，况虏使之来，诚伪难保平居，尚且戒心，此时尤宜加意所据前项，宣府摆列官军有此，逐项窒碍，难以动调，谨题。景泰四年八月初九日。

◎题为马匹料豆事（卷2，第335～336页）

景泰四年八月十六日，据万全都司呈抄蒙都御史李秉案验准户

---

① 窒碍，障碍；阻碍。
② 体问，探问。
③ 偏徇，偏私曲从。
④ 目今，现在；当前。
⑤ 撙节，节省；节约。

部咨，仰将马匹料豆，每年自十月初一日起关支①，次年四月初一日止，就便住支，备蒙具呈行。据隆庆左等卫操备指挥朱通等备旗军朱回儿等连名状告，俱自宣德年间选来操备马匹料豆，俱自本年九月十六日为始，至次年四月十五日止，连年关支，将马料自十月初一日起，至次年四月初一日止，除去一个月料豆，马吃枯草，日渐瘦弱，诚恐误事，等因，具题。抄出到部。节该本部查得，旧例在京操备马匹，每年自十月初一日起关支料豆，至次年四月初一日止，住支其草束，令各军自备喂养。正统十四年间，为因贼虏入寇，中外戒严，军士不得采草，马匹不得收放，是以暂改旧例，将京边操备马匹，有自九月十六日起关支者，有自九月初一日起关支者，是皆一时之宜，非为经久之例，即今虏寇感化边方，宁靖腹里，人民供给疲弊，已经奏准通行各边总镇及管粮官员，将各边官军骑操巡哨等项马匹料豆，俱照例每年自十月初一日起关支，至次年四月初一日止就便住支，共草束仍令各官军采积喂饲，若有不遵妄费边储，并听镇守并管粮官，将该管官员指实具奏拿问。去后今该前因，参照前项马匹料豆关支起止月日，系于奏准通行事例，难便更改，案呈合行移咨，烦行各该卫所，将前项马匹料豆仍照见行事例关支，倘遇住支时月，果有警急战守，应该支给料豆，另行定夺施行，具呈。得此会同都督孙安议得，即日秋高，天气严寒，又况今岁雨少，七月十七日以来，节降严霜，荒枯备尽，马草无处采打，骑操马匹见今朕息②，比之往年十分不同，若再减去半月料豆，未免愈加瘦损，有警必是误事。再照口外地方极临塞北，山高风猛，节令不同，难比口南腹里，又兼独石、马营连日累报，瞭见人马声息，觇贼侵犯，全赖马匹追剿，若不关支料豆，实恐有警不堪，驰骤调用不前，失误大事。审得都指挥郑祥等称，正统年间杨洪奏准每年自九月十

---

① 关支，领取。
② 朕，古同"朦"。

六日为始关料，至次年四月十五日止住支，欲行查例，缘文卷已于正统十四年扰攘①抛弃无存。如蒙准题，乞敕户部查照，先年口外奏准已行经久事例关支料豆喂饲，庶使马匹膘壮，不致误事。臣系守边官员，不敢坐视马匹疲损，亦岂敢妄费不惜边储，谨题。景泰四年八月十八日。

◎题为走回人口事（卷3，第337～338页）

据守备西猫儿峪、马营周贤等呈备袁能等呈，蒙差出境哨探贼寇奥鲁②或扫道③具实回报，蒙此。依蒙于本月初一日晚，从厦儿岭门出境，分为三路，至初二未时哨至地名龙王堂冲口，瞭见达贼精兵人马约有一百余骑往来打围④，别无奥鲁，及瞭得本冲迤西山梁东西人马扫道一条，备报具呈，得此。案照先准本府咨，前事已经行令哨探，及行宣府总兵官过兴等会议间，今呈前因。会同议得出境剿贼方略，除宣府一带将官地方径自调度处置，其口外八堡云州、雕鹗、长安岭人马止勾守城，新旧马五千余匹内新马一千以上存留守护城池难动，合用随征听调精锐头拨马步官军，马营合调一千员名，独石合调五百员名，龙门卫合调四百员名，赤城合调七百员名，龙门所合调四百员名，管领头目张林、周贤之外，合令守备都指挥郑祥、黄瑄、张寿、张杰等内定用神枪火器，合行钦差守备独石、马营等处内官弓胜、陈庄管领，俱各整点随军什物粮炒等项齐备，刻时定日，臣等身先督领一路于马营厦儿岭境门内一路，于赤城野鸡山境门内取齐先行分差，乘觉夜不收再行抓探贼人临时的确去处，或可以遇夜劫营，或可以乘便追杀，又在观时应变，不可执一预定

---

① 扰攘，混乱；骚乱。

② 奥鲁，古代蒙古人出征时，留在后方的家属、辎重。又写作"阿兀鲁黑"，复数为"阿兀鲁兀惕"。译作"家小""老营"或"老小营"。

③ 扫道，经过的道路。

④ 打围，打猎。因须多人合围，故称。

至期，或约会前进，或分道兼行，遇贼当先奋勇，以图成功，其发兵日期，合候请旨，至日密切施行。再照前项瞭见打围贼众多是兀良哈部落，观其东西往来，料必不止于此，中间有为也先腹心乡导①者，有被伊抢散做贼偷马打围过活者，有假讬②打围，窥觇③埋伏勾引我军者，况其围场去处散漫不一，今朝明日迄无定向，中间谲诈事机，实难轻易测度，些小④孤军既不敢轻易举动，必须选调各堡精兵，亦不过三千有余，守备城堡官员须用提兵听调，仰赖朝廷威灵，将士效力，必保万全。然又不敢不为一得之虑，万一此贼声东击西，勾引我军出境，别有意外，侵犯结连之虞，即今口外八堡修复未□，如病人乍起，如破器再完，惊散之人心，未能固结，疲竭之人力，未得精强，少有不周，急难措置。又况此军残贼向来俱各苟全喘息，不敢犯边，纵使掩袭⑤一二，不足雪耻复仇，待其罪恶贯盈，庶几，灭亡有日，兼且贼酋也先阳讬和好，今又贡期在迩，寻伺衅端，不可不慎，再三计议，得贼若不行犯边，上紧⑥操练军马，加意休息士卒，养威蓄锐，耀武扬威，谨慎烽火，严饬边防常如寇在，日前不许斯须怠忽⑦，设若此贼敢犯我边，或逼近夹墙，则理直在我，衅曲在彼，兵出有名师行无敌，恭行天讨此其时也。古人有言曰"敌加于己，不得已而起者，谓之应兵，应者胜。"其此之谓欤。臣等职在守边，非不欲建立功勋，希慕⑧爵赏，但有前项，合当计议，定夺缘

---

① 乡导，向导，带路的人。乡，通"向"。

② 讬，同"托"。

③ 窥觇，暗中察看；探察。

④ 些小，细小；微小。

⑤ 掩袭，突然袭击。《文选·陈琳＜为袁绍檄豫州＞》："内相掩袭。"李善注："《左氏传》曰：'凡师轻曰袭。'杜预曰：'掩其不备也。'"

⑥ 上紧，赶快；加紧。

⑦ 斯须，须臾；片刻。《礼记·祭义》："礼乐不可斯须去身。"郑玄注："斯须，犹须臾也。"怠忽，怠惰玩忽。《书·周官》："蓄疑败谋，怠忽荒政。"孔传："怠惰忽略，必乱其政。"

⑧ 希慕，仰慕；羡慕。

繇，不敢苟且邀功，轻易生事，具实回奏，谨题。景泰四年九月二十日①。

◎题为谢恩事（卷3，第338页）

景泰四年九月十八日，臣在赤城有奏事②，夜不收刘王留顺赍本年八月二十五日，钦给臣前任兵科都给事中并父母妻室封赠敕命一道前来，臣谨率官属郊迎③进城拜读讫，天恩宠光，增贲山谷，玉音褒嘉及于一门，凡在存亡，靡不欢悦。伏念臣腐儒末学④，徒守朴忠，愧无卓异之才能，乃有特恩之敕命，恩浮望外荣与忧，并瞻望天颜，倍深感激，谨当益坚初志，强勉后功，庶竭蝼蚁之私用，答乾坤之造除，望阙⑤谢恩外，谨奏。景泰四年九月二十一日。

◎题为抚服残寇事（卷3，第338～340页）

据走回人王刚称，原跟达贼阿者俺等一百余人，为受也先部下达贼革干帖木儿使唤不过⑥，因此逃出，被也先部下达贼赶来，杀了四十余人。一向在东北里河边住，在营听得达贼说称，我每北边又怕也先差人寻杀，南边又怕南朝军马，怎得一个人与南朝边上人说，我每只在边上躲避，也先趁水草打围过活⑦，我又不去犯边，等语。及宣府入境进贡使臣说，被野达子惊散迷路进来及野鸡山墩下达贼带领黄狗，将弓箭解放约远五十余步打话⑧，墩上人不晓番语⑨，等

---

① 景泰四年九月二十日，1453年10月21日。
② 奏事，向皇帝陈述事情。
③ 郊迎，古代出郊迎宾，以示隆重、尊敬。
④ 腐儒，迂腐之儒者。末学，肤浅无本之学。多用作自谦之词或自称的谦词。
⑤ 望阙，仰望宫阙。喻怀念天子。
⑥ 不过，用在动词或形容词后面，表示程度最高。意谓到了极点。
⑦ 过活，度日；生活。
⑧ 打话，对话，交谈。
⑨ 番语，少数民族或外国的语言。

因。臣与副总兵孙安议得，我国家之与逆贼也先，诚万世必报之仇。朝廷念边储未充，人力未裕，故问罪之师，未即兴举。皇上之心，即古先圣王待时而动，动在万全之心也。斯世幸甚，臣等切照兀良哈等卫达贼，在北虏最为精悍骁勇，瓦剌等部下人马皆所不及。祖宗以来，设卫安插，宽抚得宜，不曾为患。后来逆贼也先潜蓄异谋，妄加吞并，抢掳迫逐，不能宁居。加之处置乖方①，或边将贪功生事，杀掠戕害，使之进退狼狈，计穷力屈，不得已胁从也先。往年逆贼入寇，皆此贼为前锋，盖一则籍其勇力，一则视为异类，一则使之雪其宿愤，逆贼之得以一时侥幸者，盖其善用兀良哈残贼故也。今闻贼中有信受也先约束，跟随往来，为腹心之人者，有因受逆贼酷虐，偷拐马匹，前来沿边一带苟全喘息者，十百为群，各带骑马家小东西往来，趁逐水草打围过活。近来边墩上瞭见人马，及所谓野达子皆此辈也。王刚所说前项情繇，以意揣之，未必虚诈。臣等窃谓此贼杀之既有可矜，且不足谓之雪耻复仇，不杀则恐在边日久，窥觇稔熟，又复被胁，归之也先，其为患害实是不小。臣等欲乞朝廷特命降安抚残寇木榜，谕以祖宗设卫豢养之恩，与近来抚驭②失所之故，若能纠众归顺朝廷，必为区处安插腹里地面，如其执迷不悟，或听别部指使，沿边往来，窥觇侵犯，则立调大军通行剿灭。上以宣君父之德意，下以离逆贼之腹心，且既得其人，可以先知虏情虚实，因而取胜亦可豢养日久，因为我用，从此声罪致讨，灭耻除凶。臣等愚昧未知可否，伏望皇上体天地好生之仁，扩王者无外之量，特召在廷诸臣详定可否，务使残寇见之，必坚归顺之心，逆贼得之，亦无藉口之衅，然后降式施行，每面前写直书，后写夷字，臣等依式刻成木榜，选差敏捷夜不收乘夜将前项木榜，离墩三四十里之外

---

① 乖方，违背法度；失当。

② 抚驭，安辑控驭。

有水草去处安放，若此贼果有生道①来降，臣等则当另行奏闻处置，设若此贼执迷不省，仍复在边出没，别为构结侵犯之谋，臣等奏请会兵夹道，奖率三军，搜捕残寇，使无遗类②。如此，庶得问罪有名，而受杀之人，亦无怨无悔，上全皇上之德，以合天地之仁。《易》曰："天地之大德曰生。"《诗》③曰："普天之下，莫非王土。"《兵法》亦曰："微哉微哉！无所不用间也。"惟皇上念之而已。所据大同、宣府等处各边可用去处，亦乞裁处，缘系边情重事，伏乞裁示施行，谨题。景泰四年十月二十日④。

◎题为进贡事（卷3，第340页）

景泰四年十月二十六日夜五更，据守备马营周贤等呈，备瞭高军人宋敏报，本日申时瞭见境外达子五人骑坐骡八匹到墩，欲要放炮打他，说我是林指挥来进马等因，具呈。行间，二十七日未时又据本官呈，据差去夜不收百户李长且儿前去探得前项达子称，是也先差来朵颜卫腰儿不花鬼军下那林指挥等五名，马七匹，骡子一头，说称大沙窝来行走四日到边，见在墙外，等因。本日一更时分，又据本官呈，据瞭高军人夏良本日辰时分瞭见境外达子四人，骑牵驼马到边称，说我是通事米瓒的使臣虎达别的等四人，寻驼回还，审实随即验放入境，备呈得此。会同副总兵孙安议得，前项使臣既称系进贡，例该验放只待送京，已差镇抚李兴前去镇门墩验放，去后及照先据周贤等呈，据通事米瓒说称境外尚有六人，寻赶惊走驼马，等因。今来又只四人，前后不一，况连日进贡使臣前起未行，后起随至，及据镇抚李兴回还，赍执番书一纸呈送前来，所据各项夷情，中间恐有谲谋，除行各堡加意堤备，并行宣府总兵等官知会外，具

---

① 生道，使民生存之道。
② 遗类，指残存者。
③ 诗，指《诗经》。
④ 景泰四年十月二十日，1453 年 11 月 20 日。

本题知。景泰四年十月二十八日。

◎题为抚服残寇事（卷3，第340～341页）

景泰四年十一月初二日，节该钦奉敕，得尔盛等奏，今兀良哈等卫达子在边往来，恐其为患，要出宣谕①木榜散在边上，诱其来降，等因。具悉，今特准所言，颁去宣谕一百道，至日尔等即照所奏施行，钦此钦遵。会同副总兵孙安议得，前项宣谕，欲便刻榜。缘宣府节报朵颜卫达贼见今在边，诚恐迟滞误事，又恐翻刻差讹，已经星夜僭②造红油木筒，各长二尺三寸，内用油纸包裹榜文，行令守备官于沿边地方内，议拟可以安放榜文处所，并于夜不收内拣选惯熟乖觉敏捷者，赍领榜文并木筒前去，择定于本月初八日出境，或照依本堡墩台，每墩三座安放一处，或量择达贼经行下营水草处所，俱要离境三四十里，眼目看见所在埋立标竿，悬挂榜筒，去人回日，俱要里数地方及记号回报。仍差委的当官员晓谕沿边墩台守瞭官军，不可因见榜出，辄便怠慢，务要比常加慎。凡遇达了近边解去弓箭，说是来降者，驰报定夺。行间，续准都御史李秉照会，会同镇守总兵内外官员议得，宣府迤北境外俱系口外，龙门卫迄西地方今有朵颜卫达子在彼出没，要将臣等宣谕木榜内量存十道，齐送宣府，差人出境安插晓谕，等因。为照宣府与口外境界相连，事体相同，虽臣等钦奉敕内，不曾开发宣府，缘口外俱系择定本月初八日乘夜分投出境安放，若候奏请至日发去，不惟迟滞误事，亦恐难作两次施行，当将榜文除发各堡外，已行差官赍捧二十道前去都御史李秉处交割③。一体斟酌施行外，续据口外守备张林等呈，据夜不收曹旺等呈，依奉将领到榜文木筒，各于本月初八日晚分投出境，

---

① 宣谕，宣布命令；晓谕。

② 僭，音jiàn。古同"僭"。超越本分，古代指地位在下的冒用在上的名义或礼仪、器物。

③ 交割，谓办理移交时双方交代有关事项，结清手续。

遵依悬挂停当，本月初九日早入境讫，具呈开报，得此。案照前事已经通行，去后今该前因，参照绥怀安辑，诚朝廷之盛德，而堤防警饬，尤边境之远图，除遵依敕旨，再行各堡沿边腹里官军，比常加意，为备相机处分外，谨具题知。景泰四年十一月十二日①。

◎题为整饬边务事（卷3，第341～342页）

景泰四年十一月十二日，承准兵部照会前事内府抄出守备内官弓胜题：总兵孙安患病，等因。奉圣旨，兵部知道。钦此钦遵，抄出到部。参照所奏，虽称前因，缘都督同知孙安，系于守边将臣，及查无彼处协赞军务右参政叶盛具奏缘由，即日又系虏情变诈之际，边将不可轻易未经勘议难便遥制定夺，合无铺马②差人赍文与协赞军务右参政叶盛从公③查勘，副总兵都督同知孙安是否患有前项疾病，堪否医治，守边应否作何处置，务在勘议明白，星驰具奏定夺，既不许轻易纷更④沮挠边务，亦不许因循苟且致误边备，具奏。奉圣旨：是。钦此钦遵。照会前来，臣钦遵勘议得，都督孙安委于景泰四年十一月初一日，与臣在赤城东门外馆待使臣那林等回还，止因怒气急性，原患中风病症，又复举发，至今一十三日。虽是未出管事，臣日至卧内看视所患，见其手足渐能举行，未是十分沉重。今该前因，臣惟独石等八城孤悬口外，委系紧要边方，将臣所系，诚为不轻。今内官弓胜所奏，盖以孙安有病，乞与代去。但臣有不敢不尽者，今日朝廷将官，臣疏远不敢妄议，若以宣府怀来将官言之，分守已定，决不可动，地方隔绝，又难兼理，此宣府怀来将官不可代孙安也。若以口外将官言之，臣前与都御史李秉，共举独石都指

---

① 景泰四年十一月十二日，1453 年 12 月 11 日。

② 铺马，驿马。古时驿站传递文书、迎送公差的坐骑。

③ 从公，犹秉公。

④ 纷更，变乱更易。《史记·汲郑列传》："何乃取高皇帝约束纷更之为？"裴骃集解引如淳曰："纷，乱也。"

挥张林、马营都指挥周贤，但张林长于绥怀镇静，周贤长于勇敢当先，若令协同孙安则可，若必令之代替行事，则张林、周贤劳绩未著，声望稍轻，又非孙安之比，此口外将官未可代孙安也。且孙安历练有年，实系旧臣老将，干办军事颇为用心，但其为人褊急①多疑，是以素与弓胜不和，亦与张林欠合，若非调和规正②斗讦已久，使其清心省事，除去褊急多疑，济以宽大坦率，善处弓胜勿与猜嫌，宽待张林勿求其细，故则疾病亦可渐去，下人亦无怨谤，较之骤用后生晚辈，犹为远胜今，须再为优容③，令其调理平复。目下倘有调发出战等事，臣当与之坐运筹策，临期处分④。口外战将张林、周贤之外如黄瑄、张寿、王荣、郑祥等，皆可授以成筹⑤领军取胜。古人舆疾⑥以讨贼，舆尸而走敌，意亦可见。伏望圣明，念极边重地，念将材难得，乞敕兵部行令孙安当思朝廷付讬之重，以古名将自期⑦，私怨小忿勿留于心，躁性暴气勿见于事，上紧用药调治，务在日下痊安，以理边事，以报国恩。如果孙安所患前疾，向去⑧有增无减，不能临下管事，使臣出境之日，恐失观瞻⑨，臣另行具奏乞代，取自上裁，谨题。景泰四年十一月十三日。

◎奏为谢恩事（卷3，第342～343页）

兹者朝廷以臣等口外地方修复城守，圣恩广大亦及凡庸，钦蒙

---

① 褊急，气量狭隘，性情急躁。《诗·魏风·葛屦序》："魏地狭隘，其民机巧趋利，其君俭啬褊急。"孔颖达疏："褊急，言性躁。"

② 规正，规劝匡正。

③ 优容，宽待，宽容。

④ 处分，处理；处置。调度；指挥。

⑤ 筹，音suàn，计谋，谋画。

⑥ 舆疾，舆病（抱病登车）。

⑦ 自期，自己期望；自许。

⑧ 向去，犹今后，以后。

⑨ 观瞻，外观和对外观发生的反应。

特赐银十两，纻丝二表里，谨已拜跽祗受讫①。切惟前项城守修复，皆朝廷威德，将士效力所致，顾臣何功受此上赏，下承天宠，中切冰兢②，敢不益励微忠，永固金汤之域，奉宣③至德同欢，衣被④之仁，谨具奏闻。景泰四年十一月二十六日。

◎题为边务事（卷3，第343页）

照得北虏今年进贡使臣于大同、阳和、宣府马营等处分道而来，其躧踏⑤路道，窥觇军马，逆谋奸计昭然可见，不待智者，而后知也。臣切惟进贡一事，中国近年自与瓦剌通好以来，止是大同、宣府两处大路许其出入，盖两处系是总镇⑥地方，钱粮军马蓄积屯聚，皆非所属城堡可比及，至临期所属城堡军马壮观，以振军威，以慑虏心。今一旦虏人分道入境，如宣府地方马营又系极边紧关要路，今年亦有虏使从此入境，不与之戒约遵守旧规，听其自行来去，窃恐非惟城堡军马被其掣制拘碍⑦，难以调发，及边方虚实被其侦伺稔熟，他日讬此为辞，分道入寇，重为边患。且自此以后，凡事不循旧规，无所忌惮，骄蹇纵恣⑧，妄自尊大，无厌⑨之求，非分之欲，其为祸亦岂小哉。臣在宣府馆待入境使臣那哈赤及卜花奴侍郎时，曾问及以为尔等今岁来朝不依常年事例，不循入境故道各边分道入

---

① 跽，音jì。长跪，挺直上身两膝着地。祗，音zhī。敬，恭敬。

② 冰兢，《诗·小雅·小宛》："战战兢兢，如履薄冰。"后以"冰兢"表示恐惧、谨慎之意。兢，亦作"竞"。

③ 奉宣，宣布帝王的命令。

④ 衣被，比喻蒙受恩泽，得益。

⑤ 躧踏，践踏。躧音xǐ。

⑥ 总镇，总兵的别称。

⑦ 拘碍，拘阂亦作"拘碍"。束缚阻碍。《后汉书·虞诩传》："今其众新盛，难与争锋。兵不厌权，愿宽假辔策，勿令有所拘阂而已。"李贤注："阂与碍同。"

⑧ 骄蹇，亦作"骄謇"。傲慢，不顺从。《汉书·淮南厉王刘长传》："自以为最亲，骄蹇，数不奉法。"颜师古注："蹇谓不顺也。"纵恣，亦作"纵姿"。肆意放纵。

⑨ 无厌，不满足；没有限止。

贡，或称系也先使臣，或称系各卫使臣，其皆也先使令主张，或是各卫各自主张，有那哈赤等答以并不系也先使令主张，俱是各卫各自因其所住地方取便入来，等语。臣惟此言谲诈，虽不可信，而机会则有可乘。臣议得前项事情干系①边务，乞敕兵部将前见在京使臣，谕以常年事例，入贡故道，使之遵守照旧，俱从大同、宣府出境。仍行口外马营所收弓箭，着落原收官员送至宣府听候，原来使臣回日交割。仍乞圣明，于使臣回还之日通行，请敕也先今后务遵旧规，戒约部属，凡有进贡使臣，各要仍从大同、宣府大路入境，若仍似今年，听从各卫部属，擅自主张各因所住地方取便分投入境，即系犯边，已令边将俱不放人，止知按兵厮杀而已。如此，庶使虏酋知愧，奸计莫施，而背约违盟，其曲在彼，唯圣明留意，谨题。景泰四年十二月 日。

◎题为固结人心节省边储等事（卷4，第344～345页）

案照节据万全都司经历司呈，抄蒙都御史李秉案验该户部奏准，将宣府各卫所相去沿边各城堡哨备官军，若有家小随住者，就将该支俸月粮米开于哨备处所关支，住支行粮②，果有父母年老不能前去者，俸月粮米仍在卫所关支，哨备处所关支行粮，通行遵守知会，等因。查得口外独石等八城见守官军一万五千有余，数内卫所居住老弱等项官军不过七千之上，河南输班客军二千有余，其精兵马步军六千有余，俱系宣府在城前等卫并长安岭迤南保安、隆庆左等卫调来哨备之人。景泰五年正月分食粮，案内查出前项哨备官军六千有余，数内旗军三千有余，俱在卫所关支月粮，哨备处所关支行粮。臣尝窃求其故口外系是居庸屏蔽，朝廷所必守之地，而极边苦寒，

---

① 干系，犹关系。谓对某事有责任牵连。

② 行粮，行军途中或在外执行任务时加发的粮饷。《明史·兵志二》："班军本处有大粮，到京有行粮，又有盐金银。"

东西北面不通往来，止有长安岭往南路通保安、隆庆，非宣府、怀来通达地方者，比故前项哨备军人，若止夫妻二口每月支粮八斗，衣食颇足，开于哨备处所支粮过活，但有男女父母者支粮八斗，难以赡用，故单身在边行粮过活，其父母妻子存留卫所，以圆月粮养赡，甚至有妻子暂赴哨备处所看望，而卫所即便开粮，及至归家卫所有行勘收粮之扰。又有哨备军人逃回看望父母妻子，而城堡官员动受捶楚①，及卫所邻里百方挨捕②之苦。切详前项军人室家系念食用不周，平居无事，尚且逃窜不守，设若紧关而欲望其死守，岂不难哉，边方坏事皆繇于此。今查得前项官军旧例有支粮本色一石三斗者，一石一斗者，累因撙节③边储，减去至于月粮本色八斗，行粮本色五斗，虽共该本色一石三斗，而彼此不得两全，公私不得兼济，若不区画定夺，非惟边军无固守之心，实则边储无节省之实。乞敕户部从长计议，不为长例。前项口外调来哨备官军，开去哨备处所关支，父母妻子随住。若有伯叔兄弟人口重大情原分房居住者，听照依一石一斗事例支与本色，则每一月可省本色米六百余石，每一年可省本色米七千二百余石。如朝廷俯念守边艰苦，父母妻子不彀④衣食，量与一石二斗支与本色，则月省米三百余石，年省米三千六百余石，其止夫妻见在哨备处所关支，月粮八斗者，量添本色一斗，共支九斗，其前项所添斗头或准于折色，除豁则穷军得沾实惠，且有所顾恋，得以尽心守边，而城堡免捕亡坏事之患，卫所免开收劳扰之弊，边储有蓄积之益，诚为利便，谨题。景泰五年正月初三日⑤。

---

① 捶楚，杖击；鞭打。亦为古代刑罚之一。
② 挨捕，谓严密搜捕。
③ 撙节，节省；节约。
④ 彀，音 gòu。古同"够"。
⑤ 景泰五年正月初三日，1454 年 1 月 31 日。

◎题为陈言边务等事（卷4，第345~346页）

照得近节该钦奉敕，比闻<u>瓦剌也先</u>擅自易其名号，此其心已不可测矣。今岁差来朝贡使臣不依往年，此其奸计必有所在。钦此钦遵。臣惟虏酋<u>也先</u>，<u>中国</u>与之所谓万世必报之仇，加以<u>也先</u>近来篡杀①其主<u>脱脱卜花王</u>，杀戮之惨，及于骨肉自古僭逆②如亡<u>金亮</u>者，渝盟③于<u>宋</u>兵号百万南侵，其母谏止④，杀其母以威众，然不久卒为其下所杀，今<u>也先</u>之恶不在<u>亮</u>下，反状⑤已具，必有侵犯之谋，天道祸淫⑥，岂无灭亡之日，顾吾所以应之者，何如耳。则夫内政之修治，外边之整饬，贡使往来经久计虑□皇上其可不慎重而加之意哉。前年春，<u>也先</u>遣使以既杀<u>脱脱卜花王</u>报知朝廷，臣在兵科，亦曾上言，正恐大义，若不昭明大恶，无所忌惮，蒭荛⑦之言已蒙留纳。今照虏使在京将还，调剂区处之术，谨始图终之道，坐令⑧国势崇严，虏心向附⑨，朝廷必有庙谋神断。臣不敢妄议，然犬马之忠，窃复以为堂堂天朝完如金瓯，养兵养士将及百年忠义材勇，岂无其人雪耻，除凶必有其日。又况<u>中国</u>之于夷狄，亦如正道之于异端，抚驭之道不徒⑩在于攻击，要在修其本以胜之。伏望皇上德愈隆，而益求其

---

① 篡杀，弑君而夺其位。

② 僭逆，越礼犯上。亦指僭逆之人。

③ 渝盟，谓背叛盟约。《左传·桓公元年》："公及郑伯盟于越，结祊成也。盟曰：'渝盟无享国。'"杜预注："渝，变也。"

④ 谏止，劝阻。

⑤ 反状，谋反的情况。

⑥ 天道，犹天理，天意。祸淫，谓淫逸过度，则天降之以祸。语出《书·汤诰》："天道福善祸淫。"蔡沈集传："天之道，善者福之，淫者祸之。"

⑦ 蒭荛，割草采薪。《孟子·梁惠王下》："文王之囿方七十里，刍荛者往焉，雉兔者往焉，与民同之。"赵岐注："刍荛者，取刍薪之贱人也。"这里指浅陋的见解。多用作自谦之辞。蒭，音chú。古同"刍"。刍是"芻"的简化字。

⑧ 坐令，犹言致使；空使。

⑨ 向附，向慕归附。

⑩ 不徒，不独；不但。《晋书·顾和传》："卿珪璋特达，机警有锋，不徒东南之美，实为海内之俊。"

隆，敬已至，而益求其至，从天叙以迓天眷①，察人言以收人心，无益之事既绝矣。而常防其源，讲读之功既勤矣，而力至其极，而又进君子，而退小人斥阴邪②，而奖忠直阃外③之任，求如吉甫④，如孔明立朝之士，求如张仲⑤，如祎允⑥。核实赏罚，蓄积钱粮，责之守臣；军强马壮，战胜攻取，责之将帅。严守御以为终岁之常熟，战阵以备一时之用。来犯则弗释，既去则弗追。勿使开衅⑦，致兵勿贪近功小利，上下一德，内外一心。如此，虽百也先复何为哉。《虞书》⑧有曰："无怠无荒，四夷来王。"又曰："在知人，在安民。知人则哲，能官人。安民则惠，黎民怀之。能哲而惠，何忧乎驩兜⑨？何迁乎有苗？何畏乎巧言令色孔壬？"其此之谓欤然不然，非臣所知也，惟皇上留神省察天下幸甚。再照今年也先等进贡使臣不从往年大同、宣府大路，乃分道兼进大为非便。臣与都御史李秉会议，备陈利害具奏外，乞敕该部查照，谕以常年入贡故道，使之遵守，仍行大同、宣府，如口外马营所收弓箭，俱送宣府候原来使臣交割出境，仍乞通行。请敕也先今后务遵旧规，戒约部属，凡有进贡，仍从大同、宣府大路入境，如仍似今年各卫部属，各因所住地方入境，即系背约，意在犯边，已令边将俱不放入，止知按兵厮杀而已，仍乞敕各边知会，遵守施行。臣职守边方，义难隐默，谨题。景泰五

---

① 天叙，天然的次第、等级。迓，迎接。上天的眷顾。语出《书·大禹谟》："皇天眷命，奄有四海，为天下君。"指帝王对臣下的恩宠。

② 阴邪，阴险邪恶。

③ 忠直，忠诚正直。阃外，指京城或朝廷以外，亦指外任将吏驻守管辖的地域，与朝中、朝廷相对。

④ 吉甫，指周宣王贤臣尹吉甫。又称兮伯吉父。姓兮，名甲，字伯吉父（父一作甫），尹是官名，曾率师北伐玁狁至太原。遗物有《兮甲盘》。《诗·小雅·六月》："文武吉甫，万邦为宪。"后代诗文中多以之作贤能宰辅的典型。

⑤ 张仲，西周人。宣王时贤臣。性孝友。与尹吉甫友善。

⑥ 祎允，指费祎和董允，三国时蜀汉名臣，与诸葛亮、蒋琬并称为蜀汉四相。

⑦ 开衅，引起争端。后多指挑起战争。

⑧ 《虞书》，《尚书》组成部分之一。相传是记载唐尧、虞舜、夏禹等事迹之书。

⑨ 驩兜，相传为尧舜时的部落首领，四凶之一。

年正月十五日。

◎题为军务等事（卷4，第346～347页）

照得先节该钦奉敕谕，军中一应奸弊，尔须严切关防，痛加禁约，毋令下人夤缘①作弊，及纤毫科扰军士，私占役使，有妨操守。如违，听尔劾奏处治，尔其钦承朕命，钦此钦遵。景泰五年二月二十二日，臣公同监察御史章亮，给散②长安岭迤南墩台赏赐银两，间准镇守副总兵孙安手本为地方事开。据守备云州都指挥沈礼等呈，禀本月二十日抄蒙内官弓胜钧帖③仰沈礼等，即查原在韩内官下种田，军人拨与总旗樊名同本堡军人韩得幸管辖种田，其拨过姓名呈来知会，等因。臣切惟今日各边各关军中奸弊固多，而莫大于管事官员，私占官军，广种庄田一事，即如口外八城堡，比之各边尤号艰苦，兼之新经复守，疮痍未瘳，官军上下衣食不给，若使管事官员稍能抚恤，令其休息牧放屯种之时，各自经营生理养活家口，庶几锐气可生，战心可鼓，第④往年无事之先总兵镇守内外，文武官员专一，役占官军，广种庄田，多至千余，少亦百数，守墩台者不及看庄出祃⑤者之多，执犁锄者不比操弓演箭者之少，附近肥饶地土尽属官豪，鸢远沙薄山岗才及军士，军士不惟无力可种，亦无暇得以自种，即年丰岁稔，而穷军下人未免有啼饥号寒者，大官巨室千仓百廪，由是而应召纳粟，则关给官粜与盐商，则多沾重利，无非供苞苴⑥贿赂之用，益子女玉帛之娱，不顾剥削军士之脂膏，耗损下

---

① 夤缘，比喻拉拢关系，阿上钻营。

② 给散，发放。

③ 钧帖，古代对有身份的人的柬帖的敬称。

④ 第，连词。表示转折，相当于"但""只是"。

⑤ 祃，音 yà。古代田猎时以猎获物祭四郊之神。

⑥ 苞苴，苞，通"包"。即蒲包。用苇或茅编织成的包裹鱼肉之类食品的用具。《礼记·曲礼上》："凡以弓剑苞苴箪笥问人者，操以受命，如使之容。"孔颖达疏："苞者以草包裹鱼肉之属也，苴者亦以草藉器而贮物也。"

人之气力，以此锐气日减，怨气日增，一遇紧关，人心涣散，祸胎病源已非朝夕矣。臣前年初到口外之时，为见此弊，尽将各官旧日庄田踏勘查出，派与领养官牛军士。又得都御史李秉建言，申明整饬屯种，即今又尝会议，于各处拒敌墩堡，每处量拨官牛三具，就拨近堡田亩，令守堡官军且耕且守，以固边备。今该前因，参照弓胜受朝廷之厚恩，当边方之重寄，不图报国，惟务身谋，敢弄贪纵机关，甘蹈前人覆辙，营干私事，役占军人，不知旗军樊名、韩得辛等俱是食粮官军，近又朝廷赏赐银两，即今虏情不测，传闻草青马饱，四五月间必来犯边，乃朝廷养军之心，弓胜不知今日边关之事，弓胜不理日惟着落，将官拨军管庄种田，且弓胜见在独石居住，却乃远往云州置立庄田，则独石庄田不言，可见玩法欺公，全无忌惮成法具在，重典难逃。再照樊名、韩得辛等亲管头目，不能钤束①，以致各军投托管庄种田，俱合有罪。乞敕该衙门行令巡按御史，将弓胜拿问明白，治以重罪，警戒将来。其独石、云州都指挥等官张林、张杰、沈礼、陈忠等，查照各军是何管属，若有故纵实情，通行拿问发落。庶使贪污知惧，奸弊永革，谨题。景泰五年二月二十三日②。

◎题为急缺边储事（卷4，第347～348页）

照得口外独石等八城堡，先年捐弃之时，积有粮料柒拾万有余，弃毁无存。复守以来，都御史李秉与臣已尝节次具奏，伏蒙朝廷设法措置转输，可谓至矣。今于三月初五查，据八仓报到，见在料粮止有伍拾余万石，目下又放四月分米粮料，毕日已不及伍拾万之数，即如马营极为紧要地方，本仓先年弃毁粮料二十一万有余，今止有九万一千有余，储积多寡昭然可见。今看得各仓新旧节次开中淮、

---

① 钤束，管束；约束。
② 景泰五年二月二十三日，1454年3月21日。

浙、长芦盐粮俱已报完，争先上纳，虽纳至月中，可以尽绝，然会计粮料数亦不多，缘今各边节报声息，四五月间，逆虏要来犯边，而口外地方又非各边之比，深山峻岭，孤悬在外，一有边警，道路梗绝。臣叨受边寄①，若不先事再言，一旦警急，粮饷缺乏，军马疲困，虽有高城深池，能无误事，此时言之，罪将何逭。伏望皇上轸念穷边，敕谕该衙门从长酌量计议，或设法偿运，或将下年盐课量为开中②，别为转输长策，以为足边固本之谋，岂唯臣区区之幸，臣不胜惓惓③。景泰五年三月十二日④。

◎题为紧要边备事（卷4，第347～348页）

据守备云州堡都指挥沈礼□云云，具呈得此，会同副总兵孙安协同都指挥周贤议得，口外八城堡内长安岭、雕鹗二处正系居中大路，南接怀来、保安，往年达贼经行，即今使臣来往，皆由于此。其云州一处紧抵独石、马营，往年失事，此为最先。口外屯聚军马，固为不多，而三处尤称数少。云州本城官军除墩堡差占，实在止七十余名，而本城垛口计有三百六十，雕鹗本城官军除墩堡差占，实在止一百余名，而本城垛口计四百余，长安岭本城官军除整堡差占，实在止一百二十余名，而本城垛口计有九百九十有七。前项官军城堡分守尚且不足出战，不言可知，况且长安岭、雕鹗二处城垣未曾砖包。目下方行借工，因将河南备御官军，云州拨四百余名，雕鹗拨六百一十余名，长安岭拨五百余名，相兼守备并做工程。然各军单身独力，春来秋去，既无顾恋，岂能固守，而前项地方，委系紧要必守去处，若此处设备严固，则腹里地方方可无虞。往年独石、

———————————

① 叨受，犹承受。自谦之词。叨音 tāo，承受。边寄，防守边疆的任务。

② 开中，明代政府鼓励商人输送米粮等至边塞而给予食盐运销权的制度。洪武三年，初行于山西大同，后普及全国，弘治五年废。

③ 惓惓，忠心耿耿貌。恳切貌。

④ 景泰五年三月十二日，1454 年 4 月 9 日。

马营等城俱系修理坚完，楼橹壮固，仓储广积，器用全备，又有精壮官军，带有家小分投守备，遇警尚且捐弃，今该复守，凡事不及往昔，况今贼寇在边不远，变态难测，似此官军城堡实为可忧。臣等智虑短浅，弗称任使，若不先行恳言增添军士，迨至误事获谴，于国何益。如蒙准题，乞敕该部从长计议，合无将腹里军多卫所军人连家小发来补实前项三处城堡，惟复将今后问拟充军，因犯各连家小，送臣等处转发各堡收管着役，待后军多之日，云州另设守御千户所，或隶之开平卫。其雕鹗、长安岭军人俱属怀来卫中千户所，俱系万全都司管辖，即于本处推选官员管领屯操守战，庶使边境得以固守，国事有所裨益，谨题。景泰五年三月三十日。

◎题为边务事（卷4，第349页）

照得先该都御史李秉奏称，副总兵孙安病未全愈①，该兵部官议拟奏准，行委都指挥周贤协同守备独石等八城地方。缘今虏情变诈之际，早晚出战之时，若不请乞上命，使之遵守奉行，非惟难责成功，犹恐因而误事。所据臣与孙安先受制谕，合无再与增添颁给，惟复请敕周贤令其常川②往来八城地方，职专操练军马，修理器械，申严号令，整饬行伍，务要士气激昂，马匹膘壮，衣甲鲜明，矢刃铦利③，一有边报，即与臣等计虑筹画。如果堪可出战剿杀，事出万全，随即统领所部官军听其节制，以破逆贼，以取成功，谨题。景泰五年五月初四日④。

---

①　全愈，病愈。全，通"痊"。

②　常川，经常；连续不断。明张居正《议处史职疏》："每人专管一曹，俱常川在馆供事。"

③　铦利，锋利；锐利。《吕氏春秋·简选》："简选精良，兵械铦利，令能将将之。"铦音xiān，锋利。又音kuò, tiǎn, guā。

④　景泰五年五月初四日，1454年5月30日。

◎题为紧要边城缺官事（卷4，第349页）

照得口外云州堡地方最为极边，独石、马营内援所在十分紧要，近又奏准拨去编发军犯数多，平居①防范，一日不可缺人，设有不虞，事体尤为甚重。今照本堡都指挥沈礼协同指挥陈忠近为声息事，已行巡按御史提问，况沈礼先因年老，具奏，未蒙准理，今又为事难再任用。会同副总兵都督孙安等计议得，前项城堡缺人，合当急为措置。看得赤城随操把总王荣，龙门所协同指挥沙泉，俱各年力相应，曾历边事，堪以守备协同云州堡管事，及看得王荣原领官军二百余员名，合就并与随操把总指挥吴升管领。乞敕该部计议，行令各官管事施行，庶得地方不致缺人任用，允为停当，谨题。景泰五年五月二十三日。

◎题为雹雨打伤田禾事（卷5，第350页）

据守备云州、马营等堡都指挥等官沈礼、张林等呈，依奉亲诣本堡地方，原拨屯军种过田亩，并各拒敌屯堡被伤田禾处所从公逐一踏看。今将雹雨伤重并泥淤无根苗，应该翻种，并伤轻应该存留，各色田禾顷亩数目开呈得此。案照先据各官呈，据管屯指挥等官张琥等呈，该军人张珪等告称，先蒙差拨本堡军余照依拨到土地领给官牛，前去原派地方趁地耕种，即今五月将终，各色田禾俱已茂盛不期，本月二十三日午时分，忽被暴风骤雨冷雾大雹倾下，至酉时分方止，平地起水并冷冰约有三尺余深，到雨罢前去履亩周围，逐一踏勘所有各色禾苗，俱被打伤，潏涝②淤死根苗无存，除高冈颇有些须③十不及一，亦被水冲，系于官拨地土牛种，秋成上粮见被灾伤，告乞转达定夺便益。据告具呈得此，为照虽称前因，未委轻重

---

① 平居，平日；平素。
② 潏涝，水淹成灾。潏，音 yān，通"淹"。
③ 些须，亦作"些需"。少许，一点儿。

虚实，及照即日正系布种①荞麦之时，前项田禾若是委被雹伤，尚可翻种荞麦，已经通行，定委守备等官躬亲前诣被伤田禾处所，逐一踏勘翻种，回报去后。今呈前因，审勘是实，除再通行着落，各该官员将勘实被灾伤重，并淤冲无存田苗，共一十八顷九十九亩，用心翻种荞麦，务臻成效外，谨题。景泰五年六月初 日。

◎题为请乞医士事（卷5，第350～351页）

臣以迂疏叨忝②任使奉命于口外独石等八城管事，缘臣夙禀孱弱③，每罹疾疢④，穷荒绝漠之地，既无药饵，又乏医家。如赤城都督孙安等处，虽有医士，而云州、马营、龙门卫、雕鹗、长安岭等五城俱无。然各城军马钱粮动以万计，巡历整理不敢稽违，往来之间，未免有医药不便之苦。及照前项五城中间，且如云州一城，系近日奏准收发新军，并修守犯人数多去处。臣近日巡历本城，点视⑤军犯，中间患病不能行履者四十余人，盖缘前项军犯俱系新近编发，忧悉困苦，贫穷冻馁⑥，及南方不服水土之人，兼无亲识看视，亦无医药治疗，奄奄气息，坐待死亡。如此等人，尚不能为平居之用，安望其为战守之资深，可哀矜⑦亦当计虑，为此除行令守备官员设法采取本处产出药材，易换别味，就于本城药房收贮，及选取军余习学方脉外，伏望圣恩怜悯，特命礼部行拨精通方脉医士一名前来臣处，整理医药，如臣平复⑧，就令于云州等城堡缺医去处看治患病官军，及教习军医应用，照例半年给药，一年一换施行。如此，岂惟

---

① 布种，播种。

② 迂疏，犹言迂远疏阔。叨忝，忝列；叨光（犹言沾光。有时用作客套话）。

③ 夙禀，夙秉亦作"夙禀"。天性；本心。孱弱，懦弱；怯懦。

④ 疾疢，泛指疾病。疢音 chèn，热病，亦泛指病。

⑤ 点视，查点察看。

⑥ 冻馁，谓饥寒交迫。

⑦ 哀矜，哀怜；怜悯。

⑧ 平复，痊愈；复原。

愚臣一身感激大恩，凡穷边之人，得保天年，而无枉死伤，生之患者，皆我皇上天地父母之德也，谨题。景泰五年七月十八日①。

◎题为修守犯人冬衣布花事（卷5，第351～352页）

据守备独石等城堡都指挥张杰等呈备开平等卫镇抚呈，该刘敏等各告系为事犯人在京发来开平等卫所，带管修守上年得蒙给赐冬衣布花御寒穿用，存活性命，今奉明文不准今年关给。各人思得虽是犯罪发来，见蒙拨去轮流守瞭墩台下班，又蒙拨随伍做工，口外苦寒，地面无人供送盘缠，衣鞋破碎，十分单薄，一交冬寒，仍恐冻死，乞为转达照依上年事例，关给布花便益，等因。备告具呈，得此。案查近承准总督边储右佥都御史李秉，照会准户部咨称河南、山东连年水旱，该征布花停免数多，况边库收贮有限，各项支用无穷，诚恐缺乏，不无误事。缘前项犯人，虽称与同官军一般瞭望，先已违法犯罪，于理正宜，及照上年给与布花系是奏过，不为常例，难再给与，等因。备行承此，已经通行去后。今呈前因，会同镇守都督同知孙安等议得，前项修守犯人委与正伍旗军一般守瞭墩台修理城堡，不得休息，又无家小随住，极为苦楚，兼之口外地方十分寒冷，较之宣府已是不同，比先正因各犯例，无冬衣布花，止支口粮三斗，以此节次转达艰难实情。荷蒙朝廷厚德，准令支粮四斗，上年关布一匹，花八两，救济饥寒，得全性命，不胜幸甚。今年又因云州军少，奏准将新军并前项犯人收发备御。臣等近因公干②到彼，亲见新来军犯，上无衫襦，下无裤袴，形体瘦削，与死为邻，若无冬衣布花交冬，必致冻死。况且前项犯人仅止千人，其数不多，伏望皇上怜念，穷边孤苦，乞敕该部计议，将前项修守人犯照依前例，每名仍给绵布一匹，绵花八两，以御冬寒，以养锐气，遇警与

---

① 景泰五年七月十八日，1454年8月11日。

② 公干，办理公事。

同官军并力杀贼，以图补报，实为便益，谨题。景泰五年七月十八日。

◎题为军中兴学事（卷5，第352～353页）

洪惟圣朝祖宗以来，最以兴学为重，天下有司既有儒学矣。虑武臣之一，于武而不能兼于文也。为置武学焉，置卫学焉，又虑闾巷边徼之不能皆有学也，又命置社学焉，良法美意愈久愈光，迨我皇上中兴，抚运文德诞敷①平定之余，尤重斯典，是以四方万国文武之材，屡见迭出，亦既盛矣。今照臣近因整饬军务，出巡往往咨询问难军职官舍人等，多有全不识字者，弓马勇力，虽出天资方略，谋猷终寡学识，已往者既不可，及方来者可无教乎？及照口外独石等八城，先年止有独石城有庙学一处，见存当时朝廷设置，除授学官教育生徒，军中子弟累有魁经领荐②之士，所谓天降时雨，山川出云，所谓何地不生才，所谓十室③有忠信理固然也。今欲照旧兴举，但缘一则朝廷因念边储裁革，边方学官未久，未敢烦渎；一则独石止是一隅，虽有学官，而各城亦不得兼通利便。臣愚欲照社学事例，每城随其大小，量拨官房各置社学一处，公同镇守、守备等官，就于各城内推举年高罢闲致仕④，或守城项下官员，或军人等项及曾縣科目仕宦过误迁谪⑤，即今才行可取文学优长者，一人为之师，其官军之家一应弟男子侄舍余人等，但有屯操余暇工夫，情愿入学读书

———————

① 诞敷，遍布。

② 领荐，领乡荐亦省作"领荐"，谓乡试中举。

③ 十室，犹言家家户户。

④ 罢闲，罢官闲居。致仕，辞去官职。《公羊传·宣公元年》："退而致仕。"何休注："致仕，还禄位于君。"

⑤ 迁谪，谓官吏因罪降职并流放。

者，许其入学，每日授读小学①、四书、孙吴②等兵法，并习写字，为之师者，教训、讲解、开谕、化导，语以忠君孝亲，亲上死长之道，修己治人之法，及朝廷储养作兴，以期文武全才之意，使之感激奋励，夙夜尽心所学，他日居官任事，皆为有用之材，中间果有能习经学，愿应科举者，照例准令起送。如此，则因人用才，而不废粮赏，随地有学，而可收成效。朝廷兴学礼典顾不伟欤，除行整理外，乞敕兵部、礼部照详定议，行令管理军务，并巡按布按兵司等官，经过去处，躬亲考较，求其实效，责其成功，庶几奉行无阙，经久不废，谨题。景泰五年八月初八日③。

◎题为边务事（卷5，第353~354页）

准宣府副总兵都督同知孙安等手本，准后军都督府咨准兵部咨呈，兵科抄出巡按直隶监察御史张鹏题：切照口外雕鹗，北接龙门千户所，南抵长安岭，西连赤城，东临狄境，正系达贼出没，紧关要害之地，顷刻不可乏人操守。访得守备本堡都指挥佥事申义久患风病，不能动履，今止协同指挥姚瑄一员管事，万一有警，诚恐缺人调度军马，临期有误军机未便。乞敕兵部，于在京各营带操都指挥内选调年力精壮熟于战守者一员，前来代替申义。仍将本官送回都司养病，痊可之日，照旧带俸差操，庶使操守得人，边方有备，具题。景泰五年七月初七日奏奉圣旨：兵部知道。钦此钦遵，抄出到部。参照奏称，守备雕鹗堡都指挥申义久病不能动履，要于京营差官代替一节，缘在京各营都指挥等官，俱系选拔十营操练听调，及领军放班公差等项，数多急无相应官员堪以那调代替，及照雕鹗堡系是冲要边境，即日声息警急，守备为重，非得诸边境之人，安

---

① 小学，汉代称文字学为小学。因儿童入小学先学文字，故名。隋唐以后为文字学、训诂学、音韵学之总称。

② 孙吴，春秋时孙武和战国时吴起的并称。皆古代兵家。

③ 景泰五年八月初八日，1454年8月31日。

得济理军务。今申义既已久病，合于彼处另举相应官员代替为当，就行咨呈该府转行宣府副总兵都督同知孙安等，公同右参政叶盛于本处见操管事，并带俸随操官员内推举年力精壮，曾经战阵，谙晓边务，善抚士卒都指挥或指挥一员，令其前去本堡更替申义。回还督令医治随操，如果久病，不堪差用，公同看验是实，行令该卫保送应袭①儿男赴部袭替，母②得指此为由，因而希求管事自取罪累③，仍将推举过官员径自开具职名回奏，定夺施行。咨呈到府，移咨手本。前来准此，会同都督同知孙安等看得，雕鹗堡委系紧要边城，为照本堡城垣俱系石垒，不为久计，忆经行仰守备都指挥申义协同指挥姚瑄烧砖包砌，即今已完三分之二，正在用人，成事之时，今该前因，除带操都指挥口外查无及医治申义另行外，看得永宁卫指挥陈忠先在云州堡协同为事被提。臣等为照云州一日不可缺人，又数内守备都指挥沈礼年老难以任用，已经具奏，委官代替管事。今照沈礼等俱该巡按御史问拟杖罪，运米复职，数内沈礼年老，已令袭替，其陈忠见今复职历俸，缘本官先年李家庄兼操曾包本处城垣，近年云州堡协同又包本处城垣，多效勤劳，深知缓急，抚恤军士，得其欢心，又兼年力精壮，弓马惯熟，累经跟同前总兵官杨洪等出境杀贼，自立战功，历升前职，口外指挥官员鲜有出其右者，本官守备前项城堡于事体相应于地方有益。乞敕该部行令指挥陈忠守备雕鹗堡与协同指挥姚瑄同心一力管事，以修未了城垣，以为将来堡障④便益，谨题。景泰五年八月初十日。

◎题为请乞医士谢恩事（卷5，第354页）

照得臣近因自惟多疾，及因云州等城官军等项患病数多，缺欠

---

① 应袭，承袭；沿袭。

② 母，疑为"毋"字。

③ 罪累，犹罪过。《后汉书·邓骘传》："终不敢横受爵土，以增罪累。"

④ 堡障，用于战守的小土城。犹屏障。

医药，请乞医士前来，跟臣整理医药，并往来云州等处药房看治患病官军等因，具题。钦蒙圣恩，俞允差拨医士吴安将带药饵，于景泰五年八月二十二日到来办事。查得近该云州城报到，即今患病官军男妇一百三名口，除令吴安前去看治外，谨具奏称谢者，伏以天地万物为一体，允惟仁者之心圣人一视而同仁，上合天心①之妙，兹盖伏遇皇帝陛下躬成，汤祝网②之大德，履周文葬骨③之至，慈有如愚臣质比草茅，叨忝边人之上官军人等，材惟甲胄征行敌境之中，每惭末役之空，疏敢慕洪恩之眷念，名医特下良药与俱发政施仁初无间，于遐迩④博施济众，端有⑤系于死生，喜气弥天，欢声动地，生死骨肉知结草报恩之有人，文恬武嬉⑥冀折馘⑦收功于不日，臣无任感激，抃蹈⑧之至，谨具奏称谢以闻。景泰五年八月二十五日。

◎题为边务事（卷5，第354~355页）

景泰五年九月初四日，承准兵部照会该本部奏准，该宣府镇守等官奏，保见在柴沟堡守备都指挥王林骁勇敢战，可当一方，要将本官替今充宣府参将都指挥张林守备马营等因，具奏。为照马营等处系臣等所管地方，查无臣等会奏缘由，行令从公体勘王林有无前

----

① 天心，君主的心意。

② 祝网，《史记·殷本纪》："汤出，见野张网四面，祝曰：'自天下四方，皆入吾网。'汤曰：'嘻，尽之矣！'乃去其三面，祝曰：'欲左，左；欲右，右；不用命，乃入吾网。'"后因以"祝网"为帝王施行仁德之典。

③ 周文葬骨，周文即周文王姬昌，商末姬族领袖，商纣时为西伯，亦称伯昌。相传他建天文台（灵台）时，掘出死人骨骸，命另外掩埋。官员们说："它们是无主之物。"姬昌说："我就是他们的主，何必再去别求？"以后用这个故事来表示臣子为君王效忠，愿得到君王的怜爱，虽死亦感君王之恩。

④ 遐迩，亦作"遐尔"。遥远。

⑤ 端有，颇有；确有。

⑥ 文恬武嬉，谓文官武将习于安逸嬉乐，不以国事为意。

⑦ 折馘，古代战争中杀死敌人割其左耳以数计功。《左传·宣公十二年》："吾闻致师者，右入垒，折馘、执俘而还。"杜预注："折馘，断耳。"

⑧ 抃蹈，手舞足蹈。形容欢欣感激之状。抃音 biàn。

项才能，应否代替守备，如果堪以委用，明白具实开奏，以凭定夺，等因。照会到职。会同副总兵都督孙安等勘议得，马营正系紧要边方，即今又系紧关时月，今宣府镇守提督总兵等官会保王林前来代替张林守备。臣等访得王林委的才堪任用，允如所保，乞敕该部行令都指挥王林代替张林前来马营守备便益，谨题。景泰五年九月初四日①。

◎题为边务乞留官员保障边人事（卷5，第355～356页）

据西猫儿峪、马营堡、开平等卫指挥千百户等官，并旗军王铎等连名呈告，切照本营守备都指挥张林自景泰五年四月二十二日奉敕，守备本营操练军马，切思本官性资鲠直②，抚士多方，外貌堂堂，中心烈烈，尤且历边年久，深知边情地利抚下，咸得其宜人，皆欣服不胜感仰，咸忘边戍之劳，俱乐雍熙③之治，可谓朝廷边阃之得将臣也。伏闻钦调本官别用，合城官军老稚无不惊讶，号泣若丧考妣④，如蒙准呈转达，乞留本官仍前提督本营，不失边人之望，不胜感戴，为此具呈，乞为怜悯，转达施行，等因。到职行间，随承准兵部照会该镇守宣府等官题称，柴沟堡、万全左右、怀来、蔚州卫地方紧要守备，必在得人，看得马营守备都指挥张林熟于战守，严于纪律，素有闻望⑤，人心畏服。乞将本官量加副将名色，更代都督江福守备往来提督前项卫分，等因。题奉圣旨：兵部知道。钦此。又该总兵官过兴等并总督都御史李秉会同巡按御史张鹏俱题前事，该本部参看得，合无准拟请敕，张林令充宣府右参将前去万全右卫

---

① 景泰五年九月初四日，1454 年 9 月 25 日。

② 性资，禀性，资质。鲠直，刚强正直。

③ 雍熙，谓和乐升平。《文选·张衡〈东京赋〉》："百姓同于饶衍，上下共其雍熙。"薛综注："言富饶是同，上下咸悦，故能雍和而广也。"

④ 考妣，父母的别称。《书·舜典》："帝乃殂落，百姓如丧考妣。"孔传："考妣，父母。"

⑤ 闻望，声望；名望。

代替江福，等因。题奉圣旨：是。钦此钦遵，照会到职。除钦遵外，参照守备马营都指挥张林，既已宣府镇守提督总兵等官，连章合辞举保，钦准加充将官名目提督管事，恩命未至，而马营官军访闻宣府奏保，连名合辞称道①，张林善处要乞转达保留，兼且情词恳切，闻者感动。虽圣断已定，恩命已行，难以乞留，但王铎等连名呈告，怜悯转达一节，一则可见张林平日为将，有以服众及人；一则可见王铎等平日事上②，有以好贤服善，兼此二美可劝多人激励作兴，所系非小。为此除行独石等八城堡守备协同等官，并指挥王铎等及行钦差宣府口外镇守、提督、总兵、守备等官，并右参将张林知会外，谨题。景泰五年九月初四日。

◎题为边务事（卷5，第356页）

照得龙门卫系紧要边方，守备协同不可缺人。今照协同守备指挥孟桓见今年老，令男孟瑄替职缺官协同，会同副总兵都督孙安等计议。看得赤城随操把总指挥同知吴昇年力精壮，弓马惯熟，堪以协同都指挥黄瑄守备。及看得赤城管操指挥杜旺、宣府指挥郑友递年在边，深知贼情，合将各官代替吴升分管，原领官军指挥杜旺管领万全左右二卫官军，指挥郑友管领本卫官军，操练听调，庶为允当，谨题。景泰五年九月 日。

◎题为拨制搅扰边务等事（卷5，第356~357页）

景泰五年九月十二日西时，准承兵部照会前事云云，备行承此，参照内官弓胜、都督孙安专弄口舌，彼此不和，众所共知，已非一日。今该前因，访得罗荣委系平昔行止不端③之人，曾跟内官弓胜写

---

① 称道，称述；赞扬。

② 事上，事奉尊长。《庄子·天道》："以此事上，以此畜下。"

③ 不端，不正；不正派。

发所为，未善理有必然。及访得都督孙安近因，闻得独石军人陈别四掘得木桶内官银四十余个，不得收用，要调各军审问下落，而弓胜手本回称，亦有云州军人陈车头等，先年获到散赏，给事中金达所赍，被贼惊散官银八锭，首送孙安处亦无下落，以此抵当挟制将军，伴陈别四等不发守备官员，回称弓胜不肯发下无从呈送，等因。臣惟弓胜、孙安俱系内外重臣，遇有前项首送埋藏遗失之物，自合公同计议，或该送官，或听收用，却乃互相隐匿，以致下落不明，引惹衅端①，交关口舌。及照孙安系受制谕官员调取军人，而守备内外官员回称不发，则是孙安已失总戎②之体，已乖驭众之方，设若警急，动调军马，时刻不可迟慢事情，而两人似此各持私忿，一则强梁③不发，一则号令不行，其为误事，何可胜言。今照向来正因各官不和，朝廷已经两降玺书，令其改过，其奏词旨意切责，戒饬之言，又经数次，近因查照兵部奏准事理，禁约不许差遣官员赴京奏事，始得是非，稍息昨者，又因臣与右金都御史李秉会奏，朝廷又降玺书，令其修省，奈皇上言之谆谆，而各官听之藐藐，玺书才降争讦，又与况内臣边将处处有之，何独弓胜、孙安，乃敢故玺不肯畏法尊君，不义不忠，无廉无耻，上负朝廷委托，下失将士观瞻，冥顽④之徒，诚为可恶。今若止是惩治罗荣等辈，而于各官不为务本之区处，不作经久之计虑，则是弓胜、孙安狂忌愈重，嫌隙⑤愈深，视为寻常，恬不知改乎？居无事不时被其搅扰，倘遇警急，又有莫大之忧，直至坏事而言于事，已无补益，兼之跟随弓胜多系比先写本写状发来充军之人，如李世荣、韩俊等不守本分。臣累曾行取问断惩治，

---

① 衅端，犹争端；事端。
② 总戎，统管军事；统率军队。
③ 强梁，谓刚愎自用。强横凶暴。
④ 冥顽，指愚昧顽固的人。
⑤ 嫌隙，亦作"嫌郤"。因猜疑或不满而产生的恶感、仇怨。

奈此辈违顺不常，出没难保，又且弓胜琐碎频烦，尚气①自用，其作为行事率意任情，不必全靠写发之人也。除行查勘罗荣充军着役月日，伊男罗瑛是否与父一同写发，及拘陈别四、陈车头等，审问银两数目虚实下落另行外，乞敕兵部都察院计议，行令巡按监察御史将弓胜、孙安并罗荣重加惩治，以为边方内外官员方命不和之戒，其隐匿费用入己官私银两，追送入官籴米足边。仍乞圣断，念弓胜为贵近之职，孙安有修复之劳，早为处置各官，使之各得保全各位，亦免他日致坏国家大事。臣叨受委托，边方事重，不敢不言，谨题。景泰五年九月十三日。

◎题为军务等事（卷5，第357页）

照得口外独石至长安岭八城堡地方，原有都督同知孙安充副总兵镇守，臣盛协赞军务分守赤城，都指挥佥事周贤协同守备分守独石，俱各不妨往来各城堡管事。孙安与臣原奉制谕一道，周贤原奉敕谕一道。近该孙安患病回京，已将制谕赍缴讫。今照钦命，周贤代替孙安充右参将提督守备，仍在赤城指挥，同知吴良代替周贤协同守备，仍在独石。所据守备内官黄整、内使陈庄原奉敕书，并臣原奉敕谕，俱系孙安等姓名在内，有碍公文行遣。及周贤与臣等未蒙换给制谕，吴良未奉敕谕，诚恐缓急之间误事未便，乞敕该衙门将黄整、陈庄及臣原奉敕书，并敕谕更换请给，及照例周贤等换给制谕，吴良请给敕谕，各得钦遵奉行，谨题。景泰五年十一月二十四日②。

◎题为镇守巡抚等事（卷6，第359~360页）

案照先据万全都司经历司呈，前事该抄蒙右佥都御史李秉案验

---

① 尚气，意气用事。好胜；赌气。

② 景泰五年十一月二十四日，1454年12月13日。

该少保陈循等题称：各处镇守等官暂止议事有同方面，等因。该会官计议奏准，各处镇守、总督、提督、参赞、协赞军务文职，自辽东至大同一年一次，俱于景泰六年四月初一日到京议事，等因。抄赍转行，钦遵到职。钦遵案候间，今照臣先于景泰三年三月初六日，蒙恩升除①山西布政司右参政，本年五月初十日到任，随往大同、宣府等处管事，本年十一月初九日，钦奉敕谕，令于独石、马营等处协赞军务，今该扣至景泰六年四月初十日，连闰该历三年考满，例该赴京给繇。缘臣亦系协赞官员，而考满日期与议事日期相近，若不预先请乞定夺遵守奉行，诚恐临期有误未便。伏乞圣裁，臣合无照依协赞事例，于四月初一日到京议事，就于初十日考满，给繇惟复，另行给繇，谨题。景泰六年正月初十日②。

◎题为剿杀达贼事（卷6，第360～361页）

景泰六年正月十四日，准总兵官过兴等手本，为抓探声息等事。据原差出境夜不收官军百户刘安祥等抓报，瞭有达贼近边等因。手本行移到职。照依兵部奏准事理，遵守再行选差乖觉③夜不收哨探，的确行事，及令臣再选官军五百余员名，与左参将夏忠官军五百余员名，俱整搠齐备策应，等因。准此会同内官及右参将计议，分作两路出兵，及依先次提督军务等官会议事理，斩杀贼徒之际，对敌之人，听令尽数斩杀，不许争论首级，致误殄灭，其老弱妇人幼小子女俱要生擒，通行号令将士，依期会合杀贼数内，黄整、周贤将领官军一千五百余员名，从干营儿、红山儿、瓦房沟等处堵塞险要去处，指挥王鼎等将领官军五百员名，从狮子沟顺路巡哨，俱约于议事台会合。本月十五日据原差哨探，夜不收官军千户袁能等回报，

---

① 升除，升迁就任新的官职。
② 景泰六年正月初十日，1455年1月27日。
③ 乖觉，机灵。

有达贼人马于龙王堂、瓦房嵯二处往来驻札。照得臣等人马已在境外切近贼人驻札去处，当即分调轻骑一千余员名分布外，首紧要处所暗伏据险，指挥王鼎等原领官军五百余员名。臣原领都指挥王林、郑祥等官军五百余员名，共一千余员名，俱于本日夜分投前去龙王堂、瓦房嵯暗伏。至十六日卯时，报有达贼不知数目，仍在龙王堂西顺路驻札，王鼎、王林、郑祥官军人等向前，各贼将官军百户周钦等伤重，各官军奋勇当先，交锋斯杀至巳时分，杀败贼众，生擒贼人一十三名，斩获首级五颗，收获到贼马三十二匹，其余贼人奔命逃遁山林，缘山险树密，恐有埋伏，不曾追剿。臣先领官军五百余员名防护，擒获人马回还，遇有左参将夏忠策应官军一同入境，周贤、黄整候至本日未时分，据原差指挥吴升与同夜不收戚雄等报，说哨控直至红塘口，不曾瞭见宣府官军及爪无声息，又兼阴雾雪深，难以久住，收兵于本日夜，仍从原出厦儿岭门前后，俱各全军入境。臣等审据见获贼徒系是兀良哈残寇，参照此贼为也先腹心爪牙，为患已非一日，朝廷恩德招抚不从，又令其于二百里外牧放，不许一人近边，致有巡兵剿杀，今复近边为恶，如宣府、张家口赶杀，出哨夜不收俱是前项贼虏，兹者罪恶贯盈，人怨天怒，致被杀获，此皆朝廷威力所致，除将生擒贼人并斩获首级马匹军器等项，另行开坐①，谨题。景泰六年正月十七日。

◎题为抗拒不服毁骂②内臣等事（卷6，第361～363页）

景泰六年正月二十四日酉时，承准兵部照会前事内府抄出钦差守备奉御黄整题：节该钦奉敕，臣守备独石兼管领神机铳炮，往来马营、云州提督官军操练，钦此。除钦遵外，臣见年节在迩，诚恐各堡官员遇节嗜酒误事，于景泰五年十二月十六日，亲临马营操练

---

① 开坐，犹开列（逐个写出来）。
② 毁骂，辱骂。

人马，因见官军数少，随取各队手本，看得协同指挥王鼎名下役占军人五十二名，把总管步队指挥刘俊手本内开①军伴一百五十四名，不开跟随是何官员，显是蒙眬作弊，欲将本官依军令处治，不期②王鼎、刘俊抗拒不服，毁骂奔走去讫③，若不具题，诚恐下人仿效，遇有警急，难以调度，乞将王鼎、刘俊拿送法司明正其罪，以警其余。查得马营原有内臣守备，仍乞照旧推选能干太监一员前来马营镇守，禁革奸弊，为此具本。景泰五年十二月二十一日奉圣旨：兵部知道。钦此钦遵，抄出到部。参照所奏，前缘独石、马营等处地方达贼犯边，所在城池俱各捐弃不守，该本部节次议奏，钦命文武内外官员前去，将警散官军人等收集，逐一修复，迄今四五年来，城堡颇已坚完，守具④渐有次第，及照独石等处已有奉御黄整提督龙门一带，又有内使陈庄守备，而赤城等处，见有参将都指挥周贤提督守镇，右参政叶盛协赞军务，其名该城堡俱有奏定都指挥分投守御数多，若于马营再差太监一员前去镇守，非惟钦差官员太多，下人难于承奉，抑恐彼此矛盾，边务因而废弛。矧今边报未息，疮痍未瘳，凡事樽节⑤减省，犹恐众情不堪，若再生事更张，是岂备边良法，所奏难准其称。马营协同指挥王鼎、把总指挥刘俊役占军人军伴，蒙眬作弊，抗拒不服处治一节，合当查究，合无行移都察院转行巡按直隶监察御史将指挥王鼎、刘俊逐一查提到官，明白鞫问有无役占军人等情，如果所犯是实，径自依律照例发落，仍拘出所占军人，着令操守，若有别项情繇，具繇回奏。景泰五年十二月二十三日奏奉圣旨：是。所奏指挥王鼎等一面词，不必拿问，行文书去与叶盛体勘明白，奏来处治。钦此钦遵，合就照会前去照依奏奉钦依内事理，

---

① 内开，公文用语，援引来文时用之。
② 不期，不意，不料。
③ 去讫，犹完毕，完了。
④ 守具，守卫用的战具。
⑤ 樽节，节省。樽，通"撙"。

钦遵体勘施行。承此除钦遵外，案查先据守备马营都指挥使王林呈，为挟私陷害等事，准本营协同指挥王鼎手本，前事照得本职轮该景泰五年十二月十六日前赴赤城发放，于十五日晚前去，不期有钦差内官黄整于十六日到营，有都指挥王林随差指挥张顺等管领官军迎接到城下马，随问王鼎缘何不来接我，有王林回说，赤城发放未回，有本官言说，我前日差百户王鉴来讨军人谭俊等六名打牲，他怎不与我便去，禀叶大人知道后，本职回还参见，不期本官嗔怒①喝令，军牢揪倒要打是鼎分说，不知有何罪，犯有本官自行将棍乱打，等因。又据开平卫指挥刘俊呈，称亦于本日有内官黄整发放，俊说我着百户王鉴来问，你要五个新军使用，怎么不与我，你却将修守等项军犯与各官做军伴，不繇分说，喝令军牢要打一百，等因。备繇转呈到职，行间，准钦差内官黄整手本，为军务事内开景泰五年十二月十六日到马营操练，于教场内见得官军数少，随取各队揭帖②，看得协同指挥王鼎名下役占军人五十二名，其把总指挥刘俊名下役使军人一百五十余名，欲将本官责罚，其王鼎、刘俊抗拒不伏，撒泼毁骂，等因。准此，续又准本官手本，为抗拒不伏等事内开前因，若不具题，诚恐一概仿效，警急难以调度。除具题外，手本知会准此案候间，今该前因，行据守备赤城都指挥郑祥呈依奉行。据马营各把总管队等官指挥方整等呈，体勘得云云，备繇同执结具呈得此。照得臣先据指挥王鼎等转呈，被内官黄整责打等情，及内官黄整手本开称，王鼎等抗拒，臣在龙门卫公干，因见系干守边内外官员彼此交构③，各执一面情词，次日回至赤城，即欲调取王鼎等前来审量事情轻重虚实，责罚发落，当又续准黄整手本内开具题去讫，为照既已具题，不敢擅自发落，合候圣断施行，因将前后情词俱各停候

① 嗔怒，恼怒。嗔音chēn，怒，生气。
② 揭帖，①古代公文的一种。②旧时称张贴的启事、公告。
③ 交构，勾结。离间；播弄是非。

在案后，臣密切体访审勘，前事无有重情面会，黄整已尝调和勉励，其王鼎等来见，则又戒饬禁制，近又该臣等奉命出境杀贼，回军于厦儿岭境门内驻札，其黄整因见王鼎，军前颇效微劳，躬持酒肉犒劳，别无猜嫌。今该钦遵体勘前因，查黄整平日在边与臣等同心协力办事，止是一时稍迫，未能待下以宽，其王鼎武夫，亦系得力将官，止是一时不曾心悦诚服，不能事上以礼，是以交构情调，未免皆有过当，别无重情，伏乞圣裁施行，谨题。景泰六年正月二十六日。

◎题为走回人口事（卷6，第363～364页）

景泰六年三月二十五日申时，据守备独石指挥张杰等呈，本月二十四日未时分，据提调墩台开平卫指挥丁坚呈，备管墩百户杜成甫呈该镇远大墩瞭高夜不收刘政报，本日午时瞭见境外男子三人骑牵马六匹到墩，说称我是走回人口，当就拆墙放入，连人呈送到职。会同守备参将周贤审得，一名任景玉，年三十岁，系山西太原府太原县新村都民人任贤男，蒙本县金充都察院皂隶，跟随四川道申御史，正统十四年八月十五日，在于土木被也先部下达贼兀豚帖木儿抢去；一名李庄儿，年二十一岁，系直隶隆庆卫榆林驿军人李信下男，正统十四年十月内在于北京高丽马房被兀良哈达子谎哈台抢去，一向跟随住坐，景泰二年十月内偷骑马二匹，脱走行至中途，必被也先部下兀豚帖木儿连马抢住；一名杨帖木儿，年二十四岁，系陕西宁夏高桥儿土军杨二男，景泰元年正月初八日在于本处地方门城放牛，亦被也先部下兀豚帖木儿抢去，俱在不知地名住过。景泰六年三月十九日，各贼那营到于大沙窝，各人思想家乡，商议偷骑马七匹逃走，中途杀吃一匹，行走六日到边。又说跟随各贼头目是也先部下毛那罕平章、搏罗罕平章，见今持着脱脱卜花王的娘子与六岁的儿子在营里人马约有二万，常被兀良哈人偷他马匹数多，以此怕他近日与他合火住□，有兀良哈头目革干帖木儿并阿罗歹常来王子儿娘子儿子并毛那罕等前面听发放，说要青草长时，去与阿剌忽知院厮杀，及据各人骑来马匹，自行照例货卖讫。参照各人被掳年久，今脱走回所言未委虚实，又恐中间别有虏情，除行内官黄整、陈庄协同守备指挥吴良知会，及行各堡守备都指挥等官整搠军马，听候调用。仍严督沿边腹里墩台敌堡官军人等昼夜用心，严谨瞭望堤备，遇有警急，相机行事，并行宣府军兵等官一体行属堤备外，谨题。景泰六年三月二十五日①。

◎题为来降夷人等事（卷6，第364~365页）

景泰六年三月三十日午时，据守备龙门所张寿呈，本月二十九日夜五更时分，据提调墩台把总指挥王忠呈，本夜二更据管墩百户张荣呈，该孤石口墩瞭高夜不收宋永祥等走报，本日酉时分，瞭见境外瓦房沟达贼一人骑牵马二匹，从东往南行走，离墩约远五里，随放炮一个射打，本人近墩叫我是好人，见无随身器械，拆墙放入连人呈送，等因。案查，先据守备独石都指挥张杰等呈，为烟火事，本月二十五日夜四更时分，据提调墩台指挥曹旺呈，据管墩百户杨兴呈，备平戎墩瞭高夜不收陈贵走报，本日夜二更时分，瞭见境外砖墙儿迤东火光一处，又瞭见大松林迤北火光一处，离墩各远一百余里，未曾息灭，具呈。本日申时分，又据张杰等呈，为走回人口事，本月二十八日未时分，据提调墩台指挥丁坚呈，据管墩百户赵忠呈，备镇门墩瞭高夜不收马顽驴走报，本日午时分，瞭见境外步行二人近墩，随即放炮一个，本人叫说我是走回人口，当就放入连人呈送，等因。又据守备云州堡王荣等呈，本月三十日五更时分，据提调墩台指挥徐启呈，备管墩百户李敬呈，备守陆文冲墩瞭高夜

① 景泰六年三月二十五日，1455年4月11日。

不收军人王圮走报，本月二十九日夜二更时分，瞭见境外火光一处，离墩约远一百余里，未曾息灭，各具呈到职，已经节行堤备，并案候间随各据送到夷人，并走回人口前来，会同守备参将周贤审得，一名孛罗，年二十五岁，系辽东女直人，景泰元年在本处亦刺的地方被脱脱不花部下达贼把秃不花知院抢去，一向随贼在于曲缘地名住过，失记月日，被也先杀散，复抢在于孛罗平章处随住，为因过活①艰难，于本年三月二十二日夜偷骑以二匹脱走，行了七日到边，在营时见得达贼约有三万余人，三个头目，过活十分艰难，常被兀良哈贼偷了马匹，又说怕南朝人马征杀，常时防备，等因。一名白咬住，年一十四岁，系开平卫后所千户白四侄，有叔父见在府军前卫带俸，正统十四年七月内，在于云州、龙门口庄上被阿刺知院部下达子把秃抢去，在于不知地名住过，因见达贼那营不记日月。脱走回还妇女一口，脱脱碗秃，年二十五岁，系也先部下达子兀言帖木儿妻，有夫，因被阿刺知院杀散，被兀良哈达子抢去随住，思得艰难，不记月日，逃走行至中途，遇见白咬住，一同商议往南行走到边，据供得此。除孛罗骑来马匹瘦乏，自行照例货卖讫，参照白咬住被虏年久，走回孛罗并脱脱碗秃系来降夷人，及看得孛罗并脱脱碗秃语言动静，俱各伶俐，乖觉中间恐有别项虏情，况今东作②当兴各堡，连日节报烟火数多，防范之策不可不严，除行内官黄整、陈庄协同守备指挥吴良知会，及行各堡守备都指挥等官整搠军马器械粮炒，听候调用，严督沿边腹里墩台敌堡哨守官军人等，昼夜用心，谨慎瞭望，遇有大小声息，听探的实星驰飞报，以凭相机行事，并行宣府总兵等官一体行属堤备外，谨题。景泰六年三月三十日。

---

①　过活，度日；生活。

②　东作，谓春耕。《书·尧典》："寅宾出日，平秩东作。"孔传："岁起于东，而始就耕，谓之东作。"

◎题为剿杀达贼事（卷6，第365～366页）

景泰六年三月十六日，承准兵部照会前事要将提督守备独石等处右参将都指挥佥事周贤所造杀贼功次册，再行从实将擒杀贼级官军人等逐一体勘明白，果有不当，开报就便尽数除去，将着实有功之人照依原拟奏事理，重别造册，要见何人生擒，何人斩首，何人为首，何人为从，明白造册缴部，等因。承此行，据马营等城领军出哨都指挥等官王林等，各将依奉重别从实逐一明白体勘到各项官军职役姓名，并先据各官呈该简举差错改正等项，缘繇间不扶结状①，粘缴到职，除审覆相同存结，备照并造册缴部外，臣切惟景泰六年正月十六日，我军于龙王堂西杀贼，彼时官军人等，上有宣府总兵提督等官奏奉出境杀贼之命，下有各官分调路道刻定其约及臣等奉行之令，甫出境门便遇强敌，而此贼招呼丑类敢抗王师，盖在彼势不相容，在我兵非得已，以此凭仗朝廷威灵，将士心力②，致有杀获成功，已经具题。去后今该前因，臣按原册并今重别从实体勘得，军马出境之时，南北二哨分行，南哨官军正于龙王堂西遇贼厮杀数内，生擒斩首被伤官军指挥张顺等八十四员名，委的俱系当先有功员役，若是擒斩一人一级，止以一人为首功，则启争夺贼人首级之弊，军前坏事，他日之忧，故臣具以前项官军为首，其都指挥王林等六百四十九员名，亦系当先有功之人，盖用兵之际，必须大势人马冲入贼阵杀败贼众，方才得以下手擒斩，只因该部参驳③，累以人众为言，故臣以前项官军为从，查指挥王鼎、李石，都指挥王林、郑祥俱身先士卒，内王鼎设谋引路，功尤足称，特以其为领军头目，不曾报在擒斩之列。其北哨官军指挥安全等一千七十四员名，虽是不曾遇贼，俱系敢勇精兵遥振军声，不为无助，出境之劳则一

---

① 结状，旧时向官府出具的表示证明、担保或了结的文书。

② 心力，指精神与体力。

③ 参驳，弹劾与批驳官吏的错误言行。

遇贼之时适殊，故臣亦以前项官军为从策应官军参将都指挥夏忠等六百八十员名，远道赴期兼程，莫及班师之日，遇而同回，缘臣与内官黄整参将周贤兵临境外，誓师之际，委曾号令将士一人用命，众人同功，一人误事，众人同罪，故臣今次册内官军未敢除去，至于升赏与否，与夫升赏之轻重，伏乞朝廷看详上项备列缘繇斟酌等第恩，出于上量与定夺。庶几臣等不负号令，向后可以使人再照先承准兵部照会该巡按御史张鹏具奏，要将前项官军升赏，本部议拟奏准内开，臣姓名以为前项功劳，合候覆勘，至日另行奏请定夺一节。切臣以书生叨忝守边督军杀贼区区职分，曷足言劳，况臣不佞心，虽切于图报上德，志不在于受赏边功，当陛下偃兵息民，绥怀夷狄之时，万一以边功受赏，则是臣愚，不能钦承将顺，掠美贪功，私心未安，舆论不协，故敢先事陈情，惟陛下照临之，不胜幸甚，谨题。景泰六年四月。

◎题为给繇事（卷6，第366～367页）

准本布政司咨内开，臣系本司管理粮料官员例该支俸办事牌册斋缴，除照例将任内收过粮料草束数目，并应该造报事迹，依式类造须知，并功迹功业牌册完日，具本差人斋进外，今将例不该造军马等项，备开回咨径自施行，等因。准此，案照先为镇守巡抚等事，承准吏部照会该臣题前事，合无照依协赞事例于四月初一日到京议事，就于初十日考满给繇，惟复另行给繇等因，具题。该本部官节该钦奉圣旨：着四月议事，来就给由。钦此。照会到职钦遵。已将臣任内该造牌册事迹取勘，移咨①本司类造去后，景泰六年三月初一日，又承准兵部照会为总督边储等事，该本部拟奏，臣所管地方节报达贼出没差人铺马斋文与臣照旧在彼，且不赴京议事。该本部官

---

① 移咨，移送咨文。

钦奉圣旨：是。钦此。照会到职钦遵。今该前因，除本司照例斋缴牌册，并臣照例自景泰六年四月初十日，三年考满以后，仍前支俸办事外，今将任内独石等八城堡军马等项数目开坐具本，官军一万四千八十三员名，马六千四百六匹，粮料五十七万七百七十六石一升五合三勺，草六万三千七百五十五束。景泰六年四月初十日①。

◎题为声息事（卷6，第367~368页）

景泰六年四月二十日酉时，节该钦奉敕：即将差来各项虏使，再三研审是何部落，务在得实，星驰奏报，钦此。会同守备右参将周贤查得本日巳时，该委官指挥李实回报事情，本日午时，又该兵部照会前事，本日又该虏使哈达赤城馆待所说语言，俱已节次具题去后，今奉前因，又据臣等先差谙晓夷语军人并指挥王鼎等回报，钦遵。研审得后起虏使皮儿马黑麻等内各人说称，有原系也先部下头目孛罗平章、毛那孩平章、猛可平章，将阿剌知院人马杀散了将实夺了，又将脱脱不花王儿子娘子并也先的娘同他娘子两个儿子都抢在身边，又抢了九个白毡帐子，今孛罗差我每来有好的言语到朝廷，才说回去时还与阿剌厮杀，务要杀他败才罢。又先依奉抓缉得前起虏使哈达等一十三名内，一名原系刘僧太监家人，汉语潜地②说称土木抢去，原在也先部下，有也先因阿剌知院去杀他时，被他自家部下的人杀死了，有实原在他娘子处，因乱，跟了孛罗平章走脱，见在不曾在阿剌处夺来。今孛罗人马家小约有二三万，多半行走，牛马瘦少，车辆全无，伯颜帖木儿同歹通实罕老小人马约有一二万，见在西边，孛罗常有信去要待青草长时会合，与阿剌厮杀，阿剌人马约有五六万，见在北边牛羊车辆都被他得了，想必青草长时也要来与孛罗厮杀，料必孛罗杀他不过，如今孛罗的人，见在凉亭一带

---

① 景泰六年四月初十日，1455 年 4 月 26 日。
② 潜地，暗中。

林子里藏住，十分艰难，没吃的，火子里自家偷马杀吃，人马也有饿死的，又兼日夜惊慌，前面后面都怕人去杀，他不得已假进贡报喜为名，一则讨衣食养活，一则止军马杀他。又听得脱脱卜花的儿子见在营里，要照旧扶他做王等语，通行回报。得此，臣等参照所报事因，虽虏人多诈，未委虚实，大概刘僧家人之言哉，有着实真情，其虏使之言多是妆点浮夸谲辞大话，虏情关系不敢隐略，谨题。景泰六年四月二十一日。

◎题为收留马匹事（卷6，第368～369页）

据守备独石张杰等呈，景泰六年闰六月二十四日未时分，据镇门墩瞭高夜不收姜景和报，本日午时瞭见境外东北山有青白空马二匹，离墩约远二里，往南行走，等因。得此，蒙差夜不收官军百户王俊等前去本墩，抓见前项马匹在于长城脚外水门东边吃草，随即收赶前来，等因，具呈。得此，会同右参将周贤等议得，节据走回人口说称，兀良哈残贼离边不远，或言马上半日可到，或言一日可到。又先据韭菜南等墩，节次瞭见或三块或五十队或约有几百人，皆是此贼。先该圣恩宽大，许其二百里外牧放，今却指此为繇，讬名围猎，不肯远去，往来出没，即如前项收留马匹，虏情多态，虽不可定，以意度之，或是那营往来一时走失，或是设伏下贼引诱我军，盖此贼向来虽云散漫，各边俱有，但臣等地方名为口外，数内赤城、龙门卫所俱是往时犯边大路，独石、马营二城孤悬在外，况今耕牧在时，人畜遍野，马营精兵一枝，其有水草场俱在城北，见今牧放马群，咫尺边墙之下，长膘活命全靠此时，不得拘收置之他处。臣等愚见，今日虏贼其丑类仇杀未已，所谓大举入寇，目下或未必然，惟此种残贼最号强勇，向来互相赶杀，又最艰难，切恐听其近边日深月久，狼子野心，不顾恩信，或俟朝暮空隙，或乘岚雾晦冥①，或奔庄疃，或扑牛马，鼠窃狗偷，旋复散去，虽为小患，亦必惊疑人心。臣等目前之虑，此为最先，若不先事恳言，万一不虞，言之晚矣。伏乞圣明，敕该衙门详议指示长策，合无于兀良哈等卫有何使臣，回日请敕头目朵罗干革干帖木儿等，令其遵守先次敕旨，远去二百里外，若再故违边，将必不相容，则是自取罪愆，并非朝廷失信。如此，庶几奸黠知惧，边境可宁。所据前项收留境外自行走来马匹，合无就于本处给军骑操发属喂养听候，并通行各城守备等官，严督沿边腹里墩堡，昼夜十分加意堤备人畜，瞭望声息，一面整搠人马，专候有警调用，及行宣府总兵等官一体施行外，谨题。景泰六年闰六月二十六日②。

◎奏为谢恩事（卷6，第369页）

景泰六年闰六月二十八日，该户部差进士王升赍捧③钦，赏银二两，采段一表里赐臣者。照得先该兵部奏准照会，令臣查勘龙王堂西剿杀达贼有功官军造册缴报，等因。已经钦遵，将比先奉命杀贼根因④，及有功官军第等并臣不敢受赏情繇备词，具题。去后，今该前因，伏惟皇上明并日月，恩同天地，臣强颜拜赐之余，第深感激，不敢再有辞免，以黩天听⑤，所有上项赐物白金文绮⑥，谨已祇受⑦向阙谢恩讫，谨奏。景泰六年七月 日。

◎题为烟火事（卷7，第370页）

景泰七年正月十五日午时，据守备马营都指挥使王林等呈，据

---

① 岚雾，山中雾气。晦冥，昏暗；阴沉。
② 景泰六年闰六月二十六日，1455年8月9日。
③ 赍捧，捧持。
④ 根因，根源，缘故。
⑤ 天听，帝王的听闻。
⑥ 文绮，华丽的丝织物。
⑦ 祇受，恭敬地领受。祇音zhī，敬，恭敬。

提调边墩指挥程通呈，据守桦皮岭墩百户王成呈，备瞭高夜不收王二哥走报，本月十四夜一更时分，瞭见境外迤北长海子，火光一处，离墩约远九十余里，备报具呈。案查本月十四日申时，该据王林等呈，备守雷山墩百户郭六儿呈，备本墩守瞭夜不收张荣走报，本月十三夜四更时分，瞭见境外兴和迄北火光一处，离墩约远一百余里，备报具呈。得此已行，堤备去后。今呈前因，会同守备右参将都指挥佥事周贤议得前项节报烟火，合当加意防范，除行内官黄整等知会，严督各城守备等官张杰等整搠军马器械粮炒齐备，听候调用，缓急相机行事，及行宣府总兵等官一体施行外，谨题。景泰七年正月十五日①。

◎题为声息事（卷7，第370页）

景泰七年正月二十二日辰时，据守备马营都指挥王林等呈，据提调边墩指挥程通呈，据守威远墩百户梁贵呈，据本墩瞭高夜不收赵秀一报，本月二十一日申时分，瞭见境外西北达贼人马一百余骑，离墩约远一十余里，本墩随放铁炮一个，各贼往东去迄，备报具呈。得此，会同守备右参将周贤，查得近该万全右卫地方，节有贼寇往来，虽贼情谲诈不测，大率多是三卫残寇，除照依该部，近日查奏永平、山海等处旧例施行，并行内官黄整等知会，及各城守备等官整搠听调及沿边腹里地方墩堡哨守官军人等，昼夜用心，加意瞭望堤备，并行宣府总兵等官知会，一体施行外，谨题。景泰七年正月二十三日。

◎题为紧要边城急缺官员事（卷7，第370~371页）

据云州城管新军正千户汪宣等呈，据已故新军杜友妻陈氏告称，

---

①　景泰七年正月十五日，1456年2月20日。

被协同指挥沙泉喝令军牢用桦木大棍乱打伤重，气绝身死，等因。又据镇抚汪海口告审供得，守备王荣协同指挥沙泉等沉醉，到于已故新军杜友停尸处所，亲自手执藤棍往来街市打人，将伊责打五十余棍，等因。行间，又据王荣呈，有千户汪宣暗令杜友妻在于各职门口叫骂，等因。据呈得此，会同参照云州城系是独石、马营根本地方，往年坏事实繇此处，修复以来，原守旧军十不存五，近因军少奏准，但系新编发来充军，并修守守哨犯人俱各收发以实，本城另设管新军官管理，缘前项军犯，俱是谋叛妖言强盗人命三犯窃盗奸欺诈伪小人，挨门攘寇无日无之①越城脱走，不虚旬日，旧军数少，新军数多，地弱客强。臣等所虑为守备等官者，所当镇静防微尚虑生变，乃敢酷暴淫酗②，又且上下之间，犯忌嫌疑，自分彼此，俱属违法，除已处治，并查照备行都御史李秉施行外，缘王荣、沙泉、汪宣俱难任用，况王荣等事干人命，系听候拿问，另行定夺人员，而云州地方军犯实为紧要，不可顷刻缺官管理钤束，合当急为处治。臣等公同推举得，开平卫指挥张琥，保安卫指挥程道，俱各相应前项地方任用。乞敕该部计议，合无行令张琥、程道二员，守备云州城。其管新军正千户猝难其人，及照口外如龙门千户所往来俱是指挥掌管所事，合无就令指挥程道不妨守备本城，仍掌所事。再照协同守备吴良见今分守独石往来提督各城，查独石已有内官黄整，凡事已有定规，合无令吴良带领随操二队前来分守云州，照旧往来提督。庶几事体合宜，彼此兼济，军犯知惧，而地方不致疏虞，谨题。景泰七年二月十日③。

---

① 无日无之，没有一天不这样。指某种丑恶的现象无时无刻不存在。

② 淫酗，饮酒无度。《书·泰誓中》："淫酗肆虐，臣下化之。"孔颖达疏："言饮酒过多也。"

③ 景泰七年二月十日，1456 年 3 月 15 日。

◎题为灾异事（卷7，第371页）

会同守备右参将周贤照得，景泰七年六月初十日早五更时分地震，房屋动摇，天明，询及多人，称初发之时有声，自西北而来，随询及各墩堡，皆然。又有长安岭地方墩垛倒坏，等因。臣等愚昧不识占验①，除警励饬备外，遵奉皇上即位之初，正统十四年十二月初十日诏书内事理，奏闻，谨题。景泰七年六月初十日②。

◎题为宽恤等事（卷7，第371~372页）

据赤城守备郑祥等呈，据周源等连名告系立功等项军职，各先因为事，蒙巡按御史等官，并在京法司问发③口外等处立功哨守等项，一向在边不缺，今于景泰七年六月初四日，节该奉敕谕，宽恤恩宥事理内开军职官有犯罪发立功哨守等项，敕书到日，各边原职其犯科敛害军等项者，止令带操不许管军管事，钦此。除钦遵外，缘源等俱系军职官为事蒙发立功等项，乞为转达，照依恩宥事理，复职等因，具呈。得此，会同守备右参将周贤参看得，各告并查原发立功守哨两项内，除周源等原系口北怀安等卫官员，其仇英等俱系别处都司卫所官员，衙门俸粮合当定夺，及照杨林、陈广等系是修守，并充军哨守等项名目，缘敕谕内止开立功哨守等项字样，不曾备开前项名目，未识应否照依恩宥复职，臣等不敢擅便夺，除备查各人原发粘连转行兵部外，乞敕该部查照定夺，以凭遵奉，谨题。景泰七年六月 日。

---

① 占验，占卜的结果得到应验。

② 景泰七年六月初十日，1456年7月12日。

③ 问发，判决发配。

◎题为蓄积边储事（卷7，第372～373页）

据孙荣等告，各年甲①不齐，俱系官下军民人等，各告给文引买卖，遇蒙户部榜例开中，口外雕鹗堡等仓，景泰七年分存积准浙盐课，其雕鹗堡仓每准盐一引，粟米九斗；赤城广备仓，每准盐一引八斗五升；云州、马营、独石三仓每准盐一引，俱粟米八斗。荣等遵依赴官告报，雕鹗堡仓准盐，前往口南蔚州、大同等处籴米运送，前来该仓上纳，为因蔚州等处相离雕鹗堡地方程途弯远，山路崎岖，车脚艰贵，每米一石并脚费共用银七钱有余，每思景泰三并景泰五年赤城、龙门等仓，开中准盐每引米豆止是四斗五升，后因上纳人少，又行减作四斗三升，其景泰六年分赤城广备仓存积准盐每引止该七斗五升，虽有报中之人，而实行上纳者少，经今二年不能完足，兼今口外地方霜旱薄收，米粮价高，斗头添重，若不状告，实是有伤资本，进退两难，乞为转达量减斗头便益，等因，具告。案照先奉节准提督都御史李秉照会，已经通行去后，今告前因，参照孙荣等所告景泰六年赤城等仓盐粮，比之先年斗头添重延今不完，今次雕鹗堡等仓盐比之景泰六年又加添重，况口外等处霜旱薄收，米价高贵，俱是实情，又兼独石、马营等处准盐并各仓浙盐，虽曾开例，为因程途既远，斗头又重，未经报中。查口外独石广积等八仓，先年粮料共七十万零，今年七月终实在粮料止五十五万零，数内马营广盈仓，并雕鹗堡仓粮料尤为数少，未勾蓄积，正系紧关用粮之时，若不照依先年事例，将前项盐粮量减斗头，诚恐日久难完，不敷支给。臣叨忝边寄粮饷至重，不敢避嫌坐视，伏乞圣明，特敕该部查照前例，从长计议，将景泰七年雕鹗堡等五仓盐粮量减斗头，惟复通将景泰六年赤城、马营二仓盐粮未完之数，一体量减，庶得盐粮易完，边储有积，今将各仓相离路程远近数目开坐，谨题。缺粮仓

---

① 年甲，年龄。

分五处：

　　雕鹗堡仓在长安岭迤北离岭四十余里，

　　赤城广备仓在长安岭迤北离岭八十余里，

　　云州堡仓在长安岭迤北离岭一百一十余里，

　　马营广盈仓在长安岭迤北离岭一百四十余里，

　　独石广积仓在长安岭迤北离岭一百六十余里。

　　景泰七年八月二十六日。

◎题为声息事（卷7，第372~373页）

　　照得协同守备吕贵见奉兵部奏奉钦依内事理，取回赴部去讫，缘本官原系奏准协同守备官员，其独石密迩边陲，连日接报声息不绝，边事紧要不可缺人，除声息另行外，会同右参将周贤等，查得本城操备隆庆左卫指挥使朱通，公廉质直，善抚军士，在边年久，曾经守战，堪以任用，乞敕该部计议，合无将本官代替指挥吕贵，协同守备独石，共济①边事，谨题。景泰七年十月十三日②。

◎题为陈情给假乞恩事（卷7，第376~377页）

　　臣一介寒微③，累受国恩，历任山西右参政独石等处管事。臣有父封兵科都给事中叶春在原籍直隶苏州府崑山县，今年七十岁，与臣面不相见已经九年。臣于近日得乡人张吉附到七月家书，内言臣父气喘咳嗽等病苦楚，赖臣兄叶盎等扶持奉养，未得安痊。昨又得乡人孙恭武附到八月家书，内言臣父于八月初转加气疼痰逆，病重在床，医药无效。臣父每言荷国厚恩，我死足矣，但次子在任，不得见面，等语。臣思父初娶汤氏，生臣兄盎，后汤氏故，娶臣母，

---

　　① 共济，谓共同挽救；共同度过；共同成事。

　　② 景泰七年十月十三日，1456 年 11 月 10 日。

　　③ 寒微，指出身贫贱，家世低微。

赠孺人①陈氏，生臣。其汤氏系臣前母，实生臣兄，实同母道②，以臣未曾陈请恩命，未蒙追赠，今思在京在外官员，三年考满，陈情请给封赠，并乞赠前母诰命。洪熙年间以来，有布政等官萧省身③等请给不为常例封赠，该部覆请定夺，钦蒙特准恩旨。臣今历任右参政，该于景泰六年四月初十日已及三年，节因边事未得到京考满，未敢陈情，即今历任及五年。缘臣父今年七十，加之前病沉重，生死未保，言之痛心。臣又蒙恩在边，不敢给假回还原籍省侍④，但今备冬将过，边事稍宁，已有提督军务并内臣参将等官在任，不至误事。臣欲乞圣恩怜悯，合无令臣给假赴京考满，臣当以前情另奏陈请诰命，倘臣父未死之前，得霑恩命过于他日，受赐万万，臣之志愿毕矣，臣即星驰到边办事，图报皇恩之万一，臣以父母之故，人子之情不得已上干君父，罪该万死，俯伏⑤俟命之至，谨题。景泰七年十一月初十日⑥。

◎题为守制事（卷7，第376～377页）

景泰七年十一月十二日，臣在云州公干⑦，本日戌时，有表侄吴阿员送到家书，内说臣父封兵科都给事中叶春在原籍直隶苏州府昆山县患病，于本年九月初十日身故，等因。照得本年十一月初九日家书，内说臣父病重。臣已于本月初十日具题，陈情给假，乞恩去后，今又得家书，知臣父已故，臣系亲男，例应守制。缘臣奉敕在

---

① 孺人，古代称大夫的妻子，唐代称王的妾，宋代用为通直郎等官员的母亲或妻子的封号，明清则为七品官的母亲或妻子的封号。亦通用为妇人的尊称。

② 母道，为母之道。道，指道德、天性、天职等。

③ 萧省身，泰和人。与昌祺同举进士。洪熙元年，布政考满，当给诰命。奏父年八十余，愿以给父。帝嘉而许之，后遂为例。

④ 省侍，探望，侍奉。省音 xǐng。

⑤ 俯伏，俯首伏地，多表示恐惧屈服或极端崇敬。

⑥ 景泰七年十一月初十日，1456 年 12 月 7 日。

⑦ 公干，办理公事。

边，不敢擅自离职，暂行在任，伏候请旨至日，将卷籍等项咨呈右
佥都御史<u>李秉</u>处，臣即日赴京，顺道回还原籍守制，未敢擅便①，谨
题。<u>景泰</u>七年十一月十二日。

---

① 擅便，自作主张。

2.《叶文庄公上谷奏草》

【题解】 《叶文庄公上谷奏草》8卷，叶盛存稿，六世孙礼部主事重华汇梓。《叶文庄公上谷奏草》记载了天顺八年（1464年）十月至成化三年（1467年）八月间，叶盛巡抚宣府期间的奏章。

景泰七年（1456年）"南宫之变"，明英宗重新登上皇位，改元天顺。此时，叶盛因丧父在家守制。天顺二年，两广贼寇未息，地方不宁。急需贤能守法、修举政务者前去治理，拯民出水火。叶盛因在景泰时期才学闻名，政绩卓著，英宗命其前去巡抚。成化元年，宪宗见叶盛在两广廉洁奉公，报国之心拳拳，治理两广颇有政绩，遂升其为左佥都御史，代李秉巡抚宣府。此时，叶盛因治理两广过度操劳，重病缠身，"面色黄瘦，大非昔比，眩晕不支，血气耗伤"，其请皇上矜怜放回，允其在家养病。皇上以其公正有为，坚持赋与重任，让其治理边方。叶盛在国家危难之际，驱驰于边关，殚精竭虑地治理边务，历历皆有政绩。成化三年，其入临部政，出谋划筹，皆中时计。

叶盛由于再到宣府，他知晓边情，在尽心戎务的同时，不断总结治边策略，从《叶文庄公上谷奏草》中，不难看出叶盛的固守而后战、修筑城堡以御敌、边防贵在得人、积蓄边储、改革马政等治边思想及实践，对于明中期朝廷治理边务具有借鉴和指导作用。

本辑据上海古籍出版社《续修四库全书》第475册史部诏令奏议类《叶文庄公上谷奏草》辑录有关赤城内容。

◎钦差巡抚宣府等处都察院左佥都御史臣叶盛谨题为边务事（卷1，第507~508页）

奏協同管事等因備行到職會同鎮守總兵官

欽遵議得都指揮張壽江山見行復職數內張

壽相應協同周玉其江山曉勇能幹查得口外

獨石龍門所二處係宣府緊關重地獨石今止

右參將黃瑄龍門所今止守備王祥警急未免

有妨出戰其獨石守備指揮程道長於綏撫乞

勅該部計議合無行令都指揮僉事張壽協同

周玉管事江山守備獨石指揮程道協同王祥

守備龍門所庶使任用得宜事體允當謹題

成化元年正月初八日

叶盛《叶文庄公上谷奏草》书影

准总兵官<u>颜彪</u>等手本①，准镇守右参将<u>黄瑄</u>咨，据独石、马营等八城堡守备、把总等呈，该队官旗军等连名状告，俱系原选领养官马、神枪、铳炮在边操守及守瞭沿边，并腹里墩堡夜不收②等项身役③，昼夜在墩瞭望，但有声息烟火，不避风雪，星驰走报，其马步、操守等项官军，常川④在外修理长城墩堡，挑掘豪堑，塌窖臁坑及分守城门楼铺等项，日则架炮哨瞭，夜则坐冷支更⑤，遇警出哨，披坚执锐，卧雪眠霜，劳苦百端，无时休息。因是，此处天气严寒，<u>正统</u>年间，荷蒙圣恩怜悯，每三年一次给与官军毛袄或胖袄⑥裤鞋御寒穿用，俱各破碎无存。自景泰二年⑦至今一十三年，未蒙关给⑧。切思本处山高风猛，寒冷至极，每遇隆冬时月，堕指裂肤，寒苦尤甚，又兼地僻，无从生理。况且贼寇扰攘，不得安生。风霜早降，田禾无收，委的⑨艰难。如蒙准告，乞赐怜悯，转达关给毛袄等件，庶免单寒失所，等因⑩。备呈移咨⑪，行间⑫，续准镇守右参将<u>李刚</u>亦咨前因，备咨手本到院。会同镇总照得⑬，<u>宣府</u>等处操守备御等项官军数多，诚恐袄裤等件不敷，臣等不敢一概请给。会议得，惟有极边墩台守哨官军，切近虏境，迎风冒雪，设伏瞭望，寒苦尤甚，先蒙给赐毛袄等件，已经年远无存，实是艰难。今旗军<u>赵杰</u>等所告

---

① 手本，公文。

② 夜不收，古代军队中的哨探。因彻夜在外活动，故名。

③ 身役，职使，差使。

④ 常川，经常；连续不断。

⑤ 支更，打更；守夜。

⑥ 胖袄，棉上衣。元、明时亦专指边防将士或锦衣卫的冬服。

⑦ 景泰二年，1451 年。

⑧ 关给，发放或领取。

⑨ 委的，的确。

⑩ 等因，旧时公文用语。常用于叙述上级官署的令文结束时。但叙述平行机关及地位在上的不相隶属机关的来文，为表示尊敬，也间有使用。

⑪ 移咨，移送咨文。

⑫ 行间，行与行之间。指文章的字句之间。

⑬ 照得，查察而得。旧时下行公文和布告中常用。

情词恳切，伏望圣恩怜悯，乞将沿边墩台哨守官军，每名给与胖袄裤鞋或毛袄各一件，照例运送宣府等处，唱名给散①穿用。若有事故，即扣还官②，明白支销，实为便益，谨题③。天顺八年十月初三日④。

◎题为急缺边储事（卷1，第509～510页）

据王瑄等三十九名告系陕西等布政司府、州、县军民等籍，近蒙榜文召商中纳盐粮各报：独石、马营等四仓，天顺五年两淮存积官盐，思得各仓界临极边，地峡山广，路崄⑤途危，发运艰难。又兼宣府一带年来秋霜早落，谷豆青伤枯秕，收成微薄，籴买缺贵。其独石、马营等仓，原坐米豆八斗不等，斗头太重，欲行上纳，有亏资本，恐误边储。乞照天顺三年淡字号事例，独石上粟米六斗，马营六斗五升，具告到院。会同查得前项引盐召商日久，止有告报⑥淮盐客商数亦不多，其两浙、长芦、河东之盐全无告报，及访得中间多有愿折银两，而独石等处常例间月折银买用粮料，亦颇利便行。准户部咨令会计，斟酌明白，具奏行间，今各商又告前因。臣等会同议得，宣府地方节报达贼近边，事在不测，而独石等仓粮料不多，料少尤甚，且如马营仓，见在料豆止存三千余石，不勾⑦两月支用。委因本处今年霜早，米豆少收，价值日贵。又因近日山东、山西等处民纳粮米收籴数多，米价愈腾。其客商虽有收到米豆，实因斗头

---

① 给散，发放。
② 还官，归还官府。
③ 谨题，明清大臣上题本的用语。表示恭敬之意。明清时奏章有题本、奏本之别，题本由官员用印具题。清末废，专用奏折。
④ 天顺八年十月初三日，1464年11月2日。
⑤ 崄，同"险"。
⑥ 告报，告知；报告。
⑦ 不勾，不够；不到。

太重，有亏资本，延今日久，无人上纳。若不俯就①众情，量为减拟折收，必致急无成效，有误支给。乞敕该部计议定夺，量为减轻，行令遵守收受，实为便益，谨题。天顺八年十一月初七日②。

◎题为边方用人事（卷2，第513页）

准兵部咨该镇守、总兵等官会题前事，本部参照既已镇守、总兵等官会议明白，议拟奏同准行。令万全都司指挥同知周玉，不妨管屯于本都司掌印管事，候都指挥佥事张寿、江山为事毕日，于内推选一员，径自具奏，协同管事，等因。备行到职，会同镇守总兵官，钦遵③议得都指挥张寿、江山见行复职，数内张寿相应协同周玉，其江山骁勇能干。查得口外④独石、龙门所二处，系宣府紧关重地，独石今止右参将黄瑄，龙门所今止守备王祥，警急未免有妨出战。其独石守备指挥程道长于绥抚，乞敕该部计议。合无行令都指挥佥事张寿协同周玉，管事江山守备独石，指挥程道协同王祥守备龙门所，庶使任用得宜，事体允当⑤，谨题。成化元年正月初八日⑥。

◎题为边务事（卷2，第513~514页）

准右参将黄瑄手本，议代万全左卫指挥姚瑄会看得⑦万全右卫既有参将李刚、左少监阮化州镇守，又有都指挥胡观守备，其协同镇

---

① 俯就，降格相就，屈尊下从。

② 天顺八年十一月初七日，1464年12月5日。

③ 钦遵，恭敬遵奉。旧时臣子言遵奉圣旨的套语。

④ 口外，也称口北。泛指长城以北地区。主要指张家口以北的河北省北部和内蒙古自治区中部。因长城关隘多称口，如古北口、喜峰口、张家口、杀虎口等，故名。

⑤ 允当，适合；符合。

⑥ 成化元年正月初八日，1465年2月3日。

⑦ 看得，旧时审判案件公文的开头用语。

守指挥张顺合当①比照独石协同指挥李延分守马营事例，令其兼管。乞敕该部计议行令②，指挥郑祥代替姚瑄守备雕鹗堡，其指挥张顺不妨原奉敕书协同李刚镇守，仍兼管守备万全左卫城池地方，严督守堡把总并该卫所等官管事，庶使任用得宜，边事不误，谨题。成化元年三月十一日③。

◎题为整饬边备事（卷2，第514~515页）

案查先该兵部奏准，各边墙垣、屯堡、墩台、壕堑等项土石易为倾颓坍塌淤塞，备行内外官员，公同计议区画，就拨官军修筑疏浚，务在高厚坚固，深阔陡峻，不许畏惧跋涉，虚应故事，等因。在卷会同镇守总兵官、巡按御史、粮储郎中等议得，宣府地方广阔，险易不等，虽有原设屯堡，尚多缺少去处④，其边墙壕堑止行在边官军修理，不曾添调多军整治，以致多有颓塌淤塞去处。若不调军并力用工，即今虏情不测，实恐误事未便。除口外八城堡并野狐岭以西及永宁等处，行各该参将分投督军修理外，所据龙门关至张家口一带中军地方尤为紧要，必须一面巡哨防护，一面修筑用工。为此合当调拨宣府在城卫所军余⑤，附近屯田住种军余，并本城及腹里怀来、保安、蔚州等处马步官军俱支口粮，通行太监王受等守镇城池，臣与同总兵官颜彪、右副总兵张珷长随张遐统督。委官都指挥张寿、傅巇等择于三月终旬，先筑大小白阳等处屯堡，四月中旬边山冻解土融之时，修理筑塞斩削边墙崖壁壕堑。务期高厚坚完，贼徒不敢轻犯，以固边方，以为保障。事完之日，通行回奏，谨题。成化元年三月二十一日。

---

① 合当，犹应当；应该。
② 行令，发布命令。
③ 成化元年三月十一日，1465年4月6日。
④ 去处，场所；地方。
⑤ 军余，指未取得正式军籍的军人。

◎题为边备事（卷2，第515页）

据万全都司呈，守备龙门卫指挥吴升并本卫指挥张铎等三员，互相讦告①违法事情，已行提问，等因。到院会同镇总议得，龙门卫系口外八城堡紧要边城，守备不可缺人，况兼地方顽恶②，上下争讦，全无体统。吴升难令再往彼处守备，必得位望相应之人，庶称厥任。看得宣府把总陶洪年力精强，谋勇相兼，堪以委用。乞敕该部计议，查照署都指挥许宁等事例，将指挥使陶洪量升署职，星驰前去守备龙门卫，庶使体分相安，边备有益，谨题。成化元年三月二十一日。

◎题为风雹灾伤苗稼事（卷2，第517页）

据万全都司备宣府前、万全右等卫所呈，申准管屯指挥等官军唐海等各状告称，各在泥河等处耕种，夏秋田苗俱于成化元年五月三十日③天降冰雹，尽行④打伤无存。思得子粒并地亩粮米至秋无从办纳⑤，告乞分豁⑥，等因。备呈到院。案查先据顺圣川管种官田千百户杨雄等呈及准镇守独石参将黄瑄手本开，马营、云州等处所种各项田禾，俱于本年五月十三日，天降骤雨风雹打伤。又据怀来等卫申报，本月十一日天降大风雨雹，亦将苗稼尽行打绝，等因。俱行委官踏勘未报。今又呈前因，会同议得，节据开报，风雹打伤禾苗，除再差官分投⑦勘报，至日通将被灾田禾顷亩，并停纳粮米数目，另行奏报外，谨题。成化元年六月初四日。

---

① 讦告，揭发控告。讦音 jié，揭发别人的隐私或攻击别人的短处。
② 顽恶，愚妄而桀骜不驯。
③ 成化元年五月三十日，1465 年 6 月 23 日。
④ 尽行，全部，全都。
⑤ 办纳，备办交纳。
⑥ 分豁，分解；开脱。
⑦ 分投，分头；分别。

◎题为整饬边备事（卷2，第517~518页）

节准镇守独石等处参将黄瑄等手本，各将所管地方修斩沿边崖壁壕堑沟栅添筑墩台及相度①紧要处所筑立拒敌墩堡备开数目，手本到院。案查该臣等题，兵部议拟奏准通行各边勘议，各该所属地方屯堡墩台边墙壕堑等项，但有倾塌淤塞并缺少去处，各比往年斟酌添拨附近城堡官军，选委的当官员管领防护，修筑整理务在高厚坚固，深阔陡峻，足以防御贼寇，保障边方，各将修过去处，丈尺数目各另开奏，以凭稽考，等因。已经会议，备行各该参将等官，各照所管地方修整去后，其宣府中军地方，臣等亲诣沿边，提督整饬增添修筑案候，通类今准开报。会同镇总议得，沿边地方虽称修整坚完，但今边报声息不绝，不可因而怠忽，除行各该分镇参将并守备等官，严督所属守哨官军加意隄备外，今将修筑过沿边墩台等项，并丈尺数目，开坐②会本题知。

计开③

宣府中军地方修筑过墩堡一十六座，新添墩堡一十三座，堡四座，墩台九座，补修旧堡三座，边墙壕堑共四万四百七十六丈，边墙二万六百九十四丈，石墙一万二千一百二十二丈，土墙八千五百七十二丈，壕堑一万九千七百八十二丈。

右参将黄瑄所管独石等八城堡地方修筑过墩堡一十九座，新添一十五座，墩一十二座，拒敌堡三座，展修并包砌四座，墩一座，拒敌堡三座，崖墙壕栅五万六千二百八丈七尺，崖三万五百二十丈九尺，墙九千八百四丈五尺，石墙六千三百九十八丈五尺，土墙三千四百六丈，壕一万五千二十二丈四尺，栅八百六十丈九尺。

右参将李刚所管万全左卫等五城堡地方修筑过墩堡一十四座，

---

① 相度，观察估量。

② 开坐，犹开列。

③ 计开，逐项开列。清单行头习惯用此二字提冒。

新添一十二座，墩台七座，拒敌堡五座，补修台堡二座，崖墙壕堑三万七千二百二十二丈一尺，崖二万一千二百四十八丈五尺，墙四百八十三丈六尺，石墙四百九丈六尺，土墙七十四丈，壕堑一万五千四百九十丈。

参将阴杰所管永宁修过墩墙补修旧墩五座，石墙一百一丈二尺。

成化元年六月十一日①。

◎题为边方用人事（卷2，第519~520页）

照得宣府地方控御胡虏，切近京师，实为北门屏蔽。而口外独石、赤城等八城堡孤悬境外，尤为宣府重地。往年逆虏入寇，守将匪人②，云州失守，人心动摇，从而掣回独石、马营人马，以致凭陵无忌，直犯居庸。使③当时八城得人④固守，必不至此。繇⑤是观之，其为重地可知已。但八城相离宣府窎远，盖自正统、景泰以前，俱用副将分镇，仍有文臣一员在彼协赞行事，故得事体周当，兵食有方，前后行之，已有明效。然所用文臣，又必管理军中事务，若止管粮，亦为非便。今看得彼中分镇右参将都指挥黄瑄号令颇严，素有执守⑥，可谓得人。惟无文臣协助办理，未免规画未周。臣虽滥叨巡抚不能专在彼处，即日虏酋变诈，声言入寇，且龙门所侵犯二次，独石、马营累有奸细踪迹，虽即退回，其谋不测。况八城堡连年霜雹为灾，独石、马营柴薪日远，生理全无，危险苦寒，穷军弱卒，十分艰难，别无顾恋，缓急之际，难保无虞。访得监察御史张鹏曾经巡按口北，户部郎中王育曾在赤城管粮，两人俱负才能，俱有洁

---

① 成化元年六月十一日，1465 年 7 月 4 日。

② 匪人，行为不端正的人。

③ 使，连词。假若。

④ 得人，谓得到德才兼备的人。亦谓用人得当。《论语·雍也》："子曰：'女得人焉耳乎？'"邢昺疏："孔子问子游，言女在武城，得其有德之人乎？"

⑤ 繇，音 yóu。古同"由"。清朱骏声《说文通训定声·孚部》："繇，叚借为由。"

⑥ 执守，犹操守。亦指保持节操。

操。口外军人倾慕风采，臣一介庸腐，素不知人，但荐实为国，区区寸诚可对天日，伏望圣恩轸念①边方重地用人重务，特敕该衙门会同看详，臣言倘无妄谬，将各官定夺一员，量升职事名目，仍照往年事理，赍敕②前来管事兼管粮储，即边方之幸也，谨题。成化元年六月二十六日。

◎题为官牛足边久计事（卷3，第524～526页）

案照先该提督守备周贤奏称，声息不绝，乞将口外独石等处先年领银四千九百五十两，买到见在③官牛一千八百四十五只，共六百五十二具，马步每队量留一具，共牛三只，摘拨④软弱军人养种，照例上纳余粮、买种马牛、措置军装、赈济贫军等用，其余俱给与缺牛原额屯军，并复业舍余领养，等因。奏奉英宗皇帝圣旨：户部参看停当⑤，来说。钦此⑥。该本部钦遵，查得前项官牛，系是本部议行，并总督边储右佥都御史李秉建议，节次奏准，行令彼处监收粮料参政等官叶盛督运，勘给整理去后。缘前项牛只，给与各军自种，均收余粮入官，易买马匹，措置军装等项，本以优恤边军，且耕且守。今参将周贤奏称前因，未审有无，相应合行⑦彼处总兵等官及本部管粮郎中会议前项牛具，如果独石等城堡军人领种上纳余粮，听候买补马牛、措置军装等项，于军有益，仍照旧例施行，若是有妨各军操守就便取勘⑧，原额缺牛屯军，及复业舍余从公给俵耕种等

① 轸念，悲痛地思念。轸音 zhěn，伤痛。
② 赍敕，携持诏书。
③ 见在，见音 xiàn，"现"的古字。尚存；现今存在。现时；现在。
④ 摘拨，挑选。
⑤ 停当，妥贴；妥当。
⑥ 钦此，封建时代皇帝诏书结尾的套语。
⑦ 合行，应当；应该施行。
⑧ 取勘，犹查核。

因，具题。天顺元年三月十七日^①，本部右侍郎杨鼎等奏，奉英宗皇帝圣旨：是。钦此。行该总兵官都督杨能会同镇总粮储郎中议得，且耕且守，经国远谋，不可轻废。况且大同、宣府自经以来，人畜荡尽，田庐荒芜。幸而朝廷大发帑金，特差京官于河南、山东等处买牛给发，以为足边之计，其数不敷，又发边库官银充买。数年以来，边储稍积，人得聊生。夫何法立方行，便益良多，而立法之人，去尚未远，何乃奏称劳军未便，要行改废。今会议得，未可遽弃，合照旧例施行，等因在卷。臣今会议得，臣等于成化元年分，公同巡按御史冯昱、管粮郎中庞胜等，通查得前项口外并宣府合属地方，先年原买前项官牛共该五千余只，中间有例前例后倒死老弱变卖不曾买补，及官员役占倒死之数，俱各查勘得出，设法陆续买补，又将旧有余粮添买牛只，见在共分为一千八百余具，严行参将等官督令各该守备守堡等官，摘拨马步队无马软弱不堪出战军人，那兑给领耕种官田，今年虽有灾伤，亦颇收成。查得军中骑操战马，自天顺八年正月二十二日诏书例后，至今年九月十五日止，各哨征伤架炮倒死应该买补还官骑操官马，共该二千六百余匹，此系紧用征操，每匹或用银七八两或十余两，才可收买，常年各处俱于原领军人名下杖并买补，中间贫苦边军，计穷力屈，朋合科敛，或不得已而典儿卖女，又不得已而除粮扣粮，究竟马匹难完，十欠六七，军士逼窜，十常二三，上下难为，公私俱困。今年因有前项官田余粮，设法银两，头运差人于山西、保定等处买马，约一千匹之上，即今秋田粗细粮食，量除牛料子种等用。次运再行发买，虽有欠马，计亦不多，而官府不烦杖并之劳，贫军不知朋合之苦，不动声色，边事可了，此皆官牛官田所致明效大验，然非英宗皇帝日月至明。户部当时参详明白，宣府总兵等官杨能、柏玉、徐敬等，力持公论，则

---

① 天顺元年三月十七日，1457年4月10日。

良法美意废坏久矣。臣等切惟立法非难，守法为难，盖任官用人，更代不常，而流言异说，易于摇惑。伏乞圣明，特敕该部计议，前项军中官牛官田事宜，请敕<u>宣府</u>边方守臣，著立定规。其见在官牛，务要时常禁革奸弊，用心查点孳牧，设法买补，不失原数。所收余粮严切稽考买补官马及买补事故官牛，置办军装、养济贫难等用。不许私占侵欺，各官不得假公狥私，因而沮坏，则贫军有赖，边事克济，而先皇帝之良法美意，永永不隳^①，谨题。<u>成化</u>元年十月初八日^②。

◎题为处置骑操马匹事（卷3，第528页）

据管操都指挥<u>江山</u>、备官<u>王镇</u>等呈，据旗军<u>薛道同</u>等连名告称，各役原领马匹多自<u>景泰</u>、<u>天顺</u>等年关给，骑操^③节蒙调遣<u>大同</u>、<u>独石</u>等处征哨^④等项，老瞎走伤及患（左上疒右下桑）^⑤瘸瘦弱不堪医治，系是征操马匹，月支粮草喂养，若不告乞转达，诚恐有误调用，及虚费料草，等因。备告转呈到院，会同镇守总兵官等，督令兽医人等逐一从公看验，除尚堪医治马匹，仍令各军用心喂养借脿^⑥听调外，其军人<u>薛道同</u>等马二百余匹，老疾瘸瞎不堪医治操哨是的。臣等议得，不堪操调马匹，大约计之<u>宣府</u>一方东西各哨不下五百余匹，俱系关支料草喂饲，每月料豆该支五百余石，实以有限之钱粮养无用之马匹，若不另为处置，不惟虚费料草，亦且无益边备。乞敕该部从长计议，合无行令臣等并分镇参将等官公同各该内臣，将不堪医治久病老马从公看验明白，住支^⑦料草，俱令送京，只待使臣等

用，照数关马前来给军骑操，惟复令各军听其变卖，臣等仍量支与官田余粮银两，贴辏补还官骑操听调。如此，庶得料无虚费，马得实用，谨题。成化元年十二月初一日①。

◎题为经画边储事（卷4，第532～536页）

成化二年正月二十六日钦奉敕：朕思患预防国家至计，近因各处水旱灾伤，赋税减免数多，户部已行节次议拟通行区画去后，第恐有司视为泛常②，略不究心③。敕至，尔□督同司府官员，照依户部节次议拟淮安、保定等府，并两广、四川纳米事例，通行斟酌，出榜召人于缺粮去处，上纳以备官军支用，且尔巡抚一方，则一方安危系尔一身，可不思患而预防乎？凡可以安民，弭盗之术，听尔熟思审处而行之。必使人民安妥，盗贼屏息。斯称巡抚之职，尔当念朝廷叮咛告戒之意，毋怠毋忽，钦此。除钦遵，并查例出榜另行外，伏念臣本衰病庸才，谬膺边寄，伏蒙明诏下临，窃窥皇上宵旰焦劳④之盛心，臣奋激之余，继以感泣。自惟区区职分，平日既无报称，兹承圣训督责，若犹隐默⑤，则臣负国之罪，其何能逭⑥，臣窃闻之，《经》曰："穷则变，变则通"言理道贵乎，变通也！唐虞之治，盖莫不然。我朝列圣所行，多亦从时损益。臣一方虽小，莫非王事，累奉敕旨曰"听尔从宜处置"，曰"听尔熟思审处而行之"。臣亦自谓苟利⑦国家，不敢避事，但缘边储事宜，委官人等类多拘守

---

① 成化元年十二月初一日，1465年12月18日。

② 泛常，普通；平常。

③ 究心，专心研究。

④ 宵旰焦劳，形容勤于政事。旰音 gàn，晚。

⑤ 隐默，沉默不出；缄默不言。

⑥ 逭，音 huàn，逃避。

⑦ 苟利，贪求不正当的利益。

常例惴惴①焉，惟是畏惧该部参驳②，虽欲兴利除弊，实难见诸行事。臣谨经画数事，开陈③未知可否？伏望圣明，敕该部看详计议定夺，苟利于国，亦乞从宜，边方幸甚，臣言直计，愚不胜④战栗待罪，俟命⑤之至。

计开

一件以陈易新免坏草束事。……

一件收籴粮料利于蓄积事。……

一件暂折远草官民两便事。……

一件量减盐粮足给马料事。照得户部先因口外独石等四仓急缺粮料，奏开淮、浙、长芦、河东官盐，共九十五万二千三百二十二引。止因斗头太重，无人上纳。臣曾具奏亦已量减，若使有人上纳，亦可得粮四十余万。今查得自开中⑥以来，将及三年，止有淮盐上纳过米豆二万之数，其浙江、长芦、河东之盐，并无一人告报上纳。访得宣府上盐比之大同不同，宣府淮盐每一千引，用银五百两以下，大同止四百两以下，盖缘宣府军卫地窄粮少，而产豆更少，又兼口外山路险远，非大同路道平坦，地方宽阔，人民繁庶之比，其独石、马营先因宣府官军在彼驻札，杀贼支尽料草，至今料豆十分缺少，又通查宣府各仓料豆，视正统间尚少二十五万有奇，诚为急需。臣惟商民中盐，非为报国，其心止于谋利，今至亏折资本，岂肯陟险开中。前件合无再加减轻斗头，多定黑豆分数，令其急于趋利，于居庸关南、大同等处籴运前来，争先上纳，庶使虏情不测之际，万一有警，马料充足，不致误事。

---

① 惴惴，忧惧戒慎貌。

② 参驳，弹劾与批驳官吏的错误言行。

③ 开陈，陈述。

④ 不胜，非常；十分。

⑤ 俟命，等待命令。

⑥ 开中，明代政府鼓励商人输送米粮等至边塞而给予食盐运销权的制度。洪武三年，初行于山西大同，后普及全国，弘治五年废。

一件照旧添设管粮州官事。查得<u>宣府</u>仓场二十余处，<u>正统间</u>每仓添除卫经历一员，提调收放三年考满①，守支尽绝起送，盖缘钱粮重事，而仓场官攒②职小名轻，易于挟制③，亦易于自盗，添一名分稍重之人，互相关防④，最为良法。迨尚书<u>金濂</u>等以各仓属军卫管辖，作弊多端，具奏。改隶<u>直隶</u><u>隆庆</u>、<u>保安</u>二州，其经历改作各州判官吏目仓粮弊蠹十去四五，后经裁减，近年虽为缺官提调，奏添判官四员，分投收放，但每员分管四五仓，道路往复动百余里，奔走不便。故放粮等候，则官军有过时，饥饿揭债之苦。收粮等候，则<u>山东</u>、<u>山西</u>远运前来，有停牛歇车，买草赁房，经月不了之苦。欲委卫经历等官，既妨本等职守，又且不系守支，愈加作弊。查得<u>天顺五年独石仓</u>官攒为包揽奸人挟制虚出通关事，发都御史<u>韩雍</u>委郎中<u>王育</u>前去查盘，亏折粮米一万七千有余。切照判官吏目一员，每年俸给银布本色米不过二十余石，今以一仓官攒作弊，几至亏折边粮二万，得失多寡，较然可见。前件合无仍照<u>正统间</u>事例，户部行移吏部每仓除授判官或吏目一员前来提调收放，其见在判官就与注定仓分，俱照例收放满日起送，如此，庶得仓粮弊必远运称便。

<u>成化</u>二年正月二十八日⑤。

◎题为边城缺军守御事（卷5，第536～537页）

准镇守<u>怀来</u>参将<u>阴杰</u>手本，据守备<u>四海冶堡</u>指挥<u>焦</u>（左王右巴）呈，照得本堡极边，外通<u>大小兴州</u>、<u>宝山寺</u>等处，内接<u>黄花镇</u>、<u>天寿山</u>、<u>密云</u>重地，先该钦差锦衣卫<u>吕贵</u>具奏，节该兵部议拟奏准，定拨<u>河南</u>官军四百员名前来守御，缘本堡系新筑城池，工程浩大，

---

① 考满，旧时指官吏的考绩期限已满。一考或数考为一任，故考满亦常为任满。
② 官攒，官员与攒典。
③ 挟制，倚仗权势或抓住别人弱点强使服从。
④ 关防，防范。
⑤ 成化二年正月二十八日，1466 年 2 月 13 日。

人力寡少，一向未完。今照前项官军例，该三月下班呈，乞早为拨军守御，等因。又据守备隆庆州指挥汪溶及保安旧城千户王曦呈，先该具奏蒙拨河南官军，包砌城垣，将及下班，乞为拨军修砌未完城垣，保障军民，等因。备呈手本到院，行间，又准参将黄瑄手本开称，所属独石等八城堡，俱临虏境，地方孤悬，先因缺人守御，该镇总巡抚等官奏准，摘拨河南官军一千员名，分拨各城防守，岁为定规，如云州堡止原守官军一百六十余名，雕鹗堡止原守官军一百二十余名，俱拨河南官军相兼守御。若将见班官军放回，即今沿边节报声息不绝，诚恐贼寇纠集侵犯，缺人防守，误事未便手本，准此。案查近准本院咨，该兵部议拟开河南下班官军尽数调往荆襄等处，杀贼去后，今春该班之时未得依其赴操，若将各边见班官军放回，不无缺人防守，恐致误事。合无行令各边镇守总兵等官，将见班该放官军，暂且存留操备，候下班杀贼官军事毕，赴操之日，就便依例放回，等因。奏奉钦依，该放的官军都照例放去，钦此钦遵，备咨到院，已经条行。钦遵去后，今该前因，会同镇守总兵官议得，宣府所属沿边一带地方，外通虏境，内拱京畿，其四海冶堡切近天寿山后，先因本处防守官军，分拨不敷，奏拨河南官军在彼及照口外云州、雕鹗等堡，递年以来各因人少，亦拨河南官军相兼备御，俱系紧关用人防守地方，且包砌城池未完，今若将见班官军放回，不得输换缺人防守，一旦有警，误事非轻，臣等滥司边寄①，不敢不言。伏望圣恩悯，边方缺人，乞敕该部从长计议，合无将见班河南官军，暂且存留，候下班官军赴操，依例放回，惟复照数另发京营官军前来分拨，各边防御。如此，则边城不致空虚，有警得人固守，庶保无虞，谨题。成化二年二月初十日②。

---

① 边寄，防守边疆的任务。
② 成化二年二月初十日，1466 年 2 月 24 日。

◎题为急缺料豆事（卷5，第538页）

查得宣府见行事例，万全都司都指挥、指挥、千百户、卫所镇抚、捴①小旗、舍人、吏典、知印、承差犯徒五等，俱照例送独石仓纳豌黑豆赎罪，其杂犯、死罪并杖、笞罪名②，俱于缺草去处纳草赎罪。今照各处草束，比之正统十四年颇多，惟是料豆尚少二十五万有余，数内独石仓尤甚。近者虽奉敕旨榜文召人上纳，而边境去处富实③仗义者少，至今未见告报急缺料豆，措置艰难。乞敕该部计议，除徒罪豆数照旧外，合无将杂犯、死罪以下一体定直则例，行令巡按直隶监察御史并直隶隆庆卫，保安、隆庆二州，蔚州及本都司合属卫所断事司等衙门，今后问发军民职官旗、舍、吏典、知印、承差及有力军余民人等项，俱令于独石仓分上纳黑豆，以备官军马料支用，候本仓勾支三年，另行改拨缺料仓分上纳，今将各项数目定拟缘繇开出，谨题。

计开

徒罪一年，原纳黑豆一十石，每半年加五石，合照旧。

杂犯、死罪，原纳草一千束，今拟合纳黑豆五十石。

杖、笞罪，每十下原纳草三十五束，今拟合纳黑豆一石十下，已上照数加纳。

成化二年二月二十二日。

◎题为经画边储事（卷5，第538～540页）

准户部咨，山西清吏司案呈奉本部送户科抄出该臣具题：思患

---

① 捴，同"总"。

② 古代刑罚分笞、杖、徒、流、死五种，亦称五刑。明清笞、杖、徒刑各分五等。笞刑自一十至五十，杖刑自六十至一百，每十为一等加减。徒刑自一年至三年，分别杖六十至一百，每杖十及徒半年为一等加减。流刑分二千里、二千五百里、三千里三等，皆杖一百，每五百里为一等加减。死刑分绞、斩二等，斩刑重者有枭示和凌迟。杂犯指各专类罪名以外的其他罪名。

③ 冨，同"富"。《正字能·宀部》："冨，谷富字。《正韵》富、冨两存。"

预防等事内一件，照旧添设管粮州官事。查得宣府仓场二十余处，正统年间，每仓添除卫经历一员提调收放，三年考满，守支尽绝起送，嗣后改隶直隶隆庆、保安二州，将经历改选各州判官吏目随经裁减去讫，近年又为缺官提调，奏添判官四员，分投收放，但缘每员分管四五仓，道路往复，动百余里，奔走不遑，放粮收粮等候不便，合无仍照正统间事例，每仓除授判官或吏目一员，前来提调收放，其见在判官就与注定仓分，俱照例收放，满目起送，等因。抄出该户部查照明白开称，合无准拟仍行本官查议各仓收放粮草多寡，某仓合除判官，某仓合除吏目，其见在判官合注某仓，径自具数奏请，照缺铨选，等因。具题。节该奉圣旨：是。钦此钦遵，移咨到院。除钦遵，将见在判官杨斌等量拟注定仓分，其内有永丰等仓，俱在各该州县共居一城，不必添官，就令提调知州等官，监督收放，宣德等仓收食多，合除判官，柴沟堡等仓，收粮颇少，合除吏目。乞敕该部查照见缺仓分照缺铨选前来，俱令职专提调，公同该仓官攒斗级收受粮斛出给，通开一体佥书，候三年满日守支尽绝，依例给繇，庶得奸弊可革，经久便益，谨题。

计开

直隶保安州所辖仓九处

见有判官二员：杨斌合注宣化仓，王珪合注万全广积仓。

永丰仓系本州在城

合除判官五员：宣德仓、宣政仓、新兴仓、万全广盈仓、怀安广备仓

合除吏目一员：柴沟堡仓

直隶隆庆州所辖仓一十一处

见有判官一员：林荣合注龙门广盈仓

本州仓系本州在城

永宁仓系永宁县在城

合判官四员：<u>怀来广阜仓</u>、<u>龙门仓</u>、<u>独石广积仓</u>、<u>马营广盈仓</u>

合除吏目四员：<u>长安岭仓</u>、<u>雕鹗堡仓</u>、<u>云州堡仓</u>、<u>赤城广备仓</u>。

<u>成化</u>二年二月二十七日。

◎题为边城缺军事（卷5，第540页）

准镇守<u>怀来</u>参将<u>阴杰</u>手本开称，<u>四海冶</u>堡原有奏准河南官军四百员名在彼备御，今已下班暂拨各卫余丁二百余名，在堡守备，虽皆平昔不曾训练，缘彼处切近间<u>金陵山</u>后，最为紧要重地，设若有警，误事非轻，等因。行间，又准镇守参将<u>黄瑄</u>手本，该旗军<u>赵文贵</u>等连名告称，近蒙行拘暂领<u>河南</u>官军马匹，切思各役俱系守边、守口、屯田等项人数，昼夜不息。今蒙给领马匹，虽开官草，俱已喂尽，每日趁草牧放，实是艰辛。若不告鸣，恐误哨备屯种，告乞转达，备繇手本，准此。及据管屯都指挥<u>张寿</u>呈蒙将屯田军余借拨，暂领<u>河南</u>官军马匹喂养，即今东作①之际，诚恐有误征收子粒，呈乞定夺，等因。到院，会同镇总官查议得，<u>宣府</u><u>四海冶</u>并口外<u>雕鹗</u>、<u>云州</u>等处，先因地方紧要，各卫缺军，节经奏准调拨<u>河南</u>官军见班四千员名前来守备。近蒙取回各官，俱称缺军固守，已经会本具奏，未蒙准理。又该班数内骑操马一千余匹，例应存留，各城比因无军领养借拨军余，暂令守备喂养外，今照前项借拨军余一千四百有奇，俱系守边守口及守城屯田之数。即今东作正兴，农事已举，况值草青马饱，防贼之际，若不再行奏请定夺，其于哨备及征收钱粮子粒误事未便，伏望圣恩怜念边方重地，乞敕该部从长计议，合无暂拨腹里官军守备，前项城堡领养马匹，候上班②官军到日照旧取回，庶使边备得人，谨题。

---

① 东作，谓春耕。《书·尧典》："寅宾出日，平秩东作。"孔传："岁起于东，而始就耕，谓之东作。"泛指农事。

② 上班，明代卫所的军队按时轮番到京师操练或到指定防地执勤称上班。

计开

急缺守御并领养马匹官军一千四百八十八员名。

<u>四海冶</u>守御官军四百员名。

各城领马官军一千八十八员名。

成化二年三月二十二日①。

◎题为修理边墙事（卷5，第541页）

照得<u>宣府</u>中军并口外及东西二路俱有边墙壕堑等项，去岁虽经修理，经年②风雨渐致，颓塌淤塞数多。会同镇总官等议得，即日土脉将融，合当再行修理。除照依常年修边事理，量拨近城堡马步官军，俱支口粮，各委的当都指挥等官管领。臣等酌量行令于四月初旬，分投统率，一面巡哨防护，一面修筑整理，务在深阔、陡峻、高厚、坚固，候事完之日，另行具奏，谨题。<u>成化二年闰三月十七日</u>③。

◎奏为患病陈情乞恩事（卷5，第541页）

臣繇④<u>正统十年</u>⑤进士出身，历官内外。伏蒙<u>英宗</u>皇帝敕召，臣于忧制之中升臣都御史之职。皇上即位之初，又蒙进官左佥都御史。朝廷之恩高厚弘深，实同天地，臣犬马之心⑥，虽切图报，奈迂疎⑦浅薄，无补分毫，加之寡祜⑧莫甚于臣。前者<u>天顺七年</u>⑨六月，臣在

---

① 成化二年三月二十二日，1466年4月4日。

② 经年，经过一年或若干年。

③ 成化二年闰三月十七日，1466年5月1日。

④ 繇，通"由"。

⑤ 正统十年，1445年。

⑥ 犬马之心，指臣子对君主的忠心。犬马，旧时臣子对君主的自称。

⑦ 迂疎，亦作"迂疏""迂踈""迂踈"。犹言迂远疏阔。

⑧ 祜，音hù。福，大福。《尔雅·释诂下》："祜，福也。"又"祜，厚也。"邢昺疏："祜者，福厚也。"

⑨ 天顺七年，1463年。

广东感患奇疾，九死一生，不能前赴军前，已于本年九月与镇守总兵等官，会本具奏。自来宣府，又因先在独石染患左腿膝风湿等病，不时举发，亦于成化元年九月具奏，请乞罢免，俱荷圣恩，未曾免去。但臣旧病积年①，精神俱耗，加之风湿病症旬月一发，发时痛不可忍，不能行走，累该总兵等官送到医人膏药等项调治，终难除绝，此一方镇巡等官下属军民所共知，见不敢妄陈。窃计宣府边方设有声息，必须服习鞍马，督军出战，臣隐忍误事，罪将何逭②。又且臣先父母俱亡③，止有继母自幼教养，今年几④七十，不能随任侍养老病，艰苦旅寓，先人墓次，言之痛心。臣之寡祜，多病无能，报国既已，不能效忠，若又不陈此情，忍心害理⑤，是为不孝有臣。如此，朝廷将焉用之，以此日夜忧思，冒昧上言，伏惟皇上仁恩至德，敷洽⑥天下，物物得所⑦。欲乞圣恩怜悯，别选贤能重臣任用，将臣或依近例罢免就闲，或放回养病，使得终养老母。万一病痊之日，则未死之年，尚图补报。臣情事近切，冒渎天听⑧，罪该万死，不胜感切，祈恩之至，谨奏。成化二年闰三月二十五日。

◎题为边将缺员事（卷5，第544页）

照得宣府原有副总兵都督佥事张瑀，近蒙钦调大同，见今缺员，宣府重地将官参佐不可久缺。看得口外独石等城右参将黄瑄驭下⑨严明，公勤不忝⑩；西路万全右卫等城右参将李刚，精力骁勇，累经战

① 积年，多年；累年。《列子·周穆王》："积年之疾，一朝都除。"

② 逭，音 huàn，逃避。

③ 亡，音 wáng，古同"亡"。

④ 几，差不多，接近于。

⑤ 害理，违背常理；有害于伦理。

⑥ 敷洽，广布。

⑦ 得所，谓得到安居之地或合适的位置。

⑧ 天听，帝王的听闻。

⑨ 驭下，统治部下、百姓。

⑩ 公勤，公正勤勉。不忝，不辱；不愧。

阵，且各熟知地利，俱有将才，堪以重用。但两人闻望①，升迁亦有次序，先用黄瑄，后用李刚，诚为允惬公论②。伏乞圣明裁察，特敕该部计议，合无将黄瑄、李刚定夺一员，前来宣府协同总兵官颜彪行事，实为一方之幸。臣衰病之余，一无所长，惟是荐贤为国，不敢避嫌隐默③，若有偏私，罪甘万死，谨题。成化二年六月二十一日④。

◎题为边将缺员事（卷6，第545页）

成化二年七月初二日未时，准兵部咨，本部具题该臣题称：宣府见缺副总兵，奏保右参将都指挥黄瑄、李刚，俱堪重用，本部请旨定夺一员，等因。奉奏圣旨：叶盛荐的这两人固好，但独石亦是要紧去处，还着他推举堪替黄瑄的一员来看。钦此，移咨到院。臣钦遵，看得宣府都指挥等官如黄瑄、李刚，如许宁，如马营守备蒋良，又如协同镇守指挥张顺，俱熟知地利，骁勇有为，并堪任用。近者许宁已蒙朝廷特加委任，明见万里⑤，足为边方之劝。查独石委系宣府重地，诚如圣谕，今推举得，见充西路右参将都指挥使李刚堪以代替黄瑄，臣愚无识知，对越⑥圣训，不敢不尽，伏乞圣裁，谨题。成化二年七月初二日。

---

① 闻望，声望；名望。

② 允惬，妥贴；适当。公论，公正或公众的评论。

③ 隐默，沉默不出；缄默不言。

④ 成化二年六月二十一日，1466年8月1日。

⑤ 明见万里，形容对远方或外面的情况了解得十分清楚，识见非常高明。《后汉书·窦融传》："玺书既至，河西咸惊，以为天子明见万里之外。"

⑥ 对越，犹对扬。答谢颂扬。《诗·周颂·清庙》："济济多士，秉文之德；对越在天，骏奔走在庙。"王引之《经义述闻·毛诗下》："'对越在天'与'骏奔走在庙'相对为文。'对越'犹对扬，言对扬文武在天之神也……扬、越一声之转。"

◎题为军储事（卷6，第546页）

成化二年七月十三日①，据山西布政司呈称，钦遵敕书内事理，将原坐起运宣府草场折银草五十万束，俱改拨榆林庄等处军前送纳，等因。开呈到院，公同管粮郎中张遂查议得，宣府征操马共该二万一千之上，若有警急，每马岁支草一百八十束。今查得各场见在止有草六百七十三万六千六百三十五束，中间又有年深腐坏之数，今以本处马匹言之不勾二年支用，亦有小城小堡，全无蓄积去处。虽收备冬马草一年，止足一年，别无赢余积垛。其山西原坐草五十万束，奏准定例每束折银四分，该送银二万两，前来趁时买草五十万束，分拨各城各场收受，以备支用，已经节次行催未到。今据呈称，前因切宣府切近京师紧要地方，边情不测，近日鞑贼又从西路拆墙侵犯，设有不虞，动调京军前来，草束缺乏，急难措置，罪何所归。但恐西事供给紧迫一时，又难改运，查得万亿库，见有独石等处备折草料，价银二万九千三百八十二两五钱二分三厘。值今秋成将毕，买草在迩难再迟缓，乞敕该部计议，前项草束，合无不准改拨，限山西布政司照旧征纳，或念缓不及事，恐误买草，先将前项折草料银内支出二万两，趁时买草积垛备用，仍于该布政司征银补还原数，谨题。成化二年七月十四日。

◎题为边将缺员事（卷6，第546页）

成化二年七月十七日钦奉敕旨：黄瑄充副总兵协同镇守宣府，李刚充左参将镇守独石，钦此。除钦遵外，会同镇守总兵官议得，都指挥使李刚，原系万全右卫等处镇守右参将，今既奉敕镇独石，右卫一带亦系紧要地方，参将不可缺人。今臣等会看得，马营守备指挥佥事蒋良，素有谋勇，在边年久，练达老成，况马营本城见有

---

① 成化二年七月十三日，1466年8月23日。

协镇都指挥佥事李延并协同守备王鼎二员，已足任事，但良系指挥职事，名分稍轻，伏乞圣恩悯念边方重地，特敕该部计议，蒋良量升署职，加与将官名目，代替李刚镇守，仍令马营城都指挥佥事李延不妨协同镇守，兼管本城守备事务，庶得任用合宜，边备有益，谨题。成化二年七月十七日。

◎题为紧要边城用人事（卷7，第553页）

照得口外独石等八城，实为宣府要冲，而独石尤为紧要。今看得本城见有参将李刚等，而协同都指挥李延又远在马营，缓不及事。其守备指挥程道长于抚绥，军士悦服，不负委任。但独石元①系都指挥郑祥守备，自本官失机之后，止是指挥在彼，诚为未便。况今本边达贼窥伺出没，不敢不为地方之虑。今会同看得，守备保安郭瑄，膂力骁勇，骑射过人，颇有智谋，常流罕及，累经征战，久著勋功。而保安稍近腹里，有警不得设施②。臣等切惟用人贵当其材，庶于边备有益。乞敕该部计议，将郭瑄量升都司署职，前去独石代替程道守备，其程道就令代替郭瑄守备保安新城，实为便益，谨题。成化二年十月十八日③。

◎题为急缺骑操马匹事（卷7，第553页）

节准独石参将李刚等手本，据守备各城堡军连名状告，各役原领骑操马匹，累蒙差拨④大同等处出哨及防边架炮防护等项，骑征日夜不息，不期于年月，不等患病走伤倒死，累蒙上司催买。切思各役所守地方极临边境，无处耕种，不得营生，差使繁冗，止靠月粮

---

① 元，本；原来。后作"原"。清顾炎武《日知录》卷三十二："元者，本也。本官曰元官，本籍曰元籍，本来曰元来。唐宋人多此语，后人以'原'字代之。"

② 设施，谓施展才能。

③ 成化二年十月十八日，1466年11月25日。

④ 差拨，派遣；调派。

养瞻，家道艰难，无从赔补，告乞转达关给，免致逼迫失所，等因。备呈到院，及据中路把总傅岩等亦呈前因，会同查得，宣府所属各哨，年来达贼出没往来截杀及差拨大同等处操守防边，东哨西征，倒损数多。虽该臣等奏准，设法耕种官田，买补马牛，置办军装等项。公用查得，上年已买过马一千五百余匹，今岁春夏亢阳①，至秋霜早，田禾歉收，大约所买有一千七八百匹之数，尚欠二千余匹。即今正系防备之际，且辽东、陕西达贼侵扰，恐有声东击西，异谋奸计，不可不预为防备。伏乞圣恩悯念边方重地，特敕该部计议，将见缺马匹照数关给听用，遇警庶无误事，谨题。成化二年十月二十五日。

◎题为苦害边军事（卷7，第553~556页）

据巡按直隶监察御史展毓呈，奉本院札付②备仰勘问，等因。依奉行，据万全都司经历司呈，解犯人晋英等到院问得，晋英招系本都司保安卫右所军，见在独石城备御，天顺八年六月内有未到官镇守独石等处，奉御进保不合③私役今在官军人常得兴等六十一名分作两班，号为小伴当名色④，每名各置铁骨朵一把。进保又不合私自擅置杏黄令旗五桿，红漆令牌五面，着令未到官千百户舍余缑忠、吴敬、王俊、宋升、潘升号为旗牌官舍⑤，各亦不合依听每遇下教场，并整点人马，着令常得兴等悬带张打⑥摆列。有进保又不合分付，但是⑦官人每立站回话不齐的便⑧，着这铁骨朵背上打，若死了不要你

---

① 亢阳，指旱灾。
② 札付，官府上行下的文书，多指手谕。
③ 不合，不应当；不该。
④ 名色，名目；名称。名义。
⑤ 官舍，官府的差役。
⑥ 张打，举起，打起。
⑦ 但是，只要是，凡是。
⑧ 的便，犹言确实方便。

认，等语。有进保自到独石地方，又不合索要开平驿军人任土礼等五名每日送蜡烛二对，有任土礼等无处措办，每人月办银二钱，买油蜡浇烛点用，至成化二年九月终止，各人共出过银二十七两，俱是进保收接入己①。本年七月内，有进保又不合私役独石军人董旭等一十一名，每名月辨银二钱，马营堡军人王官音保月办绒丝帽二项，刘成孙月办箭五朋，史通二等四名每名月办狐皮四张，于祖礼月办铁盔三项，于驴儿等七名每名月辨稻米二斗、粱谷米一斗，赵雄儿等一十六名每名月办猪肉十斤，刘添驴等四十八名捕打獐鹿鸡兔，赵禧等一十六名在于东猫儿峪地方烧炭，及有马营堡军人王虎甘海水，因无银两出办，各将自己牛只与本官耕种。有进保明知枉法，各不合收接入己，卖放各军歇役。本年九月内，又进保又不合私役军人韩春儿，在闲不当本等差役，每月出办绒丝小帽一顶，有韩春儿艰难出办不前，成化二年正月内在逃，一向捉拿不获，有进保怪恨到于赤城堡教场内，对众喝骂，各官既不与我捉拿，反去宣府巡抚官处告我等语，将指挥徐福去衣，用大棍责打一十，千户李宣责打二十，总旗朱子名责打三十，军人樊奴儿责打四十，讫有朱子名为因杖疮举发。本年三月初九日身死，进保得知，畏惧人命事发，令百户姚渊逼令未到官百户张原，亦不合依听捏伤寒病故相埋。讫本年十月内进保又不合私役军人郭太平等一十五名，各骑本身官马前去赤城迆南地名癞马站等处放鹰打围，有数内军人毕全儿被马跌死，进保令千户郝得才等相埋。讫成化二年闰三月内，有进保又不合差令军牢崔友才等，押送在逃家人高宽赴开平卫镇抚收监，有高宽平昔惧怕进保责打凶恶，将小尖刀一把自于头上抹死。有进保又不合分付地方火甲郑兴等一十二家各出不等，共米八斗，买板八块葬埋。讫本年七月内进保又不合差令未到官千百户祁俊、白贵、周

---

① 入己，谓把财物据为己有。

海、苏文军人单六十钱，聚同伊家人进秀，各亦不合依听各领银不等，散与指挥孔源等，共散过银八百八十四两三钱，该米豆二千七百九十三石八斗五升，共多取七百四十六石六斗七升，俱是进保散与守备指挥等官，给与军人等籴买，就令在官车牛载送入，已各处撒放米豆，已收过五百四十三石七斗，其余二千二百石有零，俱未收完。成化二年月日不等，有进保又不合差令医兽蔡仁前去各城堡缉访好马，报与进保，得知有蔡仁，亦不合依听强牵千户彭升、军人李加加李通项三哥关道儿、秦歪儿、董壮儿、马大、王道安各马一匹。有进保明知俱系在官骑操马匹，各不合强牵入己骑用，仍又不合分付各该管识字军人赵贵等，开作倒死于内，止与马大银一两，作变买之数。本年月日不等，有进保又不合将自己不堪骑坐老马五匹，令蔡仁牵去龙门等卫换到操备千户赵英、夏礼、军人杜敬先、刘丑驴四驴，俱是在官肥壮好马。有进保又不合恃强抵换入己骑坐。本年二月日期不等，有进保要得多取债利肥己，又不合令蔡仁并识字军人金佛等，将自己马九匹派与所属城堡千户夏礼等军人张铁驴等共马九匹，共卖银一百一十两，止该卖银六十六两，于内多取银四十四两入己。本年闰三月内，有进保又不合私役军人郭来僧等，在独石城等地方，侵占官司地八十七顷二十五亩四分，役军牢小伴当及各色人匠管种庄田等项，共五百二十五名，实情有樊奴儿又不合添捏虚词混同具状，赴巡抚都御史叶处告发，转行巡按御史行提晋英等一千人证到院，再三研审讦出前项虚实情词，尤恐不的①。又蒙行委本司都指挥周玉、傅岩亲诣各该城堡，逐一审勘相同取具，官吏委官人等不扶重甘结状②，回报在卷。有进保自知情犯深重，又不合节具手本开称周玉、傅岩体勘前情，俱有公论，中间多系指托本职名头，四处生事，扰人至今，事发方知用人不当，以招其祸，

---

①　不的，不可靠；不确实。

②　结状，旧时向官府出具的表示证明、担保或了结的文书。

烦请随宜定夺，免致举奏，等因。转行到院，除将晋英等审勘明白羁候外，备呈到院，查得节该钦奉敕谕：若内外官员及权豪势要之人，有沮挠①屯种等项者，审勘的实，具奏闻处治，尔为风宪②重臣，毋得畏避权势，负朕重托，钦此钦遵。通行外，近据被害军人樊奴儿告前事已行勘问去后，今呈前因，参照镇守独石等处奉御进保，猥以九庸，遭逢圣世荷蒙宠任，镇守一方，正当夙夜寅恭③以尽，乃职顾乃恃恩玩法大肆，凶玩挟诈怀奸，擅作威福，伪造令旗令牌一十件，僭用④铁骨朵六十把，出入摆列虚张声势，怀私仇而故将平人捶死，逞私忿而逼无辜，家人广占庄由八千余顷多，役军士五百余名，强要官马捏作倒死数目，撒放银两，多取价利肥己，打獐打鹿致边军死于非命，辨肉辨银逼军士往往在逃，众心嗟怨，莫敢谁何，边备堕废，实繇于此似此贪饕⑤凶狼之徒，于律合当究治，及照开平等卫千户祁俊、白贵、缑忠，百户周海、苏文、吴敬、张原，各亦不合阿附权势，助彼为恶，倚仗豪强，靡所不为，所据各官亦合拿问，谨题。成化二年十一月二十三日⑥。

◎题为分俸养亲事（卷7，第556页）

照得臣有继母封太淑夫人沈氏，在原籍直隶⑦苏州府崑山县依傍

---

①　沮挠，阻挠。

②　风宪，古代御史掌纠弹百官，正吏治之职，故以"风宪"称御史。泛指监察、法纪部门。

③　寅恭，恭敬。

④　僭用，越分使用。

⑤　贪饕，贪得无厌。饕音tāo，传说中的一种凶恶贪食的野兽，古代铜器上面常用它的头部形状做装饰。喻凶恶贪婪的人。

⑥　成化二年十一月二十三日，1466 年 12 月 30 日。

⑦　直隶，明称直隶于京师的地区为直隶。洪武初建都南京（后改称京师，永乐初复旧。今南京市），以应天等府为直隶。永乐初移都北京（今北京市）后，又称直隶北京的地区为北直隶，简称北直，相当今北京、天津两市、河北大部和河南、山东的小部地区；直隶南京的地区为南直隶，简称南直，相当今江苏、安徽、上海两省一市。该处直隶指南直隶。

坟茔居住，年几①七十，老病，动履艰难，不能就养。乞敕该部照例行移南京该衙门知会②，仍行令该县将臣该支俸内本色粮米，自成化二年正月初一日为始，每月三石，分回本县儒学官仓关支养膳，以全人子之私，臣不胜感恩之至，谨题。成化二年十二月二十五日③。

◎题为考满事（卷7，第556~557页）

照得臣见年四十七岁，直隶苏州府昆山县人。缘正统十年进士，正统十二年四月二十七日④，钦除⑤兵科给事中，历升本科都给事中。景泰三年三月初六日⑥，钦升山西布政司右参政，奉敕于独石等处协赞军务。至景泰六年四月初十日，该从三品三年考满。又至景泰七年十一月十二日，又历俸二十个月零二日，闻父丧守制，天顺二年三月十四日⑦奉敕起取赴京，本年四月初十日，钦升都察院右佥都御史，巡抚广东、广西，仍支从三品俸，后奉敕赞理军务，后又奉敕巡抚广东。天顺五年三月初十日，该正四品，三年考满。天顺八年二月初九日，该正四品，六年考满，俱历从三品俸。本年八月十四日蒙升今职，九月二十日又奉敕，巡抚宣府独石等处。成化二年十二月十二日蒙恩，仍旧支从三品俸。今扣至成化三年正月初九日，历任正四品，九年考满。例该前赴吏部听候奏请缘□，见今奉敕在边巡抚，未敢擅便⑧，谨题。成化二年十二月二十五日。

---

① 几，副词。音jī，表示非常接近，相当于"几乎""差不多"。音jǐ，通"纪"。年岁。南朝梁武帝《东飞伯劳歌》："女儿年几十五六。"

② 知会，通知对方的文书。

③ 成化二年十二月二十五日，1467年1月30日。

④ 正统十二年四月二十七日，1447年5月11日。

⑤ 钦除，钦命授官。

⑥ 景泰三年三月初六日，1452年6月22日。

⑦ 天顺二年三月十四日，1458年4月26日。

⑧ 擅便，自作主张。

◎题为谢恩事（卷7，第557页）

准吏部咨该臣具题，由进士历升兵科都给事中，景泰三年三月蒙升山西布政司右参政，至天顺二年三月升都察院右佥都御史，仍支从三品俸，天顺八年八月升今职，今扣至成化三年正月初九日，正四品九年考满，例该赴部，等因。该本部官钦奉圣旨：准他就彼考满，着复职照旧巡抚，该部知道，钦此。移咨到职，伏念臣本孤陋庸愚，久叨厚禄，谬忝台官①拙钝无补奄及书满之期，又复蒙恩，免臣造朝②，俾仍旧职，感恩有自③，兢惕④愈深，除钦遵管事及望阙⑤谢恩外，谨题。成化三年正月初九日。

◎题为边城节次打死人命请乞定夺事（卷7，第557~558页）

据守备独石指挥郭瑄呈，准把总保安卫指挥冯鉴等手本，据管队百户张雄等呈，备孙氏告系本卫左所军人顾阿孝，即顾俊妻，有夫顾俊于成化三年正月初八日⑥，被镇守本城内官进保使令军牢⑦霍五等，来家将夫顾俊捉入宅内喝令，前项军牢将夫去衣毒打四十大棍，搀扶到家，卧炕不思饮食，日夜声叫不止。与氏言说，因赤城军人樊奴儿告发进保，事情未曾掩饰，尽行开报，体勘官处，以此挟恨责打。至二月二十六日卯时，棒疮举发，两腿肉尽，气绝身死。遗氏在营孤苦无倚，切进保生事暴横，无故将夫打死，乞为转达辨明，庶不屈死无辜，等因。备告具呈手本，转呈到院，除军牢另行

① 忝，音 tiǎn，有愧于，常用作谦辞。忝官，愧居官位。台官，泛指朝廷公卿。
② 造朝，进谒；朝觐。
③ 有自，有其原因。《庄子·寓言》："有自也而可，有自也而不可。"陈鼓应今注："有自也，有所由来，即有它的原因。"
④ 兢惕，戒惧。
⑤ 望阙，仰望宫阙。喻怀念天子。唐白居易《与崇文诏》："虽殿邦之寄重，诚欲藉才；而望阙之恋深，固难夺志。"
⑥ 成化三年正月初八日，1467 年 2 月 12 日。
⑦ 军牢，为官府服役的卫兵。清孔尚任《桃花扇·投辕》："左右军牢，小心防备，着他膝行而进。"王季思等注："军牢，指卫兵。"

外，会同镇总等议得，<u>进保</u>自被<u>樊奴儿</u>告发之后，往往挟仇打伤官军数多，口外边城重地，人心惊惧，倘有激变不测，臣等难逃罪责，伏望圣恩悯念边城重地，早赐定夺处置，保全军民，谨题。<u>成化</u>三年二月二十九日①。

◎题为紧关边城用人事（卷8，第559页）

照得口外<u>独石</u>、<u>马营</u>二城堡系极边重地，<u>马营堡</u>已有守备<u>张寿</u>协同<u>王鼎</u>布置已定，惟<u>独石</u>城止有守备<u>郭瑄</u>，而协同官员尚缺。会议得即今虏情不测，用人为急，指挥使<u>郭瑄</u>曾经臣等奏保本官，膂力骁勇，弓马惯熟，累经征战，久著劳绩，材堪升用，未蒙准理，及看得征西抚总已回，<u>龙门卫</u>指挥使<u>吴升</u>亦堪委用。乞敕该部计议，伏望圣恩俯念边方用人，将指挥使<u>郭瑄</u>量升都司署职，令其照旧守备<u>独石</u>，其指挥使<u>吴升</u>协同本官守备管事，庶使地方得人，战守无误，谨题。<u>成化</u>三年四月十三日②。

◎题为边军寒苦乞恩事（卷8，第562~563页）

准镇守左参将<u>李刚</u>手本，据守备<u>郭瑄</u>③等呈，该旗军连名状告，本处系临极边，切近虏境，所守沿边长城、崖壕、城堡等项数多，递年被雨淋漫坍塌，每年自四月兴造至七月终，尚未报完就督下场采打备冬马草，况兼常川差调隄防追剿，春夏冲风冒雨，秋冬卧雪眠霜，被坚执铳时无闲暇④。又兼地方寒苦，先年备边军士三年一次关给胖袄裤鞋御寒，各得保全身命。自<u>景泰</u>初年至今，未蒙给赏，又无人丁营运，平居⑤若无锐气，遇警岂能尽力。况本年六月内连降

① 成化三年二月二十九日，1467年4月3日。
② 成化三年四月十三日，1467年5月16日。
③ 郭瑄，是时为独石城守备。
④ 暇，同"暇"。闲暇，平安无事。
⑤ 平居，平日；平素。

骤雨冰雹，风气寒凛，山水泛涨，致将军余唐三等三名冲死。及七月二十日又遇寒风冷雨，冻死樵采军余王伯荣等五人。夏秋尚然，冬寒可畏。若不告乞转达赐给胖袄鞋裤御寒穿用，边军必致失所，等因。具呈到院，议查宣府各城除屯田官军六千九百五十员名，各驿走递并局匠库斗等项二千八百六十四员名，虽系边军，恐碍数多不开外，其前项操守马步神铳等项官军，专备警急杀贼及轮换防边守瞭巡哨驾炮等项紧关，得用人役比众不同。臣等先据各军具告，累经会议奏请，未蒙关给，今旗军等又告前项，寒苦艰难的系实情。伏望圣恩俯念边方，特敕该部计议，将前项紧关听调操守官军，照例给与胖袄裤鞋运送宣府等处，唱名给散御寒穿用，实为幸甚，谨题。成化三年八月初四日[①]。

◎题为边务事（卷8，第563页）

照得宣府怀安城系与大同天城接境，内有怀安、保安右二卫，口外龙门千户所城接连独石、马营，俱系极边要害城堡，用人守战地方。今各城俱止守备官一员，而协同守备员缺，倘遇有警，谁为出战，谁为守城，恐有不敷误事。臣会看得，把总管操指挥张缨、于升，俱各年力精壮，弓马惯熟，堪以守备。及照把总指挥吴信，近日跟随游击将军许宁征西回镇，有许宁极称吴信骁勇，胆略果敢当先，众所不及。乞敕该部计议，合无行令指挥张缨前去怀安城，于升前去龙门所城，俱作协同守备官，其指挥吴信前去柴沟堡游击将军许宁处，把总管督本堡人马操练，听许宁调度杀贼，实为允当，谨题。成化三年八月二十四日。

---

① 成化三年八月初四日，1467年9月2日。

3.《皇明经济文录》

【题解】　《皇明经济文录》410 卷，万表编。万表（1498 ~ 1556 年），字民望，号九沙山人，晚年号鹿园，鄞县（今浙江宁波）人，祖籍安徽定远。

明初，在太祖朱元璋大力贯彻反腐政策之下，官场一片澄清。明仁宗年间，贪污现象逐渐滋生，到明武宗、明世宗时期，贪污受贿更是达到登峰造极的地步。当时内阁是国家的权力中心，它本应成为国家惩治贪官污吏，明典正法的核心机构，但它却蜕变成明代官场最大的贪污中心。嘉靖时，严嵩把持内阁首辅之职，在其被贬抄家之后，查出黄金三万两，白银二十余万两。政治腐败的不断加深，阶级和民族矛盾的日益尖锐，国家的逐渐衰败使明代的有识之士认识到只有"经世"才能挽救政治，他们提出学术要经世致用，用学术解决实际问题，"经世致用"的思想开始兴起。"经世致用"强调学术要能够和实际相联系，能够为现实中出现的各种问题提供切实的解决方法。在经世致用思想的指导下，万表编辑的《皇明经济文录》，其目的就是试图通过编纂、发行经世类的文集，激起天下学士对国家政治，对黎民百姓的关心。

《皇明经济文录》成书于嘉靖三十三年（1554 年），共计 41 卷，收录了洪武至嘉靖 150 余年间 190 多位名臣的重要奏折和文章达 727 篇，内容几乎囊括了国家政治、经济、文化、军事、外交等各个领域。《皇明经济文录》的材料主要还是取自于《皇明名臣经济录》《九边十三省录》《疏义辑略》及《漕暇录》四书，这些书主要是当时邸报所收录的各类奏章。作为当时国家公开出版的官方"报纸"，邸报收录了很多有关时政的奏折。这些奏章的作者又无一不是当时

南土山臺大同天城衛界止一十九百七十三里三百二
十六步沿邊腹裏墩臺臨口八百二十二座處有鎮守翔
將軍總兵官副總兵左右參將條將所祝萬全都指揮使
司為衛所者十有九為城為宿兵墻堡者共三十二蓋中
軍宣府前左右一衛與和守禦所城一趙州大小白陽蔚
峪常峪青邊口堡有龍門衛城有馬營雲州赤城鵰鶚堡
又有守長安嶺懷來衛中所通為城堡者八東路懷來永
寧隆慶愛左右保安五衛美峪守禦所又有守隆慶州永寧
州後所隆慶保安二州永寧一縣而總為城者五西路萬
全左右懷安回衛城三柴溝西陽河洗馬林新河張家二

《皇明经济文录》书影

历史的参与者和见证者，他们亲身经历了历史的发生，并用文章将这些史实记录了下来，是研究这一段历史的重要史料。

《皇明经济文录》目前存有一个版本，即明嘉靖刻本，收藏于苏州市图书馆。北京出版社 1997 年出版的《四库禁毁书丛刊》收录了嘉靖刻本的影印本。本辑据《四库禁毁书丛刊》集部第 19 册，辑录有关赤城内容。

◎宣府镇 魏焕 （卷35，第 439～440 页）

宣府，汉上谷郡也。国初，常忠武王破虏于漠北，郡元之上都设开平卫守之。置八驿，东则凉亭、沈阿、赛峰、黄崖四驿，接太宁、古北口。西则桓州、威虏、明安、隰宁四驿，接独石。太宗文皇帝三犁虏庭①，皆自开平、兴和、万全出入。尝曰，灭此残虏，惟守开平、兴和、泰宁、辽东、甘肃、宁夏，则边境可永无事矣。后泰宁既以与虏，兴和亦废，而开平失援难守。宣德中乃徒卫于独石，弃地盖三百里。土木之变，独石八城皆破，虽旋收复，而宣府特重矣，今边人谓独石不如开平险隘可守。宣府山川纠纷，地险而狭，分屯建将倍于他镇，是以气势完固号称易守，然去京师不四百里，锁钥②所寄，要害可知。北路独石、马营一带地虽悬远，然长阻长安岭，虏难径下；中路之葛峪、大白阳、青边诸堡；西路之柴沟、洗马林、万全诸城；南路东西顺圣，皆称虏冲，警屡至焉；东路永宁、四海冶及龙门所，则三卫窥伺之地，而四海冶上通开平大路，下连横岭儿，又要地矣。《易》曰：王公设险，以守其国。今考塞垣③所据险亦几尽，但时异势殊，有不可不为之经画者。若曰补长峪城、

---

① 三犁，谓屡次征伐扫荡边庭。语本《汉书·匈奴传下》："犁其庭，扫其闾。"虏庭，古时对少数民族所建政权的贬称。这里指明成祖朱棣在位期间，先后五次亲征，北伐蒙古。

② 锁钥，指锁和钥匙。喻军事重镇；出入要道。

③ 塞垣，本指汉代为抵御鲜卑所设的边塞。后亦指长城；边关城墙。

镇边城之募军，浮图峪、插箭岭之防守，留茂山卫京操之士，以益紫荆；筑李信屯交界之堡，以固两镇，此岂容已乎。且宣府军士素称敢战矣，乃近年参将都勋出境烧荒，遇虏二十骑而溃，关山、王经前后陷没，此犹可诿也。若滴水崖郭举之叛，及诸军告粮而噪，此则渐不可长。况伊尔大同，耳目习染，可不虑哉。是故有抚绥之将，而后有节制之兵，有节制之兵，而后有疆幸之固，筹宣府者，此其大计矣。至以边储一节，则员外杨守谦所论，盖得权宜之术，附见于后，以备一时参考云。守谦曰，尝闻弘治中宣府各城粟荍①之积，多至有六七年者，少亦不下三四年，今则止数月耳。仓廒仅存瓦砾，场地鞠②为茂草，或势家佃以为业，然则饱歌腾槽之势，安得而复见哉。边镇敝坏，乃至此极，赖国威灵，侥倖无事，使遇也先火师之变，将何以待之。司国计者，不可不深长思也。宣府至京师仅三百余里，有必不得已之事，则圬③运之策可行也，此盖先朝所已试者，亦一时拯溺救焚之方云。又按边军月饷法曰，折色六月，本色者六月，在边者折银七钱，在内折银六钱。又曰，本折闲支，此诸边之通例也。然春夏之月，禾稼未登，粟价腾踊，边臣苦于蓄积之未多也。则固与之折银秋冬之月，粟价称平，仓廪稍积，则始与之本色，当其腾踊也。银一钱，或止易粟六七升或四五升，是一月折银，犹不及半月之粟，如之，何其不饥而疲，且至死也。欲责死绥之节，不亦难哉。说者谓宜于岁例之外，每镇发银一十余万两。遇大熟之岁，则于岁例招买之外，籴粟六七万两，中熟亦籴三四万两，俱别储之。每春夏粟价腾踊，若岁例之粟，尚足支持者勿动，惟腾踊之甚，不可支持者，借支二三月，秋熟之后，即于岁例内招买者补偿，仍别储之。如此，则士得实惠，而所省亦且数倍，即有

---

① 荍，音 jiāo，喂牲畜的干草。
② 鞠，养育，抚养。
③ 圬，音 wā。同"挖"。

重大虏患，征发旁午，缓急亦有所济矣。此诚今日之急务，而司国计者，所当讲求云。

◎宣府①叶盛（卷35，第440～441页）

宣府在居庸西北，其东自永宁卫南口起，迤西至西阳河南土山台、大同天城卫界止，一千九百七十三里三百二十六步，沿边腹里墩台隘口八百二十二座处，有镇守、翔②将军、总兵官、副总兵、左右参将、参将，所统万全都指挥使司为卫所者十有九，为城、为宿兵墙堡者共三十二。盖中军，宣府前、左、右一卫③，兴和守御所，城一，赵州④、大小白阳、葛峪、常峪、青边口堡⑤。有龙门卫城，有马营、云州、赤城、雕鹗堡。又有守长安岭、怀来卫中所，通为城堡者八。东路，怀来、永宁、隆庆左右、保安五卫，美峪守御所。又有守隆庆州永宁州⑥后所，隆庆、保安二州，永宁一县，而总为城者五。西路，万全左右、怀安、回卫⑦，城三，柴沟、西阳河，洗马林，新河、张家二口，堡五。南路，蔚州卫，广昌守御所，二城。又有顺圣川东城，旧弘州西城，而直隶隆庆卫在居庸，粮刍亦属宣府。广灵、丘⑧二县隶大同府，则惟拨军守戍焉。成化元年⑨修饬，旧有拒敌堡五十二，屯堡七十九，新增筑屯堡一百七十二⑩。新旧屯

————————

① 标题，叶盛《水东日记》作"宣府卫所屯堡等数"。

② 翔，叶盛《水东日记》作"镇朔"。

③ 一卫，《水东日记》作"三卫"，是也。

④ 赵州，《水东日记》作"赵川"，是也。

⑤ 《水东日记》"堡"后有"六。北路，口外开平卫在独石城，龙门守御所在李家堡"。

⑥ 永宁州，《水东日记》作"永宁卫"。

⑦ 回卫，《水东日记》作"保安右四卫"。

⑧ 丘，《水东日记》作"灵丘"，是也。

⑨ 成化元年，1465年。

⑩ 一百七十二，《水东日记》作"五百七十二"。

堡编以千文，起"天"字屯堡，止于□字屯堡，通三百三座①。增补虏使边氓往来孔道暖铺，通前后共六十九座。编第用字，则知、仁、圣、义、忠、和、孝、友、睦、姻、妊②、恤、礼、乐、射、御、书、数、文、行、忠③、信、杜、子、美、上、韦、左、相、八、荒、开、寿、域、一、气、转、鸿、钧④、霖、雨、思、贤、佐、丹、青、忆、老、臣、岂、是、池、中、物、由、来、席、上、珍、庙、堂、知、至、理、风、俗、尽、还、淳云。各属原额屯操战官军⑤、舍、余、土兵等六万六百六十六员名，是年报夏季数，除逃亡外，实五万七千二百六十一员名，实食粮文武官吏军兵五万四千八十八员名。骑操走递马驴二万三千四百八十二头匹，边储细粮一百五十五万九千二百五十九石三斗九升三合二勺，马料豆四十万七千一百六十四石二升三合⑥七勺，银一十一万三百八十七两六厘，绵布三十七万二千八百六十七匹二丈四尺四寸，绵花三十五万二千七百一十八斤二两三钱，马草六百一十三万九千六百八十二束六分。奉敕官田者，是年买补官牛五千七百一头，作一千八百九十八犋⑦零二头，垦地四千一百六十九顷六十亩，收粮七万二百二石二斗九升一合，买马一千五百一十九匹，详见《玉音碑》。文所遗⑧，则是岁饲牛所余藁秸八万九千一百五十六束一分，每束一十七斤重，易银二千五百二十两四钱七分，俱充公用。卫所公务牛四百八十四头，地三百六十一顷八十五亩，得粮八千九百五十二石一斗三升四合。

---

① 三百三座，《水东日记》作"七百三座"。

② 妊，《水东日记》作"任"。

③ 忠，《水东日记》作"教"，是也。上已有"忠"。

④ 钧，《水东日记》作"钓"。

⑤ 《水东日记》"战"前有"守"字。

⑥ 三合，《水东日记》作"二合"。

⑦ 犋，音jù。量词。牵引犁、耙等农具的畜力单位。能拉动一张犁或耙的畜力叫一犋。大的牲口一头可以拉动一张，就是一犋；小的牲口要两头或两头以上才能拉动一张，也叫一犋。

⑧ 文所遗，《水东日记》作"碑所遗"。

驿站公务牛九十五头，地九千二亩①，得粮一千八百一十二石六斗三升二合。卫所以给公私百需站道，以为慰劳行役之费，亦肇自是年，继是而有为则月益而岁增矣。

◎ 整饬边备事 李秉（卷35，第441~442页）

臣闻制狄之方，固莫先于讲武以练兵；安边之策，尤莫先于据险以固守。照得独石、马营等处城池，形势险隘，官军颇多，战守有人。若贼寡，则有寡不敌众之心，不敢轻进；势众，则有腹背受敌之患，不敢深入。又有都督孙安在彼提督，号令颇严，官军知畏，纵有警急，亦无足虑，所可虑者，惟宣府而已。切照宣府迤北沿边一带大小白羊、常（谷）［峪］、青边、张家等口中间，多有通行人马去处。正统初年，该太监兴安、尚书魏源亲诣彼处，相度形势，筑立城堡，调拨精锐马步官军，轮流守备，以绝边衅，固安人心。续该总兵官杨洪奏准，将大小白羊等城堡原守官军马匹，归并葛峪堡练②。比因青边口、张家口、西阳河等处城堡，系紧要去处，仍前守备不曾归并，后因达贼犯边，前项城堡无人守备，俱各废弛。及照青边等处内近宣府，外通沿河十八村等处，况往宣府等处军余，俱由彼处出入，前去马石等营盘运粮米，被达贼抢掳者甚多，此等之人，深知乡导是以被掳军余王春等入境打细③，由此进入其原立城堡，若不仍前复说调拨军马，照旧守备，非惟无以严边防，诚恐有以启贼意。臣屡以此事与镇守总兵等官柏玉等极陈利害，商榷施行，柏玉等佥曰可行，独总兵官纪广执迷不从，说称沿边墩台俱有守哨官军，便不守这也不妨。臣切虑沿途墩台相离通人马去处城堡，少者四五里，多者数十里，纵有奸细乘夜进入，守墩之人岂能望瞭。

---

① 九千二亩，《水东日记》作"九十一顷"。
② "练"字前疑阙"操"字。
③ 打细，做细作（暗探；间谍）。

及照原守城堡，即今见存其守备官军俱在**宣府**等处团操，前项城堡缺人守备，倘有奸细投间抵隙，因而入境窥探虚实，贻患非轻。臣叨①居言路②之官，滥膺参赞之任，义所当言，岂敢缄默。如蒙乞敕兵部行移镇守等官，将不系归并团操**青边**等口，紧要去处量拨官军马匹仍前修守，分委都指挥或的当指挥一员，专一在彼提督精锐马步官军轮流守备，仍行见在参将**杨能**，量带官军于墩空添筑墩台，以便瞭望。其归并**大小白羊**等处遗下城堡隘口，仍分守备**万全右卫**都督**江福**、**葛峪堡**都指挥**杨文**、提督墩台都指挥**梁泰**等严督该管官军，常川③远出哨探，以备不测，不许怠忽，以堕贼计，务要关防周密而严谨堤备，相机行事，而边境无虞。仍行都督纪广从长斟酌，如果要害去处，可以不设守备，本官别有御寇长策，令其明白奏请定夺，具题。奏奉圣旨：兵部知道。钦此。

◎独石边务事 李秉 （卷35，第442～443页）

分守独石、**马营**等处少监吉英题称，会同分守左参将**杨绅**议得，所守**独石**、**马营**等处俱系极边冲要重地，**达贼**犯边速如风雨，彼时镇守内外参将等官**杨洪**等遇有声息，使得径自具奏，不敢误事。自成化十三年④，一例⑤禁约不许径奏。臣等勘得，**独石**至长安岭过居庸关到京路道如弓弦之直，不过日半程期，凡报声息最为便当。其**独石**至**宣府**往回将六百里，若有声息紧急，待镇守等官会议，然后奏报到京，其迟误军情理势⑥，必至若预陈下情，贻害非细。乞敕兵部计议，如

---

① 叨，音 tāo。犹忝。表示承受之意。常用作谦词。唐陈子昂《为副大总管苏将军谢罪表》："臣妄以庸才，谬叨重任。"

② 言路，指言官（谏官）。宋吕陶《辞免左司谏表》："向自郎曹，擢居言路，徒更岁月，何补涓埃！"

③ 常川，经常；连续不断。

④ 成化十三年，1477年。

⑤ 一例，一律；同等。

⑥ 理势，事理的发展趋势；情势。

独石遇有紧要边情，除开报宣府镇守等官知会外，仍令臣等本处径自星驰奏报，庶使边务先得。上闻路道不致往复，奏抄到部。参照宣府地方，当朝廷北关各路分守参将等官，皆听宣府镇守、总兵、巡抚等官总制。凡有声息报到，军马应手①可即刻随具奏闻，于分当然若论调发援兵，亦非一蹴能到本部。比先计虑议奏，节省驿传，一以为总制官员朝廷取信，得以专制行事；一以不使听受节制官员，开旁门捷径沮坏边务。今吉英、杨绅议奏前情，合无行令宣府镇守总兵巡抚等官廖亨等转行吉英、杨绅，今后遇有本处达贼入境，听其一面，共差一人赍奏施行，一面驰报，廖亨等发兵应援，其余传报炮火等项常事照旧驰报，廖亨等即刻处置，不许失误军情。

◎屡丰亭记（卷35，第443页）

马营城在口外八城中军士为最伙，耕地为最宽阔，然比年耕地夺于有力之豪②，非军士所能有也。

圣天子中兴，修复城守以来，以少保于谦言，与口外买牛白金三千；以右佥都御史李秉言，与宣府买牛白金十千，而马营前后得白金总一千三百焉。于是而官为军士得牛以角计者一千二百有奇，地以计亩者四千五百有奇。牛足供耕驾而多时③，其孳育无穷。地皆膏腴可谷，垄子利数可倍他处。至若鞅鞯衡轭耒耜种粮④，悉出于官。令讲武之暇⑤，共力田事，秋成偿直之外，听自便，而军装百需

---

① 应手，随手；顺手。多形容技艺高超娴熟或做事得法顺当。

② 豪，嘉靖《宣府镇志》卷12《宫宇考·马营城宫宇》（以下简称《宣府镇志》）作"家"。

③ 多时，《宣府镇志》作"多狞"。

④ 鞅，音yāng。古代用马拉车时套在马颈上的皮套子。又音yàng。牛鞅，牛拉东西时架在脖子上的器具。鞯，音bàn。驾车时套在牲口后部的皮带。衡轭，车辕前的横木和架在马颈上用以拉车的曲木。耒耜，音lěi sì。古代耕地翻土的农具。耒是耒耜的柄，耜是耒耜下端的起土部分。

⑤ 令，《宣府镇志》作"今"。暇，作"隙"。

亦用是不烦于私。又以副总兵都督同知孙安石①，右参将都指挥佥事周贤与其协副指挥同知吴良相继视事，合其同事者之议，相地之宜筑屯堡，以便作息，备不虞，其为堡者四。又环城之三面界为菜圃，人各一区，给蔬茹，其为地又一十四顷有奇，而适数岁连熟，由是公私饶裕，上下相安，而比年②之俗革矣。

　　菜圃在城③南面者独秀而大，诸部将吏尝治亭其间，以为督府往来休息之所。乘④闲登而乐之，为大书其楣曰："屡丰之亭"。盖取诗所谓"屡丰年"，以幸既往，愿方来且以为来者告，庶⑤为耕地永久之托焉。尔书已，有歌而过于亭下者曰："我畯⑥我田兮，我牛我犊；我谷既升兮，我菜亦熟；我饱而歌⑦，我无不足；我土以宁兮，猗哉⑧我皇之福。"

　　◎议修边要 岳鲁 （卷35，第446～447页）

　　予览斯图，乃知祖宗立镇之意。遐哉，邈矣，嗟乎！斯地自三代以还历春秋、战国为燕幽并之区，迄后唐而营平始陷契丹，晋石敬（唐）[瑭]起并州，籍其兵势割山后十六州以报之，终宋之世，历辽、金，皆为虏据，衣冠左衽⑨者四百年。我太祖高皇帝夷险芟荒，扫平群秽，乃于蓟会之地设大宁都司、营州诸卫，以封宁王，俾宣辽对峙，为外边，又命魏国公徐达自古北口至山海关增修关隘

---

① 《宣府镇志》无"石"字。
② 比年，每年；连年。近年。
③ 《宣府镇志》无"城"字。
④ 乘，《宣府镇志》作"盛"。
⑤ 《宣府镇志》"庶"字后有"几"字。
⑥ 畯，《宣府镇志》作"亩"。畯，音 jùn。古代掌管农事的官。
⑦ 《宣府镇志》"歌"字后有"兮"字。
⑧ 《宣府镇志》无"哉"字。猗，音 yī。叹词。常用于句首，表示赞叹。相当于"啊"。唐·王维《暮春太师左右丞相诸公于韦氏逍遥谷讌集序》："猗哉至理之代也！吾徒可以酒合讌乐，考击钟鼓。"
⑨ 左衽，亦作"左祍"。死者的葬服。

为内边。宣府自常忠武王遇春破虏于漠北，设开平卫以守之。东接大宁，西连独石，其地绕出山后，而辽东、宣府、大同势相联属，自偏头关逾河跨西北大虏之警，守在东胜河套，今为虏据之。南又有榆林六镇烽火相续，如手指目视。自我成祖文皇帝靖难后，兀良哈部落内附，乃改封宁王于江西，徙大宁都司并散置营州卫于内郡，而以大宁全地与之授官设卫，即今之朵颜、泰宁、福余三卫也。宣辽隔绝从兹始矣。夫大宁既以与虏，形势薄弱，而开平（夫）［失？］援难守。阳武侯薛禄上疏极言其状，廷议难之，禄负敕诣京，面陈其详，遂徙卫于独石，弃地盖四百里，自后兴和亦陷。己巳土木之变，独石八城皆破，时叶文庄公盛为兵科都给事中，力主收复之议，且云独石为宣府左臂，宣府为京师右臂，弃独石是弃宣府也，无宣府是无京师也，遂命文庄带山西参政衔经略独石。当时复有杨昌平名洪者，大破虏于伯颜山，一时边境号称小康①。文庄分屯建戍，选骁募通，百计经营极尽心力，而独石遂复。于是朝廷始得有宣大矣。惜乎！兴和旧址尚存，而郊墟如故。古北口、潮河川为元人通开平旧路，喜峰口、燕尾河平漫特甚，矧今材官健将，环列九边，而内郡无兵其在畿辅者，虽众不足恃。今欲修和之城，新兴伯谭（左名右失）镇守兴和尝出猎，守备王涣郊迎时被酒②，为伏虏所缚，掖之上马，即胁其驺从③，乘暮以入守者，不之察也。城遂陷，徙朵颜诸夷于开平废城，而以大宁内属，立卢龙定易诸镇，以羽翼神京。缘张、李，张名瓒，李名琡，俱河间永平知府民兵之籍，使八府尽貔貅之士，以永保亿万年不拔之洪基。鲁于今日圣君贤相，有侈望焉。

---

① 小康，稍安。《诗·大雅·民劳》："民亦劳止，汔可小康。"郑玄笺："康，安也。今周民罢劳矣，王几可以小安之乎？"

② 被酒，为酒所醉。犹中酒。《史记·高祖本纪》："高祖被酒，夜径泽中，令一人行前。"张守节正义："被，加也。"

③ 驺从，古时贵族的骑马的侍从。

4.《少保于公奏议》

【题解】　《少保于公奏议》10卷，明于谦著。于谦（1398～1457年），字廷益，号节庵，官至少保，世称于少保，明浙江钱塘（今杭州市）人。永乐十九年（1422年）登进士，曾先后担任过监察御史、巡抚、兵部尚书等职。于谦作风廉洁，为人耿直，赏罚严明，以廉干称。于谦生活的那个时代，朝政腐败，贪污成风，贿赂公行。当时各地官僚进京朝见皇帝，都要从本地老百姓那里搜刮许多的土特产品，诸如绢帕、蘑菇、线香等献给皇上和朝中权贵。明朝正统年间，宦官王振以权谋私，每逢朝会，各地官僚为了讨好他，多献以珠宝白银，巡抚于谦每次进京奏事，总是不带任何礼品。他的同僚劝他说："你虽然不献金宝、攀求权贵，也应该带一些著名的土特产如线香、蘑菇、手帕等物，送点人情呀！"于谦笑着举起两袖风趣地说："带有清风！"以示对那些阿谀奉承之贪官的嘲弄。两袖清风的成语从此便流传下来。他曾作过《入京诗》一首："绢帕蘑菇与线香，本资民用反为殃；清风两袖朝天去，免得闾阎话短长。"于谦不仅不与众权臣同流合污，而且连皇帝也不愿意巴结。正统十四年（1449年），瓦剌也先入寇，王振挟英宗亲征，罹遭土木之变，京师大震，更有胆小之人提出应迁都南京，明政权风雨飘摇。在千钧一发之际，于谦以"社稷为重，君为轻"的政治口号，力主扶持英宗之弟郕王朱祁钰为帝，于谦为兵部尚书。也先军下，直窥北京，挟英宗以威嚇。于谦以生民社稷为重，危城擘剑，躬擐甲胄，统军于德胜门外，严阵誓师，退敌解围。明年英宗放回。景泰八年（1457年），景帝病笃，龙庭突变，石亨、徐有贞等夺门，拥英宗复位。旋陷于谦谋逆，逮捕于谦及王文等人。正值花甲之年的于谦被

馬營等處往來出沒達人多係兀良哈種類其數不多
若不出兵追勦誠恐敵人愈肆等因奏准行令宜府總
兵鎮守等官隨宜設法調兵出境勦殺續該鎮朔大將
軍總兵官昌平侯楊洪奏督令董斌領軍在於石溝等
處哨遇兀良哈達子對敵擒獲達軍人口解京近又該
楊洪等奏龍門千戶所等處有達子七十餘人議僉參
將楊信等領兵去彼追勦等因其題除通行外今照馬
慶等所奏雙山兒等處哨見達人及據走回婦女說稱
前敵亦係兀良哈之人先在獨石馬營等處搶掠因見
楊洪等不時遣將出軍截殺以此又去大同地方況前
敵其數不多一向在邊剽掠既不跟隨也先往來出沒

于公奏議卷一

《少保于公奏議》書影

诬以"意欲别图"惨遭杀害，其家属被关押、充军，天下称冤。成化初，追复原官。弘治初，赠特进光禄大夫、柱国、太傅，谥肃愍。万历间，改谥忠肃。于谦为文有奇气，一笔挥成，如阵马风樯。平生著述甚富，庙堂陈言，燕居吟咏，皆可见其人其心。但以罹难，遗稿多散佚，世所刊行者，乃后人掇拾而成，以清末钱塘人丁丙重刊明嘉靖杭州府本《少保于公奏议》及明嘉靖大梁书院本《于肃愍公集》较为完整，计奏议 10 卷，诗文 8 卷，另有拾遗、附录各 1 卷。

本辑据新文丰出版《丛书集成续编》第 57 册收录明嘉靖二十年十月杭州府重刊本《少保于公奏议》影印本辑录有关赤城内容。

◎兵部为边务事（卷 1，北伐类，第 18～19 页）

内府抄出镇守宣府等处内官监右少监柏玉题：照得宣府地临极边，控制胡虏之要害，实为京畿之藩籬。向者贼寇入剽，尚赖朝廷洪福，城池坚固，士卒效力，仅保无虞。迩来酋长也先累遣丑类讲和，奉送太上皇帝回京。缘贼尚猖獗，其情难测，诚恐指以和好为由，因而窥伺虚实，不可不预为提防。然自去年贼寇侵犯京师，蒙调总兵官昌平侯杨洪，率领精锐官军五千余员名，前去截杀，事宁就留本官在京，及存留马步官军都指挥梁泰等三千余员名，跟随守备。缘前项官军原系备边人数，况兼遗弃家小，经年在外，衣鞋破损，盘缠罄乏①，无人供送，委的艰难。臣会同总兵官都督朱谦等议得，先因达贼分投入剽②，围困各城，除将宣府原操马步神铳官军，量数发回万全左右、怀安、蔚州、广昌等卫所，固守城池外，今查得见操马队官军，有马者四千六百八十三员名，无马者二千九百六十二员名，步队官军四千八百五十员名，神铳手一千六百三十九员

---

① 罄乏，犹匮乏。
② 剽，音 piāo。本义抢劫。攻击。

名，共有一万四千一百三十四员名，实是人少地广，卫所隔越，调用不敷，即目秋高马肥，恐彼侵犯，难以抵敌。乞敕廷臣从长计议，将前项存留在京官军，仍发本处，俾依家小住过操备，养其锐气，贼至相机剿杀，庶为便益，具题。该本部官钦奉圣旨：兵部知道。钦此。又该总兵官左都督朱谦亦题前事，通抄到部。查得先该昌平侯杨洪奏准，存留口北开平等卫官军指挥梁泰等三千余员名，在京随操听候，警急调用。续该总兵官左都督朱谦、内官柏玉等奏，要将梁泰等官军尽数发回，本部节经议拟，京师天下根本，即今虏人虽已请和，奸诈难测，不可不增兵防备。又经奏准暂留在京，候虏情虚实何如，另行计议发回。近该本部照得独石等处城池屯堡，先因贼寇侵扰，因而失守，仓库粮储等项，俱各见存。缘此等城堡，俱系紧关去处，控制边境，关系非轻。虏人今已请和，久经奏准，请敕总兵官左都督朱谦，会同镇守巡抚参将等官计议，修设守备，并沿边一带墩台屯堡，俱要设法修筑，以备哨守。如果事体重大，应合奏请，明白上闻去后，今奏前因。参照官军梁泰等二千余员名，原系口外守备人数，合当发回原处，以备守战。及照口外独石、马营、龙门、长安岭等处城池，俱系紧关要害去处，外控朔漠，内蔽京师。去年因贼众入寇，势孤援寡，俱各捐弃失守。兹当声息稍宁之时，可以措置之日，若不从长设法，作急区画停当，万一虏寇渝盟，未免似前误事。虽经具奏，令朱谦会议修设守备，诚恐各官互相矛盾，迁延月久，不即整理，有妨边备。看得昌平侯杨洪、都指挥同知杨能，先在口外年久，备谙彼处山川险易，道里远近，士马强弱，贼情缓急，合无请敕杨洪或杨能，令其带领原留在京官军三千余员名，前去宣府，与同总兵官都督朱谦、内官柏玉，及参将镇守等官侍郎刘连、佥都御史任宁，并巡按监察御史、万全都司堂上官，公同计议，独石、马营等处城池，及龙门、长安岭一带墩台隘口，若何设法守备，每城堡合用官军若干，其各处城堡或照旧修设，或相度并立，或止用原有官军协济操守，务在用心协谋，逐一勘议允当。经久利便，就便急忙用工，应修理者趁时修理，应设立者上紧设立，俾声势得以连络，彼此互为应援。仍将原带官军梁泰等三千余员名，分派各城守备，以实边境。通将处置过缘由，具实回奏，令差支官员回京以后，若有地方疏虞，罪坐差去之人。缘系钦依兵部知道事理，具题。景泰元年八月二十八日①，奉圣旨：是。钦此。

◎兵部为边备事（卷1，北伐类，第20～22页）

兵科抄出镇朔将军总兵官后军都督府左都督朱谦等题：钦奉敕镇守宣府右少监柏玉、总兵官左都督朱谦、参将都督同知纪广、侍郎刘琏、佥都御史任宁，独石等处城池屯堡，俱系紧要控制边境去处，所系非轻。先因贼寇侵扰，因而失守，其仓库粮储等项，俱各见存。即目边境稍宁，不可不趁时修理。敕至，尔等即便从长计议，设法修理整治，照旧守备。其沿边一带墩台屯堡，亦须修筑，以备哨守。如果事体重大，应奏请者明白奏来。处置务在从宜，区画以图经久，不许因循怠忽，有误边务。钦此钦遵。照得独石、开平卫等城堡，原有调拨宣府前等卫所官军，在彼守备，先因逆虏侵犯，将各城堡抛弃。臣等会同柏玉、刘琏、任宁，巡按御史张昊，议得前项城堡官军，彼时被贼杀虏，惊散逃故者多，欲便照依旧数拨军守备。缘宣府等处被贼抢虏，及逃遁者亦多，况宣府系是总镇去处，合当聚集军马团操，以备并力杀贼。其万全左右、怀来，俱系极边。军马数少，若再摘拨前去，倘遇寇至，难以战守。乞敕廷臣从长计议，合无于独石除见有官军二千五百员名，合于在京官军添拨一千五百员名；马营堡除见有官军二百七十五员名，合于在京添拨一千员名；云州堡除见有官军一千二百八十员名，合于在京拨添一千员

---

① 景泰元年八月二十八日，1450年10月3日。

名；赤城堡除见有官军四百八十员名，合于在京添拨一千员名；龙门卫除见有官军一千二百八十六员名，合于在京添拨一千五百员名；龙门千户所除见有官军一千九十九员名，合于在京添拨一千员名，长安岭除见有官军二百九十六员名，合于在京添拨一千员名，每处拣选智谋骁勇都指挥一员提督，仍推选参将一员总理，公正老成文职一员赞助，务在战守合宜，抚绥有道，贼至则相机剿杀，平时则蓄威养锐[1]，如此则边疆复振而人民安妥矣。缘系钦奉敕旨区画经久事理，具题。又该朱谦等亦题前事，通抄到部。案照先准本府咨，该昌平侯杨洪言：怀来相去宣府一百五十里，原有土木、鸡鸣山二驿官军走递，近因达贼侵犯，俱被惊散，凡有声息往来飞报，猝难相通。见得土木西北雷家店，西离宣府八十里，至怀来七十里，北接麻峪口外通板答峪等处，亦系达靼达贼出没之处，路当冲要，合筑城一座，将保安卫并美峪千户所官军，安插在彼守备便益，等因。已经会议，委官踏勘，量计丈尺，合用人工，议将宣府前卫所，除存留守城官军外，于内并操备步队内，亦拨五千名，共二万名，相兼修筑。彼时为因声息紧急，不曾兴工，今会同柏玉、刘瑢、任宁、张昊议得，即今声息稍宁，欲要修筑，缘杨能等军马已调回京，况宣府迤西万全左右、怀来、保安等四卫城堡，俱临极边，控制冲要，除将原辏[2]筑城步队并无马旗军二千六百六十名退回，各守城池外，合用工程浩大，委的人力不敷，乞敕该部调遣官军一万五千名，宣府各卫摘拨军余一万五千名，共辏三万名，内一万名各带军器防护，二万名做工，庶得城池易完，事不失误，等因，具题。该本部官奉圣旨：兵部知道。钦此钦遵。查得先该内官柏玉、左都督朱谦等各奏，要将昌平侯杨洪奏留在京，口外开平等卫官军都指挥梁泰等三千员名，仍回原卫所操守。本部为照前项官军，原系口外守备之数，

---

[1] 蓄威养锐，同"养威蓄锐"，培植威力，积蓄锐气。

[2] 辏，音 còu。车轮的辐聚集到中心，引申为聚集。

合当发回守战。及口外独石、马营、龙门、长安岭等处城池，先因势孤援寡，俱各捐弃失守。兹当声息稍缓，合当设法措置，合无令昌平侯杨洪，或都指挥杨能，带领杨泰等官军前去宣府，与同朱谦等计议，将各该城堡修设守备。题奉圣旨：冬天时月，口外水土早冻，人受寒苦，事不能成，且罢待明年春暖再来说。钦此。本部又照柏玉等奏讨梁泰等官军，合无先行发回宣府等处操守，惟复待春暖，一发前去。奉圣旨：待春暖一发整理。钦此钦遵。今朱谦等奏要添拨在京官军，前去独石等处守备，各选都指挥一名赞助，及于雷家店筑立城堡一节。缘在京原操官军数内，但系江南卫所运粮者俱已放回，其余又调各关修守游击等项，见在官军委实数少，京师天下根本，外兵丑虏变诈难测，今虽朝贡请和，不可不严提备，所据见操官军，难便轻易掣动。及照朱谦等先奉敕计议边务，别不曾出一计策，动一官军，修一墩堡，设一防守，又不开奏彼处原先捐弃城堡，即今楼橹①仓库废存若何？及沿边一带墩台，何处可以修复，何处可以用工？其见在粮储，应否搬运？止是奏要拨添官军前去，似此徒具文移，岂不有误边务！况今日之事，边备为重，苟俻②一城堡，则有一城堡守战之益；筑一墩台，则有一墩台瞭望之便。合无差人驰驿赍文与朱谦，公同镇守参赞③等官，内官柏玉、侍郎刘琏、佥都御史任宁、参将纪广等计议，雷家店等处城堡，若可以用工修筑，作何调度见有官军人等，上紧逐渐修筑？仍拨精锐官军严加防护，不许仍前怠忽，致有疏虞。其文职，宣府已有刘琏、任宁在彼，参赞又有纪广，若再推举添差，不无官多，徒为烦扰，难以准理。合用都指挥领军分投各城守备，宜从量调见有官军，于万全都司见任都指挥内，差委骁勇有谋者管领前去，务在拣选至公，不

---

① 楼橹，古代军中用以瞭望、攻守的无顶盖的高台。建于地面或车、船之上。

② 俻，古同"备"。

③ 参将，明杭州府刊本作"参赞"。

许徇私滥用。仍将计议处置过边务缘由，可行可止，逐一从实开奏，以凭定夺，毋专以添军为由，展转延调。如若迁延苟且，日后误事，罪有所归。缘节奉钦依兵部知道事理，具题。景泰元年九月初八日①，奉圣旨：是。钦此。

◎兵部为边计事（卷1，北伐类，第23～26页）

礼科抄出礼部尚书杨宁题：正统十四年八月，达贼犯边，独石、龙门一带，及永宁、怀来边将，皆弃城不守，以致数十年之经营，数十万之蓄积，一切委诸草莽，罪不容诛，事往难论。比闻欲调官军，复守独石、龙门等处，斯固攸宜。臣切惟为政，当理内及外；守边，当自近及远。京师者四方之本，永宁、怀来、宣府直抵大同，皆京师藩篱也。各处见在军马以之专守，尚虑未足为固，而又分之以守独石等处，则兵愈寡而势愈弱，一旦边报卒至，救援不及，切恐人心惶惶，事如前日，未可知也。独石等处一摇，则永宁诸处，人心必不自安，诚不可不虑。又况足食而后足兵，今宣府、大同皆告缺粮，以近边犹尔，又安能远供馈也。今之计边储者，或曰军运，或曰民运，或曰纳粟冠带②，或曰开中盐粮，或曰银货杂买。言者纷纷，而皆不求其本。夫有播而后有获，春耕而后秋敛③，奈之何不务其本，而惟末之图？古人屯金城、屯渭滨、屯塞下，具有成法，实边之道，无以逾此。往者不可谏，来者犹可追。中国之有夷狄，犹君子之有小人，来则御之，去则备之，法之良也。不赏边功，以沮外徼生事之人，意之善也。今之为边将者，士卒不恤而一意希求升赏，外侮不御而一概妄报功次，有斩获一二首级而报功至一二百人者，有止称杀败贼众、斩获首级而全不闻数者，其为欺妄，不言可

---

① 景泰元年九月初八日，1450 年 10 月 13 日。

② 纳粟，古代富人捐粟以取得官爵或赎罪。明清两代富家子弟捐纳财货进国子监为监生，可直接参加省城、京都的考试，称纳粟。冠带，比喻封爵，官职。指官吏、士绅。

③ 秋敛，秋季收取。

知。此果何功于朝廷，何益于边备？至如临阵亡死者固皆可愍，然军胜而死，此勇进而至丧生，其忠可奇；军败而死，此退走而被追杀，正当论主将之罪，今一概升一级，是死者以退走为功，而生者不以败亡为惧，又非所以示劝惩也。臣愚以为永宁、怀来、宣府直抵大同，京师藩篱，当益兵积粮，选将固守，彼固则此自安。独石、龙门等处，姑候此，有余力，然后议及遗下粮米，设法以近就近，搬运给军。瓦剌新来和好，必不即为边患，一带田地，可以趁时设法屯种，令各该总兵参将等官，及侍郎刘琏、都御史沈固、任宁，并巡按御史，分投委官提督，亲行劝课。如是田多军少，先尽军种，遗下余田，听令近边官豪势要一应人等有力之家，尽力开耕，无种子者官为借给，秋成抵斗还官。明行榜示：景泰二年子粒并地亩税粮，俱免征纳。所得花利，令自粜卖，仍行纳粟冠带、开中盐粮、银货杂买等法，人人见利而趋，则耕者不劝而勤，得谷必倍，可资边储。北直隶、山东、山西、河南近边去处，宜令各卫所府州县官，专委一员提督春农布种，仍与设法置买牛具种子，俱从巡按御史管屯盐事，比较其有用心勤得谷多者，指实具奏，量加褒赏，以劝其余，则家给人足，可资供馈。沿边守将遇有声息，且须预将在外人畜收入城堡，婴城固守，俟贼老气惰，然后乘便击之。如彼肆无忌惮，越关内侵，则内外合兵，令其腹背受敌，计无不克。有功官军，升赏以信。如有似前弃城不守，率众在逃，无分贵贱，不限亲疏，必杀不宥，然后人知劝惩。其有斩首少而报功多，及妄报杀败贼众，斩获首级，希求升赏者，合无其功皆不必录。军胜阵亡官军与军败失陷者，升赏亦须量有节减，以止贪冒，以戒退怯，庶得爵赏不滥。臣诚愚昧，仰蒙圣恩，莫能补报。比因议及边事，不得长策，昼夜思惟，寝食不安，辄有所见，不敢缄默。倘有一得可采，乞敕该部施行。缘系边计，具题。奉圣旨：户部、兵部看计议来说。钦此钦遵，抄出到部。除屯种等项户部另行外，查得先该本部照得独石、龙门、长安岭等处，俱系万全都司所属紧关城池，去年虏众深入，俱各捐弃失守。兹当声息稍宁，可以措置，虽经具奏，令总兵等官朱谦等修设整理，诚恐各官迁延，有妨边备。已经节次议拟奏准，令都督佥事董斌提督前项卫所官军，修理城池，防护粮储等项，及昌平侯杨洪原留在京开平、龙门等卫官军三千员名，并其余俱系口外卫分在京报效等项官军，俱令都指挥杨能尽数领回原卫所操守。近该董斌题称，独石、马营、云州、雕鹗、长安岭等处城池，委系外控虏境，内庇宣府、怀来一带，若独石、马营等处城守严固，则腹里卫所自然无虞。今议将前项城池重复整饬，修设屯营，诚安边御侮长策。合设都指挥一员，在彼分守地方，请降敕书并给符验，及将独石等处卫所官军男妇人等，俱要听伊钤束，督发原处，以实空虚之城，并将万全都司带俸都指挥，推选有谋有勇之人，分派独石、马营、李家庄、雕鹗、龙门等城，专一守备操练，听伊调遣，等因，具题。抄出本部，又经逐一拟奏准通行去后，今尚书杨宁奏，要将独石、龙门等处，候有余力，然后议及一节。臣等切详各处土地城池，俱系祖宗经营创建，其独石、龙门一带，正系极临虏境紧要去处，外为边境之藩篱，内为京师之屏蔽，去年虏酋纠众入寇，守臣虑恐势孤援寡，因而捐弃失守，至今清议不容。今也先等已来请和，边报不甚紧急，所宜兴滞补敝，修设故疆，以为久远之计，以图复仇之举。况前项城堡已命董斌提督，并原守各城军马俱已发回，即目正在营置之际，彼处总兵镇守等官，并不曾奏难以修复缘由，岂可自馁自画，轻易掷弃！且我退一尺，则贼进一尺；我失一寸，则贼得一寸，得失进退之机，安危治乱所系，就使干戈扰攘之日，尚当固守封疆，况平居无事之时，不宜自蹙土地。兼且守备各城自用原有军马，而非那移他处官军。今以理势论之，必当修复整理。合无通行请敕宣府总兵参将镇守参赞巡抚官员抚宁伯朱谦、右都督纪广、内官柏玉、侍郎刘琏、佥都御史任宁、都督佥事董斌等，将独石、马营、赤城、云州、李家庄、雕鹗、龙门、长安岭等处一带边务，查照本部节次议奏事理，会同计议区处，斟酌人情之劳逸，相看地形之夷险，先其急而后其缓，举其大而略其小，果系紧关去处，上紧修复，不系紧关去处，从缓整理。其各城合用都指挥，务在推选至公，俾边城守备得人，而粮储防护有法，不许各持己见，怠忽因循，自馁其志，废弛兵备。若因此失误事机，必治以重罪不恕。其奏永宁、怀来、宣府直抵大同，当益兵选将固守。缘永宁、怀来已有都指挥同知杨信，万全右卫已有都督佥事江福提督，宣府已有总兵官抚宁伯朱谦、参将右都督纪广，大同已有总兵官定襄伯郭登、参将都指挥潘兴，东路已有参将右都督方善，西路已有参将都督同知许贵，宣府、大同所属前项各城，除总兵参将及把总提督守备官军外，又有都指挥或一二员，或三四员守城管操，而所在卫所官军止勾固守，别无相应官军可以增添。其奏有功官军升赏以信，如有似前弃城不守，率众在逃，无分贵贱亲疏，必杀不宥。其有斩首少而报功多，及妄报杀败贼众、斩获首级，希求升赏，其功皆不必录。军胜阵亡官军与军败失陷者，升赏亦须节减一节，臣窃惟兵之胜负，固系乎赏罚，而赏罚运用，必在乎严明。近年以来，因南北贼寇纷扰，所在用兵抚捕，其有功官军，中间若有不明者，本部议拟行令所在提督参赞军务等项都御史及监察御史等官，重复体勘明白，方才定夺升赏。而总兵参佐等官，若有失机误事，亦往往覆奏降黜。如向者所升德胜等门、紫荆关及大同、宣府等处官军，俱系杀败贼众，保全城池有功人数，该总兵等官造册奏要升赏，节行驳勘明白，若不照例升用，何以激劝人心？其有退缩覆溃如阳和口及土木等处官军，虽已死于锋镝，未尝升用一人。况兵家之事，以捷胜破敌为全功，不以斩首多寡为勋绩。若止以斩首多寡定为升赏崇卑，则人皆顾恋首级，未免为敌所制。今称有妄报杀败贼众、斩获首级，希求升赏，缘无指实，无凭查究。合无通行各处总兵镇守参赞等项文武大臣，今后若是奏报杀贼有功官军，务要体勘明白，要见何人奋勇当先为首？何人协力跟随为从？何人生擒贼徒？何人斩获首级？从实开奏，以凭定夺。不许徇私泛滥，将无功之人一概冒请升授，以致赏罚不明，士气消沮，如违，一体治罪。及奏沿边遇有声息，预将人畜收入城堡固守，俟贼帅老气惰，然后击之，如彼越关内侵，则内外合兵，令其腹背受敌等情，俱系用兵常法，亦系见行事理，别无定夺。缘节该奉钦依兵部看计议来说事理，具题。景泰元年十二月初八日①，奉圣旨：是。独石、龙门一带，乃宣府藩篱，若弃城不守，宣府必孤，京师以何御寇？写敕与朱谦、董斌，每上紧修守，不许因循误事。钦此。

◎兵部为走回人口事（卷1，北伐类，第26～27页）

内府抄出镇守宣府等处内官监右少监柏玉题：景泰二年五月十四日②，准提督独石、马营等处都督佥事董斌手本，本年五月十二日，哨探马营夜不收、百户李长目儿等，送到虏中走回妇女郭四女，供系易州涞水县民人郭义女，正统十四年八月内，被达贼抢去，近日达贼连家小牛羊马匹尽往南行，一个月才到两路墙烟墩下，四女连夜脱走一宿到马营。准此会同副总兵纪广等议得，系干虏中走回妇女传说，达贼近边驻劄，除整搠见操人马及行沿边巡哨官军，严加堤备外，连人具本具题。又该副总兵右都督纪广亦题前事。本部官俱钦奉圣旨：兵部知道。钦此钦遵，抄出到部，除审得郭四女与柏玉等奏内相同外，参照郭四女所说前项达贼往南行走，去边不远，虽未审是何部落，及所说前言未委虚的③，缘本妇系在涞水地方抢去，先前也先入寇之时，正从此处回还，本妇被虏在彼，今又带同

① 景泰元年十二月初八日，1451年1月10日。
② 景泰二年五月十四日，1451年6月12日。
③ 虚的，犹虚实。

前来，则知前敌系也先部落无疑。若不早为区处，严谨堤备，即目雨水沾足，青草长茂，诚恐各贼在于近边去处驻劄牧放，分遣虏众四散侵扰，非惟边人不得田作而日加疲敝，抑且道路梗涩不通而难于攒运①，则人心终日惊疑，边备愈难措置。臣等会同总兵官武清侯石亨、昌平侯杨洪，及左右副总兵参将都督孙镗、范广、过兴、张义，游击将军石彪、雷通等，议得前贼虽侵犯之迹未著，而寇边之意已萌，防微杜渐，不可不虑。除选差乖觉夜不收星驰前去怀来、宣府，令彼处镇守总兵等官，一体差遣夜不收同去独石、马营等处，密切哨探，是否带有家小人众？即今见在何处屯驻？其人马号色是何种类？有无南牧犯边之意？作急从实回报，如果事情紧急，臣谦先行亲诣怀来、宣府等处计议，相度贼势众寡，事情缓急。仍令石彪、雷通带领原议奏官军六千员名，每人关与银一两，布二匹、炒五升，随即启行前去怀来屯驻，相机行事，务在奋勇设谋以济边务，既不许拥兵自卫，坐蠹粮储，亦不许率易轻出，致堕贼计。及行总督军务工部尚书石璞、副总兵右都督纪广、参将都督佥事杨能，提督独石等处都督佥事董斌、孙安，并赞理军务左侍郎刘琏等，将石璞原先议奏挑选宣府龙门、怀来、万全官军一万余员名，兼同石彪等带去官军，相看贼人众寡，事势缓急，若是贼人四散出没，可以乘虚掩袭，就便调遣官军，或乘夜扑捕，或按伏邀截，务要成功，以挫其锋，以遏其进，以壮军士之气，以安边人之心。设若贼势浩大，难于争锋，务要坚壁清野②，持重自守，差人驰奏京师，调遣大军，总兵等官统领前去，臣谦就便督同，随宜设法，分投应援，庶几有备无虞，边事不失。仍令户部设法措备粮草，本部通行大同、辽东、陕西、延绥、甘肃、宁夏、永平、山海、密云、古北口、居

---

① 攒运，赶运；催运。攒，通"趱"。
② 坚壁清野，作战时采用的一种策略。转移或隐藏人口和物资，清除野外可资敌的各种设施，使敌人毫无所得。《后汉书·荀彧传》："坚壁清野，以待将军，将军攻之不拔，掠之无获，不出一旬，则十万之众未战而自困矣。"

庸、紫荆、倒马、白羊、偏头、雁门、广昌等处关口总兵镇守官员，各要整搠人马，用心堤备，遇警相机行事，不许因循怠忽，致有疏虞。及照走回妇人郭四女，间关跌趺涉，回自虏地，首先传说贼情，合无令礼部量与赏赐，发回原籍，给与完聚，以为方来之劝。缘系处置军务，及奉钦依兵部知道事理，具题。景泰二年五月十七日，奉圣旨：是。钦此。

◎兵部为声息事（卷1，北伐类，第27~28页）

内府抄出镇守大同右少监马庆题：该后军都督府备兵部咨呈，该臣等准左参将右都督方善手本，据双山儿墩外，地名石窟山，哨探夜不收任奴儿等报：景泰二年六月初一日①，瞭见境外正北柳河沟内，有火一处，约离一十余里，至初二日，见达贼一百余骑，顺河往东去讫。及据东土山等墩，瞭见烟火并放炮等因，具本。该本部官奏圣旨：这声息未见何处敌，有无侵入边境？兵部便差人铺马里去，著郭登等哨探是实，星夜奏来。钦此钦遵。查得近据守备天城都指挥孙瑛、备守东土山墩哨守指挥谈话呈：本月初三日，该守接界怀安卫尖山儿墩百户马兴，呈送虏营走回妇女一口王妙善，系辽东广宁右屯卫中所百户黄泰下小旗李用妻，正统十四年七月内，被达贼抢去，草地随住，说称边外有野贼三营，抢我的一营约有八十余人，去老营里偷马未回，止留男妇五十余人，赶马百余匹，在东北下营近边藏躲。至五月二十日，至晚，妙善得脱走回。又该青松岭墩小甲张子名呈报：瞭见先前在柳河里驻劄达贼，俱骑牵马匹，于初三日往来去讫。又于本年六月初九日，该守周家岭墩大同前卫指挥王璇、备鸦儿崖墩百户郭瑛呈：本月初七日，瞭见迤北海东，走回妇女一口到墩，呈送前来，审系直隶顺天府固安县民人张林妻

---

① 景泰二年六月初一日，1451年6月29日。

孟氏，正统十四年十月内，被达贼抢去。有兀良哈达贼，约有一千余人，不肯跟同也先回去，将氏带去海西头随住，后各贼去老营偷马二次，被也先人马抢杀人口数多，其抢氏本营达贼十数余人，景泰二年六月初六日，在地名梁城儿起营，往东北去讫，不敢近边侵扰，遗氏得脱，四日夜走回。除将各妇递回宁家外，会同总兵官定襄伯郭登等，议得前项贼寇，系兀良哈达贼，欲往北去，恐被也先抢杀；欲往南来，又惧官军剿捕，俱各四散，随逐水草潜住，并不曾入境。除整搠军马提备外，缘奉钦依回奏事理，具题。该本部官钦奉圣旨：兵部知道。钦此。又该总兵官定襄伯郭登亦题前事，通抄到部。查得先该本部为照宣府并龙门等处总兵提督等官节次具奏，并敌中陆续走回男妇传说，独石、马营等处往来出没达贼，多系兀良哈种类，其数不多，若不出兵追剿，诚恐贼人愈肆，等因。奏准行令宣府总兵镇守等官，随宜设法，调兵出境剿杀。续该镇朔大将军总兵昌平侯杨洪奏，督令董斌领军在于石沟等处，哨遇兀良哈达子对敌，擒获达贼人口解京。近又该杨洪等奏：龙门千户所等处，有达贼七十余人，议差参将杨信等，领兵去彼追剿等因，具题。除通行外，今照马庆等所奏，双山儿等处哨见达贼，及据走回妇女说称，前贼亦系兀良哈之人，先在独石、马营等处抢掠，因见杨洪等不时遣将出军截杀，以此又去大同地方。况前贼其数不多，一向在边剽掠，既不跟随也先往来，出没不定，若不早为设法，令各边出兵夹攻，不无长奸纵寇，边人难以田作。今郭登等止是奏到瞭见贼寇缘由，不见发兵剿捕方略，合无行移该府，差人驰驿赍文与郭登等，再差乖觉夜不收，四散哨探前贼，即今见在何处屯劄？头畜实有多寡？如果的系兀良哈种类，其实不甚浩大，可以发兵剿杀，就便挑选精锐官军，选委骁勇惯战头目统领，密与杨洪、杨信期约，或乘夜掩袭，或据险按伏，或俟其四散牧放之时，瞭其分抄边境之际，务在内外夹攻，表里袭击，以成杀贼之功，以挫贼人之势，以壮军士之气，以安边人之心。其有功官军人等，朝廷自有重大升赏。不许逡巡畏缩，怠惰因循，外假慎重之名，内怀偷安之计，主将无敢勇杀贼之心，偏裨无协力赞襄①之道，纵贼剽掠，略不经心，以致边事日弛，贼愈得计。本部仍行昌平侯杨洪，照依先次议奏，令参赞杨信等，务要计出万全，事无一失。仍要期约郭登等军马，和同计度，相机行事，不许自分彼此，因而不能成功。缘奉钦依兵部知道事理，具题。景泰二年六月十四日，奉圣旨：是。钦此。

◎兵部为声息事（卷2，北伐类，第31～33页）

兵科抄出守备永宁都指挥同知周全等题：准管墩都指挥佥事向贤咨，备高山墩军人马肆等报，三月十一日酉时，瞭见境外东北烟火一处，相离本墩五里；又瞭二人身穿青衣，一人身穿黑衣，俱到墩下行走等因，备咨。准此，参照前项达贼出没，恐有侵犯边境，除呈镇守怀来、永宁右参将都督佥事杨信等处，并差夜不收千户杨荣等前去爪探。本日夜，据原差官军走报，本日午时，到高山墩四海冶王达子庄，缉见前项步行达贼三人，仍在彼往来行走，当即放炮一个，各墩接连举放，复从旧路去讫。得此诚恐敌众诱我官军出境，在彼四散埋伏，侵犯边境。已将见操官军整搠堤备外，缘系达贼出没事理，具本专差夜不收小旗侯胜亲赍，具题。又该奉御王整等亦题前事。又该宣府左参将都督同知杨能题：为走回人口事。先准镇朔将军总兵官右都督纪广咨，景泰三年三月初六日②酉时，准提督独石、马营都督孙安咨开：独石迤南高山墩平坡举烟一把，黄土岭平地举烟一把，俱未息灭。备咨会同镇守等官右少监柏玉等，议得先该孙安屡咨三月初九日修守独石、马营，今又报瞭烟火不远，

---

① 赞襄，辅助，协助。语本《书·皋陶谟》："皋陶曰：'予未有知，思曰赞赞襄哉。'"

② 景泰三年三月初六日，1452年3月26日。

为此议拨马队官军一千员名，咨臣统领，于本月初七日起程间，又准后军都督府咨，准兵部咨呈为声息事，咨臣等量选官军前去策应。臣已于本月初九日卯时到于赤城，会同都督孙安，将原守官军家小护送，至晚到于马营安插。至初十日酉时，据守备云州堡都指挥沈礼呈：本年三月初十日未时，该提调墩台指挥刘宁、备守青石嵯夜不收梁小十二报，瞭见嵯下达贼二人行走，当即问，据内一名董清，系辽东广宁中卫左所百户刘敬总旗陈居子下军人董兴旺男，先于正统十四年七月二十一日①，被脱脱不花王部下达子必齐克图抢去，不知地名住过，至景泰三年二月内，不记日期，同抢去女直达子小厮脱走一月，偷骑马三匹，说称中途倒死一匹，行至长城外，有不知是何部下达贼，约有三千余人马，在长城东行走，将原来马二匹偷去，步行到于嵯下，连人呈送到臣，会同都督孙安，随差原带通事千户花脱合尼。审得数内一名小厮，系开元人，自幼被女直抢去，失记卫所姓名；一名董清，系前项卫所余丁，自阿尔台地面走回，一月方到长城，至夜，将骑来马二匹偷去，天明爪探，止有十余匹马蹄踪迹具说，与原来呈文语言前后不一。缘系走回人口传说虏中事情，未委虚的，除将原来军马整搠齐备，于马营堡驻劄，遇有报到声息，相机会剿，及行总兵官右都督纪广行属提备外，理合具本，顺差夜不收百户钱镛亲赍，具题。又该提督独石等处都督同知孙安亦题前事。该本部官俱钦奉旨：兵部知道。钦此钦遵，通抄到部。除审走回男子董清、小厮二名所说虏情，与杨能等奏内相同外，参照永宁地方切近居庸关及天寿山等处，今止有达贼步行三人入境，虽埋伏之贼难测，而瞭见之贼止此。又况本部先前节有议奏，通行各处守边将臣，遇有紧急贼情，务要相机守战，而周全等却乃畏缩无谋，明知贼寇入境，其数不多，又无马匹可以驰骤，故意虚放炮

① 正统十四年七月二十一日，1449 年 8 月 9 日。

火使之惊散，并不发兵截杀，挫边人奋勇之心，长贼寇奸宄之计，万一巡哨官军失于瞭望，又似龙门千户所平湖墩台被贼攻坍，将夜不收杀掠，贻患边徼，决非细故。兼且哨见无马贼寇三人尚不敢出，倘遇劲敌四散入境，岂能前驱？推原所由，盖因提督怀来、永宁都督杨信，平昔号令不行，以致所部头目怠忽误事。再照走回男子董清说称，长城不知是何部达贼，约有三千人马一节，访得都督杨俊说称，长城只是离边三十余里，显是贼寇已近我边，必有窥伺侵犯之谋。及查得达贼将平湖墩攻坍，杀掠夜不收军人蔡英等，本部已将提督官都督孙安及守备都指挥张寿等参奏，行令各官听调剿杀前贼以赎前罪，经今日久，杀贼功绩蔑闻，贼寇纵横自若，虽董清等传说三千，未必实有是数，其种类虽非也先之众，必是兀良哈三卫残贼遗孽，受彼节制，故向在潮河川长城一带潜藏，因见我边将臣畏怯，不敢袭杀，往往乘虚窥瞰剽掠，似此略无忌惮，出入自由，若非振以兵威，折挫其势，其患不止于攻坍墩台，杀掠夜不收而已。即目独石、赤城等处，正要设法攒运粮储，又系边人耕种时月，一旦纠众突入为寇，岂不有误边方大计？合无令该府差人驰驿赍文与杨信，严督都指挥周全等差人哨探前贼，若是仍在近边去处隐见出没，哨有的确踪迹，就便量带精锐官军，多方出奇乘机剿杀，以赎先前怠忽误事之罪，务在量敌而进，不许轻率误事。如果探无下落，持重固守，相时而动。如违，定行参奏，一体治罪。及赍文与孙安、杨能，公同计议，先差乖觉夜不收哨探贼营下落，备得兵数之多寡，贼势之强弱，如果可击，随宜设策，或日则伏兵趁草喂马，夜则衔枚倍道兼行，出其不意，攻其无备，以成擒杀之功，以壮军士之气，以便边城之攒运，以兴边境之屯田。有功官军，朝廷升赏不吝。不许偏执己见，刚愎妄为，图保一时身家，乃忘经久计虑，及谋不先定，意图徼幸①，致中贼计，自取罪愆。又查得近有奏准事例，迤北走回男子有情愿投充勇士者，准令收充勇士，送御马监养马，遇有调军出口杀贼，令其指引道路。今审走回男子董清、小厮，俱情愿投充勇士，看得各人俱各精壮乖觉，合无照例收充勇士，送御马监养马，定于武骧右卫食粮，听候差用。缘系处置贼情并走回人口，及奉钦依兵部知道事理，具题。景泰三年三月十六日，奉圣旨：是。钦此。

◎兵部为整饬边备事（卷2，北伐类，第37~38页）

兵科抄出总督边储参赞军务都察院右佥都御史李秉题：臣闻制狄之方，固莫先于讲武以练兵，安边之策，尤莫先于据险以固守。照得独石、马营等处城池，形势险隘，官军颇多，战守有人，敌若势寡，则有寡不敌众之心，不敢轻进；势众，则有腹背受敌之患，不敢深入。又有都督孙安在彼提督，号令颇严，官军知畏，纵有警急，亦无足虑。所可虑者，惟宣府而已。切照宣府迤北沿边一带，大小白阳、常谷②、青边、张家等口，中间多有通行人马去处，正统初年，该太监兴安、尚书魏源亲诣彼处，相度形势，筑立城堡，调拨神锐马步官军，轮流守备，以绝边衅，固安人心。续该总兵官杨洪奏准，将大小白阳等处城堡原过官军马匹，归并葛峪堡操练。比因青边口、张家口、西阳河等处城堡，系紧要去处，仍前守备，不曾归并。后因达贼犯边，前项城堡无人守备，俱各废弛。及照青边等口，内近宣府，外通沿河十八村等处，况往宣府等处军余，俱由彼处出入前去，马营、独石搬进粮米，被达贼抢虏者甚多。此等之人，深知乡导，是以被虏军余王春等，入境打细，由此进入。其原

----

① 徼幸，徼，通"侥"。作非分企求。希望获得意外成功；由于偶然的原因而得到成功或免去灾害。

② 常谷，应为"常峪"。

立城堡，若不仍前复设，调拨军马照旧守备，非惟无以严边防，诚恐有以启贼意。臣屡以此事与镇守总兵等官柏玉等，极陈利害，商榷施行，柏玉等金曰可行，独总兵官纪广执迷不从，说称沿边墩台，俱有守瞭官军，便不守这堡也不防。臣切虑沿边墩台，相离通人马去处城堡，少者四五里，多者十数里，纵有奸细乘夜进入，守墩之人岂能瞭望？及照原守城堡即今见存，其守备官军，俱在宣府等处团操，前项城堡缺人守备，倘有奸细投间抵隙，因而入境窥探虚实，贻患非轻！臣叨居言路之官，滥应参赞之任，义所当言，岂敢缄默！如蒙乞敕兵部行移镇守等官，将不系归并团操青边等口紧要去处，量拨官军马匹，仍旧修守，分委都指挥或的当指挥一员，专一在彼提督精锐马步官军，轮流守备。仍行左参将杨能量带官军，于墩空添筑墩台，以便瞭望，其归并大小白阳等处遗下城堡隘口，仍令守备万全右卫都督江福、葛峪堡都指挥杨文、提督墩台都指挥梁泰等，严督该管官军，常川①远出哨探以备不测，不许怠忽以堕贼计，务要关防周密而严谨堤备，相机行事而边境无虞。仍行都督纪广从长斟酌，如果要害去处可以不设守备，本官别有御寇长策，令其明白具奏定夺，具题。该通政使司官奏奉圣旨：兵部通知。钦此钦遵，抄出到部。参照青边等口地方，比先俱各筑有城堡控制虏寇，近因达贼犯边，守将不能锐意捍御，致将临边城堡，多有损弃废弛。兹者虏众远遁，整饬边备乃其急务。况古人之驭夷狄，以守为上，今日之事，若不将沿边一带紧要城堡，逐渐修复以实守备，诚恐敌人奸诈难测，万一再有动摇，未免愈加坏事。今金都御史李秉建言，议要修复前项城堡，此实保边御侮长策，而纪广身任总戎，顾乃偏执不从，推原本心，不过苟图目前之安，不思经久之计，若不早为处置，不无临期失措。合无准其所奏，令该府差人驰驿赍文与纪广，

---

① 常川，经常；连续不断。

公同参赞镇守参将内外官员，从长设法计议，一一照依李秉所奏，将青边等口紧要去处，趁今边务稍暇，天气晴明，量拨官军修守，并分委都指挥等官，提督精锐马步官军，轮流守备。仍令左参将杨能量带官军，躬亲前去踏勘，添设墩台。其归并大小白阳口等处遗下城堡隘口，令守备万全等处都督等官江福、杨文等，严督该管官军提督哨瞭，候整饬边备完日，令纪广等明白具由回奏。仍令纪广今后凡有一应边务，须要博采众长，从公整理，不许因循苟且，偏执误事。如今日偷安怠忽，不即区画措置，异日倘失事机，罪将何逭？缘奉钦依兵部知道事理，具题。景泰三年五月二十五日①，奉圣旨：是。钦此。

◎兵部为声息事（卷2，北伐类，第46~47页）

内府抄出镇守宁夏直殿监太监王清题：景泰三年九月十四日②，据宿嵬口外淡沟塘哨探夜不收景彦成走报：本月十三日酉时分，瞭见正西水窝有达贼八人，骑牵马一十五匹，到于贺兰山后口外松林内，砍打椽棒，至戌时分，驮往旧路去讫。得报，会同总兵官都督同知张泰、右监丞王春、副总兵都督佥事马让、参赞军务右副都御史韩福议得，虏贼原无定止，惟往来趁逐水草，今次采打椽木，必有所见，况兼秋高马肥，正贼出没之际，显是近边窥瞰虚实动静，故以少贼引诱官军，意在声东寇西。缘贼情谲诈，俱难测度，除当调马队官军三百员名，委署都指挥佥事任信管领，于十五日早，先行出口，密切爪探。随又调选二千员名，议委副总兵马让、右监丞王春管领，神铳太监马平统率，于十六日出境前去，遇有虏贼近边潜住，相机掩袭剿杀。及通行东西二路左右参将都指挥使熊震、王荣，严督沿边墩台营堡哨守官军，昼夜仔细谨慎堤备外，缘系调兵

---

① 景泰三年五月二十五日，1452 年 6 月 12 日。
② 景泰三年九月十四日，1452 年 9 月 26 日。

出境哨探剿捕虏贼事理，具题。又该总兵官都督同知张泰等，亦各题前事。又该镇守大同太监裴当，及总兵官定襄伯郭登、山西行都司署都指挥使孙英等，各亦题称：景泰三年九月二十四日，节该左右参将方善、许贵开报，大同、前后威远、阳和、高山等卫，黄山坡、威宁、十分岭等墩，瞭见境外正北偏西、正西偏北及正东，俱有烟火一二处，约远二三百里，等因。又该提督独石、马营等处都督同知孙安、镇守独石内官弓胜等，各题称：景泰三年闰九月初三日戌时①，云州墩、青石嵯等墩，瞭见境外正东火光一处，离墩约远一百余里，等因。该本部官俱钦奉圣旨：兵部知道。钦此钦遵，通抄到部。参照所奏前因，系干烟火声息，况宁夏所报贼情，已见达贼八人入境，虽称砍打木植，驮载去讫，诚恐此贼怀蓄奸计，指以采木为由，故决窥伺虚实，别有纠众侵犯之谋。又况宁夏远在黄河之外，遇警卒难策应，兼且大同、独石等处，近日节报烟火不绝，绵亘接连，动经数百余里。既有形迹，必有实情，若非遣使来朝，必是摇毒②扇祸，若不预为防范，未免临期有误。合无令该府差人驰驿赍文与宁夏总兵官张泰，公同参赞镇守等官，整搠人马，固守地方。仍差乖觉夜不收，分投哨探，前贼有无在边出没？务在相机战守，以安边鄙，以除祸害，不许自相矛盾，推调畏缩，纵贼长奸，因而疏虞大计，自取罪愆③。仍赍文与大同、独石等处总兵等官郭登、孙安、纪广、江福、许贵、方善，当此边报络绎之际，虏情未定之时，各官必须十分谨慎堤防，若果事出非常，度其可战，则运谋设策，互相约期出兵截杀，如其不可，则坚壁清野，持重固守，仍一面星驰奏报。如或虏酋遣使到边，或称朝贡，或称打话，亦须审势度情，随宜措置，不许怠忽，致有疏失。缘系处置堤备贼情并

---

① 景泰三年闰九月初三日戌时，1452 年 10 月 15 日晚七时至九时。

② 摇毒，骚扰为害。

③ 罪愆，罪过；过失。

奉钦依兵部知道事理，具题。景泰三年闰九月初八日，奉圣旨：是。
钦此。

◎兵部为纠劾事（卷7，杂行类，第183～184页）

尝谓臣子以忠孝为先，而不忠不孝者天讨所不宥；将帅以威福①
为戒，而作威作福者国法所难容。切照右都督杨俊，猥以浅薄②，遭
际盛明③，以分寸之微劳，受一品之重任，骄蹇④暴虐，知有己而不
知有人；奢纵贪婪，知为身而不知为国，待偏裨⑤若奴隶，视人命如
草芥⑥。近该伊父昌平侯杨洪奏称，杨俊历官都督，命为参将，自幼
无知，处贵已极，且其性资麄⑦率，言语轻躁，致为众人所挤排，士
夫之所非议，非惟长恶不悛⑧必误边事，抑恐终陷刑宪⑨不能保全。
乞将杨俊取赴京师，随营日逐操练。钦蒙圣恩取回，即今本官见在。
臣等切惟褒赏有功，诛罚有罪，此国家之常典，亦天下之公论。今
杨俊叨蒙圣恩，忝居重任，不能修德以效忠，却乃纵情而肆虐，先
在独石、马营等处守备，专一弄术舞智⑩，假公营私，蔑视同列，交
结权贵，及遇达贼临城，不能效力死守，辄将独石、马营等处坚城

---

① 威福，语出《书·洪范》：“惟辟作福，惟辟作威。”孔颖达疏：“惟君作福得专赏
人也，惟君作威得专罚人也。”原指统治者的赏罚之权，后多谓当权者妄自尊大，恃势弄
权。

② 猥，音 wěi。鄙陋，下流。浅薄，肤浅。多指人的学识、修养等。

③ 遭际，犹遇到。盛明，昌盛，昌明。

④ 骄蹇，亦作“骄謇”。傲慢，不顺从。《汉书·淮南厉王刘长传》：“自以为最亲，
骄蹇，数不奉法。”颜师古注：“蹇谓不顺也。”

⑤ 偏裨，偏将，裨将。将佐的通称。

⑥ 草芥，亦作“草介”。草和芥。常用以比喻轻贱。像草芥一样对待。多指杀戮。

⑦ 麄，音 cū。古同“粗”。

⑧ 不悛，不悔改。

⑨ 刑宪，刑法。汉王充《论衡·答佞》：“圣王刑宪，佞在恶中；圣王赏劝，贤在善
中。”

⑩ 舞智，亦作“舞知”。玩弄智巧；弄小聪明。

并仓廪钱粮，尽行捐弃在逃，以致士卒溃散，城池失守，开贼奔窜①之路，因而辱国丧师，贻祸患于无穷，致令人皆痛恨。后充宣府参将，率领马步官军，在于怀来等处巡哨，不候计议奏请，擅出批票，将钦调永宁守备官军，要调怀来守备，又将永宁城门砌塞，该守备永宁奏御黄整等奏发，本部已将本官方命专权、擅作威福缘由参拟覆奏，钦蒙恩宥，却乃不行改过，愈肆非为，悻悻②而抱不平，扬扬以为自得，略无顾忌，益肆骄矜，凌辱守臣，欺蔑主将，又将都指挥陶忠无故拷打，凌辱身死。今伊父杨洪恐其败坏边务，终陷刑辟③，具奏取回。切照杨俊既不能尽忠于国，又不能尽孝于亲，丧地弃城，而谋勇之略安在？恃恩玩法，而人臣之节全无。怀挟私仇，打死人命，众心之而不附，边务由是而废弛，诚国法之所难容，人神之所共怒，若不明正其罪，无以警戒将来。合将本官拿送法司究问，明正典刑，庶为后人之戒，而惬士论④之公。缘杨俊系军职，具题。景泰元年五月初二日⑤，奉圣旨：杨俊拿子，三法司⑥门前问。杨洪罢。钦此。

◎兵部为边务事（卷8，杂行类，第198~200页）

兵科抄出提督独石、马营等处操守后军都督府都督佥事董斌题：近该兵部议拟奏准，令臣提督独石、马营、云州、雕鹗、赤城、龙门、李家庄、长安岭等处边城，修理墩台，防护粮储等项。切照前项城池，委系外控虏境，内庇宣府、怀来、永宁一带，若独石、马

---

① 奔窜，逃走隐匿；慌乱逃跑。

② 悻悻，音 xìng。刚愎傲慢貌。怨恨失意貌。

③ 刑辟，刑法；刑律。《左传·昭公六年》："昔先王议事以制，不为刑辟，惧民之有争心也。"杨伯峻注："刑辟即刑律。"

④ 士论，士大夫间的评论、舆论。

⑤ 景泰元年五月初二日，1452 年 5 月 20 日。

⑥ 三法司，明清两代以刑部、都察院、大理寺为三法司，遇有重大案件由三法司会审。

营等处城守严固，则腹里卫所自然无虞。比先年间，独石、马营等城，俱系修理坚完，楼橹壮固，食储广积，器用全备，又有精壮官军，带有家小分投守备，遇有紧急，易为措置。近因达寇犯边，将各城捐弃不守，以此贼无忌惮，往往在于长安岭一带出没，抢掠人畜，而独石、马营等处城池、楼橹、房屋、仓库，多有被贼烧毁残坏，其各该城堡官军，虽已起那腹里，又多雕耗①，十无四三。迩者天威②远加，丑虏向化，皇上制治③保邦，留意边备，将前项城池重复整饬修设，此诚安边御侮长策。但臣智虑浅疏弗称任使，窃以为今日之事边备为先，况前项城堡残坏，士马消耗，若不惟新令图，将何以慎固封守？今将合行边备事件开坐，伏乞圣断，早为施行，边方幸甚。具题。该本部官钦奉圣旨：兵部看了来说。钦此钦遵，抄出到部。今将本官所奏事件逐一详看议拟，开坐具题。景泰元年十一月二十六日④，奉圣旨：是。钦此。

计开：

一、照得守备怀来、永宁等处都指挥杨信等，俱有奉到敕书行事，今臣提督地方，比之永宁尤为切要，若不纶音⑤焕颁，下人无所畏惧，倘有警急调遣，一时不肯听从，不无误事，乞赐臣敕便益。

前件照得，都督佥事董斌，既已钦命提督独石、马营、云州、雕鹗、赤城、龙门、李家庄、长安岭等处，修理城池、防护粮储等项，系干重务，合无准奏，请敕本官，令将一应边备用心整饬，务求实效，毋事虚文。果有安边御虏长策，宜从区画，事体重者，具奏施行，不许假公营私，苦害边军，及因循日月，致误重务。

---

① 雕耗，凋敝；衰残。
② 天威，帝王的威严；朝廷的声威。
③ 制治，犹言统治。治理政务。《书·周官》："制治于未乱，保邦于未危。"孔颖达疏："治，谓政教。"
④ 景泰元年十一月二十六日，1450年12月29日。
⑤ 纶音，犹纶言。帝王的诏令。

一、独石、马营、雕鹗、李家庄、龙门等卫所官军，除昌平侯杨洪带领赴京三千员名，近蒙兵部奏准，发回原卫所，令臣率领提督，其余未曾赴京之数中间，虽有强弱不一，然有在怀来、永宁暂且安插者，有在宣府等城差使操备者，今要将前项城堡修复，若不将各城原有官军人等，尽数令臣管束，委系孤悬城池，凭何守战？又况各官军畏惧原处守备，往往希求腹里卫所居住，苟且度日。乞敕兵部计议，合无将口外卫所官军，但系独石、龙门、李家庄等处城堡官军，原先暂且安插腹里卫所，并旧日跟官随操等项，不分老少男妇，务要一名名令臣钤束点闸①，或就令回还原卫所，或候明年春暖回还原处守御随住，以实虚悬之城，不许各该守备等项官员占吝②便益。

前件合准所奏，行移该府，转行宣府总兵等官抚宁伯朱谦等，将独石、龙门、李家庄、云州、雕鹗、赤城等处，但系安插宣府、永宁、怀来及各该卫所城堡住坐③，并旧日跟官随操等项，不分老幼男妇，著落经该官旗逐一点齐，俱令董斌钤束。其间有愿去原卫所趁柴薪米粮养赡者，听从其便。若自不愿前去，候明年春暖，尽数督发回还，不许各该守备官员占吝，及托故纵放来京躲住，有误边备。仍令董斌加意抚恤，以济边务，不许生事虐害，致令失所。

一、照得独石、马营等城，远在宣府之北，臣若率领军马到彼，往来提督修守，遇有警急事情，必须差人奏报，缘无起马符验④，若候行移万全都司差人，不无展转迟误，乞给臣符验，庶得便于奏报。

前件合准所奏，关给⑤达字号双马符验一道，就令原差奏事百户

---

① 点闸，查点。
② 占吝，占据。多指非分据有。唐韩愈《送灵师》诗："自从入宾馆，占吝久能专。"钱仲联集释引沈钦韩注："占吝，乃占据之义也。"
③ 住坐，驻守；驻扎。
④ 符验，凭据；证件。
⑤ 关给，发放或领取。

鹿镛，赏与董斌收用。

一、照得独石、马营等处城池，委系孤悬境外，臣今提督修守，敢不罄竭①衷诚？但以谋贵先定，兵贵有制，若不提纲挈领，非惟人无统属，抑且推调误事，乞敕兵部计议，合无将万全都司多余指挥数内，摘差老成能干者数员，分投独石、马营、李家庄、雕鹗、龙门等城，著令专一守备操练官军，不许轻动，臣往来提督巡视，遇有警急事情，并听臣调遣，庶不临期误事。

前件合准所言，行移宣府总兵官抚宁伯朱谦，公同镇守参将参赞巡抚等官内官柏玉、右都督纪广、侍郎刘琎、佥都御史任宁及都督佥事董斌等，从长计议，独石、马营、赤城、李家庄、雕鹗、龙门、云州、长安岭等处，合用都指挥几员，就于万全都司都指挥内，推选有谋有勇之人，分守前项城堡，严督所在官军人等，专一提备，遇有警急，俱听董斌节制调遣，不许退缩不即前去，及擅离信地②，营求别差。其总兵官亦不许徇私偏向，将精壮官员占留，却将怯懦之人充数，致误边务，事发一体治罪。仍令朱谦等，将选委过都指挥职名，作急开奏。

◎兵部为边务事（卷10，杂行类，第246～249页）

兵科抄出兵部左侍郎翰林院学士兼左春坊③大学士商辂题：臣切惟守边一事，最为今日急务，近因各边操守官军多系有名无实，其故何也？一则军士寡弱，一则衣食艰难。夫军士寡弱，以战则不胜；衣食艰难，以守则不固，边城有此二弊，则必难为守御矣。今之居

---

① 罄竭，尽心竭力。

② 信地，军队驻扎和管辖的地区。

③ 左春坊，官署名，指太子宫府。魏晋以来，称太子宫太子府为春坊。唐置太子詹事府，以统众务，置左右二春坊，以领各局。历代多沿置，属官有增减。清朝詹事府置左右春坊，其长官为左右庶子，正五品。其属官有左右中允，正六品；左右赞善，从六品。左右春坊各官，掌记注撰文。

官者，皆以遣使为请，而谓边方之事实不可为，殊不知天下之事，未有不可为者，特患失于姑息，安于因循，则事始不可为耳。臣访得大同、宣府、独石、马营等处，原操官军在边年久，屡经战阵，自正统十四年达贼侵犯，或漫散赴京，或因该管头目带领来京，一向夤缘在京居住。即目宣府、独石等处，多系各处断发并河南轮班官军在彼操守，其轮班官军既无室家可恃，又无田地可耕，因循度日，悬望更替，欲为久远之计难矣。若朝廷失于姑息，安于因循，听令各官巧立游击等项名色，前项官军占留在京，不行发遣，则边境城池愈见虚空，设有贼情，将何备御？前件如蒙准言，乞敕兵部，即将口外大同、宣府、独石、马营等处，正统十四年以前原操官军，见在京居住者，逐一查究，并其家小尽数发口外各该地方，照旧住种操守，不许各官仍前巧立名色，占吝①阻当，违者治以重罪。或有言前项官军善战，合留在京操备者，此不知轻重之论。盖京师百万人马中，纵得前项官军，不见其多，不过跟随各头目营干家事而已，若边城得此官军，可以壮威武，可以御贼寇，可以使其成家立业，为久远之计，其为益孰为大哉？惟陛下不惑群议，断发遣之，则边方得人，而外屏自固矣。臣又访得口外田地极广，除屯田军士地亩已有定额外，其守关军士多无田地耕种，推原其故，盖因先前在京功臣等官之家，将口外附近城堡膏腴田地占作庄田，以此空闲田地，又被彼处镇守总兵、参将并都指挥等官占为己业，每岁役使军夫布种，收利肥己。其守城等项军士，非但无力耕田，难有余力亦无田地可耕。即目边报紧急，在京官员虽不敢役使口外军夫，但庄田尚存，未免占夺军民之家，而彼处新临管军头目，尚有古种田地数多，及私役军夫、撮借官牛等项，其弊仍未尽革，若朝廷失于姑息，安于因循，不即将前项田地拨与各城军民耕种，则衣食无由足给，而

---

① 占吝，占据。多指非分据有。

边境愈见空虚。前件如蒙准言，乞敕户部，选差能干官员，分投前去大同、宣府、怀来、永平等处，会同各该都御史、御史等官，将在京官员庄田，并彼处势要之家占种田地，尽数分派与附近军民为业，若原系起科田地，亦须斟量从轻起科。仍乞敕各该镇守总兵等官，将各城堡军士分作二班，每上班六日令其操备，下班六日尽数督令布种，秋成之日，并力备御，仍禁革官军头目不许多种田地，如此则军士之衣食自给，而民间之转输可省矣。且耕且守，古人如汉赵充国、诸葛亮、晋羊祜皆已行之，明效大验，著在史册，今日守备之要，莫过于此。若舍屯田之外，而欲边城充实，虽倾府库之财，竭生民之力，奈军士数多，岁月久远，亦难继矣。若有言前项功臣等官，不可以无庄田，则或于腹里远处地方，量宜拨换口外之地，决不可听其置立庄田，侵损在边军士，有误国家大计，实为不便。臣又访得永平等关口，各队官军精壮，人民安业，而紫荆、倒马一带关口，官军怯弱，关内人民不免惊疑，推究其故，盖永平等处系本土官军，而紫荆、倒马等关系在京拨去轮班官军，衣食不给，全无顾忌，贼寇若来，不过为逃走之计。然此事屡有言者，而本部未即施行，其意盖谓京师根本之地，宜留保定等处精锐官军在京操守。殊不知方今急务，守边为上，守关次之，若徒守京城，此名下策，何也？若边方失守，则关隘警急；关隘失守，则腹里人民望风流移，人心动摇，变故百端，纵有京师军马，虏寇在边，亦何所施？又有言在京管军头目，利保定等处官军供给柴草，因此占留，若或有此，尤为不可。前件如蒙准言，乞敕兵部，将保定、真定等处在京操备官军，发回各附近各关口，定立班次，永远操守，如或不敷，于附近卫所军内递相拨补，却将见在各关轮班官军尽数取回，在京操备，如此非惟两免重支口粮，抑且边关得人，如京师巩固，虽有千百也先，亦何足虑！凡前三事，于守边守关颇为切要，但恐于人情有碍，伏望陛下决意行之，则边方幸甚。具题。该本部官钦奉圣旨：边境战守之法最为紧要，足衣足食军中急务，户部、兵部便计议斟酌可为经久之计，停当施行。钦此钦遵，抄出到部，除要差官分投前当去大同、宣府等处踏拨庄田等件，户部另行外，查得先于正统十四年，为因达贼犯边，口外宣府、独石、马营等处官军家口，多有惊疑逃散来京，朝廷轸念其艰窘，暂留在京安插。又因昌平侯杨洪率领口外官军都指挥宗泰等三十员名，赴京应援，于倒马关等处追剿贼寇还京，该本官具奏，存留梁泰等在京随操。景泰元年，节该本部议奏，钦差都督孙安前去独石、马营等处，将各该废坏城堡，照旧逐一修理，前项京师安插家口并梁泰等官军，尽数督发过口，听孙安等调督。续该右都督杨俊奏要于梁泰等数内，存留指挥柳春等一百员名，并总兵官武清侯石亨、都督石彪，亦要留原带来京听调大同右等卫官军一百一十四员名，在各官名下跟随，听候遣调，已经奏奉钦存留外，其余官军并安插家口一万有余，节次具奏，令杨俊督同五城兵马司排门逐一挨究，尽数发回口外去讫，已经备由回报本部，即目京师别无游击等营，将口外官军占留不发。今商辂具奏前因，实系今日急务。预备良图，但以口外官军别不曾多留在京，止是杨俊存留柳春等一百员名，近日口外地方节报声息，因柳春等原系口外之人，备谙彼处山川道路，本部奏差或二人，或五人、十人，分投出境，兼同彼处夜不收哨探声息回报。及石亨、石彪存留大同官军郑伦等一百一十四员名，近该石彪充大同西路参将，郑伦等数内带去一十九名，系是口外官军暂得在京差调之数。合无照依所奏，候明年正月尽间春暖，尽数督发过口。尤恐即目边报未宁，遇有哨探声息，亦无惯熟人员，兼且柳春、郑伦等其数不多，暂且存与石亨、杨俊随操差调，候边报颇息发回，未敢擅便定夺，伏乞圣断。又查得先该户部议奏京师多调通州、密云、保定等处官军操备，并附近关口又拨在京及别卫所官军前去操守，两为不便，欲将前项卫所官军尽于本卫操练，在京官军俱各取回等因具题，抄出本部。为照在京拨去各关操守官军不下数万，而保定等卫赴京堤备官军，每卫不过二三百或千余人，今又分作三班，轮流放回取讨衣鞋，若将各卫原拨在京操备官军发回，不无不勾守备，遇警无凭调遣，所言难准。本部官奏奉圣旨：是。钦此钦遵外，今商辂又奏要将保定、真定等处在京操备官军，发回各关口操守，却将京师拨去各关墩官军取回赴京一节，臣等切详经理天下之事，有当守经，有当行权者，不可一概而论。照得永平、山海、古北、喜峰等关口，非惟彼处土军修守便能壮固，盖缘各关口山川形势险阻隔绝，而近年以来，达贼亦不曾侵犯，以此城池坚固，楼橹整齐，而所在提督总兵等官如佥都御史邹来学等，各能尽心巡视整饬，以故修理坚完，而密云等处，为因军士不敷，在京尚拨去官军五千之上，即目在彼协助修守，其倒马、紫荆、白洋等关口，比先年间止是附近官军守御，京师不曾发兵，近因达贼为患，其入寇之时，往还俱从各关口进入，又因连年砍伐柴薪，将附近山场树木为之一空，兼且山坡平漫，所在可通人马，委的难于修守，以此计议京师发兵前去协助，一处或有一万，或五千、三千者，此盖权时之宜，而非经常之道。后因侍郎江渊等议奏，中千户所调去紫荆关，真定卫中所调去倒马关，涿鹿卫中千户所调去白洋口，前项所分官军，不问在所及在京五军、神机等营，尽数发去该关，设立所分守御后，又将大宁都司所属茂山一卫全伍官军，调去设立所分，以备策应紫荆关各该关口官军。即目修守已及三年，节蒙朝廷赏赐，编伍派定，关隘修守，颇有次第。其保定、真定等卫分选在京师官员，自永乐年间到今，在伍军营者已选作团营操练惯熟，在神机营者已演放火器，俱知急缓，兼且附近各关如保定后等五卫，并真定、定州、涿鹿等三卫，多不过十卫，每卫赴京操备官军，或二三百，或千余人，大数计之，不及万余，及因内官武艮奏言，又将各卫次拨官军，俱各发回本处操守城池去讫，而在紫荆各关官军，如紫荆一关已是一万，白洋口五千，倒马关七千，居庸关五千，小龙门三千，已及三万，若将原卫官军发去，兑出各门京军，非惟京军拨去数多，各卫发回数少，所在守备不勾，遇警有碍事机，抑且以京师骑射惯熟之人，兑换关隘备守之士，则长于战者抑之使守，熟于守者驱之使战，一有举动，两非所宜。以经常之道度之，紫荆、倒马等关，既有涿鹿中等卫全伍调去官军，设立所分，所据原拨官军合当取回，但今贼情奸诈，患害难测，正在紧关堤备之际，若便轻易制动，尤恐人力不敷，仓卒之间恐至误事。合无暂且存留，候边务宁息，另行定夺，此时难以轻易更张，缘节该奉钦依计议停当施行事理，具题。景泰三年十一月十一日①，奉圣旨：各关守备官军俱各不动，待春暖时月定夺。石亨、杨俊原报的人，留与他。钦此。

---

① 景泰三年十二月十一日，1453 年 1 月 20 日。明杭州府刊本作"景泰三年十一月十一日"。

其他

1.《武经总要》

【题解】　《武经总要》40 卷，宋曾公亮、丁度等编纂。曾公亮（999～1078 年），字明仲，泉州晋江人，是刑部郎中曾会次子。少力学问，能文章。历集贤校理，知制诰兼史馆修撰，知开封府，门下侍郎兼吏部尚书。丁度（990～1053 年），字公雅，祥符人。真宗大中祥符中登服勤词学科。为大理评事、通判通州。仁宗朝历知太常礼院、知审刑院、枢密副使、参知政事等职。后解政罢为观文殿学士。卒谥文简。

宋代在我国的历史上，是一个军事力量相对薄弱的封建王朝。与辽、金、西夏及蒙古等四邻政权关系非常紧张，经常发生战争。这种严峻的客观现实，促使宋王朝必须对作战理论、战争实践、武器装备等一系列关系军事的问题，进行认真的总结和研究。曾公亮、丁度等人奉宋仁宗赵祯之敕纂修《武经总要》。至于纂修时间，正史未有完整清晰的记载。各家史料，所载不同，姜勇在《〈武经总要〉纂修考》一文中考证为编纂始于庆历三年（1043 年）十月，止于庆历七年四月到六月间。编写成书时为 40 卷，前集 20 卷，后集 20 卷。宋仁宗并写了叙。

《武经总要》内容包罗十分丰富，不仅有讲述兵法韬略的文本，还有精心绘制的阵图、器械图，及各式武器图。不仅有历代军制的沿革概况，还详备地罗列了宋本朝的军事情况，包括军事训练、阵法、边防体系等十分重要的信息。不仅有兵法理论，还有多达 15 卷的军事战例。不仅有详备的边防地理风俗等方面的内容，还有被仁宗皇帝认为"考星历，辨云气，刑德孤虚，推步占验，行之军中，阙一不可"的占候内容。

二百里西南至蔚州二百九十里東南至幽州二百

里西南至代州四百二十里東北至羡女關百里止

至張說築長城九十里○禦夷鎮後魏築長城今契

丹改為望雲縣按皇華四達記媯州北一百四十里

至廣邊鎮一名白城又東北五十里至赤城又北七

十里至鎮城陸山在鎮城西北即奚契丹避暑之處

今曰炭山

蔚州安邊郡有胡盧河即周禮并州漚夷川也漢塞飛

孤之口言其隘也有松子口即古之松陘嶺也宋田

重進將兵壯征牙將李存瑋率夷民空

壁来降重進無一兵一矢之損會幽陵不守棄之東

明刻本《武经总要》书影

自北宋仁宗颁行《武经总要》之后，南宋绍定四年又有重刻。可惜两宋椠本均已不传。元代虽然有过刊刻，亦不传。现存主要有明清以来的抄本、刻本。主要有：明正统四年（1439 年）李进刻本、明弘治十七年（1504 年）李赞刻本、明万历二十七年（1599 年）金陵书林唐富春刻本等。从卷数上说，《武经总要》以前集 20 卷后集 20 卷总 40 卷本和前集 22 卷后集 21 卷总 43 卷本为流行。40 卷本是《武经总要》初始的卷目，43 卷本是后来在原书基础上调整次序章节的结果，二者并无本质区别。1988 年解放军出版社、辽沈书社联合出版的《中国兵书集成》收录了明唐富春《武经总要》刻本的影印本，本辑据该本辑录有关赤城内容。

◎云州①四面诸州（《武经总要前集》卷22，第 1093~1098 页）

〇妫州妫（州）［川］郡，唐初置北燕州，贞观中改妫州，取城中妫水为名，涿鹿山、磨笄山、版泉在焉。石晋割赂契丹，周世宗时，戎主避归周之名，改为可汗州。东北至儒州二百里，西南至蔚州二百九十里，东南至幽州二百里，西南至代州四百二十里，东北至美女关百里。北至张说筑长城九十里。

〇御夷镇，后魏筑长城，今契丹改为望云县。按《皇华四达记》：妫州北一百四十里至广边镇，一名白城，又东北五十里至赤城，又北七十里至镇城。陉山在镇城。西北即奚契丹避暑之处，今曰炭山。

〇蔚州安边郡，有胡卢河，即《周礼》并州沤夷川也。汉塞飞孤之口，言其隘也。有松子口，即古之松陉岭也。宋田重进将兵北征，牙将李存璋与契丹酋帅率夷民空壁来降，重进无一兵一矢之损，会幽陵不守，弃之。东至易州三百二十里，西至朔州三百八十里，

---

① 该条云州，指今山西省大同市，并非今赤城县之云州。今赤城县之云州为元升望云县置。本条仅收录今赤城及周边区域内容。

西至代州四百六十里，贾耽曰：西行二百九十里至灵丘县，又二百里至代州。南至真定府五百里，北至天城军百八十里，东南至幽州五百里，西南至乱柳关九十里。

○新州，治永兴县，后唐同光中升为威塞军节度，以妫、儒、武三州隶之，契丹改为奉圣州。东即桑乾河源所出，东至妫川九十里，东南至幽州三百里，西南至蔚州百里，南至云州四百里。

○儒州，治缙山县，唐隶河北道，不知创州之由。东至望云县九十里，东南至幽州二百五十里，西至新州百二十里，西南至云州九十里，西北至九十九泉。

○武州，治文德县，旧曰毅州，长兴中改为武州，地有武川。石晋割赂胡中，改为归化州。南至新州七十里。

◎蕃界有名山川（《武经总要前集》卷22）

○炭山，本匈奴避暑之处，地多丰草，掘丈余即有坚冰。贾耽所说：妫州西北八百里至陉山，即奚契丹避暑之处。唐史载契丹之地，西至冷陉是也。今胡中目为炭山，近更名(上霍下又)山。自幽州西北路清河馆，即居宝关雕巢馆，赤城口始有居人，望云县、受赐川凡十日程至炭山。（第1118页）

○尼姑河，《水经》曰：姑河①从塞外来。一曰姑水。出御夷镇北九十里，过鱼阳②，南与温余水合为姑河。今号尼姑海口。（第1124页）

---

① 姑河，按《水经》作"沽河"。"姑"均作"沽"。下同。
② 鱼阳，应作"渔阳"。

2.《永乐大典》

【题解】 《永乐大典》是我国古代编纂的一部大型类书，全书22877卷，目录60卷，共11095册，书中保存了我国上自先秦，下迄明初的经、史、子、集、释藏、道经、戏剧、平话、工技、农艺等各种典籍资料达七八千种。永乐元年（1403年）7月，朱棣谕翰林侍读学士解缙，要求采摘书契以来的百家之书，备辑为一书，不厌浩繁。解缙受命后，汇集学者百余人，仿照宋人阴时夫的《韵府群玉》和钱讽的《回溪史韵》二书体例，历时17个月，将书编成进呈，赐名"文献大成"。显然，在这样短时间内急就成章，绝不可能是名副其实的"文献大成"，更重要的是，它没能满足朱棣敕修这部书大而全的要求。"上览所进书，向多未备，遂命重修。"重辑"命太子少师姚广孝、刑部侍郎刘季箎及缙"为总裁，学士王景等28人为副总裁，"简中外官及四方宿儒有文学者充纂修，缮写三千人"。永乐六年冬，书成进呈，仍题《文献大成》，由朱棣更赐名《永乐大典》（以下简称《大典》）。这样六历寒暑，这部中国编纂史上的大类书问世了。《大典》成书于南京，书成后未能刻板，只抄写一部，永乐十九年朱棣迁都时，将《大典》正本一起运至北京皇宫。《大典》到京，贮于文楼。嘉靖三十六年（1557年），北京宫中失火，奉天门及三大殿均被焚毁。世宗怕殃及附近的文楼，严令将《大典》全部抢运了出来，《大典》躲过了一劫。为了预防不测，世宗决定重录一部副本。此事搁置了几年，嘉靖四十一年秋，才召选书写、绘画生员109人，正式开始抄绘。重录前，世宗与阁臣徐阶等经周密研究，制订出严格的规章制度，誊写人员早入晚出，登记领取《大典》，并完全依照《大典》原样重录，做到内容一字不差，玉田站馬二十八匹。豐潤站馬二十六匹。水站二處。通濟鎮站船一百隻驢七十八頭。通州站船一十八隻。上都路所轄陸站一十八處馬一千九百三十六匹車六百輛驢二千二百頭半一千三百四十隻。桓州站元設馬一百五十匹車五十輛牛二百隻續添馬五十八匹車三十輛牛一百二十隻。李陵臺站元設馬一百五十匹車五十輛牛二百隻續添馬五十八匹車三十輛牛一百二十隻。察罕腦兒站元設馬一百五十匹車五十輛牛二百隻續添馬五十八匹車三十輛牛一百二十隻。牛群頭站元設馬一百五十匹車五十輛牛二百隻續添馬五十八匹車三十輛牛一百二十隻。赤城站馬一百四十匹車四十輛驢四百頭。獨石站馬一百五十匹車四十輛。鵰窩站馬一百二十匹。榆林站馬二百五十二匹車四十輛驢四百頭。龍門站馬九十六匹車四十輛。洪贊站馬一百五十匹車四十輛驢四百頭。雷家站馬七十匹車二十輛驢二百頭。宣德府站馬一百匹車二十輛驢二百頭。凌雲站馬二十匹驢二百頭。蒙古三站懶道土站馬三十五匹牛二十隻。辛店站馬二十五匹。七箇嶺站馬三十五匹牛二十隻。湧泉站馬二十五匹。尖山寨站馬三十五匹牛二十隻。保定路所轄馬站六處馬六十隻。

《永乐大典》书影

规格版式完全相同，每天抄写3页，不得涂改，也不允许雇人抄写。这样最大限度地保留了正本的原貌。重录工作到隆庆元年（1567年）四月才算大功告成，共费时5年。至此，《大典》遂有正副两部，分贮于文渊阁和皇史宬。虽有两部，但《大典》仍被束之高阁，一般人难觅其容，直到乾隆修《四库全书》时，才将《大典》交付四库馆臣做校勘辑佚之用。这部巨作，虽为统治阶级垄断，成为御而不用的装饰品，但仍难逃其厄运，最终没有完整流传下来。《大典》正本，清初已不复存在。究竟佚于何时，至今仍是一个争论不休的问题，有毁于乾清宫大火说，有随明世宗殉葬于永陵说，也有认为李自成率领农民起义军焚毁等。《大典》副本在内盗和外患的影响下，同样遭遇很惨。《大典》重录之初，贪官污吏的监守自盗而开始了它的流散过程。清修《四库》时，《大典》已佚去近2000册，其中被明代官吏窃走的必不在少数。另外，咸丰十年（1860年），英法联军侵占北京，翰林院遭到野蛮破坏和抢劫，丢失《大典》不计其数。尤以英侵略军抢掠最多，作为战利品运回该国。光绪元年（1875年）修缮翰林院建筑时，清查所存《大典》已不足5000册，仅一年后，就又被盗出近2000册，至光绪十九年又有2400册不翼而飞，只有600余册。光绪二十六年，八国联军侵入北京，最后这600册，其中大部被焚毁、破坏，另有一部分被抢劫而去，剩下的寥寥无几。到宣统元年（1908年）筹建京师图书馆时，则只有64册，仅占原书册数的千分之五点七。《大典》的毁灭，不仅是中国学术的重厄，也是世界文化的巨大损失。京师图书馆在此基础上，四处征集，广为搜罗。到1934年，馆藏《大典》的数量已达93册。新中国成立以来，党和人民政府对《大典》的搜集、整理、利用极为重视。新中国成立初期，北京图书馆藏原本110册，到1959年增长到215册。1983年，在山东掖县农民孙洪林家中发现一册《大典》，几经转交国家图书馆。截至这一年，国家图书馆《大典》的收藏量已经达到 221 册。1959 年，中华书局将北京图书馆所藏原本和复制本，以及向国内外私人借印的共 730 卷影印出版。1986 年，中华书局又将征集到的 60 卷，连同 1959 年影印的 730 卷，目录 60 卷，缩印成 10 巨册。

本辑据中华书局 1986 年影印本《永乐大典》辑录有关赤城内容。

◎世祖皇帝庚申年四月十九日①圣旨，谕宣慰使祃祃秀才等，自燕京经由望云直至开平府，验地远近，人数多寡，起立急递站铺。凡有合递文字，依已前体例严立限次递送据合用人数，于漏籍户内斟酌差拨，须管久远安稳住坐②，仍具置定站、铺，月日次第申奏。其余合立去处，照依已委就便一体施行。钦此。于大都东、西、北道起，立一百铺，于各州县亲管民户内金拨到铺兵一千令一十八户，拨于各铺当投。北道，花园铺至云州、赤城，四十二铺，每铺一十里，一铺额设铺兵一十六名，计三百七十四户。大都在城三铺，左巡院、花园、右巡院二铺，总铺白云楼，昌平县十一铺。双泉、永泰、唐家岭、榆河、皂角、双塔、辛店、石河、南口、长坡、居庸关、龙庆州二铺，北口、妫川、怀来县十一铺，棒槌店、榆林、管家庄、怀来、七里涧、狼山、统幕、泉头、长安岭、洪赞、石娥儿、云州十五铺，枪竿岭、欗林、李老峪、何家寨、鲁家保、向阳水、高家会、刁窝、井子水、西流水，赵家寨、碾子峪、下松林、上松林、赤城。东道，腊八庄铺至蓟州芦儿岭四十铺，每铺额设铺兵五名，计二百名。……（卷 14575《经世大典·急递铺》，第 6458 下左）

---

① 庚申年四月十九日，中统元年，1260 年 5 月 30 日。

② 住坐，谓起居、生活。《前汉书平话》卷下："大夫归去，传示吾兄：三王安稳住坐，圣王已无疏失。"

◎世祖皇帝中统元年五月奉圣旨，于望云立一站，又于榆林、望云之间酌中处立一站。五月二十一日①，中书省官忽都不花奉旨，缙山至望云，速取径道，立海青站者②。中书议差断事官亦捏哥等，赴宣德州置缙山、静边、望云三驿。拨榆林站肥马五十匹与缙山，雷家店站马四十匹与静边，宣德州站马四十匹与望云。就令各站头目马主，备马脚涩子③，使臣饮食等具。近者二日期，远者三日期，达于新站当役，违者以失误军期论罪。仍从宣德州，择能干官一员充，脱脱禾孙④除递传诸侯王哈必赤来使外，余不得给其榆林、雷家店、宣德州三站，增补马各二十五匹，每匹支价钞元实钞二十贯，总计三十定买备讫。是月奉圣旨，今后使臣官员，除军情急速公事，有海青牌者入望云站，直截前来，其余使臣，仰榆林站官杨孛、栾孛询问，如无急速公事海青牌者，不得纵令纵由望云，止令入大站，如违治罪。（卷 19416《经世大典·站赤一》，第 7193 页下右）

◎四月⑤圣旨，谕开平路达鲁花赤⑥管民官并榆林管站官，节该今后但有骑坐铺马使臣人等，仰照依已降旨，不得于望云取直道上经行，夺要铺马，止令经由抚州、宣德府正站。若有军情急速公事，海青使臣径直望云、雕窝路上经行；若元骑铺马困乏，依例倒换；

---

① 中统元年五月二十一日，1260 年 7 月 1 日。

② 海青站，元代驿站名。寓奋速之意。

③ 脚涩子，即马掌。马蹄铁。宋彭大雅《黑鞑事略》："蹄锲薄而怯石者，叶以铁，或以板，谓之脚涩。"

④ 脱脱禾孙，在元代，为了监督过往使臣和驿站官员，保障驿站政令畅通，政府在关津要地，即交通枢纽处设置稽查人员，称脱脱禾孙。《元史·百官志》载"各处脱脱禾孙，掌辨使臣奸伪。正一员，从五品，副一员，正七品。"脱脱禾孙设置始于此时。

⑤ 中统三年四月，1262 年。

⑥ 达鲁花赤，蒙语的音译。元职官名。指镇压者、制裁者、盖印者。转而有监临官、总辖官之意。元代汉人不能任正职，朝廷各部及各路、府州县均设达鲁花赤，由蒙古或色目人充任，以掌实权。《元史·世祖纪三》："以蒙古人充各路达鲁花赤，汉人充总管，回回人充同知，永为定制。"

如马不乏，并不得强夺人马，因而骚扰百姓及过往客旅。（卷19416《经世大典·站赤一》，第7194页上右）

◎四月二十八日①圣旨，谕中书省节该来奏<u>开平</u>站路断绝，有碍使臣客旅行程，乞安置事。今令此中讲究到立站去处，并合该户计牛马数目，开写前去，所据站户②，或令随路减下。牛站，人户充当，或于附站邻近州城摽拨③，速为从长拟定。令差去<u>霍木海</u>即便安置，仍仰本省亦差能干官一员，与<u>霍木海</u>一同勾当。钦此外，据合用走递牛马，若令新拨站户，便行创置，唯恐生受迟滞。除已别行定夺，今岁不令出备，候至新年正月内，照依各站已定数目，全要置买入站走递。<u>帖里</u>站，<u>南口</u>牛站一处，二百五十户，牛五百只，为<u>新店</u>地近设置马站。<u>北口</u>牛站一处，二百五十户，牛五百只。<u>土墓</u>牛站一处，二百五十户，牛五百只，为<u>榆林</u>近下，不设立马站。<u>枪杆岭</u>一站，五百户内，马站二百五十户，每二户半养正马一匹，贴马一匹，共计二百匹，内将<u>雷家店</u>马站，存留一半<u>雷家店</u>走递，摽拨一半马匹并户计<u>枪杆岭</u>走递，余上不敷，贴拨就数；所有牛站，依旧应当，牛站二百五十户，牛五百只。<u>雕窝</u>站一处，五百户，内马站二百五十户，正贴马共计二百匹，牛站二百五十户，牛五百只。下项七站，依<u>雕窝</u>站一体设立。<u>蝦蟆岭</u>，<u>赤城</u>，<u>河察儿八眼</u>，<u>撒赤古</u>，<u>桓州</u>，<u>孛老站</u>九处，专一搬运段匹、杂造皮货等物，每一站一百五十户，内马户五十户，正贴马共计四十匹，牛户一百户，牛二百只。<u>宣平</u>一站，于<u>宣德州</u>见设马站内摽拨正马二十匹，并合该户

---

①　中统四年四月二十八日，1263年6月5日。

②　元代的站户，一称"站赤户"，是"查照军籍内无姓名者、又原籍贴户不曾应当差役者"充之，于驿站所在地区服站役。他们在充当站役后即是站户，而为驿站中的基本成员。在元代以前，用于驿站的马匹，都是官给。到元代，成吉思汗创设驿站时，即确定由居民供给驿马。后来忽必烈中统四年五月在云州设站时，明确规定"马站户，马一匹""牛站户，牛二只"。

③　摽拨，标明调拨。摽，通"标"。

计，入宣平站走递，牛站依旧应当外，据宣平新增牛站，依数摽拨，其余八站照依今定户计牛马数目，差拨安置。（卷 19416《经世大典·站赤一》，第 7194 页下右）

◎五月十七日①圣旨，谕随路宣慰司，节该上都以西隆兴府道立李老站，上都以南望云道立车站并马站，隆兴府以南望云道偏岭以南至燕京汉地，合设站赤②，令汉人站户应当，西路隆兴府以北及南路，偏岭以北至上都，令达达贴户应当，汉民津贴，据偏岭以南，隆兴府以南，起移前来，立站户三千七百户。今差断事官阿昔铁木儿，宣使纪忙兀歹前去，与宣慰司一同于随路马站内，验中书省坐去均定合起户数，揭照各站籍定文册，依验丁多及富强户内，选拣堪中上户。其外数目，仰于步站内，亦依上例选拣堪中上户，马站户马一匹，车站户，牛二只于各户下选择，堪以当站好人，不问亲躯，每户止取二丁，同来人家属，起移前来，于指定立站去处安置住坐，仍就于各站元设官吏内，亦行选拣堪充站户官吏，管抑前来，据选拣到户数，定立到头目，并其余不该起移津贴步站人户，各另开坐花名，丁口事产呈省闻奏。河东西路、西京等路。十月十一日③圣旨，谕中书省节该据随路到隆兴府云州道上迤南立站人户，今起盖房舍，准备来年当站，除依例应付站铺头口首思④外，仰经过使臣军马人等，毋得于站户处非理骚扰，取要饮食，及夺要一切物件。各住地面所属官司，亦不得分毫骚扰，如有违犯之人，其各站头于总管随路站赤达鲁花赤、霍木海处说知。令转行中省究治外，有站

---

① 中统四年五月十七日，1264 年 6 月 12 日。

② 站赤，蒙古语的音译。元代驿站。《元史·兵志四》："元制，站赤者，驿传之译名也。盖以通达边情，布宣号令，古人所谓置邮而传命，未有重于此者焉。凡站，陆则以马以牛，或以驴、或以车，而水则以舟。其给驿传玺书，谓之铺马圣旨。"

③ 十月十一日，1264 年 12 月 1 日。

④ 首思，蒙古语，义为汤、汁。元代此词泛指站户负担的饮食、灯油、柴炭等。汉语称作"祗应"。

户元住处家属，仰各路宣慰司，严行禁约。管民官司，及元管头目，既是各家前来应当站赤身役，并不得科取钱物，侵扰不安，达者治罪。（卷19416《经世大典·站赤一》，第7194页下左~7195上右）

◎至元二年正月六日①，中书丞相线真塔察儿、平章阿合马等奏，云州见设站户，乃迤南州城远来之人别无田产，宜令近县人户，交换应当。乞召集各州县官吏，齐民②户见当包银丁口鼠尾③文册前来，品答定夺。上曰："此辈何可委付？其令来此，从卿等区处。"可也。（卷19416《经世大典·站赤一》，第7195页上左）

◎五月十二日④，中书右丞相安童、平章政事忽都答儿奏，中都至上都站赤以聚会故，递运系官及投下⑤诸物数多，滞不能发，至甚劳苦。臣等与枢密院制国用使司，御史台宣徽院及四怯薛⑥官同议，洪赞至独石四站，各增车驴三十具，榆林站增牛驴十具，总计价钞一百五十六定。自火你赤为始，至上都蒙古四站，于四怯薛内，差拨牛畜助运一月，官给路赀，似为便宜。奉旨：准。（卷19417《经世大典·站赤二》，第7197页上右）

---

① 至元二年正月六日，1265年1月24日。

② 齐民，犹平民。

③ 鼠尾，指按一定顺序排列的帐册。

④ 至元六年五月十二日，1269年6月13日。

⑤ 投下，元朝诸王、驸马、勋臣所属的人户。源于辽，蒙古语称爱马。元太祖建蒙古国，将被征服民分赐给诸弟、诸子、驸马、功臣；他们用兵中原和西域，又将俘虏带回草原，作为各自的私属，形成若干投下。投下人平时向领主纳赋服役，战时由领主率领出外作战。由于中原人不适应草原的生产和生活，投下领主又将俘虏寄留于各州县，派人管理。元朝陆续专设官府。无论是漠南北、中原、江南的人户，凡属某领主所有者，通称某投下或某位下，由领主世袭继承。漠南北投下事由领主自理；中原投下事由朝廷派官治理，由领主派达鲁花赤监收应纳五户丝（即每五户应向领主缴纳的一斤丝）。投，音dòu。

⑥ 怯薛，蒙古语。番直宿卫的意思。因用以称宫廷卫士。《元史·兵志二》："怯薛者，犹言番直宿卫也。"

◎九日①，中书平章政事合伯、参政耿仁、参议秃烈羊阿等奏，臣等与兀良哈歹、阿合马等议，木八剌沙所言达达四站事，榆林站元金一千二百七十户，洪赞、雕窝、独石等三站，每站止金八百户，今自西川拓跋河西等处，来使皆由此三站，若比榆林站户之上，又增八十户，每站一千三百五十户，三站总计五千四百户，方为得宜。又在先四户养一马，今议五户养一牛，犹虑新金站户事未惯习，于旧站内差一百户，新拨二百五十户，每站三百五十户，以充车牛之役，旧站一百户，却以新拨户补之外，一千户充养马之役，选差廉干头目，以董其事。令宣德府、西京、北京三处，差拨二千七百户，近里城邑差拨二千七百户，以充新拨之数，每站增置马一百五十匹，牛二百只，车具全。每马一匹价钞一定二十五两，车价一定，数内达达车二百辆，汉车五十辆，如此规划，未审可否？上曰："达达站赤，如何区处？"兀良哈歹对曰："容臣再议敷奏②。"（卷19417《经世大典·站赤二》，第7201页上左）

◎闰六月二十日③，通政院官平章剌真、同知通政院事斡罗司等奏，曩者④以云州、独石站道遥远，冬月人马困乏，奉旨于两道之中增置一驿。令中书省臣议，先攻襄阳时，取保定至大名路迤道立一十四站。混一以来，前站已废，若以此罢闲站户于云州至独石，中间创置一站，余户增拨入真定至大都消乏站赤，允为便益。奉圣旨：准。（卷19419《经世大典·站赤四》，第7214页下左）

---

① 至元十六年六月九日，1279年7月19日。

② 敷奏，陈奏，向君上报告。《书·舜典》："敷奏以言，明试以功，车服以庸。"孔传："敷，陈；奏，进也。"

③ 至元二十九年闰六月二十日，1292年8月4日。

④ 曩，以往，从前，过去的。曩者，从前。

◎十二日①，通政院言，比因遣使至云州取马于龙门口赤城站，参详今后驰驿使臣出离站道干办官事，宜令所过州县应付马匹。都省定议驰驿人员，以公事远背站道者，所过州县换马，送兵部行移通政院照会施行。（卷19419《经世大典·站赤四》，第7215页下右）

◎十月三日②丞相完泽等奏，云州出白金，初给圣旨起马四匹，续增三道，今又来言出产金银之地尚多，乞增铺马十匹。臣等议得追收续增圣旨，别给起马四匹。圣旨：从之。（卷19419《经世大典·站赤四》，第7217页下右）

◎是月③，赤城驿言：瑞云寺有西温汤，凡遇诸王、后妃、公主、驸马、西僧④、朝省⑤内外出使人员到驿，枉道澡浴，多支分例，损毙铺马。虽经禁约，终无畏惮，合无奏定罪名，出榜惩治，庶望站赤少苏。中书省奏准圣旨，除上命及赍省部公文前去外，其余人员铺马首思，皆不得给，敢有违者，依例科断⑥。都省钦依，备榜下本驿禁治⑦讫。又李好谦言释道⑧不量缓急，来往驰驿，死损铺马，驱逼车丁及将站官棰挞⑨，多取分例，合议裁减，诚为便益。行下通政院及兵部，议得宜从都省札付⑩宣政院、集贤院，分拣差遣，令御史台纠治，若有不应给者，罪及元分拣官司，至如走死铺马，

① 至元三十年三月十二日，1293年4月19日。
② 元贞元年十月三日，1295年11月10日。
③ 是月，至大四年六月，1311年。
④ 西僧，西域僧人；西蕃僧人。
⑤ 朝省，犹朝廷。
⑥ 科断，论处；判决。
⑦ 禁治，禁止、整顿、治理。
⑧ 释道，指僧人和道士。
⑨ 棰挞，拷打。
⑩ 札付，官府上行下的文书，多指手谕。

棰挞站官，已有累降诏条禁治相应，都省准拟依上施行。（卷 19420
《经世大典·站赤五》，第 7225 页下右）

◎十一月十日①，右丞相燕帖木儿，平章政事钦察歹，通政院使
寒食等奏，昌平、榆林、洪赞、雕窝、赤城、龙门、独石、失八儿
秃、昔宝赤、李陵台、桓州、滦阳、雷家、宣德，西驿白草涧、若
盐泊、小寨儿、乞儿撒秃、哈儿憨赤、忙吉儿秃、夏店、蓟州、遵
化等二十三站，经值兵戈消乏，使臣频数，站户甚苦，乞赐矜悯。
每站各与钞五百锭，奉旨准都省钦依委官，同通政院使斡绰，同知
通政院事香山，钦依给散②讫。（卷 19421《经世大典·站赤六》，第
7237 页上右）

◎中书省所辖腹里各路站赤，总计一百九十八处。陆站一百七
十五处，马一万二千二百九十四八分，车一千六十九辆，牛一千九
百八十二只，驴四千九百八头。水站二十一处，船九百五十只，马
二百六十六匹，牛二百只，驴三百九十四头，羊五百口。牛站二处，
牛三百六只，车六十辆。直隶省各路站，计一百一处。陆站九十二
处，马七千三百九十八匹五厘，车九百八十九辆，牛一千五百三十
二只，驴四千九百八头。水站九处，船五百五只，马一百一十六匹，
驴三百九十四头。……上都路。所辖陆站一十八处，马一千九百三
十六匹，车六百辆，驴二千二十头，牛一千三百四十只。桓州站，
元设马一百五十匹，车五十辆，牛二百只；续添马五十八匹，车三
十辆，牛一百二十只。李陵台站，元设马一百五十匹，车五十辆，
牛二百只；续添马五十八匹，车三十辆，牛一百二十只。察罕脑儿

---

① 天历元年十一月十日，1328 年 12 月 11 日。
② 给散，发放。《元典章·户部七·追征》："如已关出仓库，官吏人等侵欺全未给散
者，罪经释免，依例追给。"

站，元设马一百五十匹，车五十辆，牛二百只；续添马五十八匹，车三十辆，牛一百二十只。牛群头站，元设马一百五十八匹，车五十辆，牛二百只；续添马五十八匹，车三十辆，牛一百二十只。独石站，马一百匹，车四十辆。赤城站，马一百匹，车四十辆，驴四百头。龙门站，马九十六匹，车四十辆。雕窝站，马一百匹，车四十辆，驴四百头。洪赞站，马一百五匹，车四十辆，驴四百二十头。榆林站，马二百五十匹，车四十辆，驴四百头。雷家站，马七十匹，车二十辆，驴二百头。宣德府站，马一百匹，车二十辆，驴二百头。涌泉站，马二十五匹。辛店站，马二十五匹。凌云站，马二十八匹。蒙古三站、僦道土站，马三十五匹，牛二十只。七箇岭站，马三十五匹，牛二十只。尖山寨站，马三十五匹，牛二十只。（卷19422《经世大典·站赤七》，第7242页上右）

　　◎安置龙门站。至元二十九年六月①，通政院呈：赤城站南至刁窝，北至独石，各九十里，中间山路窄狭，河水数多，比之其余站赤，地里远弯，委实生受②。因而站户逃窜，倒断站赤。为此于龙儿年二月初一日，沉檀殿里有时分，剌臣奏火你赤③说有，上都大都十个站有，其间里一个站添呵哏便当有，那般奏呵，疾忙立者，么道④，圣旨了也。钦此。奉院参详拟合于龙门口北旧立站地面内，再行添插一站，于上都附近宣德府等处当差，户内差拨人户，却将赤城站起移赴赤城店安立相应，具呈照详得此本省照得赤城邻站，各设正马一百匹，车五十辆，占用一千余户。若是创添一站，附近去

---

　　① 至元二十九年，1292年。
　　② 生受，受苦；辛苦；困难；不容易。
　　③ 火你赤，官名。又译豁你赤。蒙古语音译，意为"牧羊者"。元时怯薛执事之一，掌放牧宫廷羊群等事。《元史·兵志二》："牧羊者，曰火你赤。"
　　④ 么道，犹言如此说、这样说。《元典章·圣政一·振朝纲》："官人每各处行将文书去者，么道，圣旨了也。"

处户数不敷，为此，议得保定路泉兴站为头，经由大名，至汴梁南北一道，站赤元为围困襄樊安立，即非冲要驿路，江南归附年深，即目湖广、江西经行真定路，江浙、福建由河间站道往来。所据前项大名一道站赤，委是闲慢，实为虚设，拟除大名在城站斟酌存留马匹外，其余站赤尽行减罢。却将近上站户，摘拨添立，龙门口北一站，余剩户数，于真定一道站赤消乏去处添补走递，深为便宜，咨请照验。更为可否闻奏施行？至元二十九年闰六月二十日①，也可怯薛②弟三日，失儿斡鲁朵③里有的时分，本院官刺臣，平章斡罗思，同知昔宝赤④，同金火你赤，院判等奏：云州至独石，其间里站远的上头，冬间站眼生受有，中间里添一站，么道，先奏来，教放者，么道，圣旨了来。如今省家官人每商量了呵，俺根底说将来，在先攻打襄阳府时节，保定路至大名路，教使臣每抄直的上头一十四个站立来，如今那站道上使臣不行有，闲有，把那站罢了。那里头将来云州至独石两其间里一个站，添放者，别个的真定至大都站，家二三年田禾不曾收来，气力眼消乏了，那站里添放呵。怎生，么道，说将奉，这般奏呵。那般者。么道，圣旨了也。钦此。都堂园议得拟于奏准放罢站户内，以远就近标拨一千户，从通政院所拟，起遣拨换户计，于龙门口北立站，余上户马，除大名路在城斟酌存留外，依验真定至大都站赤，委实消乏去处，分俵走递，差委前广东道按察副使李中顺，骑坐铺马二匹，与通政院所委官，并各路正官一同标拨安置。外据馆舍铺陈什物，令通政院就便行移上都留守司应付，仍札付御史台体察施行。（卷19423《经世大典·站赤八》，第7259页上左）

---

① 至元二十九年闰六月二十日，1292年8月4日。

② 怯薛，蒙古语。番直宿卫的意思。因用以称宫廷卫士。

③ 斡鲁朵，辽时的宫卫，即禁卫军，金元沿用。亦指代皇帝的宫帐（行宫）。

④ 昔宝赤，官名。蒙、元怯薛执事。蒙古语，意为"鹰人"，又译"昔博赤"，掌打捕鹰房等务。

◎添立站赤。至元二十九年闰六月十九日①，中书省咨，通政院呈：赤城站南至刁窝，北至独石，各九十里，中间山路窄狭，河水数多，比之其余站赤生受。遇临站户逃窜，倒断站赤。为此于龙儿年二月初一日，沉檀殿里有的时分，刺臣奏火你赤说有，上都大都十个站有，其间里一个站添呵哏便当有，那般奏呵，疾忙立者，么道，圣旨了也。钦此。本院参详拟合于龙门口北旧立站地面内，再行添插一站，于上都附近，宣德府等处，当差户内差拨人户，却将赤城站起移赴赤城店安立相应，得此，本省议得若便定夺，缘前项站户，贫富高低，劳逸不等，通政院判火你赤深知备细，资请摘委本官前来讲究定夺，准此，又准中书省咨，议得保定路泉兴站，为经由大名，至汴梁南北一道站赤，元为围困襄樊安立，即非冲要驿路，江南归附年深②，即目湖广、江西经行真定站路，江浙、福建由河间站道往来，所据前项大名一道站赤，委是闲慢，实为虚设，拟除大名在城站斟酌存留马匹外，其余站赤尽行减罢。却将近上站户，摘拨添立龙门口北一站，余剩户数，于真定一道站赤，消乏去处，添补走递，深为便宜，咨请照验。更为可否闻奏？如蒙准奏。请就委通政院判火你赤安置，准此。据通政院呈，备准大都通政院咨，本院官与火你赤一同赴省讲究立站事理，奉都堂钧旨，燕南保定路泉兴站至大名路，蒲城一道站赤，在前为是攻打襄樊立来，若是摘拨一半，留存一半，两处都不得济去也。则把这一道站全罢了，将那户马于上都赤城添插一站，余上若有剩下底户马，于大都路站内及西壁真定一道，东壁河间一道，站生受的站里用者，奉此，咨请议拟闻奏事，准此。于至元二十九年闰六月二十日③，也可怯薛弟三日，失儿斡鲁朵里有的时分，本院官刺臣，平章斡罗思，同知昔宝

---

① 至元二十九年闰六月十九日，1292 年，8 月 3 日。
② 年深，时间久长。
③ 至元二十九年闰六月二十日，1292 年 8 月 4 日。

赤，同金火你赤，院判等奏：云州至独石，其间里站远的上头，冬间站眼生受有，中间里添一站，么道，先奏来，教放者，么道，圣旨了也。如今省家官人每商量了呵，俺根底说将来，在先攻打襄阳府时节，保定路至大名路，教使臣每抄直的上头一十四个站立来，如今那站道上使臣不行有，闲有，把那站罢了。那里头将的来云州至独石两其间里一个站，添放者，别个的真定至大都站家，二三年田禾不曾收来，气力眼消乏了，那站里添放呵。怎生，么道，说将来，这般奏呵。那般者。么道，圣旨了也。钦此。奏时分火儿赤、阿失速古儿赤、也先帖木儿、塔儿忽歹沙沙宽、只秃昔宝赤、只儿哈忽、这言儿等有来。其呈照详得此，咨中书省札付通政院，钦依此行。（卷 19423《经世大典·站赤八》，第 7259 页下右~7260）

◎延祐五年①，中书省奏：兵部俺根底与文书，诸处来往使臣并僧人，骑着铺马不问勾当紧慢，打着重驼驮走马，又推称失了别里哥②么道，添要分例，选拣撺行马匹，又到赤城站，住几日不起，骑铺马吃首思，往汤头澡浴，百姓家瑞安下，硬要长行马匹草料，好生骚扰。奉圣旨，节该今后不拣谁骑铺马的人每，只与经过首思铺马者；汤头澡浴去的人每，小铺马首休也休与者；既是骑铺马呵，长行头口草料，休与者。（卷 19425《成宪纲要·驿站一》，第 7289 页上左）

◎天下站名。……大都，正北微西。昌平，西北八十。榆林。西行至统幕分二路，一路北行至上都，一路西行至，雷家站，九十。宣德，一百二十。夏永固，正南九十。天成，六十。白登，六十。牛皮岭，正西五十。大同，西南九十五。西安社，九十九。安良子，七十。广武，七十。

---

① 延祐五年，1318 年。
② 别里哥，蒙古语，意为"符验""证件"。元代泛指各种文符证件。

<u>太和岭</u>，正南偏西界。<u>雁门</u>，九十五。<u>原平</u>，正西南。<u>九原</u>，正南偏西六十五。<u>成皆</u>，正南八十里。<u>冀宁</u>。一路自<u>夏永固</u>不过河，直正北一百里<u>石岭关</u>。又正北四十里<u>忻州</u>。又正北八十里<u>崞州</u>。又正北偏东八十里<u>雁门</u>。<u>代州</u>在东十五里。又正北一百里<u>广武</u>。又正北偏东安<u>银子</u>，正北八十里。<u>洪赞</u>，正北转东八十。<u>雕窝</u>，正北偏东八十。<u>赤城</u>，八十。<u>独石</u>，东北八十。<u>牛群头</u>，六十。<u>明安</u>，六十。<u>李陵台</u>，正西三十六站入<u>和林</u>，<u>桓州</u>至<u>上都</u>。……（卷19426《<u>析津志·驿站二</u>》，第7291页）

3.《水东日记》

【题解】 　《水东日记》40卷，明叶盛撰。叶盛历仕正统、景泰、天顺、成化4朝达30年之久。他久为言官，熟悉政事，且勇于建言，"凡六科联署建请，盛每先发言，往复论难。"（《明史》本传）因为他历抚宣府、两广，颇留心边政的利弊，提出过不少关于边政的意见。他的这些言论，在《水东日记》一书中，多所反映。叶盛于政事之外，勤于读书，潜心著述，著作除《水东日记》之外，尚有《叶文庄奏议》《菉竹堂稿》等。《水东日记》主要内容是记述明代前期的典章制度。由于作者久居官场，见闻亦广，对于各项制度及其沿革利弊等，言之甚详。《四库全书总目》说："盛留心掌故，于朝廷旧典，考究最详。"这一评论是中肯的。书中也间及当时人的一些轶闻逸事，且多为作者的耳闻目睹，这些史料，有的不见于史传，可补史之缺。另外，本书有不少篇幅是关于宋、元文人学士的行事及其碑铭、墓志等，可与史传相参稽。同时本书也收录了一些宋、元人和明人的文章、诗词、书札、奏议等，其中一些为佚文，即靠本书所录，得以流传。《水东日记》一书在明人笔记中，是史料价值较高的一种。

本辑据学苑出版社《历代日记丛钞》第1至3册影印康熙十九年叶氏赐书楼印本《水东日记》辑录有关赤城内容。《历代日记丛钞》本《水东日记》缺卷4至卷6，涉及此3卷3条内容，又据赐书楼印本补。原古籍各条未有标题，又据赐书楼印本目录增补标题。

非便遂已之御史盛昶一日私示盛一章亦此

事因其以告昶目予言已不爲又沮人不爲耶

盛曰此大事宜熟慮之惟安與靜久長之道也

時惟劉溥原博以予言爲然近聞盧指揮　奏

許以來然後益信予前說之不謬

居庸以北俗擇塟地以驗蛇盤兔爲上昌平侯

楊洪赤城塟母處亦然意者地氣溫暖二物皆

穴焉偶相値而相持亦適然耳眿者至爭地盜

塟訐訟連年惑哉

《水东日记》书影

◎葬地蛇盘兔（第1册，卷2，第478页）

居庸以北，俗择葬地以验蛇盘兔为上，昌平侯杨洪赤城葬母处亦然。意者，地气温暖，二物皆穴焉。偶相值而相持，亦适然耳。昧者至争地盗葬，讦讼①连年，惑哉！

◎开平王祠（第1册，卷2，第481～482页）

独石城堡，今开平卫治。初，阳武侯薛禄奏筑城，迁卫于此。有僧庆西堂者，号精地理术，实奉命相地，尝云："城中水泉枯时，当有变。"指东南角地，以为必王侯可当此。杨昌平时为百户，已有名，因治第②在焉。己巳③春，泉水果涩不流，今则复泛溢矣。昌平第潭潭④余百间，都御史李公⑤下予相度⑥，撤其材，以饰楼橹营壁之经兵火者。其关将军祠，洁丽可爱，不忍毁之，但城中已有祀，不宜复出。而偶得宋学士所撰开平王常忠武公碑文，因念于众，曰："公有功国家，其收漠北，尝道此。而是邦又其封望所在，请易为开平王祠。"仍环书碑文于壁。既成，始闻僧之言，而益奇其术之神也。或传边虏尝目昌平为杨王，昌平为人，虽多事先声，要必曾有是说。

◎弋谦（第1册，卷2，第487～488页）

弋谦，代州人，累任显官⑦，有声仁庙时。岁己巳，布衣走阙下⑧，疏前成山侯王通、龙门致仕指挥宁懋、真定同知阮迁干三人皆

---

① 讦讼，控告诉讼。讦音 jié，揭发别人的隐私或攻击别人的短处。

② 治第，营造宅第。

③ 景泰十四年己巳，1449 年。

④ 潭潭，深广貌。

⑤ 李公，指都御史李秉。

⑥ 相度，观察估量。

⑦ 显官，达官；高官。

⑧ 阙下，宫阙之下。借指帝王所居的宫廷。借指京城。

奇才可用。适报虏酋也先犯紫荆口，时石亨为时倚重，偕于尚书①治兵土城外。众议欲以通副亨，及谦等至左顺门，通辞："不预兵政久矣，一旦以副，人不能也。"谦则力言宜专用通，众导之再四②，两人持论牢不可动，事遂已。六科③闻谦负重名，奏留之，繇是亦不报。使通等拒稍却，则皆任用矣。后通虽复用，亦无大过人者，不久竟卒。谦亦累有建白④，语侵时贵⑤，亦不久卒。

◎车字尺遮切⑥（卷4）

予《马营》小诗有"天门行看六龙车⑦"，陈少卿和韵⑧有"将军还数李轻车"⑨，或者非之。不知唐人"飞步登云车""垂鞭直拂五云车""太平天子驻云车""君王正候五云车""来往五云车""应将性命逐轻车"，车字皆尺遮切，昧者概以九鱼切⑩车字尔。

◎敕词与部奏违异（卷5）

故事，凡各部请敕行事，该部备词奏请，既得旨，移文⑪翰林，

---

① 于尚书，指于谦。

② 再四，连续多次。

③ 六科，明清官制设有六科给事中，简称六科，掌侍从、规谏、补阙、拾遗，分察吏、户、礼、兵、刑、工六部之事，纠其弊误。

④ 建白，谓对国事有所建议及陈述。

⑤ 时贵，当时的显贵。

⑥ 尺遮切，切，旧时汉语标音的一种方法，用两个字，取上一字的声母与下一字的韵母拼成一个音。亦称"反切"。尺遮切，指"尺"的声母"ch"，与"遮"的韵母"e"相拼，即"chē"，即车音chē。

⑦ 六龙车，天子的车驾。因用六马，故名。

⑧ 和韵，谓依照别人诗作的原韵作诗。

⑨ 李轻车，指李广从弟李蔡。因其勇武善战，曾为轻车将军，故称。"

⑩ 九鱼切，"九"的声母"j"，与"鱼"的韵母"ü"相拼，即车音jū。

⑪ 移文，发移文。

即令文渊阁①下学士依奏草②敕，不能异也。景泰六年正月，奖励独石杀贼一敕独不然。兵部奏奖励，敕词则多谴责，且当时有旨："发兵是宣府总兵等官所请，无预③独石。"而敕独石云："尔等奏要发兵，又全非事实，予甚讶焉。"盖维时④阁老⑤以权臣自任⑥，不复顾惮⑦，惟其意之所欲为矣。

◎生物足供人用（卷6）

独石书板刷墨，用带毛兔脚，广州则大香橼厚皮。又独石苦寒处，素不产藤竹，人家箍桶等用，则取绵柳条为之，不异藤竹也。乃知天地生物，不绝生人之用，顾用之者何如尔。

◎张文翔（第2册，卷8，第28~29页）

张翼字文翔，太仓人。性嫉恶，至不容人小过。御史按吴中不律⑧，翼忿忿不能平，因建白数事，指斥颇多，竟为众所倾⑨，谪开平数年，以宥⑩还。予亦以其或惩于是矣，一日来，偶及后御史之不律者，其事尤详。或从旁窃笑之，翼犹瞋目⑪骂曰："使得一碗凉水，已吞之矣。"盖方言云。翼善书，学欧、颜二大家，得意处谓能逼真。岭北察院公馆及温泉等处，题壁极多，大者至如方斗，终日挥

---

① 文渊阁，明代宫内贮藏典籍及皇帝讲读之所。明太祖始建于南京奉天门东。成祖迁都北京，又于宫内东庑南建文渊阁。后置文渊阁大学士。

② 奏草，奏章的草稿。

③ 无预，犹无与。不加入；无关连。

④ 维时，斯时；当时。

⑤ 阁老，唐代对中书舍人中年资深久者及中书省、门下省属官的敬称。五代、宋以后亦用为对宰相的称呼。明清又用为对翰林中掌诰敕的学士的称呼。

⑥ 自任，自信，自用。

⑦ 顾惮，犹顾忌。

⑧ 不律，不驯顺；不守法。

⑨ 倾，倾轧；排斥。

⑩ 宥，宽容，饶恕，原谅。

⑪ 瞋目，睁大眼睛；瞪着眼睛。瞋音chēn，睁大眼睛瞪人。

洒不倦。盖其书于题壁尤长，予谓《龙门谏院题名记》尤超伟，非流辈所可及。

◎元宝（第2册，卷11，第109～110页）

今俗呼五十两重银锭曰元宝，尝见独石内官弓胜得埋藏银数十锭，形制皆平漫①，与今样范不同。面有"中书省"小字印，背则阴文"元宝"二大字也。宋铜钱文皆著年号，惟开宝中曰"宋通元宝"，宝元中则曰"皇宋通宝"。皆避宝字耳，然反覆皆著元字，亦异哉。

◎武安阳武两侯遗事（第2册，卷16，第231～232页）

独石参将黄瑄往日言，少尝迨事武安侯郑亨、阳武侯薛禄两总戎②，如斯人，今皆不可复得已。武安治大同极有威严，前呵一出，街头狗豕皆走避之，瑄所目击，当时人亦大异此事。不谒神祠，惟骑马过城隍庙前则举手曰："大哥好照顾。"余寺观祠宇，一不顾也。阳武筑独石、隆庆诸城，躬勤早暮，军中肃然，不毫发科扰，寻以病还朝，继之者修武沈清，则贪浊③之风作矣。瑄故予部将也，颇有廉声，将略亦在优等，盖知慕前辈者云。

◎烟墩收贮粮食柴水（第2册，卷27，第265页）

景泰三年四月十日④，独石都督孙安奏墩军言永乐年来每墩有预备余粮二石，柴水一月，遇警食用，乞如例。金荣襄时为户部，以未审有无事例，查行宣府守臣，亦云查无见行。近阅纂修旧册，内

---

① 平漫，浸蚀剥落。

② 总戎，统帅。亦用作某种武职的别称。如唐人称节度使为总戎；清时称总兵为总戎。

③ 贪浊，犹贪污。

④ 景泰三年四月十日，1452年4月29日。

永乐十年七月十二日^①巳时总兵官武安侯钦奉敕书："各处烟墩务要增筑高厚，于烟墩上收贮五个月粮食柴薪，并置药弩于上。就于烟墩傍边开井，井外包围烟墩相平，使外面望之只是一个烟墩，不知其中有井，务要坚厚，勿致坍塌，钦此。"此事与邓鎭交易银两事颇类，但墩傍开井一事本难行，至今无能行之者，不知当时武安曾覆请否。

◎宣府儒学圣像（第 2 册，卷 27，第 511～512 页）

宣府儒学圣人土像，初谭总戎以银帛作心脏之属，不久盗穴其背而去，后易以锡，最后惟易以帛，而莫不然，盖今凡五易矣，未可止也。因（语）［悟］^②古人作主之意，无论其它，即此一事，亦足知其可行而无弊也。尝见兵后复守独石等八城，人家瓦屋中脊无不断裂，盖流俗，凡建宅第中，脊中或置银钱故也。又凡厚葬，墓园多遭盗发之惨，盖亦是耳，可不戒哉。

国初孔庙、城隍皆木主^③，今虽太学，亦皆以像塑为常，不知其自何时始也。岂亦流俗传讹，袭弊而然乎？颇闻广州城隍庙旧设木主，景泰中太子太保左都御史今冢宰王公易塑像云。

◎集句成谶^④（第 2 册，卷 31，第 608 页）

天顺七年，予在广东肇庆军前用旧韵集赵子昂诗五绝句寄永熙，致之群公^⑤，首章云："我来君去苦相违，萧索^⑥山川树影稀。知己如今居鼎鼐^⑦，休文何事不胜衣。"时永熙甫自关北迁兵部也。明年

---

① 永乐十年七月十二日，1412 年 8 月 19 日。

② 据明弘治本改。

③ 木主，指木制的社神神位。

④ 谶，音 chèn。迷信的人指将要应验的预言、预兆。

⑤ 群公，泛指诸有名位者。亦用作一般的尊称。

⑥ 萧索，萧条冷落；凄凉。

⑦ 鼎鼐，鼎和鼐。古代两种烹饪器具。喻指宰相等执政大臣。

五月予入议，过浙时，永熙迁官，在藩司留连数日别去。夫孰知不久，而予再为关北之行。又不久，而永熙起巡二广，而此诗竟成前谶耶，不偶然也。近又简《交游集》，景泰中，予在赤城，钦谟自史馆集唐诗二首见寄，首章亦曰：“南征复北还，离居不可道。封侯竟蹉跎，志士白发早。平生一片心，未得展怀抱。”斯又谓之偶然可乎？吁！亦异矣。

◎宣府卫所屯堡等数（第3册，卷34，第51~57页）

宣府在居庸西北，其东自永宁卫南口起，迤西至西阳河南土山台、大同天城卫界止，一千九百七十三里三百二十六步，沿边腹里墩台隘口八百二十二座处，有镇守、镇朔将军、总兵官、副总兵、左右参将、参将，所统万全都指挥使司为卫所者十有九，为城为宿兵墙堡者共三十二。盖中军，宣府前、左、右三卫，兴和守御所，城一，赵川、大小白杨、葛峪、常峪、青边口堡六。北路，口外开平卫在独石城，龙门守御所在李家堡，有龙门卫城，有马营、云州、赤城、雕鹗堡。又有守长安岭、怀来卫中所，通为城堡者八。东路，怀来、永宁、隆庆左右、保安五卫，美峪守御所。又有守隆庆州永宁卫后所，隆庆、保安二州，永宁一县，而总为城者五。西路，万全左右、怀安、保安右四卫，城三，柴沟、西阳河、洗马林、新河、张家二口堡五。南路，蔚州卫，广昌守御所，二城。又有顺圣川东城，旧弘州西城，而直隶隆庆卫在居庸，粮刍亦属宣府。广灵、灵丘二县隶大同府，则惟拨军守戍焉。成化元年修饬，旧有拒敌堡五十二，屯堡七十九，新增筑屯堡五百七十二。新旧屯堡编以千文，起“天”字屯堡，止“于”字屯堡，通七百三座。增补虏使边氓往来孔道暖铺，通前后共六十九座。编第用字，则知、仁、圣、义、忠、和、孝、友、睦、姻、任、恤、礼、乐、射、御、书、数、文、行、信、教、杜、子、美、上、韦、左、相、八、荒、开、寿、域、一、气、转、鸿、钧、霖、雨、思、贤、佐、丹、青、忆、老、臣、岂、是、池、中、物、繇、来、席、上、珍、庙、堂、知、至、理、风、俗、尽、还、淳云。各属原额屯操守战官军、舍、余、土兵等六万六百六十六员名，是年报夏季数，除逃亡外，实五万七千二百六十一员名，实食粮文武官吏军兵五万四千八十八员名。骑操走递马驴二万三千四百八十二匹头，边储细粮一百五十五万九千二百五十九石三斗九升三合二勺，马料豆四十万七千一百六十四石二升二合七勺，银一十一万三百八十七两六厘，绵布三十七万二千八百六十七匹二丈四尺四寸，绵花三十五万二千七百一十八斤二两三钱，马草六百一十三万九千六百八十二束六分。奉敕官田者，是年买补官牛五千七百一头，作一千八百九十八具零二头，垦地四千一百六十九顷六十亩，收粮七万一百二石二斗九升一合，买马一千五百十九匹，详见《玉音碑》。碑所遗，则是岁饲牛所余藁秸八万九千一百五十六束一分，每束重一十七斤，易银二千五百二十两四钱七分，俱充公用。卫所公务牛四百八十四头，地三百六十一顷八十五亩，得粮八千九百五十二石一斗三升四合。驿站公务牛九十五头，地九十一顷，得粮一千八百一十二石六斗三升二合。卫所以给公私百需站道，以为慰劳行役之费，亦肇自是年，继是而有为则月益而岁增矣，当不一书。

◎徼①外同事诸将（第3册，卷34，第57～68页）

予自景泰三年夏至宣府，十一月奉敕协赞徼外军务，七年十一月奉讣还。于时曹州李公秉总督边储，参赞军务，兼理巡抚，进提督军务。总戎则都督纪广，其副都督杨能。广卒于位，都督过兴代之，暂设而即去。有副将都督卫颖，参将署都督张钦，即予所谓官多而不和者。能被召以怀来参将都督杨信升副总兵，代信者，都指

---

① 徼，空隙。

挥夏忠。不久忠卒，署都督佥事赵辅实代之。若万全右卫，则都督江福，后以事免。代之者参将都指挥张林，兼守西路也。天顺八年秋，予以巡抚重临上谷，适又受代李公焉。兹特以徼外昔日同事诸将佐具列于前，而今日之所与，据今丁亥①夏四月而后凡见任者，其前后更调不重见也。则续书之。

　　镇守独石等处宣府副总兵、后军都督府都督同知孙安。

　　右参将提督守备万全都司都指挥佥事周贤。

　　协同提督守备怀来卫指挥同知吴良。

　　赤城随哨把总指挥梁耄、马英、杜旺、郑友、薛显、周源。

　　守备都指挥使王林。

　　佥事张林、沈礼、黄瑄、张杰、王荣、申义、张寿、郑祥。

　　指挥同知陈忠、［张琥］，② 佥事常贵。

　　协同守备指挥使王鼎、朱通、吴升、姚瑄，同知王荣。

　　佥事绳矩、沙泉、吕贵、程道、阎敏。

　　中军：

　　镇守宣府镇朔将军、总兵官、前军都督府都督同知颜彪。

　　协同镇守右副总兵、后军都督府都督佥事张瑀。

　　协同镇守副总兵都指挥佥事黄瑄。

　　随哨把总都指挥同知孙素、王祥、杜俊。

　　署都指挥同知江山。

　　都指挥佥事傅岩、孟玺、文瑄、徐纲、乔清。

　　指挥使高宁、董鉉、杨琳、祝雄、杨瑄。

　　指挥同知施祥、陈浚、尚得、曹琮、胡佐。

　　指挥佥事欧恕、王俊、周贤、周宏、白振、康宁、于升、赵琮。

百户于海、石泉。

---

① 丁亥，成化三年，1467 年。

② "张琥"二字原脱，今据明弘治本补。

守赵川堡指挥佥事王雄。

守葛峪堡指挥同知罗镇。

守大白杨堡指挥佥事俞胜。

守小白杨堡指挥佥事王鉴。

万全都指挥使司军政都指挥同知周玉。

协同军政兼管屯田署都指挥佥事李绂。

河南都司轮班都指挥佥事林深。

署都指挥佥事薛铎，指挥使方宽。

北路：

镇守独石、马营等处左参将都指挥使李刚。

协同镇守都指挥佥事李延。

守备独石城署都指挥佥事郭瑄。

协同守备指挥使吴升。

守备马营堡都指挥佥事张寿。

协同守备指挥使王鼎。

守备云州堡指挥同知张琥。

守备赤城堡都指挥同知刘政。

守备雕鹗堡指挥使姚瑄，同知郑祥。

守备长安岭都指挥佥事申义，佥事赵升。

守备龙门卫指挥使陶洪。

守备龙门所指挥佥事阎敏。

东路：

镇守怀来、永宁等处参将都指挥同知阴杰。

守备怀来城指挥佥事吴清，同知梅盛。

守备保安新城指挥佥事程道。

守备安旧城正千户王曦。

守备永宁都指挥同知卻佽，佥事马刚。

守保隆庆州指挥佥事汪溶。

守四海冶堡指挥佥事邹伦、焦圮。

西路：

镇守万全右卫等处右参将署都指挥佥事蒋良。

协同镇守指挥同知张顺。

守备万全右卫都指挥佥事胡观。

守备万全左卫都指挥佥事楚祯。

守备怀安等卫署都指挥佥事周隆。

守备柴沟堡署都指挥佥事许宁。

守新河口堡指挥佥事秦林、孔海。

守洗马林堡指挥同知李泰。

守张家口堡指挥使秦亮。

守西阳河堡指挥使贾熊。

南路：

守备蔚州都指挥佥事牛玺。

守备顺圣川二城都指挥同知梁泰、杨文。

守本川东城指挥佥事张嚚、时兴。

守本川西城指挥佥事刘忠。

同知宋遇，佥事王钺。

守广昌所指挥佥事孙冕、宋质。

守广灵县指挥使陆铎。

守灵丘县指挥使章琮。

直隶保安州知州魏鉴、俞泽。

隆庆州知州师宗文、李蕱。

永宁县知县李秀、高翔。

4.《万历武功录》

【题解】 《万历武功录》14 卷，传记体史书，明瞿九思撰。瞿九思（1545～1615 年），字有道，又字睿夫，号慕川，湖北黄梅人。九思 5 岁入塾学习，12 岁中秀才，16 岁丧父，此后遍访名家，学益进，渐负盛名。万历元年（1573 年）中举人。在他中举后的第二年，县令张维翰以繁重的苛敛激起民变，九思被诬倡乱，入武昌狱 3 年。万历五年又被流放居庸塞下，遂携子、妾北上，途经北京上书鸣冤，值京师戒严，恐为逻卒逮捕，于是逃至京城以西约百里的窦德城，寄居于高姓人家，一住 5 年。在此期间，九思一方面讲学授徒，一方面继续辩白冤屈，而更大的精力则放在搜集资料、筹划著书立说上面。他经常变易姓名微服入京，以家乡父老亲朋赠送的有限金钱，在各个书肆里搜罗有关书籍；通过朋友抄录六科存案，并与抄报所报章加以核对，使其无阙遗；又多方购买私人有关边事的著述，向仕宦边疆之人询问边事。经过艰苦的努力，掌握了包括奏议、诏书、塘报、公文、邸抄、书信、檄文告示、口传等在内的大量相关资料。万历十年，经过朝廷官员屠隆、冯梦祯，特别是内阁首辅张居正的援手，九思得以获释。还归乡里后，九思闭门著述，"凡十八年不与外事"，撰写了《书经以俟录》《诗经以俟录》《孔庙礼乐考》《乐章》《中庸口授》等多种著作。除《万历武功录》之外，其他著作今已难见。

按《武功录自序》所述，九思于万历三十七年开始撰写《万历武功录》，"盖三阅岁，乃幸就次"，于万历四十年完成并付梓。书成，遣子瞿罕呈送京师，作为神宗皇帝五十寿辰的献礼。

《万历武功录》成书后，有明万历刻本。因该书涉及明代女真，

窮夷五百人竊比史車事請撫賞當是時史夷服屬
已久畜產頗多而獨車夷貧無積聚常盜竊馬牛
羊已迺計盡無所之輒欲借綠邊卒從征徼倖於搗
巢趕馬而遂因以爲利及後　貢市成毋用武惟仰
食縣官而老把都又從旁行搶略帳中擔如也臺御
史於是嘆曰車夷以窮困故來歸我我不蚤自爲若
地若寧不捍臂去耶於是請築堡三座以安之事下
大司馬譚綸議竟寢遲於寧遠堡及四海冶並修起
墻垣令二夷歲時逐滿水崖水草有如一日不可知
虜來并皆居前垣老把都烏奈彼何也是歲萬曆癸

明万历刻本《万历武功录》书影

入清后自然成为禁毁书籍，因此罕有流传。1962年，中华书局依据天津市人民图书馆所藏的海内外仅存的《万历武功录》完整孤本加以影印出版，从此人们得睹这一珍贵史书的原貌，并予以利用。近年《续修四库全书》《四库禁毁丛刊》等又将《万历武功录》影印本收录，毫无疑问，这给大家利用此书再次提供了方便。本辑即据北京出版社《四库禁毁丛刊》史部第35册影印明万历刻本《万历武功录》辑录有关赤城内容。

◎史二官、车达鸡列传（卷1，第421～424页）

史二官、车达鸡，皆三卫部夷也，阻山后以为险。二官常与黄台吉相仇杀亡厌，嘉靖中幸悔过，乃衭甲面缚①，诣台御史刘玺曰："累酉愿旁近塞上逐水草，唯将军所左右。"于是台御史请于肃皇帝，幸报可。由此史夷得牧龙门所。隆庆初，车夷达鸡亦自虏中亡抵于边吏，请牧滴水崖、靖胡堡。自是之后，二酉常往来虏中为间（牒）[谍]以自效。久之，老把都、黄台吉声欲犯渔阳，而制置使王崇古即使史二官深入朵颜部黑臭营，诇②之其状，间告汉。

亡何，黄台吉东徙，推择胡中美女子为妇人。是时，车夷大恰、奇老撒久物故，而恰有子曰敌垒，撒有子曰八不刺，皆年少不视事。而以所部哈不当在密云边，幸有女。哈不当，亲阿卜者汉兄也。已，又得车夷克臭女，及朵颜阿太女、史二女，黄台吉并皆室之，曰："吾长王胡中，若等岂忧贫乏哉？"居亡何，黄台吉比妓益思其父哈不当，乃单骑至密云边迎谒父，父与阿卜者汉偕往也。而车夷革固、烧花奈等亦惑比妓言，遂引众去，动以百数。顷，比妓后使酉长肯吉布恰、哑石害、首领哥，躬帅所部刺八他不囊等二百余骑驰瓦房沟，西至水克，卤获车夷哈计、哈班瞎、擦哈赖、卜肯及秃厮简兔、

① 衭甲，系甲。谓不解甲。面缚，双手反绑于背而面向前。古代用以表示投降。
② 诇，音xiòng。密告；侦察；探听。

事胡累去矣。于是御史孙琮、刘良弼、刘尧卿，给谏张书皆后先上书陈大计，语在奏疏。而台御史吴兑业已与制置使王崇古有成画矣。是日即召大酋达鸡、敌垒、八不剌三人，小酋伍栾秃斯额等一十九人，庭中问状。大率未去者，凡一千八百八十二人，皆一切罢抚赏。因以檄谯让顺义王曰："奈何教儿子不谨，而乃诱惑我属夷去乎？趋归我，不然者，我败乃市赏也。"黄台吉果惶惧，问诸比妓，乃送奉阿卜者汉到边。已，复为酋妇所部穷夷五百人，窃比史、车事，请抚赏。当是时，史夷服属已久，畜产颇多，而独车夷呰窳①无积聚，常盗窃马牛羊。已，乃计画无所之，辄欲偕缘边卒从征，微幸于捣巢赶马，而遂因以为利。及后贡市成，毋用武，惟仰食县官，而老把都又从旁行抢略，帐中澹如②也。台御史于是叹曰："车夷以穷困故来归我，我不蚤自为若地，若宁不掉臂去耶？"于是请筑堡三座以安之。事下大司马谭纶议，竟寝。乃于宁远堡及四海冶并修起墙垣，令二夷岁时逐滴水崖水草。有如一日不可知，虏来，并皆匿前垣，老把都乌奈彼何也。是岁，万历癸酉也③。

后五六年戊寅，御史黄应坤请箇二夷中，枭骑四百备营兵，得禀食④县官，人月三斗。而大司马方逢时以为不可。久之，给谏田大年巡边，以为二夷最为心腹患，莫若曲为堤防。明年，御史徐鸣鹤上书，意与应坤同。是时，梁梦龙本兵柄⑤矣，而亦以为宜厚其抚赏于策便。皆以夷性毋厌故也。

先是，裨将麻贵约束车夷，车夷乃不就，日夜惟决策于北虏。而史二恐事觉，辞且染己，乃踵军门请曰："车夷远边，交连北虏，

---

① 呰窳，音 zǐ yǔ。苟且懒惰；贫弱。
② 澹如，恬淡貌。《晋书·王导传》："及刘隗用事，导渐见疏远，任真推分，澹如也。"
③ 万历癸酉，万历元年，1573 年。
④ 禀食，谓官家给食。
⑤ 兵柄，兵权，军权。

意欲何为？将军蚤为地。"由此边吏殊不虞史二有它肠也。久之，俺答幸款塞，结离而称臣妾，缘边卒皆虎睡，倒载干戈①无所用，相率去垦田。而史二以为我今复欲牧马长安、雕鹗、滴水、赤城之间，毋乃蹂践禾稼，而几犯汉法乎？于是帅胡罢、那木神堂等穹庐②二百，亡虏人二千五百八十三口，橐驼、马、牛、羊六千余头，并驰样田堡，因至马鞍山。

初，史大侵盗老把都马、牛、羊，老把都常称兵欲报之。于是尽以橐中装藏龙门、滴水寨，而老把都仅执其犬子摆三儿。后边吏让俺答急，得解免。至是尽携橐中装以往，往依安兔也。而备龙门者将马一龙，从正峪嵯瞭之，安兔乃帅千余骑亦皆迟史夷于塞外。于是，自黑峪口至红沙嘴出边，扬扬骑马夹道而驰乎。即使使者追之，问曰："若亡，何也？"曰："我亡，以内地多耕种，吾无牧所也。且麻将军不食我月米已两月矣，不去，将安待乎？"旦日，参将麻承诏告于总戎李迎恩、副总戎张元，于是偕守巡使宁化龙、陈于阶以请也。而御史连标乃以其事属同知毛似荀、通判任国相、县令赵尔守，具得其状。因上书劾神将马一龙、杨谕、李天爵、李宽、李迎恩、黄明臣。已，劾大司马王一鹗。上有诏，言将才难知，大意不欲尽归本兵。故事，二夷月有米，岁大赏凡一，小抚凡三。至日，北路则靖胡堡，东路则龙门所，以为期会。先是，备守靖胡者将董用威久负大酋那出赖、黑石等月米至一百六十有奇，羊酒曲袜银至三十八两有奇。而是时胡中或言谍者梁天禄何故锁我史二子红亥？或言麻参将、苍头军何故（疆）［强］夺我骑马？口语甚藉藉。而又会庚寅③春自正月至四月，法当行小赏，后以米蘖不具，改六月，而史二遂怪麻将军不我给也。于是大司马王一鹗乃复奏。上有

---

① 倒载干戈，亦作"倒置干戈""倒戢干戈"。倒着藏放兵器，表示不再打仗。

② 穹庐，古代游牧民族居住的毡帐。泛指北方少数民族。《汉书·匈奴传下》："匈奴父子同穹庐卧。"颜师古注："穹庐，旃帐也。其形穹隆，故曰穹庐。"

③ 庚寅，万历十八年，1590 年。

诏，贬麻承诏俸一级，逮问马一龙、李宽，罚杨谕俸凡半年，黄明臣凡三月，李迎恩凡二月。已，谓边方事务、统率制驭，全住督抚，岂得无罚？于是罚萧大亨、郭四维俸凡四月也。

自是之后，塞上益执其史夷子阿哈大、车夷子他喇言及所部已奇力筒，置之圜土①以为质，趋归故巢。而给谏王遵训以为不必招来；张应登以为罚服不必问，再来不必留，说誓不必听；叶初春以为安危利害之大机，毋谓去留不足为轻重；而断事张寿朋亦以为宜乘其自去而姑置之。当是时，上幸遣给谏锺羽正行檄至龙门三岔，乃召降人瓦四、阿犹器问状，而史二则已从瓦房沟迁徙黑阿矣。黑阿去靖胡、龙门不百里而近，志未尝不须臾忘取阿哈大也。始，车夷治装急，遗橐驼、马、牛、羊一千有奇在滴水崖、靖胡堡，其后遣胡罢帅九十余骑直走滴水崖，赖杨谕追逐，罢空返。久之，史二亦使虏骑入永宁，至周四沟搜牛羊。游击杭大才鏖战，斩首捕虏二十余级，虏亦伤我军五人。然大才中流矢，几死者数矣。

明年辛卯②夏六月，星陨，从东北走，天鼓鸣如雷。其秋，史、车并诣塞上请抚赏以示款。大才乃奋髯抵几曰："是属尚有可信者乎！"即与守备彭继祖等提兵击破之，生得酋子红亥等五人、把都儿等三人，降哥落筒一人。总戎李东阳乃告于制置使萧大亨、台御史郭四维。于是御史吴礼嘉访诛纳③以闻。诏赐萧大亨金二十两，表里二之；郭四维、李东阳金十五两、表里一之；孙化龙与杭大才等金十两，韩子宣金五两，彭继祖等金八两，张云鹭等金五两。

是时，顺义王扯力克以西行迎佛，因助火落赤故，罢市赏，庚

---

① 圜土，牢狱。《周礼·地官·比长》："若无授无节，则唯圜土内之。"郑玄注："圜土者，狱城也。"

② 辛卯，万历十九年，1591 年。

③ 诛纳，诛杀和纳受之数。《后汉书·皇甫规传》："幸蒙威灵，遂振国命，羌戎诸种，大小稽首，辄移书营郡，以访诛纳，所省之费，一亿以上。"李贤注："规言羌种既服，臣即移书军营及郡，勘问诛杀并纳受多少之数目也。"

寅、辛卯皆未与，度非有大功劳不敢以请。乃与忠顺夫人三娘子议，乘东归，遂逮捕史二及大酋我列，�簋胶致①塞上，曰："愿复我市赏。"于是制置使请于上，诏复二年市赏，转迁不他失礼为都督佥事，那木儿台吉为龙虎将军，及满官正比妓金皆二十两、红段二纯，大成比妓金十两、红段一纯，赐活佛曰"朵儿只唱"。是岁万历壬辰也②。复赐萧大亨太子少保秩，金四十两，飞鱼衣一袭；久任邢玠为都御史，与王世扬金皆三十两，表里二之；韩取善金二十两，表里一之；久任马林为副总戎，加王世宝为参将，师国勋为都护，安天爵为守备，金皆十两。已，赐郑洛、石星金四十两，飞鱼衣一袭；王基、陈有年金二十两，表里一之；杨于庭金十五两。

久之，给谏吴之望上书，大略以史二，故安兔婿，而安兔则扯力克兄也，宜在赏之以酬功，必令执吉妹，而俟松虏过贺兰山，套房释夙怨而后开市便。先是，上有诏："史酉原系降夷来归，不宜深拒。但当安插得所，永杜后患。"

明年春，大司马石星竞以制置使议，请宽假③史二、我列、阿哈大、红亥等十八人死罪，而复以吉妹子胡独兔、我列子单独害为质，乃令吉妹、哱罗海、塔利等分列于长安岭、龙门所、滴水崖如故也。诏从之。自是之后，安兔复帅大酋打儿汉等犯我擦石口。制置使乃纵塞上精兵，提阿哈大及哱罗海、塔利百余骑逐击，以微察哈大意诚否。哈大殊疾力，破之，斩打儿汉、公用汗等首一十级，得生口二人，夺获马三匹。哈大于是乎诚服属矣。吾始以为安兔明而习于计，而后乃今而知安兔寡谋，几败乃婿事也。

赞曰：

以余而观龙门、四海冶城堡，皆屹然若泰山而四维之也。嘉、

---

① 付，音 biān。盛饭用的竹器。簋，音 yú。喂牛用的圆筐。胶致，犹精致。犹密封
② 万历壬辰，万历二十年，1592 年。
③ 宽假，宽容；宽纵。

隆以来，益务为武备，壮哉！今史、车二夷得保塞，倘亦有受降城之意乎？《传》曰："夫人深信我，我背之不祥。"塞上于二夷可谓信，我今藉其力以免是害，岂直一方利哉？四夷观望，亦当有闻风至者。

5.《国朝献征录》

【题解】 《国朝献征录》120 卷，焦竑撰。焦竑（1541～1620年），字弱侯，又字从吾，号漪园，又号澹园。江宁（今南京）人。谥文端，又谥文宪。明万历十七年（1589 年）进士第一，授翰林院修撰，历皇长子侍读、福宁州同知、太仆寺丞、南京司业等职。明代著名的学者，著有《澹园集》《焦氏笔乘》等。

《国朝献征录》一名《国史献征录》，该书内容丰富，人物众多，"献征"即"征文考献"，是明代历史文献编纂之大成，全书时间跨越元末明初至明万历末年，内容涉传记、墓志铭、行状、神道碑等等，是明代重要的历史文献学著作。

万历年间，以陈于陛为首编修明代国史《明史》，应陈于陛聘请，焦竑参务其中。焦竑在史馆编修明代国史之余，对自己不遗余力收集来的文献资料进行分类加工、整理，惜国史未竟，而《国朝献征录》大成。内容以人物传记、墓志铭、行状、神道碑等为主的历史文献汇编，其最大的特色就是收集极为广泛。《国朝献征录》为国史的编修保存了原始史料，为清代编修《明史》提供了文献上的支持。

该书大致按明正史体例编撰。卷 111 以前，为皇室、贵戚、官员的志传名状，依次为宗室、戚畹、内阁大臣、各部院及寺、司、科、道官员，以及 13 行省、南北直隶之职官。卷 112 以后，则按孝子、义人、儒林、艺苑、隐佚、寺人、释道、胜国群雄、四夷等传之顺序编辑，上自卿相，下至贩夫走卒，凡有代表性者，莫不辑录，纲分类剖，条目分明。

本辑据 2002 年上海古籍出版社《续修四库全书》第 525～531册史部传记类焦竑《国朝献征录》影印本辑录有关赤城内容。

昌平伯進侯追封穎國公謚武襄楊公洪神道

碑銘

　　　　　　　　　　　　陳　循

余嘗讀史記至田氏齊威王言其臣有檀子者使守
南城楚不敢爲寇泗上十二諸侯皆來朝竊意古有
未然者及觀昌平侯爲將守北邊始信其事蓋雖
國家威患被于萬方而苟非可以德化者亦必得人
爲之藩屏而後有所賴以濟也若昌平侯楊公其可
謂之得人者歟公諱洪宇宗道楊氏其先太原人系
出霍山王子宋太師中書令諱業與宋贈太師播州
端遊詩業生莫州刺史處朗處朗生廣州刺史充虜

《国朝献征录》书影

2428

◎阳武侯追封鄞国公谥忠武薛禄神道碑铭[①]（卷7，第525册，第250～251页）

杨士奇

宣德五年五月，太保阳武侯薛公奉命城隆庆、永宁、赤城、独石，竣事将归，以疾闻。上遣中官以御医往视，且赐敕谕劳至京，犹力疾入见，上慰谕再三，既归第，日赐御药，遣中官临问，无几，竟不起，七月廿三日也。讣闻，上震悼，亲为文祭之。追封鄞国公，赐谥忠武，诏有司治丧葬，丧葬之仪皆优等，盖特恩云。公讳禄，姓薛氏，世家山东胶州之新兴社。……十二年，从车驾北征。十五年，初建北京宫殿，命公董营缮。十八年，成加奉天靖难推诚[②]、宣力武臣特进荣禄大夫、柱国，封阳武侯，食禄千五百石，追封其三代皆侯爵，赐诰券。二十一年，从车驾北征，还，奉命讨捕湖州叛寇。二十二年，复从车驾北征。是年八月，仁宗皇帝嗣大位，加公太子太保，子孙世袭侯爵。奉命巡北边，适虏寇云州，公率兵追至大松岭，斩获甚众。事闻，赐敕嘉奖，遣中官及鸿胪卿即军中劳之，既还，赐白金钞币，加岁禄五百石。洪熙元年，佩镇朔大将军印率师巡北边。宣德元年，庶人高煦反，车驾亲征，命公前锋，先二日围其城，罪人既得留，公抚绥城中军民，还赐银币甚厚。明年秋，从车驾巡边，出会州，解后虏寇塞下，与战败之，生擒其酋，斩获其余众，遂镇蓟州、永平。冬还，赐银币加厚。四年，率师护兵饷开平者。再五年春，佩镇朔大将军印巡边至奇黄岭，遇虏拒战，悉斩之，尽收其家口孳畜，升太保，赐钞币。居三月，董筑城之役，

---

① 神道碑，旧时立于墓道前记载死者生平事迹的石碑。以汉杨宸所题《太尉杨公神道碑铭》为最早。据宋高承《事物纪原·吉凶典制·神道碑》载，秦汉以来，死有功业，生有德政者皆可立碑。明胡侍《真珠船·坟碑之制》：“（金石例）三品以上神道碑，五品以下不铭碑，谓之墓碣。”

② 奉天靖难推诚，功臣封号。明朝置。封予从成祖起兵有功者。并封公、侯、伯，给铁券，岁禄以功为差，荫及子孙。

盖从公之言，以便戍守。公平居无事，未尝忘危计，边务言之亹亹①或诮其琐屑者，终不变。盖其志奉国，惟恐不尽。为将勇智兼备，当先事筹划，用心之至，以夜继日。故所向成功，未尝败北。间一二临阵中矢石，裹创赴斗，有进无退。其率师所过，纪律严明，秋毫无犯。而抚恤士卒，人人归心，若董缮作，规置有方，力不烦费，功率坚久，人亦罕及。盖一代之兴必有一代之臣。公祇事②三圣，涉历多，用志笃，鞠躬尽瘁，以效臣职。故能建功国家，流光简册，致身贵富，垂庆后昆③，其非古名将之流，而今之不可多见者欤。

◎昌平伯进侯追封颖国公谥武襄杨公洪神道碑铭（卷10，第525 册，第 335～338 页）

陈循

余尝读史记，至田氏齐威王，言其臣有檀子者，使守南城，楚不敢为寇，泗上十二诸侯皆来朝。窃意古有未然者，及观昌平侯为将守北边，始信其事。盖虽国家威惠④被于万方，而苟非可以德化者亦必得人为之藩屏，而后有所赖以济也，若昌平侯杨公，其可谓之得人者欤。

公讳洪，字宗道，杨氏。其先太原人。系出霍山王子，宋太师中书令讳业，与宋赠太师播州端通谱。业生莫州刺史延朗，延朗生广州刺史充广，充广生德州刺史贵迁。充广尝因持节广西，悯播州之孙昭无子，遂以贵迁嗣之。自是，守播者皆业之后也。贵迁生从

---

① 亹亹，音 wěi，勤勉不倦貌。《诗·大雅·崧高》："亹亹申伯，王缵之事。"

② 祇事，恭敬事奉；敬于其事。

③ 后昆，后代；后嗣。明无名氏《玉环记·延赏庆寿》："止因无子，他日招婿，以续后昆。"

④ 威惠，犹威恩。声威和恩泽。

义郎①光震，生武节大夫②文广，文广生子长曰惟聪，生武经郎③选，选十三子，有讳辄者，仕宋为六合令，因家六合，后遂为六合人。公曾大父④讳顺，不仕。大父讳政，国初从常国公起义积劳，至汉中卫百户。父璟袭职。三世并以公贵，累赠特进荣禄大夫、后军都督府左都督。曾大母⑤张、母施，俱累赠夫人。公兄弟三人，公其长，仲淋、季忠。公生十七年，父战死灵璧公事，施夫人甚孝敬，抚二幼弟甚友。

永乐初，公袭父职，当远戍开平，人皆为公惮之。公叹曰："大丈夫立功名，宁在跬步之内。"遂谈笑而往。时成安侯郭亮守开平，一见公语大悦，置之幕下，资论军事，深见器重。八年，公率所部随驾北征，至饮马河，虏率众迎敌。公首入贼阵，获其人口马驼以献。上喜曰："将才也。"特命记其姓名。十七年冬，公遇虏寇战于泥河，斩馘甚众，并获其马二十三匹。明年，哨籔箕河，遇虏寇转战东凉亭，生擒贼首一人，获其马五匹，贼败走。

洪熙纪元之春，从阳武侯薛禄征大松林，公首击败虏众，获其人马，升正千户。又明年，为宣德二年，复从阳武侯征虏至红山，俘获三人。公与清平伯吴买驴前行，战于朵儿班你儿兀之地，公先冲入贼阵，斩获首级，牛羊等畜甚多，生擒贼首镇抚晃令帖木儿等人口二十有一。五年冬，虏寇潮河川，时开平卫治已徙入独石，公从都督方政追败之，获贼马器械。明年，虏复寇大石门，公列营与

---

① 从义郎，官名。宋徽宗政和二年（1112 年）重定武臣阶官名，改东头供奉官置，从八品。

② 武节大夫，官名。北宋徽宗政和二年（1112 年）重定武臣官名，改庄宅使、六宅使、文思使置，为正七品武阶官，属大使臣。西夏亦置，品阶不详。

③ 武经郎，官名。北宋徽宗政和二年（1112 年）重定武臣官名，改西京左藏库副使置，为从七品武阶官，属大使臣。

④ 大父，祖父。《史记·留侯世家》："留侯张良者，其先韩人也。大父开地，相韩昭侯、宣惠王、襄哀王。"裴骃集解引应劭曰："大父，祖父。"

⑤ 大母，祖母。《汉书·济川王刘明传》："李太后，亲平王之大母也。"颜师古注："大母，祖母也。共王即李太后所生，故云亲祖母也。"旧时亦指庶子称父亲的嫡配。

相向，佯示不动，别选轻骑绕出其后，虏退，无所遁，遂解甲弃弓矢，降众欲歼之，公曰："杀降非武。"遂收其平章脱脱等人马器械。又明年，朝廷用边将都督方政之计于西猫儿峪置马营，以遏贼冲，命公为守。公躬率士卒披榛莽①、筑城堡、立烽堠，踰月而成。既而号于众曰："吾与若等孤城守边，死生以之，慎毋怀贰②。"遂与士卒甘苦同受，忧喜相关。其或嫁娶有不能为力者，助之；疾病有不能致疗者，资之。由是，人心安和，不自觉其在穷荒也。八年夏，虏寇孤榆树，公追杀败至于红山，斩获其首级凡四十有一，驼马牛羊无算。明年，复追袭钞边，斩获虏首级人口而还。事闻，升公指挥佥事。十年秋，以问边计，驿召③公至京，升指挥使，特赐金织文绮④、袭衣⑤、宝刀、盔甲、弓矢、楮币⑥，遣还。寻遣给事中等官，赍玺书符验就镇，命充游击将军，统率万全精兵二千，厩马四千二百，巡备北边，至开平簸箕河。还，遇虏寇于闵安、瓦房嵯，公挥其下分翼进攻，大破贼众，斩获首级凡十有六，并其器械驼马牛羊，生擒贼首脱脱白暖台。还，升都指挥佥事。

正统元年八月，被召至京受赏，命副都督李谦总督怀来等处守备。是月，复受命与都督方政计军务于大同。明年，虏使启行，公受命领所部军马与方都督合势，出哨黄河东胜，虏使为恐。是年秋，兀良哈寇李家庄，公追败于兴州之三义口，贼弃所掠，并其马甲器械无数，公生擒其首朵栾帖木儿，复召至京受赏而还。是年冬，闻

---

① 榛莽，喻艰危，荒乱。《新唐书·李泌传赞》："观肃宗披榛莽，立朝廷，单言暂谋有所窾合，皆付以政。"

② 怀贰，亦作"怀二"。怀有贰心，不忠。《后汉书·刘表传》："（韩嵩）还，盛称朝廷曹操之德，劝遣子入侍。表大怒，以为怀贰。"

③ 驿召，以驿马传召。

④ 文绮，华丽的丝织物。

⑤ 袭衣，成套衣服。《续资治通鉴·宋高宗绍兴二十七年》："诏尚书左司郎中汪应辰宴国于玉津园……加赐袭衣、金带、器、币有差。"

⑥ 楮币，指宋、金、元时发行的"会子""宝券"等纸币。因其多用楮皮纸制成，故名。后亦泛指一般的纸币。

虏寇延［绥］，公伏兵回回墓截其归路，别选轻骑从闲道袭击，大破之，斩□首级、器械、羊马等，审生擒其党乞里麻等。三年春，兀良哈寇边，公与战伯颜山，并宝昌州，夺还所掳人口，并斩获首级、驼马、牛羊器械，生擒贼首指挥也陵台等四人，阿台答剌花等五人，迁都指挥同知，遣官赍赐金帛。已而，命公充右参将，镇守宣府等处，进都指挥使，复遣官赍赐金帛。四年秋，公受诏追杀叛虏阿木狼等，由白塔河倍道兼进至三义口，及之，斩获其下可列歹等首级，并其器械、马畜，进后军都府都督佥事。七年秋，受制谕充左参将，专守独石、永宁等处。八年春，哨苦乞儿河，战败虏寇于北只岭，斩获首级并马，生擒贼首那多，进都督同知。九年春，兀良哈寇迤西，公受命追袭，败于应昌之别儿克，贼尽弃其所掠人马、器械遁走。复追至朵颜稳都儿以克列苏，贼得险欲拒战，公躬督兵进攻，斩获首级并者赤王部属，生擒其首打剌孩等，蒙赐玺书褒谕，进左都督。十三年秋，受命挂镇朔将军印、充总兵官镇守宣府等处，膺重赏行。八月至镇，将士皆喜得良主帅，欢声动地。明年冬，公领兵袭击虏寇之盗宁夏马者至兴河，遇雪深数尺，公曰："此正破蔡时也。"遣兵四出追之，虏不及备，尽俘斩之。十四年秋，虏众大举入寇，车驾亲征至沙岭，公入朝见，命公前行，即又命守阳和、开山二口，公进至栲栳山，生擒贼虏则不丁等三人，并获被掠人马以献。驾还，命公为殿，寻命还守宣府。贼以精兵来攻，公出连战败之，贼不敢近。土木之溃，贼为伪书，遣其下伯颜帖木儿麻亮等诱公开门，公遣人出缚送①京师，今上令谕升公为昌平伯。未几，虏犯畿甸，公受召命入卫，既驰至，受厚赏。即日命充总兵官，率军马六万，往追遁贼。公至金坡镇拗羊山，击败其众，斩首数百，夺回人马辎重甚多。既还，赐赍有加，令总三千营兵进昌平侯，兼掌左军

---

① 缚送，捆住押送。唐韩愈《唐故检校尚书左仆射右龙虎统军刘公墓志铭》："少诚吏有来犯者，捕得缚送。"

都督府事，连有金织、文绮、玉带、冠帽之赐。

景泰二年三月，赐诰券①及勋阶②，食禄千一百石，子孙世袭其爵。五月，上虑虏情反复，宜有大将在边，乃命公挂镇朔大将军印，领禁卫兵千六百人往镇宣府。虏闻公至，皆自引去，其有以请盟约为名，挈众纵牧旁近山谷，窥衅而后动者，公知其为怀贰，遣将士追，败之于玉石沟，斩获首级、器械。自是，虏非朝贡至者，绝迹不敢近边，蒙赐敕奖谕甚切至。自公再至宣府，军声为之大振，关北之人固皆以为虏不足为其患，关南之人亦莫不为奠枕③而安，曰："有杨公镇宣府矣，不特此也。"

方虏寇入畿甸之时，军民、耄倪④无不汹汹⑤，一闻朝廷召杨公至，帖然⑥为之不惧，至有拥塞道路求识其面不得，辄怏怏终日者，其声价之得于人也，如此于乎？士审如此，可不谓之大丈夫乎！

公再至镇两月得疾，诏遣御医临视，继又命亟还京治之，北还遣中贵人慰劳甚至。公自知不可起，即命其子俊、杰奉表进，大意以为：国恩未报，臣职未尽，愿朝廷以宗社为心，夷虏为虑，崇文修武，以安攘之于万万年，臣即死暝目矣。余无所及。表奏，上嘉纳⑦之。翼日遂薨，是年九月十三日⑧也。后四日即公之生辰，其年

---

① 诰券，皇帝赐封臣下所颁发的文书。

② 勋阶，勋官的等级。《旧唐书·文苑传下·刘蕡》："夏官不知兵籍，止于奉朝请；六军不主兵事，止于养勋阶。"

③ 奠枕，犹安枕。汉扬雄《法言·寡见》："昔在姬公，用于周而四海皇皇，奠枕于京。"李轨注："安枕而卧，以听于京师。"

④ 耄倪，老少。语出《孟子·梁惠王下》："王速出令，反其旄倪，止其重器。"赵岐注："旄，老耄也。倪，弱小，繄倪者也。孟子劝王急出令，先还其老小，止勿徙其宝重之器。"

⑤ 汹汹，骚乱不宁。《三国志·魏志·曹爽传》："天下汹汹，人怀危惧，陛下但为寄坐，岂得久安！"

⑥ 帖然，安定顺从的样子。

⑦ 嘉纳，赞许并采纳。多为上对下而言。

⑧ 是年九月十三日，1451 年 10 月 7 日。

为洪武十四年，迄今春秋七十有一。讣闻，上辍视朝一日，命赐赙祭①甚厚。有司为营丧葬。朝之公、卿、侯哀痛挥泣。以薨之年冬十月六日，葬于都城西山之原，配初娶潘氏赠夫人②，继吴氏、周氏皆先卒，继魏氏封夫人。

子男二，长曰俊，周出，前军都督府右都督。次曰杰，魏出，将嗣公爵。女四，长适唐海，次适都指挥申义。其二尚幼，别室张氏、李氏出也。别室有从公薨曰葛氏者，诏赠淑人③。孙男一，珍。女三，俱幼。公之戍开平也，施夫人及二弟淋、忠尚留汉中，公皆乞令同居开平，俾得尽其友爱。或乞归守先茔。其后犹子④四人，曰能，官至后军都督府都督同知；曰信，都督佥事；曰仁，锦衣卫指挥佥事；曰知，开平卫指挥使。皆公训育之所启也。

公在边时，军士恒苦，乏孳牲马，有质子女以偿官者，为积岁患。公为选军中马牝牡⑤之良，纵牧于野，使自为合数年，马大繁息代偿之，余足以进充内厩。朝廷闻之，下其法于各边，公私便之。又尝陶致砖石，包甃缘边城堡以固守备。公有时出在边虏或潜山谷间，窥见旗帜，知为公也，辄相戒不可出，甚至急引而匿去者。公自守边以至将兵京师，所陈为国为民、兵戎御卫之事甚多，多见听纳。盖公为人孝友忠信，果敢刚毅。在边四十余年，恒以国事为心，始有卒五百，以至于领三千之众；自统一方士马，以至于总天下之兵。不以所将者寡，而屈于人下；不以所帅者众，而旁若无人。敌强不以自怯，心熟计而后战；战胜不以自骄，必量敌而后安。有功不专诸己，有惠必分诸人。故其驭下虽严，而人乐为之用。至于修

---

① 赙祭，谓赠送财物以祭死者。

② 夫人，古代命妇的封号。明代一品二品官员之妻皆封夫人。

③ 淑人，古命妇封号。宋凡尚书以上官未至执政者，其母、妻封为淑人，明为三品官员祖母、母、妻封号。清因明制，又增宗室奉国将军之妻为淑人。

④ 犹子，指侄子。《礼记·檀弓上》："丧服，兄弟之子，犹子也，盖引而进之也。"本指丧服而言，谓为己之子期，兄弟之子亦为期。后因称兄弟之子为犹子。汉人称为从子。

⑤ 牝牡，鸟兽的雌性和雄性。

饬边防，经画岁计，训练士马，振起荒颓。与夫建立庙学，以教兵戎子弟；赈恤孤寡，以酬士卒死亡。尤为德政之大方。

公之葬也，其子俊、杰具其平生，请书刻石立于神道，以垂无穷。公于余有同朝之雅，又以列侯偕侍经筵，余不能辞，故为书而铭之。

◎昌平伯赠颖国公杨公洪传（卷 10，第 525 册，第 338~339 页）

杨洪，字宗道，六合人。祖政，汉中百户。洪嗣官，调开平。机变敏捷，善用计，出奇兵捣虚或夜劫营，累功升都指挥。正统元年，内臣韩政、阮鹅疏洪短，上诘二内官曰："此必小人左右汝。"即械至京，姑贷汝二人。时洪颇为众忌，上又每举洪功励诸将。洪益自奋守边屯营，专用铁蒺藜。寻以都督守独石，败虏宣府、大石门、宝昌州，捕虏阿台打剌花。正统十三年，封昌平伯，食禄千石。充总兵，镇宣府，虏畏之，呼"杨王"。十四年，虏入，败我土木，上皇道宣府，北狩去，洪闭城门，逮系诏狱。是年十月，虏犯京师，出洪狱中自效。洪与孙镗、范广等率兵击虏涿州、紫荆等处，遂至固安，大捷，捕虏阿归等，进侯。

洪为将，纪律严明，将士用命敬慎①，自将不敢专杀②，宣德、正统、景泰间称名将。也先之难，奋不顾身，一时诸将功为最。景泰二年，还镇宣府，卒，赠颖国公，谥武襄。子杰嗣侯，言臣家一侯三都督。诸苍头③得官旗者十六人，乞停苍头职役许之。未几，卒。杰庶兄④俊嗣侯。俊先以擒叛者喜宁功，升都督。上言也先，往

① 敬慎，恭敬谨慎。《诗·大雅·抑》："敬慎威仪，维民之则。"
② 专杀，擅自杀人。《汉书·刑法志》："吏不专杀，法无二门，轻重当罪，民命得全。"
③ 苍头，指奴仆。《汉书·鲍宣传》："使奴从宾客浆酒霍肉，苍头庐儿皆用致富。"
④ 庶兄，非正妻生的孩子；宗族的旁支。与"嫡"相对。

时酋长尚在，东西诸番未附，今既弑脱脱不花并其众，东自女直、兀良哈野人，西至蒙古赤斤、哈密皆受约束，包藏祸心，待时而动。又闻其妻孥辎重在哈剌莽来，去宣府才数百里，健人壮马屯沙窝，去边尤近，今大同、宣府、怀来、辽东、山海、永平、宁夏、延绥、甘凉、庄浪等处宿兵不下数十万，臣愚以为险阻之处，量留守御，其余壮勇各选老成谋略将官，统率迤西悉赴代州，迤东悉赴永平，结营操练。更选京营骑兵，申令股肱大臣，统率至大同、宣府会合。所在兵列营坚守为正兵，其永平营赴独石，代州营兵赴偏头关一带按伏为奇兵，部署既定，或拘绝虏使以激其怒，或檄数叛逆以正其罪。彼必来侵我正兵，坚壁清野，坐观其变，密遣奇兵日夜倍道捣其巢穴，使彼前不敢进，后不能顾，必擒其妻孥获其辎重。彼或察知我谋，急还相救，我乘其奔溃，奇兵夹击，立致摧败，此实战攻取胜之机。抑臣又闻三军之害，犹豫最甚，昔在有宋澶渊之役，若从寇准之议，必无靖康之悔，今若间以群疑失今不治，臣恐他日之患，又有甚于今日者。臣一家父子兄弟受恩实深，马革裹尸，固其分也。事下，总督、总兵及营中诸将校议，言人人殊，少保于谦言贼虏也先违天背德，彼之罪恶已盈，我之雠耻宜雪。杨俊此疏发愤殉国，但兴兵举事系社稷安危，即如俊所言，万一我军出境，贼与我牵制，别分犬羊，由间道乘虚四散摽掠，是自撤守备计，非万全国家之害，非止北虏。东南寇盗未除，河南流民又聚，岂可轻内重外，更不思患预防，夷狄之性，利于疾速，不能持久，去来如风雨，聚散如蜂蚁，得利则鸱张，失势则鼠遁，乃其常态。若欲纠兵涉远，出徼幸①之谋，撩奸凶之虏，将卒不相知，号令不相统。臣愚未见其可，疏上，从于公议。先是，遣俊及刘深，充游击将军，出宣府经略独石诸城堡。参赞参政叶盛言俊往守独石，所谓败军之将，乞遣

① 徼幸，徼，通"侥"。希望获得意外成功；由于偶然的原因而得到成功或免去灾害。

深罢俊。遂令俊护瓦剌使人出塞，俊又挟私怨，杖永宁守备都指挥姚贵，且缚贵斩曰，我尝杀陶都指挥。上不问，诸裨校力解得释比还，廷臣劾俊论死，会杰卒，每请释俊葬杰，得降督府佥事，遂得嗣父侯，后坐法罪死，宥革爵，子珍嗣。天顺元年，石亨坐俊及骁勇都指挥范信等，附于公斩西市，调珍戍广西。天顺八年，赦珍，授龙虎指挥使。

◎武强伯杨公能传　陈镐（卷10，第525册，第353～354页）

杨能，字文敬，系出太原之霍山王。至宋有官六合者，因家焉。少随伯父颍国武襄公洪处，兵间诣习孙吴法。正统甲子春，从颍国战伐有功，升开平卫所镇抚。时倅开平指挥使，宗幼疾，不任事，颍国奏易其官，从之。戊辰冬，战贼湾河三岔口，败之。己巳春，擢都指挥佥事。冬，从颍国还朝，赐赉有加。时虏入近地，诏令追剿，遇贼紫金、倒马二关，连败之，擒获野剌厮等。景泰初元，擢都指挥同知，寻拜游击将军，御边宣府。夏，战贼八里沟及荆子村，败之。秋，还朝，擢都指挥使。冬，仍充游击将军，统神机京兵；寻擢后军都督佥事，充左参将，镇宣府。夏，进都督同知，寻充左副总兵。甲戌春，召还总神机京兵。天顺改元，以迎复功，擢左都督，总兵宣府。夏，大同有警，奋然请自行战贼磨见山及石灰站，败之，擒获撞骨儿等。秋，进爵武强伯，食禄一千石，乃上疏欲乘虏弊，举兵殄①之，不许，赐敕奖其忠勇。戊寅春，赐以诰券，加封

---

① 殄，音 tiǎn。尽，绝。消灭。

奉天翊卫①、宣力武臣②阶，特进荣禄大夫③、勋柱国④。秋，朵颜胡款塞⑤，吉虏且入寇，能给以炮火，谕使夜斫其营，果大败之，俘献所获于朝。夏，虏寇大同，复请进讨虏，闻能至，悉惊遁。秋，战贼新河口，败之，擒获努沙等。寻往独石战贼韭菜冲，追至保昌州，贼势穷蹙，悉弃辎重遁，诏发兵策应天同，贼闻其至，夜遁去。庚申闰十一月朔，卒于军。能沈毅善谋，临战决胜，北虏詟惮⑥，以"杨爷"呼之。至于军法严明，律身廉洁，体悉士卒，得其死力，虽古名将不能过也。初，颖国佩镇朔大将军印镇宣府，能继其职，弟信佩征西将军印镇大同，东西犄角，保障边陲，武勇功名，为本朝边将之冠云。

◎通议大夫⑦吏部左侍郎谥文庄叶公盛神道碑（卷26，第526册，第330~332页）

---

① 奉天翊卫，功臣封号。明朝置。凡以功封公、侯、伯爵者，皆可得封。给铁券，岁禄以功为差，荫其子孙。唯从太祖、成祖起兵有功者另有封号，不属此。

② 宣力武臣，功臣封号。明朝置。武臣因功封公、侯、伯爵者，如特奉圣旨，可得封。

③ 特进荣禄大夫，散官名。明置，文、武正一品，初授。

④ 柱国，官名。战国时楚国有此官，分上柱国和柱国，上柱国位次令尹（宰相），为武职最高官衔。原为保卫国都之官，后也帅兵远征；柱国位次低于上柱国。明代左柱国、右柱国为正一品，柱国为从一品。

⑤ 款塞，叩塞门。谓外族前来通好。《史记·太史公自序》："海外殊俗，重译款塞。"裴骃集解引应劭曰："款，叩也。皆叩塞门来服从也。"

⑥ 詟惮，畏惧。《北齐书·清河王岳传》："岳任权日久，素为朝野畏服，及为二藩，百姓望风詟惮。"

⑦ 通议大夫，散官名号。隋炀帝始置，为从四品文散官。元朝改正三品，宣授。明沿元制，定正三品，升授。

彭时

公讳盛，字与中，姓叶，世为吴郡昆山人，祖明，赠通议大夫吏部右侍郎。妣①郭氏，赠淑人；考②春，屡赠通议大夫吏部右侍郎；前母汤、母陈，俱赠淑人；继母沈，封太淑人。公天资颖异，自少博学强记，下笔惊人。正统十年，举进士，授兵科给事中，毅然以言责自任。十四年，英皇北狩，郕王监国，公率同列劾将臣扈从者失律败事，请诛之，以谢天下。然后选将练兵，以复不共戴天之雠，兴师问罪以除大逆不仁之贼。如此，则大纲以正，大义以明，而圣驾之旋轸③可期矣。闻者壮之。九月，监国即位，颁赏廷臣，公以时艰，辞，不许。十月，京师戒严，公请罢内府军匠，悉遣征操，及虏骑近城，又请令有司储粮料以给战士，遣散卒迎取军器于大津以张外援。三四日间，凡上八疏，悉合机宜，虏既退。公言赏功罚罪，天下要务，今日之赏罚，既行他日之劝惩，攸系赏罚明信，则人人力于事，功耻无不雪雠，无不复矣，今效劳如孙镗死事，如谢泽韩青皆当赏，以示劝其他。守关不严，赴难不力者，皆当罚以示惩。从之。升都给事中，时边境未宁，大臣有奏留边将守京师者，公言今日之事边关为急，往者独石、马营不弃，则六师何以陷土木；紫荆、白羊不失，则虏骑何以薄都城。即此，而观边关不固，则京师虽守，不过仅保九门无事而已，其如陵寝何，其如郊庙坛墠何，其如田里之民荼毒何，宜急遣固守宣府、居庸便已。而河南陈州流民扇动，命公往视。公即兼程以进，除贪虐，赈饥寒，威惠并行，民用安辑。景泰元年春，还。复上言，京城为天下根本，而八府旱蝗相仍，加以虏寇侵扰，民不聊生，乞议宽恤，俾安生理，不然臣不能不为社稷忧也。八月，北虏送驾还京，将入关矣，有隐名具帖

---

① 妣，音 bǐ，原指母亲，后称已经死去的母亲。

② 考，原指父亲，后多指已死的父亲。

③ 旋轸，还车，回车。《文选·潘岳〈西征赋〉》："骛横桥而旋轸，历敝邑之南垂。"刘良注："旋轸，还车也。"

言迎复事者，大臣见之顾忌，不敢举。公曰：此野人无情之言，达于上感动必矣，或沮以匿名书不顾，具疏言之。有旨，令尚书胡濙封进帖，虽留中而正论有不泯焉。是冬，公以北虏、南蛮患不已，上疏，请令中外文武要职各陈安边济时之策。二年六月，天象示异，公又条陈弭灾防患十二事以上，及闻禁中颇事游畋①，又请举行祖宗午朝故事，公当多事之秋，遇事辄形于疏，每疏不下百千言，而大要则以扶忠直抑奸佞，恤生民，御外患为主，其有裨于时政为多。三年，迁山西布政司右参政，监督宣府粮饷，寻命协赞独石等处军务。先是，独石、马营八城遇虏失守，残毁未复，公列其利害，可兴革者为八条以进，次第罢行之。八城既复，乃立社学以教子弟，置医药以济疾病，立义塚以瘗死亡，设暖铺以便行旅，均蔬圃以给将士，制度品式纤悉备具，而又请官银五千两，买牛千余头，摘戍卒不任战者，俾事耕稼，岁课余粮于官，凡军中买马除器劳功恤贫诸费，皆于是乎取给自是，边人欢洽，岁亦屡登，有嘉禾同颖之祥。七年冬，以外艰去，八城之人如失父母，连章②乞留，而公固辞不可。天顺二年，英宗皇帝嘉其能，驿召至京，面加奖谕，寻擢都察院右佥都御史，巡抚两广。公乞终制，不允。至广兴利革弊，尤尽厥职，旧例广东盐课不出境，岁久盐积商困，往往赂守关津者，越过广西市利，公以听之则法坏而利归于商，禁之则商滞而利归于关津，乃请计盐多寡入米饷边而后出境，于是公私两利焉。时广西流贼多，入广东为害，而两广守将颉颃自异，是以讨贼不成功，公请革两广正将，立总镇于梧州，居中调度，则贼可平矣，众是其策，而不果行，公不得已请益兵，英宗乃命都督颜彪率兵赴之，公与彪协议破贼砦八百所，擒斩数万人，而还，或又以杀降谤之，而不知

---

① 游畋，游逸田猎；游猎。《书·伊训》："敢有殉于货色，恒于游畋，时谓淫风。"孔传："昧求财货美色，常游戏畋猎，是淫过之风俗。"畋音 tián，打猎。

② 连章，连名上章。

实积年反复之贼也。天顺八年，今上嗣位，升公左佥都御史，巡抚宣府，修复官牛官田之法，垦田益广，积粮益多，以其余岁易补战马千八百余匹，其屯堡废缺者力修筑之，不数月，完七百余所，兵民始虽怨之，既而恃以无恐乃欣戴焉。在宣府屡有建白①，且请行养老令于边，褒恤已往贤臣，为方来劝，上嘉纳之。成化三年，升礼部右侍郎。五年，改任吏部。是冬，持节封沈府稷山王。六年，畿内大饥，命公巡视真定、保定二府，赈恤贫困，绥辑流亡，既还，复命赈济人民之饥者，全活甚众。八年，北虏出没河套，为西边患，有言增兵守险者，有言大举搜套，驱出河外，沿河筑城堡，抵东胜，徙民耕守其中者。公受命往议方略，奏言搜河套，复东胜，此皆事势所难，不敢妄意，惟增兵守险可为远图，宜令守臣铲削边墙，增筑城堡，收新军以实边，选土兵以助守，此不但可责近效，而亦足为长便也。上是其言。九年，转左侍郎。公自入佐部政，每议礼用人，从容赞决。其间僚长敬信，司属悦服，至若事非部分而关当时利害，系生民休戚者，遇诸卿必相辨正，因而助益者不少。一日，坐后堂署事，忽疾作不能言，舆归私第而卒，实甲午三月八日②也，享年五十有五。上闻，深悼惜之。赐赙钞三十缗，谥为文庄，遣官谕祭营葬。公为人温雅简重，崇道谊，尚名节，言动思跂③古人，居家惇孝友，莅官清，慎勤恪，设施④不苟，与僚友论事不激不随，而言色自若，其取人先行检而后才艺然，存心宽厚，终不及人之过恶，所寓门无杂客。公退，手不释卷，考古辨疑，殆忘寝食。而于世俗声色财利之好，澹然不以经心。平生为文师欧阳，而功业自期于韩、

---

①　建白，谓对国事有所建议及陈述。

②　甲午三月八日，成化十年，1474 年 3 月 25 日。

③　思跂，跂音 qǐ，古通"企"。思企，旧时书信语。犹想念。宋王安石《与孙侔书》："思企，思企，千万自爱。"

④　设施，措置；筹划。《淮南子·兵略训》："昼则多旌，夜则多火，暝冥多鼓，此善为设施者也。"

范，以范公为乡先正①，尤景慕焉。惜乎大用未究而卒。所著诗文奏议总若干卷，藏于家。

◎资善大夫②刑部尚书建昌魏公源神道碑（卷44，第527册，第315~316页）

王直

正统九年闰七月廿七日③，刑部尚书魏公以疾终于家。事闻，上为之嗟悼④，遣官赐祭，命有司治葬事，在朝士大夫亦莫不惋惜，致赙奠。先是，公有足疾，诏俾厘务，免朝参⑤。久之未能愈，公叹曰："食君禄而不一造朝⑥，心岂能自安。"八年二月，拜疏⑦乞致仕。上怜而许之，降敕慰且赐钞三千贯归。一年而终，年六十三。公讳源，字文渊，幼而岐嶷⑧，喜读书，习于礼节，十三能属文，尝作桂花诗，为时辈所叹赏，选为学官弟子。……九年，升浙江按察司副使。未几，召还，署刑部右侍郎。会河南旱，饥民转徙，乃命公为河南左布政使，至则发仓廪，以赈民，奏免逋赋⑨，省徭役，及诸不急之务一以安民为事，民稍稍来归，而雨亦大至，是岁有年，召为刑部左侍郎，食从二品禄。或言四川边务多弛废，命公往理之，明罚饬法，众务修举。还朝，拜刑部尚书。狱无滞囚，凡公所决断

---

① 先正，亦作"先政"。前代的贤臣。《书·说命下》："昔先正保衡，作我先王。"孔传："正，长也，言先世长官之臣。"

② 资善大夫，文散官名。明置文官。正二品，初授。

③ 正统九年闰七月廿七日，1444年9月9日。

④ 嗟悼，哀伤悲叹。晋潘岳《杨荆州诔》："圣王嗟悼，宠赠衾襚。"

⑤ 朝参，古代百官上朝参拜君主。

⑥ 造朝，进谒；朝觐。

⑦ 拜疏，上奏章。唐韩愈《施先生墓铭》："秩满当去，诸生辄拜疏乞留。"

⑧ 岐嶷，《诗·大雅·生民》："诞实匍匐，克岐克嶷。"朱熹集传："岐嶷，峻茂之状。"后多以"岐嶷"形容幼年聪慧。

⑨ 逋赋，未交的赋税。《汉书·武帝纪》："行所巡至，博、奉高、蛇丘、历城、梁父，民田租、逋赋贷，已除。"颜师古注："逋赋，未出赋者也。"

者，人人以为不冤。时上注意边事，又命往西边督察诸将，谨防边，以便宜从事。遣都指挥李谦守独石，杨洪副之，劾奏指挥杜衡等慢令当死，诸将始严惮不敢肆，自天城抵朔州，视要险地宜守者凡八，分命诸将守之，请增修开平、龙门城，使高大，皆甃以甓，庶可守。又自独石抵宣府增设墩堠，发开平、龙门兵，并力为之屯军，免其租一年，凡诸大城堡请给神铳、火药，严为备。上皆从之。再遣敕嘉劳焉。时诸军有勇壮者，依托权豪以避役，公悉搜括归伍，中权豪侧目一弗顾，既而病足，不能朝，遂以此致仕。君子皆惜其去，而亦莫不以为荣。公忠厚坦亮，孝于亲，友于兄弟，睦于宗族，而信于朋友，与人交必依于仁义，其襟度夷旷①，洞见肺腑，事有可疑者，得公处之，众无不惬意。凡公所莅，人至今誉叹不能忘。魏氏先居南昌之奉新，后乃徙居建昌，故今为建昌望族。曾祖文卿，祖庭郁，父伯泰皆有德义而不仕，及公贵，祖考②皆赠资善大夫刑部尚书，妣皆赠夫人。

◎通议大夫刑部左侍郎张君锦墓志铭③（卷46，第527册，第410～411页）

李东阳

刑部左侍郎张君，讳锦，字尚絅，系出河南太康籍……君举成化乙酉乡贡，己丑进士，试政刑部……时为都察院右副都御史巡抚宣府，直枉除弊，兵民畏服，劾罢中官武将之守备不职者。间登陴望，见武帅家假山甚丽怪之，其家闻之，遂自撤去。虏报猝至，或欲请官军，适朝廷遣中使就议，公附奏以为不必遣，竟亦无他。请立万全左卫、龙门所学，置天下武学，岁贡额皆旧所未备也。丁父

---

① 襟度，襟怀与气度。夷旷，平和旷达。
② 祖考，指已故的祖父。
③ 墓志铭，放在墓里刻有死者事迹的石刻。一般包括志和铭两部分。志多用散文，叙述死者姓氏、生平等。铭是韵文，用于对死者的赞扬、悼念。

忧，服阕，巡抚保定诸府，兼督紫荆诸关……公少有异质，生穷边，无师友，从释氏学，旋习老子及读儒书，始尽，去旧习，独冠儒①，不避哗笑，攻苦力学，竟以所得取高第②，乡之以儒显者，自公始。其为人敦孝友，重廉节，早失恃，事父甚谨，抚诸弟无间，言悯穷赴急，或假贷为赈恤。其在官勤敏强干，不为事窘，章奏明畅，动数千百言，久典刑狱，尤精法比③，而能以宽恕将之。服念恳愊④，每至验诸梦寐，历佐台省前后十五年。资望俱积，而不及大拜以没论者，盖深惜之。然其所自立，亦可谓卓荦不群⑤者矣，所著有《松塈小稿》《宣政录》《张氏宗谱》若干卷，藏于家。

◎兵部左侍郎刘公源清传（卷58，第528册，第174页）

郡志

刘源清字汝澄，东平人。举正德甲戌进士，仕江西进贤知县。值宸濠叛，源清以县当午道⑥，即日规战守计，揭旗大书"誓死报国"四字，仍积薪环室，戒曰即事急火吾家，毋污贼⑦，会濠妃亲娄伯及阉乐圉以兵出县境。源清募死士二百人，绕出其后，获伯圉，诛之。贼复移檄源清，源清立斩其使，以是濠兵不得越进贤而东，贼势少沮。王守仁起兵，檄与俱进，贼竟殄灭。征拜监察御史，寻升大理寺丞，擢佥都御史，巡抚宣大，调度士马，岁省四十万金。

---

　① 冠儒冠，古代儒生戴的帽子。清侯方域《司成公家传》："（邓生）诟公谓：'若乃养马，而我职弟子员，冠儒冠。'"

　② 高第，经过考核，成绩优秀，名列前茅。常指科举中式。

　③ 法比，法律条例。

　④ 服念，反覆考虑。恳愊，恳切。《新唐书·褚亮传》："高祖猎，亲格虎，亮恳愊致谏，帝礼纳其言。"愊音 bì。

　⑤ 卓荦不群，卓荦：特出；不群：跟一般人不一样。指才德超出常人，与众不同。荦音 luò。

　⑥ 午道，纵横交贯的要道。

　⑦ 污贼，与贼合污。指附贼。《新唐书·吕諲传》："帝复两京，诏尽系群臣之污贼者。"

北虏大举入寇，总帅被围，源清冒险遣发，斩首虏数十余级，虏遂遁去。滴水崖卒郭春等与民讼，辞屈，以数百人据城叛，源清遣兵传城呼曰，禽春等数人，而止守陴者，执春等斩之，进副都御史，再遣兵部左侍郎总制宣大，会大同军乱，源清奉命讨贼，督总兵卻永决水攻城，贼势已窘，郎中詹荣因得入购其党，斩倡乱者以降。源清以籍手逆党为恨，不居其功，侍郎黄绾附尚书夏言，因为蜚语中伤，逮系司寇，年余给舍曾忭①为之论辩，乃得罢归。隆庆改元，言官交章②追论，诏赠兵部尚书，赐祭遣官营葬。源清忠贞孝友，出自天性，崛起寒素③，伟干负气，临义不顾利害，尝有恩荫④，舍其子而荫弟之孤，人以为难，今祀学宫。

◎兵部右侍郎兼都察院右佥都御史郑公汝璧墓志铭　总督
（卷58，第528册，第189~193页）

孙矿

余甲戌登第⑤，入礼部见一衣冠者自堂皇⑥下。问之，堂吏云："新仪制⑦郑公也。"翛然鹤举，望之如餐霞人⑧。……辛卯⑨，起井径兵备副使，会先任者，迁赤城参政。赤城乃在上谷最北，直悬出

---

① 给舍，给事中及中书舍人的并称。曾忭，明江西泰和人，字汝诚，号前川。嘉靖五年进士。尝上书疏救刘清源，谓清源于宁王反时有保障功。忤帝意，斥为民。后复职，累迁至都给事中。

② 交章，谓官员交互向皇帝上书奏事。

③ 寒素，门第寒微，地位卑下。指家世寒素之人。

④ 恩荫，谓遇朝廷庆典，官员子孙承恩入国子监读书并入仕。

⑤ 登第，犹登科。第，指科举考试录取列榜的甲乙次第。

⑥ 堂皇，亦作"堂隍"。广大的殿堂。特指官吏治事的厅堂。《汉书·胡建传》："当选士马日，监御史与护军诸校列坐堂皇上。"颜师古注："室无四壁曰皇。"

⑦ 仪制，官名。明清属礼部。

⑧ 餐霞，餐食日霞。指修仙学道。语出《汉书·司马相如传下》："呼吸沆瀣兮餐朝霞。"

⑨ 辛卯，万历十九年辛卯，1591年。

塞外，三面皆虏，虏情最剧，其人畏往，丐督抚为奏留铨部[1]，遂以公补其缺。公不以边地为苦，不以远徙为愤，坦然就官，至则以军容肃下，略去内地苛礼。时衣袴褶与诸将驰走郊原，校武技，讲战略，赴阳和谒制府[2]，皆以马不以舆。时虏酋称臣久，边塞少事，然夷性难驯，时时小为劫。前此者恐开边隙，多委此忍之。公则纵骑兵埶其首虏执为辞，公曰："汝为逆，安得容汝。且我中国人为盗者，皆杀无赦，况尔丑虏！"虏慑服去。锺给事羽正阅边，报疏云："臣徧历诸边，明目张胆敢言战守者，惟郑汝璧一人而已。"赐白金、文绮。是冬，晋河南左参政。明年，迁榆林中路按察使。……嗟乎！孔子昔称才难异哉，公之才也，循循守矩矱[3]耳，而中特精及毫厘，自道术、文学、政务、法律及诸技艺琐屑事，凡人所能者无不能。而政事尤长，见吏迹辄取，亦不硁硁[4]必欲行，常以虚平待之。所至静默弗炫露[5]。若值其机合，则斩然断行[6]之远功，顷刻立就，已过则如无事。然待人无纤微狥而能曲体悉。温然推诚，属吏莫不惕惕[7]畏，竟无怨者。日不倦应酬而常闲暇。徐方伯[8]成位亦今时异才。昔与公及余同署。于时公方有时名[9]，然徐未肯下也。及公后抚山东，而徐适起家[10]为海道副使，亲受事于公，乃始心服。与余遇徐州，叹曰：昔与昆岩公同事年余，乃不知其超越若此，沉细而发，必中真

---

① 铨部，主管选拔官吏的部门。历代吏部职掌甚重，故常以"铨部"指吏部。

② 制府，宋代的安抚使、制置使，明清两代的总督，均尊称为"制府"。

③ 矩矱，规矩法度。《楚辞·离骚》："曰勉升降以上下兮，求矩矱之所同。"王逸注："矩，法也；矱，于缚切，度也。"矱音 yuē。

④ 硁硁，音 kēng。形容浅陋固执。理直气壮、从容不迫的样子。

⑤ 炫露，夸示；显扬外露。

⑥ 斩然，毅然果决貌。断行，果断行事；武断行事。

⑦ 惕惕，戒惧。《国语·晋语四》："君若恣志以用重耳，四方诸侯其谁不惕惕以从命。"

⑧ 方伯，殷周时代一方诸侯之长。后泛称地方长官。汉以来之刺史，唐之采访使、观察使，明清之布政使均称"方伯"。

⑨ 时名，指当时的声名或声望。

⑩ 起家，谓从家中征召出来，授以官职。

不可及。即素不甚合者，语及公，亦无不推服①焉。公内行修，门内怡怡②，族党俱颂德。素明法家言在西曹，有律解人争传录之。后抚山东，刻行仪制，刻有《帝后纪略》《诸王表验封》，刻有《功臣封爵考》《臣谥类钞》，家刻有《由庚堂集》，皆行于世。生嘉靖丙午正月十九日，卒万历丁未七月二十日，得年六十有二。父讳重，祖父讳文，皆不仕，俱赠兵部右侍郎兼右佥都御史。又上，处士讳因，邵武丞讳銮，祀闽名宦。始祖讳桂，山阳人，宋绍兴中仕缙云令，卒因家焉，至邵武公十二世也。配周氏，少保公南孙女赠淑人，自有志。

◎都御史罗公通传（卷 54，第 528 册，第 189～193 页）
罗氏家乘③

都御史罗通，字学古，吉水周桥人也。……二十四日，敕副都御史罗通即将原领口外官军五千员名统率来京策应潘成，赵玟仍行整搠其余军马固守居庸关隘，其昌平伯杨洪所领军马即便放入赴京，毋致稽违，如敕奉行。通提兵直走紫荆，与虏遇战，败之。又战于完县五狼河拗羊岭，败之。所斩获功多，召入参赞军务理院事。景泰元年，省臣言通本晓畅兵法，参理军务，今更兼院事，妨误戎机不便，通疏乞敕石亨、杨洪各率精锐马步军，亨自紫荆出大同，洪自居庸出宣府，沿途巡哨提督官军，堵塞关口，修理墙榨，剿除贼寇，防护耕种。又言，边军妄报首功，虚张虏势，德胜之战近在都门，斩虏几何？而升级六万六千有奇。又言，拖玉珥貂者，皆苟全性命，忌能憎言，无奉公报国之忠。于谦不悦上言德胜，当先一万九千八百八十人升一级，（陈）［阵］亡三千一百一十八人升二级，

---

① 推服，推许佩服。
② 怡怡，和顺貌；安适自得貌。特指兄弟和睦的样子。语本《论语·子路》："朋友切切偲偲，兄弟怡怡。"
③ 家乘，私家笔记或记载家事的笔录。家谱；家史。

余皆给赏，且乞罢兵柄。六府部院、翰林、台省议疏留，谦亦言通志在灭贼，为国家计长久，无他。谦亦宜同心恊力，勿互猜嫌。是年，通乞下令，擒斩也先、伯颜帖木儿、喜宁者，赏万金，封侯。会宣府总兵朱谦，言有达贼二万余人攻围宣府一路城池，及四散摽掠人畜。于是于谦上言，口外军民连岁被兵，不能种艺，恐虏至无所掠，一旦拥众，以送驾为名突至（大）［太］原，则山西摇动，而河南淮甸之间，亦可忧矣。宜选有谋略文职大臣，往镇山西，昌平侯杨洪亦乞差文职大臣率兵出雁门，用鹿角台营护山西，馈运大同，意俱属通，兵部请通往。通言，谦、洪建此策，乞令与臣同行。于谦言曰：国家多事之秋，非臣子辞劳之日，臣谦谙熟山西事，谦宜去。上仍以命通。三月初十日，敕都察院右副都御史罗通与都督同知充总兵宫范广，内官弓胜、张温管领神锐率领五军营官军一万员名，神机营官军七千员名，三千营官军四千员名共二万一千人驻札居庸，差夜不收分投哨探声息缓急，贼众多寡近远，前进怀来驻札与杨能、杨信等相机乘势杀贼，通提兵至怀来，逐虏出长安岭外，轵获大有功。时龙门、雕鹗诸城残破，守将撤兵内徙，遗刍粮数万。公言虏来有乡导，欲奋刍粮，守则军力不足，运则民财不足，焚则国用不足，乞廷议。户部尚书金濂奏下，通及督饷侍郎刘琏、总兵朱谦兵计上，已而虏退。数使人来议和，通请班师还京，协赞京营军务。……弘治十八年，隆庆州父老奏，己巳之变，通守关有功，宜表忠良以励臣节。敕祠居庸关。屡朝按边御史修饬，至今边人以通为神，水旱疾疫必祷焉。

◎应天府通判林公春墓志铭（卷75，第529册，第157～158页）

倪谦

公讳春，字孟阳，姓林氏。其先台之宁海人，曾祖某，洪武初以戎事迁居金陵。祖某，又迁山西太原府右护卫。父本荣，又迁代州。至公，又迁万全都司龙门守御千户所，至宣府乃定居焉。公生于太原，性资颖异，有志于学。比来^①宣府，时绍绅儒硕谪居^②于是者众，公往从之，资其讲益。入万全都司弟子员，习尚书，博览群籍，学日宏肆，程试之文，深有理致。尤工古文辞，乡人多持卷轴求之，家有其作，精于书翰。景泰庚午^③，应顺天府乡试，中式。会试中副榜，当得校官，不就。入太学，放，依亲归。参政叶公盛举同纂修都司地志，搜考订定，善于序述。持身端慎，邀游公卿（闻）[间?]，惟以礼接，一言不及外事。有事逮系者多赍重贿，要其解释，力谢绝之。虽以礼遗以金帛者，亦却不受。人皆曰："士居贫而能有守若此，难得矣。"复入太学，从翰林学士吕文懿公，卒业，志期必举进士。文懿尝向予道公之学之才之美，予已知其人，而未识也。天顺中，予为权臣所陷，谪宣府。尝至学宫，见少师杨文贞公扈从北征诗，刻石堂上，碑阴刻吏部尚书王文安公记，公所书也。予初以养正书，问之乃云公书。又于他处见其所书，已作甚多。叹曰："名下无虚士，信哉。"未几，公乞假归，始获面晤。言温气和，熏然君子也。乡人素爱之，延请者无虚日，多速予以陪。公能饮，至数斗不乱，酒半必握拳商射，呼笑为欢，意度洒如也。后别去，意其必举进士，竟不成。待次吏部，仅授应天府通判，专理马政，人咸为之惜。公曰：始仕得六品京官，于吾足矣，所患职弗能称耳。及至官，以清节自厉，攻驹考牧^④，恪尽乃心，公平不苟，民受其惠，无敢干以私者。每行县较阅，止食公廪，一毫不取于民，莳^⑤蔬公廨隙地，至则摘以自给。其廉如此，或有笑其迂者，公曰："我儒

---

① 比来，近来；近时。
② 谪居，谓古代官吏被贬官降职到边远外地居住。
③ 景泰庚午，景泰元年，1450年。
④ 攻驹，教幼马驾车。考牧，谓牧事有成。
⑤ 莳，音 shì，移植；栽种。

者诚迂若<u>杨伯起</u>，则古之迂者也，我愿学焉。"初考献绩于朝，吏部以最闻，诏嘉之，锡以敕命，进阶承德郎，赠其父如公官，赠封母妻皆安人①。再考，复以最书，政声日起。性酷好书，每暇辄磨墨伸纸，挥汗呵冻②，寒暑不废，字体清劲遒丽，得之者皆珍袭③之。予幸被宥还，复得与公胥晤<u>南京</u>，相处者六载。每造公，必留饮至醉，呼笑之乐，不减畴昔④，今年暑气最炽，公中暑毒，适当开科，属理场屋事劳，遂成痢疾，不能食。予往视之，言论尚如平时，不数日竟卒。呜呼！孰意其遽止于斯哉。公为人外虽和易，而内实刚毅，处兄弟友爱，交朋友诚信，接寮寀⑤敦睦，居官孳孳爱民，廉介之操乃其素志，不以始终有变。故其卒也，贫无以为殓，哀积众赙，仅能举其丧归，其制行可见矣。公生于<u>永乐</u>辛卯七月九日，卒于<u>成化</u>辛卯九月五日，享年六十有一。

◎陕西布政使司左布政使宁公化龙墓志铭（卷94，第530册，第285~286页）

<u>余继登</u>

<u>宁公</u>讳化龙，字文明，号云田，<u>保定新安</u>人。祖志本，父节，俱以公贵，赠封中大夫<u>山西</u>布政使司右参政⑥。祖母<u>庞</u>、<u>张</u>，母<u>吴</u>俱淑人。公生五岁，始能言，比就外傅⑦，一意问学，十一能文，十四补弟子员，十八廪于庠，<u>万历</u>丙子举于乡，丁丑第进士，戊寅授中书舍

---

① 安人，封建时代命妇的一种封号。明清时，六品官之妻封安人。如系封与其母或祖母，则称太安人。

② 呵冻，谓嘘气使砚中凝结的墨汁融解。

③ 珍袭，珍藏。

④ 畴昔，往日，从前。

⑤ 寮寀，亦作"寮采"。官舍。引申为官的代称。指僚属或同僚。

⑥ 中大夫，散官名。明朝为文散官，从三品，升授。右参政，官名。明朝各布政使司置，从三品，位在布政使之下。分左、右，无定员，随事增减。掌分守各道，及派管粮储、屯田、驿传、水利、抚民等事。

⑦ 外傅，古代贵族子弟至一定年龄，出外就学，所从之师称外傅。与内傅相对。

人，己卯册封周藩，辛巳以考最①，封其两尊人，壬午升工部都水司员外郎，视慈宁宫养心殿诸工程，夙夜勤事，有尚方膳醴之赐，旋以大庆恩，加封其尊人，如其官。甲申，督理京城街道。即以其年榷税荆州，公至荆，主在禁奸节费，通商惠民，比得代②，课无溢额，橐无私装，荆之人士诗歌以颂之。丁亥，督修胡良、巨马二桥，日与中贵人处，调停节缩，不激不随。工竣，赐白金、文绮，晋虞衡司郎中，加俸一级。公主虞衡③，一切规画厝注，诚心为质，为大司空所倚办，声称藉甚。己丑，升山西按察司副使，备兵赤城。赤城密迩虏巢，青把都、安兔诸酋环其外，而史、车二夷处其内，为边陲重地。公为明约束，严号令，惩偷惰之习，清虚耗之蠹，凡所经理，悉绸缪大计，谓龙门虏冲，独石隔远，裨将一人难于兼制，白于部使者，增参将一人，分守其地。庚寅，史、车二夷逸出塞，议者纷纷遂至，易置诸将吏，乃移公潼关。公无几，微见词色，即候代犹日督将士，严兵保境，苦寇至者，未几，史酋率所部寇龙门，公督游击杭大才与战于唐子冲，擒酋女，所捕虏斩获甚众，详见督抚疏中。公既至潼关，念关地据黄河上游，控制三省秦之襟喉，急以暇日，堑土堙谷，练兵积饷，关若益雄而盗贼屏息。壬辰，升山西布政司右参政，理屯粮，核逋负④。满三载，升陕西按察使，适当计吏其臧否，一裁以至，公至盟于神，誓不欲以爱憎为毁誉。戊戌，升山西右布政使。己亥，升陕西左布政使，以便归省⑤，抵家而疾作，遂卒，时己亥闰四月也，距生嘉靖己酉，得年五十有一耳。公小心周慎，所至以精勤，举职剔历藩臬，不越秦晋，熟知其民风吏弊，边事虏情使其不死，即当秉中

---

① 考最，政绩考列上等。古代考核政绩军功，上等曰"最"，下等曰"殿"。
② 得代，谓可得继任。
③ 虞衡，古代掌山林川泽之官。《周礼·天官·太宰》："以九职任万民，三曰虞衡。"郑玄注："虞衡，掌山泽之官，主山泽之民者。"
④ 逋负，拖欠赋税、债务。
⑤ 归省，回家探望父母。

丞之节，以大造于彼民也，而公不逮矣，惜哉。

◎ 记张金宪时龙门之战（卷97，第530册，第501～502页）

林大春

张金宪①，名时，字宗易，保定易州人也。少与杨太常继盛同学，杨兄事之。嘉靖中，先后举进士，杨拜南京吏部主事，稍迁员外，而张君方待次公车②，会北虏入寇，长驱薄都城下，京师戒严。君倡言于当事者，请与虏决战。时不能用虏退，复来，以入贡为名，大将军鸾上言，请令塞上得纳胡马，因稍易以缯帛，塞南侵之望，诏许之。其年杨适入考，调兵部，客于张君，所遂草疏劾鸾误国不道，以稿示君。君曰："此疏正不可少第必无听，如听之将令为之，当谁属乎。"杨曰："请以属子某有死，以报国而已。"君勃然作色曰："大丈夫死必济国，家事岂徒死耶。"因私往见陆太傅炳，说曰："大将军议开马市，杨员外以职事，宜言主上，幸而见原大善，有如圣怒不测，使汉有杀计，臣之名为夷狄笑窃，为大将军，不取也。"此其责宜在太傅，太傅深然之，及疏上，下杨继盛诏狱责问，坐谪边尉，不得死。后岁余，鸾伏诛，杨复召还兵部，甫至京十九日，又坐劾奏严氏父子事，论弃市。先是，杨既之边，君亦寻以忧免。至闻，杨召还，谏死，独恨弗能救，又复自念业已往即救，俱死无为也。因为之发丧于易水之上，而服焉，且为力存其后，或问君与杨子异乎。答曰："昔者伯夷太公两人者，同归周，岂其志不同哉。然而孟津之会，尚父鹰扬③，夷齐叩马④，彼固各有谓耳。"其后六年，丁巳，服阕，补刑部主事。有诏令大臣，各举才堪边寄者以闻，

---

① 金宪，金都御史的美称。

② 待次，旧时指官吏授职后，依次按照资历补缺。公车，汉代以公家车马递送应征的人，后因以"公车"为举人应试的代称。

③ 尚父鹰扬，借指将军大展雄才。唐张九龄《饯王尚书出边》诗："诗人何所咏，尚父欲鹰扬。"

④ 夷齐，伯夷和叔齐的并称。叩马，勒住马。叩，通"扣"。《史记·伯夷列传》："伯夷、叔齐叩马而谏曰：'父死不葬，爰及干戈，可谓孝乎？'"

于是九卿中三疏荐君，调职方主事。其年奉使征兵入卫，西自秦中还，上边事因言，故将某某可用。从之。己未，迁员外郎，寻出为山西按察金事，备兵独石。是时，边戍久空，动倚客兵为援，其实首鼠伏匿，不敢战，所过骚然不宁，边民苦焉。君乃始请罢客兵，复屯戍，稍益，募壮士教练之。久之，西北传举烽①，言虏酋黄台吉且入寇。君私与部将计曰：虏入必先掠龙门。龙门者，宣府之右臂也。龙门失守，虏必乘胜南下逼近红门，此其为患不小。乃自选骑卒得七百余人，趋援龙门，俄而虏果大至，凡数万，会日暮，分屯夹道营，营长可数十里，君复私计曰：虏至，不知我有备，且贼虽众，屯夹道，道狭难猝，聚可掩击也。因出死士数十人，夜袭虏营，营中大乱，首尾不得相救，尽获骡马牛羊以归，台吉闻之大骇。黎明，悉众来攻龙门，君令集民间车环以为营，以五色彩缯画龙文衣车，上出城中，老弱守之，而以精骑自将而前与台吉战，大破台吉兵于龙门之野，我兵锐甚，往往驰轶入虏壁，斩骑将骑坠□刺杀之。有捕虏者谓台吉言，我累岁盗边，莫我抗，今若此固愤，不肯退，及遥望见后车，车画五彩龙文势甚壮，望之如山，业思为遁，计适城中樵夫为虏所得，问得虚车状，虏乃大笑，复奋我兵犹殊死战，不可败，相持至暮，所击杀无数，我兵死者亦百数十人，虏因罢去卒，保龙门。林子曰："余观张君所将破虏，士仅七百人，可谓壮矣。岂李陵所谓荆楚之奇材剑客勇士耶，何其能以少击众如此也。"往余在京师，客从塞上来，为余言张君阵龙门事甚备，余故悉记之。大抵君平生与人忠，遇事智，见义勇，其待士也严，而有思临难不避，以身先之，此其所为，能得士之死力有以也。论者谓其轻敌寡谋，致颠越②于我师，又却客兵不用，以至无成功。竟下兵部议，坐贬。

◎平羌将军后军都督府右都督谥武僖周公玉神道碑（卷106,

---

① 举烽，燃点报警烽火。

② 颠越，陨落，坠落。引申为废失。

第 531 册，第 190～191 页）

倪岳

公讳玉，字廷璧，姓周氏，世家滁之南湖。高祖庇哥，在国朝定天下初起，从大将，树战功，遂有戎籍于永平卫。曾祖礼，始以功，再进秩宣府前卫正千户，卒。祖安嗣，寻以疾，罢。父贤嗣，勇略善战，以功七迁至后军都督府都督佥事，充右参将，分守独石等城。天顺戊寅，虏寇延绥，上驿召至京，命提兵往援。至则日与贼战，多所斩获。己卯正月朔，哨贼野马涧，接战四日，贼益拥众，迎敌乃挺身直前，为流矢所中，死之。事闻，赠都督同知，赙赉有加，特命公嗣授万全都司都指挥同知。公时甫弱冠，痛父殁于王事，感激自奋，期以报虏，居官廉慎自持，督理屯田，边庾充赡。甲申，少宰文庄叶公巡抚其地，首荐公掌都司事。公勤于职业，剸繁理剧①若老于吏事者，政誉籍然。成化改元乙酉，前威宁伯王公方以都宪总制诸路兵马，复荐公志气英锐，号令严明，廉而不苛，谋而有勇，宜任游击将军，统领奇兵，以靖地方。上赐玺书，命公具如所请。是岁秋，延绥有警，公提兵往援，斩获甚众。癸巳正月，虏寇漫天岭，公率所部拒之，虏众大败，斩首七十余级，夺获达马兵仗以万计。兵部论公功在优等，进都指挥使，仍加赐白金彩币。总制诸公遂建议，以为虏虽挫衄，然尚据榆林、河套以为巢穴，非潜兵捣之，未肯远遁。时各路将领闻议，莫有任者，公乃奋然与前，总兵都督许宁统兵出境，直抵红盐池贼巢，杀败贼众，擒斩三百五十余人，屠其妻子，焚其辎重，夺其驼马什器三万有奇，残虏奔窜渡河而北。朝廷降诏嘉奖，进后军都督府署都督佥事。甲午秋，宣府西路屡报贼警，敕公往援。八月，战贼马营齐家沟，再战赤城袁家墩，斩获甚众，追贼出境而还。复赐敕嘉奖，寻与实授。明年乙未，奉敕充

---

① 剸繁，谓裁处繁剧的政务。理剧，治理繁难事务。

副总兵官镇守宣府。丁酉，奉敕佩镇朔将军印充总兵官镇守宣府。庚子春，堠兵报贼窥伺，公率兵自青边口出，追贼至红崖儿，复至龙门狮子冲，累败贼众，追奔出境至水磨湾等处乃还，以功进升署都督同知。癸卯秋，贼自柴沟堡出没，公率兵追奔至白腰山，斩获贼级，夺其马疋而还。未几，贼自大同天城许家堡出没，公率兵往援，追奔至定安营等处，斩获贼级，夺其马疋而还，积二功与实授，仍署右都督。秋八月，挂征西将军印，移镇宁夏。冬十月，杀贼枣儿沟。丙午冬，奉敕有曰："以尔久任边陲，累着勋绩，即今甘肃贼寇骚扰，特命尔挂平羌将军印充总兵官镇守甘肃，尤须振作军威，攘除边患，以安境土，宽朕西顾之忧。"至是而委任益隆矣。明年，实授右都督。先是，迤西土鲁番贼尝于成化初，劫哈密王母、金印而去。至是，复杀都督罕慎占据其城，朝廷议讨之，公请因虏使之还者，使赍诏往喻庶或有济，已而果遣使入贡，并献金印城池及所虏人口，悉如公所筹，上大悦。赐敕曰："不劳士马军饷，而坐收成功，由尔本谋也。"公历镇三边，劳于计画，虽所至有功，兵民赖之。然亦坐是婴疾①，日思东归矣。前后六七疏乞，解兵柄，词意恳切，上皆不充。甲寅，疾增剧，诏俾回京料理。秋九月，闻命即日就道②，明年正月望前一日③，卒，实弘治乙卯也。其生为正统己未后二月望日④，得寿五十有七而已。公器宇凝峻，自偏裨大将，爱养士卒，抚循⑤有恩，苟不用命，必罚不贷。每遇贼计，定而后战，往往克敌制胜，功绩为多，虏人至见其旗帜，即惊呼遁走隐然，为边阃之望者若干年，岂偶然哉。

---

　　① 婴疾，缠绵疾病；患病。《后汉书·党锢传·李膺》："道近路夷，当即聘问，无状婴疾，阙于所仰。"
　　② 就道，上路；动身。《后汉书·皇甫规传》："明诏不以臣愚驽，急使军就道。"李贤注："就犹上也。"
　　③ 明年正月望前一日，弘治八年，1495年2月8日，农历正月十四日。
　　④ 正统己未后二月望日，1439年3月31日，农历闰二月十七日。
　　⑤ 抚循，安抚存恤。

◎都督同知孙安传（卷107，第531册，第226页）

孙安，先直隶高邮州人。永乐中，代父焕职，为大兴左卫指挥金事，历升都指挥使。正统己巳，升后军都督金事，总督独石、马营、龙门等处备御。景泰辛未，进同知。甲戌，以疾罢镇。成化七年十一月卒，赐祭葬如例。己巳之变，独石等城为虏所攻，守备都指挥杨俊等声言城孤悬难守，皆弃归，遂鞠为荒墟。安既受命总督，与协赞军务山西右参政叶盛请修复之。躬率士卒，芟①蓬蒿，茸庐舍，饬战具，吊死问伤，流亡复业人有宁宇，复为完城。于时议者，谓其保境之功居多。子骥袭卫指挥金事。

◎左军都督府署都督金事山西副总兵田公世威墓志铭（卷108，第531册，第292~293页）

朱睦㮮

公姓田氏，讳世威，字维扬，其先讳荣者，龙门人。文皇帝时，以功累迁宣武卫正千户。荣生福，福生锐，锐生浩，浩生秀，秀乃公父也。浩、秀以公贵，俱赠骠骑将军署都督金事。公生而刚毅，有智数，弱冠补开封学生，累试不第。嘉靖壬辰，袭正千户。乙未，武举中式，授宣武卫署指挥同知。癸卯，升江北运粮把总，坐乘舆调延安卫。丙午六月，总督侍郎曾公铣檄委巡边，以功赐金褒奖。丁未，升固原守备，复升都指挥金事，分守宁夏西路。是时，曾公经理河套，大功垂成，大学士严公嵩忌之，嗾仇鸾论奏，曾戮于市。公坐以曾议，谪戍开平。庚戌，大虏入寇城下，大司马征诣京师，及虏退，咨送尚书史公道赞画②马市，市成，升永宁守备。癸丑，复升宣府游击将军。七月，虏酋俺答侵紫荆关，督府调公遏截。二十五日，与虏遇于广昌金家井，公誓于众曰："今日之战，若不戮力，

---

① 芟，音shān。割草，引申为除去。

② 赞画，辅佐谋划。

必为齑粉①，尔不见诸营屡北之验乎。"众皆奋勇而前，公左胁中矢，容不动犹鼓之进，擒酋首吉脱兰，斩获二十三级，夺大纛一竿，马二十七匹，明日追虏至<u>蔚州</u><u>薄家庄</u>及<u>沙窊堡</u>，鏖战累日，斩获亦众。九月，擢右参将，分守<u>宣府</u>南路。甲寅，转左参将，分守<u>宣府</u>东路。值属夷花当都督求和，督府尚书<u>苏公佑</u>意不决。召公问，公曰："和之利有三，便耕获，通商贾，保陵寝。"督府以公议，上诏许之。六月，升副总兵协守<u>宣府</u>。十二月，属夷复叛，远近惊愕，公询其故往抚之，夷遂帖服。乙卯②正月，俺答犯<u>龙门</u>，公督众往御至<u>板搭峪</u>，设伏邀击，死伤甚众，虏退归。三月，复至，公摄总兵事帅部将前后斩获百余级。三月，虏去<u>龙门</u>，犯<u>万全右卫</u>，督府以兵五千檄公会剿。四月朔，战于<u>马莲堡</u>，箭中左足，明日，裹疮复战，虏遂败，驱之出塞……今年夏，公以病卒。太保<u>王公</u>临哭甚哀，且为经理丧事，遣官护送归葬。

---

① 齑粉，粉末；碎屑。常用以喻粉身碎骨。齑音 jī。

② 乙卯，嘉靖乙卯，嘉靖三十四年，1555 年。

6. 《明史纪事本末》

【题解】 《明史纪事本末》是一部纪事本末体的明朝断代史，成书于顺治十五年（1658 年）冬，历时两年，编者为清朝初期官吏谷应泰。谷应泰（1620～1690 年），字赓虞，号霖苍，直隶丰润（今河北丰润）人。顺治四年进士，十三年官至浙江学政。因该书成于《明史稿》《明史》之前，而且属私人著述，颇为当时人所重视。

该书仿《通鉴纪事本末》之例，纂次明代典章事迹，凡 80 卷，每卷为一目。纪事始于元至正十二年（1352 年）朱元璋起兵，迄于明崇祯十七年（1644 年）李自成农民军攻入北京，朱由检自杀。选录其中 80 个历史事件或专题，按时间顺序编排，记述始末，首尾一贯，简明扼要。卷末附有作者的史论。该书详于政治，略于经济和典章制度，且选录的历史事件也不够全面，但因成书较早，又综合多种明代史料编纂而成，有一定的史料价值。

顺治十五年全书编成刊行，两年后，谷应泰遭到御史董文骥的弹劾，指斥其书中有不利于清朝言论。顺治帝对此十分重视，立即派人查阅。由于编者的立场、观点和清朝统治者一致，对于明清关系未涉及，其调查结果，此书未被禁，谷应泰亦没有受到处治。

该书的最早版本为顺治十五年的筑益堂本，此后又有《四库全书》文津阁本、广雅书局本、畿辅丛书本、崇德堂本等。本辑据畿辅丛书本辑录有关赤城内容。条目后所标页码为古籍中缝处所标页码。

亨等雖爲大帥進止賞罰一由謙相顧頗首而已　戮左

都督楊俊俊楊洪子也恃勇桀驁不可馴先備獨石馬營

等處土木之變棄城逃歸馬營龍門等八城皆不守旣而

命爲參將帥兵巡哨懷來等處復輒調永甯守備官軍於

懷來將永甯城西門砌塞于謙劾其方命專權擅作威福

詔宥不問俊又以私怒都指揮陶忠杖撻死父洪懼禍奏

取俊還京隨營操練旣至謙併劾其獨石棄城喪師辱國

及懷來私仇捶死邊將之罪謂非誅俊無以懲戒將來兵

科給事中葉盛等亦劾之於是逮繫法司議罪斬於市

阿剌遣使貢馬請和邊臣留之懷來以聞是時韃靼政事

《明史纪事本末》书影

◎甲申，燕兵攻怀来。时余瑱守居庸，简练关卒，得数千人，将进攻北平。燕王曰："居庸险隘，北平之咽喉，我得此，可无北顾忧，瑱若据此，是拊我背也。宜急取之，缓则增兵缮守，后难图矣。"令指挥徐安、锺祥等击瑱，瑱且守且战，援兵不至，乃弃关走怀来，依宋忠。燕王曰："宋忠握兵怀来，必争居庸，宜乘其未至，击之。"诸将皆曰："彼众我寡，难以争锋，击之未便，宜固守以待其至。"王曰："当以智胜，难以力取。彼众新集，其心不一，宋忠轻躁寡谋，狠愎自用，乘其未定，击之必破矣。"遂帅马步精锐八千，卷甲倍道而进。王据鞍指挥，有喜色。

先是，宋忠绐①将士云："尔等家在北平，城中皆为燕兵所杀，尸积道路。"欲以激怒将士。燕王令其家人张树旗帜为先锋，众遥识旗帜，呼其父兄子弟，相问劳无恙，辄喜，谓"宋都督欺我"，倒戈走。宋忠帅余众仓皇列阵，未成，王麾师渡河，鼓噪而前。都指挥孙泰先登，颇有斩获；燕王择善射者，射泰中之，流血被甲，慷慨裹血而战，奋呼陷阵死。忠军大败，奔入城，燕兵乘之而入。忠匿于厕，搜获之，并执余瑱，皆不屈死。都指挥彭聚亦力战死。当时诸将校为燕师所俘者百余人，皆不肯降，发愤死。燕兵既克怀来，山后诸州皆不守，而开平、龙门、上谷、云中守将往往降附矣。（卷16《燕王起兵》，第7~8页）

◎五年②，徙开平卫于独石。洪武初，李文忠克元上都，设开平卫守之，置驿八：东曰凉亭、泥河、赛峰、黄崖四驿，接大宁、古北口；西曰桓州、威卤、明安、隰宁四驿，接独石。永乐间，大宁既弃，而开平势孤难守。至是，遂城独石，徙开平卫于此，弃地盖

---

① 绐，音 dài。古同"诒"，欺骗；欺诈。
② 宣德五年，1430 年。

三百里，自是尽失龙冈、滦河之险，边陲斗绝，益骚然①矣。（卷20《设立三卫》，第3～4页）

◎英宗正统二年十二月，福余等卫阿鲁歹等，以五百骑掠葭州、独石，守将杨洪遮击②西凉亭，生擒百户乞麻里等，夺所掠，命集兀良哈贡使，戮之市。进洪都指挥同知。初，正统元年，福余卫失印，更给如泰宁例。而脱欢遣使通兀良哈，潜伺③，屡谕不悛④。至是，复谕都指挥安出等缚首恶⑤以献。（卷20《设立三卫》，第4页）

◎九月⑥，兀良哈犯边，右参将杨洪追击于白塔儿三岔口，值兀良哈五百骑，击败之，射死十二人，擒三人。（卷20《设立三卫》，第4页）

◎景帝景泰六年，朵颜诸卫来朝，乞耕地及犁铧种粮，诏予粮三十石。未几，寇独石。（卷20《设立三卫》，第5～6页）

◎武宗正德四年冬，泰宁卫满蛮率部落二万余，欲附居塞下避北敌。令居故镇安堡，戒无旁啮。其后花当部屡挟增贡，诏暂增一年，不为额。花当部坚请，不从，乃益勾小王子与合谋。（卷20《设立三卫》，第7页）

---

① 骚然，扰乱貌；动荡不安貌。《汉书·严助传》："夫以眇眇之身，托于王侯之上，内有饥寒之民，南夷相攘，使边骚然不安，朕甚惧焉。"

② 遮击，犹截击。《史记·大宛列传》："而匈奴奇兵时时遮击使西国者。"

③ 潜伺，暗中观察。

④ 不悛，不悔改。《左传·哀公二十七年》："知伯不悛，赵襄子由是惎知伯，遂丧之。"

⑤ 首恶，元凶，罪魁祸首。《新唐书·冯元常传》："贼党多降，元常纵兵斩首恶而还。"

⑥ 正统四年九月，1439年。

◎二十三年①，朵颜侵蓟州塞。先是，蓟镇总兵郤永出塞，袭朵颜别部李家庄，斩四十余级。李家庄零骑居近独石，不通大部，惯盗马，狡而善射，敌追辄走险，亦颇为我捍边。是役藉怨转与敌合，而辽东塞亦以朵颜故频边警。（卷20《设立三卫》，第9页）

◎三月丁丑②，亲征阿鲁台。戊寅，车驾发北京。辛巳，师次鸡鸣山。阿鲁台闻上亲征，遂夜遁。诸将请追之，上曰："彼非有他计，譬诸狼贪，一得所欲，急走，追之徒劳。少俟草青马肥，道开平，逾应昌，出其不意，直抵窟穴，破之未晚。"

四月辛丑③，师次龙门，戍卒言阿鲁台仓卒遁去，遗马二千余匹于洗马岭。敕宣府指挥王礼尽收入城。

五月辛酉④，师次独石，端午，赐随征文武群臣宴。乙丑，师度偏岭，命将士猎于道旁山下。丁卯，大阅诸将。戊辰，观士卒射，有一卒三发皆中，赐牛羊银钞。上亲制《平戎曲》，俾将士歌之。（卷21《亲征漠北》，第8页）

◎十一月，以寇退，京城解严，降诏抚安天下。杨洪等班师还京。论功封杨洪昌平侯，石亨武清侯。加于谦少保，总督军务。谦固辞，不许。有颂谦功者，辄谢曰："四郊多垒⑤，卿大夫之耻。今但不城下盟，何功也。"学士陈循疏言："守居庸副都御史罗通晓畅军事，宜召还。守宣府总兵杨洪及子俊皆善战，宜留之京师。"于谦曰："宣府，京师之藩篱，居庸，京师之门户，边备既虚，万一也先

---

① 嘉靖二十三年，1544年。
② 三月丁丑，永乐二十年三月二十日，1422年4月11日。
③ 四月辛丑，永乐二十年四月十五日，1422年5月5日。
④ 五月辛酉，永乐二十年五月初五日，1422年5月25日。
⑤ 多垒，营垒众多。喻寇乱频繁。《礼记·曲礼上》："四郊多垒，此卿大夫之辱也。"孔颖达疏："寇戎充斥，数战郊垌，故多军垒。"

乘虚据<u>宣府</u>为巢窟，京师能安枕乎！"兵科给事中<u>叶盛</u>亦上言："今日之事，边关为急。往者<u>马营</u>、<u>独石</u>不弃，则六师何以陷<u>土木</u>；<u>紫荆</u>、<u>白羊</u>不破，则寇骑何以薄都城！即此而观，边关不固，则京城虽守，不过仅保九门，其如寝陵何？其如郊社坛壝①何？其如四郊生灵荼毒何？宜急令固守为便。"

先是，<u>土木</u>既败，边城多陷，<u>宣府</u>孤危。既而复召<u>宣府</u>总兵入卫京师，人心益惧。或欲遂弃<u>宣府</u>，纷然就道。都御史<u>罗亨信</u>不可，仗剑坐当门拒之，下令曰："敢有出城者必斩。"众始定。城中老稚欢呼曰："吾属生矣！"因设策捍御，督将士誓死守。寇知有备，不敢攻。至是，上从<u>于谦</u>、<u>叶盛</u>言，乃以左都督<u>朱谦</u>佩印镇<u>宣府</u>，<u>纪广</u>、<u>杨俊</u>副之。佥都御史<u>王竑</u>镇<u>居庸</u>。（卷33《景帝登极守御》，第9页）

◎夏四月甲戌②，户部尚书<u>金濂</u>等议寇骑犯边，大军失利，遗有<u>马营</u>、<u>独石</u>、<u>龙门</u>、<u>雕鹗</u>等处刍粮，宜令督储侍郎<u>刘琏</u>、提督军务副都御史<u>罗通</u>及<u>宣府</u>总兵<u>朱谦</u>、游击<u>杨能</u>会计徙运<u>宣府</u>。从之。

都督<u>杨俊</u>请大举出塞，<u>大同</u>、<u>宣府</u>列营坚守为正兵，<u>独石</u>、<u>偏头</u>乘间设伏为奇兵，悉发京营与诸镇兵，出塞逐北，而犁其王庭，可以得志。<u>于谦</u>曰："报仇雪耻，臣等职也。顾兴兵举事，系社稷安危。即如<u>俊</u>所言，万一我军出塞，贼以偏师缀我，而别遣部落间道乘虚入寇，是自撤藩篱，非万全计，臣愚未见其可。"上从<u>谦</u>议。（卷33《景帝登极守御》，第12页）

◎戮左都督<u>杨俊</u>。<u>俊</u>，<u>杨洪</u>子也。恃勇桀骜不可驯。先备<u>独石</u>、<u>马营</u>等。<u>土木</u>之变，弃城逃归，<u>马营</u>、<u>龙门</u>等八城皆不守。既而命

---

① 郊社，古代祭祀天地之处。坛壝，坛场。祭祀之所。
② 夏四月甲戌，景泰元年四月初一日，1450年5月11日。

为参将，帅兵巡哨怀来等处，复辄调永宁守备官军于怀来，将永宁城西门砌塞。于谦劾其"方命专权，擅作威福"。诏宥不问。俊又以私怒杖指挥陶忠，杖挞死。父洪惧祸，奏取俊还京，随营操练。既至，谦并劾其独石弃城，丧师辱国，及怀来私仇，捶死边将之罪，谓："非诛俊，无以惩戒将来。"兵科给事中叶盛等亦劾之。于是逮系法司，议罪，斩于市。（卷33《景帝登极守御》，第14页）

◎三年夏四月①，命都督同知孙安镇守独石、马营，以兵科都给事中叶盛为山西右参政，协赞军务。

先是，杨洪镇独石、马营等八城。已巳失守，残毁未复，议者欲弃之。于谦曰："弃之则不但宣府、怀来难守，京师不免动摇。"乃荐安，授以方略，仍命盛赞其军务。盛至，列利害八条以进，次第行之。率兵度龙门关，且战且守，八城完复如旧。盛又请帑金五千两，买牛犊，简戍卒不任战者，俾事耕稼，岁课余粮于官，凡军中买马、修器、劳功、恤孤诸费皆取之。盛在独石五年，军民赖之，边境得安。时土木北狩，浙、闽、三楚、贵、竹盗贼蜂起，前后命将将兵，皆出谦独运，号令明审，动合机宜。虽宿旧勋臣，少不中程律，即请旨切责不贷。片纸行万里，电耀霆击，靡不慑慑效力，毋敢饰虚辞以抵者。以故天下咸服谦，而归上能用人。

谷应泰曰：英宗北狩，战士兵甲死亡略尽，边关守隘望风奔溃，摇足之间，黄河以北非国家有矣。幸而迁都议格，钟虡②不惊。然而君父叩关，臣子拒敌，彼出有名，我负不义。狐疑既生，上下瓦解，讲使亟行，责问无已。长安必不可守，英宗必不能归，徒使有贞之辈操星象而笑其后也。嗟乎！南迁不行，然后国存；和议不行，然

---

① 三年夏四月，景泰三年四月，1452年。
② 钟虡，一种悬钟的格架。上有猛兽为饰。虡音jù，古代悬挂钟或磬的架子两旁的柱子。

后君存。两议俱息，君国皆存，而少保之祸不得旋踵矣。当夫北兵四合，守御单寒，虎穴故君，已置度外，围城新主，亦危孤注，身先矢石，义激三军，家置环寺之薪，人守州兵之哭。傲如石亨，怯如孙镗，懦如王通，无不斩将搴旗，缘城血战，追奔逐北，所向披靡。此一役也，军声复振，君臣固守，陵阙①盘石矣。然而遣使入朝，动请迎驾，悬师②剽掠，辄托回銮。彼直我曲，彼壮我老。也先者，方且挟此奇货，羁制中原。以战不败，以和可成，输币不还，进而割地，割地不归，诱之称臣，中原生灵，自此无安枕矣。而乃兄终弟及，父子之情既割；社稷为重，君臣之义亦轻。至则龙衣糗食，敬输橐饘③之忱；归亦别院闲宫，不过汉家之老。然则挟天子者，挟一匹夫耳！邀利之心懈，而好义之心萌，郭登之言决，而杨善之说行，英皇自此生入玉门矣。

昔太公置鼎，汉祖分羹；徽、钦被执，宋高哀请。一则新丰鸡犬，还老阙庭；一则泪洒冰天，终于舆榇④。盖相如碎璧而璧存，贾胡⑤藏珠而珠去，拥空名者视同虚器，居必争者势难瓦全也。夫昭王沉汉，穆满难归；楚怀入秦，顷襄不反。彼此得失，危不间发。故汉高分羹之语，乃孝子之变声；郭登有君之谢，实忠臣之苦节。英宗不感生还，反疑予敌。谦死东曹，登贬南都，忠臣义士所以仰天椎心而泣血也。景帝外倚少保，内信兴安，狡寇危城，不动声色。当时朝右，岂乏汪、黄；建炎践祚⑥，亦有宗、李。相提而论，景诚英主⑦。而乃恋恋神器，则又未闻乎大道者也。（卷33《景帝登极守御》，第22~25页）

---

① 陵阙，指皇帝的陵墓。阙，陵墓前的牌楼。
② 悬师，远征的孤军。
③ 橐饘，音 tuó zhān。指衣食。
④ 舆榇，载棺以随。表示决死或有罪当死。
⑤ 贾胡，经商的胡人。
⑥ 践祚，即位；登基。
⑦ 英主，英明有为的君主。

◎十八年①，大学士王锡爵上言："古谋国之臣，无事则深忧，有事则不惧。自封款十九年，顺义王扯力克以助火落赤，故罢市赏，两年未与。忠顺夫人三娘子捕叛人史二致塞上，请复市赏。诏复二年，以三娘子儿不他失礼为都督。史二，即扯力克兄、安兔媠也。仍宽假其罪，分列于龙门滴水崖，史二亦款服。二十年来，吏恬卒玩，一旦封豕生心②，举朝惶怖，止办呶呶，追尤首事，此一反也。武官爨下③求安，专藉款关之利；文吏隙中观斗，争谈出塞之功。此二反也。诸边以彼此支吾为熟套，以日月玩愒④为良谋。一遇缓急重难之事，则隔垣内外，便分尔我，逃责于己而嫁祸于人。此三反也。臣谬为三反之论，而约以经营镇定之一言。盖欲少省议论，使当事可以措手；暂宽文法，使文武贵于同心。"上是之。（卷60《俺答封贡》，第22~23页）

---

① 万历十八年，1590年。

② 封豕，大猪。比喻贪暴者。生心，怀有异心；产生疑心。

③ 爨下，灶下。指厨房。爨音 cuàn。

④ 玩愒，"玩岁愒日"的略语。谓贪图安逸，旷废时日。愒音 kài，又音 qì、hè。

7.《古圣贤像传略》

【题解】　《古圣贤像传略》16卷，清顾沅辑录，孔莲卿绘像。顾沅（1799～1851年）清代学者、藏书家。字澧兰，号湘舟，又自号沧浪渔父，江苏长洲（今苏州）人。道光间官教谕，收藏金石、书籍甚富，颇多秘本、善本，建"怀古书屋""艺海楼"庋藏载籍。辑有《赐砚堂丛书》等。

收录自上古仓颉、后稷至明代陈子龙、冒襄425幅人物画像，每人一图一传，摹绘精细。图均为半身像，其版刻线条流畅，人物神态栩栩如生，是清中期版画之代表。图正上方为小篆书人物称号，次页为人物小传。

本辑据清道光十年刊本《古圣贤像传略》，辑录杨洪一人图像及人物小传。

◎杨洪小传

公姓杨，讳洪，字宗道，陕西汉中人。发身行伍①，有机智，累立边功，敌人畏之，呼为"杨王"。景泰间，封昌平侯，卒，封颍国公②，谥武襄。

---

① 发身，成名；起家。《礼记·大学》："仁者以财发身，不仁者以身发财。"郑玄注："发，起也。言仁人有财则务于施与，以起身成其令名。"行伍，我国古代兵制，五人为伍，五伍为行，因以指军队。

② 国公，封爵名。隋始置。自唐至明皆因之。《宋史·职官志三》："列爵九等：曰王，曰郡王，曰国公，曰郡公，曰县公，曰侯，曰伯，曰子，曰男。"

公姓楊諱洪字宗道陝西漢中人發身行伍有機智累立邊功敵

人畏之呼爲楊王景泰間封昌平侯卒封潁國公諡武襄

古聖賢像傳畧〈卷十五

《古圣贤像传略》书影

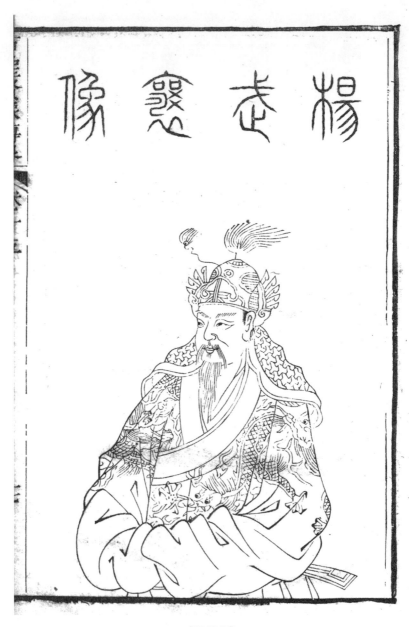

《杨洪像》

8. 《宜兴倪氏族谱》

【题解】　　《宜兴倪氏族谱》主要记载了同族江南常州宜兴倪氏三世祖倪通于明永乐初调万全右卫为始迁之祖到第十二世情况。该谱共14章，目录分诰敕、世家、世系、年表、序、传、行状、墓志铭、诗、家礼（附遗言）、祠堂图说、第宅图说、茔域图说、祭文等。其中世系附有龙门卫一支。龙门卫倪氏明初迁自淮安盐城，与万全右卫倪氏为同族，故附于宜兴族谱世系下。序言、祭文、贺词的作者多为当朝大员，如清代太子太保东阁大学士工部尚书李霨、刑部尚书魏象枢等。该谱的初创人是宋代倪氏先祖倪思（文节），后续者是倪家十一世倪显（明末人），主要执笔人为逸史名流胡以温。可在成书之前，倪显为征集资料经常往返于大江南北，采访、整理、求跋、问序，筹措多年。该谱的出版时间为清光绪三十年夏四月十三日（1904年5月27日）。卷首页有"大清光绪三十年夏四月十三日续篇重缉家谱，唐始祖讳思更名思芝。文节公、金吾公修"字样。

全谱派系详明，咏题璀璨，内容丰富，事迹感人，书法价值也很高。本辑据赤城县国家档案馆存《宜兴倪氏族谱》辑录龙门卫一支倪氏世系及行状等内容，为对全谱有更进一步了解，又辑录序文1篇，跋文1篇。

附龍門衛一支

夫譜何為而合也合之以姓氏名諱世系匪是則

離離仍路人爾龍門倪氏明初遷自淮安鹽城與

右衛倪氏自宜興遷來者豈合哉按春秋定公元

年諸侯城成周獨宋不受功辭曰滕薛鄫吾後也

今歸德與徐州皆宋地其稱鄫為宋後必密邇於

鄫鄫為淮上下國可知矣鹽城有倪以此當時必

有子孫散處景地者則宜興之倪是也其為一族

無疑惟是龍門傳至國學君瑞圖千今八世而右

衛至鎮城傳世十有一與金吾為兄弟行者按史

稱舜為堯四世從孫與堯同時蓋其年相去不遠

而世之後先非所執矣今由國學君上溯至保一

《倪氏族谱》书影

◎《倪氏族谱叙》

间常读史，至忠臣孝子诸篇，思其事想见其人。于千载之上，为之咨嗟①，慨慕②掩卷③，流连不能已已。当吾世而闻之见之，喜可知也。余客岁④邀恩⑤终养⑥，绕燕膝⑦者年余，问视之暇，老母辄仑⑧说古忠臣孝子，故实⑨令室人⑩眷属⑪环而听之为乐，门以外不敢问矣。

今年秋八月，倪金吾日章⑫走一介⑬，持家谱草本来索余叙。余捧帙，知为年友⑭东瓯公笔，闻于母，始竟读。忽击节⑮，如平昔⑯

---

① 咨嗟，赞叹。《楚辞·天问》："何亲揆发，定周之命以咨嗟？"王逸注："咨嗟，叹而美之也。"

② 慨慕，感叹仰慕。明屠隆《彩毫记·为国荐贤》："才子声名人慨慕，动君王玉帛安车。"

③ 掩卷，合上书本。多为阅读中有所感触的举动。

④ 客岁，去年。明刘世教《合刻〈李杜分体全集〉序》："客岁南迈，从子鉴进而请曰：'先生必将笺而后行乎？夫解者之不必笺，而笺者之不必解也。'"

⑤ 邀恩，谓谋求恩赏。

⑥ 终养，奉养父母，以终其天年。多指辞官归家以终养年老亲人。《诗·小雅·蓼莪序》："蓼莪，刺幽王也。民人劳苦，孝子不得终养尔。"郑玄笺："不得终养者，二亲病亡之时，时在役所不得见也。"

⑦ 绕膝，围绕膝下。多用于形容子女侍奉父母。燕，安闲；安息。也作"宴"。

⑧ 仑，同"论"。章炳麟《国故论衡·文学总略》："论者，古但作命。"

⑨ 故实，有参考或借鉴意义的旧事。《国语·周语上》："赋事行刑，必问于遗训而咨于故实。"韦昭注："故实，故事之是者。"

⑩ 室人，古称丈夫家中的平辈妇女。《礼记·昏义》："妇顺者，顺于舅姑，和于室人。"郑玄笺："室人，谓女妐女叔诸妇也。"孔颖达疏："室人，经既言顺于舅姑，乃和于室人，是在室之人，非男子也。女妐谓婿之姊也，女叔谓婿之妹，诸妇谓娣姒之属。"泛指家中的人。古时亦称妻妾。

⑪ 眷属，家属；亲属。

⑫ 倪金吾日章，指倪显，字日章，号云巢，生于天启乙丑年十一月二十九日未时（1625年12月28日），卒于崇祯辛未年十一月二十一日（1631年12月13日）。人称金吾公。娶都督黑云龙孙女，诰封淑人，娶翟氏封太孺人。

⑬ 一介，特指一个使者或仆役。《后汉书·郑众传赞》："众驰一介，争礼毡幄。"李贤注："一介，单使也。"

⑭ 年友，同一同庚团的成员。

⑮ 击节，打拍子。《晋·乐志下》："魏晋之世，有孙氏善歌旧曲，宋识善击节唱和。"形容十分赞赏。清蒲松龄《聊斋志异·叶生》："闻后，索文读之，击节称叹。"

⑯ 平昔，往昔，往常。

读史状，曷敢谢不斐以辜作者意。按谱篇章仅数十，乃有先有后，有详有略，有始有终，有书有不书。每篇之中，于忠孝三致意①焉。从戎之与嗣家不一世，死事②之与坐诬③不一人，大宗④之与小宗不一行，尊祖之与收族⑤不一目，如世家、年表、序、传、志、铭、家礼、祠祀，抑闻井井有条也。

金吾幼失怙⑥，王父⑦太保公复不讳⑧，乃于出处苑生之大，绳武⑨继世之微，以藐诸孤⑩，悉表而出之，不致如杞宋之无征⑪，可谓孝矣。然而金吾之孝，不止此也。金吾数年曾与余同班⑫，行望⑬

---

① 致意，关注；集中心思。严复《原强》："而于一国盛衰强弱之故，民德醇漓合散之由，则尤三致意焉。"

② 死事，指死于国事者。《管子·问》："问死事之孤，其未有田宅者有乎？"

③ 坐诬，谓以诬告罪被究办。

④ 大宗，宗法社会以嫡系长房为"大宗"，余子为"小宗"。《仪礼·丧服》："为人后者孰后？后大宗也。曷为后大宗？大宗者，尊之统也。"

⑤ 收族，谓以上下尊卑、亲疏远近之序团结族人。《仪礼·丧服》："大宗者，收族者也。不可以绝。"郑玄注："收族者，谓别亲疏，序昭穆。"《礼记·大传》："尊祖故敬宗，敬宗故收族，收族故宗庙严。"

⑥ 失怙，丧父。语本《诗·小雅·蓼莪》："无父何怙？无母何恃？"

⑦ 王父，祖父。《书·牧誓》："昏弃厥遗王父母弟不迪。"孔颖达疏："《释亲》云'父之考为王父'，则王父是祖也。"《汉书·外戚传下·孝元傅昭仪》："少傅阎崇以为《春秋》不以父命废王父命。"颜师古注："王父谓祖也。"

⑧ 不讳，死亡的婉辞。《汉书·丙吉传》："君即有不讳，谁可以自代者？"颜师古注："不讳，言死不可复讳也。"不避尊长的名字。

⑨ 绳武，《诗·大雅·下武》："昭兹来许，绳其祖武。"朱熹集传："绳，继；武，迹。言武王之道，昭明如此，来世能继其迹。"后因称继承祖先业迹为"绳武"。

⑩ 诸孤，众孤儿。《礼记·月令》："（仲春之月）养幼少，存诸孤。"

⑪ 杞宋之无征，《论语·八佾》："子曰：'夏礼吾能言之，杞不足征也；殷礼吾能言之，宋不足征也。文献不足故也。'"后称事情缺乏证据为"杞宋无征"。

⑫ 同班，班列（朝班的行列。官阶；品级）相同。《宋史·职官志三》："尚书、侍郎通治曹事，奏事则同班。"

⑬ 行望，道行声望。宋王禹偁《济州众等寺新修大殿碑》序："开运中，天子崇信佛法，广延僧耆。师（玄应）以行望素高，屡得召见，于是帘前赐紫。"

之则恂恂①似儒者，时或②过从③，曰惟读书赋诗，所谈职分④外，绝无躁竞⑤一语。殆学古有获，而迥出⑥纨绔耶，抑有感于太保公之遗言，奉为龟鉴⑦耶。孟子云：事亲为大，守身为大。余盖知金吾之成是谱也，以昭源本⑧，以簿宗盟⑨，以诫子孙，始称不匮⑩耳。虽然天子以孝治天下，未常不于孝子之门求忠臣。余愿金吾志心制⑪、行为，千载以上。人异曰钟罢名著⑫带砺⑬，功高传之山中。曰：此宜兴倪氏后人不愧古忠臣孝子者也。余且喜，藉以赋我堂上人颜色，宁复咨嗟！慨慕有不相及之感乎？东瓯公熟读史，且知余；当以余

---

① 恂恂，温顺恭谨貌。《论语·乡党》："孔子于乡党，恂恂如也，似不能言者。"陆德明释文："恂恂，温恭之貌。"《痛史》第七回："宗仁虽也是个武弁，他却恂恂有儒者之风。"

② 时或，有时。汉王充《论衡·语增》："（周公）时或待士卑恭，不骄白屋人，则言其往候白屋。"

③ 过从，互相往来；交往。相交往的朋友。

④ 职分，职务上应尽的本分。《尹文子·大道上》："守职分使不乱，慎所任而无私。"

⑤ 躁竞，急于进取而争竞。《旧唐书·郭子仪传》："自兵乱已来，纪纲寝坏，时多躁竞，俗少廉隅。"

⑥ 迥出，高出；超过。宋罗大经《鹤林玉露》卷十六："梅之清香玉色，迥出桃李之上。"

⑦ 龟鉴，比喻可供人对照学习的榜样或引以为戒的教训。鉴，镜子。

⑧ 源本，根本；根源。《隋书·音乐志上》："乐者……实升平之冠带，王化之源本。"

⑨ 宗盟，同宗；同姓。《旧唐书·李密传》："宗盟之长，属籍见容；复封于唐，斯荣足矣！"

⑩ 不匮，不竭；不缺乏。《诗·大雅·既醉》："孝子不匮，永锡尔类。"毛传："匮，竭。"郑玄笺："孝子之行非有竭极之时。"

⑪ 心制，谓控制心意，不轻举妄动。《尉缭子·攻权》："夫将不心制，卒不节动，虽胜，幸胜也，非攻权也。"

⑫ 名著，名分明确。《礼记·大传》："名著而男女有别。"郑玄注："著，明也。母妇之名不明则人伦乱也。"

⑬ 带厉，亦作"带砺"。衣带和砥石。《史记·高祖功臣侯者年表》："封爵之誓曰：'使黄河如带，泰山若厉。国以永宁，爰及苗裔。'"裴骃集解引汉应劭曰："封爵之誓，国家欲使功臣传祚无穷。带，衣带也；厉，砥石也。河当何时如衣带，山当何时如厉石，言如带厉，国乃绝耳。"后因以"带厉"为受皇家恩宠，与国同休之典。

今日之言为不佞①耳，以告金吾。

顺治庚子岁中秋后三日②，赐同进士出身、征仕郎③、光禄寺寺丞④、前翰林庶吉士⑤，今终养古蔚眷弟魏象枢拜手⑥撰。

◎附龙门卫一支：

夫谱何为而合也？合之以姓氏、名讳、世系，匪是则离离仍路人尔。龙门倪氏，明初迁自淮安盐城，与右卫倪氏自宜兴迁来者，奚合哉！按春秋定公元年春秋⑦，诸侯城成周，独宋不受功辞，曰：滕、薛、郳，吾役也。今归德与徐州皆宋地，其称郳为宋役，必密迩于郳，郳为淮上，下国可知矣。盐城有倪以此，当时必有子孙散处吴地者，则宜兴之倪，是也。其为一族无疑。惟是龙门传至国学君瑞图于今八世，而右卫至镇城传世十有一，与金吾为兄弟行者。按史称舜为尧四世从孙，与尧同时，盖其年相去不远。而世之后先非所执矣。今由国学君上溯至保一公，当为金吾四世从祖不然。右卫指挥使调自永乐二年，龙门挥使调于宣德六年，迄崇祯末，一历二百五十余载，一历年二百二十余，而彼则十有一世，此则八世，

---

① 不佞，谦辞，犹言不才。《左传·僖公十五年》："寡人不佞，能合其众而不能离也。"佞音 nìng。

② 顺治庚子岁中秋后三日，顺治十七年，1660 年 9 月 22 日。

③ 征仕郎，散阶称号。明朝置，为文职从七品之升授。清朝沿置，为文职从七品之封赠。

④ 光禄寺，官署名。南北朝时梁设光禄寺，掌膳食；其长官称光禄（寺）卿。北齐设光禄寺，置卿和少卿，兼管皇室膳食帐幕。唐朝的光禄寺，掌管皇室祭品、膳食及招待酒宴等。宋、明、清的光禄寺，其职掌大体与唐代相同。清设卿满、汉各一员；少卿满一员、汉二员；丞汉一员，康熙三十八年省。

⑤ 翰林院庶吉士，庶吉士介于官与非官之间，等于候补翰林官。每届从新进士中挑选文章、书法都好的进翰林院学习，以侍读、侍讲为教习，以督其课业。三年期满再经考试（散馆考试），入选者，按等第分别授职。原二甲进士授翰林院编修（原一甲三人，不经庶吉士学习阶段已授修撰、编修，但得经散馆考试），原三甲授翰林院检讨。不入选者，内用为六部主事、内阁中书，外用为知县。清朝沿用明制。

⑥ 拜手，亦称"拜首"。古代男子跪拜礼的一种。跪后两手相拱，俯头至手。

⑦ 定公元年，前 529 年。

胡相径庭，如是耶。乃又有名讳重复，则何以故？此正由不合谱之故也，爰为辨。列如左。①

壹世	保一。应与右卫指挥胜为一世，为金吾四世从祖，原籍江南淮安府盐城县周家庄人。乙巳统明太祖龙骧军。洪武十一年，调燕山中护卫。二十年，升小旗。三十二年即建文元年，从	燕王攻下真定，升总旗，十二月郑村坝大战，升百户。三十三年，白沟河大战，升副千户。三十四年，夹河大战，阵亡。进秩指挥佥事，葬燕山。	
贰世	凯。与游击将军文为一世，为金吾五世从祖，袭指挥佥事。洪武二十五年，调安庆卫。宣德六年，调宣镇龙门卫，是为始迁之祖。	倪凯旧姓名金玉，幼名狗儿，年贰拾叁岁，直隶淮安府盐城县周家庄人，有父倪保一。乙巳年捌月，被龙骧卫军人金均祥拘掳为义男。洪武柒年正月，有义祖父病故。洪武玖年贰月，将父随姓补役。洪武拾壹	年七月，改调燕山中护卫。洪武拾陆年陆月，有义叔金成长成，承充本户军役，有父各另充当本卫军。洪武贰拾年拾月，充小旗。洪武叁拾贰年柒月初伍日，为奸臣齐泰等变乱祖宗成法，调兵杀害亲王
叁世	英。与游击将军镇为一世，为金吾六世从祖。宣德十年，袭指挥佥事。正统己巳惊疑，八城不守，祖自于守土者曰，城存与存，城亡与亡，守封疆责也。愿城主无走费听，率众夜遁，城郭一空，祖亦不得已大哭而去，或有言宜赴原籍者，祖曰诸人可往，我为边官，则不可也。侨	居八载而归，祖刚毅慷慨，有孝行，精于骑射，曾语人曰，古者穿杨贯虱之巧，亦只是熟耳，吾亦弗之让也。	

---

① 注：此表为每一世横向跨页对应连接，为排版方便，跨页横向不完全对应，请按每一世查找对应。

肆世	文。与都指挥云为一世，为金吾从高祖。成化十五年，袭指挥佥事，为人清介，不爱私交，尝谓人曰：子孙贤虽贫亦富，子孙愚虽富亦贫，何必取不义之财，以益愚者之过，而资他人之侵夺也。人皆服其确论，后以年老致仕。	
伍世	胜。与赠太保公民望为一世，为金吾从曾祖。嘉靖元年，袭指挥佥事，重、子一人永，伯父精于武功，优于文学，其所自负不欲等于常人，而诸僚亦推重之，佥曰，封拜事正，此等人所为也。不幸天夺之速。嘉靖十五年病故，可惜伤哉！	腾。嘉靖三十年，袭指挥佥事，子二人，尚忠、尚贤。钦准袭职，仍任本卫指挥佥事，立心诚笃制行模淳有上古良士风，乡间中被其接者，无不爱而敬之，祖宗以来之勋业，既续而不至于绝者，非父之功，而谁功，凡我承此职者，当思吾祖而又当思吾父也。
		殷。子一人，尚志。

续表

世					
壹世					
贰世	随驾奉天征讨，克怀来，捌月克雄县、漠州，攻围真定，玖月，升总旗，接应永平。拾月攻克大宁，拾壹月，郑村坝大战，全胜，升勇士百户，拾贰月，取广昌。洪武叁拾叁年正月取蔚州，攻围大同，肆月白沟河大战	全胜，伍月，攻围济南，玖月升副千户，拾月攻克沧州，拾贰月东昌大战，洪武叁拾肆年叁月，夹河大战，阵亡。凯系嫡长男，于拾月袭升本卫指挥佥事，洪武叁拾伍年正月，攻克东阿，肆月灵璧县大战全胜，攻破营寨，伍月	过淮河，陆月渡江，拾叁日平定京师，拾壹月贰拾玖日钦授明威将军，调安庆卫流官指挥佥事，永乐四年闰七月初伍日，敬准复姓，更名父保壹，赠明威将军，佥指挥使司事。母张氏，赠恭人。妻鲍氏，封恭人。光绪叁拾年夏肆月，从永	乐肆年拾贰月拾捌日，诰命中敬录。又续宣德六年，调宣府万全都司龙门卫，此始迁之祖也。膂力过人，制行绝俗，人不敢干，以私每遇始祖讳日哭之，恸至失声，或有怜而止之者，则曰吾父殁于王事，正在此日，方其流血沙场，暴死草野之际，何其惨也！今彼自罗于锋镝而贻后人以富贵，能无怍平！	人亦为之感泣。
叁世			雄重		宣
肆世	政	武	敬		
伍世			青	恕重子三人：钦 锦 鉴	

陆世	永。与太保公讳宠为一世，为金吾从祖。早世无嗣，系伯父孤子，幼失所怙，遂于嘉靖十六年袭职，性敏而捷，气迈而豪，历官防守掌卫篆烈烈，有声上官，无不器之人，亦大有所斯期望不意于嘉靖二十九年病故，伯父之传遂不续矣。	尚忠。万历六年以都指挥金事充左参将分守宣府中路，十三年，分守西路，十九年充副总兵协守大同左卫，十月充总兵官镇守保定。敕谕署都督金事倪尚忠，直隶保定地方，西邻各关	北拱京师，实为要重地，先年处处留本京卫存五官军在大宁都司卫操守，又定州卫并所管官舍人数多沿边，紫荆、倒马等关系紧要处，统率防御皆得人，今特命尔统总兵官	镇守前项地方驻札，尔须查照兵部题准事理，将各卫春秋二班原额并原有军士严加约束，常川操练，合用器械，整治鲜明，该给马匹喂养膘壮，城池损坏修理完固，各关有警，即时
柒世	承勋。与都司金书宸弼为一世，为金吾从伯叔。皇帝敕谕署都指挥金事倪承勋，令命尔以参将职衔管辽东宽奠游击将军事，专一驻札宽奠子堡，管理镇东锁夷、凤凰城、汤站、长奠子、长岭、叆阳、洒马、吉草河、甜水站、青台峪、双雄儿散等共一十四处	承业武举	承恩泰昌元年恩贡，由东城兵马司陕西澄城县知县
捌世	借用结上 城堡并定辽右卫，平时操练军马，修理城池，抚恤士卒，兼防倭虏，有警哨备，收敛相机战守，甜水贡道及所属沿海通倭处所，俱要加意隄防，如遇清河等处报有大警，即时提兵援剿，毋得观望推诿，其境内卫所掌印巡捕指挥并叆阳守备备御等官俱听统辖尔仍听总督抚镇协守东路副总兵等	瑞麟与金吾为从兄弟明威将军	

续表

玖世		官节制调遣,尤须持廉奉法,正己率下,以副委任,如或贪肆怯懦致误边机,国典具存,法不轻贷,尔其勉之慎之,故谕。万历四十三年十二月十三日。	洪基 武庠生	洪任
拾世			重辉 庠生	重轮
陆世	调发应援毋得稽迟,其各路参将分守守备及大宁都司并附近各该卫所官军,悉听尔节制,州县官各执镇属之礼应该收保等项,有违调度者,许尔参究,中军千总等官听尔会同	巡抚从公选用,巡按巡关兵备不得干预,事关地方军务,盗贼俱与巡抚都御史协和计议而行,尔受兹委任务,使武备修举,兵威振扬,以拱卫郊畿辑宁,边境毋或因循怠忽自取罪	愍,尔其钦承之故谕。	尚贤
柒世	承祚 骠骑将军			
捌世	瑞图 龙门卫学生员,庚子年入监			
玖世	洪位			
拾世			重耀 文庠生	重润

陆世	尚志		钦	锦	鉴
柒世	承训	承海			承宠
捌世					
玖世					
拾世					

续表

陆世		倪尚忠,年伍拾玖岁,系倪腾嫡长男,于隆庆元年替授本卫世袭指挥金事。肆年柒月内推升深井堡守备,万历贰年正月内推升万全都司军政金书,肆年陆月内推升万全都司掌印,陆年拾月内推升宣府	中路左参将,拾叁年拾壹月内推调宣府西路左参将,拾肆年二月内加升副总兵职衔,拾陆年捌月内升俸壹级,拾捌年陆月内推补总督宣大山西军门中军,拾玖年正月内推升协守大同副总兵,本年玖	月内推升镇守保定总兵官,贰拾年拾壹月内推补中军都督府金书,贰拾壹年正月内改补右军都督府金书,贰拾贰年拾月内升俸壹级,贰拾肆年闰捌月内会推镇守保定总兵官,贰拾玖年拾壹月内恭遇	特恩准加实授都督金事,本官今授骠骑将军,祖倪文赠骠骑将军都督金事,祖母黄氏赠夫人,父倪腾赠骠骑将军都督金事,母项氏赠夫人,嫡妻吕氏赠夫人,继妻高氏封夫人。光绪叁拾年四月从永乐年诰命录。
柒世	承诏				
捌世					
玖世					
拾世					

续表

拾壹世	绍骞	绍忠	绍克 庠生	绍会	绍孟	
拾贰世			琳 庠生	瑷	金 子二人	珍
拾叁世				克成 子二人	立成	太成	生成
拾肆世		宽 子四人	永 子一人	廷	有 子三人	祥	稿 子三人
拾伍世	益宦 子一人	益宗 子二人	益昌 子一人	仲元	文元 子一人	喜元	晋元 恩进士
拾壹世							
拾贰世							
拾叁世	天成	玉成					
拾肆世	明	荣	忠				
拾伍世	连元 子一人	魁元	抡元 子一人	开元 子三人	守元	调元 子一人	德元
拾陆世	块	增 字善继	培 字善治 垣 字善 庆坤 字善章	谦 字　　吉 甫，子 一人		谨 子一人	
拾七世							
拾八世							
拾九世							

续表

贰拾世						
拾壹世				玟 子一人		
拾贰世						
拾叁世						
拾肆世						
拾伍世						

◎行状

诰封太淑人倪母杨太君行述①　　子显谨述

不孝②幼而孤，仅及见先王父母，迨先王父太保公不禄③，先王母一品夫人陈，性端严，不孝日侍膝下，所幸无过者，实赖先慈④教。先慈姓杨氏，宣镇赤城人，副戎杨公元吉侄女，为先考⑤挥使府

---

① 行述，谓生平概略、履历。

② 不孝，父母死，子于丧中自称不肖子。清初士大夫改称不孝。亦用作往来书信中的自称。清陈梦雷《绝交书》："不孝学识庸陋，稚年得谬通籍，性复刚褊寡合，不能与俗俯仰。"

③ 不禄，诸侯、大夫亡故，讣文上的谦称。《国语·晋语二》："重之以寡君之不禄，丧乱并臻。"韦昭注："礼，君死，赴于他国曰：'寡君不禄。'谦也。"

④ 先慈，称亡母。清陈梦雷《绝交书》："先慈恐不孝激烈难堪，遣人呼入家。"

⑤ 先考，《礼记·曲礼下》："生曰父，曰母，曰妻；死曰考，曰妣，曰嫔。"后以"先考"称亡父。亦以"先考"称别人的亡父。

君①,讳宸弼。继室赤城之杨,为世名阀②,一侯两伯,簪笏③盈门。不孝尝闻乡长老,言先慈早娴姆教④,动合壸仪⑤于归⑥先府君。时先王父母痛不孝,两前母不孕,先府君艰于嗣续,视先慈无异己女。先慈承颜⑦体志,上事舅姑,无敢少懈,毫无贵介,女气惟是。不孝鲜民⑧也,甫七龄而先府君见背⑨,先慈方二十有六,时崇祯辛未⑩岁也。坚志共姜⑪之矢誓靡他⑫焉,携予藐孤⑬,晨昏定省⑭,祖孙妇

---

① 府君,旧时对已故者的敬称。多用于碑版文字。

② 阀,仕宦人家自序功状而树立在门外左边的柱子。《玉篇·门部》:"在左曰阀,在右曰阅。"《新唐书·柳玭传》:"东都仁和里裴尚书宽子孙众盛,实为名阀。"代指仕宦人家,名门巨室。

③ 簪笏,音 zān hù。冠簪和手版。古代仕宦所用。比喻官员或官职。

④ 姆教,女师的教诲。女师传授妇道于女子。

⑤ 壸范,妇女的楷模、仪范。唐·韩愈《扶风郡夫人墓志铭》:"夫先其归,其室有丘。公葬有铭,壸范是收。"壸音 kǔn。清代避讳"壸",疑以"仪"代"壸"。

⑥ 于归,出嫁。《诗·周南·桃夭》:"之子于归,宜其室家。"朱熹集传:"妇人谓嫁曰归。"马瑞辰通释:"《尔雅》:'于,曰也。'曰读若聿,聿、于一声之转。'之子于归',正与'黄鸟于飞'、'之子于征'为一类。于飞,聿飞也;于征,聿征也;于归,亦聿归也。又与《东山》诗'我东曰归'《采薇》诗'曰归曰归'同义,曰亦聿也。于、曰、聿,皆词也。"

⑦ 承颜,顺承尊长的颜色。谓侍奉尊长。

⑧ 鲜民,无父母穷独之民。语本《诗·小雅·蓼莪》:"鲜民之生,不如死之久矣。"毛传:"鲜,寡也。"

⑨ 见背,谓父母或长辈去世。晋李密《陈情表》:"生孩六月,慈父见背。"

⑩ 崇祯辛未,1631 年。

⑪ 共姜,周时卫世子共伯之妻。共伯早死,她不再嫁。后常用为女子守节的典实。

⑫ 靡他,谓无二心。唐杜甫《别唐十五诫因寄礼部贾侍郎》诗:"雄笔映千古,见贤心靡他。"

⑬ 藐孤,幼弱的孤儿。语本《左传·僖公九年》:"献公使荀息傅奚齐。公疾,召之曰:'以是藐诸孤,辱在大夫,其若之何?'"孔颖达疏:"藐诸孤者,言年既幼稚,县藐于诸子之孤。"

⑭ 晨昏定省,同"昏定晨省"。旧时指朝夕服侍慰问双亲。宋陆游《上殿札子》:"所谓悦亲之道,非荐旨甘,奉轻暖也;非晨昏定省,冬夏温清也。"

姑①相对呜咽，左右见者，涕下沾襟。然先王父虽念子息②艰鲜③，而志气慷慨，当流寇内讧，有不与贼俱生之誓。时从枢府④特膺征讨之任，转战数千里外。先慈奉先王母京邸，备极孝养，暇则口授不孝《孝经》《小学》诸书。先王母尝劝止之曰：尔翁马上杀贼，安事铅椠⑤且茕茕⑥一弱息⑦，奚忍其终日呫呫⑧焉。先慈拜泣曰："敢不如教，奈是儿性实嗜，此若不知疲也。"及不孝少长，亦不令出就外傅⑨曰：贵游中声色狗马⑩之外，无佳事也。己卯，先王父不禄，先慈侍先王母间关⑪广柳⑫还，葬宣府。时不孝年十有五，先慈谯⑬之曰：今兹大故⑭，汝一奉祖母，教祖母女中丈夫，维予与汝将顺之不暇，敢爱竭蹷⑮异日，何以见尔父于地下，一时哀文备至，多所赞

---

① 妇姑，婆媳。汉贾谊《新书·时变》："妇姑不相说，则反唇而睨。"

② 子息，子嗣，儿子。泛指儿女。

③ 艰鲜，《书·益稷》："暨稷播，奏庶艰食鲜食。"孔传："艰，难也。众难得食处，则与稷教民播种之，决川有鱼鳖，使民鲜食之。"后以"艰鲜"指食物匮乏。

④ 枢府，主管军政大权的中枢机构。宋代多指枢密院，明和清初多指内阁，清雍正以后多指军机处。

⑤ 铅椠，古人书写文字的工具。铅，铅粉笔；椠，木板片。语出《西京杂记》卷三："扬子云好事，常怀铅提椠，从诸计吏，访殊方绝域四方之语。"

⑥ 茕茕，孤零貌。《左传·哀公十六年》："茕茕，余在疚。"

⑦ 弱息，幼弱的子女。

⑧ 呫音 chè。小语声。

⑨ 外傅，古代贵族子弟至一定年龄，出外就学，所从之师称外傅。与内傅相对。《礼记·内则》："十年，出就外傅，居宿于外，学书记。"郑玄注："外傅，教学之师也。"

⑩ 声色狗马，歌舞、女色、玩狗、跑马。泛指旧时统治阶级的淫乐方式。

⑪ 间关，象声词。状车行时轴头的摩擦声。

⑫ 广柳，即广柳车。古代载运棺柩的大车。柳为棺车之饰。《史记·季布栾布列传》："乃髡钳季布，衣褐衣，置广柳车中，并与其家僮数十人，之鲁朱家所卖之。"裴骃集解引邓展曰："皆棺饰也。载以丧车，欲人不知也。"

⑬ 谯，音 qiào。责备；谴责。

⑭ 大故，指父母丧。《孟子·滕文公上》："今也不幸至于大故，吾欲使子问于孟子，然后行事。"赵岐注："谓大丧也。"泛指死亡。

⑮ 竭蹷，颠仆倾跌，行步匆遽貌。尽力。

襄①。岁癸未，先王母亦以积劳捐帷遗，先慈暨不孝黯淡相依，扳枢哭姑，回瞻嗤②子哀袍苴裳，泪痕成赤，既封马鬣③，始总家政。凡修祠祀，睦宗族，笃故旧，周困乏，皆无改于先王母之道，既两遭大丧，又经流寇剽掠之余，家食维艰。乃令不孝袭先王父荫，补銮仪卫整仪尉④经事。世祖章皇帝以覃恩⑤先慈，得封太宜人⑥，叨锡敕命。自甲午⑦迎养京邸，迄今历廿有九年。无日不以安义命⑧尽职业⑨，报效朝廷，取信僚友，孳孳戒勉。不孝尸素⑩匪材，循资迁转，官至冠军，恭遇滇黔荡平，恩诏先慈，又得封太淑人。不孝窃谓少，俟紫诰⑪下颁，扶掖⑫先慈，服其命服⑬，望阙⑭叩谢，庶荣

① 赞襄，辅助，协助。语本《书·皋陶谟》："皋陶曰：'予未有知，思日赞赞襄哉。'"唐柳宗元《礼部贺皇太子册礼毕德音表》："严赞襄之礼，赐与有加。"

② 嗤，音 qiāng。〈方言〉哭泣不止。

③ 马鬣，坟墓封土的一种形状。亦指坟墓。唐李白《上留田行》："蓬科马鬣今已平，昔之弟死兄不葬。"鬣音 liè。

④ 整仪尉，官名。清朝銮仪卫职官。顺治四年（1647 年）设，正六品。后改从六品。次于治仪正，掌整仪之事。共三十一员，其中满缺十六员、汉缺十五员。宣统元年（1909 年）因避帝讳改称整宜尉。

⑤ 覃恩，广施恩泽。旧时多用以称帝王对臣民的封赏、赦免等。《旧唐书·赵宗儒传》："今覃恩既毕，庶政惟新。"

⑥ 太宜人，明清时五品官之母或祖母的封号。

⑦ 甲午，清顺治十一年，1654 年。

⑧ 义命，正道；天命。宋周密《齐东野语·嘉定宝玺》："诲之以安义命而知进退，勉之以崇名节而黜浮竞。"

⑨ 职业，职分应作之事。《国语·鲁语下》："昔武王克商，通道于九夷百蛮，使各以其方贿来贡，使无忘职业。"

⑩ 尸素，谓居位食禄而不尽职。常用作自谦之词。

⑪ 紫诰，指诏书。古时诏书盛以锦囊，以紫泥封口，上面盖印，故称。

⑫ 扶掖，搀扶。《汉书·王莽传下》："三日庚戌，晨旦明，群臣扶掖莽，自前殿南下椒除，西出白虎门。"

⑬ 命服，原指周代天子赐予元士至上公九种不同命爵的衣服。后泛指官员及其配偶按等级所穿的制服。

⑭ 望阙，仰望宫阙。喻怀念天子。

亲①之日，皆报主之年也。岂意桑榆暮景②，偶感泄泻③，医药罔效，祷祈弗灵路渺家园，病笃④邸舍，竟弃不孝，长逝矣。先是，顺治庚子⑤不孝请假迁葬，奉先慈回里，率擁蔂梩⑥身先，臧获⑦犹年卒事丘陇⑧，迨岁辛酉⑨夏，不孝嫁女于宣，先慈意欲往送，不孝恐未堪暑，不敢曲从，殊沉不怿⑩，久之安好如常，初不意至斯极也。呜呼！旻天⑪宜降罚不孝，胡忍夺吾母之算⑫耶？

先慈性寡言笑，每遇施予近义之事，则怡气满容，虽不孝匏系⑬一官，或至索米⑭弗得蔬水捽布，融融如也。平生能体下情，推诚竭慈未尝加以笞詈，至于处旅舍比邻，恒戒令家众勿矜张⑮，勿高语，

---

① 荣亲，旧指登科及第，使父母光荣。

② 桑榆暮景，夕阳斜照桑榆时的黄昏景象。比喻垂老之年。

③ 泄泻，腹泻。《续资治通鉴·宋真宗天禧四年》："帝久不豫，前二日，因药饵泄泻，前后殿罢奏事。"

④ 病笃，病势沉重。《史记·范雎蔡泽列传》："昭王强起应侯，应侯遂称病笃。"

⑤ 顺治庚子，顺治十七年，1660年。

⑥ 蔂梩，音 léi lí。取土、运土的器具。

⑦ 臧获，古代对奴婢的贱称。

⑧ 丘陇，亦作"丘垄"。坟墓。《礼记·月令》："（孟冬之月）茔丘垄之大小高卑厚薄之度，贵贱之等级。"

⑨ 辛酉，明天启元年，1621年。

⑩ 不怿，不悦；不欢愉。《史记·五帝本纪》："（尧）召舜曰：'女谋事至而言可绩，三年矣，女登帝位。'舜让于德不怿。"裴骃集解："谓辞让于德不堪，所以心意不悦怿也。"

⑪ 旻天，泛指天。《书·多士》："尔殷遗多士，弗吊旻天，大降丧于殷。"孔颖达疏："天有多名，独言旻天者，旻，愍也。"

⑫ 算，寿命。《醒世恒言·灌园叟晚逢仙女》："张委损花害人，花神奏闻上帝，已夺其算。"

⑬ 匏系，《论语·阳货》："吾岂匏瓜也哉！焉能系而不食？"刘宝楠正义："匏瓜以不食，得系滞一处。"后以"匏系"谓羁滞（客居淹留）。喻指无用之物。

⑭ 索米，求取米粮。《汉书·东方朔传》："臣朔饥欲死。臣言可用，幸异其礼；不可用，罢之，无令但索长安米也。"后因以"索米"称谋生。

⑮ 矜张，夸张。宋无名氏《李师师外传》："帝亦不怿，谕姥今后悉如前，无矜张显著。遂不终席，驾返。"

谓是亦乡党奈之何弗敬。至不孝所尤痛心者，先慈苦节①五十余载，持家教子，殚厥心力。不孝极知无益家国，万一若又将懿行淑德湮没不彰，则不孝之罪，百口奚赎，呜呼痛哉！

先慈生于万历丙午年九月初九日亥时②，卒于康熙二十一年壬戌五月廿八日酉时③，享年七十有七。生子一，即不孝显，銮仪卫冠军使④娶黑氏前都督黑公云龙孙女，庠生，明道，女封宜人，今奉覃恩，诏封淑人。副室⑤翟氏，前锦衣卫千户翟女，孙男一，祖经幼，孙女一，适康熙乙卯科举人，候补⑥主政褚绂，不孝苫块⑦凄迷，窃不自揆叨官武阶，欲比文职。例陈情守制，以尽羔乌之私，倘得遂所愿，则沾沐圣天子孝治之化，皆所谓报刘⑧之日也。邸舍湫隘⑨，不敢久殡，而首丘隧道之石，哀恳大人君子锡之华衮⑩，先慈九原⑪实藉不朽。

① 苦节，《易·节》："节，亨。苦节，不可贞。"孔颖达疏："节须得中。为节过苦，伤于刻薄。物所不堪，不可复正。故曰'苦节，不可贞'也。"意谓俭约过甚。后以坚守节操，矢志不渝为"苦节"。

② 万历丙午九月初九日，1606 年 10 月 10 日。

③ 康熙二十一年壬戌五月廿八日，1682 年 7 月 3 日。

④ 冠军使，官名。清朝銮仪卫之职官，顺治四年（1647 年）设。十一年定员十人，正三品。其中七员为"掌印冠军使"，分掌左、右、中、前、后、驯象六所及旗手卫（总称七所）之印。一员为"掌卫事冠军使"，专掌旗手卫之事务。另外二员在七所之外，为"陪祀冠军使"，负责祭祀时陪祀。

⑤ 副室，妾。清蒲松龄《聊斋志异·神女》："数年不育，劝纳副室，生不肯。"

⑥ 候补，清制，未经补实缺的官员由吏部依法选用，选定后到某部或某省听候补缺或临时委用，称为候补。

⑦ 苫块，"寝苫枕块"的略语。苫，草席；块，土块。古礼，居父母之丧，孝子以草荐为席，土块为枕。

⑧ 报刘，西晋诗人李密的古诗作品《陈情表》，李密孝养祖母刘氏。

⑨ 湫隘，低下狭小。《左传·昭公三年》："初，景公欲更晏子之宅，曰：'子之宅近市，湫隘嚣尘，不可以居，请更诸爽垲者。'"杜预注："湫，下；隘，小。"

⑩ 华衮，古代王公贵族的多采的礼服。常用以表示极高的荣宠。《诗·大雅·烝民》："衮职有阙，维仲山甫补之。"孔颖达疏："举衮以表君也。"后以"华衮"指君王。

⑪ 九原，春秋时晋国卿大夫的墓地。泛指墓地。

内阁办事中书舍人、今候补主事、顺天府乙卯科举人孙婿①褚绂顿首②填讳③。

◎题新修宜兴族谱

余生也晚，少习④章句之学，未悉先世事。迨先大人宦成⑤读礼⑥于家，一日训余曰：吾倪氏由宋高宗南渡，随驾至临安，始祖文节公遭流离播迁⑦，南北隔绝，修有家谱，垂之后世，其虑远矣。迄今几五百年，世系繁衍，宗族散处，无从纪理⑧。遇伯叔⑨兄弟于坐间⑩，等于⑪寻常宾客。乌乎！忍此家谱之亟宜续修也。曩⑫吾谒选⑬长安时，曾向三兰鸿宝言之，跃然奋起曰：诚今日之急务，但吾家自钱塘而清溪，始宁、槜李以及金陵、桐江、昆陵，其中分支别派不可胜计，何以散者连之，分者合之。吾曰：当以某朝某年迁居于某地，各从其迁居始祖所自出历代凡几⑭，以至于今，则世代昭然，

---

① 孙婿，孙女的丈夫。唐韩愈《故太学博士李君墓志铭》："太学博士顿丘李于，余兄孙婿也。"

② 顿首，书简表奏用语。表示致敬。常用于结尾。

③ 填讳，旧时子孙为祖先撰写行状碑志等文字。请人代写祖先名号，称填讳。

④ 少习，少年时所学习的。

⑤ 宦成，谓登上显贵之位。汉刘向《说苑·敬慎》："官怠于宦成，病加于少愈。"

⑥ 读礼，学习礼节。古人守丧在家，读有关丧祭的礼书，因称居丧为"读礼"。语本《礼记·曲礼下》："居丧未葬，读丧礼；既葬，读祭礼。"

⑦ 流离播迁，流转迁徙。

⑧ 纪理，经纪，管理。汉班固《白虎通·宗族》："大宗能率小宗，小宗能率群弟，通其有无，所以纪理族人者也。"

⑨ 伯叔，伯父叔父。北齐颜之推《颜氏家训·风操》："古人皆呼伯父叔父，而今世多单呼伯叔。"

⑩ 坐间，座席之中。

⑪ 等于，等同于。多表示前后相等或差不多相等。

⑫ 曩，从前；过去。

⑬ 谒选，官吏赴吏部应选。明何良俊《四友斋丛说·史四》："壬子年秋，余谒选至京。"

⑭ 凡几，共计多少。

而雁序①不紊矣。然必推尊一人焉，身历于大江之南北，零征汇集，必详必确，需之岁月，庶几②告成乎。无何各以一官庖系，未遂厥志，兹吾庐墓③以来，拣阅内典，谢绝世缘，决意不复出山矣。修谱一事，其在斯乎！其在斯乎！汝可简吾箧中所存宋谱以为式，余是时始知先大人之藏，有宋谱也。开卷跪阅，卷中弁语乃岳武穆公所书至宝二字，卷中赞诵铭跋，皆一时理学名臣朱晦、翁文、文山十余贤笔，卷中诰敕图像，自受姓于春秋，发祥于汉晋，盛于唐，再盛于宋。唐有三祖，曰忠，曰思，曰恕，一时显达，在帝左右，宋其甲第，连绵先后继美④。文节公乃南渡之始祖也，公初讳思，因修谱而知重唐祖讳雯，名思芝，官拜翰林学士，清高标异，正色立朝，触忤秦相，辞职隐于苕水之东林山，其故址仍存焉。先大人构名手⑤双钩全卷以勒石，欲遍散于吾宗，使吾宗知祖有功，而宗有德，前有起，而后有承家世之渊源。若此，然后各从其始迁之始祖，所自出历代凡几，以至于今则五百年未合之，绪当与宋谱并垂不朽。无何⑥石工甫竣，而先大人弃世矣。未几，旋有鼎革⑦之事矣。余窃窃于中，未尝敢忘先大人之志。三十年来遍历于大江南北，求吾宗之有深心大力者，余愿执鞭从事焉，卒未可得。

今夏吾日章金吾公忽以新修《宜兴倪氏族谱》属予序，余不能文，安能序？盥手⑧开诵，出自胡东瓯公手笔，编辑次第，无不尽

---

① 雁序，有秩序地飞行的雁群。形容整齐有次序。比喻兄弟，兄弟辈。

② 庶几，或许，也许。

③ 庐墓，古人于父母或师长死后，服丧期间在墓旁搭盖小屋居住，守护坟墓，谓之庐墓。

④ 继美，承继前人之美德。

⑤ 名手，以技艺或文笔等高超而著名的人。

⑥ 无何，不多时；不久。

⑦ 鼎革，《易·杂卦》："革，去故也；鼎，取新也。"旧时多以"鼎新革故"指朝政变革或改朝换代。后泛指事物的破旧立新。省作"鼎革"。

⑧ 盥手，洗手。古人常以手洁表示敬重。《资治通鉴·唐宣宗大中十一年》："得大臣章疏，必焚香盥手而读之。"

善。且太史李公、大参吴公、给谏魏公序之详矣，安用余序？余所快者，谱成于顺治庚子①岁之夏五月，几十年于兹矣，何金吾公之先得，余心之同然，且有以慰先大人之志于九泉之下也。余为之举手加额曰：宗有文节公举之于前，今有金吾公续之于后，金吾公殆吾宗之名世也。夫其为人也，天性孝友，恪遵祖训，笃于亲、敦于族，持身则恂恂②若处子③，论事则侃侃④不可夺，奉职惟谨，操存⑤以正，有文节公之风。谱中世系、年表、诰敕、谕传，明太祖时由羽林护卫迁北平，再而迁保定，再而迁万全右卫，再而迁上谷，历历可考，何以独弁之，曰新修《宜兴倪氏族谱》，不忘所自⑥也。今而知金吾公始祖宜兴也，由始祖所自迁，由始迁祖所自出，以至于今十有二世矣。世代昭然，雁序不紊，此正合先大人修谱意也。安得大江南北吾宗之有深心大力者，悉如金吾公之心，余愿执鞭从事焉。向先大人以宋谱为式，今得宜兴族谱以为式，五百年燃灯一续，金吾公殆吾家之名世也。

夫康熙戊申⑦九日钱塘族人泉龄顿首题于经鉏堂之次。

---

① 顺治庚子，顺治十七年，1660年。

② 恂恂，温顺恭谨貌。《论语·乡党》："孔子于乡党，恂恂如也，似不能言者。"陆德明释文："恂恂，温恭之貌。"

③ 处子，犹处士（本指有才德而隐居不仕的人，后亦泛指未做过官的士人）。汉王符《潜夫论·交际》："恭谦以为不肖，抗扬以为不德，此处子之羁薄，贫贱之苦酷也。"

④ 侃侃，刚直貌。谓直抒己见，从容不迫。

⑤ 操存，执持心志，不使丧失。语出《孟子·告子上》："孔子曰：'操则存，舍则亡，出入无时，莫知其乡，惟心之谓与！'"指操守、心志。

⑥ 所自，由来；来源。

⑦ 康熙戊申，康熙七年。

9.《道家金石略》

【题解】　《道家金石略》，本是陈垣先生在1920年代中期，任职于北京大学研究所国学门导师时，搜集《道藏》、历代文集及缪荃孙所藏拓片、柳风堂张仁蠡所收藏的石墨中与道教有关的碑体文字，袞集成编，当时已有（或计划）百卷之巨。但由于这一工作本身的艰巨性，又限于精力和条件，一贯坚持严谨学风的陈垣先生于1971年去世之前，一直没有付梓。后又经陈智超、曾瑛共同对原稿经过七年之久的重新校勘、整理，并作了很有价值的增订，由文物出版社于1988年6月印行。

所收史料，上起汉魏，下至明朝。书名道家，自然不是狭义的先秦道家学派。书名不称道教而名道家，正是由于书中史料兼收了传统道教旧派和非传统道教诸道的缘故。书名金石略，是沿用前人对金石的泛称，所收史料则限于石刻文字。

该书虽是一部有关道教碑体文字的集录，全书共收文1300多通，字数逾百万，按时代共分为汉魏六朝、唐、宋、金元、明五部分。金元部分又分隶全真、真太、太一、正一以及归属不明四类。所录文字出自实物者则记其大小尺寸、字体、存所；拓片及书本文献所载，则详登出处。文后多附有前代考证材料。

本辑据1988年文物出版社《道家金石略》辑录玄门掌教大宗师存神应化洞明真人祁公道行之碑录一篇，并对照原碑文（仅碑阳文字）进行参校。该碑现置于云州乡观门口西灵真观遗址，曾于"文革"期间被移至云州水库，并磨去碑阴文字改为云州水库竣工记事碑。1997年重新将碑回归灵真观，并按照原碑文字的内容及其特征，恢复了部分文字。

◎玄门①掌教大宗师存神应化②洞明真人祁公③道行之碑

碑高七尺三寸，广七尺，二十四行，行五十二字，正书④。

翰林学士太中大夫⑤知制诰⑥同修国史李谦撰

昭文馆⑦大学士荣禄大夫平章军国事行御史中丞领侍仪司事⑧不忽木书

荣禄大夫平章政事御史中丞领侍仪司事崔彧篆额⑨

---

① 玄门，《老子》："玄之又玄，众妙之门。"后因以"玄门"指道教。

② 存神，存养精神，保全精神。汉扬雄《法言·问神》："圣人存神索至，成天下之大顺，致天下之大利。"宋咸注："存其精神，探幽索微。"应化，佛教语。谓佛、菩萨随宜化身，教化众生。

③ 洞明真人祁公，指祁志诚，号洞明子。真人，道家称存养本性或修真得道的人。亦泛称"成仙"之人。

④ 该碑现置于赤城县云州乡观门口村西灵真观遗址处。碑为汉白玉石质，长方形，碑身与碑首为一体，置立于花岗岩赑屃石座上。碑首部分呈下直上弧形状，主额题"玄门掌教大宗师洞明真人道行之碑"15字，主额两侧各有垂首蟠龙一条，向下紧衔碑身。龙身至碑首顶端相互缠绕，并烘托火焰宝珠。在"文革"期间，该碑曾被移至云州水库，磨去碑阴的字迹改为云州水库竣工记事碑。1997年县文物部门又重新将碑回归真观，并按原碑文字的内容及其特征，恢复了碑阴部分文字。碑阳文字保存完好。但今，在碑阴的上部依稀可见"团结紧张、严肃活泼""高峡出平湖""为人民服务"等字迹，为祁志诚道行碑又平添了一些难以磨灭的历史印迹。

⑤ 太中大夫，职官名。古代职掌议论的官员。

⑥ 知制诰，掌管起草诰命之意，后用作官名。唐初以中书舍人为之，掌外制。其后亦有以他官代行其职者，则称某官知制诰。开元末，改翰林供奉为学士院，翰林入院一岁，则迁知制诰，专掌内命，典司诏诰。宋代因之，为清要之职。明代翰林学士或内阁学士，得兼此职。清代废。

⑦ 昭文馆，官署名。唐武德四年于门下省置修文馆，九年改为弘文馆。神龙元年避孝敬皇帝（李弘）讳改为昭文馆。置学士，掌详正图籍，参议朝廷制度礼仪，教授生徒。武后垂拱后，以宰相兼领馆务，号馆主；给事中一人判馆事。宋承唐制，以上相为昭文馆大学士，监修国史。学士、直学士不常置，直馆以京朝官充任，掌书籍修写校雠之事。

⑧ 侍仪司，官署名。金属宣徽院，由侍仪局改名，设令、直长，秩从六品、正七品。元设于世祖至元八年（1271年），秩正四品，掌朝会、即位、册后、建储、上尊号及外国使者朝觐礼仪，隶礼部。成宗大德十一年（1307年），升秩为正三品。

⑨ 崔彧，字文卿，小字拜贴木儿，弘州人。至元十九年（1282年）为集贤侍读学士。二十年，以刑部尚书上疏，言时政十八事，提出"广开言路，多选正人"等主张。先后任甘肃行省右丞、中书右丞御史中丞。卒。追封郑国公，谥忠肃。彧音yù，有文采；茂盛的样子。篆额，用篆字书写碑额。

其人①讳②志诚，字信甫，姓祁氏，钧③之阳翟④翟里人。家世业农，用致富饶。考逸其名讳⑤，行善好施，人以长者称之。母方震，梦道者遗之桃，取食之。翼日里人⑥遥望所居火，奔往救视，及即之，无所见而真人适生。少岐嶷⑦，识度⑧异常儿。岁壬辰⑨，国兵下河南，真人年十四，为军士所俘。军士资⑩残忍，同辈百余人，杀戮无噍类⑪，惟真人获免。兵至太原祁县招贤里，有大族强氏者，素与军师善，留真人子养之，俾从师就学。年几冠⑫，谋为取妇，辞曰："不肖生逢丧乱，离去亲戚。白刃⑬之下，孑身⑭为造物者所遗，心槁木⑮，形死灰⑯，安能复以人道立于世？将息情绝欲，入山学

① 其人，按原碑作"真人"，是也。
② 讳，旧时称已故的帝王或尊长的名。
③ 钧，旧时对尊长或上级的敬辞。
④ 阳翟，传说夏禹都此。战国为韩邑。在今河南禹州市。韩景侯曾移都此。
⑤ 名讳，旧指尊长或所尊敬之人的名字。旧时生前曰名，死后曰讳。分用义异；合用义同名字，但含有敬意。
⑥ 翼日，明日，次日。翼，通"翌"。里人，同里的人，同乡。
⑦ 岐嶷，音 qí nì。《诗·大雅·生民》："诞实匍匐，克岐克嶷。"朱熹集传："岐嶷，峻茂之状。"后多以"岐嶷"形容幼年聪慧。
⑧ 识度，识见与器度。
⑨ 壬辰，南宋绍定五年，蒙古太宗四年，1232 年。
⑩ 资，音 zì。同"恣"。放纵。《集韵·至韵》："恣，《说文》：'纵也'。秦刻石文作资。"
⑪ 噍类，指活着的人。《汉书·高帝纪上》："（项羽）尝攻襄城，襄城无噍类。"颜师古注引如淳曰："无复有活而噍食者也。"噍音 jiào。吃东西，嚼。
⑫ 几冠，几，副词。表示非常接近，相当于"几乎""差不多"。冠，古时男子已成年而举行的加冠礼称冠。男子已成年亦称冠。《通志·礼略》："周制文王年十二而冠，成王十五而冠。"黄侃《礼学·略说》："冠以二十为限"。
⑬ 白刃，锋利的刀。借指战争。
⑭ 孑身，单身；独身。
⑮ 槁木，枯木。《礼记·乐记》："故歌者上如抗，下如队，曲如折，止如槁木。"孔颖达疏："止如槁木者，言音声止静感动人心，如似枯槁之木止而不动也。"
⑯ 死灰，火灭后的冷灰。形容消沉、失望的心情。

道。高门抚养之私，前死会当图报。"强氏强之不可。时全真教①盛行，闻披云老师宋君②居太原西龙山之静居，乃诣谒③受教。承事④数年，躬执劳苦。披云识其伟器，谓门弟子曰："弘吾教者，必此子也。"授以入道之要，辄忻然领解，业益进，道益隆，赐号洞明子。同门二高弟，曰宋、曰傅，皆知推重真人，不敢以先觉自居。一日，披云呼之来前，为书数语遗之。大略谓祁志诚可嗣其教，惟谨乃心，毋替吾言，敬之敬之。真人拜受⑤而去。至保州之西沈村，筑环堵⑥以居，不出者凡三载。既又谒灵阳丁先生于奉先之瑞云庵，群居力作者逾月，人未识也。一夕，先生独坐丈室⑦，真人前往参扣⑧，先生持火烛其面曰：吾于全真之门，久未见其人，不谓今得子。喜不自禁，为之手舞足蹈。自是讲论道义，不令去左右。久之辞去，丁问子将奚适⑨，真人言当还太原。丁曰："汝南还不过老于卒伍⑩，北行当张吾军，为统军师。"真人复之曰："弟子日丐一食，且不得饱，何言统军为？"去之南行，至涿得疾，不能前进，追忆前言曰：行或使之，止或尼⑪之，无乃非人力邪⑫？反面北行抵燕，疾遂勿

---

① 全真教，道教的一派。金王重阳创立。教旨以"澄心定意，包元守一，存神固气"为"真功"，"济贫拔苦，先人后己，与物无私"为"真行"。功行俱全，故名"全真"。该派旧时盛行于北方，以北京白云观为中心，称道教北宗。

② 披云老师宋君，指宋德方（1183～1247年），蒙古莱州人，字广道，号披云子。尝从丘处机西游。隐居太原昊天观，凿石洞七龛，有石刻像，自作赞。元初，赠元通披云真人。

③ 诣谒，前往谒见；造访。

④ 承事，治事；受事。《左传·成公十二年》："百官承事，朝而不夕。"

⑤ 拜受，拜而受之。常用作接受人赠予或指教的敬词。

⑥ 环堵，四周环着每面一方丈的土墙。形容狭小、简陋的居室。

⑦ 丈室，寺主的房间。

⑧ 参扣，参叩亦作"参扣"。参酌叩问。拜见。

⑨ 奚适，犹言奚啻（何止；岂但）。

⑩ 卒伍，古人军队编制，五人为伍，百人为卒。泛指军队，行伍。

⑪ 尼，音 nǐ。停止；制止。

⑫ 邪，音 yé。古同"耶"，疑问词。

药。岁庚戌①，出居庸，至云州。州将士庶②，礼遇良厚，为择地卓庵处之，扁其庵曰乐全，口占漫与③，皆达理之言，往往为人传诵。疾者来谒，为符祝④疗治，应手良已，一方多赖以全济。闲出郭，杖履入西山，寻幽择胜。至刘家谷，见其峰峦秀峙，清泉茂树，意甚爱之。土人谓其地昔金阁仙人隐所，乃诛茆卜筑⑤，名其山曰金阁，谷曰游仙，观曰云溪，寻徙居其中。中统壬戌⑥，大丞相安童闻其名，专遣今吏部尚书张元智持书迎致⑦，一见如素知⑧。问以修身齐家治国之方，真人曰："身正则景⑨正，身邪则景邪。大丈夫处其厚，不处其薄，居其实，不居其华。治大国若烹小鲜⑩。"丞相叹重⑪，以为名言。有问随答，未尝阿意苟容⑫，由是待以师礼。至元七年⑬，为其师披云宋君请谥于朝，赠玄通弘教披云真人。所居金阁山云溪观，赐额曰崇真。八年，授诸路道教都提点。明年，嗣玄门掌教真人，仍锡玺书卫其教。岁奉命持香祠岳渎⑭，为国祭醮祝釐⑮，精诚感通，数有符应⑯。宋平，所孚宝玉入内府，有天尊像及名鼎，

① 庚戌，南宋淳祐十年，1250 年。

② 士庶，士人和普通百姓。亦泛指人民、百姓。

③ 口占，谓口授其辞。漫与，犹言随便对付。

④ 符祝，音 fú zhòu。同"符咒"。符箓和咒语的合称。僧道以为可以役使鬼神。

⑤ 诛茆，芟除茅草。引申为结庐安居。卜筑，择地建筑住宅，即定居之意。

⑥ 中统壬戌，蒙古世祖中统三年，1262 年。

⑦ 迎致，犹迎请。《元典章·诏令一·归附安民诏》："朕惟自古降主必有朝觐之礼，已遣使特往迎致。"

⑧ 素知，平素相知的人。

⑨ 景，音 yǐng。阴影。后作"影"。

⑩ 小鲜，《老子》："治大国若烹小鲜。"河上公注："鲜，鱼也。"

⑪ 叹重，赞叹敬重。

⑫ 阿意，迎合他人的意旨。苟容，屈从附和以取容于世。

⑬ 至元七年，1270 年。

⑭ 岳渎，五岳和四渎的并称。五岳，指东岳泰山、南岳衡山、西岳华山、北岳恒山、中岳嵩山。四渎，长江、黄河、淮河、济水的合称。

⑮ 祝醮，道士设坛念经做法事。釐，祈求福佑，祝福。

⑯ 符应，上天显示的与人事相应的征兆。

诏送长春宫，俾真人奉事。寻以金饰紫檀尘拂赐之。真人感念强氏子养①之恩，请复其家，诏从之。十五年，衡州入职方②，命真人持香币偕今御史中丞崔彧往祀南岳。既至之明日，遽藏仪行事，礼成即趣装③就道。从者不悦曰："此来凡跋涉七千余里，不胜困惫，宜姑作数日留。"真人不应，行未及两舍④，州人追报岳祠为盗所据矣，人谓真人有前知之明。十八年，道门多故，真人挺身直前，百沮而不挠。或谓宜及是时谢事⑤引去，复之曰："方玄风隆盛则以师长自居，少遇屯厄⑥则退身为隐士，人其谓我何？稍俟安泰然后辞去，为未晚也。"二十二年，烦言已息，适丞相安童至自朔方，乃曰："退归岩穴，此其时矣。"春二月，移书集贤院，举道教提点张志仙自代。集贤院以闻，诏可。羽流⑦合词言曰："昌平北山三元观，长春先师所居，宜为真人归老之地。"即日命驾还山，寻易名蓬山道院，凿地修圹⑧，为却后⑨宁神之藏。又以崇真宫栋宇卑陋，不足以揭虔妥灵，躬率徒侣百余人，出私帑所有，购材募工，经启改作。王公贵人及远近信道之士，皆乐为伙助⑩。创前后二殿，坚整崇峻，门观显严，金碧辉映。今皇太后道过云州，遣使致香币问遗。驸马高唐王奉黄金五十两，为藻饰之费。三十年春，会徒属匠者告之曰："汝等当致竭心力，毋惮劳苦，比终岁尚毕斯役。吾老矣，幸及见之。"其冬行丐州境，未及遽还，谓门弟子曰："绘塑之工，吾不能

---

① 子养，犹养育。
② 职方，犹版图。泛指国家疆土。
③ 趣装，速整行装。趣音 cù，古同"促"，催促；急促。
④ 舍，古代行军一宿或三十里为一舍。
⑤ 谢事，辞职；免除俗事。
⑥ 屯厄，亦作"屯阨"。危难；困苦。
⑦ 羽流，谓道人，道士。
⑧ 圹，音 kuàng。墓穴，亦指坟墓。
⑨ 却后，犹过后。
⑩ 伙助，帮助。伙音 cì，帮助，资助。

竟矣，汝众其嗣成之。"求纸笔作二颂①示众，易新衣冠，怡然而逝。是年十一日二十八日也②，享年七十有五。十二月丁酉，诸弟子奉师之枢，权③殡崇真宫之震位④，从居民请也。前期行丐所至，凡遇故知，皆相与诀别。羽化⑤之日，远近吏民，奔走会哭，从事服役者日且千人。非待人以诚，能若是乎？今上即位，追谥存神应化洞明真人。真人明于性理，通世务，尤善论事，裁处得宜。丞相伯颜尤加礼敬。开府史公，一代名臣，不轻许可，闻其论议，至谓祁真人若在仕流，必长于治理。大氏⑥平生所学，得于静境，真积力久，心光烨然。未尝事笔研，及作大字，结构有法。游戏篇咏，辄出人意表。尝有"闲把一瓢盛海月，常垂两袖舞天风"之句，语意高迈，若此者众。有《西云集》三卷传于世。窃常谓真人逐迹山林，草衣木食，守玄⑦默而为无为，何尝以趋时应务为心哉。及声光⑧一出，不容韬晦⑨，一旦膺尺一⑩之召，嗣处教席，上承万乘⑪之尊，次则王公大人之所际接，其下则四海道流之所受教，非道德充实，诚有大过人者，必不能然。及其蹈止足之戒，复烟霞⑫之约，翛然无累⑬，浩然

---

① 本辑《别集类·西云集》有祁志诚《遗世二首》，疑即指此"二颂"。

② 十一日，按清《赤城县志·艺文志》作"十一月"，是也。是年十一月二十八日，至元三十年，1293 年 12 月 26 日。

③ 权，副词。表示情态，相当于"姑且""暂且"。

④ 震位，指东方。语本《易·说卦》："万物出乎震。震，东方也。"

⑤ 羽化，用作道教徒死亡的婉辞。

⑥ 大氏，大抵；大都。

⑦ 守玄，保持清虚玄静。

⑧ 声光，声誉风光。

⑨ 韬晦，借指才能行迹隐藏不露。

⑩ 尺一，亦称"尺一牍""尺一板"。古时诏板长一尺一寸，故称天子的诏书为"尺一"。

⑪ 万乘，周制，天子地方千里，能出兵车万乘，因以"万乘"指天子。

⑫ 烟霞，泛指山水、山林。指红尘俗世。

⑬ 翛然，无拘无束貌；超脱貌。迅疾貌。翛音 xiāo。无累，不牵累；没有牵累。无所挂碍。

长往，视世间所谓荣利，不啻如土苴①然，抑可谓知进退不失其正者欤！门弟高道辉等状其行，介御史中丞崔公以道行碑为请。谦数与真人相周旋②，知其行诚然，为叙次而铭之。铭曰：

维③昔长春④应征辟⑤，弘教披云侍行役⑥，十八人中乃其一⑦，洞明⑧学道造堂室。耳聆微言采幽赜⑨，圜居初不求人识，逃藏径入空山寂，山深莫掩声辉赫。殷然⑩而雷起渊默⑪，济时⑫名相思论益，皎皎白驹⑬受维絷⑭，玄门大宗众所式。舍子孰当主师席，守静以笃

---

① 土苴，渣滓，糟粕。比喻微贱的东西。犹土芥。

② 周旋，引申为交往；交际应酬。

③ 维，语气词。用于句中或句首。

④ 长春，指丘处机，金登州栖霞人，字通密，号长春子。十九岁出家，为重阳真人王喆弟子，全真道教七真之一。金大定间，居磻溪、陇州等地，结交士人，曾应金世宗召至中都。后仍还居栖霞山中。成吉思汗十四年，应召率弟子李志常等西行。见成吉思汗于西域雪山。问长生之道，则告以清心寡欲为要，并以天道好生为言。赐爵大宗师，掌管天下道教。

⑤ 征辟，谓征召布衣出仕。朝廷召之称征，三公以下召之称辟。

⑥ 行役，泛称行旅，出行。这城指丘处机受成吉思汗之邀，率弟子宋德方、赵道坚、宋道安、尹志平、李志常等十八名弟子从山东出发，取道燕京，历时两年，西行数万里抵达雪山（今阿富汗）行营，劝说成吉思汗止杀爱民。

⑦ 该句指宋德方（披云）为随丘处机西行十八之一。

⑧ 洞明，指祁志诚，号洞明真人。

⑨ 微言，精深微妙的言辞。幽赜，幽深精微。

⑩ 殷然，轰鸣震动貌。

⑪ 渊默，亦作"渊嘿""渊嚜"。深沉静默。《庄子·在宥》："尸居而龙见，渊默而雷声。"

⑫ 济时，犹济世，救时。

⑬ 白驹，白色骏马。比喻贤人、隐士。语出《诗·小雅·白驹》："皎皎白驹，食我场苗。絷之维之，以永今朝。"

⑭ 维絷，《诗·小雅·白驹》："皎皎白驹，食我场苗，絷之维之，以永今朝。"郑玄笺："愿此去者乘其白驹而来，使食我场中之苗，我则绊之系之，以永今朝。爱之欲留之。"因以"维絷"为系缚；羁绊。

致虚极①，不言而教以身率，和我萧勺②化群慝③。岁星④一周应酬毕，还向中岩⑤煮白石⑥，居庸山南复山北，行云去留无定迹。崇真杰阁霄汉⑦迫，倏⑧焉草莱⑨化金碧，大缘甫就俄厌世，劳生佚老⑩此其息。莘莘徒侣人谨饬⑪，道师之言世无失，万古千秋报皇国。

大元大德三年三月望日⑫玄门演道大宗师嗣教辅元履道玄逸真人掌管诸路道教事张志仙立石

功德主银青荣禄大夫大司徒领太常寺事兀都台

蒲水贾德玉镌

（柳拓⑬）

----

① 虚极，指太空。

② 萧勺（箫勺），古乐名。《箫》，舜乐；《勺》，周乐。亦谓以《箫》《勺》之乐进行教化。

③ 群慝，群奸，群小。《汉书·礼乐志》："行乐交逆，箫勺群慝。"颜师古注："言制定新乐，教化流行，则逆乱之徒尽交欢也。慝，恶也。"慝音 tè，奸邪，邪恶。

④ 岁星，即木星。古人认识到木星约十二年运行一周天，其轨道与黄道相近，因将周天分为十二分，称十二次。木星每年行经一次，即以其所在星次来纪年，故称岁星。

⑤ 中岩，山岩之中。

⑥ 煮白石，旧传神仙、方士烧煮白石为粮，后因借为道家修炼的典实。

⑦ 杰阁，高阁。霄汉，天河。亦借指天空。

⑧ 倏，音 shū。极快地，忽然。

⑨ 草莱，犹草莽。杂生的草。指荒芜之地。

⑩ 佚老，遁世隐居的老人。

⑪ 谨饬，亦作"谨饰"。犹谨敕（谨慎自饬）。

⑫ 大德三年三月望日，1299 年 4 月 17 日。望日，天文学上指月亮圆的那一天的白天，通常指夏历每月十五日，但有时是十六日或十七日。检网络"汉典万年历"显示大德三年三月十六为望，故取 4 月 17 日。

⑬ 《道家金石略》书后注：柳拓，柳风堂石墨，藏北京大学图书馆。

附錄

1. 民国《察哈尔省通志》

【题解】　《察哈尔省通志》27 编，宋哲元监修，梁建章等纂。宋哲元（1885~1940 年），字明轩，山东乐陵人，曾在冯玉祥部下任师长、总指挥、热河都统等职，民国间先后任二十九军军长，察哈尔省政府主席。梁建章（1871~1937 年），字式堂，大城人。

关于省志。省这一行政区是从元代开始设置的，当时全称为"行中书省"，简称"省"。以省为范围的编修地方志也是从元朝开始的。明代省志大多数称为"总志"或"通志"，到清代则通称"通志"。如明成化年间纂修的河南省志称为《河南总志》，明嘉靖年间和清顺治、康熙、雍正年间编的都称为《河南通志》。至于民国该怎么称谓，没有看到明确规定，如按明清这一惯例，既然"通志"即表示省志，那么《察哈尔省通志》之"省"字似乎有些多余。

自古就有盛世修志之说，而中华民国时期，虽经辛亥革命的风暴卷走了中国最后一个专制王朝，但却没有结束中国屈辱和苦难的历史。1911 年以后的中国依然内外交困，政局动荡不安。面对这样一种乱世局面，北洋政府和国民政府同以前的历届政府一样，即使自身在风雨飘摇之中，也并没有忘掉修志。1917 年，北洋政府曾下达要求全国各地修志的通令。国民政府在 1929 年颁布了《修志事例概要》，要求各省应于省会所在地，设立省通志馆，并编拟志书凡例及分类纲目上报内政部。虽说乱世，中华民族的传统修志工作仍没有间断，其作为一种文化事业，与国家和民族的命运紧密联系在一起。

《察哈尔省通志》于 1935 年 1 月开馆，通志馆长杨兆庚在序言中说："二十二年秋，乐陵宋公自长城罢战，还主察政，于劳来安集

赤城縣堡寨

獨石城 在縣治西北九十里明宣德五年築

明史宣德五年武侯薛祿建言永

萬曆十年輒

寧衛圍山及鷗鶿赤城雲州獨石無城堡不可守築之便於是

發卒二萬六千赴役精騎五百護之祿與豐城侯李斌築之

包周六里十三步城樓四角樓四舖八門三東曰常勝西曰常寧南曰永安

清

乾隆七年直督孫嘉淦以獨石城歲久坍塌定為邊口急工題准與工乾隆

總督鄂爾洛修獨石口城碑載周圍一千三百一十丈七尺展修五十八丈

三尺增築東南角敵台一座起工於萬曆十年四月訖工於十二年十月

八年知縣孟思誼領銀辦料乾隆九年三月起工十一年九月訖工共補砌

甎牆五百四十三丈築土牛九百三十三丈四尺八寸砌海墁折方丈一千

九百十二丈三尺七寸排牆一千五百二十丈礮口二千一百九十九個女

牆一千二百一十丈水溝八十三道發南門內外券二座西門內外券二座

建城樓四座角樓四座礮樓八座西南角石壩一百二十八丈九尺東南虎

察哈爾省通志　卷十四　戶籍編之四　二十九

2506

《察哈尔省通志》书影

之暇，抱修文偃武之心，倡议创修省通志。……命余以省政府秘书长兼任通志馆馆长，期以一年出书。二十三年一月开馆。……一年有半，全书告成。"当时面对军阀混战，外敌入侵，政权更迭，财政拮据等许多问题的局面，然《察哈尔省通志》却用了仅一年多时间，完成了一部省志编纂、刊印等全部工作，在中华民族整个修志史上也算是一个奇迹。这也许和以宋哲元为首的省政府重视以及通志馆细致工作分不开的。从编修队伍来看，宋哲元任监修，民政厅长、财政厅长、建设厅长、教育厅长、高等法院长等任协修，留学日本法政大学毕业清庚子辛丑并科举人梁建章任总纂，地方名宿余宝龄等任分纂，省政府秘书长杨兆庚任馆长，省垣、各县均设采访等等，70多人参预通志的编纂工作；在志首附有察哈尔通志馆调查纲目，并附有详细说明，这都为通志有顺利编纂打下基础。但一部省志，一年匆匆成书，其内容无论在体例上，还是资料的详实上仍存在一些不足，这也在情理之中。

《察哈尔省通志》最突出部分就是记载了帝国主义侵略和中国人民反侵略的史实。设立了《长城抗战纪略》一章，记载二十九军官兵英勇抗战的事迹，让读者感受到时代脉搏的跳动。另外，处于抗战时期的修志工作，受财力、人力各种因素的干扰，县一级的修志工作更显复杂，有的半途而废，有的稿成而无力刊印等情况。同属察哈尔省，当时龙关县编有《龙关县志》，而赤城县就没有民国时期的县志，显然《察哈尔省通志》对赤城县来说，弥补这一时期资料的空白，尤显珍贵。

本辑据民国铅印本《察哈尔省通志》辑录有关赤城县内容。书中标题后所标页码，为书籍中缝处所标页码。

◎幅圆（第1册，卷1《疆域编·幅圆》）

○察哈尔省在中国全境东北部，位于东经一百一十度有奇，至东经一百一十九度有奇；北纬三十九度有奇，至北纬四十七度有奇之间。东至沽源县东境极边，自热河省滦平县界迤北，与热河省丰宁、围场、经棚、林西各县，及克什克腾旗、巴林旗、阿鲁科尔沁旗、扎鲁特旗等地接壤；西至张北县西境极边，自山西省广灵县界迤北，与山西省天镇，绥远省兴和、集宁、陶林各县，四子部落旗，以至外蒙古土谢图汗等地接壤；南至蔚县南境极边，自山西省灵邱县界迤东，与河北省涞源、易县、涞水、宛平、昌平各县接壤；北至锡林郭勒盟及达里冈厓北境极边，与外蒙古东部车臣汗接壤；东南至沽源县东南境极边，自河北省昌平县迤东，北折与河北省怀柔、热河省滦平各县接壤；东北至锡林郭勒盟东北境极边，自热河省扎鲁特旗界迤北，西折与辽宁省哲理木盟、黑龙江省索伦及外蒙古东部车臣汗等地接壤；西北至达里冈厓、锡林郭勒盟西北境极边，自外蒙古西部车臣汗迤西，南折与东部土谢图汗地接壤；西南至蔚县西南境极边，自山西省广灵县迤南，东折与山西省灵邱县接壤，面积约八十三万方里。（第1~2页）

◎察哈尔省沿革（第1册，卷1《疆域编·沿革》，第2~11页）

察哈尔，蒙语也。其北境系内蒙古之一部，历周、秦、汉、唐，或称獫狁①，或称匈奴，或称鲜卑②，或称突厥③。明曰插汉④，本元裔小王子后。嘉靖间，布希驻牧察哈尔之地，因以名部，后徙帐于辽东边外，四传至林丹汗，侵暴诸部。清天聪六年⑤，统大军亲征，林丹走死，其子孔果尔额哲来降，即其部编旗驻义州。康熙十四年⑥，布尔呢兄弟叛，讨诛之，迁部众驻牧宣化、大同边城外，有前锋佐领等员管辖。后徙征噶尔丹有功，康熙诏赠其护军饷。复以来降之喀尔喀厄鲁特部落，编为佐领⑦隶焉。其镶黄、正黄、正红、镶红四旗驻张家口外，正白、镶白、正蓝三旗驻独石口外，镶蓝一旗驻杀虎口外，俱统治于察哈尔都统。民国二年⑧，改为察哈尔特别区，领县十一：张北、多伦、沽源、商都、宝昌、康保、兴和、陶林、集宁、丰镇、凉城。十七年南北统一，改区为省，划出兴和、陶林、集宁、丰镇、凉城等五县，隶绥远省，其原属张北等六县及锡林果勒盟，暨左右翼八旗因区域狭小，将河北省口北道属十县划

① 獫狁，音 xiǎn yǔn。即猃狁。我国秦汉时北方的游牧民族。夏朝时称为"獯鬻"。周朝时称为"猃狁""獫狁"。战国时，分布于秦、赵、燕以北的地区。秦朝时，为大将军蒙恬所败而北徙。楚汉之际，统治大漠南北。东汉时，分为南、北二匈奴。南北朝后，匈奴之名不复见于中国史籍。

② 鲜卑，我国古代少数民族名。游牧部落东胡族的一支。秦汉时曾居于辽东，附于匈奴。东汉时北匈奴西迁后进入匈奴故地，势力渐盛。汉桓帝时鲜卑首领已建立军事行政联合体，分东、中、西三部，各置大人统领。三世纪中叶，联合体瓦解，附属汉魏。至晋初分为数部，其中以慕容、拓跋二氏为最着。拓跋氏建国号魏，史称北魏，后分裂成东魏和西魏，又演为北齐、北周。内迁的鲜卑人因逐渐从事农业，隋唐后渐被汉民族同化。

③ 突厥，中国古代北方阿尔泰山一带的边疆游牧民族。隋、唐之际，与铁勒种族组成的帝国，占有漠北之地。曾分裂为东、西两部，先后为唐所统一，而一部分南迁的突厥建立了后突厥，后亦为回纥所灭。其残余的部分转徙西方，进入小亚细亚改信奉回教，成为今日土耳其民族的祖先。

④ 插汉，明代蒙古族部落名。亦称插汉儿、察罕、察哈尔，本元裔小王子之后。

⑤ 天聪六年，1632 年。

⑥ 康熙十四年，1675 年。

⑦ 佐领，清代八旗组织基本单位名称。是满语"牛录"的汉译。掌管所属户口、田宅、兵籍、诉讼等。初时一佐领统辖三百人，后改定为二百人。其长亦称佐领，世袭者称为世管佐领，选任者称为公中佐领。

⑧ 民国二年，1913 年。

入，共十六县，为察哈尔省。其属县历代沿革分叙如左①。

口北道十县及三厅。三代时均在幽、冀两州域内，暨两州边外地，自秦分天下为三十六郡各县境多隶属于上谷郡，及郡外边境地，其详细沿革应自汉代起②。

〇汉

上谷郡，秦置，莽曰朔调。领县十五：今十三县在境内。沮阳，莽曰沮阴，今本省怀来县地。泉（土）［上］，莽曰塞泉，今本省怀来县地。潘，莽曰树武，今本省涿鹿县地。居庸，今本省延庆县地。雊瞀，今本省蔚县地。夷舆，莽曰朔调亭，今本省延庆县地。宁，莽曰博康，今本省宣化县地。广宁，莽曰广康，今本省宣化县地。涿鹿，莽曰抪陆，今本省涿鹿县地。且居，莽曰久居，今本省宣化县地。茹，莽曰毂武，今本省宣化县地。女祁，莽曰祁，今本省龙关县地。下洛。莽曰下忠，今本省怀安县及涿鹿县地。

代郡，秦置，莽曰厌狄。领县十八：今六县境内。桑乾，莽曰安德，今本省蔚县地。当城，今本省蔚县地。马城，今本省怀安县地。阳原，今本省阳原县地。东安阳，莽曰竟安。师古曰：五原有安阳，故此加"东"。今本省蔚县地。代。莽曰厌狄，今本省蔚县地。

---

① 原古籍为依右向左竖排，今改为横排，意即为"如下"。

② 为对察哈尔省全面了解，察省各县沿革全部辑录。《沿革表》仅辑录赤城、龙关两县内容。

○后汉

上谷郡，秦置。领县八：沮阳，潘，永元十一年①复。宁，永平八年②初置，乌桓校尉屯此。广宁，居庸，雊瞀，涿鹿。帝王世纪曰，黄帝所都，下洛。

代郡，秦置。领县十一：今五城在境内。桑乾，当城，马城，东安阳，代。

○三国魏

上谷郡，领县六：居庸，沮阳，潘，广宁，涿鹿，下洛。

代郡，领县三：今二县在境内。代，当城。按《郡国志》又有宁、雊瞀二县。

○晋

上谷郡，秦置。统县二：沮阳，居庸。

广宁郡，故属上谷，太康中置郡。统县三：下洛，潘，涿鹿。

代郡，秦置。统县四：今二县在境内。代，当城。

○北魏

上谷郡，天平中置。领县二：今一县在境内。居庸。孝昌中陷，天平中置，今本省延庆县地。

高柳郡，永熙中置。领县二：今一县在境内。安阳。两汉曰东安阳，属代郡，晋仍属代，后改属。今本省蔚县地。

○隋

涿郡，统县九：今一县在境内。怀戎。后齐置北燕州，领长宁、永丰二郡，后周去"北"字，开皇初郡废，大业初州废，今本省怀来县地。

○唐

武州，统县一：文德县。今本省宣化县地。

新州，统县四：永兴。今本省涿鹿县地。矾山，今本省涿鹿县地。龙

---

① 永元十一年，99 年。
② 永平八年，65 年。

门，今本省<u>龙关县</u>地。<u>怀安</u>。今本省<u>怀安县</u>地。

<u>蔚州</u>，<u>兴唐郡</u>，统县三：今一县在境内。<u>兴唐</u>。本<u>安边</u>，<u>开元十二年</u>①置，治<u>横野军</u>，<u>至德二年</u>②更名。今本省<u>蔚县</u>地。

<u>妫州</u>，<u>妫川郡</u>，统县一：<u>怀戎</u>。天宝中析置<u>妫川县</u>，寻省。今本省<u>怀来县</u>地。

○宋

<u>武州</u>，唐置，<u>石晋</u>以赂<u>契丹</u>，<u>宣和五年</u>③<u>金</u>人以州来归，六年筑<u>固疆堡</u>，寻复为<u>金</u>人所败。今本省<u>宣化县</u>地。

<u>蔚州</u>，唐置，<u>石晋</u>以赂<u>契丹</u>，<u>宣和五年</u>守将<u>陈翊</u>以州来降，六年<u>翊</u>为<u>金</u>人所杀，复取之。今本省<u>蔚县</u>地。按《<u>元丰九域志</u>》：<u>蔚州</u>领<u>兴唐</u>、<u>飞狐</u>、<u>灵邱</u>三县。

<u>奉圣州</u>，<u>唐新州</u>，<u>后唐</u>置<u>威塞军</u>节度，<u>石晋</u>以赂<u>契丹</u>，<u>契丹</u>更为<u>奉圣州</u>。按《<u>元丰九域志</u>》：<u>新州</u>领<u>永兴</u>一县。

<u>归化州</u>，旧<u>毅州</u>，<u>后唐</u>改为<u>武州</u>，<u>石晋</u>以赂<u>契丹</u>，<u>契丹</u>改为<u>归化州</u>今本省<u>宣化县</u>地。按《<u>元丰九域志</u>》：<u>毅州</u>领<u>文德</u>一县。

<u>儒州</u>，唐置，<u>石晋</u>以赂<u>契丹</u>。今本省<u>延庆县</u>地。按《<u>元丰九域志</u>》<u>儒州</u>领<u>缙山</u>一县。

<u>妫州</u>，唐置，<u>石晋</u>以赂<u>契丹</u>，<u>契丹</u>改为<u>可汗州</u>。今本省<u>怀来县</u>地。按《<u>元丰九域志</u>》：<u>妫州妫川郡</u>领<u>怀戎县</u>。

○辽

<u>西京</u>，统县七：今一县在境内。<u>怀安</u>。本<u>汉夷舆县</u>地，历魏至隋为<u>突厥</u>所据，<u>唐</u>克<u>颉利县</u>，遂废为<u>怀戎镇</u>、<u>高勋镇</u>，<u>燕秦</u>分<u>归化州文德县</u>置，初隶<u>奉圣州</u>，后来属。今本省<u>怀安县</u>地。

---

① 开元十二年，724 年。
② 至德二年，757 年。
③ 宣和五年，1123 年。

宏州①，统县二：永宁，今本省阳原县地。顺圣。本魏安塞军，五代兵废高勋镇，幽州奏景宗分永兴县置，初隶奉圣州。今本省阳原县地。

德州，统县一：宣德。本汉桐过县地，属云中郡，后隶定襄郡，汉末废，高齐置紫阿镇，唐会昌中置县。今宣化县地②。

奉圣州，统县四：永兴，今本省涿鹿县地。矾山，本汉军都县，今本省怀来县属镇。龙门，今本省龙关县。望云。本望云川地，景宗于此建潜邸，后绍国统，号御庄，置望云县。今本省龙关县地③。

归化州，统县一：文德。本汉女祁县地，元魏置。今本省宣化县及龙关县地④。

可汗州，统县一：怀来。本汉怀戎县⑤，太祖改。今本省怀来县地。

儒州，统县一：缙山。本汉广宁县地，唐天宝中割妫州（县）置。今本省延庆县地。

蔚州，统县五：今三县在境内。灵仙，唐置兴唐县，梁改隆化县，后唐同光初复置，晋改今名。今本省蔚县地。定安，本汉东安阳县地，久废。后唐太祖伐刘仁恭，次蔚州，燕军解去，即此。辽置定安。今本省蔚县地。广陵。本汉延陵县，隋唐为镇州，后唐同光初，分兴唐县置，石晋割属辽。今本省蔚县地。

---

① 宏州，按《辽史·地理志》作"弘州"，疑为引用清代史料，因清代避讳"弘"字，故以"宏"代"弘"。

② 按辽代，今宣化地属西京路，西京路不曾有德州，西汉桐过县在今内蒙古自治区清水河县一带，云中郡为今山西大同，唐代由云州改为云中郡等，都距今宣化地甚远，不存在行政区划隶属关系，疑为误。又《辽史·地理志》所载德州统县一宣德县，指今山西省大同市所辖，并非今宣化县地。

③ 望云县在辽时，属今赤城县地。对《察省志》而言仍为"今本省赤城县地"，不能称"今本省龙关县地"。望云县治在今龙关，为元代事。其原因为在今赤城县云州乡及龙关镇均置过望云县，但朝代不同。

④ 辽文德为汉女祁县地，《大清一统志》载。文德县今本省宣化县及龙关县地，首先明确龙关县地为辽龙门县，辽龙门县隶奉圣州，辽时州、县的具体界限还不清晰，或许龙关县之赵川一带辽时属归化州。确无明显证据。

⑤ 本汉怀戎县，汉时无怀戎县，怀戎县为隋代所置。

○金

西京路提刑司，统县七：今二县在境内。怀安，晋故县名，今本省怀安县地。怀仁。辽析云牛县①，贞祐二年②五月，升为云州。今本省阳原县地。

宏州保宁军，统县二：襄阴，本名永宁，大定七年③改。今本省阳原县地。顺圣。本安塞军故地，辽应历中置，金因之，贞祐二年七月升为县。今本省阳原县地。

桓州威远军，统县一：清寨。明昌四年④，以罢录事司置。今多伦县境。

抚州镇宁军，统县四：柔远。大定四年置于燕子城，隶宣德州，明昌三年来属。集宁，明昌三年，以春市场置。丰利，明昌四年，以泥泺置。威宁。承安二年⑤，以抚州新城镇置。按以上四县，俱为前张家口厅地，燕子城今在张北县境。

德兴府，统县六：德兴，旧名永兴县，大安元年⑥更名。今本省涿鹿县地。妫川，辽可汗州，清平军，本晋妫州，会同元年，辽太宗尝名可汗州之县曰怀戎，又更名怀来，明昌六年改今名。今本省怀来县地。缙山，辽儒州，缙阳军县，故名，皇统元年废州来属，崇庆元年升为镇州。今本省延庆县地。望云，本[望]云川地，辽帝尝居，号曰御庄，后更为县，金因之。今本省赤城县地。矾山，晋故县名，金初隶宏州，明昌年属。今本省怀来县属镇。龙门。晋县，金初隶宏州，后来属，明昌三年，割隶宣德州。今本省龙关县地。

昌州，统县一：宝山。前张家口厅地。

宣德州，统县二：宣德，旧文德县，大定二十九年更名。今本省宣化县地。宣平。承安二年，以大新镇置。今本省万全县地。

---

① 云牛县，疑为"云中县"之误。
② 贞祐二年，1214 年。
③ 大定七年，1167 年。
④ 明昌四年，1193 年。
⑤ 承安二年，1197 年。
⑥ 大安元年，1161 年。

蔚州，统县五：今三县在境内。灵仙，今本省蔚县地。广灵，辽统和三年，析灵仙县置。今本省蔚县地。定安。晋故县名，贞祐二年，升为定安州。今本省蔚县地。

○元

顺宁府，领县三：宣德，至元二年省本府之录事司，并龙门县并入焉，二十八年又割龙门去属云州。今本省宣化县地。宣平。今本省万全县地。顺圣。本隶宏州，今来属。今本省阳原县地。

保安州，领县一：永兴。今本省涿鹿县地。

蔚州，领县五：今二县在境内。灵仙，今本省蔚县地。定安。今本省蔚县地。

云州，领县一：望云。今本省赤城、龙关二县地。

兴和路，领县四：今三县在境内。高原，中统二年隶宣德府，三年来属，前张家口厅地。怀安，初隶宣德府，中统三年来属。今本省怀安县地。咸宁。初隶宣德府，中统三年来属，前张家口厅地。

宝昌州，金置昌州，元初隶宣德府，中统三年隶上都路，置监使司，延祐六年改宝昌州。前张家口厅地。

应昌路，领县一：应昌。今本省多伦县地。

宏州，唐为清塞军，隶蔚州，辽置宏州，金仍旧，旧领襄阴、顺圣二县，至元中割顺圣隶宣德府，惟领襄阴及司侯司，后并省入州。今本省阳原县地。

○明

延庆州，元隆庆州，属大都路。洪武初属永平府，三年三月属北平府，寻废，永乐十二年三月置龙庆州，属北京行部，十八年十一月直隶京师，隆庆元年改曰延庆州，领县一：永宁。本永宁卫，洪武十二年九月，置县于卫城。今本省延庆县属镇。

保安州，元属上都路之顺宁府。洪武初废，永乐二年闰九月置保安卫，十三年正月复置州于卫城，属北京行部，十八年十一月直隶京师。今本省涿鹿县地。

万全都指挥使司，元顺宁府，属上都路。洪武四年三月府废，宣德五年六月置司于此，领卫十五，蔚州、延庆左、永宁、保安五卫俱设于本州县。守御千户所三，广昌、美峪二所亦设于本处。堡五。前宣化府万全县及张家口厅地。

宣府左右二卫，元宣德县，为顺宁府治。洪武四年县废，二十六年二月置卫，属山西行都司，二十八年四月改为宣府护卫，属谷王府，三十五年十一月罢宣府护卫，复置，永乐元年二月直隶后军都督府，宣德五年六月还故治改属。今本省宣化县地。

宣府前卫，洪武二十六年置，治宣府城，属山西行都司，永乐元年二月直隶后军都督府，宣德五年六月改属。今本省宣化县地。

万全左卫，元宣平县，属顺宁府。洪武四年县废，二十六年二月置卫，属山西行都司，三十五年徙治山西蔚州，永乐元年二月徙通州，直隶后军都督府，寻还故治，宣德五年改属。今本省万全县地。

万全右卫，洪武二十六年二月置，与左卫同城，属山西行都司，三十五年徙治山西蔚州，永乐元年徙治通州后军都督府，二年徙治德胜堡，五年改属。今本省万全县地。

怀安卫，元怀安县，属兴和路。洪武三年属兴和府，改属山西大同府，寻废，二十六年置卫，属山西行都司，永乐元年二月直隶后军都督府，宣德五年六月改属。今本省怀安县地。

保安右卫，永乐十五年置于顺圣川，直隶后军都督府，十七年移治西沙城，二十年徙怀安城内，宣德五年六月改属。今本省怀安县。

怀来卫，元怀来县，属龙庆州。洪武二年属永平府，三年三月属北平府，寻废，三十年正月置怀来守御千户所，永乐十五年改为怀来左卫，明年曰怀来卫，直隶后军都督府，宣德五年六月改属。今本省怀来县地。

延庆右卫，本隆庆右卫，永乐二年置于居庸关北口，直隶后军都督府，宣德五年六月来属，徙治怀来城，隆庆元年更名。今本省怀来县地。

龙门守御千户所，宣德六年七月置于李家庄。今本省赤城县东境地。

云州堡，元云州，属上都路。洪武三年七月属北平府，五年七月废，宣德五年六月置堡，景泰五年置新军千户所于此。今本省赤城县北及独石口地。

开平卫，元上都路，直隶中书省。洪武二年为府，属北平行省，寻废府置卫属北平都司，永乐元年二月徙治京师，直隶后军都督府，四年二月还旧治，宣德五年迁治独石堡，改属万全都司，而令兵分班哨备于此，后废。今本省独石口及多伦县地。

兴和守御千户所，元隆兴路，直隶中书省，皇庆元年十月改为兴和路。洪武三年为府，属北平布政司，四年府废，三十年正月置所，永乐元年直隶后军都督府，二十年为阿鲁台所攻，徙治宣府卫城，而所地遂虚。前张家口厅地。

蔚州，元属上都路之顺宁府，至大元年十一月升为蔚昌府，直隶上都路。洪武二年仍为州，四年来属，以州治灵仙县，后改名蔚县，清时省县并入蔚州。领县三。今本省蔚县地，无领县。

○清

宣化府，本宣府镇。康熙三十二年改置宣化府，隶口北道，领州三、县七：

宣化县，本宣府镇治，康熙三十二年置，附郭。

赤城县，本赤城堡，又曰上北路，康熙三十二年置。

万全县，本万全都指挥使司，康熙三十二年置。

龙门县，本龙门卫，顺治六年改曰下北路，康熙三十二年置。

怀来县，本怀来卫，康熙三十二年置。

蔚州，旧置，本属山西大同府，雍正六年改属，府属原有蔚县，乾隆三十二年省入蔚州。

西宁县，本顺圣西城，康熙三十二年置。

怀安县，本怀安卫，康熙三十二年置。

延庆州，旧置，康熙三十二年改属。

保安州，旧置，康熙三十二年改属。

口北三厅，本边外各部驻牧地，后以坝内为农田，坝外为察哈尔东翼四旗，西翼正黄半旗驻牧地，初设张家口厅，继设独石口、多伦诺尔两厅，隶口北道。

张家口厅本张家口堡，雍正二年设理事厅，治张家口外民地，光绪七年，改为抚民同知。

独石口厅，本名独石堡，雍正二年设理事同知，治独石口民地，光绪七年改为抚民同知。

多伦诺尔厅，本开平卫地，雍正十年设理事厅，治民地，光绪七年，改为抚民同知。

〇民国

宣化县，原系宣化府首县，民初废府设道，为口北道首县，十八年划归察哈尔省。

赤城县，原属宣化府，民初隶口北道，十八年划归察哈尔省。

万全县，原属宣化府，民初隶口北道，十八年划归察哈尔省。

怀来县，原属宣化府，民初隶口北道，十八年划归察哈尔省。

蔚县，原名蔚州，属宣化府，民国二年改名蔚县，隶口北道，十八年划归察哈尔省。

阳原县，原名西宁县，属宣化府，民国二年改为阳原县，隶口北道，十八年划归察哈尔省。

龙关县，原名龙门县，属宣化府，民国二年改为龙关县，隶口北道，十八年划归察哈尔省。

延庆县，原名延庆州，属宣化府，民国二年改为延庆县，隶口北道，十八年划归察哈尔省。

怀安县，原属宣化府，民初隶口北道，十八年划归察哈尔省。

涿鹿县，原名保安州，属宣化府，民国二年改为保安县，三年改名涿鹿县，隶口北道，十八年划归察哈尔省。

张北县，原系张理厅，属宣化府，民国三年改厅设县，隶察哈尔特别区，十七年改区为省，县即隶焉。

沽源县，原系独石口厅，属宣化府，民国三年改厅设县，改名沽源县，隶察哈尔特别区，十七年改区为省，县即隶焉。

多伦县，原系多伦厅，属宣化府，民国三年改厅设县，隶察哈尔特别区，十七年改区为省，县即隶焉。

宝昌县，原系蒙古游牧地，隶太仆寺左翼牧场，国民七年成立设治局，十四年改为宝昌县，属察哈尔特别区，十七年改区为省，县即隶焉。

康保县，原系东翼四旗，西翼正黄半旗游牧地，归张理厅管辖，民国十一年成立设治局，十四年改为康保县，属察哈尔特别区，十七年改区为省，县即隶焉。

商都县，原系商都牧场，为正黄旗辖境，民国四年成立设治局，七年改设商都县，属察哈尔特别区，十七年改区为省，县即隶焉。

崇礼设治局，原系张北县二四两区地，因辖境过大，不便推行庶政，于二十三年五月奉令划张北县之二四两区，成立设治局。

尚义设治局，原系商都招垦设治局，民国九年商都划分警区，划是地为东区辖境，十四年办区制又改为商都县之第二行政区，因介于张商两县之间，相距甚远，行政设施，诸感不便，于二十三年五月奉令即划商都县第二区全境，及三五区之各一部，成立设治局。

化德设治局，辖境西南部，原系商都县第五区之七整乡、二半乡，东北部，原系康保县第一区屯垦乡之一部，及教育厅学田地，近为行政便利，重划区域，计全境一镇十一乡，于二十三年五月，奉令成立设治局。

◎沿革表（第1册，卷1《疆域编·沿革》，第11～24页）

兹按新定县纲，列沿革表，以资考证。然非一表所能容尽，故分上下二表。

察哈尔省沿革表下

	龙关县	赤城县
汉	女祁县前汉属上谷郡，为东部都尉治，后汉省	上谷郡地
三国魏	鲜卑地	
北魏北齐后周	御夷镇地，北齐为北燕州北境	后魏御夷镇地
唐	龙门县，唐末置，属新州	妫州地
五代	龙门县	
辽	龙门县	望云县
宋	属奉圣州	辽景宗置，属奉圣州
金	龙门县初属德兴府，明昌三年改属宣德州	望云县改属德兴府
元	望云县至元二年废龙门县入宣德，二十八年复置，改名望云，属云州	云州中统四年升州，属上都路。至元二年省，望云县入之
明	龙门卫洪武初废望云县，宣德六年置卫，属万全都指挥使司	洪武初废云州，宣德五年移开平卫于独石，于此置赤城县
清	初为龙门卫，隶万全都指挥使司，康熙三十二年改县，属宣化府	初为赤城堡，系宣镇上北路，康熙三十二年改县，属宣化府

续表

	龙关县	赤城县
民国	初属直隶省口北道，三年四月八日以县名与广东省龙门县重复，奉令改为龙关县，十八年划归察哈尔省	初属直隶省口北道，十八年划归察哈尔省

◎龙关县疆域（第2册，卷4《疆域编》）

○疆域（第1页）

龙关县，在省会东部，位于东经一百十五度四十分，北纬四十度五十四分。东距城一百里，至合河寨，与赤城县之滴水崖接壤；南距城一百零五里，至焦家沟，与怀来县之杨家山堡接壤；西距城六十里，至赵川堡，与宣化县之关子口接壤；北距城四十五里，至大口子，与张北县之太子城接壤；东南距城一百一十里，至阎家坪，与延庆县之庄窠接壤；西南距城五十五里，至汤河口，与宣化县之碾儿沟接壤；东北距城七十里，至岭头村，与赤城县之浩门岭村接壤；西北至张家口破路台，与万全县接壤。东西广二百一十八里，南北袤一百四十里，面积约两万八千六百方里。

○形势（第1页）

龙关南拱故都，北近蒙疆，左独石，右张垣，形势甲于口北，亘古为屯兵重地，近今为国防攻守要区。全县群山环绕，道路崎岖，洵①称天险，于军事上尤关重要也。

○城池（第1~2页）

龙关县城，在县之北偏，环城皆山，创建于明宣德六年，砖包于隆庆二年，周四里五十四步，高三丈五尺，厚亦如之，址甃石条五层，南关厢一，城楼二，角楼四，城关门五，城门东曰"广武"，

---

① 洵，副词。诚然；实在。如：洵属可贵。《集韵·谆韵》："洵，信也。"

南曰"迎恩"，南关东曰"东护神京"，西曰"西迎爽气"，南曰"薰时"。崇祯九年，从举人窦维辂条议，浚城濠。前清一代，由历任知事，随时修葺城垣。民国四年，张昭芹补修东城。民国十七年春，知事吴无为、民团团总朱正为防匪患，召集城内绅民，决议设城工会，修整城垣雉堞，城头筑垒，并开南关南城下马道护城河，即龙门河也。

〇关隘（第2页）

龙关之关隘，曰长安岭，在县属第三区，一名枪杆岭，又名凤凰山，为赤城、龙关通沙城要隘。山城周五里有奇，名曰长安岭。城系由多伦、独石、浩门岭通居庸孔道，形势最为险要。

曰锁阳关，在县城西南二十里，龙门山上有关，额曰"锁阳"，又有碑镌"龙关天险"四字，关门南北甃石为墙，上有（戍）［戌］楼，其北山巅有将台，相传唐女将樊梨花曾镇守此关，关下有堡，明时驻兵防守，以防蒙古。

曰剪子岭，在县城东北三十里，为龙、赤两县界山，其形如剪，山上凿石为凹，甃石为门，有一夫当关，万人莫敌之势，龙、赤两县往来要路，为防务上必争之地。

曰石垛口，在县城正北，为通赤城县要道。在军事时期，为防守之要害。

曰大小口子。在县城西北大小口子，为通崇礼设治局所属太子城、狮子沟孔道，系军事上必争之地。

〇山（第2~6页）

龙关县山脉，系阴山西山支脉，来自察西万全县，入县西北境，分布各区。

其山曰双峰山，在城北数十里，两峰对峙，有石笋二，细直而高，俗称"双峰插笔"，系旧八景之一。面积约二十六方里[①]，高度一百零二丈。无泉水树木，土质，颇能耕种。

曰草垛山，在城北四十八里，属龙关、张北两县界山。面积约十二方里，

---

① 方里，一里见方。指长宽各一里的面积。

高度九十余丈。土质，无泉水树木，山左近里许，均能耕种。

曰丹崖，在城东二里许，石壁磋磋，如镌字，形似榜，明乡大夫窦文命之曰"丹崖开榜"，亦旧八景之一。面积约二十五方里，高度一百余丈。无泉水树木，土质，左近能耕种。

曰东山，在城东二十里，剪子峪、虎龙山、云霞洞诸山属之，系龙门山分支。面积约十五方里，高度七十余丈。有树木，无泉水，不能耕种。

曰剪子峪，在城东北三十里，其形如剪，山上凿石为凹，磴石为门，如龙门关，为赤城、龙关往来经道。面积约二十五方里有奇，高度一百余丈。无泉水树木，左近地能耕种。

曰云霞洞，在城东三十里，为东山最高峰，山腰有石洞，内多古佛，山间林木森然。面积二十五六方里，高度九十余丈。土质颇能耕种。

曰虎龙山，在城东南二十余里，势如龙蟠虎踞，因以得名。附近上虎龙村、下虎龙村亦取名以此。面积约二十四五方里，高度九十余丈。无泉水树木，山地颇能耕种。

曰水晶洞山，在城东三十里，产水晶，时有南方人来采，土人亦常开采，系斜方六面体之白水晶。面积约十二三方里，高度七十余丈。无泉水树木，山腰地能耕种。

曰小西山，在城东三十八里，为大西山之分支，中有上下水磨。面积约二十五六方里，高度五十余丈。无泉水树木，山左近地能耕种。

曰雕鹗崖，在城东三十九里，石壁高十余丈，势危若倾，上有穴，阔八九尺，深如之。相传为雕所穴，因以名崖。面积约十五方里有奇，高度七十余丈。无泉水树木，不能耕种。

曰照山，在城东四十里，因与堡相照映，故名。面积约十二方里，高度六十余丈。山腰地能耕种。

曰大西山，在城东四十里，系万全县东来山脉，入本县西北两区，折入中区之分支，山麓之阳，有佛寺，山巅颇高，登望雕鹗堡，了如指掌。面积约十二三方里，高度百余丈。无泉水树木，未能耕种。

曰狮子峪，在城东六十里，系龙潭山分支。面积约十二方里，高度八十余丈。无泉水树木，土质，未能耕种。

曰**双尖山**，在城东八十余里，系龙潭山分支。面积约六方里，高度九十余丈。石土相间，无泉水树木，不能耕种。

曰**东山**，属雕鹗堡，在城东八十里，系龙延赤三县界山，两山之间，有村落，曰梁东，山中居民，以林猎养蜂为业。面积约二十五六方里，高度六七十丈。有林木，无泉水，未能耕种。

曰**杆儿岭**，在城东九十里，系海陀山系，为雕鹗堡附近各村与延庆往来道路，栈道甚险阻，所以古名七盘岭。面积约二十五方里，高度约八十余丈。有林木，无泉水，未能耕种。

曰**李老峪**，在城东九十六里，系龙潭山分支。面积约十三方里，高度八十余丈。无泉水树木，未能耕种。

曰**小西山**，在城西五里许，为县境主山，其下为双墩梁之东土墩，循山之麓，一带土岗，直入县城，气雄势厚。面积约二十余方里，高度五十丈。无泉水树木，未能耕种。

曰**双塔山**，在城西十五里，山小而陡削，上有浮图两座，元至元年建，一名塔沟山。面积约二十余方里，高度六十余丈。无泉水树木，土质能耕种。

曰**西山**，在城西二十里，一名玉泉山，又名娘子山。其山较高于环城诸山，岭有云则雨，故"西山灵雨"为县八景之一，山下有泉数眼，流为龙门河。旧《宣镇志》谓：极高无险要之势，因名娘子山，又谓其上有巨石耸立，土人指为娘子，因以得名。《辽史》：重熙六年夏，猎于龙门之西山。面积约二十五方里，高度一百二十丈。无树木，山左近地能耕种。

曰**龙门山**，在城西二十里，山上有关，额曰"控御"，碑曰"锁阳"，关曰"龙关天险"。二门之间，南北两面，甃石为墙，北有将台。相传唐女将樊梨花曾镇守此关。关西山下有堡，明代设官防守，今有戍楼存焉。按此即龙门卫山，自唐及清，本县皆以此得名，山下之堡，即古县城，与赤城之龙门山通水道者不同。面积二十六七方里，高度一百二十余丈。土石相间，左近地能耕种。

曰**磁石山**，在城西二十二里，由龙门关至二道窑一带，山中产磁石，即磁铁矿。面积约十五方里，高度一百丈。无泉水树木，山左近地能耕种。

曰**大松山**，在城西四十里，昔有古松盘曲，明成祖北伐，曾驻跸于此。面积约十三方里，高度八十余丈。无泉水树木，土石相间，未能耕种。

曰**翠屏山**，在城西六十里，小白杨东七里，林木葱郁，石壁嶙峋，中有龙潭，祈雨辄应。面积约十二方里，高度七十余及。石质，未能耕种。

曰**凤凰山**，在城西七十里，大白杨村北三里，山势壁立，天然屏障，昔时防边墩台，多建于此。迤东有火龙坡，长十里有奇，蜿蜒崎岖，为通张北县大道。面积约十三方里，高度六十余丈。无泉水树木，未能耕种。

曰**椴树山**，在城西七十里，大白杨南四里，上有大椴树，因以得名。面积约十二方里，高度八十丈。无泉水树木，未能耕种。

曰**马鞍山**，在城西七十里，小白杨西二里。面积十二方里，高度七十余丈。无泉水树木，左近地可耕种。

曰**南岩**，在城南里许，道院禅寺上下相接，上有峻阁，乃旧八景之一。下寺山兀，即古之李陵台。相传是汉将李陵被擒处。

曰**小尖山**，在城西一百里，系万全东来山脉。面积约十一方里，高度百八丈。沙土质，无泉水树木，未能耕种。

曰**南山**，在县城南一里半，即南岩之主干，为龙门川、二道川分水岭，来自锁阳关，直达下虎村西南止。《金史》：大定六年八月，猎于望云之南山。面积二十五方里有奇，高度百余丈。土厚，山坡可耕种，惟无泉水树木。

曰**九龙山**，在城南二十里许，其地有白象寺，庙宇辉煌，山下有泉数眼，其流可达雕鹗堡南河，今伏流。因山阴茂草九道，望之蜿蜒如龙，故名。面积二十四五方里，高度九十余丈。土质能耕种。

曰**寒坡岭**，在城南五十五里，系龙门山系。岭南之水，每遇山洪暴发，流经怀来沙城，入桑乾河。面积约二十五方里，高度约一百余丈。山上无泉，亦无树木，未能耕种。

曰**孝文山**，在城南七十里，山中有清凉寺，寺左右古柏苍翠，东麓有僧塔二座，斑痕幽古，并有硕亲庄王撰书碑记，笔健词雅，尤称特色。面积约十二三方里，高度八十余丈。有林木，无泉水，未能耕种。

曰**赭石山**，在城东南十里，系赭铁矿，与宣化城北之烟洞山，为一矿区，名龙烟铁矿，曾由烟洞山开采。面积约二十余方里，高度九十余丈。无泉水树木，未能耕种。

曰星宿嵯，在城东南二十五里，属南山，山峰高达云汉，晴夜望之，星宿挂于峰际，夏季雷雨，山上仍晴，登其上，可望宣化洋河、涿鹿黄阳山。面积约十六七方里，高度约百余丈。无泉水树木，土石相间，有可耕种处。

曰耒铧山，在城东南二十六里，有山峰突出，状如耒铧，故名。面积约十二方里，高度八十余丈。无树木泉水，土石相间，有可耕种处。

曰西天山，在城东南三十里，峰插霄汉，高入空际，村人谓之西天，山中松树颇多，形势险阻，系县城南山系。面积约十三方里，高度百余丈。无泉水，左近地能耕种。

曰蛤蟆山，在城东南三十二里，以山形逼肖蛤蟆，故名。东南泉水成溪，山岭兀坦，土厚可耕，惟无树木，有井一眼。

曰笔架山，在城东南三十五里，三峰毓秀，形同笔架，为龙门山东行支脉，属县城南山系。山阳之麓，有鸡股蒿，盘旋而生，遥望之状若飞龙，由西而东，四时俱见，村人命之曰草龙，亦奇景也。面积约十五方里，高度六十余丈。无泉水树木，左近地能耕种。

曰马鞍山，在城东南三十九里，系龙潭山分支。面积约十三方里，高度百余丈。无泉水树木，土石相间，未能耕种。

曰松山，在城东南四十二里，系龙潭山分支。面积约十三方里，高度八十余丈。无泉水树木，土（种）[石] 相间，未能耕种。

曰孤山，在城东南五十里，因其孤峰突出，得名。面积约五方里，高度六十余丈。无泉水树木，土石相间，未能耕种。

曰浑元洞山，在城东南六十里，全山林木森然，山上寺院清幽，寺外有泉一眼，寺西削壁间有洞三，架木可通。相传昔有隐士，修道其中。面积约十六方里，高度六十余丈。山腰地能耕种。

曰凤凰山，在城东南六十里，属海陀山系，山形略似凤凰，故名。面积约十五方里有奇，高度六十余丈。无泉水树木，山腰地能耕种。

曰朝阳洞山，在城东南六十里，山腰山麓有上下二寺，上寺穹洞，深约六七丈，深如之。东侧有玉女池，清澈可鉴，洞中每年入霉之期，满洞潮出水珠。其东有小洞二三，昔年有修行比邱，坐化其中。面积约十五方里，高度一百零五丈。石质，未能耕种。

曰**石盘山**，在城东南六十五里，属龙潭山分支。面积约十二方里，高度六十余丈。土石相间，未能耕种，无泉水树木。

曰**海陀山**，在城东南八十里，属龙延两县界山，中有潭水，岁旱祈雨辄应。面积约二十五方里有奇，高度百余丈。有天然林木，石质，未能耕种。

曰**长安岭**，在城东南九十里。面积约十五六方里，高度百余丈。无泉水树木，左近地能耕种。

曰**石门山**，在城东南九十里，石岗横亘，诸山中断如门，每天雨，山水暴发，诸山之水从石门灌注而出，势如悬瀑。面积约十二方里有奇，高度六十余丈。无树木，未能耕种。

曰**八仙山**，在城东南九十八里，峰顶高耸者八，中有石室，深二丈，宽七尺。面积约六方里，高度九十余丈。无泉水树木，石质，未能耕种。

曰**龙潭山**，在城东南一百里，系龙延两县界山，有天然林木，有瀑布泉。面积约十五方里，高度百余丈。石质，未能耕种。

曰**双尖山**，在城东八十里，属龙潭山分支。面积约十二方里，高度八十余丈。无泉水树木，土石相间，未能耕种。

曰**拂云山**，在城东北四十里，山上常有云护，故名。面积约十五方里，高度八十余丈。无泉水树木，山腰地能耕种。

曰**旗鼓山**，在城东北五十里，拂云山之阳，山势如张旗，山腰三皇庙，文昌宫一带，鼓石历历，因名旗鼓。河水鼓浪，日光炫旗，有戎马奔驰，奏捷凯旋之势。面积约十三方里，高度八十余丈。无泉水树木，山腰之地能耕种。

曰**浩门岭**，在城东北七十里，岭北多松，苍秀如画，与长安岭并称奇胜。面积约十五方里，高度七十余丈。无泉水树木，山腰地能耕种。

曰**北岭山**，在城西北二十里，山势蜿蜒雄壮，为一县屏藩。

曰**双林墩山**，在城西北九十里，系北区山脉之分支。面积约十二方里，高度八十八丈。无泉水树木，土石相间，未能耕种。

曰**青山**，在城西北一百里，色比群山特青，故名。面积约十一二方里，高度八十余丈。土石相间，未能耕种，亦无泉水树木。

曰**东高山**，在城西北一百二十里，系**万全**东来山脉。面积约十二方里，高度百余丈。无泉水树木，山周半里许，地能耕种。

曰**石嵯山**，在城西北一百三十里。面积约十一二［方］里，高度八十余丈。无泉水树木，土石相间，未能耕种。

曰**鳌头山**，在城西北一百四十里，有巨石，高阔数百丈，遇云烟罩石，则有异香袭人。面积约十二三方里，高度八十余丈。无泉水树木，土石相间，未能耕种。

曰**西高山**。在城西北一百四十五里。面积约十三四方里，高度九十余丈。无泉水树木，山周里许，能耕种。

〇川（第6～7页）

龙关县之川，或称河，或称水，或称沟，此外仅有泉一井一。

曰**龙关河**，在城南里许，源出**大龙王堂**及**玉泉山**下，东行至**三岔口**伏流，再东经**下虎村**，合**羊城水**及**二道川水**，东南经**雕鹗堡**，又东流至县属**合河寨**，与**赤城沽河**合，即古**阳乐水**，亦即**白河**上游也。

曰**二道川河**，逾县城南山二十余里各村堡，谓**二道川**，即古之**扳塔峪川**。西北自**锁阳关**及**西水泉**起，正西自**申太庄**起，西南自**刘家窑**及**上瓦房堡**起，东经中区各村庄，与东区之**鞠家庄**以东，至中区**下虎村**南，东区**康家庄**，西接**龙门川**，及经**康家堡**，直达**雕鹗堡**西山之**上下水磨**，统谓之**二道川**。考二道川河，其源出于**刘家窑**、**上仓堡**、**汤池口**、**西水泉**、**近北庄**等村，第以各该村泉源，所流不畅，均数武，或数里，辄伏流，直汇**白象寺**南之**九龙山**西北麓，泉眼众多，涌出甚旺，河水洋洋，畅达**下虎村**南，与**龙门河**、**羊城水**合而东南流，为**雕鹗堡南河**，中经第二区**鞠家庄**、**李家寨**、**大榆树**、**水碾堡**、**康家庄**、**朱家寨**诸堡。近年水势渐殺①，只达**李家寨**，以西伏流。

曰**北山后川**，为县城北山后一带合**剪子峪**总称。西自**西沟窑**起，东南至三

————————

① 殺，音 shài。减省；裁削。《广韵·释诂二》："殺，减也。"《集韵·怪韵》："殺，削也。"

岔口止，其川发源地，如西沟窑、金家庄、大牧厂、小北沟、剪子峪山麓，均有泉眼，惟以川流不畅，数武①或数里辄伏流，只山洪暴发时，与龙关河合流而已。

曰南河，龙门河东流至三岔口合北山后川剪子峪水，再东南流，至下虎村南，合羊城二道川水，更东南流至雕鹗堡西里许，合长安岭北，阎家坪东诸水，折而东至堡西附近合浩门岭以南北沟水，经堡南。每山洪暴发涨时，势极汹涌，其地两山相夹，若噬若吞，旧尝筑乱石为坝，以资捍御，除山洪暴发外。先年只龙门河、羊城二道川诸水长流，近年龙门河至三岔口伏流，二道川水至李家寨伏流，雕鹗河上源，仅羊城水而已。由堡南直达合河寨，合赤城县沽河，流入芦沟河，东南流，经通县、天津入海，为白河。故龙赤两河，为白河上游。

曰碾槽沟，在小白阳北。考《宣化县志》，为泥河上游，名龙门沟，即《水经注》黑城川水也。在张家口外百五十里，与独石口交界处，西南流，出山谷间，入龙关界，河常涸，南经后坝口，有乾河来合，又南经小白阳堡，亦有乾河来合，又南入宣化东北界，至张家庄，南有松树沟水，会合温潢、甘响诸泉东北来注之，直达东洋河，名泥河。

曰清水河，在常峪堡西，自塞外流入青边口，行六十余里，入宣化县城南，入洋河，即柳河川上游，洋河支源也。

曰麻峪水，发源于寒坡岭南沟中之茨山西麓，或流或伏，直至麻峪口北二里许，复出，村民资以灌田养树，流经村中，畎浍②四达，颇益民生。

曰施家冲水，在长安堡东二十余里，发源于海陀山南麓，流经施家冲、蔡家窑间，伏流。

曰羊沟，发源碾槽沟，流出小白阳即尽。本村引以溉田，颇利农耕。

曰柳沟，在葛峪堡东三里，泉流成河，居民利之。

曰向阳村泉，在雕鹗堡西南十里，距向阳村半里许之东山麓，有泉数眼，西流入村中，既供饮料又可灌田，村民利之。

---

① 武，古以六尺为步，半步为武。《国语·周语下》："夫目之察度也，不过步武尺寸之闲。"韦昭注："六尺为步，贾君以半步为武。"

② 畎浍，亦作"圳浍"。田间水沟。泛指溪流、沟渠。《书·益稷》："予决九川距四海，浚畎浍距川。"郑玄注："畎浍，田间沟也。"畎音 quǎn，田地中间的沟。浍音 kuài，田间水沟。

曰小雕鹗井。在小雕鹗堡，昔年凿井无水，村民苦之，后得辽萧太后花园故井，自底至口，以车辋石砌成，水清澈，永不竭，亦巨功也。

○古迹（第7~8页）

龙关县之古迹。曰得胜台，在常峪口堡东北三里，高二丈五尺，宽仅其半，台顶南端，嵌石碣，书"得胜台"三字。相传明开平王常遇春，柳河川战胜元将铁木耳后，筑此台以志功。

曰李陵台，在县城南门外，即南岩下寺地基。《旧志》载：汉将李陵，被匈奴擒于此处，因以名台。

曰将台，本县龙门关及镇城，凡有演武厅处，均有之。

曰缙云氏故城，《旧志》载：距县城二十里。扳塔峪川，即今二道川，有缙北庄，即今近北庄。其庄在县城大南山南麓，大堡坪平原北，庄名缙北，顾名思义，缙云故城，当在其中。

曰女祁故城，《畿辅通志》载：女祁故城，在龙门县，东汉县，为东部都尉治，后汉省，唐末置龙门县。

曰唐龙门故城，即今龙门关堡。

曰故羊城，《两镇三关志》载：龙门有故羊城，辽筑，以便市易。旧说苏武所居，非。《畿辅通志》载：羊城在县东南二十里，疑即此故羊城也。

曰枪杆古城，即长安岭城，葛罗录逎贤《金台集》诗注："山腰长城，遗迹尚在"。

曰故芦城，《两镇三关志》载：长安所即长安守御所，有故芦城。

曰枪杆岭驿，《元史·世祖本纪》载："中统三年，立枪杆岭驿，以便转运"。

曰望云驿，《元史·世祖本纪》载："中统三年，立望云驿"。

曰庆宁宫，《畿辅通志》载："庆宁宫，在龙门县界。"系金代行宫。

曰辽萧太后花园，在今第二区，属小雕鹗堡。今有车辋石砌成井一眼。

曰官园，《元史·百官志》载：龙门官园，龙庆栽种提举主之，管领瓜果桃李等物，以奉上供。疑系今之小白阳，因有瓜地果树存也。

曰回光轩，元建，《宣府镇志》："在小白阳东南，有碑刻"。

曰夏云轩，在县城南门外，南岩下寺极北临溪处。

曰刘丞相别墅，《宣府镇志》载："在葛峪堡东南，碑刻尚存"。

曰戍楼，在龙门关头，绕北西二门上筑成，为唐将樊梨花戍守时建置。今楼已圮，空遗基址。

曰金秀英绣楼，在城北三十里金家庄，秀英嫁唐将薛天保，今楼址尚存。

曰文昌阁，在南门外南岩寺保障台上。

曰八角亭，一在雕鹗堡西门外关帝庙前；一在其堡朝阳洞古刹中。工程精巧，非近今工人所能及。

曰避暑亭，在县北四十五里新墩坑堡，其堡系明总戎倪尚忠牧场，堡北里许，于清光绪二十八年，发现古柱石十余根，长六七尺，粗三四围。相传系元季某太子住太子城，在此建亭避暑。此项石柱，复为张北县西湾天主教购去，作建筑教学基础云。

曰普济寺，明正统十四年，都督杨洪重建，万历年都督倪尚忠重修，在县城东北偶，今已倾圮。

曰重光塔，在普济寺内，今尚巍然矗立，与寺同时重建重修。

曰三清观，在大东门外，寺院二，庙貌幽古，工程精良。

曰大小龙王堂，在县城西二十里，今以寺名村。

曰石桥，在十字街大南街之冲。相传此处昔为鱼池，行人苦之，以炉灰填平，上铺石条，俾成桥形，市民名之曰石桥。

曰雕鹗桥，有二，一在堡西二里许，桥身较长；一在雕鹗及东庄堡与黎家堡之间，桥身略小。

曰广济桥，在第五区常峪口堡南门外数武，相传当年以石凳成桥身一孔，工程颇好，自明初开平王常遇春与元将铁木耳大战柳河川，为元兵拆毁，以绝遇春归路，后遇春败绩逃归，手攀隔桥垂柳，策马踊身一跃而过，树为之裂，幸未成擒。至今桥畔古柳，上部仍为两半，遗迹可资佐证。

曰辽大都督韩昌拴马石桩，在第一区韩家庄堡内，至今遗石尚存。

曰真武庙，在县城大真武庙正殿上，系明代产物，砖瓦式样，团龙稳兽人马飞鸟象犬等，共十余种，工制精巧。

曰<u>三清观</u>，在第一区<u>三岔口三清观</u>内，有椅系<u>康熙</u>巡游时所坐，后人置于庙中神台上，留为纪念。

曰<u>铁佛寺</u>，在县城<u>隍庙街</u>西城下有<u>铁佛寺</u>，内有古铁佛三尊。

曰<u>高行周村</u>，在县属第三区<u>雕鹗堡</u>，古名<u>雕窠村</u>，又名<u>麒麟村</u>。<u>行周</u>五代名将，村以人名。

曰<u>县城大市坊</u>，一曰迎恩，一曰镇远。

曰<u>给谏坊</u>，为民科给事中<u>王致祥</u>立。

曰<u>察院公署坊</u>，前曰澄清，东曰观风驻节，西曰清塞行边，今圮。

曰<u>一品元戎坊</u>，为<u>明</u>都督<u>倪尚忠</u>立。

曰<u>诰敕显扬坊</u>，为<u>卫辉</u>同知<u>窦文</u>立。

曰<u>科第坊</u>，为举人<u>魏清</u>旌立，额曰"飞腾"。

曰<u>父子登科坊</u>，为<u>魏清</u>、<u>魏廷义</u>立。

曰<u>长安岭大市坊</u>，南曰承恩，北曰永安，今圮。

曰<u>葛峪堡大市坊</u>，东名澄清，南曰承恩，北曰靖朔，今圮。

曰<u>贞节坊</u>，旌表监生<u>曹贤</u>妻<u>沈氏</u>，生员<u>沈洪</u>妻<u>邢氏</u>，<u>葛之覃</u>妻<u>王氏</u>，<u>窦维舆</u>妻<u>郭氏</u>。

曰<u>程氏旌节坊</u>，在县城东关，系<u>雍正</u>十一年，知事<u>钱孙振</u>旌表<u>程氏</u>。

曰<u>旌节坊</u>，<u>赵川堡范郭氏</u>及<u>高韩氏</u>，各有旌节坊。

曰都督<u>倪尚忠墓</u>，在县城西南里许。

曰<u>高昌王雪林山墓</u>。在<u>赵川堡</u>东北。

〇名胜（第 8~9 页）

<u>龙关</u>之名胜。曰<u>龙门</u>环翠，治城大南门上，有门两级，高入云汉，上绘飞龙，下映池鱼，登临远瞩，真有四山环拱，万象来朝之势。古人题以"凌霄环翠、鱼跃龙门"，盖以此也。

曰<u>海陀</u>飞瀑，在县城东南八十里<u>海陀山</u>上，形势嵯峨，幽邃险阻，林木森森，花果累累，俨若世外桃园。西峰下有<u>黑龙寺</u>，庙貌森严。东南冈峦之下，有

<u>黑龙潭</u>，阔丈余，水褐色，深不可测，由水发源处经峰顶直下，注入潭中，浪翻水涌，诚胜境也。

曰清凉翼翠，在县城西南八十里<u>麻峪口</u>西北里许，孝文山中，有清凉寺，寺之左右，古柏苍翠，形成翼状，堪称奇胜。东麓有僧塔二座，斑痕幽古，寺内有清<u>和硕亲庄王</u>撰书碑碣，词优笔健，尤为特色。

曰凤岭孤松。在县城南七十里，<u>长安岭城</u>，亦名凤凰城，城南凤凰头上，有孤松一株，远照怀来县属之<u>土木</u>、<u>沙城</u>，形如伞盖，严冬雨雪初霁，遥望雪白松青，洵足怡情，亦佳景也。

◎赤城县疆域（第 2 册，卷 4《疆域编》）

○疆域（第 11 页）

<u>赤城</u>在省会之东，位于东经一百一十五度三十九分十三秒，至一百一十六度十五分三十三秒，北纬四十度三十六分至四十一度十八分五十一秒之间。东距城四十里，与<u>龙门所塘子口</u>接壤，边外即<u>沽源</u>二区地方，北距城一百里，<u>至北栅口</u>及附近东西二栅，与<u>沽源县</u>接壤，南距城二十三里，与<u>龙关县</u>接壤，西距城三十四里，与<u>沽源</u>、<u>龙关</u>两县接壤，东北距城九十六里，<u>至团山墩</u>，与<u>沽源县</u>接壤，东南距城八十四里，与<u>延庆县</u>接壤，西北距城一百零五里，<u>至野鸡山</u>，与<u>沽源县</u>接壤，西南距城二十里，与<u>龙关县</u>接壤。东西广五十五里有奇，南北袤一百八十里，面积计一万余方里。

○形势（第 11~12 页）

<u>赤城县</u>境重山突出，府垂北荒，边外<u>白草</u>、<u>瓦房</u>嵯峨突兀，林木森阻，寇骑伏藏，难于侦探，控险据要，关系綦重。然南跨<u>长安岭</u>，北经<u>云州</u>、<u>独石</u>，<u>龙门卫所</u>分捍左右，随所向往，应援适均，诚重地也。

○城池（第 12 页）

<u>赤城县</u>城，居县境之中部。<u>明宣德</u>五年，命<u>薛禄</u>、<u>李贤</u>率师建筑。<u>景泰</u>年砖甃，周三里一百八十四步，高三丈，顶宽一丈五尺，

底宽三丈，城楼四，角楼四，今已圮。城铺十四，门二，东曰"崇宁"，南曰"大定"。天启元年①，开东南隅内墙，因前东为外城。周二里余，高宽与内城等，添小门一，嗣后时有修葺，尚完整。城北倚松树岭，（阳）[汤] 泉水经其南，沽水经其东，二水会流于城之东南。

○关隘（第12～15页）

赤城县之关隘。曰滴水崖堡，东至边十五里，西至雕鹗堡三十里，南至靖安堡三十里，北至长伸地三十里。所管边口台汛十处，东南自靖安堡边界新宁界墩起，北至龙门所边界双盘道楼止，计长五十九里二百八十二步。内依石山为边，二十七里，其余边墙，俱已塌毁，沿边墩台，共一百三十六座。开隘口一。

曰盘道口，北至新墩宨楼二里一百二十五步，通口外黑河川千家店、大西沟等处。清设外委把总一员，守兵五名，营房三间，封禁边汛九。

曰水泉墩，南至靖安堡边界新宁界墩三里二百六十步，北至清平楼三百六十步。清设台兵三名。

曰清平楼，北至石窑东顶墩七里一百七十步。清设台兵三名。

曰石窑东顶墩，北至新碗架墩，九里三百七十步。清设台兵三名。

曰新盌架墩，北至盘道口三里二百六十步。清设台兵三名。

曰新墩宨楼，南至盘道口二里一百二十五步，北至大石墙楼六里五十四步。清设台三名。

曰大石墙楼，北至中股楼十里六十步。清设台兵三名。

曰中股楼，北至千松顶楼七里一百四十步。清设台兵三名。

曰千松顶楼，北至双盘道五里二百五十步。清设台兵三名。

曰双盘道，北至龙门所边界双镇墩十八里五十六步。清设台兵三名。

曰龙门所堡，东至边十里，西至县城三十里，南至长伸地四十里，北至镇安堡四十五里。所管边口台汛九处，南至滴水崖边界双盘道起，北至镇安堡边界

---

① 天启元年，1621年。

破鹿楼止，计长八十四里三百五十二步，所有边墙均已塌毁，沿边墩台共一百五十六座，开隘口二。

曰塘子口，北至沙沟岭墩六里八十八步，通口外黑河川喜峰砦等处。清设外委把总一员，守兵二名，台兵三名，营房三间。

曰清平口楼，北至平安墩十五里一百四十步，通口外黑河川东卯（正）[镇？]、谷子房①等处。清设外委把总一员，守兵三名，台兵三名，营房三间，封禁边汛七。

曰双镇楼，南至滴水崖边界双盘道十八里五十步，北至塘子口九里二百四十九步。清设台兵四名。

曰沙沟岭墩，南至塘子口六里八十八步，北至望关口墩六里六十步。清设台兵四名。

曰望关口墩，北至宣威楼一里九十步，清设台兵四名。

曰宣威楼，北至青平口楼六里五十四步。清设台兵四名。

曰平安墩，南至青平口楼十五里一百四十步，北至北高山墩十七里一百六十二步。清设台兵四名。

曰高山墩，北至破鹿楼四里一百七十步。清设台兵四名。

曰镇安堡，东至两河口七里，西至云州堡三十里，南至龙门所四十五里，北至青泉堡三十里。所管边口台汛六处，南至破鹿楼起，北至独石口边界团山儿墩止，计长七十三里一百步。所有边墙俱已塌毁，沿边墩台七十九座，开隘口一。

曰镇岭口，南至龙门所边界破鹿楼十里一百步，北至清鹿口十五里，通口外明沙滩、红旗、马石、热河等处。清设外委把总一员，台兵五名，营房三间，封禁边汛五。

曰清鹿口楼，南至镇岭口十五里，北至镇虎墩五里。清设台兵三名。

曰镇虎口墩，北至镇塞墩十八里。清设台兵五名。

曰镇塞墩，北至户口楼五里。清设台兵五名。

---

①　谷子房，今名古子坊，为今赤城县东卯镇古子坊村。

曰**户口楼**，北至镇宁口七里。清设台兵五名。

曰**镇宁口墩**，北至独石口边界团山儿墩三里。清设台兵五名。

曰**独石口关**，东至青泉堡四十里，西至马营堡三十里，南至云州六十里，北至边十里。所管边口台汛十一处，东自镇安堡边界团山儿墩起，西至君子堡边界南兔墩止，计长七十里一百二十步，所有边墙俱已塌毁，沿边墩台六十二座，开隘口二。

曰**静虎楼**，西至万胜楼台二里二百七十步，通口外虹霓滩、土城子、多伦等处。清设外委把总一员，马兵四名，步兵十六名，营房四十间，马棚二间。

曰**镇冲楼**，即西栅子。东至北栅口得胜墩六里十三步，通口外多伦、红城、丁庄子湾等处。清设外委把总一员，马兵二名，步兵八名，营房二十间，马棚一间，边门大口一。

曰**北（棚）[栅?]口**东至万胜台楼五里二百十三步，西至镇冲楼三里，通口外多伦、土城子、张家口等处。清独石口左右营分管防守，司边门启闭，蒙古朝贡往来，民人贸易耕种出入，均由驻防旗员检查验放。设马兵二名，步兵八名，营房二十间，马棚一间，封禁边汛八。

曰**东胜墩**，东至镇安堡边界团山儿墩十里七十二步，西至青山墩九里二百四十步。清设步兵一名，台兵四名，营房三间。

曰**青山墩**，西至静虎楼七里三百二十四步。清设步兵一名，台兵四名，营房三间。

曰**万胜台楼**，西至北（棚）[栅?]口五里二百十三步。清设步兵一名，台兵四名，营房三间。

曰**得胜墩**，西至镇口墩六里三十步。清设台兵五名，营房三间。

曰**镇口墩**，西至宁塞门五里二十八步。清设台兵五名，营房三间。

曰**宁塞门**，西至镇西楼八里二百九十三步。清设马兵四名，步兵十六名，营房四十间，马棚二间。

曰**镇西楼**，南至南兔儿墩三里一百步。清设守兵一名，台兵四名，营房三间。

曰**南（兔）[兔]墩**，西至君子堡边接界墩止。清设守兵一名，台兵四名，营房三间。

曰君子堡，东至独石口城三十里，西至松树堡十五里，南至马营堡二十里，北至边五里。所管边口台汛五处，东自独石口边界接界墩起，西至马营堡边界中高墩止，计长二十二里一十步，所有边墙俱已坍塌。沿边墩共二十一座，开隘口一。

曰新镇楼口，西至苏庄楼一百五十八步，通口外缸房窑、榛子沟、丁庄湾、金莲花滩等处。清设外委把总一员，马兵二名，步兵八名，营房二十间，马棚一间，封禁边汛四。

曰马家门墩，东自独石口界接界墩九十八步，西至静虎墩九里一百二十步。清设步兵一名，台兵二名，营房三间。

曰静虎墩，西至新镇楼口五里三百一十六步。清设步兵一名，台兵二名，营房三间。

曰苏庄楼，东至新镇楼一百五十八步，西至中高墩六里二百五十步。清设步兵一名，台兵一名，营房三间。

曰中高墩，西南至马营边界四明口墩一里一百四十六步。清设步兵一名，台兵二名，营房三间。

曰马营堡，东北至独石口三十里，西至松树堡十五里，南至云州堡三十里，北至君子堡二十里。所管隘口台汛三处，北至君子堡边界中高墩起，南至松树堡边界镇虎墩止，计长一十九里二百三十步。所有边墙俱已坍塌，沿边墩台共五十九座，封禁边汛三。

曰四明口墩，北至中高墩一里一百四十六步，南至小石嘴墩五里三百三十九步二尺。清设马兵二名，步兵六名，守兵三名，营房二十间，马棚一间。

曰小石嘴墩，南至永太墩七里五十三步三尺。清设步兵三名，守兵二名，营房三间。

曰松树堡，东至马营十五里，西至边五里，南至云州堡四十五里，北至君子堡十五里。所管边口台汛六处，北自马营边界镇虎楼起，南至镇宁堡边界镇贼墩止，计长二十里二百六十四步。所有边墙俱已坍塌，沿边墩台共二十三座，开隘口一。

曰**四望砖墩**，南至总望墩六里二百四十步，通口外大小砬滩、龙门沟等处。清设外委把总一员，马兵三名，步兵七名，营房二十间，马棚一间，封禁边汛五。

曰**威远墩**，北至马营堡边界镇虎墩一里二百六十步，南至镇口墩一里三十八步。清设步兵四名，台兵一名，草房三间。

曰**镇口墩**，南至营盘梁墩三里一百三十六步。清设步兵四名，台兵一名，土营房三间。

曰**营盘梁墩**南至四望砖墩一里二百四十二步。清设步兵三名，台兵一名，土营房三间。

曰**总望墩**，北至四望砖墩六里二百四十六步，南至镇贼墩七里一十九步。清设步兵三名，台兵四名，土营房三间。

曰**镇贼墩**，南至镇宁堡边界宁朔墩六里三十步。清设步兵三名，台兵二名，草营房三间。

曰**镇宁堡**，东至云州堡三十里，西至金家庄三十里，南至县城三十里，北至马营四十里。所管边口台汛七处，北自松树堡边界镇贼墩起，东至龙关路边界静新墩止，计长三十里一百一十步。所有边墙，俱已坍塌，沿边墩台共二十五处，开隘口一。

曰**野鸡山门楼**，北至镇虎楼四里二十步，南至永安墩三里，通口外南山窑并张、独二口道路。清设外委把总一员，步兵五名，营房三间，封禁边汛六。

曰**宁朔墩**，北至松树堡边界镇贼墩六里三百步，南至镇虎墩三里。清设步兵二名，守兵一名，台兵二名，营房三间。

曰**镇虎墩**，南至野鸡山门楼四里二十步。清设步兵二名，守兵二名，营房三间。

曰**永安墩**，北至野鸡山门楼三里，南至玉石沟小墩二百一十八步。清设步兵五名，营房三间。

曰**玉石沟小墩**，南至莺莺墩三里。清设步兵二名，台兵二名，守兵一名，草房三间。

曰**莺莺墩**，南至松林墩二里一百二十步。清设步兵二名，台兵二名，守兵一名，草房三间。

曰松林墩。东至龙关路边界宁静墩五里。清设步兵二名，台兵二人名，守兵一名，草房三间。按：赤城边界自滴水崖与靖安堡界之宁界墩起，而北、而西、而南至镇宁堡与龙关路之宁静堡止，曲折三百八十一里一百二十步，边门大口一，开隘口九，封禁边汛四十七。清初各有台马步兵驻守，末叶各封禁边汛守兵裁撤。民国各隘口守兵亦裁撤，边门大口清代时有修补，现尚完整。各隘口墩台半多倾圮，至于边墙在清中叶皆坍塌，今则山岭依旧，无迹可寻矣。

○山（第 15～16 页）

赤城诸山，均系阴山支脉，蜿蜒绵亘，自北南驰，其山脉起处，皆来自沽源、张北。

曰赤城山，在县城东二里，高约二千尺，土石相间，山石多赤，古赤城在其上。

曰金阁山，在县城北二十二里，中峰绝顶，峻甲诸峰，俯看塞外，了如指掌。元建崇贞观、长春洞于此。高约五千尺，石质，不能耕种。

曰九峰山，《宣化府志》载："云州，《元史·马扎儿台传》仁宗尝建寺于云州九峰山，未成而崩，马扎儿台以私财成之。曰先帝尝驻跸于此，诚不忍过其所，而坐视荒废也。"其寺址今不可考。

曰常宁山，《宣府镇志》载：在独石口西十里。

曰东胜山，在独石口城东五里许。

曰崆峒山，在县城北八十余里，俗名冰山。高约六七千尺，盛夏犹寒，巅际宽平，上有水草，南北绵四五十里。

曰刘不老山，在县城东北十里。相传有刘姓者，修炼于此，故名。

曰偏头山，在县城西北十五里，俗名锯齿山，象峰形也。

曰南嶂山，在城北六十里，高约二千尺，石质，不能耕种。三峰鼎峙，如列屏然，惟值大雨，山水暴涨，为害甚钜。

曰野鸡山，在县西北七十里，水来塞外，越峡而过，昔曾跨水为关，今圮。

曰毡帽山，在县北九十五里，高约四千尺，石质，不能耕种，后名簪缨山。

曰总高山，在独石口东北十里，登眺见辽海。

曰纱帽山，一名冠帽山，在县北八十里，登山俯瞰，城中无遁形。

曰鹤山，在县西北马营东二里，俗名东山，柏桧森然，白鹤恒栖其上，故名。

曰雷山，在县西北五十里，上有雷神庙，故名。

曰红山，在县西北四十里，山势高险，石色多赤，下有泉，今涸。

曰玉石沟山，在县西北五十五里，高约四千尺，石质，不能耕种。

曰棋盘山，在县北六十里，山峰高峻，人迹罕到。按：棋盘山与崆峒山一脉相连，棋盘山即其中之一峰。

曰鹰窝山，在县东二十六里。

曰鹰嘴山，在县东二十六里。

曰聚阳山，在县东十余里，高约三千尺，石质。元世祖至元二十七年，发云州，人民，凿银洞于此，并置望云银冶。

曰西高山，在县东二十八里，高千余尺，石质，不能耕种，俗名大西山。

曰北高山，在县东四十余里，高千余尺，石质，不能耕种。

曰孔宠山，在县东十五里余。

曰骆驼山，在县东南八十里，滴水崖堡北。

曰盘道山，在县东南八十余里，滴水崖堡东北。

曰蹲象山，在县东南八十余里，滴水崖堡北一里许。

曰龙门峡，在城北三十里，高约二千尺，石质，俗称舍身崖。两山相对，壁立如门，白河流其间，即《水经注·沽水》：南出峡崖，所谓独固门是也。

曰滴水崖，在县城东南八十里，高约四千余尺，石质，其上平冈蜿蜒约四十里，所谓四十里长嵯也。东有香炉峰，上有碧落洞，故又名碧落崖。

曰桦岭，在县北一百一十余里。

曰苍崖，在县北八十余里。

曰千松顶，在县南三十里，龙门所东南，长伸地东，岭东五里，即隘口，名曰千松顶楼。山峰相连，彼高于此。相传明时敌毁垣而入。

曰**龙王嵯**，在县东三十八里，嵯峨高耸，夏月云从此出则大雨。

曰**独石**。在县西北九十二里，一石孤生，兀然自峙，高约二丈余。《宣镇图说》：一名星山，一名丈夫石。

○川（第 16~17 页）

赤城县之川。曰**沽河**，其源有二，一干一支。干流源于独石口外沽源县属之九龙泉，入北栅口，南流经独石口城西。其支流源于沽源县境之小砦湾，入东栅口，南流经独石口城东，于独石城南二里许，干支相会。由是而南流，迳头堡、半壁店、三山、猫峪，至猫峪南里许，有青泉之水注焉。复南流经旧站，又会马营之水而入龙门峡，所谓独固门者，是名龙门川。出峡南下，经云州堡东，复与镇安之水合，地势倾斜，水势湍急，南经观音门口、吕和堡、黄土岭，合夏家村之水，过七里河，流至县城东门外。向东南急趋，合西来汤泉河之水南驰，经老幼屯、杨善庄、郭家屯、柳林屯、双山寨、样田堡、水磨窑、上马鞍山、下马鞍山①，自此而下，则入山谷狭地。两壁对峙，中夹一水，至隔河寨，后合龙门水，水势益大。经河西堡、上庄堡，后折而北，至青罗口，复折而向东南流，始入坦途。经滴水崖城之南，遇常胜庄、宁疆（壁）[堡]，而入延庆县界。纵贯全县南北二百余里，全县各处之水，均汇入焉。每届春秋，水落势小，在上游，深不及尺，宽不逾尺，下游则倍蓰②焉。至夏令水涨，则汜③溢靡常，既无舟楫之便，又鲜灌溉之益。

曰**青泉堡水**，源出龙虎沟④，常涸，夏间大雨时，山洪时发，至猫（谷）[峪]，东入沽河。

曰**马营水**，源出马营，经羊坊、仓上堡等村，至龙门峡之北，入沽河。

---

① 杨善庄，今名杨家坟。上马鞍山，今名上马山。下马鞍山，今名下马山。其余今仍称之。

② 倍蓰，蓰，音 xǐ。亦作"倍屣""倍徙"。谓数倍。倍，一倍；蓰，五倍。《孟子·滕文公上》："夫物之不齐，物之情也。或相倍蓰，或相什百，或相千万。"赵岐注："蓰，五倍也。"

③ 汜，音 sì。由主流分岔流出后又流回主流的水。《尔雅·释水》："水决之泽为汧，决复入为汜。"郭璞注："水出去复还。"

④ 龙虎沟，今名虎龙沟。或《通志》误，或为原名。

曰**镇安堡水**，源出镇安堡之青葫芦沟，常涸，于夏间雨大时，山洪时发至云州东南三里许，入沽河。

曰**夏家村水**，源出夏家村沟里，流至黄土岭北里许，入沽河。

曰**汤泉河**，源出左所堡之南山麓，西流经县城南门外，水势较稳。县城西南一带田亩，皆资灌溉。流至县城东南里许，合于沽河。

县境内诸水。曰**暖泉**，在县北三十余里，旧站堡南三里，宝济乡有泉七十二眼流入沽河。现在泉眼已不足此数，大部分为沽河所淤塞。

曰**汤泉**，在县城西十五里，有泉自山底出，暴热，浴之可愈疾，余详名胜。

曰**红泉**，在独石口外，东北隅，今塞。

曰**神泉**，在县北六十里马营堡北三里，池方一亩，曾涸，今渐溢出。

曰**东庄泉**，在县东三十里，龙门所城东二里许，池方丈余。

曰**白龙潭**。在县南七十里，河西堡南五里，源出南山下，而积广三丈许，澄澈见底，水纹如锦，外为小溪，中产小鱼。

○古迹（第 17～18 页）

赤城之古迹。曰**古长城**，《史记》：燕长城，自造阳至襄平。《北史》元魏长城，自赤城至五原。

曰**古赤城**，今赤城县治。《水经注》：沽水迳赤城东，汉建武年①，并州刺史王霸，败于燕，退保此城。

曰**御夷镇**，在县城东北，后魏太和中置，为六镇之一。《水经注》：卤水出于北山，东南流经卤城北，城在居庸县西北二十里，故名云侯卤，太和中更名御夷镇。按：县城北黄土岭有古城，相传为御夷镇旧址。然年代久远，圮废不可考。

曰**云州故城**，《宣化府志》：辽、金为望云县。至元间，始改望云为云州，

---

① 按《水经注》作"赵建武年"，是也。"赵建武年"指十六国后赵石虎年号，公元335 年至 348 年。"汉建年"指东汉光武帝刘秀年号，公元 25 年至 55 年。而十六国前赵亦称汉，没有"建武"年号。东晋元帝司马睿有建武年号。

云州城即望云城①。

曰**御庄**,《辽史·地理志》:景宗建潜邸②于望云川,因成井市,后入绍国统,改号御庄。今圮废,遗址不可考。

曰**长春宫**,《宣府镇志》:在县北,辽建,景宗尝游于此。今圮,址不可考。

曰**景明宫**,《畿辅通志》:在云州北。已无遗址可寻。

曰**太和宫**,《宣府镇志》:在云州,金章宗避暑处。遗址不可考。

曰**独固门**,即龙门峡。《水经注》:沽水南出,夹岸有二崖③,世谓之独固门。以其凭藉险要,易为依据,两壁高耸,对峙如门,故名。崖半凿石架木,为观音阁。阁之南,镵④石为舍身大士像。相传系明时土木之变,仓上堡千户田坤战殁,其女投崖自尽于此,土人即就石壁为穴瘗之,外封以石,上刻"夫人"二字,舍身大士即其像也。崖上诗文题刻甚多:有"龙门峡"三字;"朔方(保)[屏]障"四字,字大如屋,高十丈余;又有"雄峙畿辅""三路咽喉"二大石刻。并元人畏吾儿字摩崖碑。

曰**海青驿**,《元史》:世宗中统三年⑤,(晋)[缙]山至望云为海青驿。今圮废,遗址不可考。

曰**嘉禾亭**,在县南三里,明景泰年建。《明一统志》:景泰五年⑥,产嘉禾,因名亭。今已圮废,遗址不可考。

曰**屡丰亭**,在县城北六十里马营堡,明景泰年建。《明一统志》:参政叶盛以岁屡丰稔,名之。今已圮废,遗址不可考。

曰**咏归亭**,《明一统志》:正统四年,因旧重建。亭在汤泉上,义取浴乎

---

① 按《元史·地理志》:"中统四年,升县为云州,治望云县"。《通志》作"至元间",误。

② 潜邸,指皇帝即位前的住所。

③ 按《水经注》作"夹岸有二城",是也。

④ 镵,音 chán。用来掘凿砍斫的工具。唐玄应《一切经音义》卷十一:"镵,谓有刀斫凿者也。"

⑤ 中统三年,1262 年。另蒙古世祖中统三年,无"世宗"之称。

⑥ 景泰五年,1454 年。

沂也。

曰<u>燕然台</u>，在县城道署前。<u>明崇祯</u>年修，昔圮。<u>乾隆</u>二十二年①，知事<u>黄绍七</u>重修，建碑于其上。今碑亭均圮废，台尚完好。

曰<u>独石亭</u>，亭在<u>独石</u>上，何时创建，无考。<u>康熙</u>二十二年②，副总兵<u>王之任</u>重修。其后代有修葺，匾额碑碣甚多，惟近年迭遭兵燹，匾额多失落，甚可慨也。

曰<u>元后及太子陵</u>，<u>元</u>迺贤《金台集》诗注：国朝诸后及太子陵，皆在<u>独石</u>北毡帽山。<u>杨允孚</u>《滦京杂咏》注：尖帽山乃葬后妃之所，设卫率焉。按《读礼通考》<u>潘埙</u>《褚记（实）[室]》云，<u>元</u>园陵在直北，埋后万马蹴平，无复标志。则后妃等陵当亦如之，今<u>独石口</u>北无遗迹，不可考。

曰<u>元洞明真人祁志诚墓</u>，在<u>云州金阁山</u>，有学士<u>李谦</u>所撰碑文。

曰<u>明昌平侯赠颖国公杨洪墓</u>，在<u>杨善庄</u>。

曰<u>武强伯杨能墓</u>，在<u>杨善庄</u>。按：<u>能</u>为<u>洪</u>之犹子③。

曰<u>总兵孙邦熙墓</u>，在<u>独石</u>。

曰<u>总兵董继舒墓</u>，在<u>龙门所</u>城北。

曰<u>按察佥事徐演墓</u>，指挥同知<u>王本墓</u>，<u>明</u>嘉靖间死难，在县城外。

曰<u>参将张承宪墓</u>，亦死难者，在<u>龙门所</u>。

曰<u>总兵欧阳安墓</u>，在<u>马营堡</u>。

曰<u>都督张守愚墓</u>，在<u>独石口</u>南五里。

曰<u>烈女田氏墓</u>，在<u>云州龙门峡</u>，烈女投崖死，土人穴石壁瘗④之，上封以石，上刻"夫人"二字，今呼为舍身崖。

曰<u>昭武将军郭升墓</u>，在<u>独石</u>。

曰<u>清开封知府郭世荣墓</u>，在<u>独石</u>。

---

① 乾隆二十二年，1757 年。
② 康熙二十二年，1683 年。
③ 犹子，指侄子。《礼记·檀弓上》："丧服，兄弟之子，犹子也，盖引而进之也。"本指丧服而言，谓为己之子期，兄弟之子亦为期。后因称兄弟之子为犹子。汉人称为从子。
④ 瘗，音 yì。埋葬。

曰都督<u>王国勋墓</u>，在马营堡。

曰副使<u>宋之屏墓</u>，在赤城。

曰<u>房山县知县李矿墓</u>，在龙门所。

曰都督<u>张国勋墓</u>，在赤城。

曰<u>龙门所参将饶允墓</u>。在县东南十五里，今名<u>老幼屯</u>。

○名胜（第 18～19 页）

<u>赤城</u>之名胜。曰<u>汤泉</u>，在县城西十五里之南岩谷中，山上为<u>碧霞元君祠</u>，下为<u>水母殿</u>，殿前则池在焉，大小各一：大者周约一丈，如薪烈鼎沸，溅激跳跃，甃石为基，筑亭其上，曰<u>咏归</u>；小者突出其上，如冰柱，高可尺余，泉外复筑大池，引沸水于其中，名曰<u>晾池</u>。再由<u>晾池</u>引出，流经西南山麓，而入浴室。室有男女之别，浴辄愈疾，盖水含硫磺性也。每届春夏之交，游人如蚁。其外则<u>瑞云寺</u>在焉，寺颇幽静整洁，为游人息憩之所。

曰<u>灵真观</u>，在县北二十二里之<u>金阁山</u>，观为<u>祁志诚</u>故居，创建当在<u>元世祖成宗</u>间。<u>志诚</u>初至<u>云州</u>时，择地筑庵居之，额曰"乐全"。间出郭入西山，至<u>刘家谷</u>，见其峰峦秀峙，爱之，乃锄茅卜筑，名其山曰"<u>金阁</u>"，峪曰"<u>游仙</u>"，观曰"<u>崇真</u>"，寻徙居其中。<u>至明杨昌平</u>，始请易今名。观在<u>金阁山</u>内，山口东向，题名坊在焉。入山迤西北，洞磴萦纡，有所谓<u>南嶝</u>者，有所谓<u>中庵</u>者，<u>中庵</u>峻甲诸峰，磴亦较险，洞辟其巅，曰"<u>清虚</u>"。其东北<u>长春洞</u>在焉，洞中石像约二十余，洞前有琼泉，乃洞前亭栏下石，凿小井，其水源在洞中，石下双派细流，由左右刻石之水道，引至龛外拜经台，斜注井畔，穿石栏罅①入井中，复别穿诸罅出，承以渠，足供僧人饮料。<u>乾隆</u>间，大旱水涸，特一时事耳。至<u>游仙峪</u>观宇宏壮，地势幽静，为游憩之佳所。而以<u>藏经阁</u>工程最为精美，惜不戒于火，全部道藏，尽付焚如，殊堪扼腕。其后建者，已名存实非。近迭遭兵燹，观宇多倾圮。其<u>七真殿</u>，又于二十二年冬季，被某军焚毁，满目荒凉矣。

曰<u>滴水崖</u>。在县城东南八十里，<u>滴水崖堡</u>西北三里许。山半<u>千松岭</u>，枝荫密茂，其上平冈蜿蜒，有松十二株，亭亭如排卫。正对石壁其上，有石幢，刻明<u>汪道亨</u>《<u>滴水崖镇星记铭</u>》。又西上行回一里许，<u>朝阳观</u>在焉。观依傍石壁，东

① 罅，音 xià。缝隙，裂缝。

南向，故名。观旁筑石为楼，架木横度，有石室为三官殿。观前一石柱，高可百尺，上凿"天柱"二字。石上有孔，土人谓明时人凿孔，架木为栈，盘周而上，筑亭于其巅，为游乐所。今废，碑刻尚存。柱石右壁，有"滴水崖"三大字，明御史王汝梅书。左右各有汤（京兆）[兆京]、吴亮、吴礼嘉诗碑碣四通。左正面右壁上，有"乾坤柱石"四大字。面东石壁半中，忽开豁二丈许，至地道，人即于其中建楼三层。下层为水母殿，中有石门，门内一池泓然，由崖下滴，清冷不竭，即崖所由名也。上层为关帝庙。再上为佛殿。稍南有石级数层，登其上，架石为平台，内凿为真武殿。殿左凿石为门，曲折而入，上开石窗。行约二十步许，忽转东，有石堂，供观音神像，宏丽庄严，颇壮观瞻。滴水崖高百余丈，由下望之，不见巅际，稍远回望，则高崖之上，尚有石壁二层，石嵯一层，更倍于所见之壁也。关员外宁，曾登其巅，云上平广，约有二十里。

◎桥梁（第3册，卷5《疆域编·桥梁》）
○龙关县桥梁（第26页）

曰雕鹗桥。有二，均跨龙门河上建立。在雕鹗堡西二里许者，桥身较长；在小雕鹗及东庄堡、黎家堡者间者，桥身略小。

曰广济桥。在第五区常峪口堡南门外数武。相传桥系以石筑成，只一孔，工程颇好。明开平王常遇春，与元将铁木耳大战柳河川，桥为元兵拆毁，遇春路绝，败绩逃归，手攀隔桥垂柳，策马跃身而过，树为之裂，幸未成擒。至今桥畔古柳树身上部，遗迹显然。

○赤城县桥梁（第27~28页）

曰长源桥。在县城南门外，镇宁、汤泉诸水，汇流其下，建立年月无考。桥头有监士李仙风所建之坊，题曰："紫色澄清"。乾隆十二年，水发道徙，逼近城垣，知县孟思谊捐工浚修。二十四年，知县黄绍七捐俸建坊。道光十四年①，山水涨发，桥被冲坏。同治元年②，知县姜由轼督率绅商，倡捐募修五孔石桥，附以石栏，桥南添

---

① 道光十四年，1834年。
② 同治元年，1862年。

建钓桥一，名子午桥。今圮。民国十三年①夏，山水暴发，将桥上石栏及桥南堤岸冲圮，现未修复。

曰东桥，又名太平桥。在县城东门外。康熙三十六年，典史苏州望同邑人张进玮等建立。二十九年，知事张良标添建石堤。乾隆十一年，知县孟思谊复修。咸丰十一年②，桥又圮。同治元年，知县姜由轼用长源桥余资重修之。按：长源、太平两桥，虽历经修葺，仅能通渡，每遇夏秋，山水暴涨，南河之水，漫河而过，倒灌关厢③，墙倾屋圮，居民病焉。西南城亦可危，而东河东迁，桥同虚设，水忽折而西，直冲城之东北，炮台塌陷，久未修复，人马、车辆、牲畜半渡而被冲者，时有所闻。宣统元年④，知县罗毓祥捐廉倡募重修。民国十三年夏间，山洪暴发，两桥石栏，均被冲圮。十四年，又将长源桥尾堤坝，冲圮，今尚未修复。

曰惠济桥。在舍身崖桥故址。地名龙门峡，又名独固门，为北来诸水汇聚之冲。光绪三年十二月⑤，知县宋尚文捐廉倡募，积为钜款，每岁十月底，造浮桥十数孔，名曰惠济。至夏冰解，则撤，由云州堡商约经理之。

曰广济桥。在云州堡东南。沽河之水出龙门峡，东流益氾滥，隆冬冰结不坚，车马及徒步者苦之。光绪三年，知县宋尚文谋建桥，云州千总李昶为之请拨经费助成之，名曰广济。由云州堡商约经理之。

曰黄土梁桥。在县城东北十五里，黄土岭附近。每年搭架拆撤，由黄土岭乡长经理之。

曰郑家桥。在县城西北七里，孙家庄东。其搭架拆撤，由孙家

---

① 民国十三年，1924 年。

② 咸丰十一年，1861 年。

③ 关厢，城门外大街和附近的地区。

④ 宣统元年，1909 年。

⑤ 光绪三年，1877 年。

庄油房经理。今以灾变迭经，油房停业，改由孙家庄乡长经理之。

曰样田桥。在样田堡北，为通延庆大道。每年冬季，冰结不坚，河水泛溢，村人即架桥，至春冰解则撤。由样田堡乡长经理之。

曰青罗桥。在青罗口西，为通延庆要道。村人每届冬初，即架桥，仅通行人。由青罗口乡长经理之。

曰滴崖桥。在滴水崖堡外。村人每届冬初即架桥，至春冰解则撤，由滴水崖乡长经理之。

◎沟渠（第3册，卷6《疆域编·沟渠》）

○龙关县沟渠（第30~32页）

曰南水渠。在县城南。龙门河流经其间，两岸农民利用河流，开渠引水灌田。北岸渠较长，约一百五十丈，宽三尺，深二尺。南岸渠长十丈。共灌田一顷余，均系菜地。

曰洋沟渠。在第四区坝口河左岸。坝口河发源长城之北，流经赵川堡东北一带，入沙城伏流。此渠即在河之左岸开口，向南引流灌后楼、前兴楼、旺庄、小白阳等村地十数顷。近年水量不足，祇灌八九顷。干渠自北至南，约长三百五十丈，宽三尺，深二尺。支渠二，均由干渠东岸开口引水。第一支渠，流经前楼、后楼两村间，约长十丈。第二支渠，由前楼南开口引水，绕兴旺庄之东，约长三十八丈。灌域均系黄沙土，宜黍稷谷豆。分水法，先上后下。

曰民生渠，一名雕鹗东渠。在第二（渠）［区］雕鹗堡东。由龙门河北岸开口引水，以灌堡东各地。干渠为弧形，渠尾仍通龙门河，约长六十九丈，宽三尺，深二尺。支渠六：第一，由渠左向西开口引水，约长十五丈；第二，由渠右向东南开口引水，约长三十丈；第三，由渠左向东北开口引水，约长二十丈；第四，由渠右向东南开口引水，约长十丈；第五，由渠左向东开口引水，约长十六丈；第六，由第一支渠向北开口引水，约长二十丈。现在第三、第

五、第六各支渠，均无水可引，仅存干渠及第一、第二、第四各支渠，可灌田三四十亩，灌域土宜，与洋沟渠同。

曰水磨渠，一名雕鹗西渠。在雕鹗堡西。由龙门河南岸开口，向南引流，复东向，仍归龙门河。干渠约长九十五丈，宽三尺，深二尺。支渠在干渠东，约长十丈。惟干渠因近年水量减小，未能流入支渠，仅可灌地六七十亩，灌域土宜同民生渠。

曰大西河渠。在第五区常峪口大西河两岸。大西河源出长城之北，向南流，入宣化县境。此渠即在河两岸开口引水，共计八道。第一渠，由大西河右岸开口，向西引流，约长五十丈，宽二尺五寸，灌田一百余亩；第二渠，在第一渠下，约长八十五丈，宽三尺，深二尺。其南有小支渠二，一约长十丈，一约长八丈五尺。干渠尾，达于青边口北，灌田二百一十亩；第三渠，在第二渠下，长约七十二丈，宽二尺五寸，深一尺五寸。其南有支渠一，约长十丈，干渠尾，达于青边口南，灌田一百八十亩；第四渠，在第三渠下，约长八十三丈，高三尺，深一尺五寸。其南有支渠一，约长十二丈，灌田三百亩；第五渠，在第四渠下，约长四十五丈，宽二尺五寸，深一尺五寸，灌田六七十亩；第六渠，在第五渠下，形势屈曲如蛇，约长九十丈，宽三尺，深二尺，可灌田五顷余，近则只灌田二百余亩；第七渠，由大西河左岸开口，向南引流，绕常峪口西，约长八十丈，宽二尺五寸，深一尺五寸。有支渠一，约长八丈。共灌田一百余亩；第八渠，在第七渠下，由西北向东南引流，约长九十丈，宽三尺，深二尺。其南有支渠一，约长二十丈。共灌田一百余亩。以上大西河渠，因水量减少，第一、第八两渠，现均无水灌田，其它各渠，亦感水量水足，灌田面积日小，今只有一千一百余亩，受水惠耳。灌域土宜，同民生等渠。

以上沟渠五，据厅册节订。

○赤城县沟渠（第 32 ~ 34 页）

曰模范渠。在县城西南。民国十三年三月，由张兆亮等创修。引汤泉右岸水灌田，泄水于白河，干渠长六里，宽三尺五寸，深三尺。支渠八，共长九里，灌域面积一千二百亩，均系壤土，宜种五谷麻蔬，沿岸栽杨柳树三百余株，为护岸林。灌溉法，分三春夏秋三季，单日先上后下，双日先下后上。

曰北干渠。在县城西北。民国十六年三月，由戴春林等创修，引汤泉左岸水灌田。干渠长五里，宽三尺六寸，深三尺。支渠二，共长二里许。灌域面积九百余亩，土宜与模范渠同。沿岸栽杨柳树二百五十余株，为护岸林。灌溉法，分春夏秋三季，由上而下。

曰通济渠。在县城南模范渠东。民国十五年春间，邑人乔溆创修。引汤泉水灌田，泄水于白河，与模范渠同。干渠长三里，宽三尺二寸，深二丈八寸。支渠长一里半。共灌田六百二十余亩。沿岸栽杨柳树五百余株，为护岸林。灌溉法，同模范渠。

曰林湾渠。在第三（渠）［区］上庄堡。民国十九年六月，由张进元创修。引白河左岸水，灌田六在五十余亩，渠长三里半，宽三尺六寸，深三尺二寸。沿渠土宜，同模范渠。灌溉法，分春夏秋三季，先上后下。

曰林台渠。在林湾渠东南。民国十九年三月，由强垣创修。与林湾渠同系引白河左岸水灌田，仍泄水于白河。渠作弧形，渠长三里，宽三尺六寸，深三尺二寸。灌台家湾、青罗口等村农田七百余亩。沿渠土质为砂壤，稻麻菜蔬均宜。灌溉法同林湾渠。

曰清滴渠。在白河右岸。民国十八年六月，由强垣创修，即由右岸开口引水灌田，灌域东为滴水崖，西为青罗口。土宜及灌溉法，同林台渠。渠长三里半，宽三尺五寸，深三尺，灌田八百余亩。

曰万济渠。在清滴渠下。民国十九年三月，由王民铎等创修，由白河右岸开口引水灌田。渠长四里余，宽三尺八寸，深三尺五寸，灌宁疆堡一带农田七百五十余亩。沿岸栽杨柳树一百二十余株，为护岸林。土宜及灌溉法，同清滴渠。

曰建设渠。在第四区白河右岸。民国二十一年二月，由乔淑创修，即由右岸开口引水灌田。灌域为观门口农田四百五十亩，渠长四里，宽三尺六寸，深三尺。沿渠土质为壤土，多种麻及烟叶，渠岸栽杨柳树百余株，为护岸林。

曰南大渠。在云州堡东。民国十九年由陈致品创修，由白河左岸引水灌田，仍泄水于白河，渠长五里半，宽三尺六寸，深三尺。沿渠土质为壤土，共灌田七百余亩，多种麻麦高粱烟叶之类。灌溉法，分春夏秋三季，先上后下。

曰北大渠。在云州堡东。民国十九年，由陈致品创修，由白河右岸支流引水灌田，仍泄水于白河。渠长四里，宽深同南大渠。沿渠土质为砂壤，宜麻麦高粱。有支渠一，长二里许。共灌田八百余亩。沿岸栽杨柳八十余株，为护岸林。

曰墩麻渠。在第四区三山堡西。民国十八年四月由刘玉创修，由白河左岸引水灌田。渠长三里，宽三尺四寸，深三尺。共灌田六百余亩。沿渠土质为沙壤。灌溉法，分春夏秋三季，先上后下。

曰兴农渠。在第二区独石口西南，水磨村东。民国十八年六月，由孙万山创修，由白河右岸引水灌田。渠作弧形，长三里，宽三尺，深二尺八寸，灌田五百五十亩，沿渠土质为砂壤。灌溉法同墩麻渠。

曰镇源渠。在独石口寨旁。民国十六年五月，由第二区公所创修，由白河西源引水灌田。渠长二里许，宽三尺二寸，深三尺，灌寨南砂壤地四百亩。土宜及用水办法，同兴农渠。

曰左滩渠。在汤泉上游右岸。民国十七年四月，由张文翰创修，即引汤泉水灌左所堡以东农田六百余亩。渠长三里，宽三尺二寸，深三尺。土宜及灌溉法，均同镇源渠。

曰龙湾渠。在左滩渠之上。民国十六年四月，由贾德盛创修，与左滩渠均由汤泉水右岸开口引水灌田，灌域为右所堡东南农田七百余亩。渠长三里半，宽深同左滩渠。土宜及灌溉法，与左滩渠同。

以上沟渠十五，据厅册节订。

◎土质（第3册，卷6《疆域编·土质》）

○龙关县（第40页）

大部为黏土质，颇宜农田。附近山坡部分，多系垆土，最肥沃，收获量亦较黏土部分特丰。最次者为沙土地，多傍河，遇雨则易渗，不耐天旱，收获歉薄。现在本县境内，尽为熟地，无荒废未开垦者。

○赤城县土质（第40~41页）

赤城县土质，大别可分二部。西北部地临边外，每至冬季，狂风时作，卷带砂土，存留地面。故独石、马营一带，土质均带砂性，地极瘠薄。东南一带，壤土较多，亦颇肥沃。然两山相峙，中夹一水，土壤中多羼砂砾。总之，全县地多高原，均苦干燥，湿卤之处极少，碱滩亦无，地土均开垦，无荒废者。

◎交通（第3册，卷7《疆域编·交通》）

○龙关县交通（第15页）

龙关县至省垣，由县城经赵川堡、葛峪堡、常峪口等村镇，直达省城，路长一百五十里。仅通马驼，不通车。由县城经赵川堡、宣化转达省城，路长一百六十里，通汽车、马车。

至龙关通各县路。本县群山环绕，道路崎岖，一切交通，悉用驴骡马畜，则其交通艰难可知，则地势限之也。

○赤城县交通（第15~16页）

赤城县至省垣，有通车不通车两道。通车之道，经在龙关县属雕鹗镇，至平绥路沙城车站，中距一百五十里。此路经本县浩门岭、龙关县长安岭，从前以山高坡陡，不通车，自民国十八年，两县各将山岭修平，通车马，即汽车亦通行。不通车之道，经龙关县至宣化车站，中距一百八十里。此路经赤、龙两县界之剪子岭，高陡险峻，虽经修整，亦不通车。

至赤城通各县路。由县城向西至龙关。中经县属郑家庄、塘坊、沃麻坑三村，有小岭梁、剪子岭，山势险峻，仅通马驼，不能通车。

由县城向西南，至怀来、沙城、涿鹿。中经县属兴仁堡、浩门岭二村，路基平坦，宽在六尺以上，路旁植夹道林，足为全县模范。

由县城向西北至张北。中经县属孙家庄、左所堡、右所堡、镇宁堡、西栅子、磨石梁、丁字路、大边梁等村，全路多在河湾，每值夏季，山洪冲刷，常须修理。其间大边梁一段，坡度太长，路基多为沙土质，修理尚易，张北汽车有时由此来县。

由县城向北至沽源、多伦。中经县属七里河、金家寨、黄土岭、沙窝墩、云州堡、旧站堡、三山堡、半壁店、头堡子、水磨、观音堂、独石口、青羊沟、北栅口等村镇。全路平坦，多绕白河行。惟夏季山水冲淤，时须修理。冬季并须架设浮桥多座，资以通渡。车驮随时通行。沽、宝多汽车亦能行驶。

由县城向南至延庆属康庄。中经县属老幼屯、杨家坟、郭家屯、样田堡、马鞍山、尚家堡、罗家堡、明旺庄、青罗口、滴水崖、水宁沟、艾河滩等村。其间自样田堡以南，路多山，不通车，但本县向南运销粮食，输入货物，此系惟一孔道。

由样田堡向东北，三十三里至县属塘子口，为通热河丰宁县大道。中经县属蒋家堡、龙门所、赵家庄等村镇。出塘子口，过沽源县属黑河，即至丰宁，道路平坦，从先能通车马，自黑河被占，我方将路口杜塞①。

由县城通龙门所。有便道一，两地东西相对，中经新庄子、张

---

① 杜塞，堵塞，屏绝。《汉书·刘歆传》："今则不然，深闭固距，而不肯试，猥以不诵绝之，欲以杜塞余道，绝灭微学。"

家窑等村。其间多山，不通车，惟马驮往来，经由此道。

○电报（第18～19页）

张家口自清光绪二十五年①设立电报局，南通北京，北达库伦。今又增设电报局两处，总局在上堡大兴园巷，分局在下堡桥西大街。除与宣化、张北、多伦三县通电报外，其沿铁路各县，可由车站电报交通。……龙关无专设电报机关，每收发电报，概以电话代用。……赤城亦无专设电报局，遇有省县来往电报，均由本省军用长途电话局所设本县分局及县属独石口派出所兼办。

○电话（第19～22页）

察省电话，设立最早者，民国二年，张家口成立电话公司，系集股商办，交通仅限本市。十五年，万全旧城警察所设电话，供都统署、县署传递命令之用。十八年，张家口成立长途电话局，各县设分局，本县二、三、四区，亦设分局。……龙关自民国十八年冬，奉令筹设军用长途电话局一所。……赤城有察省军用长途电话两处：一赤城分局，一独石口派出所。均系民国十八年十月一日设立，直属察哈尔省军用长途电话总局。赤城分局原系一等局，独石口原系三等局，所需经费均由地方担任。嗣因本县迭遭兵匪灾变，糜滥不堪，经费无法筹措，因请改赤城一等局为三等局，独石口三等局改为派出所。赤城电话局，西通龙关、宣化，至省垣总局；独石口派出所，南通赤城，北通沽源、张北，至省垣总局，成一循环线。其通电性质，除军用外，更分官电用电报、电话，商电用电报、电话。官电，为县政府及各机关对省政府暨各厅处而设，概不收费；商电，为商民私用，须分别纳费。军用长途电话外，本县第四区，民国二十年秋，设立县区地方电话一处。二十二年夏，被匪将区电话机线携去。

---

① 光绪二十五年，1899年。

◎动物（第4册，卷8《物产编·动物》）

○家畜类（第2~9页）

马。野马变种也。面部颇长，耳壳直立能动，颈背有鬣①，四肢强健，各肢有一趾着地，趾有蹄，尾生长毛，体长五六尺至七八尺，各部发达甚平均，为其特征。马初生上下颚有第一、第二臼齿，数日后，生门牙二，一个月生第三臼齿，六个月至八个月，生第三、四门牙，其后第一、二门牙渐磨耗，中央现黑窝，十三个月至十六个月，黑窝益深，十六个月至二十个月，第一、二门牙脱，此等牙俗皆称奶牙。届时即脱，惟臼齿无脱者，以后永久齿渐生，入换齿期。故马三岁，生对牙；四岁，生四个牙；五岁，四个牙相齐；六岁，六个牙相齐，名齐口；皆就永久齿言也。七岁下牙磨剩四渠，八岁下牙磨剩二渠，九岁、十岁上牙磨剩四渠，十三四岁上牙磨剩二渠，牙均长，亦就永久齿言也。牡②马俗名（左马右兒）马，至六岁时，上下各生对犬牙。牝③马俗名骒马，不生犬牙，犬牙臼齿间，为嚼环控制处。惟塞外马牙渠，磨平较早，以其食野草嚼啮费力也。然则寿命并不减，相马者常以牙齿定马之年岁。马毛色多褐，或黄或白或驳杂，并有回旋部位甚多，谓之旋毛。《尔雅·释畜》：马以毛色别而异名者，数十种。古者又常以其部位及部位多少，判马之吉凶。马性温顺，有记忆力，并堪力役，故乘骑、挽车、负重、耕田皆用之。马生后，四五岁至十四五岁间，为最有用时期，二十岁后，即不堪力役。寿命最多三十年，少亦十数年至二十年。其喂养及劳力，须有定时，且常宜训练，训练无法，易生恶癖，养马者均重视之。骒马发情期约三日，孕其约三百四十日。用驴种配马生骒，用马种配马生马，每年可产一次。食料以青草谷草杂草莜麦秸

① 鬣，音 liè。马、狮子等颈上的长毛。
② 牡，雄性的鸟或兽，亦指植物的雄株，与"牝"相对。
③ 牝，音 pìn。雌性的鸟或兽，与"牡"相对。

为主，辅以黑豆高粱豌豆麦麸等。产地除各县外，省境北部产最多，各种商业及税收，更视马及皮张等出口多寡消长原因。

牛。原种不一，经人工变化，成今之牛种。体强大，四肢短，牝牡各有角一对，角湾，中空无枝，前额平，鼻阔，眼耳皆大，上颚无门牙，犬牙，上下颚臼齿强壮，永久不脱，喉下有垂肉，每肢四趾，趾各有蹄，后二趾为悬蹄。毛短，色不等，黄色居多，尾端有丛毛，体长四五尺至六七尺。牡牛有睾丸为牤牛，割去睾丸为犍牛。牝者为乳牛，牝牛受胎约二百八十日而产，每年可产一次，每产一子。经五年，体格完备。平均寿命约十五六年。牛初生下颚乳齿，随胎而出，或生八日始出，初仅二三枚，越二十日有八枚，上颚无乳齿，经五六个月后，下颚中央乳齿二枚脱，满二岁，则永久齿以次发生，三岁生对牙，四岁生四个牙，五岁四个牙相齐，六岁六个牙相齐，名齐口，皆就下颚乳齿及永久齿新旧代谢言也。此后则就永久齿定牛之年岁几何。七岁牛牙漫动，八岁牙大动，九岁牙小动，十岁牙不动，十一岁牙提高一对，十二岁再提高一对，十四岁牙根离缝，十五岁牙脱，故相牛者常重视之。并相角，角圆锥形，基部有一细环纹者，一年生。角稍长而弯曲，基部现二环纹者，二年生。角更弯曲加生一环纹者，三年生。至十四年后，角之基部环纹皆光，识别即难。牛喜食杂草，或饲以麻饼糟糠，惟忌食露水草。牛胃分四囊：一瘤胃，形如瘤；一蜂窝胃，内部有蜂窝纹；一重瓣胃，内面有瓣状襞襀①；一皱胃，内面有细皱纹。凡食物入口，初经瘤胃润湿后，移入蜂窝胃，复上回于口而细嚼，更下咽，经重瓣胃、皱胃而入肠，是为反刍，为牛特征。牛性迟缓温顺，堪力役，故耕田引重皆用之。惟训练法宜柔缓，最忌鞭打。肉可供食品，乳可作饮料及奶皮子、奶豆腐、黄油等。皮毛骨角及油，可作工业原料，

---

① 襞襀，襞音 bì，衣服和肠、胃等内部器官上的褶子。襀音 jì，衣裙上的褶子。襞襀，衣裙上的褶子。

为察省出产大宗，粪可作肥料，且为察省北部居民主要燃料。产地除各县外，省境北部产牛最多。

绵羊。一名胡羊，由野生羱羊豢养①于人所变生。牡者头上有弯角一对，中空，外面多横纹，口吻狭长，鼻孔在其尖端，臼齿大，仅下颚生门牙、犬牙，四肢短，每肢四趾，趾各有蹄，后二蹄为悬蹄，身体大，尾短下垂，毛柔曲绵密，头部多黑红色，白者少，全身多纯白色，黑者少。其寿命约十年余为最长。每交尾，孕六个月而产，每产一羊，间有一年产二次者。察省口内羊产期多在九、十月，口外羊产期多在三四月，亦有一产双羊者，羊初生为羔。牡而有睾丸者为羝，亦可割去睾丸使肥大。牝者为母羊，性温顺，运动活泼，善跳跃，好群居，喜食青草杂草，牧放时宜顺风，忌食露水草，碱地生草，牧放最宜。每年秋后，喂盐数次，羊各一二钱，则吃草多易肥。察省农家养羊，大约一户三四只至四五十只不等。其法即联合雇一牧羊者，每晨群赴山野牧放，晚即反归各户，群与群不相陵乱。若蒙古地专养羊者，每群大者，不过三百头，有牧场，有羊圈。牧者称羊倌，恒以猎犬随之，以御狼害。羊肉鲜美，人多喜食。乳供饮料，毛分铍毛剪毛，春季取铍毛，夏秋取剪毛。铍毛者，冬寒毛间生绒，春暖则脱，以铁铍②刮取其绒也。剪毛则以毛长以剪取之，以制毡毯、毡帽、毡鞋，并供纺织，皮可作衣帽，油可造蜡烛。羊肠销外商亦颇多，皆为察省出产大宗。羊粪可作肥料，且为察省北部居民主要燃料。产地除各县外，省境北部产绵羊最多。

山羊。一名青羊，由野生种豢养于人所变。形似绵羊，体较狭，四肢强，头长颈短，牝牡皆有角一对。牡者特大，角基略如三棱形，角尖常向后，表面有环纹，或前面呈瘤状，耳大，上颚无门牙犬牙，毛硬直，不如绵羊毛柔长，色或白或黑或灰或黑白混。牡者颚下有

---

① 豢养，喂养；驯养。豢音 huàn，喂养，特指喂养牲畜。
② 铍，音 pī。古代一种农具名。

须，体长二尺至四尺不等，性灵敏，善跳跃。与绵羊合群，故养绵羊者，常以为前导也。山羊喜在高处吃草，露水草亦忌食，秋季食结子草，饮结冰水，即肥。肉可食，不及绵羊肉肥美。皮可制褥及起青皮。起青皮宜制裤袄，能御风寒且美观。去其毛之长者而留底绒，谓之拔针皮，可制大氅大领，毛可制绒帽绒鞋及毡毯。油可造蜡烛，心脏血可入药，制紫血者重用之。余同绵羊。产地除各县外，省境北部产山羊最多。

驴。体比马小，额部被毛，耳长如兔，鬣短直立，毛硬，胸部稍狭，臀扁而下塌，背圆凸，中央有黑纹一条，尾端生从毛。性温顺，有忍耐力，负重致远乘骑拉车皆用之。一年可一产，孕期约十二个月，每产一子。三岁生对牙，四岁生四个牙，五岁四个牙相齐，六岁齐口，愈老牙愈长，不脱牙。故驴之年岁检定法，必以牙齿，如检定马然，其寿命可至二十年。肉可食，皮可制革，粪可作肥料，为察省出产大宗。产地除各县外，省境北部产驴最多。

骡。驴马合种也。似马而体较长细，力强于驴而长于马。性灵善走，头耳长，鬃毛皆短，尾根裸出，背有黑纹，不易罹疾病，胆小，耐劳役，不生育。牡马牝驴生者为驴骡，牡驴牝马生者为马骡。但驴骡大者特大，小者特小，是其不同也。生育期约十二个月，故骡之年岁检定法，必以牙齿，如检定马然。其饲养训练用途等，大略与马同。食量较马小，岁可省草料。而寿较马长，故农家喜养之。产地除各县外，省境北部产骡最多。

犬。亦名狗，种类颇多。嘴长耳小，前肢五趾，后肢四趾，皆有钩爪。性伶俐，听觉嗅觉均锐敏。牙齿锋利，好食肉，因被人家养，多变为杂食者，又喜恋主人。多眠易觉，故人乐饲养，使为守夜牧羊之助，蒙古种尤特别高大可用。生育期四个月，寿命多为十余年，或二十年。肉可食，皮可制褥，去毛则制革，为用特多，外商收买颇多，为察省出产大宗。产地除各县外，察省北部产犬最多。

猪。一名家猪，为野猪变种。生育期为五个月，一年即长成，每猪得肉一百余斤，供食用。惟常有条虫或旋毛虫寄生肉中，故宜特别煮熟始可食。又可腌为脯。脂肪可供食用及工艺用，毛可制刷，粪溺可作肥料。皮去毛可制革，作衣箱，特坚固。产地除各县外，省境北部产猪最多，为察省出产大宗。

猫。头圆扁，体不大，毛有黄黑白花斑等色，口边生须，齿锐利，行走无声，性凶猛而畏寒，喜食鸟鼠及其它肉类，亦食面类。人多畜之，用以捕鼠。猫孕三个月即产，寿命可至十年，皮可制帽及衣领，并为物理学试验发电之用。野生者黄鬣色，毛尤丰厚，价贵，可作皮袄大氅用，亦为察省出产大宗。

兔。形似野兔，有黑白绛三种，耳尖长，尾短，眼圆有红圈，唇豁，前肢短，后肢长，趫①捷善走。孕一个月余即产，每产数子，一年可产八九次，生殖力甚大。宜饲草类野蔬及煮熟之杂粮，农家常豢养之以为副业，或为爱玩品。肉少脂肪，可供食用，皮毛可制裘及帽领，粪可作肥料，寿命最长三年余。

鸡。家禽名，嘴尖而硬，雌雄皆顶具肉冠，雄大雌小，食道之一部曰嗉囊，胃分前胃及砂囊二部，翼短，拙于飞，足强健于走，雄者羽毛美丽，善鸣，能报晓，足有距，好斗。雌者每年产卵百数十枚，多者二百枚。春夏季孵卵，约二十一日成雏。普通农家常喂养之以为副业，食料为谷粟及虫类，但不食豆类。寿命最长四五年。肉及卵供食用，毛可作拂尘器具及风箱活塞之用，亦为察省出产大宗。

鸽。鸟名，与鸠同类，有家鸽野鸽之别。家鸽为野鸽这变种，形态羽毛，状别甚多，嘴短，翼强大，可远飞，善记忆，能传信。肉卵均鲜美可食。每月产八卵，二十一日而孵化，大约每年能产卵

---

① 趫，音 qiáo。行动敏捷，善于行走。

十个月，每月孵二雏，富家多养之以供玩赏，无专供食用者。寿命长者至十年。

鸭。一名家鸭，即鹜也。嘴扁，颈长，翼小，尾短，体扁，腹如舟底，趾有蹼，善游泳，以虫鱼及杂粮草子等为食料。雌者每年产卵七八十枚，肉卵均味美，可供食用。孵卵用鸡，或用人工，二十八日即成雏。察省有水之地均产，多白色为大宗。寿命长者至五六年。

鹅。水鸟也，由雁之一种曰原鹅者变种而生。形似雁而大，颈长，尾足皆短，嘴扁阔而黄，根部有肉瘤，顶具丹冠，足趾有蹼，善游泳。以虫鱼及杂粮面菜类为食料，以野生苦荬菜饲之，尤肥美。遇生人及有警则鸣。雌者岁产卵三四十枚，故人多畜之。孵卵用鸡，孵卵四十日左右而成雏。察省有水之地均产。肉可食，羽可制扇。寿命长者至十年。

按：《尔雅》列鸡于《释畜》篇，可见畜兼禽而言。兹以鸡、鸽、鸭、鹅列家畜中，取《尔雅》义也。

○野兽类（第9～13页）

虎。形略似猫，头圆眼大有光，耳壳能动，门牙、犬牙、臼齿皆尖锐，舌面粗糙，有无数逆钩，毛色黄褐，有黑色柳条横纹，四肢强壮，各具五趾，有能屈伸之钩爪，尾长，具黑色横纹。体长五六尺，牝小牡大。常栖息省境大南山及东南大山中，捕食鸟兽，或入村掠牛马及其它家畜，兼袭人，故人多设陷井并用鸟枪击捕之。皮可制褥，骨入药。蔚县、涿鹿、龙关均产。

豹。似虎，体长三尺至四尺六七寸，尾长二尺至三尺余，耳短而较尖，瞳孔能随光收放，门牙犬牙臼齿皆具，犬牙特大，形如圆锥，臼齿尖，在上颚者甚小。毛色苍褐而微赤，有光辉及黑斑，背部及两旁斑纹，作蔷薇花形，或环形，大而且明，四肢渐少，黑色渐淡，至腹部及四肢内面，渐为白色。性猛力强，能远跳，且善攀木，常栖息丛草中及洞穴，有赤豹白豹这别。伤害人畜，猎者用枪击捕，或置毒肉中诱杀之。皮可制被褥，骨肉可疗疾。蔚县、涿鹿、阳原、延庆、赤城、龙关均产。

狼。形似犬，后肢短，嘴长，口裂深，尾下垂，爪牙尖锐，性凶暴，色有黄黑灰苍，四时随地变化。常食家畜，或伤人，故人每用火枪及毒药、陷井捕捉之。皮可制裘褥，肉可食，不甚肥美。万全、张北、宣化、蔚县、涿鹿、怀来、阳原、延庆、赤城、沽源、宝昌、商都、康保均产。

狍。似鹿而色红，两角生枝，长腿，毛灰黄色，行走甚快，性质雄雌不离，性多警，喜食草类，不食禾苗，于人无害。肉可食，皮去毛可制裤及靴，角可造器。张北、蔚县、涿鹿、赤城、龙关均产。

狐。形如犬而瘦小，躯干较长，至四五尺，四肢细，口吻尖突，尾长达体之半，能屈伸，毛蓬松，体白黄或灰黄色，亦有随地不同者，胸腹部白，性多疑，有草狐、沙狐、白狐、黑狐之别，常栖息山林丘墟及废屋中，其穴或自营，或夺占，出入口必有数个，昼伏夜出，常捕食鼠鼬蛙鸟类，或窃食家畜豆角。生育期约二个月，一胎三四子，沙狐能产五六子，猎者用火枪击，或药饵毒杀之。皮毛珍贵，可制衣帽。万全、张北、宣化、蔚县、延庆、阳原、怀来、涿鹿、赤城、宝昌、沽源、商都、康保均产。

狸。俗称山狸。毛色斑斓可爱，形与家猫同，好盗食家畜鸡鸭，觅食昆虫。皮可制衣裘。宣化、涿鹿、赤城、商都均产。

獾。头长，嘴尖，腿短，眼耳皆小，色黑黧，或带白，爪牙均尖，体肥多油，臊臭甚烈。有猪獾、羊獾、狗獾之分。害田禾瓜蔬，农家常搜其穴捕杀之，每窝能获五六只或七八只。大皮能售八九元，小皮亦售五六元，獾毛垫 即獾窝中脱下绒毛，自赶成毡者 最贵，每个可售三四十元。獾油能治烧疮，及人畜便结症。肉亦可食，皮可作褥。

万全、张北、宣化、蔚县、阳原、延庆、怀来、涿鹿、宝昌、康保均产。

扫雪。形似猫而小，因毛不沾雪，故名。色黑灰，腿嘴均短，顶有白点，毛尖白色。生育多在夏秋间。食各种草根，皮最珍贵，可制帽及衣，价值每张十余元至数十元，销售外省。张北、阳原、龙关、宝昌均产。

野兔。体小如猫，俗名野猫。耳尖长，四肢前短后长，上唇分裂，谓之兔唇。灰鼹色。生育期与家兔同。害禾稼，农人常捕杀之。肉细可食，皮可制帽。宣化、张北、蔚县、延庆、涿鹿、怀来、阳原、赤城、万全、沽源、宝昌、康保、商都均产。

黄鼠狼。即鼬，俗名黄鼬子。形如鼠而大，体细长，色黄尾长，行走捷快，头较小，虽细穴亦能窜入，生长平原柴草及地穴中。春夏间生育，一年一次，常偷食家鸡，为害于人，故人多诱捕之。毛可制笔，皮可染色制帽，严冬捕者最佳。张北、宣化、万全、蔚县、延庆、阳原、涿鹿、宝昌、怀安、怀来、赤城、康保均产。

黄鼠。形如鼠稍大，色灰黄。生育与他鼠同，穿穴而居，生殖繁，冬蛰春出，采食谷粮，且喜积蓄，为农家害兽。肉甘美，昔时列为贡品。毛可制衣，毛长不如灰鼠，不堪御寒，农家常掘捕或用水灌杀之。张北、宣化、阳原、赤城、龙关、宝昌、沽源均产。

鼠。俗名耗子。毛褐灰色，耳小尾长，口有须，门齿二，性懦怯。一个月生产一次，孳生最繁。栖息于阴暗墙角穴中，昼伏夜出，视觉甚锐，常窃人食品，或啮坏器物，能为病菌媒介，为害极大。张北、万全、延庆、怀安、赤城、康保、宝昌均产。

龄鼩鼠。即松鼠，俗名犹狑，又名吉灵。苍质白纹，斑驳可爱，喜食松子，又害田禾瓜果，亦可供玩赏，故人多捕捉之。宣化、延庆、阳原均产。

斑鼠。俗名地鼠，以其常运粟于穴，积而成仓，故又名搬仓。

毛灰色，性嗜粟粮，并啮禾穗，可供药用。繁殖亦迅速，农家常掘穴捕获之。宣化、蔚县、阳原均产。

鼹鼠。一名田鼠，一名鼢鼠，一名隐鼠。其性偃行地中，能壅土成垄，故得诸名，俗称瞎老。会鼠，工鼠，为栖于地中之小兽，天将雨则鸣，行必成群，首尾鱼贯而进。食田禾瓜类山药，最为农家害，故人多发穴搜之。皮可制帽及衣领，其足可入药。张北、万全、宣化、怀安、阳原、涿鹿、蔚县、怀来、赤城、龙关、宝昌、沽源均产。

硕鼠。即鼫鼠。状似兔，尾短而眼红，毛有黑白褐等色，好食粟豆及柿栗葡萄之类，为农家之害。龙关产。

沙鼠。似鼠，长尾，荒年遍地皆是。龙关产。

夜猴。即马夜猴，俗名臭狗子，为鼬鼠别种。似黄鼠狼而稍大，红黄色，嘴腿及尾均黑，气味臊臭，穴居山野及空房中。春夏间生育，年产一次。昼伏夜出，伤害鸡鸭等畜。尾毫可制笔，皮可制领，故人多捕捉之。宣化、张北、延庆、阳原、涿鹿、宝昌均产。

地狗。似鼠，色白，作犬吠声，故名。龙关、康保均产。

蝙蝠。形似鼠，体被柔毛，色灰黑，趾骨细长，其间聊以薄膜，后达于尾，夏出冬蛰，昼伏夜飞，捕食昆虫，有益于人，粪可入药。万全、阳原、赤城均产。

地猴。捕食小动物，骨可制药。宣化产。

猬。又名刺猬。形略似鼠，背上有白斑刺毛。牝牡双栖，巢于石隙及木根下，一胎能生数子，食农田间昆虫鸟类等，但亦害瓜类。皮可入药，能下乳，刺毛可为解剖用之留针，浸入酒精不生锈，功用比金属针为大。其脂、胆俱入药，脂治耳聋，胆治痘后疯眼。张北、蔚县、怀来、怀安、赤城、龙关、康保均产。

○野禽类（第 13～18 页）

松鹤。嘴及颈脚皆长，翼大，飞翔至捷。冬季由北往南，春秋复回，并孵雏，候鸟也。<u>赤城</u>县治北<u>松树梁</u>产。

鹳。俗亦称灰鹳，体似鹤而小，毛色黑斑相间，尾短，善游泳，常栖息水滩丛草间，营巢在树巅，生雏后，移居河滨。<u>宣化</u>、<u>蔚县</u>、<u>涿鹿</u>、<u>阳原</u>、<u>赤城</u>、<u>龙关</u>均产。

鸥。水鸮也，因其浮水上轻漾如沤，故名。春秋雨季最多，骨可入药。<u>宣化</u>、<u>赤城</u>均产。

凫。即野鸭，其足蹼，其踵企，似家鸭而小，背纹赤色，斑斓可爱，卑脚红掌，短喙长尾，常游泳水滩中，春秋时最多。<u>涿鹿</u>、<u>怀安</u>、<u>赤城</u>均产。

鹰。体大如鸡，毛作黄斑色，嘴形似钩，爪利如矛，性凶猛，寻觅他禽及兔为食，常栖息山谷中，为益鸟。<u>张北</u>、<u>宣化</u>、<u>蔚县</u>、<u>阳原</u>、<u>怀安</u>、<u>涿鹿</u>、<u>怀来</u>、<u>龙关</u>、<u>宝昌</u>均产。

雕。形体甚大，色黑褐，嘴与爪俱锐，性鸷猛，善盘旋飞舞，能捕食鸟兔，筑巢深山岩石中。<u>宣化</u>、<u>阳原</u>、<u>涿鹿</u>、<u>怀安</u>、<u>赤城</u>、<u>龙关</u>、<u>宝昌</u>均产。

鸢①。俗称鹞鹰，又称老雕。常栖息于山林中，食蛇鼠鸡雏及腐溃动物之肉。<u>宣化</u>、<u>蔚县</u>、<u>赤城</u>均产。

鹯。一作鸇风，又作晨风，鹞属，鸷鸟也。似鹞，褐黄色，燕颔，勾喙，向风摇翮，乃因风急疾击鸠鸽燕雀食之。<u>赤城</u>产。

鹞。体小于鹰，毛作褐黑色，有畜养以捕他禽者，毛可作羽扇。<u>万全</u>、<u>宣化</u>、<u>阳原</u>、<u>怀安</u>、<u>涿鹿</u>、<u>赤城</u>、<u>龙关</u>均产。

枭。俗名夜猫子，又名猫头鹰，为害鸟。身大，色黑黄而斑白，头如猫，目昼暗夜明，昼伏夜出，鸣声初若哭，继若笑，笑，俗谓闻其声不祥。<u>万全</u>、<u>张北</u>、<u>宣化</u>、<u>蔚县</u>、<u>阳原</u>、<u>怀安</u>、<u>涿鹿</u>、<u>赤城</u>、<u>龙关</u>、<u>宝昌</u>、<u>康保</u>均产。

---

① 鸢，音 yuān。

鹊。俗名喜雀。体大似乌，毛色黑白相间，尾特长，巢林木间，其巢高低向背，可验将来风雨，风多则低，少则高，巢口必背雨向，故亦名灵鸟。食腐烂雀鼠及粟粱，为害鸟。万全、张北、宣化、蔚县、涿鹿、阳原、怀安、怀来、赤城、龙关、康保均产。

鸦。即乌鸦。体似鸽而大，色纯黑，好群栖树林中，能反哺，人称为孝鸟。常食虫鱼类，亦常集田间，食新播种之种子，害鸟也。万全、张北、宣化、蔚县、阳原、怀安、涿鹿、怀来、赤城、龙关均产。

雉。即雉鸡，又名野鸡。体大如鸡，毛色花斑悦目，尾特长，可为饰物之用。张北、宣化、蔚县、延庆、阳原、涿鹿、赤城、龙关、怀来、沽源均产。

鹖鴠①。即鹖旦，又名盍旦，求旦之鸟也。今谓之寒号虫。赤城产。

野鸽。俗名鹁鸽。色多灰黑，光洁可爱，嘴短小，翼长大，性好群居，喜欢食杂粮，有害农产，常居庙宇或山崖穴中，为害鸟。肉可食，味甚美。万全、张北、宣化、蔚县、阳原、怀安、涿鹿、怀来、赤城、龙关、宝昌、商都、康保均产。

鸠。俗名鹁鸪鸠。形似鸽而体肥，羽色灰白，有文采者曰斑鸠。喜食小虫及谷类。万全、张北、宣化、蔚县、阳原、怀安、涿鹿、赤城、龙关均产。

种谷鸟。又名臭八鸪。体较鸽稍小，被红黄白各点，头顶有毛一撮，美丽可爱，居山野石窟中。宝昌产。

啄木鸟。俗名锛树虫。嘴长如锥，足有四趾，二趾向前，二趾向后，攀缘树木至巧捷。舌细长，端有逆钩，常啄木得虫，以舌钩食之，农林害虫，藉以扫除，益鸟也。惟不善筑巢，常居树中，无

---

① 鹖鴠，音 hé dàn。

捕之者。万全、张北、宣化、蔚县、阳原、怀安、涿鹿、怀来、赤城、龙关均产。

布谷。一名鸤鸠[1]，又名郭公。形似杜鹃，其鸣声如割麦插禾，因以得名。怀安、赤城、康保均产。

鹌鹑[2]。较鸽小，尾秃，性活泼，善跳跃，毛有斑点，飞时振振有声，性好斗，畜之者常赌物以角胜负，生田野间，夜群飞，昼则伏草中，性畏寒，故夏秋间较多，肉可食卵可调羹。万全、张北、宣化、蔚县、阳原、涿鹿、赤城、龙关、宝昌、康保均产。

戴胜。一作戴鵀[3]。状似鹊，头有冠，五色，如方胜，故名。羽有文采，美丽耀目。嘴长而侧扁，与脚皆为赤色，春暮常栖于田野。赤城产。

鹂。一名黄莺。状似燕而大，色黄，有黑斑，善在树巅营巢，系以马尾，喜食昆虫，鸣时抑扬婉转。宣化、阳原、龙关均产。

百灵。又名白翎。体较雀大，黄土色，黑脖白翅，舌尖而巧，最能学百鸟及猫狗之音，各类有米汤胶，玉白鸽。玉白鸽最贵，不常见也。每年孵卵三次，自芒种节造窝起，经五、六、七月各孵卵一次，每次一至五个不等。每年小满即可捕，视孵卵后，不出七日即寻巢捕其雏，至八日即飞去。张北、阳原、赤城、宝昌、沽源、商都、康保均产。

红脖、蓝脖。形如麻雀，身灰色，颈下有红蓝各色，最美丽，亦有黄点者，春来秋去，善飞鸣。红者鸣声最好，故人多捕养之。喜食昆虫，常栖树林中。张北、阳原、涿鹿、赤城、宝昌均产。

黄鸟。体小与家雀同，毛色纯黄，天将雨则鸣，春秋时最多，为农田害鸟。宣化、涿鹿、阳原、赤城、龙关均产。

---

① 鸤鸠，音 shī jiū。

② 鹌鹑，音 ān chún。

③ 鵀，音 rén。

燕。紫胸轻小者为越燕，俗曰拙燕；有黑斑而声大者为胡燕，俗曰巧燕。春来秋去，候鸟也。常飞捕蝇蚋等昆虫为食，为益鸟。万全、张北、宣化、蔚县、阳原、怀安、涿鹿、赤城、龙关、宝昌、康保均产。

天鹨[①]。鸣禽，一名云雀，俗叫天子。体似雀大，能飞至最高处，鸣声清亮，背褐色，有多数黑斑，胸腹灰白，后爪长而直，啄食小虫及草实，有益农家。赤城产。

子规。一名杜鹃，亦名杜宇。嘴扁平，上嘴末端稍曲，口大尾长，背黑灰色，腹白，有横行黑线，不自营巢，生卵于莺巢，而莺为之孵育。阳原产。

鹡鸰[②]。体似家雀，毛作灰褐色，飞则鸣，行则摇首相应，常栖息水边草中。宣化、涿鹿、赤城均产。

山画眉。灰色，画眉之一种。眉上有黑纹黑角，嘴拙，不甚鸣叫，食昆虫，小儿多捕玩之。宣化、赤城、龙关、宝昌均产。

麻雀。俗名家雀。体小，羽色灰褐，多栖宿檐瓦间，生殖力强，春夏间孵卵三数次，每次五六子。喜食谷类，常群聚啄食禾稼，往往因此减收，苦无驱除良法，害鸟也，惟肉可食。万全、张北、宣化、蔚县、阳原、涿鹿、怀来、龙关、宝昌、商都均产。

山雀。俗名牛角鸹，因头顶有尖毛一撮，故名。羽色灰褐，栖宿山崖石缝中，生殖力强，好食谷类，有害农家。宣化、蔚县、阳原、涿鹿、龙关、宝昌、康保均产。

石鸡。体形如鸠，色灰褐，有黑斑，尾短，嘴距皆作赤色，食谷类，生山中，生殖力强，夏秋间可孵卵三数次，每次孵六七子，常啄近山田禾，害鸟也，肉可食。万全、张北、宣化、蔚县、阳原、怀安、怀来、涿鹿、沽源、赤城、龙关、延庆、宝昌、康保均产。

---

① 鹨，音 liù。

② 鹡鸰，音 jí líng。

沙鸡。即史所称突厥雀。生边外，雪大则至，体似石鸡而小，色灰白，脚有毛，尾歧出，性憨急，好群飞，喜食谷类，为害鸟。肉可食，味不如半痴美。<u>万全</u>、<u>宣化</u>、<u>阳原</u>、<u>怀安</u>、<u>涿鹿</u>、<u>赤城</u>、<u>龙关</u>、<u>沽源</u>、<u>宝昌</u>、<u>商都</u>、<u>康保</u>均产。

半痴。亦名半翅。状似沙鸡，体大于鸽，毛作灰褐色，体重约半斤，俗谓其性痴，故名。好群飞，肉鲜嫩。<u>万全</u>、<u>张北</u>、<u>宣化</u>、<u>蔚县</u>、<u>延庆</u>、<u>阳原</u>、<u>涿鹿</u>、<u>怀来</u>、<u>沽源</u>、<u>龙关</u>、<u>宝昌</u>、<u>赤城</u>均产。

○水族类（第18~20页）

鳅鱼。俗名泥鳅。长二三寸，泥黑色，无鳞，口有六须，无脊鳍。<u>张北</u>、<u>小河流处</u>。<u>阳原</u>、<u>曲长城村东北水塘中</u>。<u>赤城</u>、<u>滴水崖一带</u>。<u>蔚县</u>、<u>延庆</u>、<u>康保</u>均产。

鲦。即白鲦。形圆而狭，长三四寸，体被细鳞，口有须，色褐，腹部白。<u>赤城</u>、<u>滴水崖一带</u>。<u>蔚县</u>均产。

田鸡。即金线蛙之别名也，又有水鸡、青蛙等名。体色淡绿，背有黄色纵线，腹白，口中有舌及齿，趾有蹼，性机警，善鸣，常栖水田中，捕昆虫为食，有益农业。《尔雅》所谓在水者黾即此。肉可食，幼虫名蝌蚪。<u>蔚县</u>、<u>怀安</u>、<u>延庆</u>、<u>康保</u>、<u>商都</u>、<u>龙关</u>、<u>赤城</u>、<u>沽源</u>、<u>张北</u>均产。

虾蟆。一名虾蟆，俗名疥蛤蟆，蛙属。似蟾蜍而小，体暗褐色，背有黑点，亦有疣，如蟾蜍，善跳跃，其鸣声呷呷，居陂泽①中。幼虫名蝌蚪。<u>宣化</u>、<u>赤城</u>均产。

蛤蟆。体灰黑色，长圆形，有四腿四爪，嘴扁，幼虫名蝌蚪，生潮湿地中。<u>宝昌</u>产。

山哈。俗称旱蛤蟆，为蛙之一种。大如金线蛙，补眠色，两颊及背，皆有黑斑，雄者腹部白，雌者色淡黄，或赤褐，跳跃迅速，

———————

① 陂泽，湖泽。

常栖息原野草莽间，幼虫名蝌蚪。赤城产。

蜗牛。有壳，一作蛞蝓。为软体动物之有肺者，蚀绿叶，害虫也。涿鹿、怀安、龙关、赤城均产。

蚯蚓。蠕形动物，亦名曲蟮。体圆而细长，有环节甚多，紫黑色，头尾稍尖，大者长约五六寸，小者二三寸，雄雌同体，食泥土，常生菜畦湿地间，有松土之功，益虫也。万全、蔚县、宣化、张北、延庆、阳原、涿鹿、怀安、龙关、沽源、赤城、宝昌均产。按：蚯蚓虽非完全生于水中，然必近水或湿地，其有藉乎水者多也，如蜗牛然，故附于水族后。

○爬虫类（第 20 页）

蛇。爬虫。体长为圆筒状，修尾，无足，以肋骨自由伸缩而行，舌分两歧，齿曲如钩。其有毒者别具毒牙二，自能起伏，常穴居土中或水边草中。万全、蔚县、宣化、张北、延庆、阳原、涿鹿、怀安、龙关、沽源、赤城、宝昌、康保均产。

四脚蛇。即蜥蜴，俗名蛇串溜子，又名蛇舅母、蛇丝子。爬虫。形似蝎虎而长大，头似蛇，前后各有足一对，尾部长，爬行迅速，色与土石无异，亦保护色也，生山石隙中，捕食细虫，故又名地石龙，为益虫之一种。卵生，可入药。蔚县、宣化、张北、延庆、怀来、阳原、涿鹿、怀安、龙关、沽源、赤城、宝昌、商都均产。

蝎。俗名蝎，爬虫。青黑色，颚上有触须一对，如蟹螯，头胸部颇短，腹部环节十三，后端大环节狭小如尾，末有毒钩，遇敌则向上弯曲注射毒汁，人遭其螫则痛，甚至能杀人，生息尘芥及破墙壁中，可入药。蔚县、宣化、阳原、涿鹿、赤城均产。

蝎虎。即壁虎，又名守宫。爬虫。全体黑灰色，前后各有足一对，头扁，尾特长，断后能蠕动，眼鼻均小，嘴大舌尖，捕食飞虫最利，能捕蝎，故又名蝎虎，惟便溺最毒，偶食之则患吐泻，生墙壁及枯树中。宣化、张北、延庆、涿鹿、龙关均产。

○昆虫类（第21～27页）

蟋蟀。亦名促织。长六七分，全体黑色，头圆在，有触角一对，复眼一对，腹部前有短足两对，后有长足一对，尾端有歧，雄二雌三，雄者背负两翅，振翅发声。卵生，常生于瓦砾土穴中。万全、蔚县、延庆、阳原、涿鹿、怀安、赤城均产。

蚱蜢。即蛗螽，蝗类之一种，为农家害虫。身长寸许，头有触角一对，复眼一对，腹长，作环节形，腹前为胸部，有短足两对，长足一对，与草同色，背有四翅，飞时能发声。雄者大，雌者小，孳生甚繁，卵生。蔚县、张北、延庆、阳原、怀来、涿鹿、赤城、宝昌、商都均产。

蚊。囓人物之小飞虫也。幼虫生水中为孑，孑老则变为蚊，全体灰褐色，嘴为细管，中含毒质，以此人物被囓，肌肤必肿，雌者吸人血为食，雄者吸草木液汁，常为传染病之媒介，卵生。万全、蔚县、宣化、张北、延庆、阳原、涿鹿、怀安、龙关、宝昌、康保均产。

虻。本作蝱，形态与蝇同，害虫也。体较大，口有棘刺，雄四，雌六，刺螫畜类，夏日尤甚，种类甚多，最著者为牛虻、花虻、食虫虻等，卵生。蔚县、涿鹿、怀安、赤城均产。

蜘蛛。体圆，作褐色，小者如豆，大者如栗如卵，胸部有脚四对，肛门出丝制网，以捕昆虫而食之，益虫也，卵生。万全、蔚县、宣化、张北、延庆、阳原、涿鹿、怀安、龙关、赤城、宝昌、康保均产。

蚁。本作蚁，体分头胸腹三部。色黄赤，长不及一分者，曰赤蚁；色黑有光泽，其长四五分者，曰大黑蚁；长四分者，曰山蚁；聚群而居，主生殖者，曰女王蚁及雄蚁。组织尤胜于蜂，害虫也，卵生。万全、蔚县、宣化、张北、延庆、阳原、涿鹿、怀安、龙关、赤城、宝昌、商都均产。

臭虫。即蜚①，又名床虱，亦名壁虱。体圆，扁平，赤褐色，长二分许，状如荞麦皮，周缘生粗毛，日栖暗处，夜吸人血，注入毒汁，体有臭液，故称臭虫，害虫也，卵生。<u>宣化</u>、<u>张北</u>、<u>阳原</u>、<u>涿鹿</u>、<u>怀安</u>、<u>龙关</u>、<u>赤城</u>、<u>宝昌</u>、<u>康保</u>均产。

蚤。小虫。头小体肥，赤褐色，前后股退化作鳞片状，雌小雄大，六足，善跳，口利，便于刺螫，吸人血液，注入毒汁，与蚊无异，害虫也，卵生。<u>蔚县</u>、<u>张北</u>、<u>涿鹿</u>、<u>怀安</u>、<u>赤城</u>、<u>宝昌</u>、<u>康保</u>均产。

蝼蛄。体长寸余，有软毛甚短，头部触角一对，复眼一对，胸部锯形足一对，短足二对，背负双翅，能飞，能振翅发声，腹之尾端有二歧，常穿土为穴，害植物根及种子，害虫也，卵生。<u>万全</u>、<u>宣化</u>、<u>蔚县</u>、<u>延庆</u>、<u>怀来</u>、<u>阳原</u>、<u>涿鹿</u>、<u>怀安</u>、<u>沽源</u>、<u>赤城</u>、<u>康保</u>均产。

螳螂。亦作螳蜋。体颇长，腹部肥大，头三角形，复眼高突，前胸延长如颈，前肢变形为镰，有棘刺，便于捕获他虫，有利农事，益虫也，卵生。<u>万全</u>、<u>蔚县</u>、<u>宣化</u>、<u>张北</u>、<u>延庆</u>、<u>阳原</u>、<u>涿鹿</u>、<u>赤城</u>均产。

蜻蜓。四翅六足，头部甚大，复眼尤巨，口器强壮，便于咀嚼，腹部细长，尾有歧，善捕食蝶蛾蚊蝇等，益虫也，卵生，幼虫在水中，状如蝎而无毒尾，俗谓之水蝎子。<u>万全</u>、<u>蔚县</u>、<u>宣化</u>、<u>张北</u>、<u>延庆</u>、<u>怀来</u>、<u>阳原</u>、<u>涿鹿</u>、<u>沽源</u>、<u>龙关</u>、<u>赤城</u>、<u>康保</u>均产。

蚰蜒。一名马蚰，俗名簸衣虫，与蜈蚣同类。体长八九分，暗黄绿色，有黑斑，脚细长，共十五对，后一对最长，夜出壁间，捕食乌蠋等害虫，有利农家，然有时入人耳或咬人。<u>蔚县</u>、<u>宣化</u>、<u>张北</u>、<u>阳原</u>、<u>涿鹿</u>、<u>怀安</u>、<u>龙关</u>、<u>赤城</u>、<u>宝昌</u>均产。

---

① 蜚，音 féi。

鞋底虫。头腹不分，形如西瓜子，背隆起，色灰，多足，生潮湿瓦石中，常见于花架豆棚下。涿鹿产。

蚜蚄。为米象与谷盗之幼虫。头红体黑，生田地间，夏季多见，专食苗心，害虫也。怀来、涿鹿、赤城均产。

萤。一名夜光，飞时尾端发光，夏季生腐草中。涿鹿、龙关均产。

蟫。俗名金鱼，又名衣鱼。形扁似鱼，色金灰，多足，常蠹食衣服书籍，害虫也。涿鹿、怀安、赤城均产。

土蜂。头圆扁，有复眼一对，胸背有四翅，胸下有六足，腹椭圆，尾端藏有钩芒，作护体之利器，色黄，在土穴中作房而栖，喜群居，每群有蜂王一个，下分职蜂、雄蜂、围蜂三种，有二王则另成一群。蔚县、涿鹿、怀安均产。

马蜂。头胸与土蜂同，腹较长，色作杏黄或黑红，筑房屋檐下，性与土蜂同，冬蛰春化。延庆、阳原、涿鹿、宝昌均产。

蜜蜂。形似苍蝇，尾端有钩芒，为家畜昆虫之一种。善酿蜜，每群年可取蜜十勒或二十余勒，为农家副产，益虫也。万全、宣化、张北、延庆、怀来、阳原、涿鹿、怀安均产。

蝇。头小腹大，头部有复眼一对，腹部有六足，背有二翅，性喜污秽，害虫也。全省均产。

蝇虎。形与蜘蛛同，为蜘蛛最小者，色作白灰，专捕食蝇类，故曰蝇虎，益虫也。涿鹿、龙关均产。

斑蝥。体似苍蝇，长五六分至寸许，多产豆叶上，甲作紫绿色，有金属光泽，喜飞行人前，故又有向导虫之名。性有毒，可入药，捕生虫为食，有利农事，益虫也。蔚县、涿鹿、龙关、张北、赤城均产。

蝉。虫之善鸣者，生于夏秋，头短，口吻长，复眼二，单眼三，四翅膜质透明，前翅大，雄者腹胸交界处，有发声器，具小皱膜，并有大筋肉联接之，能收缩振动发高声。涿鹿产。

蝶。本作蜨，亦名蝴蝶，为蛄蝍鸟蠋等羽化而成。体小，有四翅甚大，形色不一，好飞翔于花间，为花粉传送之媒介，惟常遗黄色小卵于茎叶间，成蛹后化为蝶。种类甚多，其幼虫曰刺虫，常为植物之害，故蝶亦害虫也。<u>万全</u>、<u>蔚县</u>、<u>张北</u>、<u>延庆</u>、<u>怀来</u>、<u>阳原</u>、<u>怀安</u>、<u>涿鹿</u>、<u>龙关</u>、<u>赤城</u>、<u>宝昌</u>、<u>康保</u>均产。

蛾。与蝶类并称，种类甚多，所异者，体肥大，触角细长，翅之下面多美色，上面带灰白色，栖止时两翅如水平，出飞必以夜，生植物干叶上。<u>万全</u>、<u>蔚县</u>、<u>张北</u>、<u>阳原</u>、<u>涿鹿</u>、<u>怀安</u>、<u>龙关</u>、<u>赤城</u>、<u>宝昌</u>、<u>康保</u>均产。

叫哥哥。俗亦有叫喻儿、蝈蝈、锅锅虫等名。初生色绿，大则变为茄色，雌者有尾，名山驴子，不能鸣，眉甚长；雄者翅蔽腹部之大半，发声器在翅之基部，常栖息荆棘草丛中。<u>蔚县</u>、<u>张北</u>、<u>阳原</u>、<u>涿鹿</u>、<u>延庆</u>、<u>赤城</u>均产。

蚜虫。俗名油蚶。形小如虱，古名竹虱，今名木虱，害虫也。有绿色赭色黑色诸种，长半分许，口吻作管状，刺入植物嫩芽新叶，吸收其甜液，由尾端排出胶汁，蚁即群聚而舐食之，繁殖之速，为虫类之冠，须用柴灰石灰撒植物叶上，并检集卷缩之叶除减之。<u>张北</u>、<u>蔚县</u>、<u>万全</u>、<u>阳原</u>、<u>怀安</u>、<u>涿鹿</u>、<u>沽源</u>、<u>宝昌</u>均产。

蜣蜋。俗名滚粪牛，又名死巴牛。背有坚甲，全身黑如漆，害虫也。<u>蔚县</u>、<u>阳原</u>、<u>龙关</u>均产。

蜉蝣。长六七分，头似蜻蜓而小，有四翅，后翅甚小，体细而狭，尾毛有三，细长如丝，夏秋间多近水而飞，往往数小时即死，故有朝生暮死之说，其幼虫栖息水中，捕食微细虫类，乃羽化为成虫。<u>宣化</u>、<u>怀安</u>、<u>龙关</u>、<u>宝昌</u>均产。

蠓虫。小虫，亦名蠛蠓①，一说即酰鸡。微细色白，头有絮毛，生于植物叶上，将雨，群飞塞路。宣化、龙关、赤城均产。

果蠃。一名蒲卢，即蜂类也。龙关产。

螟。生于稻叶表面，长八、九分，黄白色，背有黑纵线五，在稻叶梢间作白色茧，复变为蛾，年生二次，害虫也。怀安、赤城均产。

蟿螽②。又名尖头蚱蜢，土人名曰扁担，蝗类，一名蜙蝑。体绿色，或黄褐色，无斑纹，头甚长，向前突出，后脚腿节颇长，以指搦其二后脚，则其体上下不已，飞时咨咨作声。雄者长寸余，雌者二寸余，口器甚锐，食农产物，害虫也。张北、蔚县、阳原均产。

花手巾。属节肢动物，一名红娘，种类颇多，能食蚜虫羽化之成虫，虽害植物叶，然利害相较，仍宜认为益虫。怀来产。

白蛉子。似蚊而小，翅白而大，飞时无声，咬人颇毒，害虫也。阳原、宝昌均产。

瓢虫。体成半球形，翅梢黄褐色，有黑色斑点，种类颇多，皆喜食蚜虫，有益农业。怀安产。

大毛虫。体圆而长，下有短腿，蠕蠕而行，全身黄毛，有黑花纹，生于草木间，害虫也。张北、阳原均产。

灶马。一名蜚蠊，又有张母牛、梓毛牛、樟螂等名，为厨灶害虫。体赤褐色，腹部大，有二翅六足，触角甚长，雄者前后翅长皆逾体，雌者较短，脚扁平，行迅速，触之发恶臭，卵生。张北、宣化、阳原、赤城、康保均产。

蝗。一名蝗螽，以善飞，故又名飞蝗。前翅黄褐色，有黑色粗纹，后翅半透明而阔，前胸有脊线甚高，口器阔大刚锐，为农家大害。雌虫秋晚产卵于地，翌春孵化，曰蝻，害虫也。宣化、延庆、

---

① 蠛蠓，音 miè měng。
② 蟿螽，音 jì zhōng。

万全、怀安、康保均产。

蟊贼。亦作蟊贼。食禾稼之虫也，长二三分，体大头小，为害虫。宣化产。

蟷。一名蟷蠰①，即土蜘蛛。体椭圆，褐色，好穴土为管状之巢，巢有盖，盖有铰链状之物，合之无缝，表面则被以青苔，与地一色，伺他虫经过，掩而捕之，才入复闭。宣化产。

罗虫。黑绿色，由小灰蚁变成，体长五六分，每生禾稼及蔬菜上，吐丝张网，蚕食嫩叶，非降大雨，不能消减，斑毛过之，即可噬食，害虫也。张北、宝昌均产。

小粪虫。体小黑头，身黄色，背有甲，内生软翅，能飞。夏秋之交，多生牛马新粪中，夜间飞入室中扑灯。宝昌产。

蜈蚣。体扁平而长，头部触角二，单眼八，胸腹部由二十二环节构成，每节有足一对，好居阴湿地，畏日光，故多夜出，觅食小虫，有毒液。延庆、怀安均产。

草皮。形似臭虫，黄色，不能飞行，随风飘荡，名曰草皮。生田野之间，常见于牛马身上，钻入皮内，食牛马之血，至死不出，及长如大豆，变成白色后，始出。张北产。

天牛。全体皆黑，背有白点，两眉极长，皮壳甚硬，嘴甚尖锐，能钻木，腿长，生树林中，喜食树皮及嫩芽，雌者产卵树皮内，有伤林业，害虫也。万全、张北、怀安均产。

蠷螋②。一名搜夹子。长七八分，全体黑色，脚六，色黄，能疾行，尾端有角质附属器，作铗子状，迫之则放毒液，以自保护，食蚜虫及叶卷虫等，有利农圃，益虫也。赤城产。

地蚕。种类颇多，体长寸余，形如蚕，有灰黄深黄等色，背上各节大都有二黑纹作八字形，蚀麦类豌豆玉蜀黍等之叶，触之则落

---

① 蟷蠰，音 dié dāng。蟷又音 zhì，蝼蟷、蝼蛄。

② 蠷螋，音 qú sōu。

地作环状伪死，其蛾喜飞集灯火及有糖汁之处，害虫也，农家多于田中，用黑矾及信石毒杀之。<u>赤城</u>产。

按察省所产鸟兽虫豸①，种类甚伙，不可胜载。兹取其大要，且有形状可言者记之，其但有土名，而无形状可考者，则姑从略。以一物而有土名数种，使无形状，焉知其为何物，且空名无益实际，徒以滋疑，所不敢取也。若夫举一物而剖析精微，此让之科学专家，非本书范围内所暇顾也。

◎植物一（第4册，卷8《物产编·植物》）

○百谷类（第27~30页）

谷。本名禾，即粟，今名谷。粒脱壳为小米，茎高二三尺，单叶，狭长似竹，作鞘状，脉平行，单穗，穗由茎顶吐出，似猫尾，花系风媒，密集而小，多粒而圆小，粒长而穗下垂，长者至五六寸，每穗得二三千粒，其米分黄、白二色，黄色者茎穗皆长大，白色者茎穗短小，为主要食料，可熬糖饧，酿酒，糠可作醋，茎为饲牲畜之主要秣草。<u>张北</u>、<u>怀安</u>、<u>宝昌</u>、<u>怀来</u>、<u>延庆</u>、<u>涿鹿</u>、<u>万全</u>、<u>蔚县</u>、<u>阳原</u>、<u>龙关</u>、<u>沽源</u>、<u>康保</u>、<u>赤城</u>均产。

黍。与稷相似，茎高二三尺，根有须，叶狭长，有细毛，脉平行，宽至五六分，穗长四五寸，稃皆四散，粒重则下垂，每穗约数百粒，粒正圆而皮光滑，比谷粒较大，易脱落，食之性黏，为主要食料，并可造酒，茎可喂牲畜，供燃料，作笤帚。<u>张北</u>、<u>怀安</u>、<u>万全</u>、<u>阳原</u>、<u>蔚县</u>、<u>赤城</u>、<u>康保</u>、<u>商都</u>、<u>龙关</u>、<u>延庆</u>、<u>涿鹿</u>、<u>怀来</u>、<u>宝昌</u>均产。

糜。本名稷，亦名穄②，穄为稷之别名之一；一名粢③，关中谓

---

① 虫豸，小虫的通称。豸，音zhì，古书上说的没有脚的虫。

② 穄，音jì。

③ 粢，音zī。

之穈，今俗称曰穈子。似黍不黏，茎较高，叶稍狭，脉平行，穗亦如黍，粒重则下垂，每穗约数百粒，粒较黍稍作长圆，而皮亦光滑，易脱落，为农民食料之一。其米炒熟，蒙古人日食所必需，可造酒，糠造醋，喂猪，茎饲牲畜，供燃料，作笤帚。张北、龙关、宣化、怀安、宝昌、涿鹿、万全、蔚县、康保、赤城均产。

高粱。即蜀秫，一名丹秫，又名赤粟，或单称秫。秫茎干似禾而粗大，径至寸许，高六七尺或丈余，根有须，叶大，宽至二寸，长至二尺余，互生，穗由茎端抽出，花极小，为圆锥花序，花后结实，每穗约千粒左右。有红白黄三种，黄色者性黏，可造酒，造粉，作食品，或饲养牲畜，茎普通谓之秫秸，其皮可编席，穗可作帚。又秫秸可铺房顶，或编篱，亦可作燃料。张北、怀安、怀来、延庆、涿鹿、万全、龙关、商都、阳原、蔚县、赤城均产。

玉蜀秫。一名包谷。似高粱，干肥而节短，高至四五尺，叶长大，宽至二寸余，长二尺余，脉平行，雄花由茎端抽放，雌花由叶腋间花轴上吐出，如须状，结实如棒，径寸余，长至六七寸，每株多者三枚，俗名棒子，状其形也。去包皮，中有轴，粒即附轴生，至坚密，普通黄白者多，粒作方扁，光滑似玉，故又名玉米，为农家主要食品。张北、怀安、宝昌、延庆、涿鹿、万全、龙关、阳原、蔚县均产。

稻。茎空有节，叶韧而长，根丛生，高二尺余，水地产，茎端出穗，花清香细小，无萼及花冠，有内外二壳，外壳生芒针，雄蕊六枚，柱头呈羽状，每穗结粒百余，其米黏者为糯，不黏者名秔，为上等食料。茎可作绳席草鞋，作造纸原料及燃料，糠可饲家畜，亦有陆稻，然亦须勤灌溉，种者颇少。张北、怀安、怀来、延庆、涿鹿、万全、蔚县、阳原均产。

马铃薯。俗名山药，又名芋。形长圆，如马胸前之铜铃，故名；又如卵，故又名山药蛋。高尺许至二尺，有白色、红紫色、黄色三种，无粒实，种则切卵为块，播于地内，块茎生地下，复叶为羽状，花为合瓣，花冠多白色，枝头开花，花落后根即结实，一实重者或逾斤，为农家主要食料，可作菜，作酱，酿酒，制粉及粉条，渣滓可喂猪。宣化、赤城、阳原、沽源、商都、龙关、涿鹿、宝昌、张北均产。

红薯。身长丈许，叶圆而尖，开花不结实，与马铃薯等，实生根间，作长圆形，或作棒形，重者逾斤，味颇甘，皮色红，故谓之红薯，北平以红色浅者谓之白薯。食法，或切块入粥，或煮食，或磨作粉，制粉条代菜。秧饲乳牛，生乳多。涿鹿、延庆生产多。

油菜。茎高三四尺，枝杈四散，叶对生，脉如网状，黄花，荚绿色，形细长，至二寸余，含子甚多，小如谷米粒，宜种新垦荒地，为察省主要农产物。籽可榨油供食用，菜亦可食，渣滓可喂牛羊，其秸可作柴烧，每年菜籽，多运销张家口平地泉等处，转售外洋。张北、宝昌、涿鹿、商都、沽源、蔚县、康保、宣化均产。

胡麻。茎高二尺余，枝杈歧出，叶长细而尖，顶端结穗，开蓝紫色小花，花五出，结实大于豌豆，中含子七八粒如芝麻，外有硬壳极光滑，为察省主要农产物。可榨油供各种需用，味次于芝麻油及花生油，亦颇香，渣滓成饼，可喂牛，作肥料，每年胡麻运销张家口平地泉，转售外洋，亦大宗。其茎皮有麻可作丝，次可作线绳，再次则作粗绳。张北、怀安、宝昌、涿鹿、龙关、商都、沽源、康保、赤城、宣化均产。

蓖麻子。茎高三尺余，叶形如掌，径四五寸，茎紫色，叶腋间生花，极细，黄紫色，结实如粟大，外包以皮，绿色，周身生刺，内藏麻子六七粒，如豇豆大，皮色或黑或紫，有硬壳光滑，仁色白，成脂油，专为榨油之用，茎皮亦有麻，然无韧性，故人不取用，多作烧柴。涿鹿县各地均产。

线麻。即苎麻类，茎高六七尺，叶为掌状，宜种潮地，皮即麻，可制绳织布资缝纫，子可榨油。涿鹿、龙关、沽源均产。

大麻。即苘麻。茎高八九尺，宜湿地，亭亭直上，叶如桐，花黄色，结实莲斗状，大如粟，子即含其中。蔚县、赤城均产。

○麦类（第 27~31 页）

莜麦。茎高二三尺，状与小麦同，稍粗大而柔脆，无韧性，叶稍宽，脉平行，穗下垂，实细长约二分，中有凹棱，每穗百余粒，粒外有稃相包，一苞内含粒，多至四五，如小麦粒含稃中，俗称勾三、勾四、勾五者。但其蒂甚细如发，长或一二寸，结实则下垂，开花时由苞内吐二须，作白线状，长分余。其种别有大小二者，大莜麦粒大，生长期长；小莜麦粒小，生长期短；宜种阴寒之地，故为口外主要农产物，亦为主要食品，质最佳。其用途可与小麦面相等，又能混合各种面中，颇适口，且耐饥，劳动界食之最宜。惟磨面粉前，须将粒炒熟，合面时，亦须用滚沸水。茎可作燃料，饲牲畜。张北、宝昌、商都、阳原、怀安、龙关、蔚县、涿鹿、沽源、康保、万全、赤城均产。

大麦。俗或名草麦。而稍粗无韧性，茎叶似小麦，叶较宽，茎中空，高二尺余，脉平行，粒长而肥，易脱，内地谓之米大麦。又有一种，粒外有稃坚抱，粒细而瘦，不易脱，俗谓之芒大麦，均带芒针，每穗六七十粒，用途磨面供人食，或去麸煮作饭，甘滑甚，又能制曲，制酒、醋、糖，并制药，芒大麦则多喂骡马，能治肚内瘦虫。张北、宝昌、商都、阳原、怀安、龙关、蔚县、涿鹿、康保、万全、怀来、赤城均产。

小麦。似大麦，茎高二尺余，叶狭长而尖，脉平行，茎较大麦细而节长，有韧性，穗长二寸余，粒藏壳中，芒生壳上，其种别为红白二色，均有芒针，无芒者谓之秃麦，用途可磨粉作种种食品，作酱，麦皮为麸，可作醋，饲养牲畜，其稃为糠，并其茎皆可喂牲畜，又能和土为泥以涂屋，与大麦等。张北、宝昌、商都、阳原、怀安、龙关、蔚县、涿鹿、沽源、康保、万全、怀来、延庆、赤城均产。

荞麦。附野生苦荞麦。茎赤，多歧枝，高二尺余，叶圆而绿，互生，有长柄，顶端开白色小花，颇繁密，结子累累，作三棱形，皮色黦黑，有大棱小棱二种，大棱者佳，去皮磨为粉，可作各种食品，皮可装枕用，茎可作燃料，惟火力弱，其灰漉水洗衣最好，盖含碱性也。张北、商都、阳原、怀安、龙关、蔚县、涿鹿、沽源、康保、万全、怀来、延庆、赤城均产。又有苦荞麦，系野生种，俗名胡食子，面味甚苦，喂牲畜用，贫人亦有食者。张北产。

燕麦。天然生长种，形似麦，粒细长，外包稃皮，坚硬难脱，叶细长，茎细而有韧性，此麦有黑黄二种，人不能食，可饲一切家畜。张北多产，他县亦生，蒙古牧地尤多。

按：麦亦在百谷中，以其类多，故另纪之。

○豆类（第31~33页）

黄豆。茎高二尺上下，复叶，圆形而尖，黄绿色，茎叶皆有毛，老则其硬如刺，叶腋多歧枝，并生小白花，结荚甚繁，荚形长扁，有细毛，长寸余，含子至三四粒，粒黄色，而略圆，宜旱田，其种分大小，因荚外生毛，故又名毛豆。可磨粉杂他谷面食之，并造酱、造豆腐、豆芽菜、豆油、豆皮、豆干，其皮可喂牲畜，豆秸可作燃料。张北、蔚县、龙关、万全、怀来、阳原、延庆、涿鹿、怀安、宝昌、康保、赤城均产。

豌豆。茎长三四尺，蔓生，叶圆而尖，端有卷须，叶腋出花轴，花白色，或红紫色，结荚长一寸，至二寸，含子四五粒，粒形圆，荚及实嫩时，皆可食，其为种有黑、白、青之别，可作粉条，面粉，作曲①，并可作馅，可喂牲畜，豆秸可作燃料。张北、蔚县、龙关、

———————
① 曲，"麯"的简化字。酿酒或制酱时引起发酵的东西。

万全、阳原、涿鹿、怀安、宝昌、康保、赤城均产。

蚕豆。俗名大豆，茎方圆，中空，高一二尺，叶形长圆，为羽状复叶，叶腋生花，花冠五瓣，形如蝴蝶，色白，或红紫，结荚肥长形如蚕，故名。每荚含子四五粒，宜沙土地，可炒食，炸食，生芽食，亦可作粉，作胰子，豆茎可作燃料。张北、沽源、蔚县、龙关、万全、怀来、阳原、涿鹿、怀安、宝昌、康保均产。

扁豆。茎长而圆，叶互生，叶间抽出长花梗，花分花鹭、粉红二色，花冠蝶形，荚扁平，如镰状，长二寸余，宽三四分，结子三四粒，圆小而扁，可炒食。张北、蔚县、龙关、万全、阳原、涿鹿、怀安、宝昌、康保、赤城均产。

芸豆。蔓生，有卷须，花色分红、黄、白、紫，荚对生，其种分赤、白、黄，可作菜，作沙馅，亦可煮食，茎可作燃料。张北、龙关、怀安、宝昌、赤城均产。

豇豆。茎圆色红，高一二尺，叶为羽状复叶，花色淡紫，形如蝶，荚对生，长四五寸至尺余，荚内含子七八粒，其多有至十八粒者，俗谓之十八豆，子形长圆，色红、白、黄，荚嫩时可食，或煮或炒，皆可。子可作粉，作沙馅。宜沙土、黏土。张北、蔚县、龙关、万全、怀来、阳原、延庆、涿鹿、怀安均产。

黑豆。茎高一二尺，复叶，茎叶皆有毛，老则其硬如刺，开小白花，结荚长一寸余，含子三四粒，粒形长圆而扁，色黑。其种分大小，可磨粉杂他谷面食之，又可制酱、制豆腐及豆油、豆芽，并喂牲畜，宜黏质壤土。张北、蔚县、龙关、万全、怀来、阳原、延庆、涿鹿、怀安、赤城均产。

大菉豆。状与黑豆同，惟荚与子粒较硕大，皮黑而仁绿，性亦同黑豆。蔚县产。

菉豆。茎作蔓状，长三四尺，歧枝互出，复叶，花黄色，形似蝶，荚细长无节，内含五六粒，至十余粒，荚不可食，种子绿色，可作粉及粉条，并生芽作菜食，作豆粥豆饭或沙馅，宜沙土壤土。张北、蔚县、龙关、万全、怀来、阳原、延庆、涿鹿、怀安、赤城均产。

小豆。茎高一二尺，复叶，结荚，其种分红、青、白，可制粉，造饭，作沙馅，荚嫩时作菜食，宜黏质壤土。延庆、涿鹿、龙关、怀来、阳原均产。

桃豆。形似桃，叶如掌状，花白色，结荚如灯笼形，每荚含子四五粒，粒大如豌豆，黄绿色，味甘，可炒食。张北、怀安均产。

绿皮菜豆。茎圆，色黄，叶三角形，色黑绿，荚长寸余，含子三四粒，荚嫩当菜食，粒可作粉，豆秸作燃料。张北、阳原均产。

按：豆亦在百谷中，以其类多，故另纪之。

◎植物二（第4册，卷9《物产编·植物》）
○瓜类（第1~2页）

西瓜。草本，蔓茎，有卷须，常攀缘他物上，叶三裂至七裂，夏日开黄花，雌雄同株，实形圆大，皮绿色，瓤富水分，或红或黄或白，内含黑色子或红色或斑驳色子甚多，熟者可生食，味甘美，未熟者腌作菜蔬，种子亦供食用，宜沙质壤土。张北、涿鹿、怀安、龙关、阳原、万全、延庆、怀来、蔚县、赤城、宣化均产。

黄瓜。本名胡瓜，亦称黄瓜，盖熟则皮黄也，草本，蔓茎，有刺，由卷须攀缘他物上升，叶为心脏形，浅裂如掌，状有叶柄，互生，夏日开黄花，雌雄同株，实细长至尺余，有刺甚多，生熟可食，宜沙质壤土。张北、涿鹿、怀安、龙关、阳原、万全、宝昌、延庆、怀来、蔚县、沽源、赤城、宣化均产。

番瓜。俗称倭瓜，草本，蔓茎中空，有卷须，叶圆而大，有五浅裂，叶柄长，互生，开黄花，雌雄同株，实大，有圆长扁等形，皮色或黄或绿或红，肉厚色黄，其子如冬瓜子，均供食用，宜沙质壤土。张北、怀安、龙关、万全、康保、宣化、涿鹿、阳原、延庆、沽源、赤城均产。

西葫芦。又名葫芦，或名葫子。草本，蔓茎中空，叶大有缺刻，掌状，浅裂五，花黄色，实圆而长，有黄绿二色，皮硬肉颇厚，内含子甚多，去皮可熬食，并作馅用，宜壤土。张北、涿鹿、怀安、龙关、阳原、万全、宝昌、延庆、蔚县、沽源、赤城、康保均产。

香瓜。即脆甜瓜，草本，蔓茎，叶圆，心脏形，互生，有浅裂，茎叶较小，夏日开花，黄色，雌雄同株，实形圆长至四寸许，有绿白二色，皮肉颇厚，内含小子甚多，粉红瓤者尤质脆甘香。又一种俗名甜瓜，亦名烂瓜，即面甜执，均供生食用，宜沙质壤土。张北、涿鹿、怀安、龙关、阳原、万全、蔚县、赤城、宣化、延庆均产。

冬瓜。草本，蔓茎，有卷须，藉以攀缘他物上，叶心脏形，有五浅裂，花黄色，雌雄同株，实青绿色形圆略长，大者约为一尺许，肉厚细腻，内含子甚多，去皮供食用，宜沙黏壤土。张北、涿鹿、阳原、万全、延庆、怀来、宣化均产。

南瓜。草本，蔓茎，有卷须，常攀缘他物上，叶心脏形，有五浅裂，夏日开黄花颇大，雌雄同株，实形多种，最普通者扁圆，径七八寸，色或黄或绿或红，经冬收暖处，可留至春季，肉厚色黄，子如冬瓜子，去皮供食用，宜壤土。阳原、延庆、蔚县、赤城均产。

丝瓜。草本，蔓茎细长，由卷须缠绕他物上，叶尖圆成心脏形，有分裂片颇锐，夏日开黄花，雌雄同株，形细长，嫩者供食用，熟则果肉内生强韧纤维如网状，故名丝瓜。可作除垢之用，其嫩茎切断，流出液体，名丝瓜水，供化妆用。赤城、宣化均产。

菜瓜。草本，蔓茎，叶似甜瓜，花期花色亦同，结实圆长，自七八寸至一尺，皮淡绿色或白色，可生食，亦可作菜，作豆豉①，宜

---

①　豆豉，一种豆制食品。一般用大豆或黑豆蒸煮以后，经发酵制成，多用于调味。

壤土。阳原、蔚县、赤城、宣化均产。

　　○蔬类（第2~6页）

　　白菜。即菘草，草本，今俗谓之白菜。其别有抱头白、灰灰白、黄芽白、箭杆白等名。最普通者，惟抱头白一种，叶大，根小，叶柄白色，层层包裹，脆嫩无滓，茎开黄花，生荚结子，每荚含子十余粒，即为种子。张北、怀安、龙关、阳原、万全、宝昌、延庆、怀来、蔚县、沽源、商都、康保、宣化、赤城均产。

　　葱。草本，茎高二尺余，下部呈白色，有根须，叶中空，管状，花始生，有囊状白苞，花开如球状。其嫩时为小葱，既壮分栽以土培之，为大葱，宜种沙黏土中。张北、涿鹿、怀安、龙关、阳原、万全、宝昌、延庆、怀来、蔚县、沽源、赤城、康保、宣化均产。

　　蒜。草本，有红白二种，高尺余，叶细长而扁，夏日叶间抽出花轴，花白色，根有数瓣合成之蒜头，味辣，可生食熟食，蒜苗蒜苔皆可食。张北、涿鹿、怀安、龙关、阳原、万全、宝昌、延庆、怀来、蔚县、赤城、康保、宣化均产。

　　辣椒。又名番椒，草本，因其种不同，又别为线椒、柿子椒、大长椒等，叶小，花白，形如角，生青，熟红，内含白子颇多，佐食用，生熟皆宜，味极辣。柿子椒者，以其扁圆形似柿子也。张北、涿鹿、怀安、龙关、阳原、万全、延庆、怀来、蔚县、宣化均产。

　　韭。草本，苗高尺余，叶绿，细长而扁，宽不及三分，根白，花生于茎之头上，白色，如伞状，结子百余粒，第一年，长二三寸余，第二年仍细，第三年始见茂盛，生熟皆可食，花可捣烂腌食。张北、涿鹿、怀安、龙关、阳原、万全、宝昌、延庆、怀来、蔚县、沽源、商都、赤城、康保、宣化均产。

　　（波）［菠］菜。高至尺余，茎质柔脆，中空，叶长而尖，宽一二寸，花小黄绿色，结实如豌豆大，内含子五六粒，三棱形，一年可种三次，每次留子再种，可煮熟食炒食。张北、涿鹿、怀安、龙关、阳原、万全、宝昌、延庆、怀来、蔚县、商都、赤城、康保、宣化均产。

萝卜。即莱菔，后人讹为萝卜。草本，根圆柱形，白色，肥大多肉，叶大，羽状分裂，片片不整，春月，茎梢分枝着花，淡紫色，或白色，形细长，根及叶，供食用。怀安、龙关、万全、延庆、沽源、康保、阳原、蔚县、涿鹿、赤城、宣化均产。

红水萝卜。缘叶，红柄，根形长圆，皮红，质白，极脆嫩，可生食熟食，每年可种三次，宜壤土。张北、龙关、阳原、宝昌、延庆、怀来、蔚县、商都、宣化均产。又有一种扁圆形者，径可三四寸，宝昌产，俗谓之天鹅蛋萝卜。

绿水萝卜。叶长色绿，形长圆，色青绿，质脆嫩，可生食熟食，亦有作腌菜者，宜沙土园地。张北、怀安、龙关、万全、延庆、怀来均产。

胡萝卜。叶细碎，根形长圆，有红黄两种，开白花结子，可生食熟食，亦可腌菜用，宜沙黏土。张北、涿鹿、怀安、龙关、阳原、万全、宝昌、沽源、赤城、康保、宣化均产。

芥菜。根形长圆，约二寸余，叶长尺余，根叶均有辣味，可腌咸菜用，子黑红色，圆扁而小，如谷粒，亦有辣味，可磨为细末，调味用，宜沙黏壤土。张北、涿鹿、怀安、龙关、阳原、万全、宝昌、延庆、怀来、蔚县、沽源、赤城、宣化均产。

茄子。草本，茎高二三尺，暗紫色，叶形长圆，花紫色，实圆而长，径二三寸，外皮鲜紫色，亦有圆形，或白色者，但长圆形者，瓤嫩味甘，内含子甚多，熬食、炒食、调食皆宜，宜沙黏壤土。涿鹿、怀安、龙关、阳原、万全、延庆、怀来、蔚县、赤城、宣化均产。

芫荽。即胡荽，又名香菜。多者可一年种四次，叶小而碎，茎嫩，结实如麻籽大，可以作菜，或切细末加汤内，食之极香，宜沙黏壤土。<u>张北</u>、<u>涿鹿</u>、<u>怀安</u>、<u>龙关</u>、<u>阳原</u>、<u>万全</u>、<u>宝昌</u>、<u>延庆</u>、<u>怀来</u>、<u>蔚县</u>、<u>赤城</u>、<u>宣化</u>均产。

黄花菜。又名金针菜，即萱也。茎色绿，叶长如兰，黄花长二三寸，家产、野产皆有。家产者花稍大，形状同，和肉炒食，其味甚美，宜沙质壤土。<u>张北</u>、<u>龙关</u>、<u>宣化</u>均产。

茴香。草本，亦子生，茎高三四尺，分枝甚繁，叶分裂为丝状，茎叶皆带香气，夏日茎顶抽出花轴，花小，呈黄白色，实如麦粒，有棱沟及特殊香味，茎叶嫩时，皆可食，其子可作香料用，宜沙质壤土。<u>万全</u>、<u>阳原</u>、<u>宝昌</u>、<u>赤城</u>、<u>康保</u>、<u>宣化</u>均产。

胡菁。草本，高约尺余，叶绿茎圆，中空，移秧种法，佐肉炒食最佳。<u>张北</u>、<u>宝昌</u>、<u>赤城</u>均产。

芹菜。草本，有夏芹菜、秋芹菜二种，宜沙质壤土。<u>龙关</u>、<u>延庆</u>、<u>怀来</u>、<u>蔚县</u>、<u>赤城</u>、<u>宣化</u>均产。

甜菜。即莙荙，叶直，茎粗大，夏至后折叶，寒露取根，可作菜佐膳，亦可熬糖，谊壤土。<u>怀安</u>、<u>龙关</u>、<u>阳原</u>、<u>万全</u>、<u>延庆</u>、<u>蔚县</u>、<u>赤城</u>、<u>康保</u>均产。

莴苣菜。草本，茎高约二尺，上部叶无柄而尖，抱于茎上，下部叶广而长，梢头分枝开花，茎叶均供食用，宜壤土。<u>涿鹿</u>、<u>阳原</u>、<u>蔚县</u>、<u>赤城</u>、<u>宣化</u>均产。

甘螺。即地甘螺，俗名地葫芦。草本，宿根草，茎直有棱，叶如榆而大，根间生实如螺，味甘，故名。白嫩可煮食，腌食尤佳，宜沙土园地。<u>龙关</u>、<u>宝昌</u>、<u>怀来</u>均产。

诸葛菜。即芜菁，又有蔓菁，及九英菘等名。草本，根多肉，形扁圆，或稍长，末端细长，而尖锐，叶大如萝卜，花黄色，根及嫩叶供食用，宜沙质壤土。<u>龙关</u>产。

银苗菜。草本，根为长条形，色白如银，故名。可食，或炒或腌皆佳，宜沙质壤土。<u>龙关</u>、<u>宣化</u>均产。

山葱。野葱也，草本，细茎，大叶，根皮色红而内白，味臭，开小白花，结子如小葱头，余与农家葱同。生山地者，名山葱；生沙地者，名沙葱；生水泽者，名水葱；野人皆食之。宝昌、张北均产。

山韭菜。草本，形如韭，叶圆扁，不如家韭宽大，多产山沟荒坡中，各地亦产，与家韭用途相同，贫农多采之。张北、宝昌均产。

苦菜。即苦苣，又名苣菜，俗名苦蕒①菜，皆一物数名。草本，茎高一二尺，中空，有棱，叶形似蓟，无刺而柔软，茎叶均含白汁，味苦，采取嫩苗充蔬菜，味最美，多产山坡黄沙土地中。张北、赤城、龙关均产。

蕨菜。草本，茎长，丛生，一叶柄常生多数小碎叶，黑绿色，产山坡黄沙土地中，可生食，作菜用，同肉炒食，别饶美味。张北、赤城、龙关均产。

地皮菜。形如木耳，黑灰色，夏季雨后，生于山坡荒滩地皮上甚多，洗净可作馅。张北、宝昌均产。

甜苣菜。草本，叶色红绿，形长尖，有锯齿，根白色，生碱滩荒地中，各地亦有产者，春季采取。拌以酱糖及醋，为野菜上品，人多（醮）［蘸］酱食之，或调食，最能清火。张北、宝昌、龙关均产。

灰菜。草本，亦名灰藜，盖即藜也。茎直叶尖圆，绿色，叶里紫色，性似（波）［菠］菜，味淡，初生嫩苗，农家多采取煮食之，晾干作菜用。宝昌产。

酸柳。茎高四五尺，叶扁，根外红内白，白花，结子有穗，夏秋两季，均可采，夏季食根，秋季食茎，味酸，多产山坡荒滩沙土中。张北产。

---

① 蕒，音 xù。

麻生菜。一名茴调菜，草本，叶椭圆，阳面绿色，阴面紫灰色，端午节前采，可熬食，可作馅用，或喂猪，多生河滩黑碱地中。张北产。

薤①。草本，叶细长，由地下之鳞茎丛生，秋日，叶间抽出花茎，高尺余，鳞茎如指头大，夏月采取，供食用，多栽培园圃中。其与山薤不同者，薤叶五棱，成钝三角，山薤三棱而细，成半规形，为特征也。赤城产。

○果木类（第6～10页）

李。木本，高丈余，叶如卵而长，春日开花，色白，五瓣，实圆，全熟则赤，味略酸，每株产量三十斤至二百斤，宜沙土。怀来、谷雨开化，处暑果熟。赤城、延庆、三月开花，六月果熟。蔚县、谷雨节后开花，立秋节果熟。怀安、谷雨前后开花，立秋前果熟。阳原、龙关、万全、夏历三四月开花，七月果熟。沽源、宣化谷雨开花，小暑后果熟。均产。

杏。木本，高丈余，花叶均与梅相似，实黄则熟，甘而不酸，每株产量三十斤至二百斤，宜沙土。怀来、谷雨开花，处暑果熟。延庆、三月开花，五月果熟。蔚县、谷雨开花，小暑果熟。怀安、谷雨后开花，夏至后果熟。阳原、龙关、万全、夏历三四月开花，六月果熟。涿鹿、清明前开花，小暑果熟。宝昌、张北、谷雨开花，伏天果熟。宣化清明后开花，夏至果熟。均产。

桃。木本，高丈余，叶形长，春时开花，花色红白，实熟尖端微红，味甘酸，每株产量三十斤至二百斤，宜沙土。怀来、谷雨开花，处暑果熟。赤城、延庆、三月开花，七月果熟。蔚县、清明节后开花，处暑节后果熟。怀安、立夏前开花，立秋前果熟。阳原、龙关、万全、三月开花，立秋果熟。涿鹿、清明开花，白露果熟。沽源、张北、谷雨开花，立秋后果熟。宣化谷雨开花，寒露果熟。均产。

---

① 薤，音 xiè。

苹果。木本，高丈余，叶长圆，锯齿甚细，春日开淡红花，实圆略扁，径二寸许，生则青，熟则半红半白，或全红，光洁可爱，香闻数步，味甘松，每株产量三十斤至二百余斤，宜沙土。怀来、立夏开花，小满结果，白露果熟。延庆、四月开化，八月果熟。蔚县、立夏节后开花，白露节果熟。阳原、宣化谷雨开花，秋分果熟。均产。

闻香果，俗名胡拉车，木本，似苹果而味香，实圆，微红，有柄，宜沙土，每株产量三十斤至百斤。涿鹿、清明开花，大暑果熟。怀来、立夏开花，处暑果熟。宣化谷雨开花，秋分前后果熟。均产。

沙果。一名沙棠，木本，叶长圆，果实约一寸余，似槟子而略小，质味亦相近，每株产量二三十斤至百余斤，宜沙土。蔚县、立夏节开花，小满节结果。延庆、三月开粉白色花，八月果熟。阳原、龙关、怀来、立夏开花，处暑果熟。万全、涿鹿、谷雨开花，处暑果熟。沽源、宣化谷雨开花，秋分果熟。均产。

槟子。木本，高丈余，叶形长圆，花粉白色，实圆而长，似苹果略小，生绿，熟则半红或全红，质脆，味甘香微酸，宜沙土，每株产量二十斤至百余斤。怀来、立夏开花，白露果熟。延庆、三月开花，八月果熟。蔚县、立夏开花，白露果熟。阳原、涿鹿、谷雨开花，白露果熟。宣化谷雨开花，秋分果熟。均产。

枣。木本，高一丈至二丈余，叶形长圆，花小色绿，果生青熟红，宜沙土。怀来、芒种开花，寒露果熟。延庆、四月开黄绿色小花，八月果熟。阳原、有脆枣、面枣，产颇少。龙关、涿鹿、小满开花，白露果熟。宣化芒种开花，秋分前后果熟。均产。

葡萄。木本，蔓生，初夏新枝叶腋出花穗，花小，淡绿色，花瓣五片，果实为浆，至秋成熟。又分热葡萄冷葡萄，热葡萄白露熟，冷葡萄寒露熟。怀来、赤城、延庆、三月开花，八月果熟。蔚县、芒种开花，白露果熟。怀安、夏至前后开花，立秋后果熟。阳原、马奶子种最佳，以外有洋葡萄、白葡萄。涿鹿、小满开花，秋分果熟。宣化芒种开花，秋分果熟。均产。

榛子。木本，叶圆润有皱文，实如粟，藏苞中，生色青，熟色褐，壳坚厚，仁白色，如杏仁而圆。赤城、龙关、分平、尖两种，尖者皮薄，平者皮厚。张北均产。

楸。木本，枝干甚高，叶似杏，花色白，实圆小，黄红色，味甘涩，每株产量二三十斤。怀安、立夏前后开花，秋期果熟。蔚县、立夏开花，白露果熟。阳原、龙关、万全、夏初开花，秋季果熟。宣化谷雨开花，秋季果熟。均产。

海棠。木本，叶形长圆，如卵而尖，果小于沙果，色红白或全红，味甘酸。怀来。立夏开花，白露果熟。延庆、四月开红白花，八月果熟。赤城均产。

郁李。即唐棣，落叶灌木，果熟食之，味较李甜而香，其仁属药。龙关、赤城均产。

石榴。一名安石榴，木本，高五六尺至七八尺，叶圆长而平滑，夏历五月开花，色红，八月果熟，果色红黄，有黑斑，熟则皮裂子露，子如玉蜀黍，有浆汁，味甘酸，宜沙土。万全、赤城均产。

樱桃。木本，高至七八尺，叶圆长而阔，有锯齿，嫩茎及叶之背面，生毛甚密，花小而白如梅，实为小球状，径二三分，味甘，色红，宜沙质壤土，每株产量二三十斤。宣化、谷雨前后开花，夏至果熟。赤城、阳原、龙关均产。

胡桃。一名核桃，与山胡桃同种。木本，干高丈余，叶长四五寸，开花如粟，苍黄色，果形圆，有壳，皱纹而坚硬，宜沙质壤土，每株产量五十斤至百余斤。怀来、立夏开花，小满结果，白露果熟。赤城、延庆、三月开花，九月果熟。涿鹿、宣化谷雨开花，秋分果熟。均产。

文官果。木本，俗名山木瓜。阳原、龙门寺有高二三丈者。赤城均产。

无花果。木本，叶大而粗糙，三裂或五裂，花单性，色淡红，实为肉果，外部为花托，多花隐于其中，熟则紫色软烂，味甘如柿，无核，中有消化蛋白质之成分，可助消化作用，养花者多以盆蓄之。赤城、阳原、龙关均产。

酸琉琉。即酸柳，土名醋柳，又名山醋柳。木本，山地野生，果黄色，形圆，附枝而生，累累如珠。蔚县、夏至前后开花，秋分前后果熟。阳原、宝昌均产。

欧李。木本，山间野生，茎高尺余，叶宽长，对生，采集其叶蒸熟，可作茶，土人谓之高山顶，味涩，能克食，夏秋间结果，大如樱桃，色红，食之可口，味如李。宝昌大山上产。

油瓶子。木本，山中野生，有小刺，土人谓之红眼刺，玫瑰之一种。茎高二三尺或三四尺，叶椭圆而小，花红色，花托间生果，食之甚甜，果内有小白子。宝昌大山上产。

棠梨。一名甘棠，俗称野梨。木本，高者二三及，枝干似梨，叶如卵形，有锯齿，春初开小白花，秋后结实，如小枣大，色红可食。龙关产。

山梨。野产，状如梨而小，其味酸。龙关产。

面果。秋后结果，色红，食之甜面。龙关产。

○林木类（第 10～13 页）

松。干耸直，高者二三丈，盘根交枝，叶细长，皮如龙鳞，四时常青。张北、坝下二四区各山地内有松。康保、哈不盖山有松，不成林，大者高不及五尺，小者一尺许。万全、旧县城北门外东杏园及富家坟地内。蔚县、南山一带最多。怀安、古庙古坟内。怀来、境内松树最少，价较昂。阳原、产松少。涿鹿、官有林六百余亩，大宗即为松柏。赤城、龙关、延庆均产。

柏。干耸直，高者二三丈，皮较薄，夏历三、四月间开花，结实如球，经霜子熟，枝叶四时常青，木质坚密，可供建筑制造之用。万全、蔚县、各古刹中，无新植者。怀安、不善培养，成活尚少。阳原、东城文庙有香柏、臭柏，此外有侧柏、刺柏。<u>沽源</u>、二、四区产柏。<u>涿鹿</u>、县境内孙家沟、谢家堡一带有柏。官有林中大宗系松柏。<u>赤城</u>、<u>龙关</u>、<u>怀来</u>、<u>宣化</u>均产。

杨。又名水杨，干高而直，木质较柔，皮易剥脱，叶厚圆而长，花为穗状，叶嫩时可食，各地树木成林者多系此树，建房屋、制木器、造箭筶皆用之。<u>张北</u>、<u>万全</u>、境内树木成林者，多系此树。<u>宝昌</u>、本县植杨，由张北及独石口一带取种。<u>怀安</u>、南山产为青杨。<u>怀来</u>、砂湿地杨树颇多。<u>阳原</u>、出产最多。<u>沽源</u>、三区境内产杨不多。<u>涿鹿</u>、民有林四百余亩，大宗系杨柳，又行道林，河岸渠岸，官有空地，各乡村栽成者，亦系杨柳。<u>赤城</u>、<u>蔚县</u>、<u>龙关</u>、<u>延庆</u>、<u>宣化</u>均产。

柳。干高二三丈，叶狭长而绿，枝条甚柔，可编器物，木质坚实，用途与杨同，价稍昂。<u>张北</u>、坝下二、四、五区多产。<u>万全</u>、三区洋河南岸，此树最多。<u>蔚县</u>、县境平原各村最多。<u>宝昌</u>、本县植柳，由张北及独石口一带取种。<u>怀安</u>、本县五区产柳特多。<u>阳原</u>、出产最多。<u>沽源</u>、三区境内产柳，不多。<u>涿鹿</u>、民有林四百余亩，多系杨柳。又行道林、河岸渠岸、官有空地、各乡村植者、亦系杨柳。<u>赤城</u>、<u>龙关</u>、<u>延庆</u>、<u>怀来</u>、<u>宣化</u>均产。

榆。干高二三丈，叶长圆，春时先结荚为榆钱，后生叶沿边有锯齿，叶与荚皆可食，木质坚硬，可建房屋，制桌凳及各种器具，价值较柳木颇昂。<u>张北</u>、坝下二、四、五区最多，山坡干燥地亦产。<u>万全</u>、五区山沟中。<u>蔚县</u>、八区桃花堡一带，生产最多。<u>沽源</u>、三区产榆不多。<u>涿鹿</u>、本县苗圃培植颇多。<u>赤城</u>、<u>宝昌</u>、<u>龙关</u>、<u>延庆</u>、<u>怀安</u>、<u>怀来</u>、<u>阳原</u>、<u>宣化</u>均产。

槐。干高二三丈余，叶细嫩，色青绿，夏历六、七月，间开黄花，形如蝶，染黄色甚鲜，生角如豇豆，可入药，木质坚实，可供建筑及器具之用，宜壤土。<u>万全</u>、<u>蔚县</u>、<u>龙关</u>、<u>延庆</u>、<u>怀安</u>、<u>怀来</u>、<u>阳原</u>、<u>涿鹿</u>、<u>宣化</u>均产。

桑。叶掌状，枝干较低小，桑椹可食，叶供饲蚕，木材供制造，皮可造纸，实可供食品及药用，亦可造酒，宜沙土。**万全**、**赤城**、县境南部。**蔚县**、本县园圃生产最多，但仅供观赏。**怀安**、县城及柴沟堡各试验场，栽植尚多。**涿鹿**、本县苗圃产桑。**龙关**、**延庆**、**怀来**、**阳原**、**宣化**均产。

刺槐。枝干高大多刺，羽状复叶，质薄有光泽，初夏开花，白花，结荚，木质疏松，用途不广。**蔚县**、居民庭园间。**涿鹿**县苗圃。均产。

山柳。木材不适用建筑，条可制造簸萝、畚箕、水斗、柳条包，花可煮食，味颇美。**张北**四区产。

椿。分香、臭两种，香者皮细，木色赤，嫩叶可食，臭者名樗①，木色白黄，叶恶臭，不可食，惟作木材，又樗在山中生者名栲 <u>李时珍</u>谓椿、樗、栲②为一木三种，即此。**龙关**、**赤城**、只有臭椿。**怀安**、县属柴沟堡一带多植之。**怀来**、县城附近香椿树颇多。**阳原**、有圪料椿、臭椿两种。**延庆**均产。

棌。木名，见《史记·始皇本纪》："棌（木）〔椽〕不刮"注：又柞木也。见《前汉书·杨（维）〔雄〕传》："唐、虞棌椽"。注：叶附着甚固，新叶将生，旧叶乃落，皮甚粗糙而厚。其子曰橡，木质坚硬，富弹性，大者可作车轴车辋，小者可作栈板，铺房顶，并可作燃料，又为建筑木材最佳之品，惜冬季即将成椽柱者砍伐，终无成大木材者。**张北**、四区山坡上。**蔚县**、南山一带。**沽源**二、四区境内。均产。

椵③。木质细软，不适建造房屋，用制木器，花纹甚美观，烧炭可拭铜器，皮可为绳。**张北**、四区山坡上。**赤城**、**龙关**、**阳原**均产。

桦。种籽宜沙土，叶绿花白，皮红，皮层厚，剥之易下，冬季

---

① 樗，音 chū。

② 栲，音 kǎo。

③ 椵，音 jiǎ。

伐作屋椽用，此木无大材，又易生蛪①虫，为建筑所不乐用，其皮可贴弓。张北、坝下二、四区山坡上。阳原、磁炮窑。沽源、三区境内。蔚县、南山一带。赤城、龙关均产。

六道木。质极坚而心空，皮有六渠，故名六道木。作农器用最经久，与竹功效相仿。龙关、二、三两区山中。阳原裹山中。均产。

杆。插木种，宜沙土，冬季砍伐，作建屋椽檩用。蔚县、南山一带产最多。沽源、二、四区产最多。赤城、龙关均产。

荆。叶细如线，层节而生，枝密甚，开粉红花，亦细甚，丛生，长条可作筐篮、编笆。亦有成树者，木性坚而生长迟。赤城、龙关均产。

杉。叶似松而短细，生长速，身高而直，冬夏长青。阳原、龙关均产。

枫。叶圆光润而有尖，秋后着霜则红艳可爱，生长迟。

桧。亦松类，高二三丈，木性坚，亦冬夏长青。赤城产。

〇药材类（第13~24页）

苦参。草本，野产，一根出数茎，茎外黄而内白，羽状复叶，花如蝶形，淡黄绿色，结荚细长，其根为药。张北、赤城、阳原、宣化均产。

党参。草本，野产，采掘后不加泡制，半干即入药，亦有人种者，皮色稍白，效力逊。蔚县、龙关、延庆、阳原、涿鹿均产。

佛手参。草本，大者如杏，小者如樱桃，色白，形如婴儿握拳，故名佛手。龙关常峪口东江沟水草中产。

紫参。草本。龙关、涿鹿均产。

沙参。草本。宣化、赤城均产。

车前子。草本，叶肥大，柄长，花茎自叶丛中间抽出，如鞭状，

---

① 蛪，音qiū。

青灰花生于茎之周围，花小而多，结子比米粒小，供药用，生山野中，其嫩叶或供食用。张北、赤城、宝昌、龙关、延庆、怀安、怀来、阳原、康保、涿鹿、宣化均产。

远志。俗名山胡麻，野生，常绿，草本，叶似胡麻，茎高七八寸，根可入药。怀安、龙关、延庆、怀来、阳原、涿鹿、宣化均产。

甘草。俗名甜根，草本，茎高尺许，叶圆长，羽状复叶，叶腋生花，花如蝶，淡红色，结小扁荚，根长数尺，采其根干贮之，色黄，有特殊甘味，供药用。张北、万全、赤城、商都、蔚县、宝昌、龙关、怀安、怀来、康保、涿鹿、宣化均产。

麻黄。草本，野生，高尺许，茎有节，节生小叶如针状，由叶腋生小枝，夏日开花，结子如豌豆，色红，多生于山石缝内，及沙土地平原墓地中，采集晒干，切为短节，供药用。张北、赤城、商都、蔚县、龙关、怀安、怀来、阳原、沽源、康保、涿鹿、宣化、万全均产。

知母。俗名妈妈草，宿根丛生，茎高尺许，叶细长，附地生，夏日茎顶开淡紫花成穗，结实细小有荚，其根供药用，多生于山石内，及平野间。张北、赤城、蔚县、宝昌、龙关、延庆、怀安、怀来、阳原、康保、涿鹿、宣化、万全均产。

款冬花。一名菟葵，草本，茎高二尺余，叶圆大，基部缺刻甚深，柄长二寸许，花茎别有小叶，长卵形，春初茎端开黄花，百草中此最先春，虽冰雪下亦生芽，故名。嫩叶可为蔬，其花供药用。蔚县、龙关、怀安、阳原、涿鹿、宣化均产。

黄蓍。亦称黄芪，多年生，草本，茎卧地成蔓状，叶小，两两相对，羽状复叶，有毛，夏日开淡黄花，为蝶形，结荚似赤豆，根肥大入药，年久者佳，口外产者为贵，库伦尤贵，故有口蓍、库蓍之分，近以野蓍渐少，有提倡人工培植者，春融下种，非五六年不能长成。张北、商都、宝昌、怀安、阳原、康保、宣化均产。

山艾叶。草本，丛生，高一二尺，羽状复叶，色灰白，背有细白毛，开白花，夏初发芽，端阳节后，采取其叶供药用，多产山野中。张北、宝昌、龙关、阳原、康保均产。

北防风。草本，似青蒿而短小，春初发嫩芽，紫红色，茎高尺许，夏日茎头分出细枝，茎绿根白，叶长圆，为羽状复叶，花白色五瓣，口外山中砂石地中出者最佳，张垣东西山坡亦产，其根生二年以上者，宜供药用，嫩叶亦可供食，多产山野中。张北、宝昌、龙关、延庆、怀来、阳原、康保、涿鹿、宣化、万全均产。

山赤芍。草本，茎高二三尺，叶长圆如掌状，花有红白色，红者采其根供药用，多产山野中。张北、赤城、蔚县、宝昌、延庆、怀安、怀来、阳原、沽源、康保、涿鹿均产。

山大黄。草本，茎极短，叶长大有柄，叶腋开花，花小，粉红色，根黄而粗，夏初发芽，秋采其根供药用，多产山野中。张北、宝昌、龙关、延庆、怀安、怀来、阳原、康保、宣化均产。

柴胡。草本，俗名蒴子股草，茎高二尺，叶狭长互生，夏日开小花五瓣，实椭圆形，根为黑土色，有细长须，其根可供药用，多产山野中。万全、涿鹿、怀来、怀安、延庆、龙关、宝昌、赤城均产。

黄芩。草本，茎自旧根出，长四五寸，无柄，两两对生，似柳叶，根长大，二三年方长成，深黄色，采根晒干药用，叶低小细长，农家或采以代茶，多产山野及草地中。张北、万全、赤城、龙关、延庆、怀安、怀来、阳原、沽源、康保、涿鹿、宣化均产。

桔硬。草本，高尺余，叶椭圆，有细锯齿，秋初开花五瓣颇大，色紫或白，根如牛蒡，茎可入药，嫩茎叶可供食用，多产山野中。怀来、阳原、延庆、涿鹿、宣化、龙关、赤城、康保均产。

苍术。草本，茎高尺余，叶尖长有刺，根肥大多须，采而干之供药用，烧熏室内，可驱蚊。亦可食，兼有杀菌作用，多产山野中。

怀安、蔚县、怀来、阳原、宣化、延庆、龙关均产。

葶苈子。俗名妈妈草，茎高五六寸，叶小，夏日开花，花后结实，如黍米微长，供药用。怀安、阳原、涿鹿、宣化、龙关均产。

蒲公英。即黄花地丁，草本，夏初发芽，叶由根出，附地丛生，形长有缺刻，花茎自叶丛间生出，顶上有头状黄花，根与老叶有白汁，秋初采取，供药用，多产黄沙地及水渠旁地中。张北、万全、赤城、蔚县、宝昌、龙关、怀安、阳原、康保均产。

萹蓄。一名萹竹，俗名猪芽草。草本，野生，蔓茎，夏初发芽，叶长圆而小，互生，质厚有韧性，深绿色，叶腋间各开小花一，粉红色，秋季采其茎供药用，多产水滩地中。张北、宝昌、龙关、阳原、宣化均产。

茵陈。草本，宿根野生，蒿类，根叶似胡萝卜，根有须，叶细碎，茎绿，分杈处着头状小花，采嫩叶供药用，多产黄沙土地中。张北、赤城、蔚县、宝昌、龙关、阳原、涿鹿、宣化均产。

益母草。草本，野生，茎高，叶繁盛，状如芫荽，自根生出，叶腋间生花，淡红色，夏季发芽，秋采取，不加泡制，茎及花叶供药用，多产地陇沙土中。张北、赤城、商都、蔚县、宝昌、龙关、怀安、阳原、康保、宣化均产。

白蒺藜。草本，野生，茎偃卧布地如蔓状，叶对生，长圆形，花生叶腋间，色黄结实大二三分，表面有突起如针状，夏季发芽，秋季采取，供药用，多产道旁地陇及墓田中。蔚县、龙关、阳原、宣化均产。

黄精。草本，茎高一二尺，叶似百合，夏初叶腋开花，下垂如小铃，色淡绿，实色黑如豆形，根为管状，金黄色，多肉，茎根皆供药用，多产山野中。万全、宣化、涿鹿、阳原、延庆、龙关、赤城均产。

槁本。草本，野生，高三四尺，茎叶皆有稀疏之细毛，叶羽状分裂，夏日出小梗如丝，开白花五瓣，根入药，古时用其茎叶为香料。赤城、龙关、延庆、阳原、涿鹿、宣化均产。

升麻。草本，野生，茎高二三尺，复叶，其小叶有缺刻及锯齿，夏开白花，根紫黑色多须，春夏季采取入药用。赤城、龙关、延庆、阳原、涿鹿、宣化均产。

荆芥。草本，野生，园圃亦种之，茎柔软，高尺许，叶箭镞形，色淡黄而绿，秋开唇形小花，色绿，略如紫苏，故又名假苏，结实，中有细子，黄赤色，茎叶皆入药。赤城、龙关、延庆、阳原、宣化均产。

芍药。草本，野生，茎高一二尺，复叶，初夏开花，大而美艳，色具红白紫，根亦分赤白二色，入药用。龙关、延庆、宣化均产。

漏芦。草本，叶三角形，花五瓣，根枯黑如漆者真，夏时发芽，秋时采取，供药用，多生山野中。张北、宝昌、龙关均产。

瞿麦。草本，茎高五六寸，青色，叶尖小，根黑色，花分红紫粉，其大如钱，有小黑子，春季发芽，秋季采取，供药用。宝昌、龙关、阳原均产。

地丁。又名紫花地丁，草本，野生，春夏季采取，供药用。龙关、阳原、涿鹿、宣化均产。

马勃。草本，野生，菌类，形极大，老则开花，晒干成黑面，以之敷破伤处，立止。龙关、阳原、康保、涿鹿均产。

贯仲。又名贯众，草本，生林野中阴处，高二尺许，叶为羽状复叶，互生于中轴，叶背有圆形不规则之子囊群，簇生其上，地下茎弯曲，有毛茸覆之，入药用。赤城、龙关、延庆、宣化均产。

地榆。草本，野生，高二三尺，叶如榆，其花紫黑色，如小枣或如桑椹，春夏季采取，供药用。赤城、宝昌、龙关、康保、涿鹿、宣化均产。

牵牛。又名黑白丑，草本，茎蔓生，叶圆而尖，花分蓝紫白，结子大于豌豆，壳黑实白，夏季发芽，秋季采取其实，供药用。张北、万全、龙关、阳原、宣化均产。

半夏。草本，野生，高七八寸，叶为复叶，由三小叶合成，叶柄生肉芽，花单性，为肉穗花序，雌花在下，雄花在上，花序以大苞包之，花轴之上部，伸长如线，突出苞外，地下块茎，皮黄肉白，入药用。延庆产。

玉术。即白术，草本，野生，茎高二三尺，叶有毛对生，花有紫碧红数色，根细类指，大者如拳，色微褐，肉白，曝干可入药，有大小二种。延庆产。

青蒿。草本，野生，茎高二三尺，初春时叶布地丛生，羽状分裂，梢叶细裂如丝，花黄绿色，为小头状花序，排列如穗，嫩茎可食，《尔雅》谓之菣[1]，入药用。龙关、阳原产。

秦艽[2]。草本，野生，以产于甘肃之泾川，陕西之鄠县者，为良，故名。又俗谓之左扭草，因根部有自右向左之扭纹也。茎高五六寸，叶阔而长，夏开紫花，根黄色，长尺许，秋季采取其根，洗去泥质，供药用。赤城、蔚县、涿鹿、宣化均产。

白鲜皮。草名，野生，一名白羊鲜。茎高二尺许，下部木质，叶为羽状复叶，夏开白花，或淡红色，香气强烈，根与皮皆入药。龙关、涿鹿、宣化均产。

透骨草。草本，野生，叶大，枝杈多，春季发芽，伏天采取，多生山地及荒沙地中。张北、龙关均产。

牛蒡子。草本，春暮生苗发茎，高者三四尺，叶为大心脏形，有长柄，背生白毛，夏初开管状花，色紫，并有鳞片结成之总苞，实多细刺，故一名恶实。入药用，春季采取，去皮供药用。赤城、蔚县、龙关、阳原、宣化均产。

---

① 菣，音 qìn。

② 艽，音 jiāo。

威灵仙。草本，野生，茎高三四尺，叶为阔箭镞形，轮生，夏开合瓣花，紫碧色，其根每年旁引，入药用。赤城、涿鹿、宣化均产。

大戟。草本，野生，茎高三尺余，叶如箭镞，互生，有细锯齿，夏季开小花，褐色，雌雄同株，根入药。赤城、宣化产。

藜芦。一名鹿葱，草本，野生，茎青紫，高二三尺，叶狭长，脉平行，春日开花，小而紫黑，根茎皆有毛，根入药，性有毒。龙关、阳原、涿鹿、宣化均产。

紫草。草本，野生，亦有栽培于园圃者，茎高二尺余，叶椭圆形或卵形，叶面粗糙，互生，茎叶皆有小毛，花小带白色，生于茎之上部，实圆小，冬月掘其根干贮之，可供紫色颜料，入药用。龙关、涿鹿、宣化均产。

菖蒲。草本，野生水边中，叶脉平行，花小，色淡黄。有大小二种，大者高三四尺，气味香烈，叶上有脊如剑状；小者高尺余，叶纤细，无中肋，曰细叶菖蒲，亦曰石菖蒲，其最纤细者，叶长仅三四寸，根入药。龙关、宣化均产。

苍耳子。即菜①耳也，名见《尔雅》，亦名猪耳。草本，野生，茎高二三尺，叶卵形而尖，有缺刻及锯齿，互生，夏日俏上着花，带绿色，花单性，雌雄同株，结实长四五分，多硬刺，入药用。龙关、阳原均产。

王不留行。草本，野生，茎高二尺许，叶形如箭镞，对生，脚抱茎，无柄，春夏开淡红花，子如豆，熟则黑，入药用。龙关、阳原均产。

芦根。草本，野生，茎高丈许，中空，叶细长而尖，脉平行，秋开细花甚繁密，根入药用。龙关、阳原均产。

---

① 菜，音 xǐ。

狼毒。草本，野生，叶似商陆及大黄，茎叶上皆有毛，根皮黄肉白，以实重者为良，入药用，春季采取。龙关、涿鹿、宣化均产。

大蓟。草本，野生，高六七尺，叶强而刚，端尖甚锐，秋日梢上分枝，开头状花，紫红色，李时珍曰：蓟犹髻也。其花如髻，故名。龙关、阳原均产。

泽兰。草本，野生湿地中，每茎一叶，箭镞形，脚部抱茎，夏日叶腋抽花茎，茎端各着一花，红紫色，入药用。龙关产。

马齿苋。俗称马杓儿菜，草本，野生，茎微赤，平卧地上，叶形如倒卵，质厚而软，花小五瓣，色黄，茎叶嫩时可煮曝为蔬，入药用。龙关、阳原均产。

山豆根。草本，野生，状如灌木，茎叶弱，高一二尺，叶为复叶，每枝有小叶三，夏开白色蝶形花，实紫黑，根入药用。龙关、阳原均产。

射干草。草本，高二三尺，叶如剑而阔，脉平行，六月开花，红黄色，瓣上有深紫色细点，结实成房，子黑色，根入药用。龙关产。

小蓟。草本，野生，因茎及花等均小于大蓟，故名。茎高二三尺，叶为羽状深裂，叶绿，多刺，初夏开紫红色头状花，间有白色者。龙关、阳原均产。

石韦。草本，野生山地中，隐花植物也，地下茎有茶褐色之鳞片，叶深绿，阔寸余，长六七寸，质劲厚，背面密布浓褐色之粉末，并生子囊群，叶柄甚长，可栽于盆中资玩赏，入药用。龙关产。

莱菔子。又见家蔬类，草本，人工培植生，取其子供药用。龙关、阳原、涿鹿均产。

韭子。又见家蔬类，草本，人工培植生，其子供药用。龙关、阳原、涿鹿均产。

山枸杞。落叶灌木，野生，干细成蔓，叶长圆形，叶腋间夏日开小紫花，实如黄豆大而尖，赤色，名枸杞子，根粗而长，名地骨皮，均供药用。其嫩叶或供食，又可代茶，枝作燃料，火力甚强，多产于山野中。张北、龙关、怀安、怀来、阳原、康保、涿鹿、宣化均产。

地骨皮。木本，即枸杞根皮，野生，夏季采掘，洗去泥土，供药用，余详山枸杞下。蔚县、龙关、阳原、涿鹿、宣化、万全均产。

杏仁。木本，即杏实之仁也，扁而尖，味尤香美，入药用。赤城、龙关、阳原、宣化均产。

酸枣仁。木本，丛生山野中，叶圆，干枝生刺针，结枣形圆，春季发芽，秋季采取其实，供药用。张北、龙关、阳原、宣化均产。

桃仁。即山桃仁，木本，春季发芽，秋季取其实，供药用。龙关、阳原、涿鹿、宣化均产。

郁李仁。木本，野生，春季采取，去硬壳供药用。赤城、蔚县、龙关、阳原、涿鹿均产。

金樱子。即金罂，木本，李时珍曰："子形如黄罂。"故名。攀缘植物也，蔓长多刺，复叶，小叶三个或五个，托叶生叶柄上，夏月开白花，单瓣，大三寸许，甚美丽，亦有重瓣及淡红色者，枝生刺甚密，实入药用。龙关、阳原、宣化均产。

桑皮。木本，叶肥大，卵形，雌雄花皆为穗状，色淡黄而绿，实似枣，谓之葚，熟则子黑，味甘可食，根白皮及葚入药用。龙关产。

秦皮。一名梣，木本，高二丈余，枝干皆青，叶为羽状复叶，对生，有锯齿，初夏开细花，四瓣，色淡绿，皮入药。龙关产。

合欢花。木本，人工培植生，亦野生，叶似槐，至暮即合，故又名合昏，夏开小红花甚美，上有丝茸，结实成荚，长三四寸，子如粒，皮及叶入药用。龙关产。

侧柏叶。木本，干高六七尺至丈余，叶与扁柏叶差同，细小如鳞，与枝密接，全不舒放，花单性，实为球，稍似菱形，鳞片之端，而拳曲，庭园中多植之。阳原产。

丁香。木本，又见花卉类。有雌雄两种，雄者颗小，名丁香；雌者大，如山萸，名鸡舌香，更名母丁香，入药用。阳原产。

五味子。木本，蔓生，茎含黏液甚多，叶为长卵形，厚而有光，夏末叶腋开白花，实如小球，色黑，入药最良，肉甘酸，仁苦而辛，并有咸味，故名。夏秋采取，供药用。龙关、康保、涿鹿、宣化均产。

○花卉类（第 24～27 页）

金盏子，即金盏草，草本，叶长大，花黄状若盏，故名，秋季开花。张北、阳原、赤城、宝昌等县产。

江西腊，草本，叶圆青，青茎，花有红白紫各色，秋后开花。张北、赤城、宝昌均产。

凤仙花，土名海诺花，草本，茎可切块以油醋盐拌食，味脆美，子炖肉类易烂熟。秋季叶腋间开花，有红白紫各色，妇女多用以染指甲。张北、阳原、赤城、宝昌均产。

牵牛花，一名黑白丑，草本，茎为蔓形，叶圆而有斜尖，花有红白蓝诸色，秋时开花，并见药材类。张北、阳原、赤城均产。

向日葵，俗名朝阳花，草本，子有灰黑二种，茎直立，高七八尺，秋季茎顶黄花，状如盘，向日而转，故名。朝阳花茂盛时，采其瓣，重一两，浸以芝麻油，即俗名香油，入瓶内，塞其口，经月余，可敷水火烫伤，能止痛完肤生肉，神效。子炒食，可去肠胃病，久食，治多年宿痢，除根，宜广种。张北、阳原、赤城均产。

蜀葵，俗名大熟季，草本，宿根生，茎高六七尺，叶略如心脏形，五裂至七裂，夏日开花颇大，有红紫白等色，亦有重瓣者，多栽植庭院中。阳原、赤城均产。

锦葵，一名荍，又名芘芣①，亦作蚍衃，今俗名小熟季，草本茎高二三尺，叶作掌状浅裂，夏日开花，大可径寸，色淡紫，瓣有深紫色线纹。阳原、赤城均产。

菊，草本，宿根生，亦子生，能经霜，叶繁有缺刻，花冠周围为舌状，中部管状，种类甚多。李时珍谓有九百品。陶宏景别为两种，即茎紫气香味甘者为真菊，茎青有蒿艾气味苦不堪食者为苦薏，即野菊也。春时发芽，夏季移秧，秋时开花。张北、阳原、赤城均产。

西番莲，草本，茎高三四尺，叶繁盛，花瓣大如指头，作卷形，有红黄紫各色，春季发芽，秋初开花。张北、阳原、赤城均产。

夜来香，草本，种子生，一根发数茎高二三尺，枝杈多，性耐寒，叶狭长，微有锯齿，互生，秋季叶腋生花，夜开甚香，结荚如芝麻状，内分四房，子含其中。赤城产。

蝴蝶花，常绿草本，自生于阴地，茎高二尺许，叶为剑状，脉平行，似鸢尾而狭薄，春日开花，花轴分枝，花被色白而有紫晕，中心色黄，颇美丽，有锯齿如毛，俗称紫蝴蝶。赤城、阳原均产。

十样锦，即雁来红，草本，茎叶穗并与鸡冠同，其叶九月鲜红，望之如花，故名。赤城产。

红娘子，又名红姑娘，即酸浆也，所在有之，草本，高二三尺，叶为卵形，端尖，秋月开花后其萼增大，包肉质之实，熟则萼实皆红，味甘酸可食。赤城产。

转枝莲，即转子莲，蔓性植物，由叶柄卷络于他物之上，茎下部为木质，复叶自三小叶成，对生，小叶卵形，无缺刻，下面有毛，叶柄长，五、六月间开花，大而美丽，淡紫色或白色，充观赏之用，但有毒。赤城产。

金莲，草本，原产浅水中，亦有在水池及盆间培养，供玩赏之用者。阳原、赤城均产。

玉簪，草本，色洁白如玉，含蕊如簪头，故名。秋后开花，亦有紫色者。

---

① 芘芣，音 pí fú。

阳原、赤城均产。

萱草花，草本，一名忘忧，又称宜男，叶似菖蒲而柔狭，花稍类百合，有红黄等色及单瓣重瓣之别，多栽培庭院中。赤城产。

石竹，草本，茎高尺许，叶细长而尖，对生，花色白或深红，亦有浅红者，花瓣或单或重，上部分裂甚浅，花苞长而尖，多栽植庭园中。阳原、赤城均产。

珍珠，即卷丹，草本，山野自生，亦植于园圃，高四五尺，叶狭长而尖，无柄，互生，叶腋生珠芽，至秋而花，色红黄，花瓣反卷，有暗紫色小点，地上鳞茎，似百合而小，普通所食，多为此种。阳原、赤城均产。

水蕻，① 水草也，茎中空，可为蔬亦称空心菜，初生贴地蔓延，连根掘置水面如荇②藻，尤易滋长。赤城产。

月季花，木本，与蔷薇同类异种，青干有刺，叶为羽状复叶，平滑有光，花有红白粉诸色，每月开花，故名。张北、赤城均产。

柳叶桃，一名夹竹桃，木本，冬夏常青，花有粉白二色，叶如柳，清明后发芽，夏季开花极繁盛，落而复开，继续不已，叶苦大寒，能治疯痰，然食多则立死，小儿切忌嚼弄，嚼之甚危险。张北、阳原均产。

绣球，又名洋绣球，木本，宿根生，叶为卵圆形，微皱，色深绿，春日开花，五瓣，团团成球，色多白，间有淡红色者。阳原、赤城均产。

金雀花，木本，常绿灌木，高至四五尺，嫩叶平滑，色绿有棱，纵行数列，掌状复叶，自三小叶成，无卷须，花生叶腋，初夏开花，蝶形，金黄色，颇美丽，实为英，供观赏用。赤城产。

红刺梅，木本，多年生灌木。阳原、赤城均产。

蔷薇，木本，枝茂多刺，高四五尺，叶为羽状复叶，小叶椭圆形，花五瓣而大，有红白黄等色，颇美丽。赤城产。

玫瑰，木本，灌木，高三四尺，枝茂多刺，叶为羽状复叶，椭圆形，绝类

---

① 蕻，音 hóng。

② 荇，音 xìng。

蔷薇，惟茎较短，花紫萼绿，亦有白花，花托为台状，外生密刺，香气清烈。**阳原、赤城均产。**

迎春花，木本，小灌木也，茎上部纤细，延长如蔓，叶为复叶，早春开黄花，六瓣，先叶而发，为春花中最早者，故名。**赤城产。**

探春花，木本，迎春花属。**赤城产。**

丁香，一名鸡舌香，木本，丛生，高四五尺，叶长椭圆形，春开紫花或白花，四瓣，子黑色。**阳原、赤城均产。**

山丹，即百合花，叶狭长而尖，茎直，花红色，六瓣，蕊不四垂，伏天开花。**张北、宝昌、阳原、赤城均产。**

芍药，茎高二三尺，叶深绿色，花大而美丽，色有红白紫各种。**张北、宝昌、阳原、赤城均产。**

○百草类（第 27~29 页）

苇草。多年生，草本，形似竹而柔细，高丈许，中空有节，叶随节生，每年春季，刨根一次，生长益茂，宜种碱性潮湿地及水地，可制席篓等物，叶可煮熟包粽子。**怀安、赤城、怀来、涿鹿、沽源、延庆、蔚县、万全、宣化、张北、阳原均产。**

苜蓿。茎长，叶小，花紫色，生山野中，为宿根草，亦有种子生者，每年割三次，以饲牲畜最宜。**怀安、赤城、阳原、万全、张北、宣化均产。**

莠。俗名毛莠子，亦有莠子、谷莠草、毛莠草等名，即野谷。生原野地边间。苗叶穗均似谷，惟实皆秕，不能食，荒年有采以充饥者，饲牲畜最佳。**怀安、赤城、康保、宝昌、延庆、万全、张北均产。**

水稗。茎干籽穗如稗粮，茎扁，上青下紫，叶细长，可饲牲畜，其粒可作粥，多生河滩水田中。**怀安、涿鹿、赤城、龙关、延庆、宣化均产。**

皮咸草。丛生，茎高，叶长尖，有灰毛，牲畜皆喜食。**张北、**

宝昌均产。

米蒿。一名米米蒿，即蒿草，味香，丛生，茎叶略似沙蓬，较高大，色黄绿，枝多叶碎，秋间结实，累累似米，牧放牲畜最宜，并可作薪柴，或熏蚊。万全、张北、宣化、阳原、宝昌均产。

艾蒿。形似蒿，丛生原野间，牲畜亦爱食。宝昌境内多产。

○菌类（第 29～31 页）

白蘑菇。野生，菌类，有黑白二种，菌头俗名伞，因菌头下面有散射状之褶，如伞状，故名。其下名柄，伞褶白，肉厚而白者，味最美，夏秋雨后，簇生山野茹蘑圈中。茹蘑圈即圆形之肥草地，相传蒙古人居包中，其周多有食余之弃骨肉汁腥膻等物，既包他往，其地即生蘑菇，故地圈形，每圈一次可采三五斤，伞小柄大时即采，采后阴干之，稍湿易生蛆，采迟伞张，即食无味，见盐即腐。怀安、赤城、商都、康保、宝昌、龙关、沽源、延庆、蔚县、张北均产。

地木耳。又名地耳，野生，食味，形状颜色如南木耳，惟薄瘦少肉，夏末秋初采，热水洗净晒干，可作菜，多生阴山坡中。涿鹿、沽源、蔚县均产。

马勃。俗名马皮包，野生，无伞褶及柄，形如蒸馍，有大至七八斤者，下有小根附地上，皮白色，其内瓤稍带黄色，初生采取，刀切为片，开水炸之，去水切碎，炒肉，与蘑菇同。怀安、宝昌、蔚县均产。

地皮菜。俗名地圐圙①，每小雨后，山坡地皮小草内即生，牧羊草滩中尤多，雨初霁，妇女孩童即往采，日出高即止，采后晒干，配入素菜，味甚佳。阳原产。

---

① 圐圙，音 kū lüè。

◎矿产（第 4 册，卷 10《物产编·矿产》）

○金属矿类（第 2 页）

龙关县铁矿一，在县属辛窑。民国三年，曾经农商部派西人安迪生调查，足敷六十年开采，矿质化验含铁百分之六十六而强，以交通不便，先从宣化烟筒山试采，宗旨在龙关也。

○石矿类（第 2~14 页）

龙关县水晶石矿一，在县属大榆树、李家寨二村山中。闻昔时曾经有人开采。

龙关县云母石矿一，可制成碾磨，最耐久。

龙关县磁石矿一，即磁铁矿，在县属三贤庙、井儿洼等处。

龙关县建筑用石矿一，在城北青羊沟，所产建筑石，为砌阶修墙佳料。

赤城县滑石矿一，在县城西右所堡，至今尚未开采。

龙关县青灰矿一。

龙关县白土子矿一。

龙关县五色软石矿一，此石制玩器，极美观，刻字亦佳，在县属蔡家庄。

龙关县大理石矿一。石英矿一。

◎龙关县村庄户口（第 5 册，卷 12《户籍编·村庄户口》，第 47~53 页）

有一县城，二百零二村庄，一万四千三百三十七户，六万七千七百三十九口。余见表。

○第一区村庄户口表①

---

① 原表横目为"村庄"，纵目为"县城方向""距县里数"等项目，即竖排。现为排版方便，改为横目为"县城方向""距县里数"等项目，纵目为"村庄"。原表为汉字数字，现改为阿拉伯数字。

共一县城九十四村六千四百七十七户，二万九千七百八十六口。

村名	县城何方	距县里数	户口数		井数	井质	井深尺度	水味	日出水量
县城			1013	4354	72	石	一丈至二丈	清淡	足用
下虎村	东南	30	108	759	3	石	30	清淡	足用
前所	西北	5	100	446	4	石	70	清淡	足用
三岔口	东	15	200	1004	2	石	130	清淡	足用
八里庄	东	8	168	780	3	石	58	清淡	足用
周村	北	5	81	348	2	石	80	清淡	足用
汤池口	西南	35	131	660	饮泉水			清淡	足用
蔡家庄	东南	20	125	667	4	石	50	清淡	足用
上仓	南	30	133	634	饮泉水			清淡	足用
上虎村	东南	25	159	749	4	石	40	清淡	足用
下仓	南	25	120	496	3	石	140	清淡	足用
段家沟	东南	10	64	289	2	石	30	清淡	足用
周家窑	西	28	126	610	饮河水			清淡	足用
金家庄	北	30	94	294	3	石	40	清淡	足用
东水泉	东北	10	102	515	4	石	10	清淡	足用
段木沟	东	20	69	261	饮泉水			清淡	足用
辛窑	东	10	61	296	1	石	50	清淡	足用
田家窑	南	20	104	498	3	石	20	清淡	足用
方家沟	西	10	76	313	1	石	40	清淡	足用
高家沟	东	10	22	92	1	石	20	清淡	足用
李家窑	西	7	83	402	2	石	10	清淡	足用
黄王沟	东	20	15	62	饮泉水			清淡	足用
小龙王堂	西	15	98	404	饮泉水			清淡	足用
黄草梁	西	20	80	398	2	石	20	清淡	足用
玉泉堡	西	15	96	332	2	石	20	清淡	足用
大蛤蟆口	西南	30	65	388	5	石	70	清淡	足用
韩家庄	东	20	160	718	4	石	50	清淡	足用
朱家营	西	5	60	324	5	石	20	清淡	足用
里什沟	东	15	62	282	饮泉水			清淡	足用

续表

村名	县城何方	距县里数	户口数		井数	井质	井深尺度	水味	日出水量
西水泉	西	15	79	429	2	石	20	清淡	足用
大岭堡	东	25	62	261	1	石	30	清淡	足用
龙门关	西	25	117	548	2	石	50	清淡	足用
官地沟	东	20	30	162	饮泉水			清淡	足用
大龙王堂	西	20	49	229	饮泉水			清淡	足用
梁家窑	西	10	92	294	4	石	50	清淡	足用
井儿洼	南	20	63	370	1	石	100	清淡	足用
徐家窑	西	7	46	229	饮泉水			清淡	足用
王家窑	南	20	75	376	2	石	130	清淡	足用
小蛤蟆口	西	30	44	171	饮泉水			清淡	足用
上斗子营	南	45	100	460	饮泉水			清淡	足用
安家沟	南	7	22	145	2	石	10	清淡	足用
刘家窑	南	40	40	176	饮泉水			清淡	足用
黑土沟	南	5	26	101	1	石	10	清淡	足用
上瓦房	南	25	64	300	饮泉水			清淡	足用
申太庄	南	35	43	213	饮泉水			清淡	足用
下瓦房	南	20	95	465	2	石	130	清淡	足用
三贤庙	西	20	30	157	1	石	60	清淡	足用
二道洼	南	20	55	286	2	石	140	清淡	足用
南窑沟	西	18	21	91	1	石	30	清淡	足用
陈家窑	南	25	45	208	2	石	100	清淡	足用
郭家庄	南	20	80	421	2	石	120	清淡	足用
姜家寨	南	20	30	134	饮泉水			清淡	足用
近北庄	南	15	145	585	2	石	10	清淡	足用
杨家窑	南	35	25	91	1	石	40	清淡	足用
尤家沟	南	7	40	173	饮泉水			清淡	足用
南栅里口	北	15	36	162	2	石	40	清淡	足用
张家窑	南	22	33	175	1	石	130	清淡	足用
于家沟	东	30	31	135	1	石	20	清淡	足用

续表

村名	县城何方	距县里数	户口数		井数	井质	井深尺度	水味	日出水量
曾家沟	南	15	35	182	饮河水				
金墉堡	北	30	58	259	1	石	50	清淡	足用
白象寺	南	20	45	237	1	石	40	清淡	足用
小张家口	北	30	52	273	2	石	50	清淡	足用
盘道	北	8	72	321	1	石	70	清淡	足用
北栅口	北	20	51	203	2	石	130	清淡	足用
王沟老	北	20	50	203	1	石	100	清淡	足用
后沟	北	30	45	185	饮泉水			清淡	足用
常家窑	北	15	53	209	1	石	100	清淡	足用
北沟	北	30	43	220	饮泉水	石		清淡	足用
南栅外口	北	15	50	275	2	石	20	清淡	足用
砖楼	北	30	33	128	饮泉水			清淡	足用
武家窑	北	8	37	182	1	石	70	清淡	足用
窑湾	西	20	28	141	1	石	20	清淡	足用
西沟窑	北	30	60	206	饮泉水			清淡	足用
新墩坑	北	35	46	177	饮泉水	石		清淡	足用
东宋家窑	北	30	28	116	2	石	20	清淡	足用
青羊沟	北	25	25	67	1	石	10	清淡	足用
雀儿沟	北	15	42	229	饮泉水			清淡	足用
皮哨	北	10	12	64	饮砖楼湾井水			清淡	足用
郝家沟	北	30	14	57	1	石	20	清淡	足用
温家沟	东	20	10	39	1	石	20	清淡	足用
石垛口	北	30	36	154	饮河水				
郎王沟	东	23	10	43	1	石	10	清淡	足用
艾家沟	东	20	18	76	饮河水				
剪子岭	东	30	9	40	1	石	10	清淡	足用
三盘	北	30	20	55	饮河水				
吴家沟	东	30	11	74	1	石	15	清淡	足用

村名	县城何方	距县里数	户口数		井数	井质	井深尺度	水味	日出水量
莺窑	北	25	19	82	1	石	10	清淡	足用
双圪塔	西	25	11	55	饮河水				
西宋家窑	北	9	11	68	饮砖楼村泉水			清淡	足用
小口子	北	40	6	22	饮泉水			清淡	足用
蟆蚱洼	北	25	15	55	饮南栅外口水			清淡	足用
大木厂	北	35	6	27	饮泉水			清淡	足用
东水沟	北	30	17	107	饮泉水			清淡	足用
蕨菜沟	北	40	4	19	饮泉水			清淡	足用
砖楼湾	北	9	2	14	1	石	20	清淡	足用

○第二区村庄户口表

共三十村二千二百九十三户，一万零六百三十三口。

村名	县城何方	距县里数	户口数		井数	井质	井深尺度	水味	日出水量
雕鹗镇	东南	40	243	1111	3	石	100	清淡	足用
李冒堡	东南	55	46	240	1	石	80	清淡	足用
黎家堡	东南	45	85	412	1	石	80	清淡	足用
李皋堡	东南	60	32	138	饮泉水			清淡	足用
东庄堡	南	50	128	556	1	石	70	清淡	足用
石头堡	东南	65	29	188	1	石	50	清淡	足用
羊官村	东南	60	113	254	1	石	150	清淡	足用
尤家庄	东南	60	26	253	饮河水				
孤山堡	东南	50	96	339	1	石	150	清淡	足用
孙家庄	东南	65	47	191	饮河水				
小雕鹗	东南	45	50	389	1	石	80	清淡	足用
大榆树	东南	40	117	443	2	石	50	清淡	足用

续表

村名	县城何方	距县里数	户口数		井数	井质	井深尺度	水味	日出水量
镇川堡	东南	40	131	613	2	石	200	清淡	足用
鞠家庄	东南	25	128	453	2	石	70	清淡	足用
郑家梁	东南	40	48	283	1	石	80	清淡	足用
李家寨	东南	30	62	252	1	石	50	清淡	足用
行字铺	东南	40	55	306	2	石	60	清淡	足用
王良堡	东南	45	72	354	1	石	50	清淡	足用
李洪堡	东南	45	42	181	饮泉水			清淡	足用
大仓堡	东南	55	52	281	饮泉水			清淡	足用
艾家沟	东南	45	59	327	饮泉水			清淡	足用
灰窑堡	东南	50	63	267	饮泉水			清淡	足用
向阳村	东南	45	156	701	饮泉水			清淡	足用
周家沟	东南	50	32	130	饮泉水			清淡	足用
康家庄	东南	33	68	318	2	石	70	清淡	足用
李家沟	东南	50	48	278	饮泉水			清淡	足用
朱家窑	东南	35	36	140	1	石	50	清淡	足用
张四沟	东南	50	78	396	1	石	80	清淡	足用
水碾堡	东南	35	69	358	2	石	40	清淡	足用
屯军堡	东南	60	82	481	1	石	70	清淡	足用

○第三区村庄户口表

共四十九村二千九百六十五户，一万三千二百五十九口。

村名	县城何方	距县里数	户口数		井数	井质	井深尺度	水味	日出水量
麻峪口	南	70	100	439	饮河水				
甘泉庄	南	80	196	887	2	石	20	清淡	足用
兴旺堡	南	70	260	1025	饮河水				
王家楼	南	70	175	876	2	石	50	清淡	足用
小水峪	南	75	70	393	1	石	50	清淡	足用

村名	县城何方	距县里数	户口数		井数	井质	井深尺度	水味	日出水量
靖宁堡	南	80	160	872	3	石	40	清淡	足用
头二营	南	80	82	496	1	石	40	清淡	足用
晏家庄	南	70	110	553	饮河水				
南山堡	南	85	39	265	1	石	30	清淡	足用
东洪站	南	70	70	367	公用井一	石	15	清淡	足用
葫芦套	南	80	24	161	1	石	40	清淡	足用
西洪站	南	70	60	259	公用井一	石	15	清淡	足用
焦家沟	南	85	34	193	饮泉水			清淡	足用
杏林堡	南	70	54	289	公用井一	石	15	清淡	足用
旧站堡	南	70	25	165	1	石	20	清淡	足用
高栅堡	南	35	86	342	2	石	30	清淡	足用
长安岭	南	70	34	154	1	石	30	清淡	足用
石香炉	南	40	27	119	1	石	10	清淡	足用
头炮堡	南	65	46	180	1	石	30	清淡	足用
龙把石	南	35	26	154	饮泉水			清淡	足用
郭家窑	南	50	29	103	1	石	30	清淡	足用
光埌洼	南	40	12	34	饮河水				
朱家庄	南	50	26	105	1	石	20	清淡	足用
岗岗窑	南	35	16	75	饮河水				
阎家窑	南	45	13	40	1	石	30	清淡	足用
饮马沟	南	40	30	108	1	石	50	清淡	足用
高家场	南	50	8	33	1	石	30	清淡	足用
窑子沟	南	40	43	164	1	石	30	清淡	足用
厂沟	南	45	8	41	1	石	30	清淡	足用
冯家沟	南	55	32	127	1	石	20	清淡	足用
下斗营	南	45	54	240	1	石	40	清淡	足用
官庄堡	南	55	100	394	1	石	240	清淡	足用
小庄科	南	50	35	92	饮泉水			清淡	足用
东山庙	南	45	150	439	1	石	200	清淡	足用

续表

村名	县城何方	距县里数	户口数		井数	井质	井深尺度	水味	日出水量
阎家坪	南	80	67	270	1	石	80	清淡	足用
施家村	南	60	21	81	饮河水				
姜家庄	南	70	86	346	1	石	40	清淡	足用
水厂	南	40	55	202	1	石	30	清淡	足用
蔡家窑	南	45	60	240	1	石	30	清淡	足用
瓦房	南	75	25	133	1	石	30	清淡	足用
大海陀	南	70	60	239	1	石	50	清淡	足用
西坡	南	80	30	112	1	石	20	清淡	足用
赵家窝铺	南	68	45	180	1	石	20	清淡	足用
马家堡	南	40	26	148	1	石	15	清淡	足用
二炮堡	南	60	73	287	1	石	30	清淡	足用
白土埌	南	70	15	87	饮泉水			清淡	足用
于家庄	南	75	35	102	1	石	35	清淡	足用
东庄堡	南	70	86	439	1	石	20	清淡	足用
金家口	南	85	47	209	饮泉水			清淡	足用

（备考）右表①东洪站、西洪站、杏林堡三村公用一井。

○第四区村庄户口表

共十四村一千三百零九户，七千四百三十六口。

村名	县城何方	距县里数	户口数		井数	井质	井深尺度	水味	日出水量
赵川镇	西	50	448	2459	4	石	60	清淡	足用
大白阳	西	75	163	854	2	石	80	清淡	足用
董家窑	西	50	119	641	2	石	50	清淡	足用
涧口河	西	75	28	113	饮河水				

---

① 原文为竖排版，依右向左，今改黄排，即为上表。下同。

续表

村名	县城何方	距县里数	户口数		井数	井质	井深尺度	水味	日出水量
小白阳	西	50	174	948	1	石	70	清淡	足用
拒兵堡	西	80	28	436	1	石	70	清淡	足用
后洼	西	60	29	209	饮河水				
和尚窑	西	70	33	235	1	石	50	清淡	足用
龙潭	西	40	24	137	饮泉水			清淡	足用
二道岭	西	70	55	241	1	石	40	清淡	足用
三坝口	西	57	120	709	饮泉水			清淡	足用
响水沟	西	80	23	88	饮河水				
正盘台	西	50	43	242	1	石	40	清淡	足用
安家窑	西	70	22	124	1	石	30	清淡	足用

○第五区村庄户口表

共十五村—千二百九十三户，六千六百二十口。

村名	县城何方	距县里数	户口数		井数	井质	井深尺度	水味	日出水量
常峪口	西北	90	513	2417	5	石	60	清淡	足用
葛峪堡	西北	80	215	879	饮河水				
元子河	西北	78	17	80	饮河水				
张全庄	西北	70	53	376	1	石	30	清淡	足用
郭隆庄	西北	73	40	276	1	石	40	清淡	足用
羊圈沟	西北	75	15	106	1	石	40	清淡	足用
大营盘	西北	94	43	261	1	石	50	清淡	足用
常家庄	西北	98	21	154	1	石	40	清淡	足用
霍家洼	西北	80	31	157	1	石	20	清淡	足用
小营盘	西北	80	24	127	饮河水				

续表

村名	县城何方	距县里数	户口数		井数	井质	井深尺度	水味	日出水量
官厅梁	西北	85	26	110	1	石	30	清淡	足用
青边口	西北	105	122	587	2	石	10	清淡	足用
李家窑	西北	110	55	404	1	石	20	清淡	足用
人头山	西北	130	72	410	1	石	40	清淡	足用
羊房堡	西北	115	46	276	1	石	10	清淡	足用

◎沽源县二、四区村庄户口[①]（第6册，卷13《户籍编·村庄户口》，第1~14页）

沽源县，有二城镇，四百九十三村，一万八千九百七十三户，八万八千六百三十五口。此次修志，适沽源值兵燹匪乱天灾之后，虽秩序粗定，而地方元气大损，财赋与人才，二者均感缺乏，于所定应行调查材料项目未免有缺，此出不得已也。余见表：

○第二区村庄户口表

共一百三十村五千五百五十七户，二万七千五百二十五口。

村名	户数	口数	村名	户数	口数
三道川村	360	1800	二道沟村	19	78
大灯场村	40	220	三道沟村	7	26
山岔口村	31	169	四道沟村	21	96
黑龙山沟门村	30	170	五道沟村	43	217
碾子沟村	50	278	六道沟村	25	84
鹿叫沟村	50	270	蒯家营村	47	231
剑场沟村	21	103	桃园村	35	198
胡神庙沟村	25	95	梁家营村	37	186
波浪湾村	35	187	罗家营村	36	126

---

① 按沽源县二、四区，为今赤城县三道川乡、白草镇、东万口乡、茨营子乡、东卯镇六个乡镇地方，故录入。

续表

村名	户数	口数	村名	户数	口数
王木匠沟村	30	140	下窝铺村	34	169
小石窑村	14	71	张家营村	57	236
山神庙村	83	391	辛营子村	50	217
大石窑村	30	183	柳条沟村	15	70
盆底坑村	43	178	南沟村	37	107
邓家栅村	41	221	鹿叫村	51	143
老栅子村	40	222	湾子村	65	345
山岔儿村	11	31	水洞村	50	281
小灯场村	19	112	小茨榆村	30	121
麂鹿口村	20	92	南茨榆村	12	52
洗马湾村	25	103	北茨榆村	15	69
西接齐沟村	31	163	喜峰砦村	72	373
老掌沟村	50	192	白塔沟村	21	94
甘沟村	25	113	寺儿沟村	22	112
老掌坝头村	30	110	磨上村	9	34
达子营村	26	126	官路坊村	76	379
小西沟村	25	156	格岔村	5	34
东沟门村	37	187	南窑子村	3	11
刘官窑村	60	340	庙子沟村	30	110
二道河村	50	263	店房沟村	10	92
后沟村	37	148	东万贯口村	72	345
大营子村	45	231	西万贯口村	53	278
马厂村	58	308	沙沟村	30	149
牛角栅子村	37	134	辽东营村	31	134
小三道川村	45	267	东梁村	62	326
韩家栅村	31	129	杨木棚村	73	346
石片沟村	43	251	塘子营村	56	294
古窑洼村	43	291	杨树沟村	34	154
红石砦村	83	510	巴图营村	43	234

续表

村名	户数	口数	村名	户数	口数
瓦窑沟村	8	21	南台子村	27	124
东窑子村	30	130	茨儿沟村	43	268
西窑子村	50	268	水泉沟村	31	142
二道川村	40	213	南沟村	20	112
土窑子村	27	122	千松背村	17	73
桦树背村	52	239	碾子湾村	50	247
石嘴子村	36	352	千松沟村	19	59
槽碾沟村	78	394	瓦房沟村	85	410
马道口村	82	422	大西沟村	52	262
驼骆砦村	9	32	罗车窝铺村	35	120
马栅子村	73	370	小西沟村	32	126
头道川村	52	261	苏寺儿村	56	250
干沟村	47	262	甸房沟村	51	234
老牛沟村	35	170	黑达营村	125	570
后老牛沟村	36	157	九宫号村	72	343
河路沟村	43	223	上庙子村	52	234
苇子沟村	21	116	下庙子村	34	154
永宁口村	51	259	杨木栅子村	84	467
青羊沟村	40	213	头道沟村	15	59
碓臼沟村	45	266	化皮甸村	31	153
大景门村	27	116	土盆沟村	15	134
小景门村	34	167	卯道沟村	21	108
福山村	28	154	孔家窝铺村	12	54
孤石村	150	734	槽碾沟村	25	143
大白草村	134	729	高家栅村	50	247
小白草村	36	174	上台子村	27	134
头道沟村	27	98	侯家栅村	34	130

（备考）右表，三道川村以下，四十一村，为三道川乡；又八村，为二道川乡；
又十三村，为头道川乡；又二十三村，为白草村乡；又三十五村，为喜峰砦
乡；又十村，为杨木栅乡。

○第四区村庄户口表

共七十九村三千三百八十七户，一万五千八百三十七口。

村名	户数	口数	村名	户数	口数
东卯镇村	203	1019	石槽村	34	136
上碌轴湾村	42	254	石槽梁村	21	93
西卯镇村	78	384	黄石砟村	35	142
水磨湾村	61	344	上花楼村	50	241
万泉寺村	124	530	下花楼村	35	135
井儿沟村	57	271	珍珠泉村	74	343
西苇子沟村	31	121	庙儿梁村	37	142
三块石村	34	164	杏叶沟村	42	234
道德沟村	70	320	秋厂村	53	245
东长梁村	31	143	红石湾村	47	225
下碌轴湾村	34	164	德罗湾村	35	139
西长梁村	25	114	西千家店村	120	513
中碌轴湾村	51	273	东千家店村	97	510
艾河滩村	27	152	白塔儿村	52	237
大石墙村	40	213	奶子山村	35	137
松树台村	53	231	菜木沟村	52	271
大栋树村	35	163	四潭沟村	43	221
松树沟村	34	167	平台子村	25	103
上虎叫村	37	164	转山子村	37	140
大石窑村	32	134	牤牛沟村	58	281
下虎叫村	43	213	黄土梁村	59	240
乱石窑村	25	126	水泉沟村	5	21
槽碾沟村	39	157	馨儿沟村	45	235
大榆树沟村	35	164	东苇子沟村	34	130
四座窝铺村	28	126	首领梁村	32	127
碾子上村	51	210	黑龙潭村	35	142
黑牛山村	45	231	天桥村	11	34

续表

村名	户数	口数	村名	户数	口数
道德坑村	43	245	大东梁村	21	98
阳坡村	37	172	喇叭沟村	34	143
后沟村	27	143	狲狲沟村	21	94
花盆镇村	53	243	下三块石村	53	236
上马路村	32	172	头道沟村	32	72
谷子坊村	63	325	李家湾村	25	115
烟洞沟村	25	130	南道德沟村	31	107
小川村	21	112	桃树底村	21	112
碳窑沟村	35	171	卫峪沟村	22	73
八道河村	25	134	梨树沟村	32	143
六道河村	37	174	五道沟村	33	156
白河口村	54	297	北口子村	17	54
九岭梁村	25	147			

（备考）右表，东卯镇村以下三十村，为东卯镇乡；又十七村，为花盆乡；又二十村，为珍珠泉乡；又十四村，为黑龙潭乡。

◎赤城县村庄户口（第 6 册，卷 13《户籍编·村庄户口》，第 14～20 页）

赤城县有三城镇，一百八十四村庄，一万五千六百零四户，七万零三百零一口。余见表。

○第一区村庄户口表

共一城镇五十四村四千五百零二户，二万三千零九十六口。

村名	县城何方	距县里数	户口数		井数	井质	井深尺度	水味	日出水量
县城镇			1609	6797	6	砖	58	淡	3000
杨家庄	正东	16	41	332	1	石	31	淡	100
卜家庄	正东	15	53	330	1	石	32	淡	120
张浩村	正南	25	68	346	1	石	22	淡	300

续表

村名	县城何方	距县里数	户口数		井数	井质	井深尺度	水味	日出水量
大峪沟	正东	15	23	128	1	石	30	淡	100
寺儿梁	正南	27	16	74	1	石	28	淡	100
小峪沟	正东	10	24	160	1	砖	30	淡	100
柳林屯	正南	23	27	126	1	砖	10	淡	200
西红石窑	正东	13	36	202	1	砖	30	淡	200
南庄子	正南	22	75	467	1	砖	22	淡	300
东红石窑	正东	13	31	160	1	砖	34	淡	200
老幼屯	正南	15	91	651	2	砖	30	淡	400
张家窑	东南	8	22	80	1	砖	22	淡	200
兴仁堡	正南	8	186	877	2	砖	31	淡	600
郭家屯	东南	23	42	277	1	砖	16	淡	300
浩门岭	正南	20	58	264	1	砖	58	淡	300
杨家坟	东南	20	31	201	1	石	18	淡	200
小营堡	西南	18	62	348	1	砖	48	淡	300
双山寨	东南	27	61	504	1	砖	16	淡	300
塘坊堡	西南	15	61	222	1	砖	28	淡	300
大西沟	东南	30	13	61	1	石	14	淡	100
郑家庄	西南	12	22	140	1	砖	27	淡	200
青羊沟	西南	16	57	255	1	砖	27	淡	200
王官村	正西	20	30	122	1	石	16	淡	200
田家窑	西南	16	48	305	1	砖	28	淡	200
黄土岭	正北	15	49	240	3	砖	32	淡	600
沃麻坑	正南	20	65	414	1	砖	28	淡	300
井家寨	正北	10	18	81	1	石	33	淡	100
左所堡	正西	15	67	448	1	砖	31	淡	300
镇宁堡	西北	30	93	691	3	砖	36	淡	600

续表

村名	县城何方	距县里数	户口数		井数	井质	井深尺度	水味	日出水量
杨家村	正西	18	18	86	1	石	30	淡	100
右所堡	正西	20	89	717	1	砖	34	淡	300
欧阳村	西北	16	57	211	1	砖	38	淡	300
东沟	西北	35	53	324	1	石	41	淡	100
上窑子	西北	16	30	121	1	砖	38	淡	200
寺儿沟	西北	36	65	462	1	砖	40	淡	300
四道沟	西北	14	38	190	1	砖	31	淡	200
黄土梁	西北	40	28	128	1	石	41	淡	200
孙家庄	正西	8	62	260	1	砖	24	淡	300
中所堡	西北	35	85	431	1	砖	42	淡	300
周里沟	正南	15	18	71	1	砖	24	淡	100
东栅口	西北	40	152	1084	3	砖	32	淡	900
正阳墩	西北	50	70	406	1	砖	34	淡	200
丁字路	西北	60	113	525	2	石	48	淡	400
红嵯子	西北	50	31	122	1	砖	36	淡	200
大边口	西北	68	31	145	1	石	51	淡	100
方家梁	西北	50	52	230	1	砖	36	淡	200
黑沟	西北	60	16	71	1	石	50	淡	200
盘石台	西北	50	92	455	2	石	41	淡	400
西栅口	西北	40	129	865	2	石	41	淡	400
田家窑村	西北	60	26	98	1	石	42	淡	200
嵯沟窑	西北	55	28	123	1	石	41	淡	200
野马盘	西北	70	57	305	1	石	41	淡	200
赵家沟	西北	37	52	240	1	砖	40	淡	100
水泉子	西北	65	30	123	1	石	44	淡	100

○第二区村庄户口表

共一镇四十六村三千四百九十四户，一万四千零九十九口。

村名	县城何方	距县里数	户口数		井数	井质	井深尺度	水味	日出水量
独石口镇	西北	90	798	1955	16	砖	24	淡	每井日出 200 担
头堡子	正北	75	32	150	1	砖	26	淡	300
独石口南门外乡	正北	90	84	802	7	砖	24	淡	每井日出 100 担
沿家沟	正北	70	18	76	1	砖	28	淡	100
青羊沟	正北	95	82	506	2	石	26	淡	400
麻地沟	正北	80	66	440	1	砖	48	淡	400
北栅子	正北	100	31	143	1	石	28	淡	200
朱家沟	正北	78	21	97	1	砖	48	淡	200
城西沟	正北	95	18	81	1	砖	27	淡	100
董家洞	正北	80	18	77	1	石	40	淡	100
东梁后	正北	92	31	122	1	砖	24	淡	200
马营沟	正北	80	57	212	1	石	34	淡	300
东栅子	正北	100	96	473	1	砖	27	淡	400
太保沟	正北	90	71	262	1	石	28	淡	300
东沟	正北	100	26	121	1	砖	28	淡	200
马营堡	正北	60	432	2087	10	砖	21	淡	每井日出 200 担
水磨	正北	80	57	260	1	砖	26	淡	300
邱家岭	正北	60	35	166	1	石	50	淡	300
观音堂	正北	85	27	113	1	砖	26	淡	200
李家窑	正北	70	37	148	1	石	50	淡	300
汴家堡	正北	70	34	136	1	石	28	淡	300
石庄沟	正北	75	22	106	1	砖	32	淡	200
东沟村	正北	68	21	91	1	石	21	淡	200
孤山	正北	90	12	58	1	砖	38	淡	100
侯家沟	正北	65	27	134	1	石	28	淡	200
正北沟	正北	90	24	112	1	石	22	淡	200
满家沟	正北	70	23	122	1	石	41	淡	100

村名	县城何方	距县里数	户口数		井数	井质	井深尺度	水味	日出水量
宋家窑	正北	80	18	91	1	砖	30	淡	200
杏叶村	正北	65	18	80	1	砖	31	淡	200
海家窑	正北	90	22	104	1	砖	20	淡	200
独石沟	正北	70	26	113	1	砖	28	淡	200
君子堡	正北	80	205	878	2	砖	48	淡	600
小沙沟	正北	70	20	97	1	石	28	淡	200
大沙沟	正北	83	28	136	1	砖	48	淡	200
井家沟	正北	50	18	76	1	石	40	淡	100
榆树窑	正北	92	134	464	1	砖	46	淡	200
寺儿村	正北	58	13	52	1	石	36	淡	200
羊坊堡	正北	50	134	464	3	砖	41	淡	900
松树堡	正北	80	237	980	2	砖	80	淡	300
彭家沟	正北	60	24	103	1	石	41	淡	200
张李家沟	正北	70	19	91	1	石	48	淡	100
黄榆沟	正北	78	27	138	1	石	42	淡	200
一堵墙	正北	85	23	96	1	石	50	淡	200
石窑沟	正北	46	21	88	1	石	42	淡	100
大水坑	正北	70	154	494	1	砖	50	淡	300
仓上堡	正北	40	153	504	1	砖	42	淡	400

○第三区村庄户口表

共一镇五十九村五千零一十九户，二万一千七百三十九口。

村名	县城何方	距县里数	户口数		井数	井质	井深尺度	水味	日出水量
龙门所镇	正东	30	750	3249	6	砖	36	淡	每井日出 100 担
蒋家堡	正东	40	118	387	1	砖	31	淡	500
样田堡	东南	30	170	665	14	砖	20	淡	每井日出 100 担
蘑菇沟	东南	36	23	104	1	砖	38	淡	200

续表

村名	县城何方	距县里数	户口数		井数	井质	井深尺度	水味	日出水量
石灰窑	东南	32	122	522	1	砖	46	淡	400
沈家泉	东南	40	17	82	1	砖	44	淡	100
邓家窑	正东	27	28	121	1	砖	32	淡	200
深沟	东南	55	31	130	1	石	32	淡	200
戴家沟	正东	43	24	113	1	砖	36	淡	200
红沙梁	东南	58	30	127	1	石	41	淡	200
尚家堡	东南	58	68	296	1	石	42	淡	300
杜家窑	正东	48	58	277	1	砖	32	淡	200
尹家窑	东南	50	36	154	1	砖	44	淡	200
黑龙王沟	正东	50	28	106	1	石	34	淡	200
罗家堡	东南	65	41	167	1	砖	42	淡	300
金家窑	正东	52	31	127	1	石	34	淡	200
沈家沟	东南	43	135	555	1	砖	42	淡	200
刘家庄	正东	60	34	138	1	石	36	淡	200
梁家沟	东南	38	34	150	1	砖	42	淡	200
小堡子	正东	45	62	90	1	石	32	淡	200
李儿窑	东南	42	18	82	1	砖	42	淡	100
王庄	正东	52	44	208	1	石	41	淡	300
马家窑	东南	53	134	619	2	砖	36	淡	400
李家窑	正东	26	118	447	1	砖	36	淡	200
程正沟	正东	50	82	364	1	石	32	淡	200
朱家庙	正东	30	55	242	1	砖	36	淡	200
梨树沟	正东	55	46	190	1	石	22	淡	200
东沟前营	正东	40	28	113	1	石	38	淡	200
东沟后营	东北	45	26	124	1	石	38	淡	200
郭家窑	正东	40	86	404	1	石	38	淡	200
牧马堡	东北	35	155	677	1	砖	38	淡	400
十二道洼	正东	35	34	144	1	石	38	淡	200
前楼	东北	45	85	391	1	石	38	淡	200

续表

村名	县城何方	距县里数	户口数		井数	井质	井深尺度	水味	日出水量
青平楼	正东	45	30	130	1	石	38	淡	200
后楼	东北	47	64	272	1	石	41	淡	200
赵家庄	正东	38	32	148	1	石	38	淡	200
丈房沟	东北	46	19	102	1	石	38	淡	200
沙沟	正东	35	21	97	1	石	38	淡	200
十七亩湾	东北	42	17	94	1	石	38	淡	200
滴水崖	东南	80	514	2485	3	砖	41	淡	每井日出300担
张家窑	正东	22	140	583	1	砖	32	淡	300
董家沟	东南	88	93	334	1	砖	41	淡	200
郝家窑	正东	25	37	144	1	石	32	淡	200
青罗口	东南	72	144	584	1	砖	38	淡	300
甘家沟	正东	23	34	120	1	石	34	淡	200
李常沟	东南	77	26	124	1	石	28	淡	200
辛庄子	正东	20	30	112	1	石	30	淡	200
河西堡	东南	70	68	282	1	石	38	淡	200
上庄堡	东南	75	42	158	1	石	38	淡	200
宁远堡	东南	80	130	610	1	石	40	淡	200
常藤庄	东南	88	134	519	1	石	39	淡	200
宁疆堡	东南	95	77	407	1	石	41	淡	200
跳石河	东南	95	76	315	1	石	32	淡	200
郑家窑	东南	85	26	118	1	石	40	淡	200
艾河滩	东南	100	47	173	1	石	36	淡	200
上马鞍山	东南	37	64	365	1	石	38	淡	200
巡检寺	东南	60	147	692	1	石	38	淡	200
下马鞍山	东南	42	61	316	1	石	34	淡	200
长伸地	东南	70	118	554	1	石	38	淡	200
水磨窑	东南	34	58	336	1	石	34	淡	200

○第四区村庄户口表

共二十五村二千五百八十九户，一万一千三百六十七口。

村名	县城何方	距县里数	户口数		井数	井质	井深尺度	水味	日出水量
云州堡	正北	30	448	2082	5	砖	41	淡	500
沙窝墩	正北	25	27	120	1	石	38	淡	100
观门口村	正北	22	34	146	1	砖	36	淡	180
胭脂村	东北	50	58	217	1	石	38	淡	100
西宁堡	正北	38	32	154	1	石	38	淡	100
施家嵯	东北	52	108	551	1	石	38	淡	200
旧站堡	正北	40	178	775	1	砖	37	淡	200
二墩沟	东北	70	48	221	1	石	38	淡	100
猫峪堡	正北	50	255	1136	1	砖	38	淡	200
镇安堡	东北	60	240	878	5	砖	46	淡	500
三山堡	正北	60	135	597	1	砖	38	淡	200
打罗村	东北	70	34	155	1	石	41	淡	100
半壁店村	正北	70	113	546	1	砖	32	淡	200
松华村	东北	68	22	97	1	石	41	淡	100
吕和堡	正北	18	68	321	1	砖	28	淡	200
青泉堡	东北	70	156	562	1	砖	40	淡	280
夏家村	东北	40	87	386	1	石	26	淡	100
新墩	东北	65	48	229	1	石	36	淡	200
镇源堡	东北	40	87	386	1	石	26	淡	100
中堡	东北	60	36	163	1	石	36	淡	180
永镇堡	东北	45	110	552	1	石	24	淡	100
虎龙沟	东北	90	176	675	1	石	46	淡	200
怀家村	东北	70	32	151	1	石	45	淡	100
深沟洼	东北	95	27	124	1	石	46	淡	100
大西沟	东北	80	30	143	1	石	46	淡	100

◎堡寨（第6册，卷14《户籍编·堡寨》）

○龙关县堡寨（第26~28页）

三岔口堡。在县治东十五里。明嘉靖三十五年①筑，万历十七年②砖包。周一里二百五十四步，高三丈三尺，楼二，铺四，东西二门。

金家庄堡。在县城北三十里。明成化二年③筑，万历四年砖包。周二里三十六步，高三丈三尺，楼四，角楼三。

龙门关堡。在县治西二十五里，俗称关底堡。明宣德三年④筑，嘉靖四十三年加修，万历十三年砖包。周二里三十六步，高三丈五尺，楼四，铺四，东西二门。

雕鹗堡。在县治东南四十里。明宣德庚戌⑤年筑，成化八年砖包，隆庆四年⑥加修。周二里一百八十步，高三丈五尺，堡楼四，角楼四，铺六，门二，西曰"清远"，南曰"扬武"，西关阙，据传系清初山洪暴发冲没。

长安岭堡。在县治南七十里。明永乐九年⑦筑，正统年砖包。周五里十三步，高三丈五尺，堡楼四，铺楼十三，门二，南曰"迎恩"，北曰"拱辰"。城在山凹，延至两山上，后又添筑二垣，如鸟张两翼，故又名凤凰城。

赵川堡。在县治西五十里。明宣德三年筑，隆庆五年砖包。周四里，高三丈五尺，楼二，铺四，东南二门，东曰"平定"，南曰"永安"。

小白阳堡。在县治西五十里。明宣德五年筑，嘉靖四十三年加

①　嘉靖三十五年，1556年。
②　万历十七年，1589年。
③　成化二年，1466年。
④　宣德三年，1428年。
⑤　宣德庚戌，宣德五年，1430年。
⑥　隆庆四年，1570年。
⑦　永乐九年，1411年。

修，万历十三年砖包。周二里三百步，高三丈五尺，楼一，铺四，南门一，曰"朝阳"。

大白阳堡。在县治西七十五里。明宣德五年筑，景泰五年[①]增修，万历十三年砖包，楼一，铺四，南门一，曰"大白阳"。

葛峪堡。在县治西北八十里，即唐武川城。明正统间，葛峪人穴地，得遗碣，载称武川城[②]。明宣德五年筑，万历六年砖包。周四里二百九十三步，高三丈五尺，堡楼三，角楼四，铺四，门二，南曰"永定"，西曰"永宁"。

常峪口堡。在县治西北九十里。明宣德五年筑，成化五年加修，万历十三年砖包，周三里三百一十步，高三丈五尺，堡楼六，角楼三，铺二，西南门二，俱曰"常峪"。

青边口堡。在县治西北一百零五里。明宣德五年筑，万历九年砖包。周三里十一步，高三丈五尺，楼四，铺四，南门一，曰"平安"。

羊房堡。在县治西北一百一十五里。明成化元年筑，宏治二年[③]加修，嘉靖四十三年重修，万历十三年甃石。周二里一百一十三步，高三丈五尺，南门一，曰"羊房堡"。

○赤城县堡寨（第29~31页）

独石城。在县治西北九十里。明宣德五年筑，《明史》：宣德五年，阳武侯薛禄建言，永宁卫团山及雕鹗、赤城、云州、独石无城堡，不可守，筑之便。于是发卒二万六千赴役，精骑五百护之，禄与丰城侯董斌筑之。万历十年砖包。周六里十三步，城楼四，角楼四，铺八，门三，东曰"常

---

① 景泰五年，1454 年。

② 按该条当载自明嘉靖《宣府镇志》，《宣化县志》亦载此武川作武州，查武川在今山西，此不当又有武川，《县志》改"川"为"州"是也。

③ 宏治二年，1489 年。弘治为明孝宗朱祐樘年号，清代避讳清高宗纯皇帝爱新觉罗氏名"弘历"之"弘"字，以"宏"代"弘"，疑为《通志》载录清代典籍，仍为"宏治"。

胜"，西曰"常宁"，南曰"永安"。总督郑洛《修独石口城碑》载：周围一千三百一十丈七尺，展修五十八丈三尺，增筑东南角敌台一座，起工于万历十年四月，讫工于十二年十月。清乾隆七年①，直督孙嘉淦以独石城岁久坍塌，定为边口急工，题准兴工。乾隆八年，知县孟思谊领银办料，乾隆九年三月起工，十一年九月讫工，共补砌砖墙五百四十三丈，筑土牛②九百三十三丈四尺八寸，砌海墁折方丈一千九百一十二丈三尺七寸，排墙一千五百一十丈，垛口一千一百九十九个，女墙一千二百一十丈，水沟八十三道，发南门内外券二座，西门内外券二座，建城楼四座，角楼四座，炮楼八座，西南角石壩一百二十八丈九尺，东南虎皮石坝一百四十三丈八尺，东北土堤八十八丈二尺，共请销银九万两零，现角楼炮房均已圮毁，城楼残破，城垣坍塌不堪，东城几为平地。

龙门所城。在县治东三十里，原名李家庄，又名东庄。明宣德六年建，隆庆四年重修。高二丈六尺，方四里九十步，城楼七，角楼三，敌台楼八，城铺十五，门二，南曰"敷化"，北曰"统政"。南关一，高二丈，方一里三十步，土墙，未甃砖。其角楼、敌台均已圮毁，城垣坍塌不堪。

云州堡城。在县治北三十里。明宣德五年阳武侯薛禄筑，正统十四年③陷也先，景泰二年都督孙安复守，五年参政叶盛奏设守御所治，委指挥沈礼甃砖石，高三丈五尺，周三里百五十八步，城楼三，角楼四，城铺十七，门二，东曰"镇清"，南曰"景和"。又厢关南北门二，年久失修，坍塌不堪。去年汤玉麟军盘踞其中，拆毁公私建筑物，以供燃料，益见残破，厢关夷为平地。

马营堡城。在县治北六十里，旧名震州，又名西猫儿峪。明宣

---

① 乾隆七年，1742 年。

② 土牛，堆在堤坝上以备抢修用的土堆。远看形似牛，故称。

③ 正统十四年，1449 年。

德年筑，西半在山上。周六里五十步，高三丈五尺，堡楼四，角楼四，铺二十四，堡门四，东曰"宣文"，西曰"昭武"，南曰"广义"，北曰"恒仁"。岁久失修，残破不堪。

君子堡。在马营北二十里，南距县治八十里。先是旧堡残破，明嘉靖二十五年复筑，万历八年砖包。周一里三百五十步，高三丈五尺，楼二，铺一，门一。

松树堡。在马营西北三十里，南距县治八十里。明嘉靖二十五年筑，万历元年砖包。周二里，高三丈五尺，堡楼二，角楼五，门一。

羊坊堡。在县治北五十里，明天启元年①筑。东西二百六十八丈，南北二百七十二丈，顶宽九尺，底宽一丈八尺，高三丈，门一，堡墙岁久坍塌。

仓上堡。在县北四十里，明万历十六年筑。周一百五十九丈二尺，高三丈五尺，门一。

半壁店堡。在县治北七十里，北距独石口二十里。明嘉靖三十七年因民堡改筑，隆庆元年加修，万历十一年砖包。周一里三十四步，高三丈五尺，堡楼一，角楼四，门一，堡城岁久失修。

猫儿峪堡。在县治北五十里，北距独石口四十里，创筑加修与半壁店堡同。高三丈五尺，周一里二百二十七步，堡楼二，角楼四，门一，堡墙岁久坍塌。

青泉堡。在县治东北七十里。明景泰四年筑，隆庆五年加修，万历十五年砖包。周二里六十五步，高三丈五尺，堡楼二，角楼四，铺一，门二，堡墙岁久坍塌。

镇安堡。在县治东北六十里。明成化八年筑，正德六年加修，万历十五年砖甃，北半在山上。周二里六十六步三尺，高三丈五尺，

---

① 天启元年，1621 年。

城楼三，角楼四，铺一，门一。

牧马堡。在县治东北三十五里，南距龙门所十五里。明宏治十年筑，万历五年砖甃。周一里二百四十四步，高三丈五尺，楼四，铺二，南门一，堡墙岁久残破。

样田堡。在县治东南三十里，北距龙门所二十里。明嘉靖三十七年改民堡为官堡，万历十六年砖包。周二里六十步，高三丈五尺，角楼四，门一。

滴水崖堡。在县治东南八十里，旧名大屯，在河之南，明宏治八年移此，宏治九年筑堡，嘉靖二十九年奏拨真、保两府人民重修。高二丈七尺，方三里百二十步，门楼二，角楼四，门二，南曰"望京"，西曰"翊镇"，隆庆三年砖砌。

长伸地堡。在县治东南七十里，旧名外十三家。明嘉靖中为史、车二部酋盘据，隆庆四年内徙二酋，万历七年始开复疆土，修筑堡墙。周一里八步，高三丈五尺，皆砖砌，楼二，南北门二，堡墙岁久坍塌。

宁远堡。在县治东南八十里，因在山上，故俗名上堡。明嘉靖二十八年筑，四十五年砖砌。周二里一十三步，高三丈五尺，敌楼三，角楼四，门一。

镇宁堡。在县治西北三十里。明宏治十一年筑，万历十五年砖甃，周二里五十七步，高三丈五尺，堡楼角楼六，门一，堡墙岁久坍塌。

以上十八城堡，均明代修筑，设弁防守，为官堡。历年既久，未奉饬修，大半倾废，基址间有存者。又吕和堡、旧站堡、头堡子、中堡、永镇堡、蒋家堡、小堡子、尚家堡、宁疆堡、河西堡、左所堡、中所堡、右所堡、塘坊堡、小营堡、巡检司堡、兴仁堡、三山堡等村十八堡，皆居民自行建筑，资以防寇盗，非官堡，今俱圮废，创建年月无考，距县城若干里，详村庄内，不另述。

◎乡贤（第 7 册，卷 15《户籍编·乡贤》）

○龙关县乡贤（第 65～66 页）

　　李遵度，字式玉，父业农，命以耕，力弗能任。见邻馆读书，甚喜，请于父，欲就学，因送之党塾①中。颖悟过人，家贫，纸笔乏资②，试破笔以窗纸写之。塾师与同侪③讲说，即为倾听。不数年，学问大进，补邑庠生，复拔贡成均④。方其下帷⑤萧寺⑥，朝夕饭一盂，有古人画粥⑦之风，奋志揣摩。读余，学草书，能以左手挥洒，曲折尽致。岁乙酉⑧，值清定鼎之年，年甫三十，欲赴顺天应试，缺资斧⑨，踌躇未决。夜梦伽蓝神⑩告曰："汝今科必售⑪，盍⑫亟往。"醒以告妻，妻脱簪珥资之。榜发，果领乡荐⑬。丙戌⑭成进士，授浙江德清令。时寇盗充斥，乃练义勇，缮甲兵，擒其渠魁⑮，余党悉散。视事五载，讼简刑清，地方宁谧，为忌者所中，落职家居，惟

①　党塾，指乡学。
②　乏资，缺乏费用。
③　同侪，同伴，伙伴。
④　成均，古之大学。泛称官设的最高学府。
⑤　下帷，放下室内悬挂的帷幕。指教书。引申指闭门苦读。
⑥　萧寺，唐李肇《唐国史补》卷中："梁武帝造寺，令萧子云飞白大书'萧'字，至今一'萧'字存焉。"后因称佛寺为萧寺。
⑦　画粥，宋范仲淹早年求学时曾寄居僧寺，贫困异常，每日"惟煮粟米二合作粥一器，经宿遂凝，以刀为四块，早晚取二块。"见《宋朝事实类苑》卷九引宋文莹《湘山野录》。后以"画粥"为安于贫困之典。
⑧　清顺治二年，1645 年。
⑨　资斧，指旅费。
⑩　伽蓝神，佛教寺院中的护法神。佛典原谓有美音、梵音、雷音、师子等十八神护伽蓝。禅宗寺院则供当山土地等为守护神。后世又以智𫖮建玉泉寺时见关羽幻象的传说而将关羽列为伽蓝神。
⑪　售，指科举及第。
⑫　盍，副词。表示反问或疑问。相当于"何不"。《玉篇·皿部》："盍，何不也。"
⑬　领乡荐，乡试中式。
⑭　顺治丙戌，顺治三年，1646 年。
⑮　渠魁，大头目；首领。《书·胤征》："歼厥渠魁，胁从罔治。"孔传："渠，大。魁，帅也。"孔颖达疏："'歼厥渠魁'，谓灭其元首，故以渠为大，魁为帅，史传因此谓贼之首领为渠帅，本原出于此。"

日以诗文自娱。至其孝友性成，一堂雍睦①，尤足为后学师表云。

　　窦文，字质夫，燕山禹钧②，其远祖也。元顺帝时，从军，籍定远。明永乐间以军功调龙门，遂籍焉。至八世名刚，经历浙江布政，升潞安通判，政绩甚懋③。文之高祖也。文生而颖敏，博涉经史，多著述，寺庙碑文，皆其手撰。龙关八景，乃其创也。殆艺坛之铮铮者欤。以岁贡，任卫辉同知。致仕④归里，修家谱一卷，绘风木遗史十余幅，以寓思亲之意，孝行笃挚，略见一斑。崇祀乡贤。

　　倪尚忠，（宋）[字]肖泉⑤，凯五世孙也，世袭指挥佥事。万历六年⑥，充左参将，分守宣府中路，驻扎葛峪堡。十三年，又分守宣府西路。十九年，充副总兵，协守大同。旋升总兵官，镇保定，并管大宁都司、定州卫所及紫荆、倒马等关。先是防守金家等庄，适兵备巡边，询一切险阻要害墩台事务，主将不能对，忠对如指掌，兵备奇之。后遇寇警，忠子身探虚实。适寇率众掠民间，忠至，叱之，射死一人，余皆逃散，生擒一人而归，主将壮之。（反）[及]⑦为参将，寇入口甚众。麾下偏裨，屡请御之，君忠坚壁不动。将佐咸曰："不御失机，咎将谁归？请身率众先御之。"忠亦弗许。会日暮，下令秣马饱食，遂奋击寇。寇惊怖退走，遂大破之。夺其辎重无算，后寇畏惧，不敢复入口。忠性孝友，念祖父旧勋，不可湮没，故矢忠报国，独任边疆，数十年始终不怠。又素爱贤礼士，乐与名

---

①　雍睦，犹和睦。南朝陈徐陵《晋陵太守王励德政碑》："家门雍睦，孝友为风，上交不谄，下交不渎。"

②　燕山禹钧，《三字经》说的窦燕山原名窦禹钧，五代后周渔阳人，今天津市蓟县，渔阳属古代的燕国，地处燕山一带，因此，后人称窦禹钧为窦燕山。

③　懋，通"茂"。大；盛大。《书·大禹谟》："予懋乃德，嘉乃丕绩。"蔡沈集传："懋、楙古通用。楙，盛大之意。"

④　致仕，辞去官职。《公羊传·宣公元年》："退而致仕。"何休注："致仕，还禄位于君。"

⑤　按清《龙门县志》卷13《人物志》作"字肖泉"，是也。

⑥　万历六年，1578年。

⑦　按清《龙门县志》卷13《人物志》作"及为参将"，是也。

士交。即如侯官翁、正南充、黄辉等，皆至好。所修家谱，皆三人手笔。派系详明，咏题璀璨，士大夫以为楷模。至于素娴韬略，军政严明，特其余事耳。

○赤城县乡贤（第66~70页）

杨洪，字宗道，开平百户，善骑射。成祖北征，至斡南河，获人马还。帝曰："将才也。"令识其名，进千户。宣德时，命城西猫儿峪，留兵戍之，败寇于红山。英宗立，累功进都指挥佥事。时先朝宿将都尽，洪后起敢战，善出奇捣虚，未尝小挫。中朝大臣，并知其能，有毁之者，辄为回护，洪由是得展其才。李谦守赤城、独石，老而怯，御史劾罢谦，以洪代。洪益自奋，屡有擒获，进左都督。尝建议加筑开平城，拓龙门所，自独石至潮河川，增置墩台六十。十二年，充总兵官，镇宣府。自宣德以来，迤北未尝大举。他将率畏懦，洪独敢战，诸部惮之，称为"杨王"。帝北狩①，道宣府，也先传帝命，趣②开门，城上人对曰："所守者主上城池，天已暮，门不敢开，且洪已他往。"也先乃拥帝去。景帝监国③，封昌平伯。也先逼京师，诏洪命留京师，督军营训练，掌左卫事。朝廷以洪宿将④，所言无不纳，尝陈御寇三策，又奏简汰三千诸营将校。景泰元年，上皇还，予世券⑤。明年夏，佩镇朔大将军印，还镇宣府。居数月，以疾召还京，卒，赐祭葬，赠颍国公，谥武襄。妾葛氏自经以殉。洪久居宣府，御兵严肃，士马精强，为一时边将冠。颇好

---

① 北狩，皇帝被掳到北方去的婉词。指发生于正统十四年（1449年）土木之变，明英宗朱祁镇北征瓦剌，回师时在土木堡被也先率军包围，军队死伤惨重，英宗被也先掳去。

② 趣，音cù，古通"促"，督促；催促。《资治通鉴·秦庄襄王三年》："语未卒，信陵君色变，趣驾还魏。"胡三省注："趣，读曰促。催也。"

③ 监国，君主因故不能亲政，由权臣或近亲摄政。

④ 宿将，久经战阵的将领。

⑤ 世券，犹铁券。明代赐予功臣，使其世代享有特权的凭证。形制如瓦，其大小依官爵高低分为九等，外刻其功，中镌其过。每副各分左右，左存功臣，右藏内府。若子孙犯罪，取券勘合，折其功过予以赦减。

文学，亲儒者，（常）［尝］① 请建学宣府，教诸将子弟。子杰嗣，早殁无子，庶兄俊嗣。以罪夺爵，命其子珍袭。初，俊守永宁，闻上皇还，密戒将士勿轻纳。及还，又言是将为祸本。上皇复位，张軏言于朝，坐诛，夺珍爵，戍广西。宪宗立，授龙虎卫指挥使。洪兄子能、信。能，字文敬，沈毅②善骑射。从洪立功，为开平卫指挥使，累进左副总兵，协守宣府。天顺初，以左都督为宣府总兵，与石彪破敌磨儿山，封武强伯。信，字文实。景泰中，累进都督佥事，代兄能协镇宣府。上言："每阵宜置鹿角十具，临阵可捍敌马，结营可卫士卒，遇敌团牌拒前，鹿角列后，神铳弓矢，相继迭发，则守无不固，战无不利。"天顺初，移镇延绥，累功封彰武伯，信在边三十年，镇以安静，人乐为用。卒赠侯，谥武毅。《明史·本传》。

周玺，字廷玉，袭职开平指挥。负气③习兵书，善骑射。以征北功，充右参将，分守阳和。成化十八年④，寇分道入掠，玺与游击董升战黑石崖，刘宁战峪儿山⑤，皆有功。明年秋，亦思马因⑥大入，大同总兵官许宁，分遣玺守怀仁，刘宁与董升守山西⑦。寇至，宁被围数里⑧，亟发巨炮击，贼多死。玺兵来援，夜遇敌，厉将士曰："今日有进无退。"大呼陷阵，敌少却。久之，短兵接，臂中流矢，拔镞⑨战益急，时玺子鹏亦从战。会宁亦溃围出，兵合，寇乃退。无何复入掠，宁将兵三千，连追击败之。二人并著功北边，称名将。玺

---

① 常，按《明史·杨洪传》作"尝"，是也。

② 沈毅，亦作"沉毅"。深沉刚毅；沉着坚毅。

③ 负气，凭恃意气，不肯屈居人下。

④ 成化十八年，1482 年。

⑤ 峪儿山，《明史·周玺传》作"塔儿山"。

⑥ 亦思马因，回回氏，西域旭烈人。善造炮。至元十年（1273 年）从蒙古军攻襄阳未下，他置炮于东南，发炮，所击无不摧陷。迫使宋安抚吕文焕以城降。为回回炮手总管。病逝。

⑦ 山西，《明史·周玺传》作"西山"。

⑧ 数里，《明史·周玺传》作"数重"。

⑨ 镞，音 zú，箭头。

后佩征西印，镇宁夏。临卒，召诸子曰："吾佩印分阃①，分已定，独未尝大破敌，抱恨入地矣。"连呼"杀贼"而瞑。子鹏，累官锦衣卫指挥佥事。

王轼，开平卫人，宏治十二年②进士。嘉靖初，官顺天府尹。房山地震，轼言召灾有由，语多指斥，忤旨，切责，寻迁右副都御史，巡抚四川，讨芒部土官陇政，擒之，招降四十九砦，玺书③奖劳。时将营仁寿宫，就拜轼工部右侍郎，督采大木，工罢召还，改户部，核九门苜蓿地，以余地归之民。勘御马监草场，厘地二万余顷，募民以佃，房山民以牧马地，献中官韦恒，轼厘④归官，奸人冯贤等，复献中官李秀，秀为请于帝，轼抗疏劾之。帝虽宥秀，竟置贤等如律，出核勋戚⑤庄田，请如周制，计品亲疏，以定多寡，非诏赐而隐占者，俱追断。户部尚书梁材采其言，并兼者悉归官。轼居身俭素，为缙绅仪表，累迁兵部尚书，参赞机务。诏举将材，荐郑卿、沈希贤等二十一人，帝皆擢用焉。

饶承德，字伯祚，赤城人。明世袭指挥。顺治元年⑥，署口北道标中军。五年，赤城兵变，承德冒死守城，擒获判首。巡抚冯圣兆疏荐，累任至浙江定海镇标游击。康熙甲寅⑦，耿逆叛，贝勒王调遣出洋，攻取小凉山，耿逆于沿海地方造船，承德领兵出其不意，火焚战舰，贼势大溃，后以功升山西利民中路参将。敏练勤劳，有廉将风。

刘国兴，字振宇，赤城人。父汉鼎任参将。国兴长入闽，为福

---

① 分阃，指出任将帅或封疆大吏。阃，音 kǔn，本义：门槛。
② 宏治十二年，1499 年。"宏治"原为"弘治"，清代避讳"弘"，以"宏"代"弘"，疑为《通志》引用清代典籍。
③ 玺书，古代以泥封加印的文书。秦以后专指皇帝的诏书。
④ 厘，治理，整理。
⑤ 勋戚，有功勋的皇亲国戚。
⑥ 顺治元年，1644 年。
⑦ 康熙甲寅，康熙十三年，1674 年。

协张所知，补军职，剿灭古田山寇。复随提督段平漳州，累功升守备。又以解海澄之围，进游击。漳州东金、厦二门，为贼渊薮①，国兴由山后出奇兵击之。射毙伪都督，生擒伪总兵，乘胜招安，反侧悉平已，乃抚流离，招垦种，瘗②暴骼，捐赎所掠女子，人咸德称之，擢都督同知，陕西西安副将。又以平夏逆功，升河北总兵。己亥③，随征噶尔旦，管理事务有功，调广东碣石卫总兵，以疾卒于官。

纪肇修，赤城人。顺治戊子举人，由学正于康熙十一年④升授浙江龙泉县知县。莅任年余，值耿逆乱闽，肇修招集义兵，为防守计。十三年五月内，逆兵骤至，众寡不敌，被擒至闽，誓死不屈，以大义论之⑤。逆怒，复差伪弁王三，勒兵围龙泉，擒修家人，系之狱。会清师破闽得释，统兵康亲王怜之，赐以"忠愤日坚"额，改授沙县知县。

宋之屏。字维都，赤城人。父奎，力田⑥养母，以孝称。屏举顺治丙戌进士，授山东高密县令。有政声，行取⑦，历礼、兵二部曹⑧。甲午典试⑨山东，历任荆州芜湖道，终陕西参议。其为兵部郎中时，多所建白，尝以畿地驿马，疲于供应，疏请酌定勘额，严禁滥差，随准发部详议。居家躬尽孝友，父母前，终身未尝有忤色⑩，

---

① 渊薮，渊，鱼聚之处；薮，兽聚之处。泛指人和事物集聚的地方。

② 瘗，音 yì。掩埋，埋葬。

③ 己亥，按清《赤城县志》卷 7《人物志》作"乙亥"，是也。为康熙三十四年，1695 年。

④ 康熙十一年，1672 年。

⑤ 论之，按清《赤城县志》卷 7《人物志》作"谕之"。

⑥ 力田，努力耕田。亦泛指勤于农事。

⑦ 行取，明清时，地方官经推荐保举后调任京职。

⑧ 部曹，汉代尚书分曹治事，魏晋以后，渐改吏曹为吏部，但六部各司仍有称曹的。到明清时代，部曹就成为各部司官之称。

⑨ 典试，主持考试之事。

⑩ 忤色，怨怒之色。

与诸弟同己，财不分尔我，乡人称之，卒祀乡贤。

景士秀，字可堂，龙门所人。幼与侄际泰，敏行力学。乾隆己卯、庚辰联捷进士，庚寅授浙江衢州西安知县。西安商民，以供徭役缠讼①，历任藉以唊②利，延不为理。士秀判明是非，剔其积弊，并厘定徭役事类，商民称便焉。寻病卒于官。际泰字融庄，癸酉拔贡，甲午举人，任安平县学教谕，兼设帐授徒，讲贯不懈。罢归，淡于仕进③，力耕自给，敦族睦姻，邑人称乡先生焉。

◎孝义（第7册，卷16上《户籍编·孝义》）
○龙关县孝义（第28~29页）

沈源，性最孝。家徒四壁，必极力营办，务进甘旨④，二亲遂得优游⑤暮景。母偶得病，源因医药罔效，乃割左膊肉为羹进之，母病寻愈。父年七十余矣，病时，恐源复为此，泣谓源曰："尔母往日之疾，其获愈者幸也。且尔亦闻身体发肤，受之父母，不敢毁伤乎，毁伤即大不孝，尔何忍使我有大不孝儿？矧我年已古稀，尔谓尔膊肉，终能愈我疾，俾我终不死耶？"源泣而从之。父卒，祭葬如礼。乡人谓慈孝萃于一门矣。

高世旺，小白阳人。与兄世兴，素相友爱。丁亥八月，兄弟同往樵采⑥，兄遇虎衔去，世旺年仅二旬，不暇自顾，孑身追之，用担杖奋击，虎弃其兄而去，兄昏绝复苏，甫开眼，见弟在旁，急问曰："汝为虎所伤否？"若不自知遇害也。二子虽属村民，天性真挚，当危迫之际，爱护心切，竟至自忘其身，称为二难，亦何愧欤。

---

① 缠讼，纠缠诉讼；不断打官司。
② 唊，拿利益引诱人。
③ 仕进，指在仕途中进取。
④ 甘旨，指对双亲的奉养。
⑤ 优游，谓使……悠闲，休养。
⑥ 樵采，打柴。

邢映华，字旭春，常峪口人。民国十四年①春，由家起程，赴甘肃高台县经商，至冬归里，获利甚丰。十五年复往，又获奇赢而归。至十六年春，仍欲自去，其兄映玉，不忍令独受苦，欲代之。映华因念兄身弱，不令往，兄不从。映华邀友苦劝止，映玉泣曰："高台县距家有五千余里，交通难，何忍令吾弟一人受之，故吾决意去耳。"映华无奈，只得购齐货物，听兄前往，至高台，生意事颇顺。不意十七年六月，兄得病危，友以电告映华，映华急往，至高台，时已十月中旬，兄病稍减，则亲侍饮食汤药，昼夜不怠。次年二月，兄病又大发，因殁，时五月十二日也。及年终，映华以其兄灵柩归里，共用运费至银二千余元，乡人以难兄难弟称之。

○赤城县孝义（第 29～30 页）

杨清澄，云州人。生周岁，父卒，母邵为人缝纫度日。清澄甫五岁，呼母求面其父，母泣曰："而父在，我能若是苦也？"因领之葬所，清澄即拜且泣，呱呱不绝声。归时而念曰："我无父矣，孝母可也。"稍长，事母果备心体之奉，自绝荤肉，祈母永年。母疾，医药罔功，清澄默祷于天，病即愈，寿齐②八旬。一旦母梦其父曰："儿孝，尔乃享遐龄③，后三年此月日，当随我去矣。"如期卒。

王国勋，开平卫指挥同知，万历中，累迁左军都督佥事，生平喜读史传。襟度④开爽，善抚将士，有余廪⑤尽散给之。父殁，疏请

---

① 民国十四年，1925 年。

② 齐，音 jì，界限。《列子·杨朱》："百年，寿之大齐。得百年者千无一焉。"杨伯峻集释引《释文》："齐，限也。"

③ 遐龄，高龄；长寿。

④ 襟度，襟怀与气度。

⑤ 廪，音 lǐn，指米粟类粮食。《管子·问》："问死事之寡其饩廪何如。"尹知章注："廪，米粟之属。"

效文臣终制①，不获允，毁瘠②不胜丧。事继母孝，居恒，浣衣③，淡食，以清苦风励其子弟。

苏枝若，字树堂，赤城人，岁贡生。少颖悟，读书务穷其理，设讲席望云书院。邑人僻居塞上，不知书有几许。濂洛关闽④之学，更未之闻。枝若多方购求载籍⑤，以证讲家得失。参究经史，理路旁通。每谓古人经济⑥，悉自理学中来，恒以致用。望少年边陲桀骜⑦之气，多为所默化。生平成人之美，扶人之危，急公好义。遇事得枝若一言，人辄争先相赴，盖敬服者有素也。

乔崧⑧，字寿山，补邑武学弟子员，读书不多，得解辄坚信。尝读"君子无争"与"惟恐不伤人"，深信"射"与"让"反，"矢"与"仁"敌，遂辍武试。幼失怙恃⑨，痛哀几死。其师劝曰："礼经戒灭性，哀不解，曰孝子。"重惜身，哀不解。复探其隐，诱之曰："父母惟其疾之忧。"则瞿然杖而起。适邑令筹留养费，念其素悯窭人⑩，曾欲输金为息本，遂出三百余千，以为邑士庶倡。令喜上闻，总督方公受畴⑪，驿送⑫手书额曰"倡善堪嘉"。崧肩之趋墓，呼曰：

---

① 终制，父母去世服满三年之丧。

② 毁瘠，因居丧过哀而极度瘦弱。

③ 浣衣，谓多次洗过的衣服。指旧衣。亦指穿旧衣。《礼记·礼器》："晏平仲祀其先人，豚肩不掩豆；浣衣濯冠以朝。"郑玄注："浣衣濯冠，俭不务新。"

④ 濂洛关闽，宋代理学的四个学派。"濂"指濂溪周敦颐；"洛"指洛阳程颢、程颐；"关"指关中张载；"闽"指讲学于福建的朱熹。

⑤ 载籍，书籍；典籍。

⑥ 经济，经世济民。

⑦ 桀骜，凶悍倔强。

⑧ 崧，音 sōng。

⑨ 怙恃，父母的合称。语本《诗·小雅·蓼莪》："无父何怙，无母何恃！"唐韩愈《乳母墓铭》："愈生未再周孤，失怙恃。"怙音 hù。

⑩ 窭人，穷苦人。窭音 jù，本义贫穷得无法备礼物。亦泛指贫穷。

⑪ 方受畴，清安徽桐城人。乾隆四十年由监生捐盐大使分发两淮，官至直隶总督，是清乾隆时著名督臣方观承的侄子。

⑫ 驿送，以驿马递送。

"此志儿竟成以矣！"嗣①疏溢河之下游，葺泮宫②之两庑③。经始必墓告如受命，落成必墓告如反命④。一日语其子曰："父在子不得自专，参以'祭如在'之意，似不在而专，亦非也。"专乎！专乎！吾其免⑤夫。子敏宗，字继修，以文入泮。急公好义，善成父志。同治乙丑⑥秋，河溢，其家渐落，力无能为。人亦未尝厚望，乃竟破产而预谋焉。

白光瑞，字辑五，镇安堡人。早失怙恃，依兄成立。兄弟久析居⑦，光瑞推产于兄，而兼善其弟。善居积⑧，中年富有。兄适中落，又公其产，若未尝析者。道光壬辰⑨，饥馑相望，为义赈，全活万人。敦族睦姻，有古人风。乡人被其盛德，从无至公庭者。子三，长振纶，补弟子员。次振绅，岁贡生，好善有父风，捐地九十余亩，钱一千五百千文，建镇安义学，资膏火，今改设乡立小学，仍袭其惠焉。三振纬，咸丰初元⑩，以廪膳生⑪举孝廉方正。孙四：长世符，同治癸酉⑫拔贡，次世箕、世第、世篴，曾孙桂芬、桂芳、桂荫、桂蔚，皆入邑痒。桂荫字樾堂，桂蔚字文卿，孝友公直，远近

---

① 嗣，副词。表示事情跟着发生。犹"接着""随后"。

② 泮宫，西周诸侯所设大学。《汉书·郊祀志上》："周公相成王，王道大洽，制礼作乐，天子曰明堂辟雍，诸侯曰泮宫。"后泛指学宫。

③ 两庑，宫殿或祠庙的东西两廊。

④ 反命，复命，完成使命后回报情况。

⑤ 免，古同"勉"，勉励。

⑥ 同治乙丑，同治四年，1865 年。

⑦ 析居，分别居住。谓分家。

⑧ 居积，囤积。

⑨ 道光壬辰，道光十二年，1832 年。

⑩ 咸丰初元，皇帝登极改元，元年称"初元"。咸丰元年，1851 年。

⑪ 廪膳生，明清两代称由公家给以膳食的生员。又称廪膳生。明初生员有定额，皆食廪。其后名额增多，因谓初设食廪者为廪膳生员，省称"廪生"，增多者谓之"增广生员"，省称"增生"。又于额外增取，附于诸生之末，谓之"附学生员"，省称"附生"。后凡初入学者皆谓之附生，其岁、科两试等第高者可补为增生、廪生。廪生中食廪年深者可充岁贡。清制略同。

⑫ 同治癸酉，同治十二年，1873 年。

知闻。乡人有涉讼者，得其兄弟一言劝解，莫不释然。

郑悟淦，字济川，滴水崖人。幼颖悟，十四入邑痒，同治间岁贡生。居家授徒，延庆、龙关、独理厅士子多负笈①来学，由其门补弟子员者以百数，倡修滴水崖学宫，春秋致祭。子玉林，岁贡生。玉林光绪乙酉②拔贡，辛卯举人。

孟敬业，字慎修，邑诸生。少有才名，家不中赀③，而性好施，值癸巳④大饥，至易子食，请于官，倡设平粜局育婴堂，糜金以千计，全活几万人。城东南河决，筹费筑堤造浮梁，俾不为患。岁庚子⑤，东三盟官军南下，取道于此，役车叠出，民疲于供，且违农时，敬业亟解囊，复劝绅商，各出赀以助民劳。于是怨泯而颂声作矣。妻古氏，每鬻钗质衣，以成其善举，乡里称贤淑焉。其季子华，字实堂，道光己酉⑥拔贡，幼颖悟，性孝友，处世和而不同，为乡间所重，里有纷争，得华一言辄解。官户部主事，凡度支非手自握算不署诺，既而积劳成疾，遂不起，讣至，邑人痛之。遂有笔诸诔⑦者，依其官衔而特书曰："咸丰九年⑧己未春正月，户部主事卒于官。"

---

① 负笈，背着书箱。指游学外地。

② 光绪乙酉，光绪十一年，1885年。

③ 中赀，中訾亦作"中赀"。谓资产达到豪富的数额。泛指富有。《史记·游侠列传》："及徙豪富茂陵也，解家贫，不中訾，吏恐，不敢不徙。"司马贞索隐："訾不满三百万已上为不中。"

④ 道光癸巳，道光十三年，1833年。

⑤ 道光庚子，道光二十年，1840年。

⑥ 道光己酉，道光二十九年，1849年。

⑦ 诔，音lěi。古代叙述死者生平，表示哀悼并以此定谥。多用于上对下。《说文·言部》："诔，谥也。"段玉裁注："当云所为谥也。"《礼记·曾子问》："贱不诔贵，幼不诔长，礼也。"郑玄注："诔，累也。累列生时行迹，读之以作谥，谥当由尊者成。"

⑧ 咸丰九年，1859年。

◎烈士（第7册，卷16上《户籍编·烈士》）

烈士不以县列，以其人少，无须列也。然亦各于文中见之。

向通，隆庆右卫人。少读书，每见古名将所建立，辄欣慕之。长承父荫，为指挥同知，戍守永宁。孙刚云州之役，向往从之。敌众围官军数重，势不敌，随刚死。景泰元年①，遣礼部郎中白璧谕祭，荫其子。又有右少监谷春者，监守永宁，偕刚援云州，及中途遇寇，春已先入云州，既而闻刚死，奋曰："人孰无死，得死沙场幸耳。"遂自缢，云州随陷。事闻，赐祭如刚。（第36页）

江腾龙。长安岭守备，崇祯七年②，大兵从中路之杨许二冲分头进兵，攻龙门城，未下，遂转版搭峪川，奔长安岭，图南牧。而长安跨东西两山为城，兵登岭注射，守卒惊散，城陷，悉遭涂毒。腾龙被执③，愤激而死，母杨氏，妻张氏，皆死焉。事闻，赐恤典，又命立祠以祀之。（第38页）

周允益，为雕鹗堡防守。崇祯九年六月，大兵从镇安堡边入，疾走环攻。允益偕备御指挥沈明泰暨诸官生约分陴④拒敌，允益首撄⑤镝锋⑥，明泰等力战益猛，铳炮矢石无虚发。兵恨，攻愈急。忽城顶火药礶自焚，趋扑之，西北角遂陷。一时屠戮之惨不忍言，而官生家之妇女，死于水者，数井皆满。后皆奉敕赐祭⑦，赐赠、赐荫⑧、赐匾以旌之。（第39页）

张信，独石城镇抚。卢让，独石城百户。宣德四年⑨六月，寇入

---

① 景泰元年，1450年。
② 崇祯七年，1634年。
③ 执，捕捉，逮捕。
④ 陴，音pī，城上的矮墙。亦称"女墙"；俗称"城垛子"。
⑤ 撄，迫近；触犯。《正字通·手部》："撄，触也，迫近也。"
⑥ 镝锋，箭头的尖端。
⑦ 赐祭，大臣身故，皇帝敕使往祭。
⑧ 赐荫，封建时代，因祖先的官职、功劳而赐其子孙以官爵。
⑨ 宣德四年，1429年。

开平，二人同战死。《明史·宣宗本纪》。（第40页）

　　孙刚，宣府前卫人。由军功升都指挥佥事，守备永宁。正统十四年①秋，敌寇独石、马营，守臣杨俊，弃城遁，遂犯云州。刚率永宁兵援之，至中途遇贼数万骑，且战且行，兵寡不敌，死之。赐祭祀义烈祠。《宣镇志》。（第40页）

　　刘海，开平人，少袭父荫，为前所试百户②。巡抚刘源清奇其貌，选为营军百夫长，呼前戒曰："若有奇貌当贵，否即为忠义人，宜自立。"海顿首谢。嘉靖庚寅③夏六月，哈真率众寇马营，陈兵冯家梁。时海为北路参将先锋，奋勇前进，遇贼万余骑，从山谷中突出。海语旗牌官张宣等曰："我辈今必不得脱，惟死可以报国。"遂犯阵，手刃二贼皆堕马，各殊死战。贼从旁睨视，忿甚，合围射之，势不能支，遂死，剐海尸三段。源清闻之曰："我固知海忠义士也，即不贵，死有余荣矣。"疏请赠荫，祀褒忠祠。《北中三路志》。（第40~41页）

　　张承宪。龙门所将家子，有气节，娴④文义。历任独石参将。天启三年⑤，调署龙门所参将事，时北寇毛乞炭，驻牧龙门所边外，适直指行边，至滴水崖。承宪虑有不虞，遣健丁随卫，寇果拥众至塞挟赏，承宪誊⑥以正理，酋词屈而心益嗔⑦，夜从滴水崖边入，伏鲍鱼窊，纵火焚劫。承宪闻警，挥兵疾驰进战，贼少北，跃马追之。至鲍鱼窊，伏兵四起，险隘不能回旋，与骑下马靠窊对射，飞矢贯顶，尚握刀杀贼，从骑偕死。是时，龙门所营兵守兵，以承宪为权

----

　　① 正统十四年，1449年。
　　② 试百户，官名。明朝各千户所、百户所置。为百户的试职。明制：试职作一级，支半俸，不给诰。
　　③ 嘉靖庚寅，嘉靖九年，1530年。
　　④ 娴，音xián，娴习；熟练。《说文·女部》："娴，娴雅也。"
　　⑤ 天启三年，1623年。
　　⑥ 誊，音zhé，惧怕；丧胆。震慑。
　　⑦ 嗔，音chēn。怒，生气。

事官，不用命①，故及于难。事闻，赐祭荫，入褒忠祠。（第 41 页）

◎名宦（第 7 册，卷 16 下《户籍编·名宦》）

○龙关县名宦（第 21～22 页）

章煜，字子政，号枝石，浙江山阴籍，会稽人。绩学工诗古文，本县旧《县志》，即为其所撰。庚辰②遴内府教习；壬午北围抢元③，以南籍改置第五名；丙戌④授龙门令，下车裁革一切卮漏⑤，公务悉为赔垫⑥。六年以来，不下数千金，用是居久而愈贫，尤不肯轻出一差，不得已用之，抚然曰："毋乃惊我父老乎"。间阎⑦但知息事，而不知其所以宁人⑧者，其用心亦良苦也。雅意作人，鼓舞士类，勤勤恳恳，以读书明理，谆复告诫，卫习不尚斯文，至斯乃知向学，穷檐⑨小堡中，诵声作焉。征比钱粮，不忍多所敲扑⑩，民亦惟恐后时，盖仁心为质，痌瘝⑪在念，宁一身茹荼，不使百姓失养。六年如一日，间阎渐有起色，是煜啬而民丰，煜苦而民乐也。壬辰⑫春，奉旨行取，无计攀留，行李萧然，士民怜之。阖邑绅衿⑬徐方杲、赵维伦、陈师古、王綖、刘楫、徐方震、赵曜、倪宏位、王延相、陈琦、

---

① 用命，执行命令；听从命令。

② 康熙庚辰，康熙三十九年，1700 年。

③ 壬午，康熙四十一年，1702 年。抢元，科举考试中选第一名。

④ 丙戌，康熙四十五年，1706 年。

⑤ 卮漏，底上有孔的酒器。卮音 zhī，古同"卮"，古代酒器。

⑥ 赔垫，指赔垫的钱财。

⑦ 间阎，里巷内外的门。后多借指里巷。泛指民间。

⑧ 宁人，安定民众。

⑨ 穷檐，指穷人所住的地方。

⑩ 敲扑，鞭打的刑具，短曰敲，长曰扑。亦指敲打鞭笞。《文选·贾谊＜过秦论＞》："履至尊而制六合，执敲扑以鞭笞天下。"李善注："臣瓒以为短曰敲，长曰扑。"

⑪ 痌瘝，音 tōng guān。谓关怀人民病痛、疾苦。

⑫ 壬辰，康熙五十一年，1712 年。

⑬ 绅衿，绅，绅士，有官职而退居在乡者；衿，青衿，生员所服，指生员。泛指地方上体面的人。

张登第等公识。

　　鲍汝璠，字渭青，安徽寿县附生。宣统三年①，知龙门县事。甫下车，即以兴利除弊，洁身惠民为己任。翌年，立商务分会，正副经理，宋有祥、马宗祥及会董赵玉玺等，以清时旧有七种陋规，历任县宰②，每年之中，取之商家，虽发官价，实受重亏。年复一年，照旧缴纳，久成例事，实难猝改。幸遇鲍公清廉，遂请将旧行陋规，改照时价采买，即为批准。此百十年久有之例弊，一旦慨允免除，非廉明爱民，曷克臻③此！在任常躬亲剿匪，捐廉兴利，善不胜举。其裁七种陋规，尤为商家所感念不忘云。

　　张昭芹，字鲁恂，广东乐昌县籍。清季以举人出任四川德化县知县，政绩卓著。民国初，辞归京师。三年冬，摄④龙关县篆⑤。轻车简从，只身莅任，传达公事，只用一仆，勤政爱民，励精图治，事无巨细，必躬必亲。不一月间，旧弊全革，积案悉清。其听讼也，随批随传，随讯随结，片言折狱，案无留牍。对缉捕，主张最严，盗贼敛迹，地方安堵⑥，禁赌不主重罚。惟事恳切劝导，默化潜移，赌风果绝，人始信道德齐礼，有耻且格之言，为不虚也。延见⑦士绅，推心置腹。创办新政，以身作则。教育实业，警察道路，极力倡办，尤严督察。因之人无冗滥，款无虚糜，百废俱举，咸与维新。种种政绩，屡经上峰⑧考查，列为最优。于五年调升大名，即经阖邑绅民，胪陈事实，禀请挽留。蒙巡按使朱批，胪陈张知事政绩，均

———————

　　① 宣统三年，1911 年。

　　② 县宰，县令。

　　③ 曷，怎么。克臻，能达到。孙中山《敬告同乡书》："康、梁从此大名已雷动天下，此谁令为之，孰令致之？非光绪之恩，曷克臻此！"

　　④ 摄，代理；兼理。

　　⑤ 篆，官印的代称。也借指官职。

　　⑥ 安堵，犹安居。

　　⑦ 延见，召见；引见。

　　⑧ 上峰，旧称上司。

属实在，应饬后任赓续①进行，绅民挽留县长，例不准行等语。临去时，人民攀辕卧辙，途为之塞，迄今犹口碑载道云。

○赤城县名宦（第22~25页）

赵致安，中山人。家贫无书，手录口诵，过目不忘。至正五年②，守云州，均赋减刑，招亡戢盗，民各安其业，乃饬学官士子肄业其中。旧无公舍，使至馆于民，民苦焉。乃择隙地为馆厩，度闲田数百亩，募民耕种以廪饩③之。岁旱，齐戒④祷神，祷毕即雨，人谓为守雨。及得代⑤，民状其行请留，不报，乃涕泣以送焉。

贺仁杰，字宽甫，京兆鄠人。从世祖征讨，累功为合州安抚使。至元十七年⑥，上都留守阙，宰相拟廷臣以十数，皆不纳，帝顾仁杰曰："无以易卿者"，特授正议⑦大夫上都留守，兼本路总管、开平府尹，累加荣禄大夫、中书右丞，留守如故。尚书省立，桑哥用事，奏上都留守司钱谷多失实。召留守忽剌忽耳，及仁杰廷辨，仁杰曰："臣汉人，不能禁吏戢奸，致钱谷多耗伤，臣之罪。"忽剌忽耳曰："臣为长，印在臣手，事未有不关白而能行者，臣之罪。"帝曰："以爵让人者有之，未有争引咎⑧归己者"。置勿问。仁杰在官五十余年，为留守者居半，车驾春秋行幸，出入供亿⑨，未尝致上怒。大德九年⑩，年七十二，请老，拜光禄大夫、平章政事，商议陕西行中

---

① 赓续，继续。

② 至正五年，1345年。

③ 廪饩，旧指由公家供给的粮食之类的生活物资。

④ 齐戒，古人在祭祀或举行典礼之前，常沐浴更衣，戒绝嗜欲，使身心洁净，以示虔敬。

⑤ 得代，谓可得继任。

⑥ 至元十七年，1280年。

⑦ 正议，公正的言论。

⑧ 引咎，归过失于自己。

⑨ 供亿，指所供给的东西。

⑩ 大德九年，1305年。

书省事。以子胜袭上都留守、虎贲亲军都指挥使①，卒，赠仪同三司、太保、上柱国②，追封雍国公，谥忠贞。延祐六年，加赠太师，追封奉元王。《元史·本传》。

尚野，字文蔚，满城人，大德六年，迁国子助教，诸生入宿卫者，岁从幸上都，丞相哈剌哈孙，始命野分学于上都，以教诸生，仍铸印给之，上都分学自野始。俄升国子博士，诲人先经学而后文艺，谓诸生曰："学未有得，徒事华藻，若持钱买水，所取有限，能自凿井及泉而汲之，不可胜用矣。"时学舍未备，野密请御史台，乞出帑藏所积，而大建学舍以广教育。历官国子祭酒③。卒，谥文懿。《元史·本传》。

叶盛，字与中，昆山人。正统十年进士，授兵科给事中。土木师覆，诸将多遁，盛率同列，请先正扈从失律者罪，然后选将练兵为复雠④计。郕王即位，例有赏赍，盛以君父蒙尘，辞，不许，推右参政，督饷宣府。寻以李秉荐，协赞都督佥事孙安军务。初安尝领袖独石、马营、龙门卫所四城备御。英宗既北狩，安以四城孤悬塞北，奏弃之，内徙。至是建议修复，仍以命安、盛与辟草莱、修庐舍、庀⑤战具、招流移，为行旅置暖铺，请帑金买牛千头，以畀⑥屯卒。立社学，置义冢，疗疾扶伤。两岁间，四城及赤城、雕鹗诸堡，次第修复皆完城。宪宗立，迁左佥都御史，巡抚宣府。复举官牛官

---

① 虎贲亲军都指挥使，官署名为虎贲亲军都指挥使司。元代设此官署，负责上都修造屯田等事，立于成宗大德元年（1297 年）置司上都，其长官称都指挥使，正三品。还有副都指挥使（从三品）、佥事（正四品）、经历（从七品）、知事、照磨等官。

② 上柱国，官名。战国楚制，凡立覆军斩将之功者，官封上柱国，位极尊宠。北魏置柱国大将军，北周增置上柱国大将军，唐宋也以上柱国为武官勋爵中的最高级，柱国次之。历代沿用，清废。

③ 国子祭酒，古代学官名。晋武帝咸宁四年设，以后历代多沿用。为国子学或国子监的主管官。

④ 复雠，报仇。雠音 chóu。

⑤ 庀，音 pǐ。准备；聚集。

⑥ 畀，音 bì，赐，赐与。《尔雅·释诂上》："畀，赐也。"郭璞注："畀，赐与也。"

田之法，垦田四千余顷，以其余积市战马千八百匹，修屯堡七百余所，边塞益宁。独石镇守内官进保贪暴，盛劾奏之。累进吏部右侍郎。盛清修积学，志在君民，不为身计，有古大臣风。卒，谥文庄，祀昭德祠。

方逢时，字行之，嘉鱼人，嘉靖进士。隆庆初，改宣府口北道，万历，总督宣大山西军务。始逢时与前任宣大总督王崇古，共决大计，招徕俺答。至是复代王崇古，乃申明约信①，两人首尾共济，边境遂安。逢时巡口北时，亲行塞外。自龙门盘道墩以东，至靖安堡山梁，一百余里，形势联络，叹曰："此山天险，若修凿，北可达独石，南可援南山，诚陵京一藩篱也。"及赴阳河道居庸出关，见边务修举，欲并遂前策。上疏曰："独石在宣府北，三面临敌，势极孤悬。怀、永与陵寝，只限一山，所系尤重。其间本地相属，而经行之路，尚在塞外，以故声援不便。若设盘道之险，舍迁就径，自龙门黑峪，以达宁远，经行三十里，南山、独石，皆可以朝发夕至，不惟拓地百里，亦可渐资屯牧，于战守皆利。"遂与巡抚吴兑，经营修筑，设兵戍守。累进兵部尚书，加少保，告归，御书尽忠字赐之。逢时才略明练，处置边事，皆协机宜，共功名与王崇古相亚②，称王方云。

刘象瑶，字君岫，四川富顺人。分巡口北，见墩台障多颓，戈甲器具不精，力为教举。时方市马，瑶约束严整，不令滋事。常借大司农白金万两，为籴本，岁权之以市铁，弗置官冶，即于产铁处所，令置输焉。其它心计率类是。万历间，巡按吴亮析龙门卫所为二学，而廪员不加多，瑶置学田饩之。善九章法，左手握算，右手

---

① 约信，谓用言辞订立相互信守之约定。
② 相亚，相近似；相当。

操觚，不差圭撮①。性廉洁，布衣蔬食，泊如也。初以户部郎，司饷易水，朝廷嘉其节，已两赐书劳焉。

李光玉，字公亮，湖广应城人。康熙岁甲寅，吴逆之变，仗剑从军，攻辰龙关纪功，镇篁守备陈某，为苗人朝王掳去。光玉单骑诣苗砦晓谕之，朝王心折，款居三日，以陈守备归。即补镇篁营千总，俸满引见，骑射称善，升任龙门所守备，训练严整，总镇康泰，特加题荐。

罗毓祥，字秉直，湖南长沙人。光绪三十二年②来任，慈祥悲恻，体恤民隐③，敬教劝学，不遗余力。赤城旧有大行店，司斗抽捐，供应官府。择农民输班充任，官府目为利薮④，农民亏累不堪，多有以之倾家者。公毅然去之，一县称颂。民国建元仍继任，二年交卸，侨居天津。县民爱戴不置，闻其殁，于县城南门外龙王庙内，筑罗公专祠，岁时致祀。

◎流寓（第7册，卷16下《户籍编·流寓》）
○龙关县流寓⑤（第36~38页）

徐渭，字文长，浙江山阴人。九岁能文。年十余，仿杨雄《解嘲》，作《释毁》，二十为诸生。胡宗宪总督浙江，招置幕府，笺书记。渭与约，当具客礼，非时不得出入。乃葛衣乌巾，长揖就坐，纵谈天下事。时获白鹿，将表献。渭具藁以进。表上，世宗大悦。宗宪益重渭。时督府势严重，文武吏庭见，无敢仰视。而渭以部下

---

① 圭撮，古代两种很小的容量单位。比喻微量或微小。《汉书·律历志上》："度长短者不失豪牦，量多少者不失圭撮。"颜师古注："应劭曰：'四圭曰撮，三指撮之也。'孟康曰：'六十四黍为圭'"
② 光绪三十二年，1906年。
③ 民隐，民众的痛苦。《国语·周语上》："先王非务武也，勤恤民隐而除其害也。"韦昭注："隐，痛也。"
④ 利薮，财利的聚集处。
⑤ 流寓，流落他乡居住。

一诸生傲之，然亦矫节自好，无所请求。好奇计，谭兵多中，凡诱
絷汪、徐诸臣寇，渭皆与谋。及宗宪罢职，渭纵游金陵，居京师者
数年。北客于上谷，穷览朔漠。所见山奔海立，沙起云行，风鸣树
偃，幽谷大都，人物鱼鸟，一切可惊愕之状，一一达之于诗。如嗔
如笑，如水鸣峡，如豆出土，如寡妇之夜哭，羁人之寒起。当其放
意，平畴千里，偶尔怆怀，鬼语秋坟，时所谓达官贵人，骚人墨客，
渭皆叱而奴之。卒发病弃归。日闭门，自郡守丞以下，求与见不可
得。晚绝谷食十余年，曰："吾噉之久，偶厌不食耳。"年七十三卒。
渭为人度于义，无所关系时，辄疏纵不为儒缚。一涉义所否，虽断
头不可夺。为文不拘定体，赋情大小毕备。书疏宛约精丽，不类其
为人。行、草书尤奇伟。自言："书第一，诗二，文三，画四。"所
著《文长集》《阙编》《樱桃馆集》及注《庄子内篇》《参同契》、
黄帝《素问》、郭璞《葬书》各若干卷，《四书解首》《楞严经解》
各数篇。渭父总，以戍籍，领贵州乡荐，任至夔州府同知。渭貌修
伟肥白，朗然如唳鹤。常中夜呼啸，有群鹤应焉。二子枚、枳。按
徐文长北游上谷，远览沙漠，及披遗文。考其岁月，盖寓宣府者，
历冬徂夏，而龙门之朝阳洞、八里庄题诗在焉。盖栖迟寒谷，杖履
所经者，非伊朝夕，不比驱车过之者。借光流寓，确有可征，岂徒
私乡之前辈乎？

　　李思邺，字长源，浙江会稽人。幼即思为名宰相，又时有乘霞
餐玉之想。谒乡先生秦太史宗游，一见奇之。以为此伟器，宜在木
天①视诏草②，非尘埃中物。康熙庚午春，受知于学使周太史清原，
历试辄高等。以课读为养，事继母能孝，教诸弟皆成立。虽居城市，
足迹不一至公室。厌远机变诈力，事事以和厚为本，能尽脱乡闾嚣

---

① 木天，指翰林院。
② 诏草，诏书的草稿；诏书。

竞①气。绍邑多才隽士，多游历四方。长源独潜修笃志，安里闬②自适。年四十，举乙酉孝廉，始以计偕来京师。丙戌会试不第，爰下帷③龙门，志益励，精举子业，期进取。每示家人以司马题桥④之意。为人渊静沉默，谦退不矜伐⑤。与人交始若淡漠不款曲⑥，久而愈恳笃⑦。赋诗坐酒时，诙谐雅谑⑧，终能自持择⑨，不至流荡，故四方至者，知名士多与订肺腑交。县令章煃修邑志，长源实襄厥事，搜讨旧闻藏帙，及躬所历山川道路祠庙招提。凡断碑荒碣，无不采掇收拾以为常，又志在表善。凡贞臣、孝子、悌弟、义夫、节妇及他一言行可撰录，务俾微迹昭著而后快。其为文与诗，皆力趋雅正，不求怪险。故论者以为有庙堂清贵之气，由文以卜其遇，石渠金匮⑩，当高置一坐云。

林盛，字大林，号海岳，楚黄陂人。父迪夏先生，德艺冠时，江黄士大夫，争延为师，海岳随学。岁己酉、庚（午）［戌］⑪间，

---

① 嚣竞，喧闹奔竞。

② 里闬，指里门。代指乡里。《文选·左思〈蜀都赋〉》："外则轨躅八达，里闬对出，比屋连甍，千庑万室。"刘逵注："闬，里门也。"闬音 hàn，里巷的门，又泛指门。

③ 爰，连词。表示承接关系，相当于"于是"。下帷，放下室内悬挂的帷幕。指教书。

④ 题桥，汉司马相如初离蜀赴长安，曾于成都城北升仙桥题句于桥柱，自述致身通显之志，曰："不乘赤车驷马，不过汝下也！"事见晋常璩《华阳国志·蜀志》。《太平御览》卷七三、《艺文类聚》卷六三引此，桥名作"升迁"。后以"题桥柱"比喻对功名有所抱负。亦省作"题桥""题柱"。

⑤ 矜伐，恃才夸功；夸耀。

⑥ 款曲，犹衷情，诚挚殷勤的心意。

⑦ 恳笃，犹恳切。

⑧ 雅谑，谓趣味高雅的戏谑。

⑨ 持择，选择；挑剔。

⑩ 石渠金匮，石渠，阁名。西汉皇室藏书之处，在长安未央宫殿北。《汉书·儒林传·施雠》："甘露中，与五经诸儒，杂论同异于石渠阁。"亦省作"石渠""石阁"。金匮亦作"金柜""金鐀"。铜制的柜。古时用以收藏文献或文物。比喻博学。

⑪ 庚午，按清《龙门县志》卷13《人物志下》作"庚戌"，是也。

文气油滑，辄厌薄①弃去。惟究心程朱之学②，迫于父命，乙卯始赴
道试。试辄以七艺冠军，为诸生，屡试前茅。而尤受知于叶忠烈公，
拔为八郡第一人，乃屡赴棘围③不第，以明经④终，客燕为简藩师九
年。端介勤慎，讲说皆正谊明道之言。人以为贾董⑤再见。性好吟
咏，亦嗜山水。凡生平足迹半天下，举所阅历，皆发为诗。有《此
远堂》诗集、文集若干卷。生平学穷理奥，留心经济。尝言："井田
不必泥古⑥，要以限田为主，八股取士，法乖习敝，须复乡举。僧道
亦不必火书焚居，止禁其披剃⑦，不许民间作佛事、供香火，自然渐
灭⑧。又俗移风易⑨，如倡优⑩色目⑪人等。淫巧货物诸项，惟禁之，
自上正本澄源，乃可断绝。"诸如此类。著有《经世录》。虽未卒
业，人以为名言。其抱性醇静，不立崖岸。居恒以名书读不尽，名
士交不尽，名山游不尽，为三憾。故日孜孜，惟恐虚度岁月。晚欲
归侍亲养。迪夏先生以健饭⑫，遣之重游燕北，因出居庸，与戚友盘
桓⑬。凡宣郡志乘⑭，多其修辑云。

　○赤城流寓（第38~40页）

　　元

　　刘秉忠，字仲晦，邢台人。家贫，性豪爽不羁，为府令史。既

---

① 厌薄，厌恶鄙视。

② 程朱之学，指宋代程颢、程颐、朱熹的理学。

③ 棘围，指科举时代的考场。唐、五代试士，以棘围试院以防弊端，故称。

④ 明经，明清对贡生的尊称。

⑤ 贾董，汉贾谊和董仲舒的并称。二人以文才著名。

⑥ 泥古，拘守古代的成规或古人的说法。

⑦ 披剃，削发出家。

⑧ 渐灭，按清《龙门县志》卷13《人物志下》作"渐灭"。渐灭，消亡，消失。

⑨ 易，按清《龙门县志》卷13《人物志下》作"衰"。

⑩ 倡优，古代称以音乐歌舞或杂技谐娱人的艺人。

⑪ 色目，种类名目。

⑫ 健饭，食量大，食欲好。

⑬ 盘桓，徘徊；逗留。

⑭ 志乘，志书。

而弃去，隐武安山，寻为僧于天宁寺，往来云中。元世祖在藩邸[1]，召僧人海云，邀秉忠与俱。应对称旨，大爱之。凡征伐谋议皆与，上书数千言，世祖皆嘉纳焉。从征大理、云南，每赞以天地之好生。又从伐宋，全活甚众。即位后，问以治天下之大经，拜太保，预中书省事，以天下为己任。凡所甄拔[2]后，悉为名臣，一代成宪[3]，皆自秉忠发之。精术数[4]，占事若合符契[5]。十一年，扈从至上都，赤[城] 即元之上都路。其地有南屏山，山在独石口南四十里，赤城北六十里，在三山堡西北一里许，三山并峙，如列屏然。筑精舍居之。秋八月，无疾端坐而卒。帝闻惊悼。赠太傅，封赵国公，谥文贞。事见《元名臣言行录》。

廉希宪，字善甫，畏吾人。笃好经史，手不释卷。一日方读《孟子》，闻召，急怀以进。世祖问其说，遂以性善、义利、仁暴之旨为对，世祖嘉之，目曰"廉孟子"，由是知名。世祖即位，以希宪为京兆四川道宣抚使，进中书省右丞，行秦蜀省事，讨平浑都海阿蓝答儿，进拜中书平章政事，赐宅一区。至元元年[6]，丁母忧[7]，率亲族行古丧礼，勺饮不入口者三日，恸则呕血，不能起，寝卧草土，庐于墓旁。宰执[8]以忧制未定，欲极力起之，相与诣庐，闻号痛声，竟不忍言。未几，有诏夺情起复，希宪虽不敢违旨，然出则素服从事，入必缞绖[9]。及丧父，亦如之。方士请炼大丹，敕中书给所需，

---

① 藩邸，藩王之第宅。

② 甄拔，甄别选拔。

③ 成宪，原有的法律、规章制度。

④ 术数，谓以种种方术，观察自然界可注意的现象，来推测人的气数和命运。也称"数术"。

⑤ 符契，符合。

⑥ 至元元年，1264 年。

⑦ 丁母忧，丁忧是指遭逢父母丧事。旧制，父母死后，子女要守丧，三年内不做官，不婚娶，不赴宴，不应考。丁母忧指遭逢母亲丧事。

⑧ 宰执，指宰相等执掌国家政事的重臣。

⑨ 缞绖，丧服。亦指服丧。

希宪具以秦、汉故奏，且曰："尧、舜得寿，不因大丹也。"帝曰："然。"遂却之。时方尊礼国师，帝命希宪受戒，对曰："臣受孔子戒矣。"帝曰："孔子亦有戒耶?"对曰："为臣当忠，为子当孝，孔子之戒，如是而已。"七年，罢政居家读书，不复求进。十一年，诏起为北京行省平章政事。十二年，右丞阿里海牙下江陵，请命重臣开大府镇之。帝急召希宪还，使行省荆南，诏令承制授三品以下官。希宪至镇，即日禁剽掠，通商贩，兴利除害，兵民按堵。先时，江陵城外蓄水扞御，希宪命决之，得良田数万亩，以为贫民之业。发沙市仓粟之不入官籍者二十万斛，以赈公安之饥。大纲既举，乃曰："教不可缓也。"遂大兴学校，选教官，置经籍，且日亲诣讲舍，以厉诸生。西南溪洞，及思、播田、杨二氏，及重庆制置赵定应，俱越境请降。十四年，以江陵湿热，疾久不愈，召还。江陵民号泣遮道留之不得，相与画像建祠。希宪还，囊橐萧然，琴书自随而已。帝知其贫，特赐白金五千两、钞万贯。五月至上都，太常卿田忠良来问疾，希宪谓曰："上都圣上龙飞之地，天下视为根本。近闻龙冈遗火，延烧民居，此常事耳，慎勿令妄谈地理者，惑动上意。"未几，果有以徙置都邑事奏者，中书左丞张文谦等，力言不可，帝不悦。明日召忠良质其事，忠良以希宪语对，议遂止。诏征扬州名医王仲明视希宪疾，服其药，能杖而起，帝喜谓曰："卿得良医，疾向愈矣。"对曰："医持善药以疗臣疾，苟能戒慎，诚如圣谕；设或肆情，良医何益。"盖以医讽谏也。十六年，诏复入中书，希宪称疾笃。戒其子曰："丈夫见义勇为，祸福无预于己，谓皋、夔、稷、契、伊、傅、周、召为不可及，是自弃也。天下事苟无牵制，三代可复也。"又曰："汝读《狄梁公传》乎? 梁有大节，为不肖子所坠，汝辈宜慎之!"十七年十一月十九夜，有大星陨于正寝之旁，流光照地，久之方灭。是夕，希宪卒，年五十。大德八年，赠太师上国柱，追封恒阳王，谥文正。《元史·本传》。

◎列女①（第 8 册，卷 17《户籍编·列女》）

○龙关县列女（第 56 ~ 59 页）

明

刘氏，龙门人。年十七，适②副千户张洪，六年洪得疾，呼刘语曰："我一岁母亡，赖继母赵抚养成立，恩未能报也。今我子一岁而我又亡，母老子幼，奈何？"刘泣曰："汝何为是言，我终不负汝也。"洪卒，家甚贫。刘以缝纫自给，事姑极孝，抚其子袭荫③。卒年五十八。

高氏，龙门人。年十六归总旗贺郁。居十年，郁战死，遗子贵，方四岁。或劝之曰："世固有携子再适者，尔贫，何自苦为？"高泣曰："身夫死矣，妇而夫他人，子而父他人，死而有知，耻孰甚焉。吾甚不忍贻死者此耻。"乃缝纫自给，养子成立，后以老终。

黄氏，龙门人。父名庸，素有志行，生女二，长适应袭舍人信雄。雄殁，黄年甫二十一岁，誓死靡他，抚二子成立。次女指挥支棠娶之，年二十三，棠卒，守节皎然。二人俱年八十余卒，人称为黄氏双璧云。

魏氏，龙门人，年十七，归旗校全胜。弘治乙丑④，敌内侵，胜随将领御之，至虞岭战殁。舅姑⑤年六旬，儿玺生甫七月。舅姑曰：

---

① 列女，犹烈女。谓重义轻生、有节操的女子。烈女古指重义轻生的女子或特指殉节的女子。

② 适，旧称女子出嫁。《玉篇·辵部》："适，女子出嫁。"《仪礼·丧服》："大夫之妾为庶子适人者。"郑玄注："君之庶子，女子子也。庶女子子在室大功，其嫁于大夫亦大功。"胡培翚正义引李氏云："郑氏曰：'凡女行于大夫以上曰嫁，行于士庶人曰适人。'今案：据此例则适人即是适士。"

③ 袭荫，封建时代，子孙承继先祖的官位爵号。

④ 弘治乙丑，弘治十八年，1505 年。

⑤ 舅姑，称夫之父母，俗称公婆。亦称妻之父母，即岳父母。《礼记·坊记》："昏礼，婿亲迎，见于舅姑。"郑玄注："舅姑，妻之父母也。妻之父为外舅，妻之母为外姑。"

"妇少艾^①，可他适也。儿玺我两人抚育之。"魏曰："夫以王事亡，不愧为男子，我去舅姑不孝，去儿不慈，得不愧为妇耶？"乃食贫守节，奉侍舅姑，并育子玺成立。年六十余终。

王氏，龙门人。年十八，归庠生张棐，家贫以女红^②助夫膏油^③，劝之修业，棐感奋成名，历官州牧。嘉靖壬午^④，棐卒。王抱所遗未岁男登抚育之。垂^⑤四十载，子克家，亦有孙矣，王尚康强无恙。

王氏，龙门卫指挥王松女，适庠生葛之覃。覃赴秋试，殁于京邸。王年甫十九，有姑，景迫桑榆^⑥，子仅周岁。躬纺绩以事姑养子，艰辛数十年，直指请建坊表焉。子大荣，中顺治丙戌武进士。

王氏，龙门卫人，父官南圻，兄道亦宦于陕，因侨寓京都。王年十五，归京都旗校张进。居十载，进卒，王苦无后，难守志，又无他适义，乃郤水浆，伏秸藁，泣八昼夜不休，遂死枢前。有司以其事闻，诏旌其门焉。

清

周氏，龙门人，徐毓光继室也。性端敏，举动合礼，善事舅姑。抚前子若女犹己出。及光为中牟令，值流寇猖獗。志在死守，光遣周归里。甫离县治，闻贼将至，周乃微服入村舍，置空舆道左。因

---

① 少艾，指年轻美丽的女子。《孟子·万章上》："知好色，则慕少艾。"赵岐注："少，年少也；艾，美好也。"

② 女红，红音 gōng，同"女功"，旧谓妇女从事的纺织、刺绣、缝纫等。《汉书·景帝纪》："雕文刻镂，伤农事者也；锦绣纂组，害女红者也。"颜师古注："红读曰功。"

③ 膏油，特指为子弟延师请益之费。

④ 嘉靖壬午，嘉靖元年，1522 年。

⑤ 垂，将近；将及。《广韵·支韵》："垂，几也。"《后汉书·隗嚣传》："吾年垂四十，在兵中十岁，厌浮语虚辞。"

⑥ 景迫桑榆，夕阳斜照在桑树和榆树顶端，一派黄昏景象。比喻晚年的时光。桑榆，古人以为是日所入处。

嘱左右曰："如贼至，问舆中人安在，第绐①谓去久矣。"遂免于难。中途又值官兵南下，揭司马封于舆端，军肃然而去。其仓猝御变有如此。后闻光殉难，痛绝复苏者数四，乃强起，悉谢膏沐，躬椎布②，外辑陵侮，内抚诸孤，备极忧困，惟以节义自持。年六十有五卒。子三人，长章选成均，次立游庠③。前子二人，皆诸生，乡里咸称徐母有陶孟④遗风焉。

王氏，明山海总兵张时杰子玉振之妻，宣镇总兵王应辉之女也。年十七，适玉振，未有所育，而玉振亡。氏年甫二十一，誓以死殉，水粒不入口者数日。维时⑤母氏姑姨苦劝，乃奄奄称未亡人。冰玉之操，阖邑老少皆称之。政府王公⑥给匾表扬。卒年八十一岁。

姜氏，父名跃鲤，为明季指挥使。时北兵攻城，力斩敌一人，余皆溃散，城赖以全。氏适本邑庠生陈吉邛，陈亡。有劝之他适者，氏曰："吾何忍弃姑而遗弱息哉！有死无二。"时年二十七。谢铅华⑦，身亲井臼⑧，奉姑益谨，宗党贤之。孤名师古，甫成童，俾就外傅⑨。夜则勤女红，督其子诵读于旁。及次成立，为胶庠⑩名宿。冡⑪孙珩，亦补弟子员。诸孙林立，人咸指为节母之报云。

————————————

① 绐，音 dài。通"诒"。欺诈。《玉篇·系部》："绐，欺也。"清段玉裁《说文解字注·系部》："绐，古多叚为诒字。"

② 椎布，椎髻布衣。形容为妻贤良，衣饰简朴。

③ 游庠，明清时，儒生经考试取入府、州、县学为生员，谓之"游庠"。

④ 陶孟，"陶"指西晋大臣陶侃的母亲，陶侃幼为孤子，家境贫寒，陶母靠纺纱织麻维持生计，供养陶侃读书。"孟"即孟子的母亲，有"子不学，断机杼"和"孟母三迁"的故事。

⑤ 维时，斯时；当时。

⑥ 政府王公，清《龙门县志》卷13《人物志下》作"前饷府汪公"。

⑦ 铅华，亦作"铅花"。妇女化妆用的铅粉。

⑧ 井臼，汲水舂米，泛指操持家务。

⑨ 外傅，古代贵族子弟至一定年龄，出外就学，所从之师称外傅。与内傅相对。《礼记·内则》："十年，出就外傅，居宿于外，学书记。"郑玄注："外傅，教学之师也。"

⑩ 胶庠，周代学校名。周时胶为大学，庠为小学。后世通称学校为"胶庠"。

⑪ 冡，"蒙"的古字。《说文·冖部》："冡，覆也。"段玉裁注："凡蒙覆、僮蒙之字，今字皆作蒙。依古当作冡。蒙行而冡废矣。"蒙，自称谦辞。

沙氏，年十九，适晏家庄王宠，阅五年，夫亡。奉姑抚幼，课子①成名，以寿终。雍正十一年②旌表。

郭氏，县城廪膳生陈绍先之妻。十七岁于归③，克尽妇道。夫从征，殁于国事。时氏年二十七，翁姑迟暮④，子女幼稚，氏即矢志柏舟⑤，之死靡他⑥。越三岁，翁亦亡。家无遗产，惟以针指⑦度日。奉姑菽水承欢⑧，姑有难色，且时以婉言譬慰之。继而姑殁，虽因贫不能厚葬，而哀痛实逾恒情。及嫁女后，子已稍长，迫令弃学习商。年七十二卒，乡谊至戚，相与⑨请旌入祠。

赵氏，县城雷喜顺妻。十七岁于归，十九，夫因不得父母之欢心，托故外出不归，至今存亡未知。氏事翁姑极孝，治家极俭。螟蛉⑩一子，教养至劳，晚年双目失明，苦守五十余年。民国二十年，以七十六寿终。其贞操乡里戚党，皆称道之。

---

　①　课子，督教儿子读书。

　②　雍正十一年，1733 年。

　③　于归，出嫁。《诗·周南·桃夭》："之子于归，宜其室家。"朱熹集传："妇人谓嫁曰归。"马瑞辰通释："《尔雅》：'于，曰也。'曰读若聿，聿、于一声之转。'之子于归'，正与'黄鸟于飞'、'之子于征'为一类。于飞，聿飞也；于征，聿征也；于归，亦聿归也。又与《东山》诗'我东曰归'《采薇》诗'曰归曰归'同义，曰亦聿也。于、曰、聿，皆词也。"

　④　迟暮，亦作"迟莫"。比喻晚年。《楚辞·离骚》："惟草木之零落兮，恐美人之迟暮。"一本作"迟暮"。王逸注："迟，晚也……而君不建立道德，举贤用能，则年老耄晚暮，而功不成事不遂也。"

　⑤　柏舟，本为《诗·鄘风》篇名。《诗·鄘风·柏舟序》："柏舟，共姜自誓也。卫世子共伯蚤死，其妻守义，父母欲夺而嫁之，誓而弗许，故作是诗以绝之。"后因以谓丧夫或夫死矢志不嫁。

　⑥　靡他，亦作"靡佗""靡它"。谓无二心。

　⑦　针指，指做针线活。

　⑧　菽水，豆与水。指所食唯豆和水，形容生活清苦。语出《礼记·檀弓下》："子路曰：'伤哉！贫也！生无以为养，死无以为礼也。'孔子曰：'啜菽饮水尽其欢，斯之谓孝。'"后常以"菽水"指晚辈对长辈的供养。承欢，指侍奉父母。

　⑨　相与，指交好的人。

　⑩　螟蛉，螺蠃常捕螟蛉喂它的幼虫，古人误认为螺蠃养螟蛉为己子。后因以为养子的代称。

李氏，兴旺堡张玉振妻。夫亡，氏二十三岁，子源方三岁。氏奉姑尽礼，抚子成家。二孙明智、明晃，皆入泮①，曾孙有钦、有为、有权等，振振成立，皆氏抚养教训之所及也。享年七十八，乡人赠匾曰"性同松柏"。

姜氏，赵川堡杨栋妻。栋家贫，客商于赤城县龙门所，不幸夭折。时氏年二十四，遗一子，甫四龄，伶仃无依。氏矢志柏舟。母家亦穷甚，兄一弟一，早亡，嫂及弟妇，先后均他适，所遗侄男女，咸依姜氏。孤单弱寡，支持两门，赖针带为活，艰苦备尝，宴如也。卒年五十九，乡里咸推为节义云。

李氏，青边口李山发女也。十九岁适宋宫，数年生子殿元，及殿元一二岁时，夫卒。乡人共佩其矢节育孤，之②死靡他，联名呈请县公署，请奖励。大总统徐③批准，奖给"门旌行义"匾额一方，褒词、证书、三色奖章各一。其子殿元，因建孝节坊。

○赤城县列女（第59~61页）

陈氏，开平卫人，年十六归指挥池信子宽。信监云州城操练，携家与俱。正统己巳也先入寇，信率兵援马营，宽从之。寇攻云州，城陷，氏先令夫女弟④及子女九人投缳⑤，乃从容自缢。景泰初，诏立祠祀之。

田氏，千总田坤女。正统己巳之变，坤战殁，女年十九，痛君

---

① 入泮，古代学宫前有泮水，故称学校为泮宫。科举时代学童入学为生员称为"入泮"。

② 之，至，到。《玉篇·之部》："之，至也。"《诗·鄘风·柏舟》："之死矢靡它。母也天只，不谅人只。"毛传："之，至也。"

③ 徐，通"俱"。全；都。清朱骏声《说文通训定声·豫部》："徐，段借为俱。"《公羊传·成公十五年》："鲁人徐伤归父之无后也。"何休注："徐者，皆、共之辞也。关东语。"

④ 女弟，妹妹。

⑤ 投缳，自缢。《后汉书·吴佑传》："因投缳而死。"李贤注："谓以绳为缳，投之而缢也。"

掳父亡，不胜义愤，遂投龙门峡死，即所谓舍身崖也。土人①穴石壁瘗焉。天顺初，特旨旌之。

杨氏，开平宦族女，年十七适千户李宗，事舅姑，处卑幼，咸得宜。二十六岁，宗殁，杨抚遗孤敬成立，袭父职，寻亡，复偕嫠妇②孤孙同守，几四十年。闺阃③之内，严肃整齐，终日寂无笑语。景泰初旌表。

冯氏，云州人，名妙秀，年二十，适马营百户王贤。居五岁，贤御寇战死。其姑苦无子侍养，哀恸弗止。冯泣谓曰："姑勿自苦，妇即儿也。"乃以织纴养姑。姑死，殡葬如礼，衣缟④食素三年。

刘氏，名妙善，马营人，年十六归军校任怀。居五年，怀死于阵，所亲有以更嫁言者，刘含泪默然。已而，入室手握发断之，仰天誓曰："发断易长，颈断难续，不信，吾其断颈乎！"言者惊避去，于是鬻⑤女红，供舅姑甘旨，自奉则日一粝食⑥而已。苦节三十年，未尝一日为容，乡人呼为刘女师。

张氏，龙门所张云长女，庠生史纲妻。祖姑汤氏，姑罗氏守节。张年二十八，纲又死，遗子二。氏上承二老，下抚二幼，竭尽心力，寿七十一卒。三代节妇，集于一门，乡闾称之。

金氏，龙门所金龙冈女，适孙崇业。崇业性嗜酒，不事生理，妇谏之，不听，家遂落，食贫茹苦，女红自给甘之，略无怨色。顺

---

① 土人，世代居住本地的人。
② 嫠妇，寡妇。嫠音 lí，寡妇。
③ 闺阃，宫院或后宫；内室。亦特指妇女居住的地方。阃音 kǔn，妇女居住的内室。
④ 衣缟，旧时居丧或遭其他凶事时所著的白色衣服。缟音 gǎo，白色。
⑤ 鬻，音 yù，卖，出售。
⑥ 粝食，粗恶的饭食。《汉书·外戚传下·孝成许皇后》："妾夸布服粝食。"颜师古注引孟康曰："粝，粗米也。"

治丙戌①，岁祲②，业势不能支，谋嫁妇。妇以死自誓，业恐事不谐，乃阴受人财，而以戚属相邀绐③妇出，使娶者中途迎之。妇觉，诈谓业曰："夫忍嫁我乎？至彼就死而已，此两全之道也！然归汝家二十余年，讵忍恝然④，沽酒⑤为别。"业信之，沽酒去，妇乃揽镜以刀断喉而死。

程氏，广东人，龙门所杜邦璪任广东都司，为次子廷觐娶之。廷觐、邦璪相继卒，扶枢北归。其家挽留之，不得也。比抵龙门，家中已落。伯廷观亦卒。抚其子绳武，辛勤备至，寻又夭折。茕茕⑥五十年，送死扶生，艰难万状，年七十六卒，行道皆为掩泣⑦。

郜氏，赤城耆民⑧郜福耀女。年十九，适处士孟博。年二十九，夫殁，守节五十六年。咸丰元年⑨卒，年八十四。氏孝事孀姑⑩，抚夫弟妹毕婚娶。夫弟麟及同堂弟槐，觊觎⑪遗产，皆从所欲。且以次子开业为麟后。氏子二，孙四。其季⑫华，道光己酉⑬选拔。得氏教最多。姻亲王农部廷弼，在部呈报氏节，嗣具题奉旨旌表，准建坊，

---

① 顺治丙戌，顺治三年，1646 年。

② 祲，旧指阴阳之气相侵形成象征不祥的妖气。《说文·示部》："祲，精气感祥。"《汉书·匡衡传》："臣闻天人之际，精祲有以相荡，善恶有以相推。"颜师古注："祲谓阴阳气相浸渐以成灾祥者也。"引申为灾祸。

③ 绐，音 dài。古同"诒"，欺骗；欺诈。《玉篇·糸部》："绐，欺也。"清段玉裁《说文解字注·糸部》："绐，古多叚为诒字。"

④ 讵，副词。表示反问，相当于"怎么""难道"。《说文新附·言部》："讵，犹岂也。"恝，音 jiá。无动于衷；淡然。

⑤ 沽酒，从市上买来的酒；买酒。沽通"酤"。

⑥ 茕茕，音 qióng。孤单无依。《文选·张衡〈思玄赋〉》："何孤行之茕茕兮，子不群而介立。"刘良注："茕茕，独也。"

⑦ 掩泣，掩面而泣。

⑧ 耆民，年高有德之民。

⑨ 咸丰元年，1851 年。

⑩ 孀姑，守寡的婆母。

⑪ 觊觎，非分的希望或企图。《左传·桓公二年》："庶人、工、商，各有分亲，皆有等衰。是以民服事其上，而下无觊觎。"杜预注："下不冀望上位。"

⑫ 季，兄弟排行次序最小的。

⑬ 道光己酉，道光二十九年，1849 年。

入祠节孝祠。

王氏，独石口人，王锺峦女。年十九，归赤童生①饶廷梁为继妻。年二十八，夫殁。遗孤二，甫七八龄，氏誓以死守。井臼亲操，恒终夜纺织，抚子成立授室②，教以义方，事翁姑③尤孝，历四十余年如一日。卒年七十二，光绪间，诏建坊旌表，入祠祀之。

吴氏，延庆州乡学廪贡生吴鉴女，适独石廪生王一清为继室。年二十一夫殁，至同治十一年④，已守节四十年。氏孝事翁姑，无嗣，以堂弟子作相为夫后。

陈氏，举人吴廷梅次室，旋继嫡⑤。氏时年十七，廷梅年六十，次年生子樵，三年生子焘，五年生女一，氏抚二子一女，经理家务，备受辛苦。族人虽多，缘非近亲，隐行摧残者有之。氏抚子成立，樵入泮后补廪膳，设帐北京蒙古王。焘府入武庠，弓马娴熟，受武童，为邑之名师。女配清泉堡程启敬，氏在乡里，乐善好施，凡有穷困因病求之者，无不拯救。光绪三十四年⑥，由直隶总督端奏请褒扬，奉赐诰封旌表建坊。氏守节五十年，殁于民国四年，年八十。

◎文科进士一览表（第8册，卷18《户籍编·人物表》）
○龙关县（第3页）

姓名	王致祥	李遵度
年第	明隆庆辛未	清顺治丙（戌）［戌］

① 童生，习举业而未考取秀才的读书人。
② 授室，本谓把家事交给新妇。语本《礼记·郊特牲》："舅姑降自西阶，妇降自阼阶，授之室也。"孔颖达疏："舅姑从宾阶而下，妇从主阶而降，是示授室与妇之义也。"后以"授室"指娶妻。
③ 翁姑，公婆。
④ 同治十一年，1872年。
⑤ 嫡，封建宗法制度中指正妻。
⑥ 光绪三十四年，1908年。

○赤城县（第 3 页）

姓名	徐演	王轵	宋之屏	景士秀
年第	明天顺庚辰	宏治己未	清顺治丙（戌）[戌]	清乾隆庚辰

◎武科进士一览表（第 8 册，卷 18《户籍编·人物表》）

○龙关县（第 6~7 页）

姓名	张铉	孟尚义	魏应震	张守愚	郑济民	张承宪	张时杰	倪承祚	胡献章	阎可陛	张应凤	王开泰	葛太荣	张玉玺	于乘龙	王大义	梁希灏	梁希舜	周洪升	刘延祉	李玮	赵光宗	赵仁基	魏相业
年科	明嘉靖辛丑	隆庆辛未	隆庆辛未	隆庆年	万历丁丑	万历甲辰	天启壬戌	天启壬戌	崇祯丁丑	崇祯庚辰	崇祯癸未	崇祯癸未	清顺治丙戌	顺治丙戌	顺治己丑	顺治己丑	顺治己丑	康熙丁未	康熙丁未	康熙壬戌	康熙壬戌	康熙庚辰	康熙乙丑	

○赤城县（第 7 页）

姓名	刘宝	龚勋	翟钦	田锦	徐泰	刘楷	翟瀚	刘绅	刘淳	姚凤	张守愚	孙邦熙	查官正	饶胤	倪承祈
年科	明成化癸卯	正德庚辰	嘉靖癸未	嘉靖己丑	嘉靖己丑	嘉靖甲辰	嘉靖甲辰	嘉靖癸丑	嘉靖己未	隆庆戊辰	隆庆辛未	万历丁丑	万历丁未	万历庚戌	天启壬戌
姓名	王之熙	钱源	王登元	王来仪	张允恕	徐世禄	王楹	姚世安	姚卿	张阪	王守德	张允中	陶粟	董正己	张进瑶
年科	崇祯癸未	明	明	明	明	明	明	明	明	明	清顺治丙戌	顺治丙戌	顺治丙戌	顺治己丑	顺治乙未

◎文科举人一览表（第8册，卷18《户籍编·人物表》）

○龙关县（第14页）

姓名	林春	魏清	张棐	李琪	裴璜	窦维辂	魏廷象	钱鹠	周职迁	胡显祖	胡维桢	陈正谊	王衮	胡以济
年科	明景泰庚午	成化丁酉	正德庚午	己卯	丁酉	崇祯癸酉	丙子	嘉靖戊子	万历乙酉	清康熙丙午	丁巳	戊午	辛酉	壬午

○赤城县（第14页）

姓名	胡贯	张棐	钱鲲	王承芳	郑在时	纪肇修	郭世昌	景际泰	吴廷梅	郑士林	安永昌
年科	明正统丁卯	正统庚午	嘉靖戊子	万历戊子	崇祯庚午	清顺治戊子	康熙己酉	乾隆甲午	道光甲辰	光绪辛卯	光绪庚子辛丑

◎武科举人一览表（第8册，卷18《户籍编·人物表》）

○龙关县（第24~25页）

姓名	马愈龙	苏国栋	阎有恩	姜跃礼	田尚忠	倪如玉	阮立都	窦维辕	严用中	张玉振	徐太裕	赵康	王量	马载图
年科	明天启辛酉	天启辛酉	天启辛酉	天启甲子	天启甲子	天启甲子		天启甲子	清顺治乙酉	顺治戊子	顺治辛卯	顺治辛卯	顺治辛卯	顺治辛卯
姓名	周凤竹	张应泰	吴士龙	张应麟	张玉佩	陈邦振	范可师	冯继立	白云鹄	丁圣遇	张锦	杜永成	潘希岳	张翻

续表

年科	顺治辛卯	顺治甲午	顺治丁酉	顺治丁酉	顺治丁酉	顺治丁酉	顺治丁酉	顺治丁酉	康熙己酉	康熙壬子	康熙壬子	康熙己卯	康熙戊午	康熙辛酉

○赤城县（第25页）

姓名	龚勋	徐九锡	郑向时	汪国枢	鹿万年	李际元	阮济刚	南朝杰	张国威	阎有思	贾权	马翼龙	王之燨	李文焕
年科	明正德己卯	万历戊午	万历戊午	万历戊午	万历戊午	天启辛酉	天启辛酉	天启辛酉	天启辛酉	天启辛酉	天启甲子	天启甲子	天启甲子	天启甲子
姓名	刘承业	郭光先	田瑾	刘希哲	张威	汪希如	张榘	刘世显	杜邦謤	鞠应辰	张进謤	王允升	景升泰	张大本
年科	崇祯戊午	清顺治辛卯	顺治辛卯	顺治辛卯	顺治辛卯	顺治辛卯	顺治甲午	顺治丁酉	顺治丁酉	顺治丁酉	康熙己卯	康熙戊子	嘉庆庚申	光绪戊子

◎特举人材一览表（第8册，卷18《户籍编·人物表》）

旧志每列某科进士某科举人于选举内，其实乃由科第出，其应试也。除恩科外，皆有一定年限，故本书即以进士举人，各分文武科列表，惟孝廉方正、贤良方正、博学鸿词等不恒见，宜与科第分别纪这，姑以特选名焉。且得孝廉方正之举者，概钦赐六品衔，较科第之举人为优，不可混而为一，故特别兹表，表中所注某某县名，系据今日县名上追其地为今某县，非当时概有此名也。

○赤城县（第26页）

人名	白振纬	王作梅	王士选
选举年别	孝廉方正咸丰元年	孝廉方正咸丰元年	孝廉方正光绪年

○**龙关县**（第 26 页）

人名	陈训
选举年别	孝廉方正咸丰元年

◎**代议士选举一览表**（第 8 册，卷 18《户籍编·人物表》）

代议士选举，又由科第孝廉方正等外，另一制度，故特列表纪之。而以省代议士以上为限，其有一人而充省谘议局议员，继又充省议会议员者，则不两列。因二者均为省代议士也。余则两见，如高焕章、贾庸熙、张万善三人是。

省会代议士选举一览表

○**龙关县**（第 27 页）

人名	何耀慧	张士魁
选举年别	省议会议员，民国元年	省议会议员，民国十年

○**赤城县**（第 27 页）

人名	张滨	张浴
选举年别	省议会议员，民国元年	省议会议员，民国十年

◎**恩贡生一览表**（第 8 册，卷 19《户籍编·人物表》）

○**龙关**（第 4 页）

姓名	殷登云	张允贤	阎可衡	季敬	胡宪祖	胡以漠	陈琦	要应奎	管意	潘润	常倬	董世福	王宪	王义源	秦凌动
年科	明启元年	崇祯元年	清顺治年	清康熙十五年	康熙四十七年	康熙四十八年	雍正元年	乾隆元年	乾隆十五年	乾隆十七年	乾隆四十五年	乾隆五十一年	乾隆五十五年	嘉庆元年	嘉庆元年

续表

姓名	陈敏致	任开运	王瑞	李久富	常春熙	王廷猷	贾廉	宋廷俊	王际春	田昶	马称德	郝文印	姬寿山	李增芳
年科	嘉庆五年	道光元年	道光十六年	咸丰元年	咸丰四年	咸丰四年	咸丰七年	咸丰十年	同治元年	同治八年	同治十一年	光绪元年	宣统元年	宣统二年

○赤城（第4页）

姓名	张云	刘愈芳	孙昌运	刘邦桂	邹琳
年科	清顺治年间	雍正元年	乾隆元年	乾隆十五年	乾隆十七年

◎拔贡生一览表（第8册，卷19《户籍编·人物表》）

○龙关（第8页）

姓名	季敏	汤应武	武维扬	徐章	姚之益	姚文郁	李琳	范孔彰	王元魁	郭镐	郑障	陈尚义	刘思谊	高敬承	任继休	李显荣	陈玉衡	阮启贤	严箴	刘懋德
年科	清顺治五年	顺治五年	顺治十一年	康熙十一年	康熙二十三年	三十七年	雍正元年	乾隆六年	乾隆十八年	乾隆乙酉	乾隆丁酉	乾隆己酉	嘉庆辛酉	嘉庆癸酉	道光乙酉	道光丁酉	同治癸酉	光绪乙酉	光绪丁酉	宣统己酉

○赤城（第8页）

姓名	张进仁	郭世荣	张进玮	饶绍德	郭志璞	李之英	纪炳	郑士林	李应时	张滨
年科	清乙酉科	清代某科	清辛卯科	清代某科	清代某科	清代某科	雍正元年	光绪乙酉科	宣统己酉科	宣统己酉科

◎岁贡生一览表（第 8 册，卷 19《户籍编·人物表》）

○龙关（第 35 ~ 38 页）

姓名	黄锦	艾纶	魏真	林浃	萧贤	曹贤	倪仁	金绣	裴琮	魏廷仁	王敏	朱玫	窦钢	许安	李仁	吕熙	马杰	钱鲤	陈文	魏国
年科	明弘治二年	弘治四年	弘治六年	弘治八年	弘治十年	弘治十二年	弘治十四年	弘治十六年	弘治十八年	明正德二年	正德四年	正德六年	正德八年	正德十年	正德十二年	正德十五年	嘉靖元年	嘉靖三年	嘉靖五年	嘉靖七年

姓名	程璧	罗绮	李大经	魏廷哲	王金	裴瑺	徐凤	李孟春	魏时	魏德	窦文	陈栋	马宗孝	郝凌辅	李仲春	董汉儒	陈霁	林士芳	王致和
年科	嘉靖十一年	嘉靖十三年	嘉靖十五年	嘉靖十七年	嘉靖十九年	嘉靖二十一年	嘉靖二十三年	嘉靖二十五年	嘉靖二十七年	嘉靖三十一年	嘉靖三十三年	嘉靖三十五年	嘉靖三十七年	嘉靖三十九年	嘉靖四十一年	嘉靖四十三年	嘉靖四十五年	明隆庆二年	隆庆三年

姓名	马维行	潘维高	张德威	魏应箕	孙显宗	傅梦弼	王美	朱绍颜	陈九畴	陈自勉	张大教	魏应益	郭自震	王一柱	陈继皋	周继文	李舒	阎守礼	徐德言	安邦彦
年科	隆庆四年	隆庆六年	万历元年	万历二年	万历四年	万历六年	万历八年	万历十年	万历十二年	万历十四年	万历十六年	万历十八年	万历二十年	万历二十二年	万历二十四年	万历二十六年	万历二十八年	万历二十九年	万历三十年	万历三十二年

姓名	刘干	陈继召	赵锐	李继祥	魏希征	赵思忠	罗逵	李德增	倪承思	郝鸣皋	李中正	卜渊	陆腾蛟	沈模	丁应录	史篆	季忠	高崇	孙举	徐毓光
年科	万历三十四年	万历三十六年	万历三十八年	万历四十年	万历四十二年	万历四十四年	万历四十六年	万历四十八年	万历四十九年	天启二年	天启四年	天启六年	崇祯元年	崇祯三年	崇祯五年	崇祯七年	崇祯九年	崇祯九年	崇祯十一年	崇祯十五年

续表

姓名	周行	姚文昭	王象春	李銮	刘适	姚文瑆	魏日崇	严钦明	陆起鸿	李养正	陈师泰	李遵制	安邑	方锡隆	徐琨	王佐	王志	文时成	赵之远	李伟
年科	康熙三十一年	康熙三十一年	康熙三十一年	康熙三十年	康熙二十九年	康熙二十九年	康熙二十三年	康熙二十年	康熙二十年	康熙十七年	康熙十七年	康熙十二年	康熙十年	康熙二年	康熙十八年	顺治十四年	顺治十二年	顺治十年	清顺治二年	崇祯十六年
姓名	赵纬	申嘉庆	范培柱	王廷相	窦声	徐方震	徐颖	刘楫	宋微殷	刘延祉	张文龄	董师圣	徐方杲	赵维伦	安昌晋	徐方澄	倪重光	王之臣	武之召	王际泰
年科	雍正十年	雍正八年	雍正七年	雍正六年	雍正四年	雍正二年				康熙五十一年	康熙四十九年	康熙四十五年	康熙四十三年	康熙四十一年	康熙三十九年	康熙三十七年	康熙三十六年	康熙三十五年	康熙三十三年	康熙三十三年
姓名	王希瑗	王瑛	任延枚	严仲宽	郑国凝	管文凝	李管德	李瑛	要翱	王继熙	任光第	王廷佐	范兴祖	魏永锡	王儒	田犹彤	王际隆	李之功	范孔范	陈世泽
年科	乾隆四十一年	乾隆三十四年	乾隆三十二年	乾隆三十年	乾隆二十八年	乾隆二十六年	乾隆二十六年	乾隆二十一年	乾隆十九年	乾隆十七年	乾隆十五年	乾隆十三年	乾隆十一年	乾隆九年	乾隆七年	乾隆五年	乾隆三年	乾隆元年	雍正十三年	雍正十二年
姓名	雷震	任开泰	刘思恭	韩哲	王光弼	武凤仪	陈鉴	李士瑞	刘定邦	岳崇杰	常国钧	宁新	王化溶	王元礼	武拱	严敬	杨祖旺	王国辅	吴明德	李士髦
年科	嘉庆二十三年	嘉庆二十一年	嘉庆十九年	嘉庆十七年	嘉庆十四年	嘉庆十四年	嘉庆十年	嘉庆十二年	嘉庆七年	嘉庆四年	嘉庆二年	乾隆六十年	乾隆五十八年	乾隆五十六年	乾隆五十四年	乾隆五十二年	乾隆五十一年	乾隆四十九年	乾隆四十七年	乾隆四十三年

续表

姓名	李喜春	杨桂	陈训	刘廷辅	胡珏	白培天	王沂	张福山	任继隆	黄上达	王耀先	任进官	施裕	朱生云	雷霆	黄泰	李国攘	武凤彩	黄吉	白翼天
年科	咸丰七年	咸丰四年	咸丰四年	咸丰元年	道光二十八年	道光二十六年	道光二十三年	道光二十三年	道光二十二年	道光二十二年	道光十九年	道光十六年	道光十一年	道光十一年	道光十年	道光十年	道光五年	道光三年	道光二年	嘉庆二十五年
姓名	严玉蕴	李顺	李湛	岳琪	白镜	张文藻	周云	李遇爰	白鉴	马崇德	曹凤彩	宋光成	施继祖	曹凤翔	刘贤	栾国钧	任秉铨	李万昌	施维祖	王玫成
年科	光绪十六年	光绪十四年	光绪十一年	光绪十年	光绪八年	光绪七年	光绪四年	光绪四年		光绪元年	同治十一年	同治十一年	同治九年	同治八年	同治六年	同治三年	同治二年	咸丰十年	咸丰八年	咸丰八年
姓名	祁殿英	李国祥	杨际春	郭炳	郭廷杰	严敦美	张璇	王崇思	窦俨	陈佩衡	田章	李延功	曹春	汪步瀛						
年科	宣统二年	宣统元年	光绪三十四年	光绪三十四年	光绪二十九年	光绪二十九年		光绪二十六年	光绪二十五年	光绪二十二年	光绪二十二年	光绪十九年	光绪十七年	光绪十六年						

○赤城（第 38～39 页）

姓名	赵铨	胡熙	张钦	窦俊	黄钺	智海	杭洪	陈荣	黄明	郭俊	黄镒	周琮	王纪	尹安	胡渊	葛升	郭德	翟祥

续表

年科	明弘治年间	弘治年间	弘治年间	弘治年间	弘治年间	弘治年间	弘治年间	正德年间	正德年间	正德年间	正德年间	正德年间	正德年间	嘉靖年间	嘉靖年间	嘉靖年间	嘉靖年间	嘉靖年间
姓名	侯润	王道嘉	贝鉴	张文嘉	杜承绪	汪湛	汪洋	杜栾	白思诚	张沂	杨仲春	萧云凤	郭应元	李钺	李铁	刘继宗	周万全	郭应试
年科	嘉靖年间	嘉靖年间	嘉靖年间	嘉靖年间	嘉靖年间	嘉靖年间	嘉靖年间	嘉靖年间	嘉靖年间	嘉靖年间	嘉靖年间	嘉靖年间	嘉靖年间	万历年间	万历年间	天启年间	天启年间	天启年间
姓名	汪国栋	郭铎	郭应登	李岑	荣禄	姚相舜	张本	王承惠	郭立都	冀德	李郊	申以孝	刘汝桢	马一麟	孙尚伦	萧卿	张廷极	张国政
年科	万历年间	万历年间	万历年间	万历年间	万历年间	万历年间	万历年间	万历年间	万历年间	万历年间	万历年间	万历年间	万历年间	万历年间	万历年间	天启年间	天启年间	天启年间
姓名	鞠承忠	马二麟	王承蒙	刘应星	张锡	朱世业	蔡元宁	董正位	张士志	朱瑞祥	梁振廷	张国宠	封孔印	纪国典	李伟瀛	梁国栋	王廷试	张敬修
年科	崇祯年间	崇祯年间	崇祯年间	崇祯年间	崇祯年间	崇祯年间	清顺治年间	顺治年间	顺治年间	顺治年间	康熙年间	康熙年间	康熙年间	康熙年间	康熙年间	康熙年间	康熙年间	康熙年间
姓名	张醒	张允铣	殷本忠	纪国模	张允祚	董一麟	刘悌	范垂范	郭祚隆	张允扬	刘家桢	门应诏	马跃龙	宋之辅	鞠应宿	刘光显	陈明扬	郭宪璞
年科	康熙年间	康熙年间	康熙年间	康熙年间	康熙年间	康熙年间	康熙年间	康熙年间	康熙年间	康熙年间	康熙年间	康熙年间	康熙年间	康熙年间	康熙年间	康熙年间	康熙年间	康熙年间
姓名	陈明志	石之琇	沈照如	李凤翔	铙从德	宋梃	蔡体震	朱焕霞	张允鋐	杜邦玉	饶杰	侯天职	王鸣璆	郭勋	王天佑	纪芳跻	王天祥	张允君

续表

年科	康熙年间	康熙年间	雍正年间	雍正年间	雍正年间	雍正年间	雍正年间	雍正年间	雍正年间	雍正年间	雍正年间	雍正年间	雍正年间	雍正年间	雍正年间	雍正年间	雍正年间	雍正年间
姓名	饶佐	朱尔超	郭永盛	温廷薁	郭坤	李发荣	宋士敏	宋尔翰	王秀升	杨枝政	饶儁	朱尔奇	董一诗	纪芳勋	王象格	饶红	乔振忠	纪烜
年科	雍正年间	雍正年间	雍正年间	雍正年间	雍正年间	乾隆年间	乾隆年间	乾隆年间	乾隆年间	乾隆年间	乾隆年间	乾隆年间	乾隆年间	乾隆年间	乾隆年间	乾隆年间	乾隆年间	乾隆年间

◎艺文一（第9册，卷20《户籍编·艺文》）

○屯田四议　明　李仙（岚）［风］[1]（第16~19页）

一、卫所辖军，州县辖民。腹皆州县，而错以卫所；边皆卫所，而错以州县。民之产为田，军之产为地。每卫五千户，每所一千户。户受地各有数，而总谓之屯。今查宣镇诸卫所，除三州县外，则皆屯地矣。其后，军不能耕，而招商种；商不肯种，而招民种。于是有团种，有地亩，有功臣、香火、驿传、公务，有新增余地诸名。各就其时所清理者而名之。其实皆屯也。屯之名更，而屯之额乃失。今寻屯额，而不抹此名，所以毕世无屯足之期矣。可考者，正统时，通镇屯地四万六千余顷，征粮二十五万有奇。至隆庆初，通镇诸名地四万七千余顷，征本折二十二万有奇。虽粮视原数，多少有差，本折有易，而地则增而有加矣。幅员[2]如故也。奈何释诸名地而求

---

① 李仙岚，按清《赤城县志》卷8《艺文志》作“李仙风”，是也。

② 幅员，指疆域。广狭称幅，周围称员。引申为范围。

屯？求之不得，砂碛、沮洳①、不毛穷发②，尽可指以为屯，无惑乎？募垦之令，终筑舍也。此屯田沿革之大较③也。

一、国初建立卫所，分军七为耕，三为守，原以耕济守也。不可耕之地，未有建立卫所者，独开平一卫，为上谷最冲。今所分为上北路者，辖一十城堡，崎岖于重岩叠巘④之中。即益以云州所，而可耕之地，劣于中路。以龙门亦卫也，而劣于下路。岂一卫一所，不敌二所哉！深究之，开平卫原不在独石，自二边出口，历羊川墩外，至旧开平三百余里，尽是平川，土膏肥沃，乃知最冲之封，亦自占绝胜之势。惜乎！其弃于塞外也。今镇宁仍存五所之名，而粮地非旧制也。如独石、马营，多是前监牧马草场。而该卫之地，不独无屯额，并无屯可额也。沟岔之中，掇拾零畦，原非屯数，而征粮比于他处不异焉，何怪乎招之来，而适以麾之去也。窃见一镇折色，有六钱一石者，有七钱一石者，惟道属皆八钱，必当时市价之定评。亦此中从来固已贵于他处矣。然此中土著⑤无多，而土著之人从来不习耕。凡戮力于南亩⑥，皆山右⑦之佣。秋去春来，如北塞之雁。所为斯仓斯箱者，亦晋民之魁。土著寄命于其手，高下时价，

---

① 沮洳，低湿之地。《诗·魏风·汾沮洳》："彼汾沮洳，言采其莫。"孔颖达疏："沮洳，润泽之处。"洳音 rù，潮湿；低湿的地方。

② 穷发，极北不毛之地。《庄子·逍遥游》："穷发之北有冥海者，天池也。"成玄英疏："地以草为毛发，北方寒沍之地，草木不生，故名穷发，所谓不毛之地。"

③ 大较，大略；大致。

④ 叠巘，重叠的山峰。巘音 yǎn，大山上的小山。

⑤ 土著，亦作"土箸"。世代定居一地。《汉书·西域传上》："西域诸国，大率土著。"颜师古注："言着土地而有常居，不随畜牧移徙也。"

⑥ 戮力，尽力；协力。《书·汤诰》："聿求元圣，与之戮力，以与尔有众请命。"孔颖达疏："戮力，犹勉力也。"南亩，谓农田。南坡向阳，利于农作物生长，古人田土多向南开辟，故称。

⑦ 山右，山的西侧。特指山西省。因居太行山之右，故称。

任其粟死金生。然有利则竭蹶①而趋，无利掉臂②而往，宜抛荒③之愈多。今欲垦荒，当先集流募军，尤当先讲所以使流顿集，而军应募也。不然，官受军屯④，军屯不寄得不督于军，民又将舍己之私，为公从事，顾此失彼，通融筹算，数未尝增，似不可不虑及也。

一、查先年开屯⑤，率于顺圣川一带。此地原牧马草场，被敌兵蹂躏。马往口南，始筑城堡耕种。然牧场起自永乐，而洪武初年，亦系卫所屯种之数，岁可收粮石四十余万，足官军一年支用。专设屯田副使经理。如叶文庄时，亦始屯此地，而后及各路，补官牛，置农器，给籽粒，皆摘发军人往为之耕。卖其租以买马，征其秸以饲牛。公务、驿传之外，尚有易银以备公用。宏治时，尚书李敏奏："叶盛各路团种，诚为良规。而近年余子俊，将给种军人，挈回操守，牛具变卖，地二起科⑥。民既逋粮⑦，马皆倒毙"。然则与屯必须团种也明矣。团种之必摘发军人也明矣。今所为团种者，非军也，民也。即为军乃祖戎，不可脱。而其地乃祖遗之，不可辞。推以予人，人不肯受，力不能种，唯有一逃。人逃则地弃，后人团而种之，名曰新增，任地纳粮，止同地亩。乃团种已易为地亩，而额粮未减，乃纳团种之粮，故旧人纳粮，新人种地，甚至此人种无粮之地，而彼人纳无地之粮，册籍罔稽，阡陌莫辨，所以今日为牛、粮、地告辨者纷纷，而官卒莫之断也。不知团种者，官办牛种而军耕之，所以每亩起科五、六、七升不等。及牛种不给予官，则团种之地，与地亩地何别？而地亩地或纳粮一二升，或折色一二分，团种则五、

---

① 竭蹶，颠仆倾跌，行步匆遽貌。《荀子·儒效》："故近者歌讴而乐之，远者竭蹶而趋之。"杨倞注："竭蹶，颠倒也。远者颠倒趋之，如不及然。"

② 掉臂，甩动胳膊走开。表示不顾而去。

③ 抛荒，已垦田地因天灾人祸等未继续耕种而任其荒芜。

④ 军屯，谓利用驻屯军队就地耕种土地。

⑤ 开屯，谓屯聚人员，开垦荒地。

⑥ 起科，谓对农田计亩征收钱粮。

⑦ 逋粮，拖欠租税。

六、七升。何轻重顿悬若此？今查尚书周谦曾题："团种原额外，量与余田三十亩，仍照余子俊所定，每亩三升起科，则是无牛种而名为团种者，当在所减也。今不惟无减，而追出余田，另为加增。愈增愈不知所底止，似不可不极为厘正也。"

一、屯事为经野大政，往多效而近每无功者，何也？计一佃费银二十六两，米四石六斗。以每顷二十五石言之，每租四十石，碾米二十四石。若近年价涌，还本尚有倍利。傥如先年，每石八钱六分，则将以何物还本？此犹曰：官啬而民丰也。万一天时人事不齐，而不能必二十四石之入，则价虽胜而本无偿。然犹曰：以待来年。又万一本不发而但责耕，但取租，如向年团种流弊①，今日安能预禁于后哉？此土著之深虑，而宜早为计也。且今所为屯本者，曰：无碍官银也，抚赏余利，与货物变价也。夫官银何得无碍？以为无碍，则无碍耳。至开销时，恐有准有不准。若镇城之驳价，在二十年之后，则无碍者有碍矣。犹曰：有案在焉，惟有抚赏之银之货物，既于是日奉制台之檄，动为屯田；即于是日奉饷司之檄，交部库作军饷。犹曰：申明制台②是遵。独虑讲款时，抚赏亦未可动，恐他日问抚赏者，不止饷司也。初已奉旨，后翻议者，宁直一端耶？然犹后日事也，俱置无虑。而无奈抚赏之银，有欠在军者民者，安能随取随至？而抚赏之货物，尽朽烂不堪，除赏彝人，售于何处？东作将兴，银不凑手，何以副上命乎？此皆屯政之所宜酌者也。

---

① 流弊，亦作"流敝"。相沿而成的弊病。

② 制台，明清时对总督的敬称。

○弃开平说　明　尹耕①（第 28～29 页）

按开平元之上都也。滦水绕南，龙冈②奠北，东连辽碣③，西带丰胜，盖形胜之地也。元人以之肇基④，成祖北伐，往来由之。东路有凉亭、枕河、塞峰、黄崖四驿，以接大宁；西路有（恒）［桓］州、威卤、明安、隰宁四驿⑤，以接独石。巨镇隐然，屏我山后⑥。遇有警急，则宣、辽有首尾之援；居常防（戌）［戍］，则京师得封殖之固。夫国家定鼎北平，不患带几之无凭，而患于肩背之失恃。大宁既委三卫，开平复移独石，遂使京师之北，仅存藩篱，漠北游魂，籍声黄内，所关岂细故哉！究而论之，则屯田便宜于转输，一劳可以永利。大宁要害于开平，易置亦颇非难。夫五原在丰胜之外，沙碛之间，昔人且犹开渠营田，以规全利。何龙冈之沃，滦水之润，开平独不可田邪？又失开平则后背虽空，尚有宣府独石之固，失大宁则左肩全弱，宣辽隔绝矣。故尝为薛禄计曰："开平可田，屯田可也。不可田，则易置大宁可也。"夫刘秉忠诸人，皆于开平树艺卜

---

①　尹耕（1513～？），明蔚州卫人，字子莘。嘉靖十一年进士。性嗜酒，好谈兵。授知州，免官家居。痛恨边臣玩忽，武备废弛，作《塞语》十一篇，申明边防虏势之要害。严嵩见而才之。起知州，数月中迁兵部员外郎，出为河间知府，大修武备。旋擢河南兵备佥事，被劾下狱，戍辽左。有《朔野集》。

②　龙冈，又名卧龙山。蒙古语名巴罕呼喇呼山。在今内蒙古正蓝旗东北四十里上都河北兆奈曼苏默古城（上都故城）北。《元史·刘秉忠传》：宪宗五年（1255 年），"帝（忽必烈）命秉忠相地于桓州东、滦水北，建城郭于龙冈，三年而毕，名曰开平，继升为上都"。

③　辽碣，辽东和碣石的并称。

④　肇基，谓始创基业。

⑤　桓州驿，明初置，属开平卫。在今内蒙古正蓝旗东北闪电河北岸。后废。明安驿，明初置，属开平卫。即今河北沽源县东北闪电河。后废。隰宁驿，又名盘谷镇。明初改牛群头站置，属开平卫。在今河北沽源县南小厂。后废。

⑥　山后，古地区名。五代梁初刘仁恭据卢龙，在今河北省太行山北端、军都山迤北地区，置山后八军以防御契丹。至石敬瑭割幽、蓟十六州于契丹后，才有山后四州的名目。北宋末年所称山后，包括宋人企图收复的山后、代北失地的全部，当时曾预将山后云中一府，武、应、朔、蔚、奉圣、归化、儒、妫八州之地置云中府路，相当今山西、河北两省内外长城之间地区。

隐，则<u>开平</u>无不可田之理。<u>开平</u>为<u>元</u>故都，山水明秀，壤城郭宫阙①，而留其民居以与<u>三卫</u>②，则三卫亦无不乐之理。二策无不可就也。土人称<u>禄</u>驰驱边塞，悉心经营。然<u>禄</u>知谨于封疆之小利，而昧于夷夏之大防；知惩乎目前之纷扰，而怠乎经世之权变。<u>开平</u>孤远，不易守矣，而北门单弱之不恤；饷道艰难，不易致矣，而屯田开垦之不求；割弃境土三百余里，不之惜矣，而易置<u>三卫</u>之不讲。此所以效成于一时，而祸伏于异日；恩加于近塞，而谋失于远猷③。智者穷源④，不能无慨也。

○**重修龙门城记**<small>隆庆四年⑤下北路通判</small>**徐之蒙**（第 40 ~ 41 页）

<u>龙门</u>，属<u>宣府</u><u>下北路</u>，孤悬一隅，当<u>独石</u>之冲，而扼<u>宣镇</u>之要者也。

考<u>唐穆宗</u>时，原名<u>龙门县</u>，属<u>卢龙道</u>，旋改属<u>河东</u>。<u>元</u>隶<u>上都</u>。<u>明洪武三年</u>⑥，徙其民于<u>居庸</u>，而县遂废。<u>宣德六年</u>⑦，置<u>龙门卫</u>于废<u>龙门县</u>，设兵戍守。<u>正统己巳之变</u>⑧，复为外据。至<u>景泰初</u>，协理军务大员<u>叶公盛</u>、<u>昌平侯杨公洪</u>，共图恢复。爰⑨招集流亡，缮修城郭，而边境始宁谧矣。历今百二十年，日渐倾圮。<u>隆庆戊辰</u>⑩春，两

---

① 城郭，亦作"城廓"。城墙。城指内城的墙，郭指外城的墙。《逸周书·籴匡》："宫室城廓修为备，供有嘉菜，于是日满。"孔晁注："廓与郭同。"孔颖达疏："城，内城；郭，外城也。"宫阙，古时帝王所居宫门前有双阙，故称宫殿为宫阙。

② 三卫，明洪武二十二年（1389 年）设朵颜、泰宁、福余三卫于兀良哈部落，通称兀良哈三卫，简称三卫。

③ 远猷，长远的打算；远大的谋略。语出《书·康诰》："顾乃德，远乃猷。"孔传："远汝谋，思为长久。"

④ 穷源，亦作"穷原"。探寻事物的本原。

⑤ 隆庆四年，1570 年。

⑥ 洪武三年，1370 年。

⑦ 宣德六年，1431 年。

⑧ 正统己巳之变指正统十四年（1449 年）土木堡之变。

⑨ 爰，音 yuán，连词。于是；就。《书·无逸》："作其即位，爰知小人之依，能保惠于庶民。"孔传："于是知小人之所依。"

⑩ 隆庆戊辰，隆庆二年，1568 年。

院暨道宪①，协心康保，谓关钥不可以不严，垣墉②不可以不固，遂巡历险隘，视龙门城之将堰，而议加修筑，因委守备张凤岗董其事。凤岗亲率士卒，陟岗攀崖，刈③荒伐木。迨柴木既具，乃召冶工、石工、土工、金木之工，陶土为砖，化石作灰，绳木成材，销铁铸锸。有凿者筑者，有负载而运者，有引索而登者，又有盘云梯攀峻坂④，而累累相继者。群工并作，其用心也周，其殚力也瘁，其恤百工也戒勿亟，其节财用也合于度，阅三年而告厥成功。高三丈五尺，周匝四里五十六步，门楼雉堞，巍然焕然。道宪复亲历其地，嘉乃丕绩⑤焉。

夫欲固疆圉⑥者，必有山川城廓之足恃。龙门片壤，内而拱翼神京，外而控驭边境，尤非他邑之可比。其崇山峻岭，既足守要害而称险阻。今复城垣巩固，捍卫可资，不惟此地可永保无虞，即当日叶、杨二公之绩，亦由斯而益显也。予因为之记，俾后之坐享升平者，其知所自⑦云。

〇云州义烈祠碑记　　明　叶盛（第 42～43 页）

皇明以仁义立国，故有国以来八十余年，际天极地，莫不臣妾。惟是己巳岁⑧，北胡作逆犯云州，遂以失守。城陷之日，城中死义者，骈首接迹，皆不负所事，死于一日之间。呜呼，可谓烈也已！于是有以见我国家教化涵濡⑨之盛。而胡骑之薄⑩州城，不逾日而奔

---

①　道宪，对道台的尊称。

②　垣墉，墙。《明史·万景传》："督治九门垣墉，市铜江南，皆勤于其职。"

③　刈，音 yì。除草；割。

④　峻坂，亦作"峻阪"。陡坡。

⑤　丕绩，大功业。《书·大禹谟》："予懋乃德，嘉乃丕绩。"

⑥　疆圉，边境；边界。

⑦　所自，由来；来源。

⑧　己巳岁，指正统己巳（1449 年）土木堡之变。

⑨　涵濡，滋润；沉浸。

⑩　薄，逼近，靠近。《左传·僖公二十三年》："曹共公闻其骈胁，欲观其裸。浴，薄而观之。"孔颖达疏："薄者，逼近之意。"

遁者，亦岂非英声义气，阴折其心之所致耶？

皇帝嗣天历服①之初，即举褒恤之典，以风励②四方。未几，收复云州，一如其故，圣谟③神断，雄伟而深远矣。

景泰改元之二年④，余来云州。三年，提督参将周君贤来与同事。经略之暇，询诸州人，得死义知名者九十人，因相与⑤作而言曰："壮哉，若人之得其死也。推其志也，日月同其明，泰华⑥同其高也。高城深池，不足同其固也；甲胄铁钺，不足同其威且强也。使当时皆如若人，云州其有乱亡乎？不有以旌之，则将何以灵承上意，奖慰忠魂，揭万世人臣忠义之训哉！"土著军官都指挥王荣、指挥沙泉刘宁、千户王宣等，又恳恳为言，乃相吉地，筑室数楹，题曰："义烈之祠"。中主⑦义烈之神，招魂⑧以祀之。先是赐祭有文者，录其副而尊阁之。且为刻祠之碑。九十余人，有右副使京兆谷春，都指挥金事齐东孙刚，千户池信子妇，上党陈氏焉。陈氏死时，家人出战，独与诸幼居。若子二男二女，若姑侄男女五，皆陈氏手缢死，陈氏最后从容自缢死。盖其家十人，誓不受辱，长幼一心，皆死其卧榻前。春、刚守永宁，赴援来云州，与胡遇，且战且行，以众寡不敌，入城皆缢死。偏裨士卒，亦多从之自缢死。春狷直⑨而惠，永宁人至今思之。刚忠勇有材略，为流辈⑩所推。惟九十余人氏

---

① 历服，谓久远之业。指王位。

② 风励，用委婉的言辞鼓励、劝勉。

③ 圣谟，语出《书·伊训》："圣谟洋洋，嘉言孔彰。"本谓圣人治天下的宏图大略。后亦为称颂帝王谋略之词。

④ 景泰二年，1451 年。

⑤ 相与，共同；一道。

⑥ 泰华，泰山与华山的并称。

⑦ 主，旧时为死者立的牌位。这里用作动词。

⑧ 招魂，招死者之魂。《仪礼·士丧礼》"复者一人"汉郑玄注："复者，有司招魂复魄也。"

⑨ 狷直，耿直。狷音 juàn，耿直；固执。《国语·楚语下》："彼（王孙胜）其父为戮于楚，其心又狷而不絜。"韦昭注："狷者，直己之志，不从人也。"

⑩ 流辈，同辈；同一流的人。

名，列诸碑阴。此独书三人者，以三人之事最有闻，而陈氏生气凛然，其能为大丈夫之或不能为，尤可壮也。祀之日，有《迎神送神》诗，因并刻之。其辞曰：

神之来兮①，谷惨山愁。云黯黮②兮，风悲秋。神之堂兮，新好且洁。清酒既倾兮，肥羜③在列。神其伊谁兮，愍④女娥皇⑤。南雷兮许张⑥。亦克有闻兮，承业与强。神归来兮故乡。

神之去兮，白日晏昏⑦乘瑞风兮，驾祥麟。彼林林兮生人⑧，维忠维孝兮，孰无君亲。孰非女妻兮，亦维其贞。我为州兮，祀事伊始，尔州有人兮，孙孙子子。神之去兮，其来尚无已。

◎艺文二（第9册，卷21《户籍编·艺文》）
○请于开平、兴和添驻满兵奏札　清　孙嘉淦⑨（第1~3页）
奏为沿边添驻满兵事。乾隆四年，内阁学士雅尔呼达条奏边口添兵一案，经臣委员查议，于山海关设副都统一员，添满兵六百名，喜峰口添一百名，冷口添一百名，罗文峪添六十名，俱归山海关副

---

① 兮，语气词。多用于韵文，相当于"啊"。《广韵·齐韵》："兮，语助。"
② 黯黮，音 àn dǎn。昏暗不明。
③ 肥羜，肥嫩的羊羔。羜音 zhù，出生五个月的小羊。
④ 愍，同"悯"。
⑤ 娥皇，相传为尧女，舜妻。
⑥ 南雷，即南雷里。浙江省余姚县之南，有大、小雷峰，峰下有南雷里。许张，唐代许远、张巡的并称。许远（？~757年），杭州盐官（今浙江海宁）人。天宝末拜睢阳太守，与张巡诸人婴城固守，以拒安禄山，城破，被尹子奇执送洛阳，不久为禄山所杀。张巡（709~757年）蒲州河东（今山西永济）人。进士。安史乱时，官真源令，率兵保雍丘，以拒禄山。至德二年移镇睢阳，与太守许远共同抗击叛军，坚守长达十月。因援绝粮尽，城陷被杀。
⑦ 晏，晚；迟。《小尔雅·广言》："晏，晚也。"；
⑧ 生人，犹人民；民众。
⑨ 孙嘉淦（1683~1753年），清山西兴县人，字锡公，号懿斋。康熙进士。雍正年间历任国子监祭酒、吏部侍郎等官。乾隆初升任都察院左御史兼吏部侍郎，上《三习一弊疏》，对高宗提出谏正。后任直隶总督，抑制豪强，兴修水利，累官至吏部尚书协办大学士。有直谏名。治理学，著有《诗经补注》。

都统管辖。独石口设副都统一员，添满兵七百名，张家口添一百四十名，古北口添一百名，俱归独石口副都统管辖。八沟设副都统一员，驻防满兵一千六百名，等因①。具题②。经部议覆，准行在案。臣此次巡阅边关，亲行相度，山海关为边疆锁钥，宜设大员。八沟为口外要地，宜驻重兵，均应如原议添设官兵。其喜峰口、冷口、罗文峪、古北口、张家口等处，添兵不多，易于区画，似亦应如原议办理。惟独石口一处，气候甚寒，不宜五谷，重山石田，无可樵采，故薪米俱贵。山沟之宽，不能一里，加以河流冲刷，不能得建造营房之地。若使强为区处，而驻兵既多，柴米一贵，耕牧无所，实于生计无益。原议设副都统一员，添兵七百名之处，似应暂行停止。臣查得独石口外，北行三十余里，即系平原旷野，土地肥腴。再五十余里，为红城子，垣墙犹在，襟山带河，平畴沃衍，远胜于独石口内。再百余里，为开平城，即元之上都也。城广十六里有奇，龙冈秀发，滦水回环，实属形胜之区。计开平、红城之间，可耕之田，不下数万顷。再张家口外，北行七十余里，为兴和城。西行百余里，为新平城。川原甚广，一望无际，土脉之肥，过于开平。计兴和、新平之间，可耕之田，亦不下数万顷。查有明之初，常遇春逐元兵于漠北，建大宁、开平、兴和三卫，东通辽碣，西控丰胜，为北边外屏，后渐弃而不守，尚论者有余惜焉。今热河、八沟，皆大宁之旧境，现议添兵驻防，其丰川、东胜境内，归化、绥远诸城，均有重兵弹压。惟开平、兴和境内田畴③未垦，弁兵未设，东西声援，似觉间隔。臣详度形势所宜，约计田畴所出，大约开平可驻满兵三千，红城子可驻满兵二千，兴和城可驻三千，新平城可驻二千。

---

① 等因，旧时公文用语。常用于叙述上级官署的令文结束时。但叙述平行机关及地位在上的不相隶属机关的来文，为表示尊敬，也间有使用。

② 具题，指申报朝廷的题本。

③ 田畴，泛指田地。《礼记·月令》："（季夏之月）可以粪田畴，可以美土疆。"孙希旦集解引吴澄曰："田畴，谓耕熟而其田有疆界者。"

若开垦田土，修葺城垣，而广为驻防，沃野千里，控强万骑，左提右挈，其于边防，大有裨益。再国家八旗禁旅，生齿日繁，我皇上圣谋边虑，屡为旗人筹画生计。今幸有此闲旷田亩，若令民人垦种，择其近城之地平方宽衍者，画为公田，余皆为民田，每垦民田二顷者，必令垦公田一顷。民田以为世业，公田分给旗人，得完租粟，再加之以月给钱粮，衣食自益宽裕，且山场可牧，平原可猎，弓马自益娴习，此实王道自然之富强，旗民永远之长计也。或疑口外聚集多人，恐于蒙古滋扰，诸城左右，皆各旗王公大人牧马之厂，今垦为田，恐旗人有所不便。又或疑天寒霜早，恐其难于收获，山少木木，恐其难于柴薪。凡此疑难之处，臣皆徧观而细访之。口外之山，绵亘千余里，名曰大坝。凡坝内之田，皆已招民垦种，现征钱粮，此诸城之地，逼近大坝，俱系旗人牧场，与蒙古无涉。旗厂之外，乃太仆寺游牧之地，游牧之外，乃察哈尔居住之处。察哈尔乃为内扎萨克地方，彼此隔远，无由滋扰。八旗牧厂，所占甚大，多有余闲，可以并省。又游牧之地，方数千里，割其一隅，即可充给，至柴薪稍远，未尝缺乏。且坝内诸山，多有产煤之所，若招民开采，自可足用。臣于三月十三日，在独石口，草芽未青，十四日，至红城子，青草长大一寸，气候可以春耕。开平城外，陇亩犹存，碾碓尚在，若非种植，何以有此？兴和地气，较暖于开平，其为可耕种，必无疑也。臣之愚意，仰恳圣恩，于今年秋间，特简王公大臣，前往开平、兴和诸城境内，查阅各旗放青之马，共有若干，约需牧地若干，将旧日所分牧地，通盘计算，可并者并之，可省者省之，可兑给者兑之，务使牧场之地，与耕种之地，疆界分清，不致混淆。臣于明春，饬地方官，招民垦种，遴员前往，经理区画，三年之间，田畴可以尽辟，然后渐次修葺城垣，盖造房屋，通商惠工，五年，百物皆备。然后派拨满兵，前往驻防。则凡边之外，皆成乐土，往驻之人，自便安居。天地之气，与人相通，人烟既聚则天气益暖，天气益暖则田畴益辟，田畴益辟则驻防之兵，可以陆续增添。然则其所益于九边之防维[1]，八旗之生计者，亿万斯年而未有已也。

○龙门关辩 清黄人明经林盛[2]（第8~9页）

龙门县西二十里有关，旧志书"隆门"。其关下有堡，亦书"隆门堡"。考本县册籍，地方传写皆系"隆"。彼此沿袭。虽关上有"龙关天险"一碑，邑人反以为疑。

考龙门县，昉于唐穆宗[3]，迨宋宁时，金置德兴府，以龙门县属。明宣德六年，置龙门卫于废龙门县，置龙门所于废县之东庄。昭代初[4]，仍置龙门卫。康熙三十二年[5]，改为龙门县。盖卫、县虽经数更，而龙门之名不更也。夫卫与县既皆为龙门，则关亦宜为龙关，昭昭也[6]。明兵科给谏叶文庄有《西关社学诗》，其自注西关云："龙门卫治，赤城之西，即旧龙门县。今称西关，盖西有龙门关在焉，故云。"又有《东庄社学诗》其自注："东庄，云龙门所治，赤城之东，称东龙门，又称李家庄，故曰东庄。"夫叶诗明书龙门关，不闻书"隆"。且东龙门亦不书"东隆门"也。夫东不书"隆"，何独异于西乎？或曰："然则，何以讹为'隆'？"曰，恐亦不独为讹也。盖宣自鲜卑扰乱，继以石晋赂割，自是沦没靡定，以故河山萧飒，人民凋敝，不隆熟甚焉。易"龙"为"隆"，亦一时取义吉祥耳。犹夫元之升州为隆兴府，明之置州曰隆庆州，同一吉祥为义，而讵知承平日久，无复有不吉不祥之虞，又何藉此区区吉

---

① 防维，防备守护。

② 林盛，详见该志流寓条。

③ 昉，音 fǎng。天方明。引申为开始。《列子·黄帝》："既出，果得珠焉。众昉同疑。"张湛注："昉，始也。"龙门县始于唐穆宗，存疑，当始于唐僖宗光启年间。按《赤城历代行政区划》（2015年6月，经济日报出版社）第132~134页有详细阐释，本辑不再赘述。

④ 昭代，政治清明的时代。常用以称颂本朝或当今时代。这里指清初。

⑤ 康熙三十二年，1693年。

⑥ 昭昭，明白；显著。《老子》："俗人昭昭，我独昏昏。"

祥之字。以涽①乃旧称耶？或又曰："然则，地以龙名者何哉？"曰："旧志龙门县有石壁，其势如门，徼外②诸河水，皆于此趋海，龙门之谓或由于此。"然云州有龙门川，独石、红山二水，从峡而出，兹县东西以其邻近得名，亦未可知也。况夫山势蜿蜒，形如龙蟠。昔孙太史世芳尝云："宣地龙冈孤岭，为京夏③外防。"则龙之称雄扶舆④，为何如者？而顾必以区区吉祥"隆"字，乃足表异⑤兹关乎哉？

○龙关边垣论　林盛（第9～10页）

宣之赤城、龙门、万全，其北以山为边，即以边为尽者也。然赤城出独石口，万全出张家口。龙门东出独石，而独石非其边；西出张家口，而张家口非其边。则边外之地，又何与焉？然其县城边外石塘、石顶、金家庄，边外之草垛、二郎城，葛峪边外之明嵯、一堵墙、静边城，青边外之马头、回回墓、板山，赵川边外之马圈、双林，白阳边外之柳桥、双塔等处，其居之者，皆本朝旗人。或沿山为寨，或负阜为村。所植者黍、稷、莜麦诸种类，皆与龙门同。所养者牛、羊、鸡、犬诸牲畜，皆与龙门同。且土多黑壤，收获饶足，岁时伏腊⑥。俗亦淳朴，俨然卫我龙门。则龙关之边，直谓达于石顶、石塘，诸地可也。岂必以金家庄、葛峪堡诸地为尽哉！然而，论边垣者，尤有说焉。

明时龙边外，有开平卫，东连大宁，西连兴和，辅车相依，龙

---

① 涽，音 hùn。乱，混乱。《说文·水部》："涽，乱也。"

② 徼外，塞外，边外。徼音 jiào，边境；边界。《玉篇·彳部》："徼，边徼也。"《字汇·彳部》："徼，境也，塞也，边也。"

③ 京夏，犹华夏，谓全国。

④ 扶舆，亦作"扶于""扶与"。犹扶摇。盘旋升腾貌。

⑤ 表异，指表现与众不同。清陆继辂《建阳知县陆赞君墓志铭》："君处侪辈，未尝有所表异。"

⑥ 伏腊，古代两种祭祀的名称。"伏"在夏季伏日，"腊"在农历十二月。指伏祭和腊祭之日，或泛指节日。

门之安枕以此，即宣之安枕以此。明季①弃大宁，弃兴和，因以弃开平，移卫独石。而外藩以撤，故龙门之警有加。夫龙门非他，宣之倚为屏蔽，即京师之倚为屏蔽也。古称葛峪为极冲，长安岭为次冲，则石塘、石顶诸地，又龙门之所倚为屏蔽也。夫以屏蔽如此之重，是必开平复。而龙门外之石塘、石顶诸地，直置都统将军，如归化城等制，则其奠安屏蔽者，乃更万年巩固矣。昔在嬴秦氏。北击头曼②，收河南地，渡河以阴山为塞，因累石为城。而上谷居然腹内。汉及（萧）［高］齐③、杨隋④，屡为修缮。然藩篱辽阔，不谓之过不可也。唐以张说筑长城，在妫川以北，遗址尚存。龙门之凭藉在焉。然株守⑤此边，尺寸自缚，将石塘、石顶诸地，止付之零星诸旗人，是错绣形如累棋⑥，人民悬若骑墙，而缩无余步。不谓之不及，亦不可。且明永乐、隆庆时，石塘、石顶诸地以北，封顺宁、和宁、顺义诸王都督等官，盖以蔡人即吾人之意。而厥后屡警不宁。夫以兴平诸卫之防严，而屡警不宁，于外则石塘、石顶以北，可轻委之耶？或曰："石塘、石顶诸地以北，封为外藩，奉我正朔⑦。凡朝贡聘享⑧，络绎往来，皆如直省⑨之内，数十年如兹。若兢兢过是杞忧之

---

①　季，指某一朝代、年号或季节的末期。

②　头曼，匈奴单于。《史记·匈奴列传》："匈奴单于曰头曼。"因借指外国国君。

③　按清《龙门县志》卷15《艺文志》作"高齐"，是也。即北朝时期的齐国。以皇室姓高，史称高齐。

④　杨隋，隋朝皇帝姓杨，故称隋朝为杨隋。

⑤　株守，比喻拘泥守旧，不知变通。

⑥　累棋，亦作"累棊"。堆叠棋子。比喻形势危险。

⑦　正朔，谓帝王新颁的历法。古代帝王易姓受命，必改正朔；故夏、殷、周、秦及汉初的正朔各不相同。自汉武帝后，直至现今的农历，都用夏制，即以建寅之月为岁首。《礼记·大传》："改正朔，易服色。"孔颖达疏："改正朔者，正，谓年始；朔，谓月初，言王者得政示从我始，改故用新，随寅丑子所损也。周子、殷丑、夏寅，是改正也；周半夜、殷鸡鸣、夏平旦，是易朔也。"

⑧　聘享，聘问纳采。聘问必有宴享，故聘、享连文。《仪礼·聘礼》："受夫人之聘璋，享玄纁。"郑玄注："享，献也。既聘又享，所以厚恩惠也。"

⑨　直省，指各省，因直属中央，所以又叫直省。

鳏鳏①也。"然我昭代南平滇粤等逆,其俘获人口,安插古北口外,今其反侧子皆为义勇,方且次第设官、区画统领,而弹压之势以重。苟龙门以北,设卫建官,使边外之声援,彼此呼吸可通,则石塘、石顶以北,自尔声灵赫濯②,而不测之威,不更远人慑服乎?吾故于龙门之边垣,宁为过计③也。

◎金石④(第9册,卷21《户籍编·金石》)

○赤城县(第39~40页)

东巡使者梁云构题石。石高尺许,阔一尺九寸,刻五律二首。在灵真观。

西蜀陈新甲题石。石高一尺二寸,刻五律一首。明崇祯乙亥⑤年刻,在灵真观。

浙东郑汝璧题石。石高二尺四寸,阔一尺五寸,刻七律一首。右题曰"冬日陪吴侍御(祝)[视]云州,小憩灵真观。"明万历辛卯年刻⑥。在灵真观。

巡按直隶监察御史吴礼嘉题石。石高二尺六寸,阔一尺四寸,刻五律一首。右题"灵真观"三字,在灵真观。

祁真人志诚道行碑。元李谦撰,兀都台书。高一丈一尺,宽三尺八寸,楷书,一千九百五十八字。在灵真观。

石竹叶碑。石纹墨色,横斜绘竹,枝叶悉备,有掩映之致,阴

---

① 鳏鳏,恐惧貌。《汉书·刑法志》:"(秦)故虽地广兵强,鳏鳏常恐天下之一合而共轧己也。"颜师古注引苏林曰:"鳏,音'慎而无礼则葸'之葸。鳏,惧貌也。"

② 赫濯,威严显赫貌。

③ 过计,过多的考虑。

④ 金石,指古代镌刻文字、颂功纪事的钟鼎碑碣之属。《墨子·兼爱下》:"以其所书于竹帛,镂于金石,琢于槃盂,传遗后世子孙者知之。"孙诒让间诂:"《吕氏春秋·求人》篇云:'功绩铭乎金石,着于槃盂。'高注云:'金,钟鼎也;石,丰碑也。'"

⑤ 崇祯乙亥,崇祯八年,1635年。

⑥ 万历辛卯年,万历十九年,1591年。

阳如一。在灵真观十天君庙前。

宣大阅边巡按御史吴亮题石。石高六尺，阔二尺五寸，刻七律一首，明万历己酉年刻①，咏温泉。在汤泉。

左巡按直隶监察御史孙贤题石。石高四尺八寸，阔二尺，阳刻"云根"二字，大径尺余，行书。右刻"明万历十四年岁次丙戌四月"。右阴刻曰"龙沙官此者古有望云之感，乃独把酒赋诗，殊无落花之意，亦奇兴也。因志之，诗师漫识。"又曰"同登是台者，新参府也。"书皆行草，字径二尺许。在汤泉。

寒谷温泉题石。石高七尺，阔二尺二寸。上刻楷书"寒谷温泉"四字，大径尺许。右刻"武陵顺山姚学闵"，左刻"分巡道兵备使王［琔］②，分巡道兵备③佥事刘葵，分巡口北左参将麻承［勋］④，万历己卯⑤仲秋同作。"在汤泉。

汤侍御过温泉记碑。石高五尺，阔一尺八寸。上刻"温泉记"，款识刻"巡按宣大监察御史阳羡汤兆京书"，字径五分许。在汤泉。

重修汤泉碑。清顺治戊子⑥，总督耿焞立石。字径八分，楷书。在汤泉。

方观承题石。石高三尺，阔一尺七寸。刻五言古诗一首，字径寸余，楷书，款识刻"乾隆戊寅⑦初秋，游赤城温冷二泉，直隶总督桐城方观承作。"在汤泉。

查官正题石。石高三尺三寸，阔二尺三寸。刻七绝一首，款识刻"雕邑查官正题"，无年月。在独石口。

吴亮登独石亭题石。石高五尺四寸，阔二尺三寸，阳刻五律四

---

① 万历己酉，万历三十七年，1609 年。
② 按原碑作"分巡兵备道副使王琔"，是也。
③ 分巡道兵备，按原碑作"分巡兵备道"，是也。
④ 按原碑作"麻承勋"，是也。
⑤ 万历己卯，万历七年，1579 年。
⑥ 顺治戊子，顺治五年，1648 年。
⑦ 乾隆戊寅，乾隆二十三年，1758 年。

首，右题"重九日登独石亭"，左刻"万历己酉年宣大阅边巡按御史吴亮书"，字径寸许。阴刻"孤根柱汉"四大字，径尺余。左刻"庚午年初春，左定城司蜀人李师盛书"。在独石口。

飞翠摩空题石。石高五尺，阔二尺二寸。阴刻"飞翠摩空"四字，清王秉璋重修独石亭所建。又一石高一尺六寸，阔二尺二寸，刻五古一首。在独石口。

龙门峡题石。楷书"朔方屏障"四大字，又楷书"雄峙畿辅""三路咽喉"八大字，字均大如屋，年代无考。在龙门峡。

滴水崖刻石。一峰孤立，名束天柱，上刻"天柱"二字，径二丈余，崖在雕鹗堡。《畿辅通志》已载。又崖下凿石如门，左刻"关外名山"四字，右刻"壁立万仞"四字，径大丈余。又崖下刻"滴水崖"三字，径几丈，款识刻"明万历五年①分巡口北兵备参政安肃汪汝梅书"。又真武庙旁刻"峰峦如画"四大字，无款识。以上俱在滴水崖。

◎农业（第 10 册，卷 22《执业编·农业》）

○龙关县农业（第 24 ~ 25 页）

龙关地近蒙界，气候严寒，雨泽稀少，居民多业农。然境内坡地多，沃田少，土质硗瘠，收入不丰，拥田数顷者，即称富户，普通农家，不过有田二三十亩而已。

县内农民，性质粗笨，体质强健，专恃勤奋，不讲技术。每年春、夏、秋三季，为农忙时期。春季夏历正二月间，刨倒粪土，用牲畜载运田中，二月间耕地，三月下旬至五月初旬播种。五谷中有大日期、小日期之别，故播种有早晚。所种为谷、黍、高粱、黑豆、胡麻、小豆、绿豆、大麦、小麦、莜麦、荞麦、马铃薯、大豆、玉

---

① 万历五年，1577 年。

蜀黍①、菜子、线麻等。播植方法，有用耧耩②者，有用手撒者。农具为旧式犁、耙、耧等物。每亩种籽，约计谷、黍、胡麻等需龙斗三合，豆类八合，麦类二升，马铃薯二百斤。收获约计谷黍等，每亩三斗，每斗约计三十二斤；豆类二斗，每斗约计五十余斤；马铃薯千余斤。价目，约计谷黍类每斗五角上下，豆类一元上下，马铃薯每百斤五角。本县农民劳动，每日达十小时，秋季禾稼成熟时，忙碌尤甚，除白昼收割外，往往借月光，在田在场，仍操作看护，终夜不眠。冬季，农民虽稍消闲，在贫苦者晨起拾粪，预储肥料，或赴山打柴，卖钱佐炊。其养驴骡之家，则赴煤窑驮煤，谋获微利。此外充裕之家，暂停劳动。

○赤城县农业（第 25 ~ 27 页）

赤城县境，纵长一百八十九里，可种田地共三十五万二百七十余亩，内有水田一万五千六百余亩，每亩二百四十弓。因南北气候不同，各区所有农作物自异，兹分别约举之如下：

大麦。清明播种，分陇撒种，每亩用种子五升，大暑前后收获。用手拔，每亩收八斗，每斗十五斤，每石价四元五角，施肥用厩肥或粪料，随种子撒陇内，或先撒肥地面耕之，每遇旱年，茎叶遍生黄疸，此等害虫，尚无防法。

小麦。清明播种，分陇撒播，每亩用种子三升半，大暑前后收获，用手拔，每亩可收四斗，每斗三十斤，每石价十二元。施肥用厩肥或粪料，随种子撒陇内，或先撒肥地面耕之，每遇旱年，茎叶遍生黄疸，尚无防法，种子受潮湿，每易生黑穗病。

谷子。谷雨前后播种，分陇撒种，每亩用种子三合，秋分前后收获，用镰刀割，并切穗。每亩可收六斗，每斗二十斤，每石价四元，施肥同大小麦。种子受潮湿，易生黑穗病。

---

① 玉蜀黍，即玉米。
② 耩，音 jiǎng。用耧播种或施肥。

高粱。谷雨前后播种，分陇撒种，每亩用种子半斤，秋分前后收获，用镰刀割，并切穗。每亩可收六斗，每斗二十斤，每石价四元。施肥同大小麦。第一、三、四区种植最宜，二区气候寒冷，不能种。

黍子。有大、小二种，谷雨前后播种，分陇撒种，每亩用种子四合。大黍，大暑前后收获；小黍，秋分前后收获。均用镰刀割，每亩可收四斗，每斗二十斤，每石价四元。施肥同大、小麦。种子受潮湿，易生黑穗病。第一、三两区，种植较宜。

糜子。谷雨前后播种，分陇撒种，每亩用种子四合，大暑前后收获，用镰刀割，每亩可收四斗，每斗二十五斤，每石价五元。施肥同大、小麦。种子受潮湿，易生黑穗病。第一、三两区种植较宜。

黄豆。立夏前后播种，用点播法，每亩用种子五升，秋分收获，用手拔。每亩可收三斗，每斗三十斤，每石价七元八角。施肥同大、小麦。种子发芽时，易被虫食，故未种前，将矾或信石，拌饭，入种子内，防之。黑豆亦然。

绿豆。立夏前后播种，用点播法，每亩用种子四升，秋分收获，用手拔。每亩可收三斗，每斗三十斤，每石价八元。施肥同大、小麦，防病虫害法，同黄、黑豆。第一、三两区种植较宜。

芸豆。立夏前后播种，用点播法，每亩用种子五升，秋分收获，用手拔。每亩可收三斗，每斗二十八斤，每石价银七元。施肥同大、小麦。每遇旱天，易生蚜虫，俗名腻虫。

豌豆。清明节前后播种，用点播法，每亩用种子四升，处暑前后收获，用镰刀割。每亩可收二斗，每斗三十斤，每石价五元五角。施肥同大、小麦。遇旱易生蚜虫。仅第二区种植。

蔫豆。清明节后播种，用点播法，每亩用种子三升半，立秋收获，用手拔，每亩可收二斗，每斗三十斤，每石价七元五角。施肥同大、小麦。遇旱易生蚜虫。仅第二区种植。

莜麦。芒种节播种，分陇撒播，每亩用种子三升，白露收获，用镰刀割，每亩可收三斗，每斗二十八斤，每石价四元八角。施肥同大、小麦。种子受潮湿，易生黑穗病，天旱易生黄疸病。除第三区外，一、二、四各区，均能种植。

荞麦。夏至节播种，分陇撒播，每亩用种子三升半，白露收获，用手拔。每亩可收三斗，每斗二十斤，每石价三元。施肥同大、小麦。

胡麻。立夏前后播种，分陇撒播，每亩用种子一升，立秋后收获，拔或割。每亩可收二斗，每斗二十六斤，每石价十二元。施肥同大、小麦。在开花期，若遇南风或阴雨，花多落去，生产必少。

大麻。立夏播种，分陇撒播，每亩用种子三升半，处暑前后收获，用手拔，铡根扎捆，置水中沤之。每亩可收百斤，每百斤价二十元。施肥同大、小麦。大麦最喜潦天，故多种于水中田，旱地种者甚少。

马铃薯。立夏前播种，用点播法，每亩用种子二百斤，秋分收获同，用锨掘取。每亩可收一千斤，每百斤价五角。施肥用堆肥或粪肥，其地下茎易被地蚕啮食，宜用黑矾或信石，研为末，入粪肥内，防之。

以上耕种田地，所用农具，犁以外，尚有用耧者，仅种谷用，其它习惯用耧者甚少，而水田多种青菜大麻，种谷类者较少，尚有玉蜀黍、叶烟等，惟种植数目极少。前列粮价，系按现时市价列入。

○龙关县仓谷（第38页）

本县自民国二十年七月，奉令遵着照部颁仓储制度，于本年秋后积谷，并按所在地，更名为县仓、区仓、乡仓、镇仓，均借用庙宇存储，兹分别述之。

县仓，存谷五百石。

第一区仓，存谷三百石。

第二区仓，存谷三百石。

第三区仓，存谷三百石。

第四区仓，存谷七十石。

第五区仓，存谷三百石。

乡镇仓，一百一十处，共存谷五千四百八十七石五斗。

○赤城县仓谷（第39页）

本县原有赤城广备仓、独石口广积仓、马营广盈仓、云州堡南仓、镇宁堡南仓、镇安堡北仓、龙门所门仓、滴水崖堡仓。民国七年，奉令按官产拍卖。故赤城现无公共仓房，又旧志载废仓多所，基址已湮，其建仓处，皆附草场，地址亦不可考。

○察哈尔省民政厅民国二十一年各县积谷总数造具四柱清册（第40～43页）

计开

旧管：

一、龙关县存谷一万二千八百五十五石一斗五升。

一、赤城县存谷一千七百石。

新收：

一、龙关县积谷九百六十石零五斗。

开除：

一、赤城县开除谷九石八斗。

实在：

一、龙关县实存谷一万三千八百一十五石六斗五升。

一、赤城县实存谷一千六百九十石二斗。

◎工业（第10册，卷23《执业编·工业》）

○龙关县工业（第16～17页）

龙关县地近边陲，交通不便。自昔业农者多，业工者少，生齿日繁，渐知有限田亩，不足谋生活，始有以农兼工者。今就调查所得，除县立新民织工厂，招收工徒，学习弹毛纺线染色，机织毛毡、毛套、毛袜、毛衣，随时售卖外，其私人专营之工业，约分之，可得十数种。

酿酒坊。四户，每年出品约二万九千六百斤，每斤平均价二角，共值银五千九百二十元。工人八名，全年工资，六百七十二元，每名每月平均工资七元。

造麻油坊。十二户，每年出品，约十二万斤，每斤平均价二角，共值银二万四千元。工人四十八名，全年工资二千八百八十元，每名每月平均工资五元。

造醋坊。十五户，每年出品约八万二千斤，每十斤平均价四角，共值三千二百八十元。工人十五名，全年工资一千零八十元，每名每月平均工资六元。

面粉坊。八户，每年出品莜麦面约十八万斤，每十斤平均价四角，共值银七千二百元。小麦面约二万八千八百斤，每十斤平均价一元，共值银二千八百八十元。工人共八名，全年工资四百八十元，每名每月平均工资五元。

豆腐坊。六十户，每年出品约值银一万元。工人六十名，全年工资二千一百六十元，每名每月平均工资三元。

木工作。九户，工人二十名，全年工资二千四百元，每名每月平均工资十元。

染工作。二户，每年出品约粗布一万二千匹，毛蓝每匹约三角，月蓝每匹约一角，约共值银二千四百元。工人十名，全年工资七百二十元，每名每月平均工资六元。

铁工作。十五户，每年出品约值银七千余元。工人四十名，全年工资二千八百八十元，每名每月平均工资六元。

砖瓦窑。十户，每年出品约三十万个，每百个约值银一元，共值银三千余元。工人二十名，全年工资一千四百四十元，每名每月平均工资六元。

柳条工作。十二户，每年出品约一万二千件，每件平均二角，共值银二千四百元。工人十二名，全年工资八百六十四元，每名每月工资六元。

麻绳工作。十三户，每年出品约三万四千五百六十斤，每斤平均价二角，约值银七千元。工人二十四名，全年工资二千三百余元，每名每月平均工资八元。

苇席工作。二十户，每年出品约七千二百件，每件平均价七角，共值银五千余元。工人四十名，全年工资二千四百元，每名每月平均工资五元。

裁缝工作。六户，工人三十名，全年工资一千八百元，每名每月平均工资五元。

○赤城县工业（第 17～20 页）

赤城地处边区，工业幼稚，大抵为人力，为手工，即或参用机器，仍不出人力范围，墨守成规，资为糊口之业而已。然以是企业易，需人多，工业尚有足称者，兹分述如下：

毛织工厂。一家，在县城内隍神庙。民国十三年，由地方公立，名平民工厂。设厂长、事务员、工师等。每年每人薪工八元至二十五元，工徒十八人，招收县内贫民子弟，学习技艺，由厂内供宿食，年终，酌给工资。其设备有木轮机、铁轮机、线毛洋袜机、弹毛弓、毛线车、制毡用竹帘等。原料以牛毛、羊毛、羊绒、驼绒为大宗，购之当地，棉纱购之平津，每年产销毛口袋、毛毡、炕毡一千五百余件，毛袜、围巾九百余件，总值二千六百余元。工厂外尚有织毛口袋、毛毡及制毡帽、毡鞋等工七家，每年产销三千件以上，总值六七千元。

造纸工。全县二家，一在县城，商号名宝泉生纸坊。一在县属第三区<u>龙门所</u>。商号名德胜隆。工人共三十余名，供给宿膳外，雇工月给工资八元，学徒酌给津贴。所造纸张，有尺八麻纸、小官麻纸及夹纸账本等。原料用当地线麻及废绳头、废纸。每年产销尺八纸、小官麻纸账本等，总值六千七百余元。行销<u>沽源</u>、<u>宝昌</u>、<u>多伦</u>等县。

麻绳工。全县十二家，制绳有粗细二种，粗者分三股、四股，细者为麻线、麻筋。原料用当地白麻、绿麻。每家工人至多三四人，月给工资二元至六元，并供宿膳。每年产销约七万余斤，每斤约值二角五分。行销<u>多伦</u>一带。

酿酒工。全县十家，所造之酒，分烧酒、白酒。酿酒黄酒。二种。原料用曲子、高粱、豌豆、荞麦、糜黍等。工人月给工资四元，宿膳均供，每年产销烧酒约七万斤，每斤价约一角五分。黄酒约三万斤，每斤价一角。行销<u>沽源</u>一带。

醋酱工。全县十六家，专造陈醋、面酱、豆酱等。醋原料用高粱、谷米、麦面、麸子、食盐、糠、糖色。酱原料用白面、黄豆、食盐。此种业务，均系连带性质，造醋即造酱。每家工人，至多二、三人，月给工资五元至八元，宿食均供。每年产销陈醋约二十余万斤，酱五万余斤，总值二万余元。多销售本县。

麻油工。全县十一家，专造胡麻油。磨用水力，或牛力推动，水力者常年磨油，牛力者每春夏时磨油，农忙即停工。原料用胡麻、菜籽、麻籽，胡麻购之当地，菜籽、麻籽购之外县。工人八十余名，月给工资四元至五元，宿膳均供。每年产额约三十万斤。每斤价一角。均销售本县。

染色工。全县五家，专染青蓝红绿色粗布，惟青蓝色独多。原料用煮青、蓝靛、红绿颜料、黑矾、土碱等，均购之平津。工人十六、七名，月给工资六元至八元，仍供宿膳。全年可染粗布万余匹，棉线三千余斤。

豆腐工。全县二百余家，专造豆腐、豆腐干、豆腐皮。原料为黄黑豆，每家每日用豆四升，全年二百余家共用豆二百八十余石，约值银二千余元。工人多系自任，间有雇工，供宿食外，月给工资三元至五元。

编柳条工。全县十余家，用山产柳条、麻筋编织各种器物，此种工多系家庭手工业，间有雇工者，供宿膳外，月给工资四元至五元，每年产品约五万余件，总值约八千余元。多行销沽源一带。

编席工。全县十余家，多系家庭手工，间有专开席铺者，仅二家，专造苇席、高粱席。原料用高粱杆、苇子。县属第三区产苇。工人除本家外，雇工月给工资四元至六元，宿膳均供。全年约产一万余领，总值约五千元。除本县需用外，多行销沽源、宝昌、多伦等县。

制革工。全县七爱，专制牛马驴骡皮张及羊皮衣服等，全年约产皮绳、皮筋、皮张等三千余斤，皮袄、皮裤三百余件，总值约九千余元。皮张绳筋等多行销沽源。工人供宿膳外，月给工资四元至六元。

造香工。全县四家，专造粗细供香。原料香面，均由沽源县第四区运来。全年约产香一千三百余囤，每囤一千三百捆、一千捆或八百捆。总值约九千余元。多行销多伦县。工人供宿膳外，月给工资三元至六元。

山药粉工。全县只第四区夏家村人李廷佑一家，专制山药粉条。原料用马铃薯、白矾。此项工业为李廷佑创制，尚未雇用工人，此粉前经直隶省工业观摩会，给有甲等奖状，为本县特产。山药即马铃薯。

◎商业（第 10 册，卷 23《执业编·商业》）
○龙关县商业（第 36 页）

龙关道路崎岖，交通不便，商业向即萧条。民国初年，各种商业稍见发达，近因时局不靖，灾祸频仍，负担既重损失不赀，渐多歇业者。然均资本微薄，恐难发展，不过暂维现状而已。约略分之，可得二十余种。

洋货铺。四户，商人十五名。

粗布铺。八户，商人三十五名。

缸房。四户，商人三十二名。

馃食铺。九户，商人五十六名。

面铺。八户，商人六十二名。

杂货铺。十八户，商人四十八名。

药铺。七户，商人二十四名。

木匠铺。九户，商人三十名。

肉铺。四户，商人十一名。

饭铺。三户，商人十五名。

卷烟铺。五户，商人十三名。

成衣铺。五户，商人十六名。

栈房。六记有，商人二十名。

银匠铺。十二户，商人三十八名。

铁匠铺。十五户，商人二十五名。

油坊。十二户，商人六十五名。

剃头铺。六户，商人十五名。

鞋铺。二户，商人五名。

皮条铺。三户，商人八名。

糕铺。二户，商人四名。

醋酱坊。十五户，商人三十四名。

山货铺。十一户，商人二十八名。

麻绳铺。十三户，商人十七名。

豆腐坊。六十户，商人六十名。

毡坊。三户，商人十一名。

○赤城县商业（第 37~39 页）

赤城以独石口接近蒙疆，商业惟独石口最盛。出口货曰棉布、器物、食品，入口货曰皮毛、牲畜、蒙盐。自清末口外荒地开辟，移民益多，农产物入口骤增。而口外需要棉布器物等，出口亦伙，故当时本县各商业，顿现兴隆，大商号如布庄、烧锅、钱铺、盐粮、货栈等，多至四百余家。民国十三年后，迭受军事影响，独石口、县城、龙门所等处先后被匪攻陷，各商受抢掠绑架，损失不赀，遂致倒闭，迄今一蹶不振矣。据本县商会调查，县境内最近商业，输出入各货，情状如下：

输入物品

棉织粗布。全年由北平、宝坻等处，输入五万匹，销售本县及沽源、宝昌等县。

洋布。全年由北平、高阳、宝坻等处，输入一千二百匹，销售本县及沽源、宝昌等县。

棉线。全年由北平、高阳、宝坻等处，输入四千斤，销售本县及沽源、宝昌等县。

棉花。全年由平汉路，输入五万一千斤，销售本县及沽源、宝昌等县。

红白糖类。全年由北平、天津等处，输入三万五千斤，销售本县及沽源、宝昌等县。

洋白面。全年由北平天津输入二千五百袋，销售本县及沽源、宝昌等县。

煤油。全年由康庄，输入一万桶，销售本县及沽源、宝昌、多伦等县。

茶叶。全年由北平、宣化输入五千斤，销售本县及沽源、宝昌、多伦等县。

纸烟。全年由<u>宣化</u>、<u>怀来</u>输入一百二十箱，销售本县。

火柴。全年由<u>康庄</u>、<u>沙城</u>输入七百二十箱，销售本县及<u>沽源</u>、<u>宝昌</u>、<u>多伦</u>等县。

蒙盐。全年由<u>内蒙古乌珠穆沁盐池</u>输入三百六十万斤，销售本县及<u>龙关</u>、<u>宣化</u>、<u>怀来</u>、<u>延庆</u>、<u>涿鹿</u>、<u>蔚县</u>等县。

干鲜水果类。全年由<u>北平</u>及<u>昌平</u>、<u>怀来</u>等县，输入十五万斤，销售本县及<u>沽源</u>、（昌宝）[<u>宝昌</u>]、<u>多伦</u>等县。

金箔。全年由<u>天津</u>输入一千三百斤，销售本县及<u>沽源</u>、<u>宝昌</u>、<u>多伦</u>等县。

各种纸张。全年由<u>北平</u>、<u>天津</u>输入一千八百刀，销售本县。

香油。全年由<u>北平</u>输入五千斤，销售本县。

生烟。全年由<u>山西</u>输入三百篓，销本县及<u>沽源</u>等县。

五金铁器类。全年由<u>北平</u>、<u>山西</u>输入一千五百件，销售本县及<u>沽源</u>等县。

煤炭。全年由<u>涿鹿</u>、<u>沽源</u>输入一千二百万斤，销售本县。

皮衣。全年由<u>张家口</u>、<u>宣化</u>输入六百件，销售本县。

各种粮食。全年由<u>沽源</u>、<u>宝昌</u>、<u>多伦</u>输入二万五千石，销售本县及<u>延庆</u>、<u>怀来</u>、<u>涿鹿</u>等县。

输出物品

谷米、莜麦、高粱、黑豆、荞麦、胡麻等粮。全年由本县输出六千四百石，销售<u>延庆</u>、<u>怀来</u>、<u>涿鹿</u>，惟胡麻销于<u>天津</u>。

狐狼皮。全年由本县输出一百五十张，销售张家口。

狗皮。全年由本县输出二百五十张，销售<u>张家口</u>。

条筐。全年由本县输出四万对，销<u>沽源</u>、<u>宝昌</u>等县。

柳条簸箩。全年由本县输出一万件，销<u>沽源</u>、<u>宝昌</u>等县。

苇席。全年由本县输出一万三千件，销售<u>沽源</u>、<u>宝昌</u>等县。

毛毡。全年由本县输出五百块，销售<u>延庆</u>、<u>沽源</u>等县。

毛口袋。全年由本县输出一千条，销售沽源、宝昌、多伦等县。

线麻。全年由本县输出一万八千斤，销售北平及宣化、多伦等县。

大黄、黄芩、赤芍、防风、甘草、知母、麻黄等药材。全年由本县输出二十万斤，销售天津。

甜、苦杏核。全年由本县输出二百石，销售北平、天津。

麻绳。全年由本县输出一万斤，销售多伦等县。

◎学校（第10册，卷24《执业编·学校》）

○县立学校

乡村师范（第9页）

龙关县。乡村师范院校一，在县城文庙后院，校舍二十余间，学生一班，一十五人。全年经费约二千余元。二十年夏，因军事停课。二十三年，秩序恢复，校址仍未腾出，暂并入第一高级小学校上课，不另设校长。附属小学校未详。

赤城县。乡村师范学校一，在县城西街财神庙旧址，校舍二十四间，学生一班，二十五人。全年经费二千八百七十六元。

县立小学（第12~13页）

龙关县。县立男女小学六，学生十七班，三百六十八人，全年经费一万零一百八十元。又粮六百六十五石五斗九升三合。村镇立小学校八十三，校舍均借用庙宇改建，经费由米豆租或谷租支给，全年经费二万二千七百三十元。

赤城县。县立男女小学校二，校舍共一百二十六间。经费由县地方款拨给，年支共六千三百八十一元。学生十一班，四百三十九人。村镇立小学校五十九，校舍多借用庙宇改建，亦有改建义学及官署为校舍者。经费大约出于庙捐学田租、校林补助、邻村帮助、地亩摊派、房租、地基租、成本生息、斗捐、本校拨给等办法，全年共支一万九千九百七十二元。学生高级、初级六十八班，一千八百一十三人。私立小学校一，校舍十三间。经费出静宁寺地租，年支三百五十元。学生一班，三十一人。

○社会教育（第20页）

龙关县。民众教育馆，原名图书馆，民国十八年，前教育局长武荣，募款购书，筹费，租本城十字街路西民房为馆址，并附通俗讲演所。二十一年三月，奉令改为民众教育馆。八月，增筹经费。十月，改修瓮城关帝庙屋宇为馆址，设置较前略备。二十二年夏，因军事，教育馆与教育局暂并，地址为军队占用。十二月，奉令裁局并科，馆内只用馆员一，于是迁入火神庙旧财政局内。二十三年五月，以本馆地处偏僻，遂在本城十字街适中地，修房舍，迁入焉。

◎学校毕业生表（第10册，卷24《执业编·毕业生表》）

察省地处边塞，人民质朴，其受教育视内地稍差。然坚苦好学，无他习染，则较内地为美。故自学校兴，而人民因之风起，观其毕业者之多，可以知其文化日起矣。兹特分别列表，以志其盛。以中学以上为限者，以其渐能自立也。其分为国外留学毕业、国内大学毕业、国内专门学校毕业、中等学校毕业，不与人物中进士举贡同列者，彼出自科举，此出自学校，不可强同也，至各毕业生，分在各地就职，粲然可观。而表中不纪其略历者，以其年富力强前途方兴未艾，不可以现在所造为限也。若夫踪迹散出四方各县，调查不易，容有漏略之处，而本馆仓猝成书，校对间亦不免错误，则俟后之君子，增益补正，以弥其缺，此不胜祈祷者也。

○龙关县国外留学毕业一览表（第22页）

姓名	何耀慧	何德明
在国外毕业学校	日本宏文学院	考察日本政治
年份	光绪三十一年	光绪三十四年

○赤城县国外留学毕业一览表（第23页）

姓名	程瀛
在国外毕业学校	日本宏文学院
年份	光绪三十一处

○龙关县大学毕业生一览表（第26页）

姓名	张士魁	班雄	张有为	刘砥	朱孔阳	赵文光	谷凤翔	何量	朱琳	侯世纪
毕业学校	北平朝阳大学	北平国立农业大学	北平私立朝阳大学	天津国立北洋大学	北平朝阳大学	北平朝阳大学	北平朝阳大学	天津国立北洋大学	北平中法大学	北平华北大学
年份	民国十五年	民国十五年	民国十七年	民国二十年	民国二十二年	民国二十二年	民国二十二年	民国二十二年	民国二十二年	民国二十二年

○赤城县大学毕业生一览表（第27页）

姓名	徐镇冀	马镇燕
毕业学校	北京大学	北平朝阳学校
年份	民国二十二年	民国二十二年

○龙关县专门学校毕业生一览表（第32页）

姓名	孟章	周维	李生琇	王定	武荣	李沛滋	赵燕	李清渊	王士谊	张化龙
毕业学校	天津北洋法政学堂	天津北洋法政学堂	天津北洋法政学堂	国立北平高等师范学校	北平私立民国学院	北平私立民国学院	北平私立民国学院	北平私立民国学院	南京中央军官学校	南京中央军官学校
年份	光绪三十四年	民国九年	民国十年	民国十四年	民国十六年	民国十八年	民国二十一年	民国二十一年	民国二十三年	民国二十三年

○赤城县专门学校毕业生一览表（第32页）

姓名	吴培脉	安洪澜	张体方	韩九思	郑景煦	郝森
毕业学校	天津北洋五省师范	北洋法政专门学校	保定高等师范	北京民国大学政治专修科	中央军官学校	中央军官学校
年份	宣统元年	民国六年	民国十年	民国二十一年	民国二十三年	民国二十三年

○龙关县中等学校毕业生一览表（第46～47页）

姓名	毕业学校	年份	姓名	毕业学校	年份
高侠	宣化府立师范学堂	宣统三年	何刚	宣化师范学校	民国十九年
朱正	宣化府立师范学堂	宣统三年	郭玉娥	宣化女子师范学校	民国十九年
赵恩	宣化府立师范学堂	宣统三年	严密	宣化师范学校初级	民国二十年
程占魁	宣化府立师范学堂	宣统三年	王万春	宣化师范学校初级	民国二十年
祁运升	宣化府立师范学堂	宣统三年	康尔安	宣化中学校初级	民国二十年
张进功	张家口中学校	民国八年	康尔昌	宣化中学校初级	民国二十年
刘殿元	张家口中学校	民国八年	赵恂	宣化中学校初级	民国二十年
王安	河北省立第一师范学校	民国九年	刘砥	宣化中学校初级	民国二十年
李尊瑞	河北省立第一师范学校	民国九年	魏玺	北平西山温泉中学校	民国二十年
郝万义	河北省立第一师范学校	民国九年	王敦	察哈尔省立第一职业学校	民国二十一年

姓名	毕业学校	年份	姓名	毕业学校	年份
王监梅	宣化中学校	民国九年	陈仲举	张家口师范学校	民国二十一年
高德陈	宣化中学校	民国九年	童光震	张家口中学校	民国二十一年
童世璧	河北省立第一师范学校	民国十年	李魁元	宣化中学校	民国二十一年
高殿弼	张家口中学校	民国十年	祁运景	宣化中学校	民国二十一年
米义仓	张家口中学校	民国十年	宋步高	宣化中学校	民国二十一年
何宝贤	宣化师范学校	民国十一年	李魁恩	宣化中学校	民国二十一年
严谨	山西太原斌业中学校	民国十一年	刘璧	河北通县私立潞河中学校	民国二十一年
任国忠	宣化中学校	民国十二年	陈廷英	张家口省立农业学校	民国二十二年
武保安	宣化中学校	民国十二年	周纪	张家口省立农业学校	民国二十二年
池清泰	保定甲种工业学校	民国十三年	魏文炳	宣化职业学校	民国二十二年
陈仲稣	宣化师范学校	民国十三年	陈廷英	张家口省立农业学校	民国二十二年
孟世全	宣化师范学校	民国十三年	周纪	张家口省立农业学校	民国二十二年
王秉良	宣化师范学校	民国十三年	魏文炳	宣化职业学校	民国二十二年
白明玺	河北省立第一师范学校附设二部	民国十四年	陈锡昌	宣化职业学校	民国二十二年
刘全孝	宣化师范学校	民国十四年	魏瑾	宣化职业学校	民国二十二年

续表

姓名	毕业学校	年份	姓名	毕业学校	年份
刘熙元	宣化中学校	民国十四年	岳华	宣化职业学校	民国二十二年
贾箎	天津私立觉民中学校	民国十四年	李尊章	宣化职业学校	民国二十二年
李沛泽	保定河北省立第二女子师范学校	民国十四年	何廷模	宣化师范学校	民国二十二年
严振铎	张家口中学校	民国十五年	何廷猷	宣化师范学校	民国二十二年
王士琦	张家口中学校	民国十五年	武雽	宣化师范学校	民国二十二年
胡绪	宣化师范学校	民国十六年	田府	宣化师范学校	民国二十二年
高魁斗	宣化师范学校	民国十六年	施进源	宣化师范学校	民国二十二年
任文贵	宣化师范学校	民国十六年	马华云	宣化师范学校	民国二十二年
魏世恺	宣化师范学校	民国十六年	王士品	宣化师范学校	民国二十二年
施进孝	宣化职业学校	民国十七年	朱采阳	宣化女子师范学校	民国二十二年
张耀功	宣化师范学校初级	民国十八年	祁秀松	宣化女子师范学校	民国二十二年
张涛	宣化师范学校	民国十八年	李静堂	宣化女子师范学校	民国二十二年
张士英	宣化师范学校	民国十八年	朱彤	宣化女子师范学校	民国二十二年
李毓崧	宣化师范学校	民国十八年	张伟	宣化中学校	民国二十二年
任丕舜	宣化师范学校	民国十八年	刘恩	张家口师范学校	民国二十三年

姓名	毕业学校	年份	姓名	毕业学校	年份
何度	北平市立师范学校	民国十八年	陈仲三	宣化师范学校	民国二十三年
杜生芳	北平市立师范学校	民国十九年	祁运韬	宣化中学校	民国二十三年

○赤城县中等学校毕业生一览表（第48页）

姓名	毕业学校	年份	姓名	毕业学校	年份
乔潄	宣化农业学校	宣统二年	张洙	直隶第五师范	民国十五年
吴培膺	宣化农业学校	宣统二年	景国治	直隶第五师范	民国十六年
张浴	保定初级师范	民国二年	石宝洁	张家口中学	民国十七年
何杰昌	宣化中学	民国二年	张体育	察省第一职业学校	民国十八年
王士魁	天津第一师范	民国三年	徐之堃	察省第二师范	民国十九年
景国兴	宣化中学	民国六年	岳昌	察省第二师范	民国十九年
王者贵	宣化中学	民国七年	安洪涛	察省第二中学	民国二十年
崔师俭	宣化中学	民国十年	崔凤俊	察省第一中学	民国二十年
乔润	直隶第五师范	民国十年	戴蒲	农业专门学校高中	民国二十一年
吴铠	宣化中学	民国十一年	张蔚	察省第一职业学校	民国二十一年
卜廷魁	直隶第五师范	民国十一年	乔拱极	察省第一职业学校	民国二十一年

姓名	毕业学校	年份	姓名	毕业学校	年份
王桂芬	宣化中学	民国十三年	高沛	宣化中学校	民国二十二年
程大同	山西省立第三中学校	民国十三年	张端生	察省第二师范	民国二十二年
王贵荣	直隶第十六中学	民国十四年	温殿中	察省第二师范	民国二十二年
李宝田	张家口中学	民国十四年	崔孝基	察省第二师范	民国二十二年
陈熹宗	张家口师范学校	民国十四年	王之珍	察省第二师范	民国二十二年
张体义	天津高等工业学校甲种工业班	民国十四年	张清	察省第二师范	民国二十二年
卜元魁	直隶第五师范	民国十五年	杨滨	宣化师范	民国二十三年
			纪塘	宣化职业学校	民国二十三年

◎官制（第11册，卷25《政事编·官制》）

省政府。按察哈尔为蒙古语译音，明代有元后裔屯驻长城外一带，因以名部，此察哈尔之名所由始。数传至林丹汗，士马精强，东拒满洲，为明屏翰。然性残暴，部众离心。清太宗因而讨之，封其子额哲为亲王，徙置义州边外，再传至布尔尼，于康熙十四年，谋叛被诛。遂令其部众游牧于宣化、大同边外，编八旗，置左右翼及牛羊、商都等四牧群，合为八旗四群。旗各设总管一，统之。辖于察哈尔都统，名为内属游牧部，即今之十二旗群也。惟清制都统为统兵大员，不理政治。迨民国三年，改察哈尔为特别区，以直隶省所属口外张家口、多伦、独石三厅改为县，并划山西省属之丰镇、凉城、陶林、兴和、集宁五县为辖地，于是都统始兼管民政。民国十七年，改设省政府，行委员制，而都统之名义取消，职权与各行省同，并旧有之十二旗群，亦归管辖。十八年，又以丰镇等五县划归绥远省，而以河北省宣化十县划归本省。二十三年，因口外地面辽阔，特设化德、崇礼、尚义三设治局，以为设县之预备。现本省所辖为县政府十六，设治局三。兹将民国二十三年现行官制列下。（第1页）

一等县政府：万全、蔚县、宣化、张北四县，县长一人，秘书一人，科长三人，科员、事务员无定额，技术员一人，督学一人，学务委员三人或四人，书记无定额。

二等县政府：延庆、怀来二县，县长一人，秘书一人，科长三人，科员无定额，督学一人，学务委员，延庆二人，怀来四人。技术员一人，书记无定额。

三等县政府：阳原、涿鹿、怀安、龙关、多伦、沽源、赤城、宝昌、商都、康保十县，县长一人，秘书一人，科长三人或二人，督学一人，科员、办事员无定额，学务委员一人或二、三人，技术员一人，书记无定额。（第5页）

各县公安局。设总务、行政、司法三课①，得就②全县辖境。划分若干区，每区设分局一处，分所若干处。局长一人，分局长无定额，督察长一人，课长三人，课员无定额，督察员一个或二人，分局局员每局一人，所长每所一人。

法院。各县暨旗群审判处监所，沽源、商都、康保、宝昌四县暨旗群五审判处，系监所并设；蔚县、宣化、怀来、延庆、涿鹿、怀安、阳原、赤城、龙关九县只设看守所，管狱员兼看守所所长九

---

①　课，旧时机关中按工作性质分设的办事单位，类似今之"科"。周立波《诸葛亮会》："提起临时工，还有这样一桩事。公安课查出炼焦部一个抬煤的临时工，是国民党军统特务，是个少将。"

②　得，控制；驾驭。《后汉书·郅恽传》："臣闻夫妇之好，父不能得之于子，况臣能得之于君乎？"李贤注："得，犹制御也。"就，代词。相当于"此""其"。

人。四县五处，每县每处设一人；看守所所长九人，九县每县设一人。（第6页）

◎财政（第11册，卷25《政事编·财政》）

○田赋（第14页）

龙关县粮地，四千五百一十一顷四亩九分，额征银三千四百九十二两九钱五分六厘，折征银元七千八百九十五元七角九分八厘八毫，屯米三千一百三十五石四斗九升，屯豆一千零四十七石三斗五升一合，二共折征银元一万五千七百四十七元七角。

赤城县粮地，三千八百二十九顷八十二亩，额征银一千八百七十四两六钱五分，折征银元四千三百一十一元六角九分五厘，屯米四千二百一十四石零一升三合，折征银元一万三千五百六十九元一角二分二厘，屯豆二千五百六十一石一斗九升四合，折征银元四千三百零八元八角九分五厘。又清赋升科地二十三顷六十五亩八分，每亩征银元四分，共征银元九十四元六角三分二厘。又标卖官产升科地五十四亩九分余，上中下各征不等，共征银元一百四十三元零八分三厘。

◎施政概要（第11册，卷25《政事编·施政概要》）

○财政厅施政概要（第20页）

察哈尔新建行省，地旷人稀，财力竭蹶，政费俭约，与各省大相悬殊。自兵燹屡经，岁入锐减，收支更不能相抵。二十二年，过厅长之翰莅职，禀承宋主席休养生息之意，以不扰民为政策。于是除烦苛，杜浮冒，整顿金融，训练员司，荦荦大端，均已见为事实。摘录如左[①]。

---

① 按原古籍为竖排版，依右向左。今改为横排，从左至右，"如左"即为今"如下"之意。

一、裁免苛捐杂税。中央本有明令，但察省省库收入，多系合法税捐，惟各县局因举办警学自治各项要政，往往就地筹款，不免多立名目，迹近苛杂。过厅长本中央财政会议意旨，通令各县局，造送最近财政收入调查表，逐一审核，厉行裁免。如屠宰税内之检验费……龙关县之药材捐，代收银粮川资捐……等项，均已布告，一律取消。

○教育厅施政概要（第 23 页）

一、颁布计划。改革中等学校，推行职业教育，施行义务教育，实施省垣短期义务教育，办理赤城、沽源、宝昌、张北四县巡行民众教育馆，建筑赤城、沽源、宝昌县城内小学校舍，推行张北县城义务教育，为全省实验区，筹办蒙旗教育。以上七项均于二十三年定期施行。

◎法院（第 11 册，卷 25《政事编·法院》）

○司法机关（第 45 页）

八、兼理司法各县政府。宣化、蔚县、延庆、怀来、涿鹿、怀安、阳原、赤城、龙关、沽源、宝昌、康保、商都各县政府县长，均兼理司法事务。司法区域与县行政区域同，管辖民刑事初级及地方第一审案件。置承审员一人，由察哈尔省高等法院院长委任之，受县长之监督，属于初级管辖案件，归承审员独自审判，以县政府名义行之。地方管辖案件，得由县长交由承审员审理，但县长应与承审员同负其责任，并置书记员、录事承发员及检验吏等司法警察，以县政府巡警兼充之。经常费用，宣化、蔚县月支四百五十八元，延庆、怀来月支三百八十八元，涿鹿、怀安、阳原、赤城、龙关、沽源、宝昌、康保、商都月支三百零八元。

○监所（第 45 页）

各县暨旗群审判附设监所说略

口北九县旧监，自民国十二年三月裁并新监后，仍其房舍，改为看守所，收容未决犯及轻刑之已决犯，其囚粮按县之等第而区分焉。蔚县、宣化列为一等，全年一千七百七十六元；怀来、延庆为二等，一千五百三十六元；涿鹿、怀安、阳原、赤城、龙关为三等，一千一百七十六元；沽源、商都、康保、宝昌四县，因沿旧制，而监所并设，囚粮依三等县例，惟年增衣被费八十四元；旗群五审判处，亦监所并设，有囚粮而无衣被；塔拉、巴音察汉、贡果罗、阿桂图四处，年各支一百四十四元；明安差减二十元，其设备以蔚县较优，而作业成品，亦有可观。

○法院成绩概要（第 53～54 页）

清理积案，为法院最要工作。察省司法粗具规模，自二十二年高等法院院长张吉墉莅职，积极策励，案无留牍，成绩斐然。二十二年度，高等法院结民事案件九十七起，刑事案件三百六十九起，检察事件八百六十起。……赤城县结民事四起，刑事二十八起；龙关县结民事二十九起，刑事七起；……至于添设法院，整理监狱均有计划报告，一俟财政充裕，立见施行，记其现实，用励来兹。

◎祠庙（第 11 册，卷 26《政事编·祠庙》）
○龙关县祠庙（第 47～49 页）

文庙。在县城东北隅，由北城以迄东街，约八亩有奇，本为明宏治年建置。中为大成殿三大间，前为丹墀①，东西庑各五间，南为戟门，门两旁左右角门二，左上隅为神库，右上隅为神厨，今圮。戟门外东曰名宦祠，西曰乡贤庙，各三间。再南棂星门②，左题礼门，右题义路，前为泮池，跨以石桥，翼以石栏。更南为大成坊三

---

① 丹墀，指官府或祠庙的台阶。
② 棂星门，旧时学宫孔庙的外门。原名灵星门。灵星即天田星。汉高祖命祭天先祀灵星，至宋仁宗天圣六年，筑郊台外垣，置灵星门，像天之体；旋又移用于孔庙，盖以尊天者尊圣。后人以汉祀灵星祈谷，与孔庙无涉，又见门形如窗棂，遂改为棂星门。

间，门三。即俗所谓黉门。左有忠义祠，右有节孝祠，各三间，由内通街，门各二。大成坊前有露台，台前左右石狮二，前为花孔大照壁，照壁东西有下马竖碑。大成殿左右角门二，殿后东为明万历丁酉年①，兵宪孙公维成，委本路同知由桥门外移建之启圣祠三间，清雍正年，诏改崇圣祠。西方为移建之敬一亭三间，亭西南腰墙有便门一，可通儒学署，祠亭间有便门。后为明伦堂②三大间，堂前左有居仁斋三间，右有由义斋三间，堂东有藏书室，明代叶参政尝购书五千余卷，存其中。堂西为游息所，又有射圃学舍，堂后偏西为县儒学官署，西为康熙四十年知县董绍儒所建社学。今改作乡村师范校址，内容略有变动。大成殿题额："万世师表"清圣祖书，"生民未有"清世宗书，"与天地参"清高宗书，"圣集大成"清仁宗书，"圣协时中"清宣宗书，"圣神天纵"清穆宗书，"斯文在兹"清德宗书，"中和位育"废帝宣统书③。民国二十二、三两年，大半为驻军烧毁。崇圣祠，旧名启圣祠，清世宗雍正元年④，加封孔子五代均为王，改为崇圣祠。

按：龙关自汉唐设县以来，即建文庙，后以频沦于异族，时毁于火，至明初，渐复旧观。正统、景泰年间，迭颁诏修理，迄宏治、成化、嘉靖、隆庆时，规模始备。清历任知事，赓续修理。光绪三十一年⑤，知事经文，委邑绅严敦美募赀重修，以至今日。民国十五年，国民三军驻扎庙内，后换国民一军，将庙门盖战沟，损失颇多。秋，张树田察区别动队第四旅黄允中，驻扎庙内，将大成殿东西庑

---

① 万历丁酉，万历二十五年，1597 年。

② 明伦堂，《孟子·滕文公上》："夏曰校，殷曰序，周曰庠，学则三代共之，皆所以明人伦也。"旧时各地孔庙的大殿称明伦堂，本此。

③ 清圣祖即爱新觉罗·玄烨，年号康熙。世宗即胤禛，年号雍正。清高宗即弘历，年号乾隆。清仁宗即颙琰，年号嘉庆。清宣宗即旻宁，年号道光。清穆宗即载淳，年号同治。清德宗即载湉，年号光绪。废帝宣统即溥仪，年号宣统。

④ 雍正元年，1723 年。

⑤ 光绪三十一年，1905 年。

神位及棂星门抢杆、供桌等，概毁作薪。在昔每岁春秋仲月上丁①致祭，自废祀后，国府虽有明令保管，然颓垣片瓦，愈形废弛。民国二十年秋，县长刘德宽，提倡修补，集议募款，设会以董其事。修竣后，即由乡村师范学校占用，以便保管整理。二十二年夏，察省政变，学校停课，设又为军队占用，以至今日。现在县府奉省令以转奉军政部令，凡各地驻军，不得占用孔庙，以示尊崇。县府奉令后，除一面咨请驻军查照办理外，并一面通知地方士绅，另觅适当公共处所，俾便迁移云。

关岳庙。即武庙。在县城十字街西路北，为县西卫堂旧址。清康熙七年②，卫守备王之屏、中军守备王福全③建，工竣，火药局移此。原系关帝庙，自民国纪元后，改为关岳庙。每岁春秋仲月上戊④祭，今废祠。庙内构造形式，与文庙相仿。今作公安局办公地，内容多已改变。

按：文庙仅县城一处，其余如关帝庙、文昌庙、城隍庙、三皇庙、火神庙、马神庙、真武庙、龙王庙、财神庙、奶奶庙、三官庙各城乡皆有，兹从略。

〇赤城县祠庙（第50～51页）

文庙三：一在县城南门内，县政府东。清乾隆二十二年⑤，知县黄绍七以上帝庙互易改建。道光七年⑥，知县吴庆祺重修。同治九

---

①　上丁，农历每月上旬的丁日。《礼记·月令》："（仲春之月）上丁，命乐正习舞，释菜。"又"（季秋之月）上丁，命乐正入学习吹。"郑玄注："为将飨帝也。春夏重舞，秋冬重吹也。"孔颖达疏："其习舞吹必用丁者，取其丁壮成就之义，欲使学者艺业成故也。"自唐以后，历代王朝规定每年仲春（二月）、仲秋（八月）的上丁之日为祭祀孔子的日子。

②　康熙七年，1668年。

③　仝，同"同"。

④　上戊，农历每月上旬之戊日。唐刘𬱟《隋唐嘉话》卷下："（开元）十九年夏，诏京都置太公庙于孔子庙之西，以秋春仲月上戊日致祭。"

⑤　乾隆二十二年，1757年。

⑥　道光七年，1827年。

年①，知县曹松颐补葺。正殿五间，东西庑各五间，崇圣祠三间，屏门明伦堂三间，敬一亭三间，东西斋房各三间，义路礼门坊二，名宦祠二间，乡贤祠二间，泮池泮桥棂星门三间，照壁东西牌坊各三，厢东西庠房各一间，石碑二，石亭二。民国十九年，县立女子小学借占。二十二年，刘匪桂堂盘据赤城，肆行拆毁，已残破不堪。一在独石口城内东街，由独石口区立小学校保管。一在龙门所西街，由龙门所区立小学校保管。

关岳庙。在县城北街。民国十一年，以文昌宫改建。大门三间，正殿三间，西耳房二间，东西厢房各三间。现为县商会借占。

云州义烈祠。在云州堡，明正统十四年建。《宣镇志》载：己巳也先陷云州，殉难者有副使京兆谷春、都指挥佥事孙刚、千户池信子妇上党陈氏等九十余人。都御史叶盛为记，列九十余人，姓名于碑阴，碑久湮，九十余人不可考。《记》详《艺文》。

静宁寺。在县城西南隅，明景泰四年②建，杨昌平③捐资为之。既又施地十九顷，寺成，请名于朝，敕赐"静宁"。藏有佛经。

瑞云寺。在汤泉外晾池西南山麓，明宣德五年建。寺颇幽静整洁，为游人憩息之所。

灵真观。在县城北二十二里之金阁山，东北距云州十五里。清康熙十一年，赐重修，为境内名胜。寺内原有藏经阁，工程最精美，后毁于火，全部道藏，尽焚。其后建者，已名存实非。近来迭遭兵燹，观宇多颓残。民国二十二年冬季，观中七真殿，又被汤玉麟军焚毁，景象益荒凉。

---

① 同治九年，1870 年。

② 景泰四年，1453 年。

③ 杨昌平，即杨洪。景泰时，封昌平侯。

◎大事记（第12册，卷28《大事记》卷下）

○察哈尔省赈务纪略（第28~30页）

《周礼》地官大司徒以荒政十有二，聚万民以保息六，养万民其保息六之三，曰"振穷"。"振"古通作"赈"，所以救济之也。古者三年耕，必余一年之食，亦所以备荒。故《周礼》之荒政振穷，实为后世救荒施赈所祖。《史记·平准书》："天子遣使者虚郡国仓廥，以赈贫民。"《前汉书·文帝纪》："发仓庾以赈民"。历代仿行，莫不重视乎此。中华民国二十有二年十二月，察哈尔赈务会，改组成立于全省旱荒饥疫兵燹匪乱之余，所以救济灾黎者，为尤急也。先是民国十七年一月，成立赈灾委员会，是为本会创设之所由始，至十八年一月结束，改组省赈务会。十九年九月，又结束。以其事移交于民政厅接办。二十年一月，又恢复本会，由民政厅将关防款项卷宗文具物品咨交本会接办，至二十二年十二月，盖改组者三次，由是办全省赈务者，皆以此会为总机关。

赈务之经费自十七年成立伊始，指定财政厅所收各统捐局牲斗捐项，附加一成，作常年经费及赈灾之用。历年以来，或交、或欠、或停不一致。然收数最多者，岁不过二、三千元，仅足办零星小赈，至遇大荒歉，惟恃外来助赈之款。在十九年十月底，旧管新收，共六十三万八千七百四十余元，开除六十一万八千四百三十余元，实存二万零三百余元，此为收款最多，施放最巨者。十九年会既结束，由会移交于民政厅。二十年，会复成立，又由厅咨交于赈务会，此以往经过之情形也。民国二十二年起，或接管前任移交之款或本省筹济之款，或外省募助之款，以之办三两县急辰或一二段工赈，总不出一万元之数，惟自二十二年年二月，赈务会改组成立时，华北战区救济委员会第一次拨赈款二十万元。二十三年二月，第二次拨款十万元。合共三十万元，而赈务方能大举如左：

一、属于急赈施放金钱者，万全、宣化、阳原、怀安四县，各万元。张北县一万五千元。蔚县二万元。涿鹿、怀来各五千元。赤城三万八千六百八十五元。沽源二万一千四百二十五元。宝昌一万三千一百七十七元四角。康保一万五千元。延庆九千元。龙关五千元。商都一万元。蒙旗台站四千五百元。合共二十万零一千七百八十七元四角。

一、属于急赈施放棉衣者,万全、张北、宣化、阳原、怀安五县,各四百五十七套。套者,一袄、一裤之谓也。蔚县九百一十四套。涿鹿二百二十九套。延庆八百五十六套。怀来、龙关各二百二十八套。赤城二千七百九十一套。沽源一千七百二十三套,又皮衣十六件。宝昌七百七十七套,又皮衣十五件。康保、商都各四百五十套,又皮衣各十五件。省垣三百零半套。共合棉衣一万一千二百二十一套半,又皮衣六十一件,用款二万七千八百六十八元有奇。曰洋元、曰棉皮衣必详记其每县多少之数,使读者略知其灾情轻重也。

一、属于以工代赈者,化德设治局建民舍,一万元。赤城龙门所补修民房,一千三百元。建设厅修万全坝公路,五万元。共用六万一千元,其属于旅运购置等费,七千零五十六元,省会施粥急赈费,一千九百八十八元。以上五项合共三十万元。

○察哈尔省赈务会各县及蒙旗台站放赈委员略历表（第41页）

姓名	别号	年龄	籍贯	现任职务	担任放赈县别	备考
王贵荣	耀先	二十九	赤城	赤城县党部指导委员	康保	郭埥恺推荐
赵文蔚	涵忱	二十六	赤城	商都县党部指导委员	商都	
刘创勋	耀先	二十九	阳原	省党部干事	赤城	张季春推荐
吴铠	介卿	三十三	赤城	赤城县党部指导委员	龙关	仝

2.《中国长城沿革考》

【题解】　《中国长城沿革考》，王国良编。全书分五篇，首叙修筑长城的略史，然后按时代顺序依次考据历代长城位置、建筑年代与沿革。作者针对古籍记述长城每因文字含糊、缺少精确调查统计、时代及地理概念错误而导致混乱谬误的状况，旁征群集，详加考辨，并将古地名翻作今名，著成此书。白眉初在序言中评价此书"实具二长：一、对于历代各国史事状况，烛照明晰，始能推情度理，而得其原因；二、对于地理沿革，援今证古，了如指掌，始能穷源竟委，而得其途径。"

本辑据1931年商务印书馆发行《中国长城沿革考》辑录有关赤城内容。原籍的括号注文，照原样辑录，用宋体字，以示与本书其他括号内容的区别。

◎燕北长城（第二篇，第22~23页）

《史记·匈奴列传》云："燕有贤将秦开为质于胡，胡甚信之；归而袭破走东胡，东胡郤千余里。——与荆轲刺秦王秦舞阳者，开之孙也。——燕亦筑长城，自造阳至襄平；置上谷、渔阳、右北平、辽西、辽东郡以拒胡。"这是燕之北长城。筑这长城的年代，据《史记》，当在秦开归燕之后。开为燕将，必在壮勇之年；及他归燕，当已垂老。至开孙舞阳辅佐荆轲刺秦王的事，是在燕王喜二十八年[1]。这时候，舞阳的年纪，盖还不到二十；最大，亦当不出三十以外。因选勇士，必取年壮；况舞阳年仅十三，便敢杀人，在旁看的谁都

① 燕王喜二十八年，前227年。

不敢忤视，长大得如此之早呢！照通便说，孙年二十，祖父当在七十左右。那么，开在燕王喜二十八年时，——舞阳二十岁顷——年已七十左右，可以推想而知。现在假定开年五十以后归燕，那这长城，汉在燕王喜时所筑；四十归燕，则在喜父孝王的末年了。然则燕筑北长城，不在燕王喜时，就在孝王末年，可以概知。这是考证这堵长城的建筑年代。至于他的位置，是：造阳今为察哈尔省怀来县治①；襄平在今奉天辽阳县北七十里。那这长城，西起于今察哈尔省怀来县，逶迤而东北，渡滦河、辽河，而达奉天辽阳县境，延袤千余里，又可知道了。

———————

①　关于"造阳"，李文信在《中国北部长城沿革考》一文中作较为详细的论述，现转载如下："造阳"一名，两见于《史记·匈奴传》，第一条："燕亦筑长城，自造阳至襄平"。集解引韦昭曰"地名，在上谷"。第二条："汉亦弃上谷之斗辟县地以予胡"。集解"骃案汉书音义曰，言县斗辟西近胡"、《汉书·匈奴传》也两见，第一条与《史记》同；第二条，班固《汉书·匈奴传赞》："亦弃造阳之北九百余里"。散见于地志注释和地书中的另有三条，一为《汉书·食货志》充朔方以南新秦中七十余万户注引："应劭曰秦始皇遣蒙恬却匈奴，得其河南造阳之北千里，地甚好，于是为筑城郭，徙民充之，名曰新秦"。《史记·匈奴传》索隐引《太康地记》："秦塞自五原北九里（一本作九百里）谓之造阳，东行终利贡山南汉阳西是也"。《寰宇记》引志云："自北地郡北行九百里得五原塞，又北九百里得造阳"。上列文献中，韦昭因袭班氏，无新材料。应劭以为造阳在河南千里，《太康地记》以为在五原北九里或九百里，《寰宇记》引地志虽较详，但与《太康地记》为近而年代尤晚。而且两地一属秦，一属赵，都不是燕上谷地；自然都不是燕长城西端起点的造阳。后世地理书图多指上谷郡治沮阳，今河北省怀来、延庆一带造阳，这自然是不对的，就是指独石一带为造阳县也是错。其如此异说纷纭的主要原因，是汉初自动放弃，城邑湮灭，又没留下文献记录，后人自然少有较详细正确的说法。案上谷原是燕郡，秦灭燕仍为郡，造阳是上谷一城，秦时一县，汉武帝时因斗辟难守，弃入匈奴，所以汉志上谷郡不见造阳一县。根据政治地理位置、自然地理环境讲，和文献记录的里距推论，大体上独石口到滦河源一带，地近草原，无险隘可守的地方，南与赵国长城的东端，尚有一定距离。

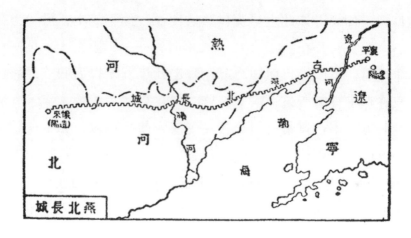

燕北长城图

◎北魏 附东魏长城（第四篇，第 38～41 页）

南北朝的时候，北狄以蠕蠕为最强。魏世祖破了蠕蠕，建设"六镇"，武川，抚冥，怀朔，怀荒，柔玄，御夷。东起濡源，濡水即河北东境之滦河。水经注，"濡水自塞外来，过冷支（今迁安县），肥如（今卢龙县），海阳（今滦县）等县，入于渤海。"案今滦河源出赤城县北之黑龙山。今赤城北已置沽源县。此说与"长城东起赤城"之说符合。西达五原阴山，案北魏襄垣郡并州五原县，今为山西沁县地；附化郡朔州五原县，在今山西寿阳县北境；此五原与阴山并称，盖指五原塞，在今绥远乌拉特西北。长三千余里。中书监高闾奏陈"长城五利"，请于六镇以北，建筑长城，以为一劳永逸之计；魏主很以他的意思为是，用优诏①答覆他。可见当时长城需要之切，而魏主对于建筑长城一事，确抱有一片热忱了！案北魏筑长城一次；筑"塞围"一次。长都千里；工程不能说他不大。东魏筑长城亦只一次，仅一百余里。兹分述如下。

（1）《魏本纪》："泰常八年②，蠕蠕犯塞。二月戊辰，筑长城于长川之南（《水经注》引作"长川之西"，《资治通鉴》无此句），

---

① 优诏，褒美嘉奖的诏书。

② 泰常八年，423 年。

起自赤城，西至五原，延袤二千余里。"《通鉴辑览注》："赤城，即今宣化府赤城县；《水经》云，'沽水经赤城东，城在山阜之上，下抗深隍。'是也。"而《纲鉴易知录注》云："赤城，在陕西平凉府崇信县（在今甘肃东部）西南，五原，塞名，在陕西延安府神木县（在今陕西东北）。"案关于赤城诸说，当从《辑览》。理由有三。（一）假依《易知录》说，"起自赤城之西，东至五原"；但他读为"起自赤城西，至五原"，于文似太粗疏。依《辑览》读为"起自赤城，西至五原"，文很顺利，毫没有文疏义漏的弊病。（二）崇信县附近，现在并没有长城遗迹；今赤城县东西北三面，都有长城环绕。（三）长川有二。一、在今甘肃秦安县西北（《方舆纪要》）；秦安，在崇信西约三百里，与史"筑长城于长川之南"句不符。二、在今山西天镇县北，即《汉志》之于延水（《方舆纪要》）。《汉志·代郡且如注》云，"于延水，出塞外，东至宁，入沽。"考且如，在今山西天镇县北；宁县，在今察哈尔宣化县西北；沽河，即永定河。这样看来，汉之于延水——魏之长川，——就是现在河北山西交界的东洋河。有这几个理由，所以当从《辑览》说。又五原，北魏有二：一在今山西沁县地；一在今山西寿阳县北——详见上节注。——这都不是这里所称的五原。《易知录》说"五原，塞名，在今陕西神木境"，当有所据；今从其说。那么，这次所筑长城，可以断定东起于今察哈尔赤城县，西亘历东洋河之南，山西北边，直达今陕西东北神木县无疑。不过这所经历，虽然不能完全和秦长城的旧址相合（参看第二篇七），但多少总有依他的旧城而修筑的地方；所以说这次为修筑长城亦可。

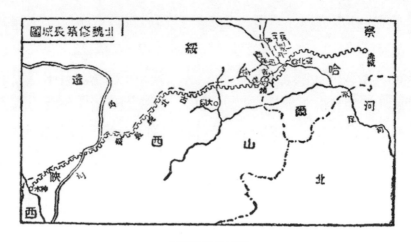

北魏修筑长城图

◎北齐（第四篇，第44~48页）

南北朝的时候，群雄逐鹿，中原鼎沸。北齐承东魏之后，据有今河北山东全境及山西河南之一部。蠕蠕寇其北，后周伺其西，一不小心，便有国破家亡之患；处这种环境，想要争霸中原，耀威华夏，不先巩固国防，断绝后忧，那可能呢！所以北齐不惜钜资，屡兴长城之役，北筑以拒胡，西筑以防周，纵横数千里；工程之大，在秦以后，明以前，总算推此为第一！今把北齐前后所筑的长城，分述如下。

（2）《齐本纪》又云："天保六年三月①，发寡妇以配军士，筑长城。"又云："是岁，诏发夫一百八十万人筑城，自幽州北夏口，西至恒州，九百余里。"按夏口，在今居庸关北（《资治通鉴注》"幽州夏口，盖即居庸下口也。幽州军都县西北，有居庸关，今在河北昌平县西北。湿余水出上谷沮阳县之东南，流出关，谓之下口。'夏'当作'下'。"考沮阳，在今察哈尔怀来县南。今怀来县南有沩河，源出永宁城，西经关北，注永定河。又于沙河，源出关北，

————————

① 天保六年，555年。

南入关到通县境，入北运河；湿余水盖即此水；然则夏口当在关南。《资治通鉴注》"流出关"，"出"当为"入"之误）。恒州，今为山西大同县治（《方舆纪要》大同府条云："后魏道武帝自云中徙都此，初为代尹治，迁洛后，为恒州治；高齐废恒州，置恒安镇，寻复为恒州。"按清大同府，今改县）。然则从今河北居庸关北，西到山西大同县一段长城，北齐天保六年曾加修筑，长约九百余里。

备考：按这长城。就是北魏泰常八年所筑"东起赤城，西达五原"的长城东段。泰常到齐天保，年代很近，何以又要大兴徭役重事修筑呢？这盖北魏工程未完，北齐边患加剧的缘故。看本年发夫百六十万，只筑城九百里；泰常八年筑城二千余里，而史未称发夫几百万，旷日若干年，只称"二月戊辰，筑长城……"云云。可见当时工程简陋，到北齐年虽未久，而已破碎不堪，又须修筑了。——参见本篇一节（1）。

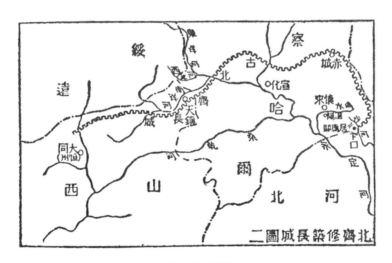

北齐修筑长城图二

（3）天保三年史云："先是，自西河总秦戍筑长城，东至海，前后所筑，东西凡三千余里；六十里一戍；其要害，置州镇凡二十五所。"按"海"，指渤海，《志》云："海在幽平间者，皆谓溟渤，东西浩瀚千有余里。"又按此次所筑长城，讫山海关。关南临渤海，海的北岸，和阴山脉之松岭余脉相接，有角山之巍峰；正是长城应止地点；所以现在长城止此。又考总秦戍，在今大同西北境（《方舆纪要》）。此称"自总秦戍筑长城"，当指上年恒州之役。又疑"西河"为"西汾"之误。此称"自西河筑长城"，当指三年黄栌岭之役。黄栌岭，上已考实在今离石县西北八十里（本篇二（1））；而离石，北齐属西汾州（《隋书地理志》）；北齐西河，今为汾阳县——清汾州——治（《方舆纪要》），远在黄栌岭之东。是黄栌岭在北齐时属西汾甚明，所以说"西河"为"西汾"之误。又按这三千余里长城，所兴徭役，必不止这两次。因这两次所筑长城，并不东到海，亦不相衔接，必其间还有小役补充。不过史不备载，所以无从知其年月和地址。如天保六年三月，"发寡妇以配军士，筑长城"，史只记其事，而未记其地，这就是一个例证。总之，我们可以概括的说：从今山西离石县西北黄栌岭起（北齐西汾），北到朔县西废武州界之社平戍，折而向东，斜经大同西北之总秦戍，再向东行，入河北省界，至赤城，转而向南，至居庸关东，又转向东，而达渤海北岸山海关纵横三千余里的大长城，曾经北齐修筑或增筑，秦汉旧城，又换了一副面目了。

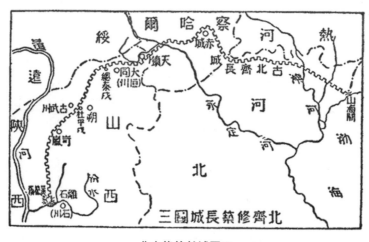

北齐修筑长城图三

◎明代修筑长城的略史（第五篇，第59页）

（1）《明史·兵制三》："建文中，宣府迤西迄山西，缘边皆峻垣深濠，烽堠相接……其敕书云，'各处烟墩务增筑高厚，上贮五月粮及柴薪药弩，墩旁开井，井外围墙与墩平，外望如一重门，——御暴之意，常凛凛也。'"按"垣"系指长城。又按"宣府"非指镇城，乃指镇之辖境；"山西"非指山西镇（太原镇），乃指山西省境。即从宣镇迤西，直达山西大同镇一带极边。——详《明修筑长城图一》。

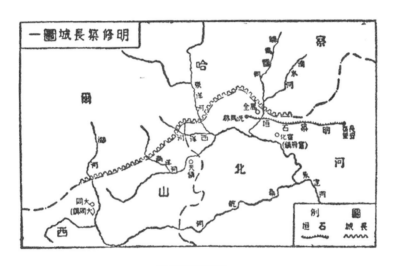

明修筑长城图一

（2）《明会要·边防》："永乐十年，敕边将治濠垣，自长安岭迤西，至洗马林，皆筑石垣，深濠堑，以固防御。"考长安岭堡，在今察哈尔宣化县东北百四十里；洗马林堡，在宣化西北七十里。然则此次所筑石垣，仅约二百里。——详《明修筑长城图一》。

（3）《兵制三》："正统元年[①]，给事中朱纯请修塞垣，总兵官谭广言自龙门至独石及黑峪口五百五十余里，工作甚难，不若置墩台

---

① 正统元年，1436 年。

瞭守；乃增赤城等堡烟墩二十二。"按龙门，即今龙关县，在河北省北境（今划入察哈尔省）位长城南。独石，在河北北境（今亦在察境）长城极北处。黑峪口，当为黑谷关之误。黑峪口在今居庸关东之永宁城北，西达龙关仅二里余里；黑谷关在今蓟县北，沿边西达龙关恰五百余里（《方舆纪要·直隶·四海冶堡》注）。所以知黑峪口为黑谷关之误。又按赤城堡，今改县，在龙关县东北。——详《明修筑墩堡烽堠图一》。

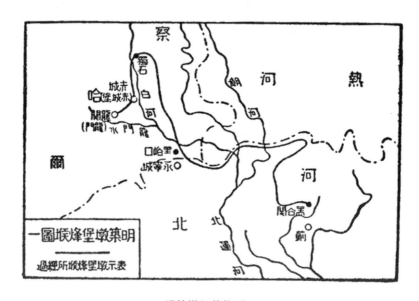

明筑墩堡烽堠图一

（14）《兵制三》："正德三十一年……先是，翁万达总督宣大，请修筑宣大边墙千余里，烽堠三百六十三所；后以通市故，不复防，遂半为敌毁。至是，兵部请敕边将修补；科臣又言垣上宜筑高台建庐，以栖火器。从之。"① 这两次修筑，起讫虽未明载，但按里数，可以推知东起于宣府镇东头，西讫大同镇西头。因如不在两镇的东

---

① 按《明史·兵三》该条为嘉靖二十九年条，非正德三十一年条。明武宗朱厚照正德仅有16年，故正德三十一年，误矣。

西两头，就不合千余里的数目了。——详《明修筑边墙图三》。

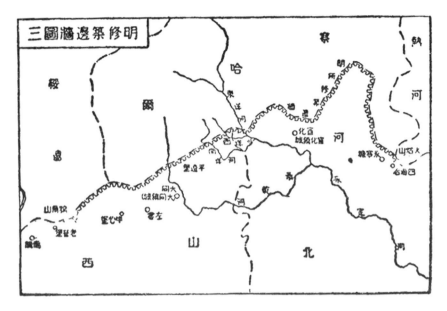

明修筑边墙图三

（16）《兵制三》："嘉靖中，兵部许论奏言'大同之三边，陕西之固原，宣府之长安岭，延绥之夹墙，皆据重险，惟蓟独无。渤海所南山陵东，有苏家口，至寨离村七十里，地形平漫，宜筑墙建台，设兵守，与京军相夹制。'报可。"苏家口，在今河北昌平县东北八十里。寨离村在今河北通县北。所建筑垣台，详《明筑夹垣台堡图》。

◎"九边"概要（第五篇，第76页）

（3）宣府镇

镇治万全都指挥使司，即今察哈尔省宣化县治。边墙东起今居庸关东永宁四海治，外城与重城会合处。西讫今山西河北交界之西洋河（《地志总论》作东起火焰山，永宁城东百余里。西讫平远堡。大同东北百余里。）实长一千零二十三里。沿边分东西北中四路：西路之万全右卫，宣化县西八十里。张家口，万全右卫东三十五里。西阳河；万全右卫西南界。北路之独石，长城极北处。清泉，在独石东北。马营；在独石西南。中路之葛峪，宣化西北四十里。青边；宣化西北五十里。东路之四海冶永宁东百里。诸处，都极冲要，而独石尤为咽喉重地。此镇所辖边墙，就是现在河北边外延庆县西到山西大同境之长城。

3.《察哈尔经济调查录》

【题解】　　《察哈尔经济调查录》李延墀、杨实编。李延墀，察哈尔省建设厅秘书，别号星源，湖北公立法政学校卒业。杨实，建设厅科员，别号次弓，山东无棣人，北京燕京大学卒业。

察哈尔，原为蒙古部落名称，清康熙年间设为察哈尔游牧八旗，后与锡林郭勒盟五部十旗统归察哈尔都统管辖。民国三年（1914年）设特别行政区，十八年改为察哈尔省，辖万全、宣化、龙关、赤城等十六县和锡林郭勒盟五部十旗、察哈尔十二旗群。

该书的编撰正是刚刚发生"九一八"事变，我国关外数省相继失陷，而日寇仍贪得无厌，节节进啮，其意囊括满蒙，以遂其欲。兹国难迫临，外侮日逼之时，察哈尔实首当冲要。惟此地素不为国人所注意，加之口外之地匪氛不靖，交通极艰，以往一些调查者，空有此心，终难实现。作者有感于此，认为学问之道，经世为贵，爰就近三年来，旅居察省平日所见所闻，以及调查所得，编撰此书，在供国人关心察事之参考。该书的资料出处大致来源于察省建设厅案卷及私人调查材料。作者认为官厅案卷，内中材料多已加一番修饰，极难信其真确，故与调查材料与厅内案卷相互比较，同者仍之，异者另托友人调查，然后比较更正之，以见作者著述此书之劳苦精勤。

《察哈尔经济调查录》于民国二十二年十一月由新中国建设学会出版科发行，编为新中国建设学会丛书之九。是书除黄郛（新中国建设学会理事长）序、赵正平序、作者引言外，正文共 7 章 27 节，有绪论、工业、商业、矿业等，约 10 万言。本辑据该书的影印本辑录有关赤城内容。括号内为宋体字者，为书籍原文，其余与本书体例一致。

察哈爾經濟調查錄

第一章　緒論

第一節　察哈爾之沿革

緒　論

察哈爾，乃蒙古語，譯言即「屏障」之意。元末，順帝出奔蒙古，居略喇和林。七傳至達延可汗，以內蒙之地，分封諸子。其長子圖魯，先達延死。孫博迪嗣位，專管內蒙東半部，因其近長城爲東南屏障，故名之曰察哈爾。於諸部落中爲最強，後爲濟寶所滅，分爲盟旗，仍業牧畜。迄光緒三十二年，清政府於錫林果勒，及烏蘭察布兩盟之南部，開辦墾務，設張北，多倫，豐鎮，沽源，興和，陶林，涼城七縣，是爲興和道。於時草茅初剪，外省移民至此者，多屬直魯三晉之人，徃昔牧畜之場，漸次闢爲農田，蒙民被同化者，亦易初服，含氈裘牛羊，而事耕種犂鋤，逐由牧畜生活，漸進至於耕農時代。

一

《察哈尔经济调查录》书影

◎绪论（第一章《绪论》）

○沿革（第一节《察哈尔之沿革》，第 1～3 页）

察哈尔，乃蒙古语，译言即"屏障"之意。元末，顺帝出奔蒙古，居喀喇和林。七传至达延可汗，以内蒙之地，分封诸子。其长子图鲁，先达延死。孙博迪嗣位，专管内蒙东半部，因其近长城为东南屏障，故名之曰察哈尔。于诸部落中为最强，后为清室所灭，分为盟旗，仍业牧畜。迄光绪三十二年，清政府于锡林果勒，及乌兰察布两盟之南部，开办垦务，设张北，多伦，丰镇，沽源，兴和，陶林，凉城七县，是为兴和道。于时草茅初剪，外省移民至此者，多属直鲁三晋之人，往昔牧畜之场，渐次开为农田，蒙民被同化者，亦易初服，舍氈帐牛羊，而事耕种梨锄，遂由牧畜生活，渐进至于耕农时代。

民国三年，又增设宝昌，康保，商都，集宁四县。连同前七县，划为察哈尔特别区，置都统署于张家口。彼时外蒙尚未叛变，平绥铁路仅通至张家口，名京张铁路，完成未久，举凡内外蒙古，以及绥远，包头各地货物，悉皆广集于张家口，然后再循铁路，输至平津出口。于时，市廛林立，商务极盛，外人在该地营洋行业者，达数百家，为西北诸省之冠。乃至民国十年，库伦失守，外蒙宣告独立。民十三年，中俄绝交，于是张库交通，一时断绝。加以平绥铁路路线延长，绥包各地货物，无庸运张，再行转输。而是年，张垣（即张家口）又遭大水，元气断丧殆尽，迄今未能恢服。

民国十八年，改特别区为行省，将河北省口北（指南口以北）十县，——万全，宣化，蔚县，赤城，龙关，怀来，延庆，阳原，怀安，涿鹿——划归察省，而将旧辖之丰镇，兴和，集宁，凉城，陶林五县，拨予绥远。于是察哈尔省全境，共辖十六县，连同锡林果勒盟，（内分乌珠穆沁，苏尼特，阿巴噶，阿那哈那尔，及浩齐特。各以左右分共十旗），十二旗群，（左翼：厢黄，正白，厢白，正蓝，右翼：正黄，正红，厢红，厢蓝。共八旗，及商都牛羊，左翼，右翼，四牧群，是为十二旗群），及达里冈崖牧场。省境北接外蒙，东邻热河，南依河北，西连山西，绥远。幅圆极广，达八十三万方里，为西北之边防要地。惟为盟旗占去全省四分之三。锡盟十旗，由各旗蒙古王公分界管辖，统归盟长节制。十二旗群，亦自各有奠长。（可参阅"盟旗制度述略"，关震华著，载在新亚细亚月刊第五卷，第六期）。要皆非省政府权力所能及，故察省省府实际辖境，仅为十六县地，约占二十万方里而已。兹将现时省辖十六县境面积，列表于后：

县别	龙关	赤城
辖境面积（以方里计）	7000	12000

○河流（第二节《察哈尔之地势》，第 6 页）

（七）白河，属赤城县。上游来自沽源，及长城根。支派甚多，山河泉流参半。入河北省，授水于沽河。

以上七河，为察省中之荦荦大者，类皆不能通行舟楫，仅或可供灌溉而已。至若口外，尚有闪电河，黑河，及苏尔济河等等，或流量未宏，或荒区未辟，以及其他各支流，大抵山河多，而泉流少，更属自郐以下[①]，无足轻重，故均从略。

◎农业（第二章《察哈尔之农业》）

○耕地（第一节《农民概况》，第 13 页）

据吾人三十年份之调查，全省十六县耕地，共为十六万三千八百二十五顷又四十一亩。

县别	龙关	赤城
耕地亩数	285122	352176

---

① 自郐以下，亦作"自郐而下""自郐无讥"。《左传·襄公二十九年》："（吴公子札）请观于周乐，使工为之歌《周南》《召南》，曰：'美哉！始基之矣，犹未也，然勤而不怨矣。'……自郐以下无讥焉。"后因以"自郐以下"表示自此以下的不值得评论。

附注：本章表格，除第一节农作物费用及收获二表，为廿一年者，余悉属二十年之调查。

○农产概况（第二节《农产概况》，第 22 ~ 30 页）

本节表内所载农作物所占面积之数目，与第一节耕地亩数表，不甚符合，少六万余顷。盖前表系已耕之地面积统计，此表则仅限于有出产者。两表相较，可见察省农业衰败之一班。其中县份，亦有耕地数月增加者，然甚戋微，设若政府不与提倡，前途实甚惨淡，未可乐观也。

县别 面积及产额 种别	龙关			赤城		
	面积	产额		面积	总额	
		总额	每亩平均额		总额	每亩平均额
稻				530	39750	75
棉						
大豆				14635.14	1024460	70
小豆	35000	1750000	50	643.86	45070	70
花生						
高粱	12000	1320000	110	57766.75	4621340	80
荞麦	3100	279000	90	6377.2	318610	50
大麦				15836.17	950170	60
小麦	3500	175000	50	35403.17	1840960	52
莜麦	3300	198000	60	23793.64	1308650	55
马铃薯	35000	35000000	1000	7467.6	1733800	500
麻	3200	320000	100	4309.14	301640	70
其他	200000	12000000		99982.35	6657040	
总计	295100			266944.93		

○灌溉地亩面积（第三节《灌溉概况》，第34页）

县别	赤城
灌溉亩数	540

○各县井泉统计（第三节《灌溉概况》，第41~42页）

县名　项别　井或泉所在地	龙关					赤城			
	白龙潭	李家窑	周家窑	麻峪口	下虎村	瑞云寺	龙门所	镇安堡	纸房沟
种类	泉	泉	天然泉	天然泉	天然泉	温泉	清水泉	清水泉	清水泉
数目	1	1	1	1	1	1	1	1	1
开凿（或利用）年月									
水位以公尺计	1.8	0.9	1	1	1	0.8	0.4	0.5	0.3
水之种类	劲水	劲水	劲水	劲水	劲水	软水	软水	软水	劲水
灌田亩数							700	150	未详
开凿经费									
公有或私有	公有	公有	公有	公有	公有	公有	公有	公有	公有

附注

（一）此表所列，以各种泉，及洋井为限，至各县土井，及旧式砖石之井，均见另表。

（二）灌田亩数，及开凿经费，按每眼平均计算。

（三）表内如延庆灌田，有仅半亩者，疑其中或有错误，惟一时无从查考，姑仍其旧。

○各县土井、石井、砖井统计（第三节《灌溉概况》，第44页）

项别 县别	数目	水（以公尺计）位		开凿费	
		最高	最低	最高	最低
龙关	未详				
赤城	324	5	3	300	200

附注：

（一）本表所列各井以用土方开凿者为限，凡旧式之土井石井砖井概行列入。

（二）表内所列各井多开凿简陋，水位甚低，供饮用尚可，供灌溉则颇感困难。

○森林面积（第四节《林业概况》，第45～47页）

察哈尔素有穷山恶水之称，试观全省十六县，除赤城，龙关，有较大之林场数处外，无一处不显示其濯濯之童山，与漠漠之旷野。政府负责人员，虽曾努力提倡，而年年植树，未见成林。吾人乘车，沿平绥线，过怀来县以北，但见童山连亘，怪石磷磷，口内如此，口外更可见矣。离缘气候严寒，雨量稀薄，土质沙城松弛，含蓄水分甚微，然亦由于人谋不臧，有以致之。统观现时全省森林面积，总计不过七万余亩，亦可慨矣。

项别	县别	龙关	赤城	（全省）总计
处数	公有	81	116	227
	私有	51	34	469
	纪念	1	5	23
	风景	2	6	21
	行道		1	28
面积（以亩计）	公有	750	2371	429273
	私有	150	612	21769.7
	纪念	2	95	6944.8
	风景	20	108	912.5
	行道			

续表

项别＼县别		龙关	赤城	（全省）总计
株数	公有	130000	713060	5861311
	私有	40000	248500	1560814
	纪念	1000	35500	172259
	风景	500	35050	79462
	行道		7500	128058

○果类产销概况（第四节《林业概况》，第49～50页）

类别＼县别		龙关	沽源①
出产量（以斤计）	桃		3000
	杏	5000	20000
	李		7000
	梨	700	20000
	桃胡		1000
	枣		100
	柿		200
	葡萄		500
	苹果		300
	其他		

---

① 该表沽源，按附注及实际出产，沽源无果类产销，疑为赤城之误。

续表

类别	县别	龙关	沽源①
运销量	桃		1500
	杏		10000
	李		5000
	梨		400
	桃胡		800
	枣		
	柿		
	葡萄		
	苹果		200
	其他		

○家禽统计（第五节《副产概况》，第 54～56 页）

类别	县别	龙关	赤城
现有只数	鸡	14500	25650
	鸭		
	鹅		
	其他		
运销只数	鸡	5500	5540
	鸭		
	鹅		
	其他		

① 该表沽源，按附注及实际出产，沽源无果类产销，疑为赤城之误。

续表

类别 \ 县别		龙关	赤城
运销卵数	鸡		
	鸭		
	鹅		
	其他		

○家畜统计（第五节《副产概况》，第 57～60 页）

类别 \ 县别		龙关	赤城
现有只头数	牛	1400	7115
	马	650	760
	骡	180	328
	驴	1800	1040
	羊	23000	10625
	猪	10000	7170
	骆驼		
全年死亡只头数	牛	48	706
	马		80
	骡		37
	驴		113
	羊	730	520
	猪	360	605
	骆驼		

续表

类别＼县别		龙关	赤城
全年运销只头数	牛	300	650
	马	410	110
	骡	80	50
	驴	560	273
	羊	7500	2520
	猪	830	846
	骆驼		

附注：（一）表内死亡数，系将全年疫病，老死，夭亡，以及屠宰，综合共计。

（二）察省牲畜业，以各盟旗为最盛。盖蒙人不知耕稼，专恃游牧为生。惜一时未能调查其概况，至以为憾。故本文不克将牧业专述一章，原亦职是之故。

◎工业（第三章《察哈尔之工业》）

○特种工业原料调查统计表（第一节《总述》，第72～75页）

系别	类别	品名	产地	用途	全年产量	销行区域	附记
动物	羽毛类	羊毛	蔚涿商赤宣康及张北七县	制毛织物	四十万斤	张家口，宣化，平津及国外	以绵羊毛居多数
		山羊毛	龙关	制造毡毯鞋帽等物	二千斤	张宣一带	
		骆驼毛	龙关	制毛织物绳索等	十万余斤	平津一带	
	皮革类	羊皮	各县，以蔚涿等七县最多	制皮服	十万余张	本省各县及河北省	分山羊绵羊两种

续表

系别	类别	品名	产地	用途	全年产量	销行区域	附记
		牛皮	商，康，赤，宣，多，	制靴鞋器用	同前	同前	
植物	皮篝类	苇片	赤城	编织器物	十万斤	本地及口外	
	根株类	柳条	赤城	编织器物	十万余斤	口外一带	

说明	（一）本表系根据二十年春，工商部征集特种工业原料，本省各县呈报建厅之材料统计而成。惟内中"产地""产量"二项，似不能认为完全。盖各县有因某种原料，产量不丰，未曾呈报者。有因某种原料，非属特种性质，故未呈报者。故吾人不能认为除却表内产区地名外，他处即无此物也。 （二）表内原有价格栏，因各县同类异价者甚多，如羊毛一项，涿鹿每斤六角，商都则为一角五分，相差甚钜，无从平均，故暂略。

○工业概况（第一节《总述》，第80页）

			赤城			龙关	
			柳编	苇编	皮革	铁工	木工
家数			6	5	8	5	8
资本总额			1200 元	2000 元	6000 元	1500 元	2400 元
原料		种类	柳条	苇	牛马皮	熟铁	树木
		年需量	10000 捆	5500 捆	6600 张	2000 斤	不详
		总值	2000 元	1530 元	7800 元	800 元	不详
		来源	本县	本县	口外	河北	不详
全年出产		种类	苓罗水斗	席	皮货	农具	木器
		年总量	55000 个	7200 领	4000 件	未详	未详
		总值	7500 元	4800 元	9000 元	未详	未详
		市场	本县	本县	本县	未详	未详

上列诸项，俱属各地工业之荦荦大者，试观其销场，除当地外，

销行本省者，已不多，外地者，更少，其不景气之状态，自可不言而喻矣。

○劳工数量统计（第二节《劳工概况》，第 83~84 页）

地别	人口总数	劳工数量				劳工总数	劳工数量占全人口之成数
		男工		女工			
		成年	童工	成年	童工		
赤城	66189	7500	800	5300	500	14100	21%
龙关	71858	6000	980	200		7180	10%

附注：

（一）表内比例数，小数点后，以四舍五入计算。

（二）总计项，凡未详者，俱略而不计。

（三）"劳工占人口成数"栏之统计，系自康保以上十三处总数之比较。①

◎商业（第四章《察哈尔之商业》）

○纸币发行（第二节《金融概况》，第 112 页）

地名	发行家数	发行者之本业	发行手续	流通范围	票面额数	发行总额
赤城	32	缸行 粮行 杂货行	报商会	同上②	同上③	12000000 枚 或 30000 枚
龙关	10	布行 缸行 杂货行	商会担保	同上④	八十枚四十枚廿枚十枚	3000 元

---

① 注：龙关、赤城均在康保以上。

② 同上，指全县。

③ 同上，指百枚五十枚廿枚十枚。

④ 同上，指全县。

附注：

（一）各县发行纸币，例须呈报财政厅，核准施行。

（二）发行纸币商号，并无若何准备金，只须商会核准，有铺保数家，即可。

（三）每铜元百枚为一吊，四吊为一元。

○借贷情形（第二节《金融概况》，第 113~114 页）

项别　地别	普通借贷			典当		质押	
	方法	月息		家数	利率	家数	利率
		最高	最低				
赤城	铺保中保	3%	2.5%				
龙关	中保	3%	2%				

○商业情况（第三节《各地商业鸟瞰》，第 114~118 页）

业别 　地别	赤城	龙关
米粟业		
皮革		
皮裘		
皮毛		
毡帽		
皮靴		
鞋帽		
绸布		16
洋货		
书纸笔墨		
钱业		
中西药业	16	8
汽车		

续表

业别＼地别	赤城	龙关
盐业	25	
煤炭		
货客栈	40	
纸烟煤油	6	
干鲜果	19	
斗行		
木作		
马尾		
首饰		
京馃		17
饭馆		
杂货	66	18
转运		
洗染	3	
豆腐		
饼面		
铁铺		
面铺	28	10
席麻		
牲畜交易		
油酒	10	23
醋酱	10	
肉铺		
合计	223	92

附注：表内空白处，或当地有此商业，因不详其家数，故暂略。或当地未有此项商业，亦略。

上表各业，详确资本，大都秘不告人。其呈报官厅注册者，为取巧计，类皆虚捏数目，以多报少，藉以减抑较轻之费税，皆不可据以为实，故暂从略。

○按时最盛商业统计（第三节《各地商业鸟瞰》，第123页）

地别	按时最盛商业			
	春	夏	秋	冬
赤城	布，酒	米面	粮行	布行
龙关	布，酒	杂货	杂货	布，油

○商会概况（第四节《商会概况》，第125～128页）

种别	地别	赤城	龙关
名称		同上①	同上②
所在地		同上③	同上④
成立年月		元年六月	不详
改组年月		廿年一月	廿年二月
委员人数	常务	5	5
	执行	10	10
	监察	7	7
	候补	6	7
	公断		
	总数	28	29
事务员人数	主任		
	文牍	1	1
	会计	1	
	庶务		
	书记	1	1
	总数	3	2

① 同上，指县商会。
② 同上，指县商会。
③ 同上，指城内。
④ 同上，指城内。

续表

种别 \ 地别		赤城	龙关
商号总数		223	92
入会商号总数		127	54
会费筹集	等数	5	5
	最多	50	15
	最少	5	2
会费收入及支出	常年费	不详	500
	临时费		
	预算数		
	决算数		
工作		不详	提倡国货

（一）成立年月栏<u>自万全</u>以下皆系民国纪元。[①]（二）改组年月栏改组之意即系由会长制改为委员制，或有未改组者则系成立时间较晚，彼时已采用新制矣。

（三）会费筹集视商号资本大小分为数等，以一年计。

◎矿业（第五章《察哈尔之矿业》）

○铁矿（第四节《铁矿及其他》，第 165～166 页）

地名		龙关县辛窑	又庞家堡	宣化县烟筒山
矿区面积		九方里又四百四十亩	十五方里又二百九十五亩	十七方里又一百八十亩
含铁百分率	最低	41，60%	52，80%	35，10%
	中	54%	58，50%	48，70%
	最高	60，40%	52，10%	58，70%

---

① 笔者注：赤城、龙关皆在万全以下。

续表

地名	龙关县辛窑	又庞家堡	宣化县烟筒山
化验次数	36	24	60
矿量估计	三千万吨	一千五百万吨	一千五百万吨
与铁路之距离	距宣化站一百二十三里	距宣化站七十三里	距宣化站十八里

◎电话（第六章《其他》）

○电话业概况（第三节《电话业概况》，第 192~195 页）

项目 \ 地别	龙关	赤城	
		城内	独石口
名称	分局	分局	分局
经费	1080	1308	840
等级	2	1	3
直接电话地点	（一）宣化 （二）赤城	（一）龙关 （二）独石口	（一）城内 （二）沽源
线路里数　干线	170	30	150
线路里数　支线		90	
杆数　干线	1020	141	905
杆数　支线		545	
杆线总值	不详	5000	4820
电话　机数	2	1	1
电话　话费	不详	303.7	22.8
电报　种类	S. P.	S. P.	S. P.
电报　字数	不详	19371	11
电报　报费	不详	82.17	3.42

续表

地别 项目		龙关	赤城	
			城内	独石口
支出	临时开支	不详	66.29	无
	电料		无	无
	旅费		12.3	无
	津贴		无	无
	其他		无	无
	总计	不详	78.59	无
附记		（一）表内凡有"不详"字样者，"总计"项俱略而不记，故实际总计数目应超过表内之数。 （二）支出栏系就经费以外之开支而言，故各局所全年决算应为三〇四六〇六元		

4.《察哈尔省各县实况调查报告》

【题解】　《察哈尔省各县实况调查报告》于 1940 年 5 月出版，是日伪统治时期察南政厅官房资料科编纂的一个调查报告。虽为日伪政府编纂的资料，但报告客观记载了 1937 年察哈尔省万全县、宣化县、龙关县、赤城县等 11 个县地理、行政、财政、教育、文化、农业、金融等方面的情况，具有很珍贵的历史价值，故选入本辑。

1931 年 9 月 18 日，日本帝国主义制造了震惊中外的九一八事变，日军为了使其侵占合法化，先后在侵占地区建立了一系列伪政权。1937 年 8 月，日军侵占张家口，在宣化成立伪察南自治政府；11 月，伪蒙古联盟自治政府、伪察南自治政府、伪晋北自治政府成立协商性质机构伪蒙疆联合委员会；1939 年 7 月，伪蒙疆联合委员会和伪蒙古联盟自治政府、伪察南自治政府、伪晋北自治政府合并成立伪蒙疆联合自治政府，原察南、晋北两个自治政府改为两个政厅，原蒙古联盟自治政府裁撤；1941 年 8 月，伪蒙疆联合自治政府改为伪蒙古自治邦政府；1943 年 1 月，伪察南政厅改置为宣化省，驻张家口，6 月移驻宣化；直至 1945 年解放。

日伪统治时期察哈尔，改中华民国年号为成吉思汗纪元，即以 1206 年铁木真称成吉思汗之年为成纪元年。《调查报告》序言落款为"成纪七三五年三月一日　察南政厅官房资料科长尹世煜"，篇末有"成纪七三五年五月二十日印刷"等字样，"成纪七三五年"即公元 1940 年，其行政机构名亦用日本的行政机构名称"官房资料科"。

本辑据《察哈尔省各县实况调查报告》辑录龙关县、赤城县全部内容。《调查报告》为铅印、竖排，正文标点仅用顿号和句号两种标点，辑录时将原顿号一律改为逗号，个别语句较长适当增加逗号，其余照原文辑录。括号内为宋体字者为原文，其余按本书体例识别。

察哈爾省赤城縣地方實際情況調查報告

沿革

設縣時期　清康熙三十二年。

設縣原因　赤城於明代爲開平衛暨宣鎮之上北路下北路、清康熙三十二年，裁衛設縣、屬宣化府。

縣名沿革　赤城之名、始見於北魏、於元爲赤城站、於明爲赤城堡、自設縣至今、二百餘年、一名相承、並無改易。

版圖沿革　清初設縣、其版圖以開平衛暨上北路全部下北路一部（今縣屬龍門所澗水崖等村）爲赤城縣、自設置以來、並無增縮改易之處。

官制沿革　清代改縣後、設知縣、獨石口設縣丞、民國初年、裁縣丞、現設縣長。

現在本縣等級　赤城在清代即爲協濟縣份、現在察哈爾省爲三等縣。

位置

毗鄰省縣　本縣東北隣界沽源縣、西北隣界崇禮、西界龍關縣、南界延慶縣。

面積

全縣面積　南北平均長二百里、東西平均寬五十里、合計一萬方里。

縣治面積　計一方里又一百六十九方步。

山嶺地面積　計七千方里。

平原面積　計六百八十餘方里。

低窪地面積　計一百三十餘方里。

沙灘地面積　計二千一百八十餘方里。

地勢

山脈　爲陰山山脈、蒙古高原尾閭、綿亘全境。

河流湖泊　僅白河、發源於沽源縣境、經過本縣、而南入延慶。

地勢高低　本縣地勢、純爲崗陵起伏之地。

氣候

溫度　大陸氣候、極乾燥、冷暖無常、當六七月極熱時、按

察哈爾省各縣實況調查報告

一〇九

《察哈尔省各县实况调查报告》书影

◎察哈尔省龙关县地方实际情况调查报告（第 99～108 页）

○沿革

设县时期

前清定鼎，蒙民归化，康熙三十二年①，改卫为县。

设县原因

龙关汉时已设县，自晋五胡②乱华以迄辽金元明时沦异域，时归中土，设县设卫设路，变化靡常，清初因明之旧，仍为卫，属下北路，嗣因以武弁兼民事，诸务制肘，准直隶巡抚郭世隆奏，请改卫为县。

县名沿革

黄帝时为缙云氏地，周初属冀州，赧王时属上谷郡，秦因之，前汉为女祁县，后汉省入下落县，晋因之，隋为怀（戍）［戎］县，唐初改武州，又改斗辟县③，穆宗时改称龙门县，宋辽金因之。元改望云县，明改为龙门卫，清初因之。康熙中业，改卫为县，民国三年，因与广东省县名重复，取龙门关为北方要隘之义改称龙关。以迄于今。

版图沿革

查龙关在清康熙末改县以前，设县设路设卫，疆（城）［域］大小无从稽考，自康熙三十二年，改卫为县，以葛峪堡，赵川堡，雕鹗堡，长安岭，四处隶焉，迄今因之，计东西长二百二十里，南北广一百五十里，全县面积六千六百方里。

官制沿革

查龙关县，在黄帝时为诸侯缙云氏地，三代属冀州设州牧，汉改

---

① 康熙三十二年，1693 年。

② 五胡，指匈奴、鲜卑、羯、羌、氐五个少数民族。

③ 斗辟县，唐改斗辟县一说，无历史依据。斗辟县在《史记》载："汉亦弃上谷之什辟县造阳地以予胡"。集解：什音斗。《汉书音义》曰："言县斗辟，（西）［曲］近胡。"索隐按：孟康云"县斗辟，（西）［曲］近胡"也。什音斗。辟音僻。造阳即斗辟县中地。正义按：曲幽辟县入匈奴界者造阳地弃与胡也。

为县，设邑令，晋隋仍为县，设邑令，唐初设武州刺史，后改为县，仍设邑令，宋辽金因之，明代防蒙置路，设参将，千总，把总，外委，以武弁兼民事，清初因之，惟改参将为都司，康熙三十二年，改卫为县，军民分治，县设知县，典史，教谕，武职仍系都司，千把外委，民国初年，武职暨典史教谕，奉裁，设警察所长，巡官，管狱员，劝学所长，民国三年，改知县为知事，民国十年增设财政所长，劝业所长，民国十三年，改劝学所长，为教育局长，劝业所长，为建设局长，财政所长亦改为局长，十七年改知事为县长，改警察所长，为公安局长，各区设区长，二十二年，财建教三局奉裁并为县政府第二科，二十三年，区长奉裁，二十四年改公安局长为警官。

现在本县等级

本县现在等级为三等县。

○位置

经纬线

本县位于东经一百五十度四十分，北纬四十度五十四分。

毗邻省县

本县东连赤城，西毗宣化，南接怀来，北抵赤城县，张北，西北至万全，东北至赤城，东南至延庆，西南至宣化均属本省直辖。

○面积

全县面积二八六○○方里。

县治面积一·○四方里弱。

山岭地面积二一四○○方里。

平原地面积六一○○方里。

低洼地面积九五○方里。

沙滩地面积二五○方里。

○地势

山脉

查龙关山脉系阴所属之西山支脉，来至察西，由万全县直入县西北境，支分西，北两区，经中区北部，为本县西北中三区与张北界山，至极东北止，直达赤城，一支由龙，赤，张北三县界山处，（拆）［折］而东南为龙赤界山，由中区之玉泉山南行与寒坡岭接，折东南为千层岭，适为龙延界山。

河流湖泊

查境内无湖泊，仅有河流四道。

（1）龙门南河，源出大龙王堂至三岔口伏流。

（2）雕鹗南河，源出下虎村，经雕鹗迄牛郎山，与白河合。

（3）大西河清水河，源出张北与宣化东洋河合，坝口河源出张北，至小白阳入沙伏流，每至夏季，除大西河能灌田亩外，其余之河均患干涸之虞。

地势高低

龙关僻处塞北，地势高亢，本省各县除口外一带地势较高外，其余各县均较本县为低。（为白河上游高出水面其尺度无从估计）

○地质

土壤

黄沙土，胶土黏土，卢土。

岩石

花岗岩（即火成岩），片岩（即水成岩）。

○气候

温度

本县平均温度按华氏①表计算，夏月最高八十度（五、六月），冬月最低温度八度，极冷时有时至零度（十一、十二月）。

风向

本县地居高亢，气候寒冷，春冬两季多风，风向西北，风力甚大，夏秋风力减小，风向多为东南。

雨量

本县降雨最多之月为六、七两月，八月次之，全年总雨量约计一四〇〇公厘（按雨量器记载计算）。

○县治

县治所在地

本县县治西北距省会张家口一五〇里（华里），东南至故都北平三百六十里，至天津七百里，西南至保定七百里，至南京二千余里，原名龙门县，后改为龙关县，土名无。

县治城垣建筑

明宣德六年建，隆庆二年砖包，周一〇四方里，高三丈五尺，宽八尺，城门五，角楼四，现在东西两方，城垣较为整齐，南北坍塌，年来随时修茸，勉能防匪侵入。

县署建筑

本县县署位居县城内正北，明正德元年建，房屋共计五十六间，原为通判行署，民国十七年秋奉令改县署为县政府，大堂院东西两面，属第一科各股办公室，二堂院西半面为第二科办公地址。

县治市街建设

查治城内街道，共分大街五道。

---

① 华氏温度，规定在一个标准大气压下，纯水的冰点为32度，沸点为212度，32度至212度之间均匀分成180份，每份表示1度。用符号"F"表示。华氏度与摄氏度的换算，华氏度=32+摄氏度×1.8。

（1）大东街

（2）大西街

（3）十字街

（4）东关街

（5）西关街

宽度两丈上下，现经迭次修理，两旁均留水沟，嗣经提倡两旁栽植树木，并于夏季随时泼水以重卫生，其大街两旁除铺房外，即为民房，但向无娱乐场所之设。

○户口

全县户口一四六三三户，六九二九三口。

县治户口一〇一三户，四三五四口。

○行政区划

全县共分五区，计二〇七村。

○市镇

县属第一区以治城为甲市镇，交通较为便利，商业虽不甚发达，但较之外区仍有起色，并每于四，九，日期各乡民前来赴集交易，县属第二区及第四区，以雕鹗及赵川为乙市镇，交通较为便利，商业日渐起色，每于赴集日期，附近乡民前来交易。

县属第三区及第五区，以麻峪口及常峪口为丙市镇，查该两镇交通不便，商业不甚发达，现在竭力提倡，择日设集，以期附近乡民届时贸易，庶可活动。金融，丰裕地面。

○村庄

村庄之建设

查本县乡村，无甚建设，兹因地制，宜将农村之道路，森林，垦牧等整理就绪，其关于水利矿产等项，因地方财力拮据，未能即时兴办。

村庄之生活

本县农村生产稀少，地瘠民贫，村民生活艰窘，衣以粗布，食以小米，莜面，年来因受兵匪扰害，风旱虫灾，收获锐减，啼饥号寒之辈，触目皆是。

村庄之经济

本县各村业农者，居十之八九，年来因天灾人祸，收获大见减少，村民疲敝，金融停滞，以致农村破产，经济缺乏。

重要村庄名称

查辖境内共计二零七村，分甲、乙、丙、丁，四等，兹将生产交通，防守等重要村庄名称分区胪列于后。

（1）第一区，三岔口，八里庄，上下虎村，隆门关，蔡家庄，下上仓等村为最重要。

（2）第二区，以雕鹗堡，康家庄，镇川堡，行字铺等村为重要。

（3）第三区，以麻峪口，宴家庄，兴旺堡，长安岭，东山庙等村为重要。

（4）第四区，以赵川，大白阳，坝口等村为重要。

（5）第五区，以常峪口，葛峪堡，青边口等村为重要。

○行政组织

县政府之组织及人员数

查龙关县政府计分两科一股，第一科掌理赋税，内务等事宜，第二科掌理地方财政，建设教育等事宜，第一科设科长一人，主任四人，书记九名，第二科设科长一人，职员九人，司法方面有承审一人，司法股主任一人，书记三人，秉承县长之命办理职掌事务。

县属各机关

（1）公安局设警官一人，会计兼书记一人。

（2）县保卫团设队长一人，书记一人，团兵四〇人，其各区保卫团团兵共计二六〇人。

（3）县立小学校五处，各设校长一人，职教员三人至五人。

（4）新民织工厂，设厂长一人，技师一人。

（5）种籽繁植场圃设主任一人。

（6）各区公安分局及分驻所各设巡官或警长一人，书记一人，士兵三人至五人。

（7）人民团体，商会，农会，教育会，各设主席一人，干事三人至五人。

现任县长

张丁阳，河北涞水人，年三十六岁，曾充甘肃拉卜楞，设治局局长，署理皋兰，狄道，平番，夏河等县县长，甘肃全省菸酒事务局局长，甘肃全省印花税处处长，绥远财政厅科长，察哈尔警务处主任秘书等职，现代理龙关县县长，二十五年一月十三日到任。

〇财政

收入实况

本县地方财政，在未裁局设科以前，因受兵匪影响，收入各款均形杀减，入不敷出，当时为维持［生］计，不免挹此注彼，致将收支紊乱，嗣经二十二年裁局设科后厉行统收统支，力加整理，现在收支尚可适合，惟税捐附加一项，皆由税捐局代收，多有漏卮之处，现在拟具计划积极整理中。

支出实况

查本县年来地方支出因本量入为出之明令，迭经归并机关，核减预算，故现在各项经常费均已紧缩万分，益以年来地方公款罗掘殆尽，以致开源无由，惟有从事节流而已。

〇司法

司法机关

由县长监理司法，设承审一人，司法股主任一人，书记二人，法警四名。

监狱

本县设有看守所一处，附近县府，设所长一人，在所看守囚犯，随时加以训诲感化。

○公安

警察

公安局设警官一名，分局设巡官三名，分驻所设警长二名，全县长警共计四名。

保卫团

县保卫团兵四○人，各区保卫团团兵计二六○人，总共团兵三○○人，由县长及大队长随时招集训练保护地方，剿匪除患，近来地面尚称平靖。

与邻县联络

查境内遇有土匪窜扰，取联防办法，随电招邻县保卫团协力剿灭。

其他警察工作

如平治道路，搜捕盗贼，稽查户口，办理公共卫生等事，随时督饬办理之。

○教育

学校教育

全县设有乡村师范一处，联立完全小学五处，初级小学八十二处，简易小学六十七处，短期小学三处，以上共计各级学校一百五十八处，统计学生四千五百二十一名。

社会教育

本县以经费困难，仅县城设有民众教育馆一处，内分讲演，图书，阅览，健康，游艺等部，共职员三人，每日参加民众除游艺部较少外，其余各部平均俱在三十人之谱，至于乡镇社会教育，均由各该校教员于每日课暇向民众讲演中外新闻，八德，新生活等，并于适中地点各置壁报数处，揭示古今格言，及新闻类，藉启民智，而正人心。

义务教育

本年奉令于年长失学儿童较多区域，设短期小学三处，各机关附设短期班十班，并于原有普通小学扩充学级五级，共计学生五百七十三名，所需经费除中央及省库补助二千八百八十元外，下余由地方自筹洋一千二百元，以上共计义务教育经费四千零八十元，由县义务教育委员会负责经理。

教育行政及经费

查本县自民国二十二年裁局并科后，财建教三局改为一科，设科长一人，关于教育设有科员督学各一人，教育委员三人，书记一人，分别办理一切行政事宜，全年共需经费洋一千八百一十元。

文化机关团体及其他

查龙关文化事业，除教育与学校及民众教育馆外，并无其他组织。

○农业

农户

（1）自耕农六五九七户，耕种田地四二六五亩。（旧制亩）

（2）半自耕农三九一三户，耕种田地三八六五亩。

（3）佃农一四七一户，耕种田地三四六五亩。

佃户纳租

本县佃户向地主纳租，多以米豆两种，于每年秋收完毕，按照规定租额，由佃户量妥数目，向地主直接缴纳，间有规定钱租者，共纳租方法与粟租大同小异。

○农产

查本县无特用农产口，普通作物为谷，黍，高粱，豆类，马铃薯等，其产量及价格无从估计。

○农具

（1）耕种农具为耙，耧，耙。

（2）锄耘农具为大锄，小锄，两种。

（3）收获农具为木权，木杷，木锹，各种。

肥料

（1）人粪尿。

（2）植物灰。

（3）牲畜粪。

（4）米糠。

（5）麻糁。

农人

查本县农人生活简单，平均每人每年衣食等生活费，约计洋七○元，其雇农工资（每人计）每月最高五元，最低三元，平均四元。（其食宿费由雇主供给）

○工艺

工厂

本县除铁，木，泥，画等民营手工业外，现有县立新民织工厂一处，制造手巾，毛袜，毛毡等成品，性质系官民合办。

工人

平均每人每年衣食等生活费洋八○元，其工资最高每人每月六元，最低四元，平均五元。（食宿费由业主供给）

手工艺及家庭工艺

查境内除铁，木，泥，画，砖瓦，瓦盆等，手工业外别无其他民营工业，家庭工艺年来日有进展，县属第二区现有编席工艺出品精良，其养蜂，养蚕等家庭工艺，现正提倡施行中。

工艺产品

（1）铁器类。

（2）木器类。

（3）砖瓦。

（4）瓦盆。

（5）工厂内制出之毛（职）［织］物等。

○商业

输入

（1）查本县输入国货，沙糖类，每年约计五〇〇斤（旧制斤），面粉类约计二〇〇〇斤。

（2）洋货布匹，每年约计二〇〇匹，其他洋货，种类繁杂，无从列举。

输出

（一）土产：

（1）小米每年约计四六〇〇〇〇〇斤（旧制斤），马铃薯三〇七〇〇〇〇斤。

（二）查境内工艺品除留销行本地外，别无输出外境之货。

商人

查本地商人知识虽不能与平津相较，而较邻县为优胜，其收入总额虽未能估计，然较工农人收入为多，全县商业学徒约计二五〇人。

商人团体

本地商人现在统归商会指导，别无其他团体。

○金融

通用货币

查境内通用纸币，除本省商业钱局，及中央交通等法币外，并有本地铜元票流通市面。

借贷情形

（1）借贷手续　由债主向钱主定立契约，或指房地契纸作为借贷证据，中立过付，以作证人。

（2）还账季节　除按照原定月分归还外，并以清明，年节，或四季标期，届时当即归还。

利率

查本地向无金融机关，又无当铺，普通农村及市面借贷利率多以月三分或年三分为准。

○森林

查龙关环境皆山，天然森林生长葱茏，其人造森林年来迭经提倡，确实保护，除每年按照人口数目，令饬栽植外，并栽植纪念风景保安各林，其成活数目约计三万五千株。

○蚕桑

本地气候寒冷，虽迭经提倡栽桑养蚕，试验结果，均经失败，现又计划于县属第二区黑龙潭一带，试验养蚕。

○畜牧

查（渔）［龙］关所有荒山，均系童山秃岭，未能藉以畜牧。

○渔猎

本地无渔业，所有猎户，年来因受兵匪摧残，已见减少。

○矿产

已开采者

无。

未开采者

（1）龙烟铁矿。

（2）龙把石之煤矿。

（3）三贤庙一带之磁石矿。

○公路

已修者

（1）龙沙路　由县城至沙城计长一百四十里（华里），现由县府派员确实修理，已能常川行使汽车。

（2）龙赤路　由龙关至赤城计长一百里，现已修筑平坦，通行汽车。

未修者

（1）龙宣路　由龙关至宣化，查该路虽前经迭次修理，奈因间经锁阳关，山路崎岖，以致搁置，现正呈请赈款。

（2）拟具计划　设法修理中，其各区道，均系随时修理。

汽车

本地现已有营业汽车两辆，在龙沙路、常川通行营业。

○交通

铁路

无。

邮政

本县现有邮政代办所二处。

电报

本县无电报局之设，关于商电报等均由长途电话局代为接转，每过二百字即照章收费。

无线电

无。

电话

县属二、三、四、五，四区地方电话均经次第架设完竣，现由长途电话局代为接转电话，修理线路。

○水利河工

水利

查本县水利向不发达，前经提倡凿井，藉以灌田，结果因地层下石层阻隔，均经失败，现在引用河水灌田但每至夏季即有干涸之虞。

河工

查本县除龙门，清水，雕鹗，坝口等四道河流外，其他均系山洪河道，因发方财力拮据，关于河工，未能建筑。

○官产及官营业

官产

查境内无甚官产，所有荒山荒地等产，均系各区村公有，不能列入官产以内。

官营业

无。

○农村合作

本县重要农村前组织互助社，现改农村合作社。

○卫生防疫

卫生

本县卫生一项甚为注意，由县政府及公安局，督饬随时清理街道，并扑灭蚊蝇，以重卫生，而防时疫。

防疫

查县关于防疫更为注意，现由各药铺制造，防疫药水，并由救济院组织防疫会。

○灾荒救济

灾荒之情形

查本县年来迭受雹旱风虫等灾，其状甚惨，于上年呈请赈款，发给乡民，藉以赈救。

救济之准备与设施

现由救济院拟募赈款，以备不时之需，现正着手设施中。

仓储

县属各村均积有仓谷，以防灾荒。

○毒品戒除

查境内向无烈性毒品之制造，间有贩卖鸦片者，一经缉获即依法惩罚，其嗜好人数现无确计，正在稽查中。

○市集

查境内县城及雕鹗赵川三处，均有市集，一般农民每隔五日或三日为集中交易一次，商民藉以营业，其范围甚小。

○度量衡制

本县度量衡，尚不划一。

○民族

本县人民均系汉族。

○礼俗

查本县山高，水激，风劲，气寒，人性勇健，敦信义，故多真烈之士。

（1）婚礼先问名后纳彩，尚茶点之外，次风尚财礼，首饰，衣服，庆贺，择吉，鼓乐迎娶，男不亲迎，惟用一女人或二男人，同喜轿鼓乐往娶，贫富皆然。

（2）丧礼小殓①毕，乃大殓②，入棺行祭祀之礼，延僧诵经，或三昼夜，或一昼夜，贫乏者至弃产行之，否则人以为薄，诵佛毕然后下葬。

○宗教

本县人民除信佛外，年来间有信仰基督教者。

○古迹古物

本县古迹如长城，墩台，宫园，楼阁，冢墓，坊碑，观堂，桥梁等种类甚多，未便分列名称，其古物因年来兵匪扰攘，地方秩序紊乱，致将所有古物尽行丢失。

---

① 小殓，称死者入棺而未加盖为小殓。
② 大殓，将已装裹的尸体放入棺材。

○名胜

查龙关名胜，如剪子岭，锁阳关，长安岭，浩门岭等处，均以名胜而擅形胜，而黑龙潭，朝阳洞，浑元洞，白龙潭，清凉寺，南寺，则均为名胜之区。

◎察哈尔省赤城县地方实际情况调查报告（第109～120页）

○沿革

设县时期

清康熙三十二年。

设县原因

赤城于明代为开平卫暨宣镇之上北路下北路，清康熙三十二年，裁卫设县，属宣化府。

县名沿革

赤城之名，始见于北魏，于元为赤城站，于明为赤城堡，自设县至今，二百余年，一名相承，并无改易。

版图沿革

清初设县，其版图以开平卫暨上北路全部下北路一部（今县属龙门所滴水崖等村）为赤城县，自设置以来，并无增缩改易之处。

官制沿革

清代改县后，设知县，独石口设县丞，民国初年，裁县丞，现设县长。

现在本县等级

赤城在清代即为协济县份，现在察哈尔省为三等县。

○位置

毗邻省县

本县东北邻界沽源县，西北邻界崇礼，西界龙关县，南界延庆县。

○面积

全县面积

南北平均长二百里，东西平均宽五十里，合计一万方里。

县治面积

计一方里又一百六十九方步。

山岭地面积

计七千方里。

平原地面积

计六百八十余方里。

低洼地面积

计一百三十余方里。

沙滩地面积

计二千一百八十余方里。

○地势

山脉

为阴山山脉，蒙古高原尾闾[①]，绵亘全境。

河流湖泊

仅白河，发源于沽源县境，经过本县，而南入延庆。

地势高低

本县地势，纯为岗陵起伏之地。

○气候

温度

大陆气候，极干燥，冷暖无常，当六七月极热时，按华氏表测验，有达八十度者，十二月及一月份极冷时恒在零度以下。

---

① 尾闾，古代传说中泄海水之处。

风向

以春季多风，黄沙弥漫，日光为遮，风势多从北而向南。

○县治

县治所在地

赤城（原名）有简称赤邑者，距省会（张家口）二百三十华里。

县治城垣建筑

明宣德五年创筑，周三里一百八十四步，高三丈五尺，根宽二丈，顶宽一丈，城楼四，城门四，本县城垣系用砖砌，屡年补修，现在尚称坚实。

县署建筑

在本城南门内，旧分巡道署，嘉靖三十八年建，康熙三十二年改县署，计大门三间，大堂五间，宅门一间，二堂五间，东西耳房各三间，后堂上房五间，厨房三间，电话局保卫团看守所及各科处均在县署院内。

县治市街建筑

县城内各街道如东南大街，宽度约计二丈四尺，均经修筑马路，又两旁修筑引水沟渠，每日由各商号洒扫整洁，并于路旁栽植树株，街市房屋大致尚属整齐。

○户口

全县户口

计一二八八二户，男三五二〇一口，女二九〇三八口，共计六四二三九口。

县治户口

计一四七七户，男三二二九口，女三〇三四口，共六二六三口。

○行政区划

计分四区，三镇，八十四乡，六十二村。

〇市镇

县城市

查县城市街房屋建筑尚整洁，商业萧条，摊贩尚多，以前资本较大之商号，经近年灾变，十仅存留一二，以盐粮商尚较盛，集市为一六日。

独石口市镇

本市镇原为前清，独石协参将驻在地，街市房屋等建筑，齐整可观，商业以邻近口外亦繁盛，自近来年迭遭灾变，现已凋敝不堪。

龙门所市街

本市镇原为沽源县属第二四两区商业会聚地方，建筑亦颇整洁，自二四区被占据后，与本市镇之交通隔绝，现在商业萧条已极。

〇村庄

村庄之建设

居民房屋简陋，旧式街道多不规则，凡主村各有乡公所及初级小学校一所。

村庄之生活

服食朴简，终日勤苦，无娱乐之可求。

村庄之经济

死滞。

重要村镇之名称

镇宁堡，兴仁堡，马营堡，滴水崖，样田堡，云州堡，镇安堡。

〇行政组织

县政府之组织及人员，除县长外，设秘书一员，科长三员，科员四员，督学技术员各一员，教育委员会二员，事务员三员，雇员十员，共二十六员。

县属各机关

公安局，保卫团，救济院，商会，农会，教育会，木作工会，制面工会。

现任县长

王芳圃，山东临清人，年三十四岁，出身军界，历充陆军第二十九军第三十八师军法官军法处长等职。

到任年月

二十五年五月一日。

○财政

二十三年度

省款收入部分。

一征起二十一年分田赋洋四百五十八元四角九分六厘，清赋升科五十三元二角二分四厘，官产升科一百一十四元三角四分，省教育经费二十五元零四分。

一征起二十二年分田赋洋三千四百五十八元二角八分七厘，清赋升科五十三元二角二分四厘，官产升科五十七元四角九分三厘，教育费洋一百四十二元三角六分。

一征起二十三年份田赋洋一万六千八百零四元四角二分八厘，清赋升科洋三十二元三角零四厘，官产升科洋九元九角七分一厘，省教育费洋六百七十三元八角六分九厘。

一征起二十四年分田赋洋三千八百二十元零四角八分六厘，省教育费洋一百五十二元八角二分。

一征起二十一年分差徭洋一十元零一角九分四厘。

一征起二十二年分差徭洋一百七十一元零三分二厘。

一征起二十三年分差徭洋三百七十五元一角二分七厘。

一征起买契税洋七百一十四元三角六分，典契税洋三十七元一角四分，省教育费洋一百二十八元六角一分六厘，学费洋七十七元九角七分四厘，纸价洋二十五元六角，中用费洋三百六十九元五角六分，注册费洋三元二角。

县款收入部分（系按照二十三年度填列）

教育生息洋五百四十三元三角一分六厘，米粟牙税洋四千二百九十六元零四分四厘，牲畜牙税洋八百二十元，干鲜食品牙税洋五百三十元零一角四分四厘，皮毛牙税洋二百二十七元三角八分五厘，麻类牙税洋一百一十二元一角八分七厘，牲畜税附加洋一千三百四十七元八角零四厘，屠宰税附加洋二百六十二元三角五分，迷信品捐洋五百四十四元五角三分七厘，婚书费洋四百二十元，商损洋七百八十七元五角，官斗租洋二百二十元，田赋附加洋一万一千四百零八元一角一分八厘，五成差徭洋五百二十八元四角五分五厘，田房费用洋四百九十六元二角零八厘，誊写纸价费洋十元零一角五分，学田地租洋一千二百零九元七角四分，建设地租洋三百零八元一角五分二厘，城根租洋五百一十二元一角五分二厘，摊捐洋三百三十元零三角三分七厘，店簿费洋一千四百一十元零五角，建设庙捐洋四十四元，高小庙捐洋九元六角，宣讲所庙捐洋二十三元七角二分，台家湾地租洋五十八元八角，试验场出品价洋二百零二元九角一分，商电脚力费洋七十七元六角九分，以上共收洋二万六千七百四十一元八角四分二厘。

支出实况

第二三科经费洋三千九百四十八元，公安局经费洋八千一百六十八元，县立城区小学校经费洋三千九百四十二元，县立女子小学校经费洋一千八百元，通俗讲演所经费洋四百五十元，民众补习学校经费洋三百六十二元，赤电话局经费洋八百四十元，独石电话局经费洋五百八十八元，赤独两电话分局及分所报差津贴修线旅费购电料及印刷费洋八十元零四角七分，县立种子繁殖场圃经费三百四十八元，学田建设地银粮洋一百一十六元，粮头斗夫工食洋二百六十四元，省财政会议旅费洋三十七元，公安局店簿经手费洋一百四十一元零五分，地方税捐局代征税捐办公费洋一百零七元七角三分五厘，购印店簿工本费洋二百六十三元七角二分六厘，田房监证人提成洋三十三元六角五分八厘，婚书价款汇费洋一元五角，区立独石口小学校补助费洋五百零三元，区立龙门所小学校补助费洋十八元，大学生贷金洋五百六十元，中等学生毕业参观旅费洋一百元，女子升中等学校津贴洋一百五十元，县督学教育委员技术员下乡办公旅费洋九十六元，办理教育人员每年赴省参与教育会议旅费洋三十一元二角六分，公安局临时警察队服装洋六百五十一元九角五分，小学教员入暑期讲习会旅费洋十五元，国术训练员旅膳费洋十五元，选送区长五人训练膳宿费洋五十二元五角，护送农赈委员旅费及送农赈委员汽车费洋十二元，由沙接运赈衣赈款三次往返护送旅膳费洋一百四十九元五角七分三厘，祀孔祭品费洋四十一元八角零八厘，讲演所修工费洋五十元零二角二分，凿泉训练员制服旅膳费洋三十六元，教育会补助费洋三十元，县府派员赴各乡办理自治旅费洋一百四十八元六角，印刷摊捐票纸及颜料价费元十四元三角五分，党费洋八百元，解党费汇水洋八洋征送工业物品洋一元，县立女子两级学校经费洋一百六十六元七角五分，县立完全小学校经费洋三百六十五元，县立乡村师范学校经费洋二百三十九元六角七分，民众学校经费洋三十三元五角，讲演所经费洋四十一元六角七分，县督学赴省集议修建校舍往返旅费洋二十元零七角，以上共支洋二万五千八百四十二元六角九分。

〇司法

司法机关

本县系县长兼理司法，设承审一员，书记员一员，经办民刑诉讼案件。

监狱

本县监狱早经裁撤，原址改为看守所，设看守所长一员，所丁二名。

○公安

警察

查本县警察自民国二十四年奉令改组，因地方财政困难，按奉颁省警察表编制规定，稍有变通，除额定警官一员，巡官四员，书记兼会计一员，司书一名外，计编步警四班，马警一班，每班长警十名除二三两分局各派步警一班，常川驻守外，共余三班均驻县局。

保卫团

查本县保卫团大队部，计官兵四十三员名，枪二十七枝，每月经费三百八十四元，区队部四处，每区队部团丁五十名，第三区队尚有临时团丁一百五十一名。均已受过军事训练其经费系就地筹派。

与邻县（连）［联］络

每于地方多故，土匪窥扰之时，与邻封各县联络，团警会哨，以防匪患。

其他警察工作

适应地方之需要，除关于清乡，剿匪，户籍，卫生，等工作外，其水上，消防，侦缉，保安各警察，均付阙如。

○教育

学校教育

查本县学校，计有县立城区小学校一处，女子学校一处，区立独石口龙门所学校两处，第一区立初级小学校一处，各乡立初级小学校五十四处，代用学校十二处，教职员一百八十八人，学生二千二百余名，合计经费二万五千余元，各乡校校款除有的款（如学田租柴林补助生息等）不计外，其不足之数，前奉省令统由各该乡按地亩摊派，并此陈明。

社会教育

本县关于社教方面，有县立通俗讲演所一处，附设民众阅报社一处，各街衢新闻揭示牌九处，图书馆一处，县立民众补习学校一处，各乡校均附设民众夜校。

义务教育

本县二十四年度奉令办理义务教育，计设有短期小学校六处，附设短期班十二班，扩充学级五级，其经费系由中央及省库每月补助三百六十元，本县自筹一百元，其各校经费数，系短期小学，每校全年二百二十元，开办费一百二十元，附设及扩充学级，每年一百六十元，开办费四十元，均由厅令规定。

教育行政及经费

本县教育行政事宜，由县设第三科秉承县长综理其事，该科经费每月为二百一十一元，年共支洋二千五百三十二元，由县地方教育款项下开支。

文化机关团体及其他

本县仅设有教育会无其他文化机关。

〇农业

农户

（甲）自耕农七千六百三十户，共占地二十一万亩。

（乙）半自耕农二千二百五十户，共占地十二万六千六百亩。

（丙）佃农一千零五十户，共占地一万五千五百五十二亩。

（甲）纳租方法有二种。

（一）粮租。

（二）钱租。

（乙）纳租季节均在秋后

按本县租佃情形有两种办法。

（一）是地主供给　耕具，耕畜，肥料，住房，俟秋收时，主佃双方平分。

（二）是按亩纳租　或租粮或钱，所需耕具等等均由佃户自备。

农产

主产物计八种。

（一）高粮每亩产三斗，每斗现时价八角。

（二）谷黍每亩三斗，每斗价一元。

（三）莜麦每亩二斗，每斗一元四角。

（四）小麦每亩二斗，每斗一元六角。

（五）豆类每亩二斗，每斗一元五角。

（六）荞麦每亩二斗，每斗一元。

（七）胡麻每亩一斗，每斗一元九角。

（八）马铃薯每亩一千斤，每百斤一元。（上列每亩产量是以二十四年计，其每斗价值系以现时计）

本县农产物中除主产物外，副产物极少，约有

（一）农作物秸草每亩一百斤，价值三角。

（二）各种蔬菜类，如白菜，瓜，葫等，每亩八百斤，每百斤一元。

农具

本县耕种地亩需用具计，耕牛，耕犁，掩土磨，锄，镰刀，杈机等。

肥料

分厩肥，羊粪，堆肥，大粪肥等，至化学制之肥料尚无使用。

农人

本县农人，日常生活简单，主要食物如莜麦，谷米及马铃薯等，衣则粗布，遇冬各著老羊皮，总计一人一年内不过五十元，雇农工资分月工日工二种，月工普通每月工资四元，日工每日工资一角至二角，均供宿膳。

○工艺

工厂

查本县前设有平民工厂一，自二十二年遭灾变后，已经停闭现

拟改组民生工厂，正在筹办中，此外尚无其他工厂。

手工业及家庭工业

本县手工业及家庭工艺，有柳编物及苇编物二项，较为普遍，均利用当地土产原料由由柳条苇子等，编织簸箩，炕席等物，有自己家庭制造者，亦有专雇工人制造者，成品尚不恶劣，所雇工人除供食宿外，每月工资普通在五元以上。

工艺产品

柳编物一　簸箩，簸箕，水斗，柳筐等，年产五万余件，除本县消外，大部运销于沽源宝昌等县。

苇编物一　苇编物高粱席等年产约七千余件，本县销用十分之四，余则皆运销于口外沽宝等处。

〇商业

输入

（甲）国货　平机布四万八千匹，棉线三千八百斤，棉花五万一千斤，面粉三千五百袋，稻米一千八百斗，蒙盐四百五十万斤，茶叶四千八百斤，花椒一千五百斤，香油五千斤，火柴七百二十箱，花糖一千五百斤，冰糖四百二十斤，生烟三百四十篓。

（乙）洋货　各种洋布一千五百匹，洋线二千五百斤，洋白糖四万三千斤，红糖二万四千斤，煤油八千五百桶，粉连纸八百五十刀，纸烟二百五十箱。

输出

（甲）土产　线麻二万三千斤，羊毛二万八千斤，赤芍五万二千斤，防风四万五千斤，甘草二万五千斤，知母五万一千斤，麻黄十二万斤，黄芩一万二千斤。

（乙）工艺品　毛毡六百五十块，毛鞋一千二百双，麻绳一千八百斤，苇席六千五百领，柳罐一千七百个，柳器二千二百件，柳筐八千六百对。

商人团体

在县有县商会，在镇有商会事务所。

○金融

通用货币

国币及银行纸币与现铜元。

借贷情形

（甲）借贷手续由承借人出立借券，然后或觅妥保，或以物品抵押。

（乙）还帐季节，或按年，或按月。

利率

（甲）市面借贷利率或以年计，或以月计，均至多不过三分，至少不过二分。

（乙）农村借贷利率，与市面情形同。

○森林

本县森林分公有（社团有，学校有）私有与天然生长人工植造二种，其各林地之面积种类等分述于后。

1. 公有林共一万五千七百六十五亩，计二百九十余万株。

2. 私有林共二千九百七十亩，计一百五十余万株。

3. 各林现在生长林［面］积最大者不过一尺左右。

4. 各林种类以阔叶林为多，针叶林较少。

○畜牧

本县虽属边塞之地，除平原地已垦为熟地耕种外，余均高山，陡岭，不宜畜牧，故无牧畜场所，至于现在实际家畜情形，分述于后。

1. 牛七千一百余头。

2. 马七百六十余匹。

3. 骡一百二十余匹。

4. 驴一千余头。

5. 羊一万余只。

6. 猪七千七百余只。

上列各畜数目均按最近调查统计。

○渔猎

本县境内无较大河流暨湖泊，无渔获物，至狩猎方面有狐狼、雉鸡等。

○矿产

已开采者

查本县境内西寺儿沟村，前于民国初年曾闻采过煤矿一处，煤质中常，因矿坑内积水过多。资本缺乏，旋即宣告停闭，至今尚无人开采。

未开采者

现未调查出其他矿苗。

○公路

已修者

（一）赤沙路赤城至沙城车站，计长一百五十里，属于本县境内者二十里，系历年来于农暇时利用，人民应服工役办法修筑，平均宽度二丈以上，纯为沙土路，平坦整洁，近县城之一段，并植有行道林两行。

（二）赤沽路赤城至沽源，计长一百九十里，属于本县境内者一百里，平均宽度在二丈以上，全路盘绕白河而行，除每年于春秋两季照例利用人民应服工役补修外，每逢雨后均仍随时修理，并于上年冬另修盘道一段，计长三里中更筑有涵洞一，以备河水冻冰时期，绕盘道而行。

（三）赤崇路赤城至崇礼设治局，计长一百五十里，属于本县境内者六十里，全县平均宽度二丈，路基沙石多而土质少，均系历一年春秋两季人民修筑，上列各路均系县道，载重大道汽车均能行走，至于乡里道路，亦均先后修理完备，车辆皆可通行。

未修者

（一）赤龙路赤城至龙关，计长六十里，属于本县境内者二十五里。

（二）赤延路赤城至延庆，计长一百五十里，属于本县境内者二百五十里。

上二路均系高山峻岭，且多石山，经历年来之修理，仅能通行骆驼，若走车辆，至龙关须经赤沙路至雕鹗而西北折，至延庆亦经赤沙路至沙城而东南去。

养路

并无养路设备。

汽车

本县现在仅有张家口胜记，汽车行汽车一辆，专来往赤沙路，其行车日期为间日行。

其他车辆

有双套大车，单套铁车，单套木车，三种，用骡马牛挽驾，以单套牛车为最多。

○交通

铁路

本县境内无铁路经过。

邮政

本县境内设有三等邮局二：一设于县城，一设于县属独石口镇，邮寄代办所一，设于县属龙门所镇，此外又于各较大村堡间，设有邮政信柜十一处。

电报

有线电报局无。

无线电

本县设有无线电台二　一在县城。一在独石口，原属交通部，现改隶于冀察政委会。

电话

有长途电话局二　一设县城为三等局。一设独石口为分所，均直隶于察哈尔省军用长途电话总局，其电话线路为赤沽赤龙两线。

其他

本县电话除前二局直属省总局管辖外，现在地方有电机二。一安设在县属龙门所镇。一安设在云州堡，均直通县城电话局。

○水利河工

水利

本县自民国七八年兴办水利以来，经历年修筑，现在已筑成灌田水渠十五，均系利用白河之水，年可灌田一万五千六百余亩，此田外尚有利用水利设磨磨制麻香油面者三处，均得水利之益也。

河工

本县境系白河上源，平时流量极小，但逢阴雨，山洪湍急，不无冲圮桥坝，淤毁农田之虞，向设桥工社一，专司修理桥梁堤坝，其基金均系捐募，发商生息，利用息金补修桥坝，该社附设在本县商会内，此外尚无其他河工之设置。

○农村合作

本县自民国二十二年遭受灾变后，百业停顿，农村破产，经前华北政务整理委员会农赈组派员来县，组织农村互助社，贷放农赈，曾于二十四年将互助社依法改组为农村无限责任，信用合作社，先后已成立二十八社，现在仍由华北农业合作事业委员会派员在县指导改组成立中，此外并无其他合作事业。

○卫生防疫

卫生

本县关于卫生方面，每年举行清洁运动二次，并责成公安局举办下列各事项

（一）关于街道之勤加扫除　街市旁沟不许停聚拉圾污土。

（二）关于市街售卖各种食物之检查　以重卫生。

（三）关于饮科之检查　以免疫病之传染。

（四）随时通告人民注意家庭清洁。

防疫

每年通告人民实行普遍种痘，无论大人小儿，应逐年引种，以御疫病，因本县人民知识幼稚，除小儿均按时种痘外，已成年之人引种者甚少。

○灾荒救济

灾荒之情形

查本县连年灾歉，五谷不登，农村破产，灾民遍地，生活实难维持，仅以麦麸充饥。

救济之准备与设施

本县已呈请省政府准予贷放仓谷一半，经开会议决，先放三千九百石，贷与极贫户，并拨赈款三千元，惠及灾黎，以资救济。

仓储

本县现存仓谷，计县城镇仓储谷一千一百八十石零五斗七升，镇宁乡仓储谷六百零二石二斗二升，独石口镇仓储谷七百四十石零七斗四升，马营乡仓储谷八百七十石零二斗六升，龙门所镇仓储谷一千四百四十二石四斗一升，滴水崖乡仓储谷九百一十三石九斗二升，云州乡仓储谷一千四百九十六石四斗一升，镇安乡仓储谷一百四十一石五斗五升，共计七千三百八十八石八升。

〇毒品戒除

本县并无毒品案件

〇市集

本县市集共三处。

（一）县城市集为一六集，其各营业为棉布，食粮，铁，木，杂货等。

（一）独石口镇市集为三六九。

（一）龙门所镇市集为三八。

其营业均与县城市集同。

〇度量衡制

本县使用度量衡均为旧器。

〇民族

多为汉族，间有少数回满民族，不及千分之一二，其他如蒙藏等民族，本县均无。

〇礼俗

岁时每年以元旦，上元，端午，中秋四大节，清明，七月十五日，十月初一日为民间扫墓节，人民风俗淳厚朴实，清《畿辅通志》云，赤城（土）［士］厚重朴鲁，无浇漓①之习，民惟刚直强悍，逼于饥寒，盗窃亦不多见，所有婚丧礼仪，悉依旧制文公家礼，新式婚嫁尚不多见，男子蓄发者甚少，女子缠足者经历年劝禁，幼年女子悉数放足。

〇宗教

本县人多数信佛教，间有回教耶（苏）［稣］教，占极少数。

〇人物

杨洪，字宗道，明土木变后，守宣府，御寇有功封昌平（候）

---

① 浇漓，浮薄不厚。多用于指社会风气。

[侯]。

王轼，明宏治进士，开平卫官籍学生，任兵部尚书。

张守愚，明万历辛未武举，任大同总兵。

孙邦熙，明万历丁丑科武举，任宣府总兵。

董继舒，明天启间宣府总兵。

○名胜

灵真观之金阁山，瑞云寺之汤泉，滴水崖之朝阳观。

后　记

　　《古典文献说赤城》一书即将付印之际，回顾走过近十年的编纂之路，曲曲折折的脚印伴随着不懈的探索，点点滴滴的汗珠陪伴着成功的喜悦，一路走来，让我明白了一个道理，只有努力才有收获，只有付出才有回报，风雨之后，一定是更加灿烂的明天。

　　我是土生土长的赤城人，从小生活在农村，在那个农村人急切"跳出农门"的20世纪80年代，我是众多农村娃当中的幸运儿，考取了宣化师范学校，成为一名教学匠。但与地方史志结缘，还是从2004年6月调入县档案史志局开始。最初的几年，主要精力放在对档案业务管理上，后来通过日常接待档案查阅者查阅利用档案情况，逐渐认识到，档案管理虽为重要，但更重要的是做好开发利用工作，一纸档案如得不到利用，永久沉睡在档案库房里，和一张废纸别无两样。要让"沉睡的档案说话"！在这种思想支配下，我对档案的开发利用进入磨不推自转状态。我从常规工作县志、年鉴的编纂，到后来每年拟定一课题，大力发掘档案资源，《赤城县大事记（公元前279～2010年)》《机构设置汇编》《人事任免汇编》《赤城县历代行政区划》等一系地方史志成果问世，让更多的人了解了赤城、认识赤城，也得到了一些知名专家的肯定。从此，自己爱上这一职业，更爱上生我养我的这一方热土——赤城。2017年，由于工作的再次调动，当年供职时有些编研已成烂尾，一些规划已搁浅，一些想法已成泡影，但唯独《古典文献说赤城》一书的编纂工作一直没有停止过，始终伴随在我身边，成了我生活中重要的一部分，才有了今天《古典文献说赤城》的问世。

说到《古典文献说赤城》的收集整理，还得从之前编纂的《赤城历史行政区划》一书说起。

2009 年，地方志工作的职责使然，我便萌生了一个想法，编纂一部详细的赤城县建置沿革，做到行政建置有"革"则记，力求复原赤城历史上行政建置的真实面貌，来弥补县志在这方面记载不够细致的缺陷。准备动手编纂之时，摆在面前最大难题便是——缺资料，手头仅有几部县志，想利用县志突破志书所记内容，显然是不可能的，亟需更大范围、更高层次的史料作基础。

有句古话说"书到用时方恨少"，对我们来说，用"书到用时无处找"再也恰当不过了。但现在高度发达的网络给我们帮了大忙，从孔夫子旧书网上淘、数字图书下载、各地图书馆找以及网上查询，动用了各种手段，哪怕有一点线索，我都没有放过，但其中也不乏一些无谓的损失，有的图书从名字上看很有用处，当购得图书一翻，却大失所望。就这样，个人手头的图书量（实物、电子）不断地增加，我便萌生了个想法，研究地方历史，在浩瀚的书海中寻找我们需要的资料牵扯了我们太多的精力、占用了太多的时间，往往就是由于我们在做研究时没能参阅到可靠、准确的文献资料，使得我们的研究不够深入、不够准确、不够全面，失之偏颇。何不将如颗颗明珠散落在浩如烟海的古籍之中记载赤城的古籍文献史料搜集起来，汇编成册，为文史爱好者们研究赤城提供方便？有了想法，在《赤城历代行政区划》一书编纂过程中，《古典文献说赤城》的古典文献史料搜集工作也悄然启动。

对古籍的整理工作，我是个门外汉。但编纂《赤城历代行政区划》时与上海复旦大学教授们答疑解惑信函中，给了我很大的启发。

如关于龙门县建置时间，如何选用史料时，暨南大学郭声波教授回复："校勘史料'从早不从晚，从众不从寡，从细不从粗'的大原则"；引用《资治通鉴》一书内容时，在选择版本上，上海复旦大学李晓杰教授回复"《资治通鉴》应选用中华书局本的"，在这之前我认为都是无所谓的问题，在专家教授眼里如此常重视，也给我的古籍整理工作提了个醒。古籍校勘学、版本学、目录学等相关学科，也逐渐成了我的必修课，虽说没有名师指点，但也能从其中略知一二。随着古籍整理知识的增加，《古典文献说赤城》体例的改动，也成了家常便饭。上百万字的书稿，每一次的改动，工作量是可想而知的。如校删文字符号、专名号、注释、校记写法，等等。虽说工作上是累点，但能给读者一个规范的古籍整理书籍，还是很欣慰的。

本书的编纂出版，主要得益于在档案史志这一阶段工作经历。档案史志工作造就了我对工作认真的态度。做史志工作，就要求一个"真"字，和文学创作不同，来不得半点虚构夸张，引用的东西，都要有出处，做到客观准确。记述历史上的事，凡没有出处的引用，要大胆给予质疑，只有这样，赤城历史沿革部分一个个错误问题才得以纠正。如关于赤城汤泉在引用古典文献记载时，清乾隆《赤城县志》卷8《艺文志》清耿焞《重修赤城汤泉记》载："及阅郦道元《水经》与桑钦之《注》云，渔阳之北实有汤泉，去燕京三百里。"从此，《水经注》云"渔阳之北实有汤泉，去燕京三百里。"便成为当地宣传汤泉的有力佐证。稍有历史知识的人便能识别出耿焞碑文内容的真伪，首先连最起码的《水经》《水经注》作者都弄混淆，其次北魏时还不曾有"燕京"一词，不难想象耿焞是否览过《水经注》？耿焞这一记载不要紧，误导了后人几百年，甚至包括一些大家。不妨将"渔阳之北实有汤泉，去燕京三百里"输入百度，显示五六百条相关内容，其中也不乏一些硕博论文也在引用。这样的例子还很多。

编辑《古典文献说赤城》花费了相当多的精力与时间，虽为艰辛，但也觉欣慰。因为编纂本书，既使沉睡于古籍之中的赤城古典史料得以焕发青春，又为读者打开了深入了解赤城的一扇窗，对传承赤城文脉、发展赤城文化不无益处。

但我深知，《古典文献说赤城》一书肯定会留下许多遗憾。首先是古籍点校注工作本身就千头万绪，无一不在考验着我们的知识、能力、体力和耐心，虽说已尽努力，但限于能力有限，都无法保证它们完全正确，很难打破"无错不成书，出书必有错"的魔咒；其次是中华古籍汗牛充栋，赤城虽说只是一个区区县级政区，由于时间及笔者的涉猎范围，所辑古典文献肯定还有遗漏。面对完稿，内心不免诚恐，我愿洗耳恭听大家对书中谬误的批判，无论是古籍的句读，还是注释校勘上的商榷，都一概欢迎，并表示衷心的感谢。也期待更多的古典文献"说"赤城。

《古典文献说赤城》一书在编纂过程中，得到了众人的无私帮助，有太多太多需要感谢与感恩的人。

河北师范大学历史文化学院教授、博士生导师秦进才老师，主要从事秦汉史与历史文献整理与研究，曾主持多项国家社科、全国高校、省社科等历史文献整理方面重大课题，出版《燕赵历史文献研究》《河北影响中国的100件事》等多部专著，是古典文献整理方面的大家。我们之间素未谋面，只是在几年前向秦老师咨询过有关《北中三路志》一书的下落问题，偶尔短信来往，当我提出审阅书稿提意见时，秦老师欣然应喏。在自己还有带研究生和课题研究等繁忙工作情况下，利用业余时间精心审阅书稿，尤其书稿的"题解"部分，细致到一个标点符号、一个错别字，并整理出1万多字的《〈古典文献说赤城〉读后记》。在点校规则、版本选择、书籍的排序上等提出意见建议，针对史实、书写、字词、标点等，或错误或不规范提出具体意见127条。秦老师还像对待自己的学生一样，叮嘱:"不要着急,仔细修改。什么是价值?价值就是投入物品中的有效劳动,不投入有效劳动,只能抄袭、糊弄,最终有一天被揭破画皮,而变得一钱不值。"所有一切,秦老师为本书的付出,我俱铭感于内,不敢忘怀。

河北北方学院档案馆馆长、张家口历史研究会会长陈韶旭老师,主要从事张家口地域历史文化研究,曾出版《张家口风物人物论》《张家口百年史话》《张家口历史文化十六讲》等十余部著作,是名副其实的张家口地方历史研究的领军人物。我们曾经是同行,又是同乡,他对《古典文献说赤城》一书的出版给予极大关注,电话中经常探讨有关编纂、出版问题,在百忙中亲自审阅书稿,并为本书作序。为提高书稿质量,陈老师还主动引见原张家口地区行署办公室主任、张家口教育学院原院长、张家口历史文化研究会原副会长韩祥瑞老师审阅书稿,并为本书作序。韩老师现已年过古稀,仍热衷地方历史研究,他严谨认真的治学态度和对我的鼓励是我一生都受用不尽的财富。社科文献出版社济南文稿中心编辑王亚楠老师,曾就读天津师范大学研究生院中国史专业,在北师大教授、博士生导师张海荣老师的引见下,也认真审阅书稿,提出建议,并为本书作序。各位老师为本书的付出,难以为报,唯有深深的感激!

赤城县志、党史主编吴贞顺同志在《明实录》部分的标点以及本书命名上,年鉴编辑部王殿文、张新国在书稿的校对上,原档案史志局李永霞、屈晶晶、赵明霞等在书稿的打印上,沙济世书画院沙志强老师在封面设计上都给予了大量帮助。县博物馆李沐心馆长,县政协文史科蒲润洲科长,县老促会张进中副会长以及现工作单位的领导县人大常委会主任王崇辉同志,副主任卜明方、刘英志、赵志亮、孟永峰同志,办公室主任陆伟同志等等,为本书的编纂出版都给予了极大关心和支持。西雅格摄影工作室义务拍摄扉页及编首页照片。北京日月心怡物业管理有限公司董事长赵怀成同志、北京玉林实业公司董事长苏玉林同志等爱心企业家为本书的出版给予资助。向所有为本书提供帮助的人，致以衷心的感谢和崇高的敬意！

最后，要感激的是我的爱人，她身体欠佳，在工作之余带孩子、操持家务，对于我的不问世事，"躲进小楼成一统"，她只有默默无闻的包容与无私的支持，在此道声谢谢！

编者

2020 年 10 月